Diálogos Constitucionais de
DIREITO PÚBLICO E PRIVADO

n. 2

D536   Diálogos constitucionais de direito público e privado. n. 2 / organizadores Liane Tabarelli Zavascki, Marcia Andrea Bühring, Marco
Félix Jobim. – Porto Alegre: Livraria do Advogado Editora, 2013.
455 p.; 25 cm.
ISBN 978-85-7348-837-1

1. Direito público – Constituição. 2. Direito privado – Constituição.
3. Direito civil. 4. Direitos fundamentais. I. Zavascki, Liane Tabarelli.
II. Bühring, Marcia Anfrea, III. Jobim, Marco Félix.

CDU 342:347
CDD 341

Índice para catálogo sistemático:
1. Direito público: Direito privado   342:347

(Bibliotecária responsável: Sabrina Leal Araujo – CRB 10/1507)

Liane Tabarelli Zavascki
Marcia Andrea Bühring
Marco Félix Jobim
(Organizadores)

Diálogos Constitucionais de DIREITO PÚBLICO E PRIVADO

n. 2

Alexandre Schubert Curvelo
Álvaro Vinícius Paranhos Severo
Anelise Coelho Nunes
Artur Torres
Catarine Gonçalves Acioli
Cristhian Magnus de Marco
Daniela Zago Gonçalves da Cunda
Diego Galbinski
Fernanda Pinheiro Brod
Gisele Mazzoni Welsch
Júlio Cesar Goulart Lanes
Leandro Antonio Pamplona
Liane Francisca Hüning Birnfeld
Liane Tabarelli Zavascki

Marcia Andrea Bühring
Márcia Rosa de Lima
Marco Félix Jobim
Pedro de Menezes Niebuhr
Phillip Gil França
Rafael de Freitas Valle Dresch
Rennan Faria Krüger Thamay
Rodrigo Coimbra
Rodrigo Goldschmidt
Rodrigo Wasem Galia
Selma Rodrigues Petterle
Sheila Stolz
Sonilde Kugel Lazzarin
Tula Wesendonck
Wremyr Scliar

livraria
DO ADVOGADO
editora

Porto Alegre, 2013

©
Alexandre Schubert Curvelo, Álvaro Vinícius Paranhos Severo, Anelise Coelho Nunes,
Artur Torres, Catarine Gonçalves Acioli, Cristhian Magnus de Marco,
Daniela Zago Gonçalves da Cunda, Diego Galbinski, Fernanda Pinheiro Brod,
Gisele Mazzoni Welsch, Júlio Cesar Goulart Lanes, Leandro Antonio Pamplona,
Liane Francisca Hüning Birnfeld, Liane Tabarelli Zavascki, Marcia Andrea Bühring,
Márcia Rosa de Lima, Marco Félix Jobim, Pedro de Menezes Niebuhr,
Phillip Gil França, Rafael de Freitas Valle Dresch, Rennan Faria Krüger Thamay,
Rodrigo Coimbra, Rodrigo Goldschmidt, Rodrigo Wasem Galia,
Selma Rodrigues Petterle, Sheila Stolz, Sonilde Kugel Lazzarin,
Tula Wesendonck, Wremyr Scliar.
2013

Capa, projeto gráfico e diagramação
Livraria do Advogado Editora

Revisão
Rosane Marques Borba

Direitos desta edição reservados por
Livraria do Advogado Editora Ltda.
Rua Riachuelo, 1338
90010-273 Porto Alegre RS
Fone/fax: 0800-51-7522
editora@livrariadoadvogado.com.br
www.doadvogado.com.br

Impresso no Brasil / Printed in Brazil

Sumário

Apresentação
Prof. Dr. Ingo Wolfgang Sarlet e Prof. Dr. José Maria Tesheiner..........................7

— ÁREA DE CONCENTRAÇÃO —
Fundamentos Constitucionais do Direito Público e do Direito Privado

1. Da incidência de prescrição penal no direito administrativo sancionador: contornos atuais de incidência no processo administrativo disciplinar e na ação de improbidade administrativa, sob o enfoque do direito fundamental à tutela jurisdicional
Alexandre Schubert Curvelo..........................11

2. Os direitos fundamentais sociais no estado democrático de direito brasileiro: algumas aproximações em torno de seu conteúdo econômico
Anelise Coelho Nunes..........................33

3. O governo eletrônico e a implantação de uma inclusão digital eficiente: uma via de acesso à democracia participativa no âmbito do estado socioambiental
Catarine Gonçalves Acioli..........................45

4. Dignidade humana, bem-estar ("sumak kawsay") e sustentabilidade: algumas ponderações na perspectiva dos direitos fundamentais
Cristhian Magnus de Marco e Rodrigo Goldschmidt..........................61

5. Mudam-se os tempos, mudam-se as políticas públicas ... controle pelos tribunais de contas sob a ótica da sustentabilidade
Daniela Zago Gonçalves da Cunda..........................77

6. O critério de reconhecimento da liberdade fiscal no ordenamento jurídico brasileiro: o conceito jurídico-material aberto dos direitos, liberdades e garantias fundamentais
Diego Galbinski..........................95

7. A diferença entre princípios e regras e a função das políticas públicas na ordem constitucional brasileira vigente
Liane Francisca Hüning Birnfeld..........................109

8 Um diálogo entre Dworkin e Perelman: reflexões sobre interpretação judicial e poder discricionário
Liane Tabarelli Zavascki..........................125

9. Dignidade – dimensão ecológica e os deslocados ambientais
Marcia Andrea Bühring..........................141

10. A judicialização do direito fundamental à saúde e dos demais direitos fundamentais do art. 6º e os princípios da prevenção e da precaução
Márcia Rosa de Lima..........................163

11. Os limites da proteção jurídica dos manguezais
Pedro de Menezes Niebuhr..........................179

12. Motivação, controle e nexo causal entre a produção do ato administrativo e a realização do concretizável interesse público
Phillip Gil França..........................193

13. Pleno emprego, estabilidade e direito do trabalho: a função social da empresa como hermenêutica na busca da efetivação dos direitos fundamentais sociais
    Rodrigo Wasem Galia...207

14. Informação sobre as pesquisas envolvendo seres humanos o Brasil: a crônica falta de transparência
    Selma Rodrigues Petterle...219

15. Discurso jurídico y reconocimiento del otro. La palabra y la memoria de las mujeres acerca de la Dictadura Militar brasileña
    Sheila Stolz..243

16. A importância do Poder Judiciário para a viabilização do princípio da dignidade e da concretização da cidadania na complexa sociedade contemporânea
    Sonilde Kugel Lazzarin..259

17. Usucapião familiar: uma forma de solução de conflitos no Direito de Família ou (re)criação de outros?
    Tula Wesendonck...273

18. Interesse público e ação civil pública: comentários e análise de um caso concreto
    Wremyr Scliar e *Artur Torres*..289

— ÁREA DE CONCENTRAÇÃO —
Teoria Geral da Jurisdição e do Processo

19. O papel do juiz na criação do direito
    Álvaro Vinícius Paranhos Severo..303

20. Tutela coletiva de direitos trabalhistas: crítica ao modelo brasileiro e sugestões a partir de modelos em direito comparado
    Fernanda Pinheiro Brod..319

21. Comentário de jurisprudência (o poder normativo do Conselho Nacional de Justiça: possibilidade de criação, modificação e restrição de direitos fundamentais?)
    Gisele Mazzoni Welsch..337

22. O Superior Tribunal de Justiça e o dano moral coletivo: orientação ou incerteza?
    Júlio Cesar Goulart Lanes..349

23. O direito fundamental ao processo justo e a impropriedade da antecipação da tutela irreversível
    Leandro Antonio Pamplona...379

24. Entendendo a nomenclatura dos precedentes
    Marco Félix Jobim..397

25. Reflexões sobre a função econômico-social frente ao poder dos credores e o poder do juiz na recuperação de empresas
    Rafael de Freitas Valle Dresch...405

26. Os princípios do processo coletivo
    Rennan Faria Krüger Thamay..421

27. Jurisdição trabalhista coletiva e direito objetivo
    Rodrigo Coimbra..441

Apresentação

Como toda sinfonia, também a presente obra representa o segundo ato de uma peça que apenas se pode compreender como o resultado de uma reunião de talentos que, resguardada sua autonomia e peculiaridades, concorrem para o todo, gerando uma harmonia que, para além de eventuais dissonâncias (visto que também a boa música não é sempre aquela que agrada a todos os ouvidos), mantém entre si um diálogo fecundo e sistemático. Cuida-se, mais uma vez, de textos produzidos por discentes e egressos do Doutorado em Direito da Pontifícia Universidade Católica do Rio Grande do Sul, representando as duas grandes Áreas de Concentração do Programa e suas três Linhas de Pesquisa, de modo a assegurar a necessária coerência e sistematicidade que caracterizam também a Identidade do Programa. A riqueza e atualidade dos temas, todos comprometidos com a saudável articulação entre teoria e prática, sempre acompanhada de uma reflexão crítica, demonstra que é possível um fazer acadêmico que se identifique pela sua proximidade com a realidade, e não de uma produção encastelada e que por vezes alimenta apenas o próprio ego do cientista (ou aquele que assim se percebe perante o seu próprio espelho) e servem apenas à prática de uma espécie de onanismo intelectual.

Por tudo isso, sem que se vá aqui reproduzir o que o sumário já contempla, vale repisar que os autores, além de acadêmicos comprometidos, são também profissionais de atuação forte nas suas respectivas áreas, nas diversas carreiras jurídicas e, em sua grande maioria, também no Magistério Superior, o que também contribui para a repercussão social da obra que ora temos a honra e o privilégio de prefaciar.

Assim, novamente registramos, em nome do Programa de Pós-Graduação em Direito da PUCRS (Mestrado e Doutorado) o nosso agradecimento, representando também as duas Áreas de Concentração e Linhas de Pesquisa, aos três jovens Professores e Doutorandos, Liane, Márcia e Marco, que coordenaram diretamente o processo de construção da obra, reunindo os nossos talentosos e dedicados doutorandos e mesmo já doutores, aos quais igualmente agradecemos e parabenizamos pelas contribuições ofertadas e pela adesão ao projeto.

Porto Alegre, setembro de 2012.

Ingo Wolfgang Sarlet
Professor Titular e Coordenador do Programa de
Pós-Graduação em Direito da PUCRS

José Maria Tesheiner
Professor de Direito Processual Civil e Integrante da Comissão Coordenadora
do Programa de Pós-Graduação em Direito da PUCRS, representando a
Área de Teoria Geral da Jurisdição e Processo

— ÁREA DE CONCENTRAÇÃO —

**Fundamentos Constitucionais do
Direito Público e do Direito Privado**

— 1 —

Da incidência de prescrição penal no direito administrativo sancionador: contornos atuais de incidência no processo administrativo disciplinar e na ação de improbidade administrativa, sob o enfoque do direito fundamental à tutela jurisdicional

ALEXANDRE SCHUBERT CURVELO[1]

Sumário: 1. Delimitação do *ius puniendi* nos ilícitos penais e disciplinares; 1.1. A prescrição da pretensão punitiva no direito penal e disciplinar; 1.2. Aplicação da prescrição penal ao processo disciplinar; 1.3. Contagem do prazo prescricional penal para os ilícitos administrativos; 2. Para além dos ilícitos penais e disciplinares: a ação de improbidade; 2.1. Prazos prescricionais das ações de improbidade – regra geral; 2.2. Prescrição penal incidente sobre a ação de improbidade; 3. Do direito fundamental à tutela jurisdicional (efetiva); Considerações finais.

Os fenômenos sociais são somente passíveis de compreensão dentro da dimensão de tempo em que se inserem, dentre eles, especialmente, o Direito. No caso do Direito, as normas jurídicas constitucionais ou infraconstitucionais devem construir uma ideia de ordem, a qual demanda a limitação do espaço temporal, contudo. O princípio da segurança jurídica forma um dos pilares da nossa Carta Maior, constante do rol de direitos fundamentais e individuais (art. 5º, *caput*) e sociais (art. 6º), e implícito na cláusula do Estado Democrático de Direito (art. 1º), do princípio da legalidade (art. 5º, II), da proteção do direito adquirido, ao ato jurídico perfeito e à coisa julgada (art. 5º, XXXVI).

A possibilidade de alteração das relações jurídicas estabilizadas ou a ameaça de punição *ad eternum* geram insegurança cujos custos sociais excedem eventuais benefícios em casos isolados. Não se justificam, ademais, pois à medida que situações se consolidam, apagam-se provas, esvaem-se memórias, desaparecem motivos à aplicação das normas que em tempos pretéritos seriam de legítima aplicação. Dentre as soluções possíveis, escolheu nosso Constituinte por fazer prevalecer o valor segurança, em detrimento do totalitarismo do processo kafkiano, no qual "Nenhum documento é perdido. O Tribunal nunca esquece".[2]

---
[1] Advogado. Mestre e Doutorando em Direito (PUCRS). Professor de Direito Administrativo.
[2] "Es geht keine Akte verloren. Es gibt bei Gericht kein vergessen." KAFKA, Franz. *Der Prozess*. p. 176

Assim sendo, a prescrição, em qualquer área do direito, apresenta-se como princípio de ordem pública, visando à estabilização das relações jurídicas. A imprescritibilidade é a exceção, necessitando autorização expressa do constituinte, e apresentando-se como atentatória ao preceito da segurança jurídica salvo suficiente justificação, pela ponderação com outros princípios. No âmbito da pretensão sancionatória, seja na esfera penal, civil ou administrativa, a restrição temporal assume inclusive maior relevância, não se concedendo guarida à inércia Estatal, independentemente da gravidade da conduta do particular,[3] variando, em função desta última, somente a extensão do prazo prescricional.

A aplicação do correto prazo prescricional é imprescindível para a manutenção da segurança e ordem jurídicas; contudo, é matéria que suscita reiteradamente pronunciamentos doutrinários e jurisprudenciais divergentes, mormente ante algumas incongruências e omissões legislativas, a ensejar melhor análise. Para além disso, a debilidade legislativa de alguns Municípios e Estados brasileiros, bem como a inexistência de uma *jurisdição administrativa* formalmente instituída, é capaz de provocar diversos problemas decorrentes de ausência de especialidade das decisões proferidas naquelas esferas, fatores que determinam a posterior judicialização dos processos administrativos.

1. Delimitação do *ius puniendi* nos ilícitos penais e disciplinares

Pilar do Estado de Direito, o princípio da legalidade estrita é de inafastável incidência nas relações jurídicas de direito público, e justamente exacerbado nos ramos do direito administrativo sancionador e do direito penal. Relativamente a este último, decorrem desse princípio dois postulados básicos, qual sejam, *nullum crime sine lege* e *nulla poena sine lege*, cuja consequência direta é a proibição de aplicação de analogia e direito consuetudinário para agravamento da pena, proibição de tipos e penas indeterminadas e a proibição da retroatividade em prejuízo do réu.

No direito administrativo brasileiro, o qual foi constituído no âmbito doutrinário a partir de influências que decorrem de diversos sistemas jurídicos e, sob o aspecto normativo, a partir de uma evolução que foi tonificada sobretudo a partir da Constituição de 1988, o princípio da legalidade sempre constituiu pilar de sustentação do regime jurídico-administrativo. Ao primeiro momento histórico, ele era concebido no sentido de que todo e qualquer ato da Administração Pública devesse ser expressamente previsto como elemento de alguma hipótese normativa:[4] a norma devia, pois, fixar poderes, direitos, deveres etc., modo e sequência dos procedimentos, atos e efeitos em cada um de seus componentes e requisitos de cada ato etc. A isso se contrapunha o agir do âmbito privado, livre na sua autonomia.[5] Esse inicial modo de interpretar o princípio da legalidade, inegavelmente rígido e estanque, correspon-

---

[3] Excetuando-se a figura dos crimes imprescritíveis, a exemplo dos crimes contra a humanidade.

[4] (...) In sua prima enunciazione, esso era concepito nel senso che ogni atto ed elemento di atto dell'amministrazione pubblica dovesse essere espressamente previsto come elemento di una qualche ipotesi normativa. GIANNINI, Massimo Severo. *Diritto amministrativo*. Milano, Dott. A. Giuffrè. Editore, 1993, p. 87.

[5] (...) Alors que le droit civil est marqué par le principe d'autonomie des relations entre personnes privées (Privatautonomie) et que, par suite, il est axé précisément sur le contrat, considéré comme moyen d'aménagement des rapports entre individus (Gestaltungsmittel), le droit administratif est dominé par le principe de légalité. Les règles juridiques s'imposant à l'administration régissent de plus en plus étroitement les rapports qu'elle a avec le citoyen, comme le montre l'extension du domaine réservé à la loi, la soumission croissante du pouvoir discrétionnaire à des règles de

dia à concepção de poder administrativo (apenas) como Poder Executivo e, pois, da Administração (apenas) como execução.[6]

Entretanto, como, dessa forma, a Administração Pública não teria podido funcionar, exercer completamente seus desígnios, encontrou-se, ao menos, uma válvula: a discricionariedade administrativa[7] e as ordens da necessidade, válidas para atos administrativos a adotarem-se em circunstâncias extraordinárias.

Na experiência jurídica contemporânea, o princípio da legalidade assume significado diverso, mais limitado, em certo aspecto, porém mais afinado, sob outro: atém-se à atividade administrativa enquanto esta se exprime em atos que possuem um conteúdo impositivo. Assim, podemos dizer[8], o valor do princípio da legalidade modificou-se, sendo hoje muito mais que uma regra do conteúdo da atividade administrativa, uma regra do seu limite, inserindo-se na dialética existente entre *autoridade* e *liberdade*.[9]

No direito brasileiro, na conformação do sistema administrativo, é certo, poucas matérias foram reservadas exclusivamente à lei federal, permitindo uma sobreposição evidente de influência do princípio da simetria. A concorrente competência legislativa, em especial na matéria disciplinar, por exemplo, pode ser reputada como sendo uma das principais diferenças no que tisna ao exercício da função legislativa entre as esferas administrativas e penal, sendo que, diferentemente desta, naquela não há a reserva de lei federal, sendo constitucionalmente legítimo o estabelecimento de legislações diferentes para abalizamento dos processos sancionadores, caracterizando-o uma descentralização legislativa.

---

droit, la reconnaissance de droits subjectifs et le dévelopment de la protection juridictionelle. MAURER, Hartmut. *Droit administratif allemand*, traduit par M. Fromont. L.G.D.J.: Paris, 1994, p. 378/9, n. 25, 'c'.

[6] (...) administrar é aplicar a Lei de ofício (...). FAGUNDES, Seabra. *O controle dos atos administrativos pelo poder judiciário*. 3ª ed. Rio de Janeiro: Forense, 1979, p. 4-5. Na mesma linha, quadra escorreito conceito de ato administrativo vinculado: (...) a conduta do agente público estabelecendo de antemão e em termos estritamente objetivos, aferíveis objetivamente, quais as situações de fato que ensejarão o exercício de uma dada conduta e determinando, em seguida, de modo completo, qual o comportamento único que, perante aquela situação de fato, tem que ser obrigatoriamente tomado pelo agente. Neste caso, diz-se que existe vinculação, porque foi pré-traçada pela regra de Direito a situação de fato, e o foi em termos de incontendível objetividade. BANDEIRA DE MELLO, Celso Antonio. *Discricionariedade e controle judicial*. 2ª ed., 9ª tiragem. Malheiros: São Paulo, 2008, p. 18.

[7] (...) "embora seja comum falar-se em «ato discricionário», a expressão deve ser recebida apenas como uma maneira elíptica de dizer «ato praticado no exercício de apreciação discricionária em relação a algum ou alguns dos aspectos que o condicionam ou que o compõem». Isso porque o que é discricionária é a competência do agente quanto ao aspecto ou aspectos tais ou quais. Logo, reside a verdadeira questão em saber-se sobre quê poderá incidir a correção judicial do ato e sobre quê não poderá incidir sob pena de invadir esfera da alçada do Executivo. Naquilo que estiver em causa aspecto discricionário, só cabe juízo administrativo não havendo espaço, então, para juízo de legalidade." BANDEIRA DE MELLO, Celso Antonio. Discricionariedade e controle judicial. 2ed. 9 tiragem. Malheiros: São Paulo, 2008. p. 23.

[8] GIANNINI, Massimo Severo. *Diritto amministrativo*. Milano, Dott. A. Giuffrè. Editore, 1993, p. 84.

[9] (...) quanto maior a importância do preceito, menor deverá ser a margem de liberdade por ele deixado à Administração, como executante (no plano da emissão de regulamentos, como no da prática de actos concretos), para livremente escolher pressupostos de decisão ou fixar o respectivo conteúdo. CORREIA, José Manuel Sérvulo. *Legalidade e autonomia contratual nos contratos administrativos*. Coimbra: Almedina, 1987, p. 53. (...) O princípio da liberdade, que norteia a vida privada, conduz à afirmação de que tudo que não estiver disciplinar pelo direito está abrangido na esfera de autonomia. Portanto, a ausência de disciplina jurídica é interpretada como liberação para o exercício de escolhas subjetivas. (...) Quando se consideram as relações regidas pelo direito publico, a situação se altera. Assim se opõe porque o exercício de competências estatais e de poderes excepcionais não se funda em alguma qualidade inerente ao Estado ou a algum atributo do governante. JUSTEN FILHO, Marçal. *Curso de direito administrativo*. 4ª ed. Saraiva: São Paulo, 2009, p. 130.

Não há negar, porém, que a principal diferença entre as esferas penal e administrativa sancionatória reside em que os processos administrativos disciplinares avaliam, são conduzidos e permitem o enquadramento de condutas dos sujeitos em *conceitos jurídicos*, e não em *tipos*. A elasticidade dos conceitos, o enquadramento em condutas culposas, é certo, constituem elementos que seriam, por definição, írritos ao direito penal, algo que na esfera administrativa, ao contrário, faz parte do cotidiano – ainda que sujeitos e cambiantes às transformações sociais, políticas, econômicas e culturais).[10]

O princípio da segurança jurídica e o da legalidade se conjugam, portanto, quando pretende o Estado punir seus servidores por faltas cometidas contra a Administração Pública, no âmbito do exercício funcional, porquanto somente pode fazê-lo nos termos da lei, e dentro dos prazos prescricionais nela estabelecidos, sob pena de prescrever essa sua prerrogativa. Em atenção a estes princípios é que se faz imprescindível a compreensão correta e uma aplicação jurisprudencial uniforme dos prazos prescricionais previstos para os ilícitos administrativos, dificultada pela interação destes, mandada por lei, com os prazos prescricionais penais.

As legislações civil, penal e administrativas estabelecem, por vezes, diferentes prazos prescricionais, nos quais poderá se enquadrar uma mesma conduta. Sabe-se da autonomia entre as jurisdições penal e administrativa, não dependendo a aplicação de sanção disciplinar de uma condenação na esfera penal. Expressamente, esse corolário consta do art. 125 da Lei 8.112/90, que dispõe que "*As sanções civis, penais e administrativas poderão cumular-se, sendo independentes entre si*". Entretanto, diversas legislações administrativas fazem referência, conforme se verá, ao prazo prescricional penal, dele se utilizando para determinados casos; nesta hipótese, defende-se ora a necessidade de uma harmonia em sua aplicação, o que até o presente não foi logrado pela jurisprudência, ainda divergente e instável.

Sublinhe-se: o principal problema deste modelo legislativo reside justamente em conferir certa competência para que o julgador *administrativo* considere do enquadramento de determinadas condutas em tipos penais ou mesmo no modelo da improbidade administrativa. E isso porque, embora previsível nos regimes disciplinares pena de demissão nestes casos, sob pena de violação ao princípio da legalidade e ao princípio próprio da jurisdição, é defeso ao *julgador administrativo* aplicar a penalidade de demissão, enquadrando o servidor público em tipos penais ou mesmo no âmbito dos conceitos da improbidade administrativa.

1.1. A prescrição da pretensão punitiva no direito penal e disciplinar

A prescrição,[11] no direito punitivo, seja penal ou disciplinar, é dita a extinção do *ius puniendi*, do direito punitivo, em razão da inércia do Poder Público na perseguição

---

[10] MEDINA OSÓRIO, Fábio. *Direito Administrativo Sancionador*. 2ª ed. São Paulo: Revista dos Tribunais, 2005. p. 260.

[11] No Direito brasileiro, existem pelo menos três grandes estudos acerca do instituto da prescrição, elaborados, respectivamente, por CÂMARA LEAL (CÂMARA LEAL, Antonio Luís da. *Da prescrição e da decadência*. 4ed. Forense: Rio de Janeiro, 1982), AMORIN FILHO (AMORIN FILHO, Agnelo. O critério científico para distinguir a prescrição da decadência e para identificar as ações imprescritíveis. *Revista dos Tribunais*, Ano 49, volume 300, outubro de 1960, pgs.7-37), e PONTES DE MIRANDA (PONTES DE MIRANDA. *Tratado de Direito Privado*, Rio, Borsoi, 1955, t. VI.). Dentre eles, possível é referir que o texto de AMORIN FILHO foi aquele que, a despeito de sua pertinência temática para o presente estudo, quadra analisar na medida em que parte das ideias produzidas pelos

da infração ou na execução da sanção, com o *telos* de garantir a segurança na ordem jurídica, conforme visto. A Lei Fundamental elevou expressamente, no art. 37, §5º, à garantia constitucional a prescritibilidade da pretensão punitiva da Administração Pública. Conforme salienta Luís Roberto Barroso, "se o princípio é a prescritibilidade, é a imprescritibilidade que depende de norma expressa, e não o inverso".[12]

No âmbito do direito penal, conforme ensina a doutrina, a prescrição se traduz na extinção da pena pelo transcurso do tempo, pela perda do interesse em punir determinada conduta por razões de política criminal.[13] Conforme salienta a doutrina, contudo, a prescrição deixa inatingível a tipicidade e antijuridicidade do fato, e mesmo não exclui qualquer juízo de culpabilidade, subsistindo, eventualmente, fato típico e ilícito, contudo, sem possibilidade de aplicação da sanção, pois a punibilidade de extinguiu com o decurso do tempo.[14] Conforme já assentou o Superior Tribunal de Justiça, a incidência da prescrição equivale à proclamação de inocência: "A incidência da prescrição da pretensão punitiva importa na rescisão da sentença condenatória, que não faz coisa julgada material, e na supressão de seus efeitos principais e acessórios, resultando, ainda, na perda do direito da ação cognitiva, pois extingue a pretensão do Estado em obter qualquer decisão a respeito do fato criminoso, não acarretando nenhuma responsabilidade para o acusado, tampouco marcando seus antecedentes ou gerando futura reincidência".[15]

A prescrição, no direito penal, aparece então como uma causa geral de extinção da punibilidade, elencada dentre outras no artigo 107 do Código Penal. Para Damásio de Jesus, a prescrição, na legislação penal, teria tríplice fundamento, no (i) decurso do tempo (teoria do esquecimento do fato), (ii) correção do condenado e (iii) negligência da autoridade.[16] Neste ponto, inexiste unidade na doutrina, podendo ser enumerados diversos outros fundamentos à prescrição, como a negação do princípio da celeridade da justiça penal, do desaparecimento da prova, da presunção do comportamento, da necessidade da pena.[17]

Em regra geral, a prescrição administrativa recebeu importante contribuição do direito privado, pelo que comumente se atribui a análise deste instituto ao direito

---

outros dois autores, razão pela qual a dialética estabelecida no texto contribui verdadeiramente para compreensão do instituto da prescrição. Tributário do valor do estudo elaborado por CÂMARA LEAL, por se tratar do (...) autor brasileiro que mais se aproxima da essência da matéria, chegando mesmo a elaborar um método prático para fazer a distinção entre os dois institutos (...), AMORIN FILHO destacou que uma das principais carências, relativamente ao tema, residiria justamente no estabelecimento de regra cunhada a partir de uma base científica para que se pudesse estabelecer firmemente uma distinção entre os institutos da prescrição e da decadência. Depois de analisar as principais teorias a respeito do tema, AMORIN FILHO cunhou o que entendeu ser um critério verdadeiramente científico para aplicação a priori das questões envolvendo a prescrição, a partir de três regras, a saber: a) todas as ações condenatórias (e somente elas) estão sujeitas à prescrição; b)os únicos direitos para os quais podem ser fixados de decadência são os direitos potestativos, e, assim, as únicas ligadas ao instituto da decadência são as ações constitutivas, que têm prazo especial de exercício fixado em lei; e c) todas as ações declaratórias, e também aquelas ações constitutivas para as quais a lei não fixa prazo especial para o exercício.

[12] BARROSO, Luís Roberto. *A prescrição administrativa no direito brasileiro antes e depois da Lei 9.873/99*. In: BARROSO, Luís Roberto. Temas de direito constitucional. Rio de Janeiro: Renovar, 201. P. 501.

[13] FAYET JUNIOR, Ney. *Prescrição penal – temas atuais e controvertidos*. Vol. 2. Porto Alegre: Livraria do Advogado, 2011. p. 100.

[14] JESUS, Damasio Evangelista de. *Prescrição penal*, 18. ed. São Paulo : Saraiva, 2009. p. 22.

[15] STJ, MS nº 6.877/DF, Rel. Min. Fernando Gonçalves, DJ 21.05.2001.

[16] Idem, p. 19.

[17] FAYET JUNIOR, Ney. *Op. cit.*, p. 43.

privado.[18] No direito administrativo sancionador, contudo, a prescrição refere-se ao escoamento do prazo para a manifestação da própria administração sobre a conduta dos seus servidores.[19] Este suporte fático, quando se trata do exercício, pelo Poder Público, do poder de punir um ilícito praticado contra seus interesses por um membro do seu quadro de servidores ou pessoa legalmente equiparada, aproxima tal ramo do direito administrativo do direito penal, o que justifica, por razões de unidade e coerência do ordenamento jurídico, a comunicação de prazos prescricionais.

A prescrição no direito administrativo, contudo, ante o influxo dos seus próprios princípios e regras, possui contornos que lhe são específicos, diversos da conhecida do direito civil ou mesmo do direito penal, ainda que seja possível encontrar pontos de convergência entre essas. Por esta razão é que, salvo determinação expressa em contrário, a analogia para determinação de prazos prescricionais deve ser estabelecida com o próprio direito administrativo, que tem por regra o prazo prescricional máximo de cinco anos.[20]

Ao lado do direito penal, o direito administrativo sancionador se desenvolve a partir da ideia de que o Estado carece de sanções para viabilizar sua própria e direta atuação.[21] O exercício do poder disciplinar constitui atividade plenamente vinculada, não só aos preceitos que norteiam a atividade administrativa, mas principalmente às garantias constitucionais e às legais relativas à defesa dos servidores. À parte da existência de ilícitos penal ou civil, o regime disciplinar implica a responsabilização administrativa de servidor por ilícitos administrativos definidos na legislação estatutária.[22] Tradicionalmente, a doutrina considera as sanções disciplinares substancialmente distintas das sanções penais, porquanto aquela tem por objetivo assegurar o bom funcionamento interno dos serviços e da ordem administrativa, enquanto estas visariam assegurar a paz social e valores mais amplos.[23] O foco das sanções disciplinares é a ordem interna e bom andamento da organização, com a proteção dos valores específicos de hierarquia, eficiência, moralidade dentro da Administração Pública.

Na evolução do direito administrativo sancionador, alguns autores defenderam a unificação das responsabilidades penal e administrativa em um ramo jurídico único, sob o fundamento de que ambos obedeceriam aos mesmos princípios jurídicos, perseguiriam os mesmos fins através do mesmo meio, que seria o sancionamento do transgressor, para fins exemplares e repressivos.[24] Contudo, há diferenças conceituais entre ambos ilícitos, podendo-se diferenciar entre ilícito administrativo puro e ilícito administrativo criminal, além de razões pragmáticas pelas quais essa separação se faz necessária, por instrumentalizar adequadamente a autotutela da Administração Pública, garantindo-lhe maior eficiência no controle de seus servidores. A aplicação

---

[18] Sobre a compreensão privatística do instituto da prescrição em CIRNE LIMA, Ruy. O Código Civil e o Direito Administrativo. *Revista de Direito Administrativo*, vol. 62, outubro-dezembro. Rio de Janeiro, 1960.

[19] MEIRELLES, Hely Lopes. *Direito Administrativo Brasileiro*. 37ª ed. São Paulo: Malheiros, 2011. p. 545.

[20] BARROSO, Luis Roberto. A prescrição administrativa no direito brasileiro antes e depois da lei 9.873. *Revista Diálogo Jurídico*, Salvador, v. 1, nº 4, 2001.

[21] MEDINA OSÓRIO, Fábio. *Teoria da improbidade administrativa*. São Paulo: Revista dos Tribunais, 2007.

[22] DI PIETRO, Maria Sylvia Zanella. *Direito Administrativo*. 22ª ed. São Paulo: Atlas, 2009. p. 613.

[23] MEDINA OSÓRIO, Fábio. *Direito Administrativo Sancionador*. 2ª ed. São Paulo: Revista dos Tribunais, 2005. p. 159.

[24] WOLFF, Hans J.; BACHOFF, Otto; STOBER, Rolf, 2006. *Direito Administrativo*. Vol. 1, 11ª ed. Tradução: António F. de Souza. Lisboa: Fundação Calouste Gulbenkian, 2006.

das sanções disciplinares, portanto, cabe às autoridades administrativas, enquanto as sanções provocadas pelos ilícitos penais são manifestações do poder jurisdicional do Estado, pelo que o mesmo fato pode ser julgado nas duas esferas sem que tal se configure em *bis in idem*.

1.2. Aplicação da prescrição penal ao processo disciplinar

A regra geral da Lei Federal nº 8.112/90 estabelece os prazos prescricionais para a responsabilização de servidor por ilícito funcional, no Art. 142, sendo este de cinco anos para infrações puníveis com demissão, de dois anos para aquelas puníveis com suspensão e de 180 dias para aquelas sujeitas à advertência. Segundo expresso na referida legislação, a prescrição deverá ser conhecida de ofício e não pode ser ignorada pela Administração Pública, porquanto trata-se de matéria de ordem pública.

Contudo, tratando-se de transgressões administrativas também tipificadas criminalmente, buscando concretizar a unidade do ordenamento jurídico no tratamento de situações análogas, estabelece o artigo 142, § 2º, da Lei nº 8.112/90, ponto central do presente estudo, que os prazos prescricionais previstos na legislação penal terão aplicação. No entendimento do Supremo Tribunal Federal: "*A falta disciplinar, também prevista em lei penal, prescreve juntamente com este*".[25] A despeito da aparente logicidade de que tal dispositivo se reveste, tal aproveitamento de prazos prescricionais da legislação penal não se faz na ausência de inúmeras dificuldades e divergências doutrinárias e jurisprudenciais, em vista da dificuldade de transplantação de instituto isolado de um regime jurídico para outro, regidos estes, de resto, por princípios e regras diversas.

A falta administrativa, também prevista como crime, na explanação do Ministro Moreira Alves, é aquela prevista no estatuto dos servidores públicos ou em outra lei administrativa que disponha sobre desvios de conduta funcional praticados por servidor público e que, por sua gravidade, foi também incluído como crime.[26] Distingue-se, por conseguinte, das chamadas faltas disciplinares puras, não previstas como crime por serem consideradas de menor potencial lesivo à Administração, e, de outro lado, dos crimes comuns, que não se originaram de faltas disciplinares anteriores e por sua gravidade tornaram-se crimes, mas sempre foram condutas tipificadas tão somente na seara criminal.[27] Nas palavras de Carlos S. de Barros Junior, "há faltas disciplinares que, por sua maior gravidade, pelo caráter doloso, constituem também crimes. Elas configuram violação de deveres relativos à disciplina e, do mesmo passo, atos previstos na legislação penal. Prevê, assim, a lei disciplinar, faltas que o Código Penal também reprime. São os denominados crimes praticados por funcionários contra a Administração Pública".[28]

Primeiramente é preciso destacar-se que a extensão dos prazos prescricionais da legislação penal às infrações administrativas somente é cabível, em atenção ao princípio da legalidade, quando a mesma conduta for tipificada, então, nos dois diplo-

---

[25] STF, MS 19.986, Tribunal Pleno. Rel. Min. Xavier de Albuquerque, DJ 17-09-1976.

[26] STF, Tribunal Pleno, Mandado de Segurança nº 20.069/DF, Rel. Min, Moreira Alves, DJ 02.09.1977.

[27] CARVALHO, Antonio Carlos Alencar. *Manual de Processo Administrativo Disciplinar e Sindicância*. Belo Horizonte: Fórum, 2011. p. 975.

[28] BARROS JÚNIOR, Carlos S. de. *Do poder disciplinar na Administração Pública*. São Paulo, Revista dos Tribunais, 1972. p. 103.

mas legais, no Código Penal e no estatuto do funcionalismo. Não se pode, portanto, aplicar o dispositivo do § 2º, art. 142 da Lei 8.122/90 para fins de computar os prazos da lei penal para punições administrativas, quando os crimes comuns não sejam tipificados expressa e especificamente, no estatuto dos servidores, como falta funcional; os crimes comuns não tipificados no estatuto dos servidores como faltas infracionais não podem motivar a apenação administrativa, razão pela qual, inclusive, alguns estatutos do funcionalismo municipais ou estaduais já incluíram como falta funcional alguns crimes comuns.[29]

A Lei 8.122/90 previu exaustivamente, no art. 132, as condutas puníveis de serem sancionadas com a demissão, não havendo falar-se em discricionariedade para além do conteúdo da lei, vigorando a tipicidade estrita para as infrações mais graves. Essas condutas, portanto, não são puníveis pela Administração por constituírem crimes, mas sim por virem autonomamente tipificadas na legislação administrativa. Conforma lembra Maria Sylvia Zanella di Pietro, *"o ilícito penal, por si só, não enseja punição disciplinar"*.[30]

A autonomia e independência entre as instâncias penal, civil e disciplinar não é questionada; contudo, reconhece-se uma espécie de "prevalência" do juízo penal, quando as decisões penais que negam o fato ou autoria fazem coisa julgada nas demais instâncias, conforme expresso no artigo 126 da Lei 8.112/90. Esse excepcional predomínio da sentença penal advém do fato de que, em tese, o princípio da ordem pública é mais denso na esfera penal e, também por isso, há um maior rigor probatório.[31] Esse maior rigor da esfera penal é reconhecido também pela jurisprudência: "A atividade jurisdicional, a nível penal, não define a atividade a nível administrativo relativamente ao mesmo fato, porque a exigência de prova da ilicitude penal é mais rigorosa do que para a ilicitude administrativa. É mais rigorosa porque, apesar de inexistir diferenças entre as ilicitudes (penal, civil e administrativo), existe uma escala de gravidade da mesma, ensejando com isso respectivas sanções mais ou menos graves".[32]

O primeiro e mais básico obstáculo que se coloca ao intérprete do § 2º do art. 142 do estatuto dos servidores federais é justamente a determinação da similitude entre o ilícito tipificado na legislação administrativa e o crime descrito no tipo penal. Parte-se de que o paralelismo prescricional entre as duas esferas sancionadoras se aplicaria aos ilícitos previstos no art. 132 da Lei 8.112/90, que encontram, alguns, correspondência nos artigos 312 a 337 do Código Penal. O problema reside no fato de que quem normalmente exerce o juízo de similitude entre os tipos e a conduta é a Autoridade Administrativa, já que o processo disciplinar, de regra, é mais célere que o juízo penal;[33] ao fim prevalecerá, contudo, pelas razões já aduzidas, a juízo deste último.

---

[29] CARVALHO, Antonio Carlos Alencar. *Op. cit.*, p. 996

[30] DI PIETRO, Marua Sylvia. *Direito administrativo*. São Paulo: Atlas, 2004. p. 527.

[31] DA COSTA, José Armando. *Direito disciplinar – temas substantivos e processuais*. Belo Horizonte: Fórum, 2008. p. 324.

[32] TRF – 2ª Região, Agravo de instrumento nº 91220/RJ, 2ª Turma, Rel. Des. Federal Paulo Espírito Santo, DOU 22.12.2004

[33] CURVELO, Alexandre Schubert. *Da influência da prescrição penal sobre o processo administrativo disciplinar: entre a infração penal e a administrativa*. In: FAYET JUNIOR, Ney. *Prescrição penal – temas atuais e controvertidos*. Vol. 3. Porto Alegre: Livraria do Advogado, 2011. p. 215. Conforme apontado por ocasião daquele estudo, o

Pior: o juízo levado a efeito exclusivamente pela autoridade administrativa, sobre a tipificação penal de um ilícito administrativo, pode provocar flagrante violação ao direito fundamental do cidadão de ver-se julgado, quando da prática de um delito, no âmbito de um processo judicial, seja pelo âmbito de garantias ínsitas ao processo judicial penal, seja por força da independência funcional dos magistrados tal e qual previsto no sistema brasileiro.

Um exemplo que traz à análise doutrinária a dificuldade no exercício do juízo de similitude é a equiparação do ilícito administrativo de abandono de cargo, tipificado no art. 138 da Lei 8.112/90, com o crime previsto no artigo 323 do Código Penal. Em que pese ambos os tipos partirem da mesma conduta geral – abandonar o exercício de um cargo público -, as peculiaridades de um e de outro ilícito diferem, exigindo a legislação administrativa, de um lado, um elemento temporal (o abandono por período superior a trinta dias) e, de outro, a legislação penal condicionando a caracterização do crime a uma consequência da conduta do agente, qual seja, a potencialidade de risco à continuidade do serviço sob a responsabilidade do servidor.[34] Neste caso, para que possa ser estendido ao servidor faltoso (por pelo menos trinta dias), no âmbito do processo disciplinar, a prescrição cominada pela legislação penal (oito anos), mister haja o agravante da potencialidade de risco à repartição pública,[35] porquanto, prescindindo deste elemento, estar-se-á diante de um ilícito administrativo puro, cujo prazo prescricional é de cinco anos, somente.

Inexistindo uma neutralidade e especialização da Autoridade Administrativa, como o é, via de regra, e por vezes buscando encobrir sua própria inércia, pode-se vislumbrar por vezes a tentativa da Administração de forçar uma determinada conduta no esquadro da lei penal, a fim de ver acrescido o prazo prescricional. Exigindo-se, para tanto, a concreta similitude entre as condutas, não raro os processos disciplinares serão (re)analisados na esfera judicial, com relação a este enquadramento.

Tendo em vista a existência de autonomia entre as esferas, já referida, a jurisprudência é consolidada quanto à desnecessidade de aguardar-se o trânsito do processo penal para o julgamento e sancionamento de infrações administrativas.[36] [37] Entretanto, considerando-se que remanesce certa insegurança quanto ao enquadramento do ilícito funcional também em crime, pela autoridade administrativa, para que se possa estender o prazo prescricional penal à punição das infrações adminis-

---

problema cerne é a incapacidade de a esfera administrativa, enquanto sistema uno de jurisdição, de permitir o mesmo grau de segurança em relação à imparcialidade (neutralidade) do julgador. Idem, p. 214.

[34] Nesse sentido: JESUS, Damásio Evangelista de. *Direito Penal*. 6ª ed. Vol. IV. São Paulo: Saraiva, 1995, p. 331; BITENCOURT, Cezar Roberto. *Tratado de direito penal*. Vol. IV. São Paulo: Saraiva, 2004, p. 433; MIRABETE, Julio Fabbrini. *Manual de Direito Penal*. Vol. III. 9ª ed. São Paulo: Atlas, 1995, p. 331; CAPEZ, Fernando. *Curso de direito penal*. 2ª ed. São Paulo: Saraiva, 2004, p. 464.

[35] Na jurisprudência: "O legislador incluiu o abandono de cargo entre os ilícitos penais, visando não deixar paralisada a máquina administrativa. Tal não acontece quando está presente o funcionário a quem incumbe assumir o cargo na ausência do ocupante; nesse caso, não havendo probabilidade de dano, que é a condição mínima para a existência de um evento criminosos, não se configura o ilícito do art. 323 do CP". TACRIM, AC, Rel. Cunha Bueno – RT526/331.

[36] STF, MS nº 22.438-1/30.

[37] Remanescem algumas vozes na doutrina contrárias à suficiência do recebimento da denúncia para a extensão do prazo prescricional, entendendo que, para que reste legitimada a regência da legislação penal para efeito do estabelecimento do prazo da prescrição disciplinar, seria necessária a existência de provimento criminal transitado em julgado, pena de violação da segurança jurídica. Nesse sentido COSTA, José Armando da. *Direito Disciplinar – temas substantivos e processuais*. Belo Horizonte: Fórum, 2008. p. 330.

trativas, a jurisprudência vem estabelecendo a necessidade de haver cognição penal sumária, com no mínimo a apuração dos indícios de prática de crime, com a formulação e recebimento da denúncia pelo juiz competente. Neste sentido a jurisprudência do Superior Tribunal de Justiça:

> ADMINISTRATIVO. SERVIDOR PÚBLICO. PROCESSO ADMINISTRATIVO DISCIPLINAR. PENA DE DEMISSÃO. PRAZO PRESCRICIONAL. INEXISTÊNCIA DE APURAÇÃO CRIMINAL. APLICAÇÃO DO PRAZO ADMINISTRATIVO. PARECER DO MPF PELA CONCESSÃO DA ORDEM. PRECEDENTES.
> 1. A regra geral do prazo prescricional para a punição administrativa de demissão é de cinco anos, nos termos do art. 142, I, da Lei n. 8.112/90, entre o conhecimento do fato e a instauração do processo administrativo disciplinar.
> 2. Quando o servidor público comete infração disciplinar também tipificada como crime, somente se aplicará o prazo prescricional da legislação penal se os fatos também forem apurados em ação penal.
> 3. Precedentes: RMS 19.087/SP, Rel. Ministra Laurita Vaz, Quinta Turma, julgado em 19.6.2008, DJe 4.8.2008; MS 12.884/DF, Rel. Min. Maria Thereza de Assis Moura, Terceira Seção, julgado em 9.4.2008, DJe 22.4.2008; RMS 18.688/RJ, Rel. Min. Gilson Dipp, Quinta Turma, DJ 9.2.2005.
> 4. No presente caso não há notícia de apuração criminal, razão pela qual deve ser aplicado o prazo prescricional de 5 (cinco) anos, previsto no art. 142, I, da Lei n. 8.112/90.
> 5. É incontroverso nos autos que os fatos desabonadores foram conhecidos pela Administração em 7.4.2000, e que o prazo prescricional foi interrompido em 7.3.2008, com a instauração do Processo Administrativo Disciplinar (PAD), caracterizando a prescrição quinquenal para a punição dos servidores públicos.
> Segurança concedida. (MS 15.462/DF, Rel. Ministro HUMBERTO MARTINS, PRIMEIRA SEÇÃO, julgado em 14/03/2011, DJe 22/03/2011)
> 5. Ainda que a falta administrativa configure ilícito penal, na ausência de denúncia em relação ao impetrante, aplica-se o prazo prescricional previsto na lei para o exercício da competência punitiva administrativa; a mera presença de indícios de crime, sem a devida apuração em Ação Criminal, afasta a aplicação da norma penal para o cômputo da prescrição (RMS 20.337/PR, Rel. Min. LAURITA VAZ, DJU 07.12.2009), o mesmo ocorrendo em caso de o Servidor ser absolvido na eventual Ação Penal (MS 12.090/DF, Rel. Min. ARNALDO ESTEVES LIMA, DJU 21.05.2007); não seria razoável aplicar-se à prescrição da punibilidade administrativa o prazo prescricional da sanção penal, quando sequer se deflagrou a iniciativa criminal.(...) (MS 14.446/DF, Rel. Ministro NAPOLEÃO NUNES MAIA FILHO, TERCEIRA SEÇÃO, julgado em 13/12/2010, DJe 15/02/2011)
> 3. Não tendo sido evidenciado nos autos que tenha sido apurada criminalmente a conduta do impetrante, ainda que seu ato seja tipificado como crime, deve ser aplicado o prazo prescricional previsto na lei que regula a punição administrativa, qual seja, de cinco anos (art. 142, Lei nº 8.112/90). (MS 11.220/DF, Rel. Ministra MARIA THEREZA DE ASSIS MOURA, TERCEIRA SEÇÃO, julgado em 27/05/2009, DJe 03/08/2009)
> 1. Nos casos em que o suposto ilícito praticado pelo servidor público não for objeto de ação penal ou o servidor for absolvido, aplica-se o disposto na legislação administrativa quanto ao prazo prescricional. Precedentes. (MS 12.090/DF – 3ª TURMA – JULGADO EM 09/05/2007 – Rel. Ministro ARNALDO ESTEVES LIMA.)

Essa solução encontrada pela jurisprudência[38] respeita a independência das esferas, permitindo uma resposta mais rápida às infrações disciplinares, mas impossibilitando uma completa discricionariedade da autoridade administrativa relativamente ao enquadramento da conduta no tipo penal correspondente, com vistas a prolongar o prazo prescricional. Com a exigência do recebimento da denúncia-crime, tem-se uma chancela, ainda que em cognição sumária, do Judiciário, sem a necessidade de esperar-se o desfecho da *persecutio crimis*, em harmonia com o princípio da razoável duração do processo do Art. 5º, LXXVIII, CF. Se a conduta é expressamente decla-

---

[38] Deve ser ressalvado que existem ainda julgados que entendem pela desnecessidade de processo penal a respeito do ilícito apurado também administrativamente: MS 16.075/DF, Rel. Ministro BENEDITO GONÇALVES, PRIMEIRA SEÇÃO, julgado em 29/02/2012, DJe 21/03/2012; MS 24013, Relator(a): Min. ILMAR GALVÃO, Relator(a) p/ Acórdão: Min. SEPÚLVEDA PERTENCE, Tribunal Pleno, julgado em 31/03/2004, DJ 01-07-2005.

rada atípica na esfera penal, contudo, sobrevém a impossibilidade de computarem-se os prazos da esfera penal para a responsabilização administrativa, conforme entendimento do Superior Tribunal de Justiça:

> AGRAVO REGIMENTAL EM RECURSO ORDINÁRIO EM MANDADO DE SEGURANÇA. PROCESSO ADMINISTRATIVO DISCIPLINAR. FATO TIPIFICADO COMO CRIME NA LEI PENAL. ABSOLVIÇÃO NO PROCESSO CRIMINAL E *ABOLITIO CRIMINIS*. (...)
> 1. Segundo orientação do Superior Tribunal de Justiça e nos termos da legislação estadual, a prescrição da pretensão punitiva do Estado, nos casos em que o servidor pratica ilícito disciplinar também capitulado como crime, deve observar o disposto na legislação penal. Porém, nos casos de absolvição no processo criminal ou de abolitio criminis, aplica-se o disposto na legislação administrativa. (...) (AgRg no RMS 32.363/RS, Rel. Ministro HAMILTON CARVALHIDO, PRIMEIRA TURMA, julgado em 22/02/2011, DJe 15/03/2011)

Cumpre diferenciar esta questão da extensão do prazo prescricional quando o mesmo ato infracional for tipificado tanto na lei penal quanto nas leis funcionais, da hipótese do artigo 132, inciso I, da Lei 8.112/9 ("A demissão será aplicada nos seguintes casos: I – crime contra a administração pública; (...)"), que, conforme jurisprudência dos tribunais superiores e precedente vinculante da AGU, exige para sua aplicação, a condenação penal com trânsito em julgado para a eventual demissão do servidor infrator, com a qual justamente se inicia o prazo prescricional.

1.3. Contagem do prazo prescricional penal para os ilícitos administrativos

Superado o enquadramento do ilícito praticado em ambas as legislações penal e funcional, ainda remanescem, contudo, severas divergências relativamente à contagem do prazo prescricional em questão. Isso porque, conforme referido, opera-se a transposição de um elemento de um ramo jurídico para outro razoavelmente diverso, cada qual com seus princípios e regras materiais. A questão é, justamente, o quanto de direito penal deve acompanhar a regra de prescrição, para que ela possa ser devidamente compreendida e aplicada na esfera administrativa.

A maior controvérsia, neste ponto, é, sem dúvida, o *dies a quo* da contagem do prazo prescricional. A Lei 8.112/90, em seu artigo 142, § 1º, estabelece que se conte o prazo prescricional "da data em que o fato se tornou conhecido". Antes de chegar inequivocamente ao conhecimento da autoridade administrativa a prática do ato infracional, portanto, sequer corre qualquer prazo prescricional, podendo a conduta ser punida independentemente do número de anos que tenham se passado desde sua prática.[39] Salienta-se que o conhecimento por qualquer autoridade administrativa já é considerado suficiente, conforme jurisprudência atual, não necessitando ser a autoridade competente para a apuração do ilícito:

> MANDADO DE SEGURANÇA. PROCESSO ADMINISTRATIVO DISCIPLINAR. TERMO INICIAL DO PRAZO PRESCRICIONAL. INEQUÍVOCO CONHECIMENTO DOS FATOS PELA ADMINISTRAÇÃO, MAS NÃO PELA AUTORIDADE COMPETENTE PARA APURAR A INFRAÇÃO. (...)
> 3. A Terceira Seção desta Corte pacificou o entendimento de que o termo inicial do prazo prescricional da Ação Disciplinar é a data em que o fato se tornou conhecido da Administração, mas não necessariamente por aquela autoridade específica competente para a instauração do Processo Administrativo Disciplinar (art. 142, § 1º da Lei 8.112/90). Precedentes.

---

[39] Nesse sentido, parecer vinculante da AGU n. GQ-55: "19. A inércia da Administração somente é suscetível de se configurar em tendo conhecimento da falta disciplinar a autoridade administrativa competente para instaurar o processo." Na mesma linha STF, RE 78.949...??

> 4. Qualquer autoridade administrativa que tiver ciência da ocorrência de infração no Serviço Público tem o dever de proceder à apuração do ilícito ou comunicar imediatamente à autoridade competente para promovê-la, sob pena de incidir no delito de condescendência criminosa (art. 143 da Lei 8.112/90); considera-se autoridade, para os efeitos dessa orientação, somente quem estiver investido de poder decisório na estrutura administrativa, ou seja, o integrante da hierarquia superior da Administração Pública. Ressalva do ponto de vista do relator quanto a essa última exigência. (MS 14.446/DF, Rel. Ministro NAPOLEÃO NUNES MAIA FILHO, TERCEIRA SEÇÃO, julgado em 13/12/2010, DJe 15/02/2011)

Diferente a perspectiva no direito penal, quando o Código Penal expressamente consigna que "A prescrição, antes de transitar em julgado a sentença final, começa a correr do dia em que o crime se consumou." (Art. 111, *caput*, e inciso I), considerando-se praticado o crime no momento da ação ou omissão, ainda que outro seja o momento do resultado (art. 4º do Código Penal).

Ensina Damásio E. de Jesus que, cometida a infração penal, o direito de punir, que era abstrato, passa a ser concreto: "Antes o Estado tinha o direito de exigir a abstenção da prática criminosa. Realizado o fato delituoso, a relação entre o Estado e o delinquente, que antes era de simples obediência penal, consubstanciada no preceito primário de lei incriminadora, tem seu suporte legal no preceito secundário, que comina a sanção, denominando-se relação jurídico-punitiva. Esse ius puniendi concreto, verdadeiro poder-dever de unir, e não simples faculdade de punir, estabelece uma relação real, de natureza jurídico-penal, entre o Estado e o sujeito ativo do crime".[40]

Veja-se que a legislação funcional determina, genericamente, que sejam aplicados os prazos prescricionais previstos na legislação penal, pelo que se poderia entender pelo afastamento tácito de todas as regras prescricionais administrativas, inclusive aquelas que regulam o início da contagem do prazo. Este era, aliás, o entendimento majoritário da doutrina, qual seja, de que, tendo a Lei 8.112/90 remetido à contagem pelo Código Penal, no caso dos crimes de peculato, concussão, corrupção passiva, prevaricação, facilitação de contrabando, advocacia administrativa, violação de sigilo funcional e abandono de cargo ou função (quando preenchidos os elementos do tipo penal) a prescrição seria contada "a partir do fato", tenha ou não a autoridade administrativa tido conhecimento do fato, podendo a Administração aplicar essa regra independentemente de reconhecimento judicial da prescrição.[41]

A jurisprudência, contudo, vem consolidando o entendimento de que o prazo penal é aplicável, mas a partir da data em que o fato se tornou conhecido da autoridade, o que autoriza a responsabilização do ilícito administrativo muito além de já prescrito o crime. Nesse sentido:

> 3. Nas hipóteses em que o ilícito administrativo praticado por servidor, nessa condição, também é capitulado como crime, a prescrição da pretensão punitiva da Administração tem como baliza temporal a pena em concreto, conforme o disposto nos arts. 109 e 110 do Código Penal.
> 4. Sendo a pena aplicada de 02 (dois) anos de reclusão em regime aberto, além do pagamento de dez diasmulta, na forma dos arts. 29 e 316 do Código Penal, o prazo prescricional é de 04 (quatro) anos, conforme o disposto no art. 109, inciso V, do Código Penal.
> 5. Transcorridos mais de 04 (quatro) anos entre o momento a partir do qual, para a Administração, os fatos se tornaram conhecidos e aquele em que se deu a instauração do processo administrativo disciplinar, de direito reconhecer ter ocorrido a prescrição da pretensão punitiva." (RMS 26.624/SP, Rel. Ministra LAURITA VAZ, QUINTA TURMA, julgado em 29/04/2010, DJe 24/05/2010)

---

[40] JESUS, Damasio Evangelista de. *Prescrição penal*, 18. ed. São Paulo : Saraiva, 2009. p. 2.

[41] NASSAR, p. 149; CARVALHO, p. 968; VAROTO, Renato Luiz Mello. *Prescrição no processo administrativo disciplinar*. São Paulo: Revista dos Tribunais, 2007. p.168-173; ARAÚJO, Edmir Netto de. *O ilícito administrativo e seu processo*. São Paulo: Revista dos Tribunais, 1994. p. 244.

> ADMINISTRATIVO. MANDADO DE SEGURANÇA. SERVIDOR PÚBLICO. DEMISSÃO.
> PRAZO PRESCRICIONAL. INFRAÇÃO DISCIPLINAR CAPITULADA COMO CRIME. CONDENAÇÃO NA ESFERA CRIMINAL. REPERCUSSÃO NA ESFERA ADMINISTRATIVA. (...)
> 2. Havendo o cometimento, por servidor público federal, de infração disciplinar capitulada também como crime, aplicam-se os prazos de prescrição da lei penal e as interrupções desse prazo da Lei 8.112/90, quer dizer, os prazos são os da lei penal, mas as interrupções, do Regime Jurídico, porque nele expressamente previstas. Precedentes.
> 3. A Administração teve ciência, em 22/5/1995, da infração disciplinar praticada pelo impetrante, *quando se iniciou a contagem do prazo prescricional* que, todavia, foi interrompido com a abertura da sindicância, em 16/9/1995. Ocorrendo o encerramento dessa investigação em 15/12/1995, a partir desta data o prazo de prescrição começou a correr por inteiro.
> 4. Na esfera penal, o impetrante foi condenado à pena de 1 (um) ano e 4 (quatro) meses de reclusão, havendo o trânsito em julgado para a acusação em fevereiro de 2001. Por conseguinte, a prescrição passou a ser de 4 (quatro) anos, porquanto calculada com base na pena in concreto, de acordo com os arts. 109 e 110 do Código Penal, c/c o art. 142, § 2º, da Lei 8.112/90. (...)(MS 10.078/DF, Rel. Ministro ARNALDO ESTEVES LIMA, TERCEIRA SEÇÃO, julgado em 24/08/2005, DJ 26/09/2005, p. 171) (grifou-se)

Este posicionamento busca dar interpretação razoável aos diversos parágrafos do artigo 142, quando consta do § 1º que o prazo começa a correr da data em que o fato se tornou conhecido e, no § 2º, que se aplicam os prazos prescricionais da lei penal, determinações aparentemente conflitantes. Evitou-se assim, conforme já era desejado da doutrina, a diferenciação entre ilícitos funcionais puros e ilícitos funcionais-crimes. O que ocorre, porém, é que a falta administrativa poderá ser punida com demissão muito depois de já ter prescrito o crime correspondente, o que parece paradoxal, uma vez que dá tratamento mais severo à infração menos grave.

A legislação administrativa admite, em suma, que autor de mero ilícito administrativo seja punido com pena de demissão a qualquer tempo, já que o prazo inicia com o reconhecimento, pela autoridade administrativa, da sua ciência do ato, o que demonstra uma tendência à imprescritibilidade, veementemente rechaçada por José Cretella Junior: "(...) dada a extrema gravidade da pena de demissão, não há a menor dúvida de que se deve dar às disposições estatutárias pertinentes interpretação extensiva, a fim de que o agente beneficie-se com as regras penais da prescrição 'a partir do fato' e jamais 'a partir da ciência do fato'",[42] Sugere o autor uma interpretação extensiva do termo *a quo* do direito penal a todas as infrações disciplinares puníveis com demissão, a fim de evitar-se a incongruência de dar tratamento mais benéfico a crime do que a um ilícito disciplinar, puníveis ambos com demissão. No caso das infrações funcionais, puníveis com sanção mais branda, elas em nada se relacionam com o direito penal, razão pela qual não sofreriam influência da regra de *dies a quo*.[43]

Contrária, neste ponto, a posição de Barros Junior, que preconiza uma interpretação restritiva da regra, entendendo que "não se pode cotejar ilícito penal e ilícito administrativo disciplinar como repressões de faltas mais ou menos graves, porquanto entre uma e outra não há que estabelecer tal comparação quantitativa. Elas não configuram ilícito do mesmo gênero, mais ou menos grave, mas qualitativamente

---

[42] CRETELLA JUNIOR, José. Prescrição da falta administrativa. *Revista dos Tribunais,* v. 544, 1981, p. 16. Nesse sentido também: NASSAR, Elody. *Prescrição na administração pública: as interseções do tempo, do princípio da segurança jurídica e da prescrição nas relações do direito administrativo.* 2. ed. São Paulo: Saraiva, 2009. p 215; ARAÚJO, Edmir Netto de. O ilícito administrativo e seu processo. São Paulo: Revista dos Tribunais, 1994. P. 249; STF, MS n. 20.069, voto do Min. Moreira Alves.

[43] NASSAR, Elody. *Op. cit.,* p. 154.

diferentes, de natureza e fins diversos. Os efeitos de uma condenação criminal são muito mais graves do que de uma pena disciplinar (...)".[44]

Saliente-se, por ocasião, que a jurisprudência aceita a utilização dos prazos prescricionais penais também quando estes forem menores do que cinco anos, ou seja, não somente para dilatar o prazo daquelas infrações que também constituem crime, mas para reduzir o mesmo se assim o previr a legislação penal, porquanto o artigo 142, § 2º, nenhuma ressalva faz a esta hipótese.[45] Por esta razão, algumas leis estaduais e municipais estabelecem ressalva a esta possibilidade, como ocorre no Estado de Santa Catarina, Lei Estadual nº 6.745/85, que estabelece que "Art. 151. Se o fato configurar também ilícito penal, a prescrição será a mesma da ação penal, caso esta prescreva em mais de 5 (cinco) anos".

Conforme se viu, a jurisprudência entende pela utilização do prazo estabelecido pela lei penal, para fins de prescrição dos ilícitos administrativos também capitulados como crime, mas aplicável conforme as leis administrativas no que diz respeito ao termo *a quo* da contagem do prazo. Mesmo raciocínio aplica-se para as causas de suspensão e interrupção da prescrição: são aquelas estabelecidas pela legislação administrativa, e não as da lei penal. Dispõe o art. 142, § 3º, que "a abertura de sindicância ou a instauração de processo disciplinar interrompe a prescrição, até a decisão final proferida por autoridade competente". Considerando que este dispositivo, lido isoladamente, permitia a prorrogação da prescrição *ad aeternum*, até que a autoridade competente resolvesse proferir uma decisão final, levando à completa insegurança jurídica dos administrados, o Supremo Tribunal estabeleceu limites à duração do processo disciplinar para fins de prescrição, sob pena de incidência da prescrição intercorrente.[46]

No julgamento do MS 22728, de relatoria do Ministro Moreira Alves, julgado em 22/01/1998, em seu voto, Min. Sepúlveda Pertence, concordando com o Relator, expressou as dificuldades que encontrava a doutrina em lidar com o supracitado dispositivo: "Sr. Presidente, já me causava certa perplexidade o problema da interpretação dos §§ 3º e 4º do art. 142 da Lei Federal nº 8.112/90, dado que uma exegese literal levaria a absurdo de fazer a prescrição depender exclusivamente da vontade da autoridade se se entende, como é letra do dispositivo, que a interrupção prossegue da abertura do processo disciplinar até a decisão final e só então recomeça a correr. O eminente relator dá significado razoável ao dispositivo: a prescrição segue interrompida durante o prazo legal para o encerramento do inquérito, mas qual começa a correr daí haja ou não decisão final. Esse era o ponto que me causava certa inquietação. Mas fiquei convencido da solução proposta pelo relator, que acompanho".

Atualmente, referido entendimento já se firmou na jurisprudência superior, conforme se vê de recente julgado:

---

[44] BARROS JUNIOR, Carlos S. de. *Do poder disciplinar na administração pública*. São Paulo: Revista dos Tribunais, 1969, p. 150.

[45] Exemplificativamente: STJ, RMS 32.285/RS, Rel. Ministro MAURO CAMPBELL MARQUES, SEGUNDA TURMA, julgado em 08/11/2011, DJe 17/11/2011; STJ, ROMS nº 18.319, Rel. Min. Laurita Vaz, DJ 30.10.2006; STJ, MS 10.078/DF, Rel. Ministro ARNALDO ESTEVES LIMA, TERCEIRA SEÇÃO, julgado em 24/08/2005, DJ 26/09/2005, p. 171.

[46] STF, RMS 23.436/DF, Rel. Min. Marco Aurélio, 1ª Turma, DJ 15.10.1999; MS 22.728/PR, Rel. Min. Moreira Alves, Pleno, DJ 13.11.1998.

4. O prazo legal para término do processo administrativo disciplinar é de 140 (cento e quarenta) dias. Por isso, a contagem do prazo prescricional, após a interrupção prevista no art. 142, § 3º, da Lei nº 8.112/90, deve ser retomada por inteiro. 5. Instaurado o processo disciplinar em 6/6/2006, ocorreu a interrupção do prazo prescricional, que foi retomado em 14/10/2006. Como o procedimento se encerrou somente em 1º/12/2008, quando já ultrapassado o prazo de 2 anos estabelecido nos arts. 109 e 110 do Código Penal, é de se entender prescrita a pretensão punitiva estatal. 6. Segurança concedida. (MS 14.138/DF, Rel. Ministro JORGE MUSSI, TERCEIRA SEÇÃO, julgado em 26/10/2011, DJe 01/02/2012)[47]

O fato de a administração ter, portanto, instaurado validamente o processo administrativo disciplinar apenas afasta a primeira forma de se auferir a prescrição; transcorrido, contudo, prazo razoável sem a conclusão do mesmo, a prescrição retoma o seu curso, não se permitindo mais sua interrupção. Considera-se razoável que a administração profira decisão final no julgamento da sindicância em trinta dias, prorrogáveis por mais trinta, acrescidos de vinte dias para julgamento, num total de 80 dias e, no processo administrativo disciplinar, em sessenta dias, prorrogáveis por mais sessenta, acrescido do prazo de vinte dias para julgamento, totalizando 140 dias, sendo conforme artigo 167 da Lei 8.112/90.

Desta forma, a partir do 141º dia a pretensão punitiva retoma seu curso prescricional, o qual não poderá mais ser interrompido. Segundo a doutrina e jurisprudência, não há qualquer motivo que autorize o prolongamento desse prazo de 140 dias para a conclusão do feito, limitando-se, com isso, a inércia da Administração e evitando-se uma imprescritibilidade em detrimento do servidor.

Tratando-se de faltas funcionais também tipificadas como crime, decidiu o Superior Tribunal de Justiça que, a despeito de aplicar-se, *in casu*, os prazos prescricionais estipulados pelo Código Penal, a instauração do processo administrativo disciplinar terá o condão de interromper o prazo prescricional: "A instauração do processo disciplinar é, nos termos da lei, causa interruptiva da prescrição administrativa, mesmo na incidência do prazo da lei penal".[48]

Entretanto, novamente é apontada aqui pela doutrina a incongruência deste posicionamento, pois se chega ao resultado de permitir que a Administração demita servidor público, mesmo depois que o prazo para punição do crime já se tenha esgotado, e isso se utilizando, teoricamente, dos prazos mais extensos da lei penal. Referida interpretação, conforme se vê, contraria a própria letra do artigo 142, § 2º, pois se a prescrição, no caso de faltas disciplinares que também constituem crime, regula-se pelas disposições do Código Penal, lógico seria que também as causas de interrupção e suspensão da prescrição fossem as daquele diploma, mantendo-se idêntica a data da prescrição da pretensão punitiva em ambas as esferas de responsabilização.[49]

Em síntese, a despeito de eventuais discrepâncias de ordem fática às quais podem conduzir a aplicação dos prazos penais às infrações funcionais deste modo, atualmente a jurisprudência consolidou-se no sentido de impor à autoridade administrativa o respeito dos prazos prescricionais estabelecidos na legislação penal sempre que a conduta administrativamente apurada se constitui também em crime, tendo sido recebida, na esfera penal, a respectiva denúncia. Entretanto, o prazo prescricional da

---

[47] No mesmo sentido STF MS 23.299/SP, Tribunal Pleno, Rel. Min. Sepúlveda Pertence, DJ 15.04.2002; STJ, MS 14.159/DF, Rel. Ministro NAPOLEÃO NUNES MAIA FILHO, TERCEIRA SEÇÃO, julgado em 24/08/2011, DJe 10/02/2012.

[48] STJ, RMS nº 13.134/BA, Rel. Min. Paulo Medina, 6ª Turma, DJ 01.07.2004.

[49] Neste sentido: CARVALHO, Antonio Carlos Alencar. *Processo Administrativo Disciplinar e Sindicância*. Belo Horizonte: Fórum, 2001. p. 970.

lei penal passa a correr da data da do conhecimento do fato pela autoridade, conforme se viu, ocorrendo, ademais, a interrupção da prescrição pela instauração do processo administrativo, que perdurará até a decisão final administrativa ou, na ausência desta, pelo período máximo de 140 dias.

2. Para além dos ilícitos penais e disciplinares: a ação de improbidade

Como é de domínio público, a promulgação da Lei 8.429/92 foi marcada pela certeza e, por que não dizê-lo, pelo clamor de que um semelhante instrumento de punição da improbidade já deveria ter sido implementado há muito mais tempo.[50] Sem dúvida, a sensação de todos foi a de que o legislador tardara no enfrentamento do problema. Todavia, essa espécie de sentimento de culpa pela longa demora acabou, talvez, contribuindo para o fato de que vários dispositivos da Lei nº 8.429/92, com destaque para os que cuidam das penas, ganharam um alto e draconiano grau de inflexibilidade. O que se nota é que o legislador parece ter procurado, de um só golpe, purgar anos e anos de culposa omissão legislativa, pelo que suas severas consequências vêm sendo sopesadas pela doutrina e jurisprudência em um legítimo juízo de proporcionalidade.

A Lei 8.429/92 veio, concretizando dispositivo constitucional do art. 37, § 4º, dispor sobre as sanções aplicáveis aos agentes públicos nos casos de enriquecimento ilícito no exercício do mandato, cargo, emprego ou função na Administração Pública direta, indireta ou fundacional, abrangendo as modalidades de enriquecimento ilícito (art. 9º), prejuízo ao erário (art. 10) e atentado aos princípios da Administração (art. 11).

Embora os atos abrangidos pela Lei de Improbidade Administrativa constituam, muitas vezes, também crimes, tipificados na legislação penal, esta lei não define delitos, mas impõe sanções de natureza civil ou política, independentemente de sanções penais, civis ou administrativas definidas nas legislações próprias.[51] De fato, o advento desta peça legislativa veio acompanhado de grande discussão a respeito da natureza penal ou extrapenal da sanção aplicável aos atos de improbidade administrativa. Isto porque o art. 12, *caput*, da referida lei fala em sanção por atos de improbidade "independentemente das sanções penais, civis e administrativas previstas na legislação específica", o que deixa dúvidas a respeito de qual seria a natureza desta.

Desde o início, importantes administrativistas se posicionaram contrariamente à confusão da ação de improbidade com a ação penal correlata,[52] tendo a jurisprudência acolhido essa posição e assentado a impossibilidade de se confundir as esferas penal e cível *latu sensu* de responsabilidade. Assim, ante o caráter não criminal das sanções previstas na referida lei, a persecução dos atos ímprobos está sob a égide das regras

---

[50] Como enfatiza Manoel Gonçalves Ferreira Filho, a Lei de Improbidade refletiu "a revolta do povo brasileiro contra a corrupção nos escalões governamentais e administrativos" (*Comentários à Constituição brasileira de 1988*. São Paulo: Saraiva, vol. 1, p. 253).

[51] NASSAR, Elody. *Prescrição na administração pública : as interseções do tempo, do princípio da segurança jurídica e da prescrição nas relações do direito administrativo*. 2. ed. São Paulo: Saraiva, 2009. p. 252.

[52] BANDEIRA DE MELLO, Celso Antônio. *Curso de direito administrativo*. 6ª ed. São Paulo: Malheiros, p. 135; MOREIRA NETO, Diogo de Figueiredo, *Curso de direito administrativo*, 11ª ed., p. 290-294; DI PIETRO, Maria Sylvia, *Direito Administrativo*, 4ª ed., p. 70.

processuais civis, não se aplicando a disciplina penal. Fabio Medina Osório assevera a pertença dessas sanções ao direito administrativo sancionador – ainda que sua aplicação seja feita exclusivamente pelo Poder Judiciário – em razão do próprio objeto da lei e seu foco na normativa da função pública, em sua vertente sancionatória.[53] O mesmo autor destaca o tratamento peculiar conferido pela Carta Constitucional e legislador federal a esta categoria de ilícitos, separando-os, e suas consequências, expressamente das demais esferas jurídicas, ainda quando as sanções incidam sobre os mesmo fatos; no art. 37, § 4º, o constituinte previu expressamente a independência das esferas cível e penal, tendo o legislador federal agregado a separação também das sanções administrativas em sentido estrito, aquelas aplicadas pela própria autoridade administrativa, enfraquecendo-se o princípio do *non bis in idem* em homenagem à preservação de outros valores.[54]

2.1. Prazos prescricionais das ações de improbidade – regra geral

Relativamente aos prazos prescricionais, a Lei da Improbidade oferece algumas dificuldades, porquanto dá tratamento severamente distinto a situações aproximadas. Referida legislação estabelece regras diferentes para a prescrição quando se tratar de ocupantes de mandatos eletivos, cargo em comissão ou função de confiança, e quando se tratar de servidores ocupantes de cargos efetivos ou empregados públicos. No primeiro caso, o prazo prescricional para ajuizamento da ação de improbidade é, seguindo a constante nas disposições gerais estatuídas em regras de direito público,[55] de cinco anos, conforme dispõe expressamente o art. 23 da Lei 8.429/92. Conta-se esse prazo do término do exercício do mandato, cargo ou função de confiança.

Em caso de servidor efetivo ou empregado, porém, o prazo prescricional é aquele previsto em lei especifica para faltas disciplinares puníveis com demissão; no caso de servidores federais, será o prazo estabelecido na Lei 8.112/90, de cinco anos a partir do conhecimento do fato pela autoridade competente, em se tratando de falta funcional pura.

Pode-se vislumbrar ademais a hipótese de um servidor público efetivo esteja exercendo temporariamente cargo de provimento em comissão. Neste caso, se o ato de improbidade for cometido no exercício do cargo de comissão, deve-se aplicar a regra do art. 23, I, contando-se cinco anos do término do exercício deste último. Mesmo raciocínio vale para o ocupante de um cargo de comissão que o encerra e passa a exercer outro: o prazo é computado tão somente em relação àquele cargo onde praticado o ato ímprobo.[56] Entretanto, sendo o ato ímprobo praticado no exercício simultâneo de cargo de comissão e efetivo, e não podendo diferenciar-se nitidamente no exercício de qual o ato ímprobo ocorreu, deve-se contar o prazo pelo art. 23, II, conforme entendimento do STJ:

> 5. Portanto, exercendo cumulativamente cargo efetivo e cargo comissionado, ao tempo do ato reputado ímprobo, há de prevalecer o primeiro, para fins de contagem prescricional, pelo simples fato de o vínculo entre agente e Administração pública não cessar com a exoneração do cargo em comissão, por ser tem-

---

[53] MEDINA OSÓRIO, Fabio. *Direito Administrativo Sancionador*. 2ª ed. São Paulo: Malheiros, 2005. p. 177.
[54] Idem, p. 399-402.
[55] BANDEIRA DE MELLO, Celso Antônio. *Curso de direito administrativo*. 22ª ed. São Paulo: Malheiros, 2007. p. 1014.
[56] Idem, p. 386.

porário. (REsp 1060529/MG, Rel. Ministro MAURO CAMPBELL MARQUES, SEGUNDA TURMA, julgado em 08/09/2009, DJe 18/09/2009)

Questionamento que exsurge da leitura do artigo 23, II, da Lei 8.429/92, "As ações destinadas a levar a efeito as sanções previstas nesta Lei podem ser propostas (...) II – dentro do prazo prescricional previsto em lei específica para faltas disciplinares puníveis com demissão a bem do serviço público, nos casos de exercício de cargo efetivo ou emprego.", é relativamente àqueles atos de improbidade cujo prazo prescricional aplicado na esfera administrativa é estendido em função de denúncia crime recebida pelo judiciário.

2.2. Prescrição penal incidente sobre a ação de improbidade

No caso de servidor efetivo que cometa ato ímprobo também tipificado como crime, determina a Lei 8.112/90 que o prazo prescricional aplicável será o da lei penal, conforme visto. Remetendo, a Lei de Improbidade, à Lei 8.112/90, aplicável seria o prazo comum de cinco anos, ou *in casu*, o § 2º do art. 142, e consequentemente o prazo penal, quer seja ele menor, quer seja maior que cinco anos. Nesse sentido:

PROCESSUAL CIVIL E ADMINISTRATIVO. VIOLAÇÃO AO ART. 535 DO CPC. INOCORRÊNCIA. IMPROBIDADE ADMINISTRATIVA. CONDUTA TAMBÉM TIPIFICADA COMO CRIME. PRESCRIÇÃO. ART. 109 DO CP. PENA ABSTRATAMENTE COMINADA. OFENSA AO ART. 333 DO CC. ALEGADA AUSÊNCIA DE PREQUESTIONAMENTO. INCIDÊNCIA DA SÚMULA N. 211/STJ.

1. Trata-se de ação de improbidade administrativa ajuizada em face de militares em razão da prática de peculato.

2. Como os recorrentes são servidores públicos efetivos, no que se relaciona à prescrição, incide o art. 23, inc. II, da Lei n. 8.429/92.

3. A seu turno, a Lei n. 8.112/90, em seu art. 142, § 2º, dispositivo que regula os prazos de prescrição, remete à lei penal nas situações em que as infrações disciplinares constituam também crimes – o que ocorre na hipótese. No Código Penal – CP, a prescrição vem regulada no art. 109.

4. A prescrição da sanção administrativa para o ilícito de mesma natureza se regula pelo prazo prescricional previsto na Lei Penal (art. 142, § 2º, da Lei 8.112/90).

(REsp 1234317/RS, Rel. Ministro MAURO CAMPBELL MARQUES, SEGUNDA TURMA, julgado em 22/03/2011, DJe 31/03/2011)

PROCESSUAL CIVIL E ADMINISTRATIVO. OFENSA AO ART. 535 DO CPC.

INCIDÊNCIA ANALÓGICA DA SÚMULA N. 284 DO STF. IMPROBIDADE ADMINISTRATIVA. CONDUTA TAMBÉM TIPIFICADA COMO CRIME. PRESCRIÇÃO.

ART. 109 DO CP. PENA ABSTRATAMENTE COMINADA. INDEPENDÊNCIA PROCESSUAL ENTRE AÇÃO CIVIL PÚBLICA POR IMPROBIDADE ADMINISTRATIVA E AÇÃO PENAL. RESGUARDO DO VETOR SEGURANÇA JURÍDICA.

4. Como os recorrentes são servidores públicos efetivos, no que se relaciona à prescrição, incide o art. 23, inc. II, da Lei n. 8.429/92.

5. Os prazos prescricionais, portanto, serão sempre aqueles tangentes às faltas disciplinares puníveis com demissão.

6. A seu turno, a Lei n. 8.112/90, em seu art. 142, § 2º, dispositivo que regula os prazos de prescrição, remete à lei penal nas situações em que as infrações disciplinares constituam também crimes – o que ocorre na hipótese. No Código Penal – CP, a prescrição vem regulada no art. 109.

7. Discute-se, aqui, se o enquadramento no art. 109 do CP deve ter em conta a pena abstratamente prevista no tipo penal ou a pena concreta aplicada pela sentença penal proferida com base nos mesmos fatos: a origem aplicou o primeiro entendimento, concluindo pela inocorrência da prescrição; o primeiro recorrente defende, no especial, a segunda tese.

8. Inviável, entretanto, modificar os fundamentos da instância ordinária. Dois os motivos que me levam a assim entender.

9. A um porque o ajuizamento da ação civil pública por improbidade administrativa não está legalmente condicionado à apresentação de demanda penal. Não é possível, desta forma, construir uma teoria processual da improbidade administrativa ou interpretar dispositivos processuais da Lei n. 8.429/92 de maneira a atrelá-las a institutos processuais penais, pois existe rigorosa independência das esferas no ponto.

10. A dois (e levando em consideração a assertiva acima) porque o lapso prescricional não pode variar ao talante da existência ou não de ação penal, justamente pelo fato de a prescrição estar relacionada ao vetor da segurança jurídica.

11. Vale dizer: havendo ação penal e ação de improbidade administrativa ajuizadas simultaneamente, impossível considerar que a aferição do total lapso prescricional nesta última venha a depender do resultado final da primeira demanda (quantificação final da pena aplicada em concreto), inclusive com possibilidade de inserção, no âmbito cível-administração, do reconhecimento de prescrição retroativa.

12. Daí porque impossível reconhecer a violação aos arts. 109 e 110, § 1º, do Código Penal c/c 142, § 2º, da Lei n. 8.112/90.

13. Por fim, como já foi sustentado anteriormente, na situação em exame, a causa de pedir da presente ação civil pública é o cometimento de atos sobre os quais recai também capitulação penal, o que atrai a incidência do art. 23, inc. II, da Lei de Improbidade Administrativa e das normas que daí advêm como consequência de estrita remissão legal.

14. Desnecessário, pois, enfrentar a problemática apontada no recurso especial no que se refere à ofensa aos arts. 142, 152 e 167 da Lei n. 8.112/90 (interrupção do prazo prescricional). O reconhecimento da ofensa a estes dispositivos não teria o condão de reverter as conclusões da origem no sentido de que, por incidência do art. 23, inc. II, c/c o art. 142, § 3º, da Lei n. 8.112/90, não estaria perfectibilizado o prazo prescricional.

15. É que porque *os atos cometidos ocorreram em 8.1.1996*, e a presente ação civil pública foi ajuizada em 2001 – respeitados, portanto, o prazo de 12 anos (prescrição relativa ao crime de corrupção passiva, o que tem maior pena abstratamente cominada dentre os acima elencados), na redação do Código penal à época dos fatos. Ademais, o art. 142, inc. I, da Lei n. 8.112/90 (e os dispositivos a ele vinculados) é inaplicável à espécie, considerando existir regra mais específica (o § 3º do art. 142 do mesmo diploma normativo).

(REsp 1106657/SC, Rel. Ministro MAURO CAMPBELL MARQUES, SEGUNDA TURMA, julgado em 17/08/2010, DJe 20/09/2010). (grifou-se)

Deste último julgado vê-se, novamente, a dificuldade que a jurisprudência encontra em, no caso concreto, decidir entre a aplicação do prazo do artigo 142, § 1º, ou do § 2º, quando inexiste ação penal em curso relativamente ao ato ímprobo, a despeito de este constituir-se também crime. Nas palavras do Relator Min. Mauro Campbell Marques, "o lapso prescricional não pode variar ao talante da existência ou não de ação penal, justamente pelo fato de a prescrição estar relacionada ao vetor da segurança jurídica". Entretanto, conforme já adrede discorrido, a jurisprudência majoritária entende pela necessidade de existir ação penal em curso para fins de aplicação deste prazo prescricional.

A diferenciação a que a referida norma conduz, entre ocupantes de mandato, cargo ou função de comissão e servidores efetivos, é gritante, porquanto, no caso desses últimos, a prescrição, quando o ato ímprobo também configurar crime, reger-se-á pelos prazos da lei penal, caso em que a prescrição pode dar-se em até vinte anos, possibilitando que o servidor efetivo seja punido muitos anos depois de ter prescrito a ação de improbidade contra um ocupante de cargo de comissão, ainda que os dois tenham concorrido para o mesmo ilícito.[57] Ademais, para aqueles abrangidos pelo inciso I do art. 23, a prescrição começa a correr de uma data determinada – término do mandato –, enquanto para os demais a prazo somente se inicia com o conhecimento do fato pela autoridade, conforme se vê da jurisprudência:

2. O ato de improbidade administrativa, em qualquer das modalidades previstas nos artigos 9º, 10º e 11 da Lei 8.429/92 (enriquecimento ilícito, dano ao erário ou violação dos princípios da Administração Pública),

---

[57] DECOMAIN, Pedro Roberto. *Improbidade Administrativa*. São Paulo: Dialética, 2007. p. 385.

> constitui transgressão disciplinar punível com a pena de demissão, o que fixa o prazo prescricional, na esfera federal, em cinco anos, a partir da data em que o fato se tornou conhecido, conforme inciso VI do artigo 132 c/c § 1º do artigo 142, ambos da Lei 8.112/90. (REsp 965.340/AM, Rel. Ministro CASTRO MEIRA, SEGUNDA TURMA, julgado em 25/09/2007, DJ 08/10/2007, p. 256)

A Lei de Improbidade beneficiou o exercente de mandato eletivo, cargo em comissão ou função de confiança não somente com um prazo eventualmente mais curto, mas principalmente com uma maior segurança jurídica, porquanto o prazo prescricional é constante em cinco anos.

Por fim, nesta seara imprescindível, a ressalva à imprescritibilidade das ações de ressarcimento ao erário, à luz do art. 37, § 5º, da Constituição Federal, amplamente reconhecida na jurisprudência atual, a despeito de uma certa perplexidade encontrada na doutrina, sumarizada nas palavras de Fabio Medina Osório: "É o caso de questionar essa ideia, pois a quebra e a violação da segurança jurídica não é um bom caminho de combate às práticas nefastas ao patrimônio público. Entendo que um amplo e larguíssimo prazo prescricional deveria ser criado para as hipóteses de lesão ao erário, mas não se poderia aceitar a total imprescritibilidade, ao menos do ponto de vista ideológico".[58]

Esta imprescritibilidade da ação de ressarcimento ao erário possui, porém, vertente moral inescondível, bem como razões de índole prática, pela dificuldade de apurar-se a corrupção que traz prejuízo ao erário. A imprescritibilidade representa, neste cenário, a preponderância, desejada pelo constituinte, do interesse público, consubstanciado na garantia à coletividade ao ressarcimento do que lhe foi subtraído, mediante ato ímprobo.

3. Do direito fundamental à tutela jurisdicional (efetiva)

Criado a partir de diferentes influências, o direito administrativo brasileiro convive com as deficiências clarividentes da assim chamada *jurisdição administrativa*. Comissões disciplinares muitas vezes formadas por servidores sem conhecimento jurídico específico, autoridade administrativa sem conhecimento especializado também, e, ambos, sem possuir as garantias institucionais conferidas aos magistrados, por exemplo, constituem elementos que devem ser considerados quando o resultado da sanção administrativa constitui restrição de direitos flagrante.

O direito fundamental à tutela jurisdicional *efetiva*, na atualidade, corresponde a um dos temas mais debatidos no âmbito do direito processual pátrio. O motivo principal deste novo enfoque ao direito processual decorre dos diversos problemas verificados a partir da sistemática de aplicação dos preceitos constitucionais, não só no período pós-88, mas, sobretudo, a partir da necessidade de conformar o antigo e o moderno processo civil brasileiro aos novos ditames da Carta.

No artigo 5º, inciso LXXVIII, acrescentado à Constituição Federal pela EC 45/2004, encontra-se o direito fundamental processual à efetividade da tutela jurisdicional, assegurando a todos um processo com duração razoável, bem como os meios que garantam a celeridade de sua tramitação. Procura-se, com a inserção deste novo inciso no rol dos direitos e garantias fundamentais, diminuir a distância do "ideal do processo justo que entre os constitucionalistas contemporâneos funciona como um

---

[58] MEDINA OSÓRIO, Fábio. *Direito administrativo sancionador*. São Paulo: Revista dos Tribunais, 2000, p. 101.

aprimoramento da garantia do devido processo legal. Para merecer essa *nomen iuris*, a prestação jurisdicional, além de atender aos requisitos tradicionais – juiz natural, forma legal, contraditório e julgamento segundo a lei – têm de proporcionar à parte um resultado compatível com a efetividade e a presteza.

Neste novo espaço de proteção da esfera individual, por certo, é que se insere tanto o direito do servidor público de ver eventual conduta por si praticada, quando ela constituir crime, apenas sob o juízo judicial; da mesma forma, no âmbito da improbidade administrativa, mormente porque, neste caso, existe lei que judicializou os conceitos daquelas práticas ofensivas ao princípio da moralidade (nas três vertentes).

Segundo aponta a doutrina: (...)..o direito fundamental à tutela jurisdicional efetiva, quando se dirige contra o juiz, não exige apenas a efetividade da proteção dos direitos fundamentais, mas sim que a tutela jurisdicional seja prestada de maneira efetiva para todos os direitos. (...) Como se vê, embora a resposta do juiz sempre atenda ao direito fundamental à tutela jurisdicional efetiva, somente em alguns casos o objeto da decisão é outro direito fundamental, ocasião em que, na realidade, existe o direito fundamental à tutela jurisdicional ao lado do direito fundamental posto à decisão do juiz. Quando esse outro direito fundamental requer prestação de proteção, não há dúvida que a decisão configura evidente prestação jurisdicional de proteção. E no caso em que a decisão não trata de direito fundamental? Frise-se que, embora o juiz, nesse caso, não decida sobre direito fundamental, ele obviamente responde ao direito fundamental à efetiva tutela jurisdicional. Nessa hipótese, como a prestação do juiz não decide sobre direito fundamental, ela deverá ser considerada diante do próprio direito fundamental à tutela jurisdicional.[59]

Neste cenário, no âmbito do influxo inarredável dos princípios fundamentais de garantia, não existe espaço para a demissão, em sede administrativa, aplicada sem a existência de uma sentença penal condenatória pela prática delitiva e, da mesma forma, sem a sentença condenatória em caso de improbidade administrativa. Decorre daí, igualmente, a necessidade de aplicar-se a prescrição penal ou da improbidade apenas quando existente a ação penal ou a ação de improbidade administrativa, pois, referentemente a ambas as matérias, o servidor público terá o direito fundamental consistente em uma verdadeira prerrogativa de jurisdição (em função da unidade de nosso sistema e pelos argumentos já expostos).

Considerações finais

O sistema de independência entre as esferas de responsabilização, no direito brasileiro, tem provocado uma série de distorções cujos contornos apontam para uma tendência de violação de direitos fundamentais. E isso porque a celeridade de condução dos processos administrativos se comparada aos processos judiciais, tem permitido que autoridades administrativas, em processos cuja presença de advogado é desnecessária, e nos quais a interpretação de condutas e correspondente aplicação de sanções se dá por meio de agentes públicos desprovidos de garantias institucionais,

---

[59] MARINONI, Luiz Guilherme. *Técnica Processual e Tutela dos Direitos*. São Paulo: Revista dos Tribunais, 2004. p. 179

para além da ausência de especialidade técnica que seria desejável para o que se pretende seja uma *esfera administrativa de jurisdição*.

A presença de dispositivos que permitem a demissão de servidores públicos a partir do enquadramento em tipos penais e conceitos de improbidade administrativa, em prejuízo da garantia fundamental da jurisdição, provoca danos imediatos ao servidores que, posteriormente, é compelido a buscar a reparação por meio do processo judicial.

O reconhecimento de que a infração administrativa corresponde a uma ilegalidade em grau diverso da improbidade administrativa e do crime (ou prática delituosa), deveria, antes de tudo, constituir garantia ao servidor público de que no âmbito da esfera administrativa não seria *processado* nem tampouco julgado pelo enquadramento em práticas cuja avaliação e enquadramento apenas pode dar-se na esfera judicial. Neste ponto, a influência da prescrição penal, na esfera administrativa, e igualmente no âmbito da improbidade administrativa, não prescinde da existência de uma ação penal, e, mais do que isso, de uma sentença judicial transitada em julgada na qual reconheça-se a prática delituosa ou improba, porquanto o direito fundamental à tutela jurisdicional *efetiva* constitui prerrogativa inafastável do Estado Democrático de Direito.

—2—

Os direitos fundamentais sociais no estado democrático de direito brasileiro: algumas aproximações em torno de seu conteúdo econômico

ANELISE COELHO NUNES[1]

No regime político democrático, os direitos fundamentais, em conjunto com a juridicidade e a constitucionalidade, consistem nos três pilares em que se assenta o princípio do Estado de Direito,[2] amplamente consagrados ao longo de todo texto da Constituição Federal de 1988, principalmente nos fundamentos do Estado Democrático de Direito, da cidadania e da dignidade da pessoa humana (norma do artigo 1º, incisos II e III).

Os direitos fundamentais, mais especificamente os classificados como sociais, necessitam de instrumentalização para sua efetivação, uma vez que promovem a realização de valores sociais através dos componentes da estrutura do Estado Democrático de Direito, ao que Giancarlo Sorrentino[3] denomina de "Estado de serviço".

Nesse sentido, a realização de serviços públicos acaba por caracterizar prestações inerentes à garantia dos direitos fundamentais.

Assim, interessante a lição de Umberto Allegretti[4] ao relacionar deveres do Estado, serviços públicos e direitos fundamentais dos administrados: "Dever do Estado é o serviço dos direitos e, portanto, dos direitos dos cidadãos derivam as tarefas do Estado e a missão da Administração."

Portanto, independentemente do modo de realização ou da classificação do serviço público, indubitável é seu caráter prestacional aos administrados, enquanto titulares[5] dos respectivos direitos fundamentais que a Administração Pública deve assegurar.

Acerca do caráter prestacional dos direitos fundamentais sociais, o magistério de Ingo Wolfgang Sarlet[6] adverte que existe um "problema específico", visto que

---

[1] Doutoranda em Direito pela PUCRS. Mestre, Especialista e Graduada em Direito pela PUCRS. Pesquisadora e bolsista da CAPES. Professora universitária e advogada. Coordenadora do PPGD da UNIFIN – Faculdade São Francisco de Assis em Porto Alegre/RS.

[2] CANOTILHO, José Joaquim Gomes. *Direito Constitucional e Teoria da Constituição*, p. 359 e ss.

[3] SORRENTINO, Giancarlo. *Diritti e participazione nell'amministrazione di risultato*, p. 38.

[4] ALLEGRETTI, Umberto. *Amministrazione pubblica e costituzione*, p. 12. Tradução livre.

[5] Vide NUNES, Anelise Coelho. *A titularidade dos direitos fundamentais na Constituição Federal de 1988*. Porto Alegre: Livraria do Advogado, 2007.

[6] SARLET, Ingo Wolfgang. *A Eficácia dos Direitos Fundamentais: uma teoria geral dos direitos fundamentais na perspectiva constitucional*, p. 280.

"é precisamente em função do objeto precípuo destes direitos e da forma mediante a qual costumam ser positivados (normalmente como normas definidoras de fins e tarefas do Estado ou imposições legiferantes de maior ou menor concretude) que se travam as mais acirradas controvérsias envolvendo o problema de sua aplicabilidade, eficácia e efetividade", e, também, trazem eminentes reflexões à tona, como ao que se refere à "reserva do possível", à "proibição de retrocesso" e ao "mínimo existencial".[7]

Nascidos em resposta às desigualdades sociais e econômicas de uma sociedade de matriz liberal, os direitos sociais constituíram-se como núcleo normativo do Estado Democrático de Direito, segundo Vicente de Paula Barreto.[8]

Na busca pela igualdade política e melhores condições de vida, a luta, sobretudo, da população trabalhadora consistiu no ponto culminante para o surgimento dos direitos sociais, ao que, posteriormente, trouxe a necessidade da assunção, pelo Estado, de várias atividades e encargos que até então não eram funções estatais.

Assim, o Estado passou a prestar vários serviços como saúde, educação e assistência social, intervindo, assim, na regulação dos mercados e na garantia dos direitos sociais".[9]

Influenciados pela igreja e pelos movimentos operários do século XIX, tornou-se necessária a inclusão de direitos sociais sob a órbita dos direitos fundamentais, como forma de prestação estatal aos indivíduos, baseados na igualdade material.[10]

Nesse sentido, como afirma Mariana Figueiredo:[11]

> Os direitos sociais, destarte, passaram a ser responsáveis pela estipulação de prestações a serem fornecidas pelos Poderes Públicos, em favor dos indivíduos, passando a ser compreendidos como "direitos de crédito", exatamente nesse sentido de outorga de direitos a determinadas prestações.

Foram consagrados primeiramente na Declaração Universal dos Direitos Humanos, integrando vários ordenamentos jurídicos, como a Constituição de Weimar, porém, segundo Vicente de Paulo Barreto, "apenas alguns Estados protegeram e deram o devido valor fundamental a estes direitos".[12]

Os direitos sociais não tiveram a intenção de substituir os direitos individuais, mas sim, de "corrigir o paradigma privado", aparecendo como posições subjetivas, individuais ou coletivas, caracterizando-se como direitos de grupos, de desigualdade e de relações de um determinado grupo.[13]

Da mesma forma, o magistério de Alexandre de Moraes:[14]

---

[7] SARLET, Ingo W.; FIGUEIREDO, Mariana Filchtiner. Reserva do possível, mínimo existencial e direito à saúde: algumas aproximações, p. 11-53, em SARLET, Ingo W.; TIMM, Luciano Benetti (orgs. e coautores) *Direitos fundamentais, orçamento e "reserva do possível"*. Vide também MOLINARO, Carlos Alberto. *Direito ambiental: proibição de retrocesso*, p. 91-120.

[8] BARRETO. Vicente de Paula. *Direitos Fundamentais Sociais: Estudo de direito constitucional comparado e internacional*, p. 110.

[9] Idem.

[10] NUNES, Anelise Coelho. *A titularidade dos direitos fundamentais na Constituição de 1988*, p. 32. A igualdade material deverá ser entendida como a busca pela igualdade no sentido de "tratar os iguais como iguais e os desiguais como desiguais", na clássica lição de Ruy Barbosa.

[11] FIGUEIREDO, Mariana Filchtner. *Direito fundamental à saúde*, p. 24.

[12] BARRETO. Vicente de Paulo. Reflexões sobre os direitos sociais p. 111.

[13] FIGUEIREDO, Mariana Filchtner. *Direito fundamental à saúde*, p. 28.

[14] MORAES, Alexandre de. *Direito Constitucional*, p. 195.

> Direitos sociais são direitos fundamentais do homem, caracterizando-se como verdadeiras liberdades positivas, de observância obrigatória em um Estado Social de Direito,[15] tendo por finalidade a melhoria de condições de vida aos hipossuficientes, visando à concretização da igualdade social, e são consagrados como fundamentos dos Estado democrático, pelo art. 1°, IV, da Constituição Federal.

Partindo-se para uma conceituação dos direitos fundamentais sociais, José Afonso da Silva[16] determina que

> Os direitos sociais, como dimensão dos direitos fundamentais do homem, são prestações positivas proporcionadas pelo Estado direta ou indiretamente, enunciadas em normas constitucionais, que possibilitam melhores condições de vida aos mais fracos, direitos que tendem a realizar a igualização de situações sociais desiguais. São portanto, direitos que se ligam ao direito de igualdade.

No constitucionalismo pátrio, os direitos sociais estiveram presentes na Constituição de 1946, assumindo, entretanto, melhor configuração na de 1988, já que reconstituída a democracia, baseados no princípio da dignidade humana, ora fundamento do Estado Democrático de Direito e dos direitos fundamentais, buscando a igualdade material.

Portanto, na caracterização dos direitos fundamentais sociais, pode-se afirmar que assumem função prestacional do Estado, em que o particular pretende a satisfação destes direitos, através do ente público ou privado.

Ademais, os direitos sociais atuam como limitadores do poder do Estado, quando outorga um direito ao seu titular (indivíduo) contra qualquer ato violatório praticado por aquele ou terceiro.[17]

Da mesma forma, segundo Sarlet,[18] os direitos sociais como prestações do Estado não estão somente ligados a sua dimensão positiva, como prestação, podendo ser de *status* negativo (defensivos).

Então, os direitos fundamentais sociais devem ser considerados, antes de tudo, direitos à prestação, uma vez que determinam para o sujeito passivo (o destinatário dos direitos fundamentais – o Estado), o dever positivo de dar ou fazer algo em proveito do sujeito ativo (titular do direito fundamental) em uma relação jurídica de direitos fundamentais; e, em segundo lugar, como direitos contra o poder público, uma vez que é este, por seus órgãos e agentes, que está na posição de obrigado à atuação positiva normativamente imposta. Em consequência, os direitos sociais são situados em oposição aos direitos liberais, em sua maioria classificados como direitos de abstenção, porquanto correlativos de deveres negativos, ou de não interferência em âmbitos existenciais constitucionalmente protegidos, tais como a vida e a liberdade.

Em vista disso, os direitos fundamentais sociais visam à proteção e ao equilíbrio das relações sociais e privadas.

Além disso, há que se referir acerca de dois aspectos. O primeiro, em relação ao fato de que, como direitos fundamentais, indúbita a questão em torno da plena e total eficácia dos direitos sociais, já que considerados como "necessidades" iguais a todos, demonstrando-se assim, seu caráter de universalidade.[19] O segundo aspecto reside no

---

[15] MORAES, Alexandre de. *Direito Constitucional*, p. 4,

[16] SILVA, José Afonso da. *Curso de direito constitucional positivo*, p. 286.

[17] FIGUEIREDO, Mariana Filchtner. *Direito fundamental à saúde*, p. 40.

[18] SARLET, Ingo Wolfgang. *Reserva do possível, mínimo existencial e direito à saúde: algumas aproximações*, p. 15

[19] CANOTILHO, J J. *Direito constitucional e teoria da constituição*, p. 369/379.

fato de que os direitos sociais são considerados cláusulas pétreas, na medida em que, diante da norma do Art. 60, § 4°, inciso IV, da Constituição Federal de 1988, deve-se fazer uma interpretação sistemática, pois, ali, deverá abarcar todos os direitos fundamentais, ainda que constantes em artigos dispersos do capítulo próprio.[20]

Os direitos sociais, nesta condição, são caracterizadores do limite de reforma da constituição, aplicando-se, assim, sua proteção em amplo e total sentido de direito fundamental.[21]

Todavia, como direitos de segunda dimensão, conforme esclarece Bonavides,[22] os direitos sociais tiveram eficácia duvidosa, na medida em que exigiram prestações do Estado, sendo então reduzidos a normas programáticas.[23]

Neste sentido, Canotilho[24] informa a problemática quanto ao conteúdo desses direitos:

> Uma das maiores dificuldades surgidas na determinação dos elementos constitutivos dos direitos fundamentais é esta: os direitos sociais só existem quando as leis e políticas sociais os garantirem. Por outras palavras: é o legislador ordinário que cria e determina o conteúdo da um direito social.

A partir disso, discute-se se os direitos sociais são realmente direitos fundamentais de caráter autoaplicável ou apenas direitos dependentes de programas de ação estatal que visam à realização de futura e gradual prestação.

Assim, Canotilho[25] afirma que

> A função de prestação dos direitos fundamentais anda associada a três núcleos problemáticos dos direitos sociais, econômicos e culturais: (1) ao problema dos direitos sociais originários, ou seja, se os particulares podem derivar directamente das normas constitucionais pretensões prestacionais; (2) ao problema dos direitos sociais derivados que se reconduz ao direito de exigir uma actuação legislativa concretizadora das "normas constitucionais sociais" e no direito de exigir e obter a participação igual nas prestações criadas pelo legislador; (3) ao problema de saber se as normas consagradoras de direitos fundamentais sociais têm uma dimensão objetiva juridicamente vinculativa dos poderes públicos no sentido de obrigarem estes a políticas sociais activas conducentes à criação de instituições, serviços e fornecimento de prestações.

Sob este ponto de vista, os direitos sociais dependem da prestação do Estado e de seus recursos financeiros, o que traz implicâncias diretas à eficácia e efetividade desses direitos.

Tal motivação ensejou a criação e o desenvolvimento da teoria da reserva do possível, segundo Sarlet.[26]

Os direitos sociais em sua dimensão de prestação estatais possuem custos, enquanto na sua dimensão de defesa, como direitos subjetivos, são considerados destituídos de necessidade econômica.[27]

---

[20] SARLET. Ingo Wolfgang. *Os direitos fundamentais sociais como cláusulas pétreas*. Revista da Ajuris n° 89, p. 101/121.
[21] Idem, p.121.
[22] BONAVIDES, Paulo. *Curso de direito constitucional*, p.564,565.
[23] MORAES, Alexandre. *Direito constitucional*, p.14,
[24] CANOTILHO, J.J. Gomes. *Direito constitucional e teoria da constituição*, p.450.
[25] Idem, p. 384.
[26] SARLET, Ingo Wolfgang. *Reserva do possível, mínimo existencial e direito à saúde: algumas aproximações*, p. 27 e 28.
[27] Idem.

Porém, não é de se negar que todos os direitos fundamentais sociais possuem um custo, mesmo aqueles considerados com neutralidade financeira (direitos de defesa), pois são condicionados ao pagamento de tributos.[28]

O grande problema da efetividade dos direitos sociais está em seu objeto, ou seja, se o responsável por cumprir a obrigação possui condições financeiras de arcar com seus custos. Mas é de se frisar neste ponto que a reserva do possível não se limita à precariedade dos recursos financeiros.[29]

Porém, dependendo de sua condição prestacional ou de defesa, os direitos sociais poderão obter eficácia maior ou menor, também de acordo com a função que exercem como defesa ou prestação.[30]

Os direitos de defesa possuem eficácia plena e imediata, inclusive os individuais, porquanto direitos fundamentais. Por outro lado, já entendeu o Supremo Tribunal Federal que os direitos de defesa são dependentes de concretização legislativa antes de demonstrar sua carga de eficácia.[31]

Os direitos a prestações são realizações de igualdade e distribuição de recursos sociais existentes, dependendo sua concretização do modo como o texto constitucional os concebe, conforme o magistério de Caliendo.[32]

Estes direitos possuem característica econômica superior aos de defesa, relacionando-se a recursos escassos e limitados, tornando-se necessária a decisão de escolher quais serão de maior valor e quais serão sacrificados, a fim de obter-se a satisfação máxima dos direitos fundamentais sociais prestacionais.[33]

Por tais entendimentos, a teoria da reserva do possível acabou por tornar-se o limitador de concretização e eficácia plena dos direitos prestacionais.[34]

Surgida em meados dos anos 70, na Alemanha, a reserva do possível culminou na real eficácia dos direitos sociais, estando localizada no campo da discricionariedade do orçamento público.[35]

Estas noções nasceram a partir de uma concepção *numerus clausus* em um caso jurídico, em que seu demandante postulava o acesso ao ensino superior, do que resultou entendido que a prestação deveria seguir o que foi exigido da sociedade, via tributação, no limites da obrigação prestada dentro do razoável.[36]

Deste modo, sustentou-se que a prestação ao indivíduo deveria estar dentro dos limites da disposição do Estado a alguém que realmente fosse necessitado de tal prestação em um dado momento.[37]

---

[28] SARLET, Ingo Wolfgang. *Reserva do possível, mínimo existencial e direito à saúde: algumas aproximações*, p. 27 e 28.
[29] Ibidem.
[30] CALIENDO. Paulo. *Direito Tributário e análise econômica do direito*. p. 168 e ss.
[31] Idem.
[32] Ibidem.
[33] Ibidem.
[34] Ibidem.
[35] SARLET, Ingo Wolfgang. *Reserva do possível, mínimo existencial e direito à saúde: algumas aproximações*, p. 29 e 30.
[36] Idem.
[37] Ibidem.

Seguindo a lição de Sarlet,[38] pode-se esclarecer que a reserva do possível apresenta uma

> dimensão tríplice, que abrange: a) a efetiva disponibilidade fática dos recursos para a efetivação dos direitos fundamentais; b) a disponibilidade jurídica dos recursos materiais e humanos, que guarda íntima conexão com a distribuição de receitas e competências tributárias, orçamentárias, legislativas e administrativas, entre outras, e que, além disso, reclama equacionamento, notadamente no caso do Brasil, no contexto do nosso sistema constitucional federativo; c) já na perspectiva(também) do eventual titular de um direitos de prestações sociais, a reserva do possível envolve o problema da proporcionalidade da prestação, em especial no tocante à sua exigibilidade e, nesta quadra, também sua razoabilidade.

Há que se frisar que a reserva do possível é limitadora e restritiva dos direitos fundamentais, atuando como forma de garantia destes, desde que observada a proporcionalidade e o mínimo existencial para com todos os outros direitos fundamentais.[39] A proporcionalidade aplicada à reserva do possível incidirá como proibição do excesso e insuficiência no controle dos atos da administração pública.[40]

Dessa forma, a conscientização do Poder Judiciário no sentido de não somente existir o zelo pelos direitos fundamentais, mas também, máxima cautela e responsabilidade na concessão da tutela são as advertências de Sarlet.[41]

Ainda, é necessário encarar a reserva do possível com certo resguardo, ao passo que está sendo utilizada como meio de fundamentar o impedimento da intervenção judicial e desculpa para a omissão do ente público em efetivar os direitos de cunho social prestacional.[42]

Assim, afirma Sarlet[43]

> [...] a maximização da eficácia efetividade de todos os direitos fundamentais, na sua dupla dimensão defensiva e prestacional, depende em parte significativa (e a realidade brasileira bem o demonstra!) da otimização do direito fundamental a uma boa (e portanto sempre proba e moralmente vinculada) administração.

Verifica-se, portanto, que os direitos sociais a prestações não podem ser limitados ao mínimo existencial, não podendo a reserva do possível prevalecer, ao passo que deverá haver a primazia da vida e da dignidade humana, com a devida alocação de recursos financeiros para tal, não estando, assim, a reserva do possível apresentada como argumento da afastabilidade da responsabilização do Estado.[44]

Com as devidas considerações, há de se verificar que ao Estado couberam as responsabilidades de solucionar todos os interesses da sociedade, fazendo-o ser responsável por arcar com todas as atividades e responsabilidades para tal, com o fim de a tudo e a todos prover[45].

Analisa-se, então, a reserva do possível sob sua ótica financeira e orçamentária, diante da inexistência de verbas destinadas ou recursos para a devida prestação social.[46]

---

[38] SARLET, Ingo Wolfgang. *Reserva do possível, mínimo existencial e direito à saúde: algumas aproximações*, p. 29.
[39] Ibidem.
[40] Ibidem.
[41] Ibidem.
[42] Ibidem.
[43] Ibidem.
[44] Idem, p. 37.
[45] LOPES, José Reinaldo de Lima. *Direitos Fundamentais: orçamento e reserva do possível*, p. 178.
[46] Idem, p. 179.

Conforme ensina José Reinaldo Lima Lopes:[47]

> Além da impossibilidade jurídica de se criarem ou alocarem recursos contra as regras do orçamento, há uma impossibilidade que se pode compreender. Trata-se da impossibilidade econômica. A impossibilidade econômica diz respeito à escassez e a escassez sempre quer dizer desigualdade. Bens escassos são bens que não podem ser usufruídos por todos. Requer-se, pois, que sejam distribuídos segundo regras e regras pressupõem o direito igual ao bem e, ao mesmo tempo, a impossibilidade de uso igual e simultâneo. Há impossibilidade econômica quando, a despeito de existirem condições de outra ordem para a criação do bem, por motivos variados a provisão do bem não se pode fazer sem o sacrifício de outros bens.

Sendo assim, necessário será o critério de urgência para que alguém desfrute de determinada prestação. Alguns não serão excluídos, mas temporariamente despidos desta possibilidade.

A reserva do possível com caráter econômico relaciona-se, mas não deve ser confundida, com a impossibilidade técnica e a escassez, porém, fazem parte da impossibilidade econômica, na medida em que resultará em escolhas de prioridades para qual área serão destinados os recursos.

Assim, a impossibilidade econômica importa na eleição e definição de prioridades, resultante de políticas públicas, ressaltando-se que, mesmo que os direitos sociais concebam direitos fundamentais, e, sendo assim considerados, não poderão ser excluídos de apreciação do Judiciário, em caso de violação.

Em vista disso, a reserva do possível caracteriza-se como a culminância da justificativa da restrição aos direitos sociais fundamentais, tendo como elemento limitador a disponibilidade financeira do Estado.

Segundo Caliendo,[48] existem duas teorias quanto à restrição dos direitos fundamentais, sendo estas chamadas teoria externa e teoria interna, salientando-se que estas restrições somente serão assim consideradas por meios de norma constitucional ou autorização da Constituição Federal.

Para a teoria interna não há restrição dos direitos, mas sim, delimitação conceitual, ou seja, a conduta não está protegida pela norma de direito fundamental, devendo ocorrer averiguação entre o conteúdo aparente e o verdadeiro.[49] Nesta teoria, a restrição está ligada às características normativas como princípios ou regras, concebendo os direitos fundamentais como regras e posições insuscetíveis a restrições. Porém, esta teoria recebe várias críticas, principalmente no que tange à não existência de colisão de direitos fundamentais e à ponderação como meio de solucionar o conflito.

Já a teoria externa é defendida como forma de adequação dos direitos individuais e a liberdade com os direitos de outros indivíduos, conjuntamente com o controle das ingerências do poder público na esfera individual.[50] Existirá a ponderação no conflito, não em abstrato, mas sim, em concreto, sendo a restrição de natureza normativa de princípios, e que, quando um direito *prima facie* for afastado, tornar-se-á um não direito definitivo.[51]

---

[47] LOPES, José Reinaldo de Lima. *Direitos Fundamentais: orçamento e reserva do possível*, p. 180 e181.
[48] CALIENDO. Paulo. *Direito Tributário e análise econômica do direito*, p.173.
[49] Idem, p. 174.
[50] Idem, p. 175.
[51] Ibidem.

No que se refere à estrutura, a teoria interna prevê os direitos fundamentais como normas definitivas e fechadas, enquanto, para a teoria externa, são modelos de princípios com ponderação.[52]

Quanto à liberdade, a teoria interna verifica que decorre do sistema constitucional, sendo definitiva. Contudo, para a teoria externa, a liberdade é dado individual, o que poderá ter confronto na vida social, caracterizada como autonomia.[53]

Já no que diz respeito ao Poder Judiciário e à concretização dos direitos fundamentais sociais, a teoria interna determina que aquele deve se limitar ao máximo, ou seja, minimalista. Todavia, a teoria externa pressupõe que o ente deverá ser ativo ou maximalista na concretização.[54]

Observa-se, conforme o magistério de Paulo Caliendo,[55] que a teoria externa é a mais adequada para verificar a concretização dos direitos fundamentais sociais, com a máxima intervenção judicial necessária.

Porém, alguns esclarecimentos sobre as teorias de eficácias dos direitos fundamentais sociais importam, tais como: teoria da eficácia zero, teoria da eficácia mínima, teoria da eficácia máxima e teoria da eficácia máxima possível.

Para os adeptos da teoria da eficácia zero, não existirá concretização dos direitos fundamentais sociais por meio judicial, porquanto carecem de estrutura normativa dos direitos subjetivos, porquanto não existente imperativo jurídico que obrigue o Estado a cumpri-lo, pois não cabe ao Judiciário fazer a escolha dos melhores meios de alcançar os fins determinados, autorizando-o somente no que diz respeito à inconstitucionalidade; também não pode exercer escolha de valores e, ademais, sua atuação poderia violar a autorização orçamentária.[56]

Ainda nesta teoria, verifica-se que o argumento se perfaz no sentido de que os atos administrativos não sofrem apreciação judicial. Assim, o Judiciário fica restrito à separação dos Poderes.[57]

Para a teoria da eficácia mínima, as normas constitucionais são de eficácia plena, porquanto são aquelas de aplicação imediata independente de outras, eficácia contida, enquanto existente margem do legislador para estabelecimento de sentido, e, eficácia limitada, sendo aquelas que o legislador apenas traçou linhas gerais de competência, atribuição e poderes para que posterior seja a ação do legislador infraconstitucional. A intervenção estatal se restringe ao mínimo existencial, uma vez que somente os necessitados de prestações são protegidos, estando os demais direcionados aos meios privados, o que não alcança a totalidade do direito social fundamental.[58]

Quanto à teoria da eficácia máxima, a atuação do Poder Judiciário ocorre em seu grau máximo, desde que respeitada a limitação da reserva do possível, fazendo

---

[52] CALIENDO. Paulo. *Direito Tributário e análise econômica do direito*, p. 176.
[53] Ibidem.
[54] Ibidem.
[55] Idem, p. 177.
[56] Idem, p. 180-181.
[57] Idem, p. 182.
[58] Idem. p. 184.

com que a concretização das normas constitucionais e programáticas seja eficaz plenamente.[59]

A atuação do juiz não consiste em restrição aos direitos fundamentais sociais. A previsão orçamentária cabe ao administrador, não ao Judiciário, não podendo a segurança jurídica prevalecer sobre a dignidade humana ou a vida.[60]

Assim, ensina Caliendo:[61]

> Nem todos que defendem a máxima eficácia dos direitos fundamentais entendem do mesmo modo a sua aplicação. Para alguns a ideia de máxima eficácia significa sem limites ou sem qualquer outra consideração. Para outros significa que o Judiciário pode, sob certos limites, agir para proteger efetivamente os direitos fundamentais sociais.

E, finalmente, a teoria da eficácia máxima possível determina que a proteção dos direitos fundamentais sociais deve ser realizada entre a reserva do possível e a complexidade. Há que se reconhecer a proibição de insuficiência do fornecimento e a preservação do mínimo existencial necessários à dignidade humana.[62]

Não se limita a atuação do Poder Judiciário com garantia ao mínimo existencial, mas se exige da Administração Pública que explicite as razões da impossibilidade, devendo o administrador buscar a máxima eficácia possível, com os limites da reserva do possível, proporcionalidade e complexidade.[63]

Por tudo isso, entende-se que a reserva do possível está atrelada à concretização dos direitos fundamentais sociais, porquanto é justificativa para limitar financeiramente o Estado. Todavia, há que se pensar na fundamentalidade destes direitos e não apenas considerá-los como normas carecedoras de implemento.

Diante da dificuldade de efetivação dos direitos sociais, porquanto dependentes de recursos financeiros do Estado, condicionados pela reserva do possível, necessária foi a fixação da jusfundamentalidade dos direitos sociais, criando-se assim, o direito ao mínimo existencial,[64] que para Sarlet,[65] é chamado de "direito-garantia ao mínimo existencial", o qual nasceu com a doutrina alemã, como garantia digna à existência humana. Reconhecido com *status* de direito pelo Tribunal Constitucional Federal alemão, fundamenta-se na dignidade da pessoa humana.[66]

Segundo a lição de Sarlet:[67]

> De qualquer modo, tem-se como certo que a garantia efetiva de uma existência digna abrange mais do que a garantia de mera sobrevivência física, situando-se, portanto, além do limite da pobreza absoluta. Sustenta-se, nesta perspectiva, que se uma vida sem alternativas não corresponde às exigências da dignidade humana, a vida humana não pode ser reduzida à mera existência.

---

[59] CALIENDO. Paulo. *Direito Tributário e análise econômica do direito*, p. 187.
[60] Idem, p. 190.
[61] Idem, p..192.
[62] Idem, p. 193.
[63] Idem, p. 194.
[64] LEAL, Ana Luiza Domingues de Souza. *O direito fundamental ao mínimo existencial como conceito normativamente dependente*, p. 16.
[65] SARLET, Ingo Wolfgang. *Reserva do possível, mínimo existencial e direito à saúde: algumas aproximações*, p. 18
[66] Idem, p. 19.
[67] Idem, p. 21.

Há que se esclarecer que o mínimo existencial não deverá ser confundido com o mínimo vital ou de sobrevivência, pois não são condições físicas de sobrevivência, mas de uma vida com qualidade.[68]

Este direito-garantia possui dupla dimensão, ou seja, negativa e prestacional, porquanto o Estado está obrigado a proteger a dignidade humana através de prestações estatais, buscando a vida com dignidade.[69]

Deste modo, o mínimo existencial independe de previsão constitucional, visto que decorre da dignidade humana e da proteção à vida, o que o inclui diretamente nos direitos sociais – devendo ser analisado o mínimo existencial em cada caso particular, com a intenção de se criar um roteiro ao intérprete.[70]

Conceituando o mínimo existencial, Sarlet[71] escreve

> Compreendido como todo o conjunto de prestações materiais indispensáveis para assegurar a cada pessoa uma vida condigna, no sentido de uma saudável, constituindo o núcleo essencial dos direitos sociais.

No direito comparado, a Constituição do Canadá fez referência ao mínimo existencial de forma indireta; a do Japão vincula à cultura e à saúde; na da Alemanha foi instituído como "mínimo existencial aos impostos.[72]

Porém, em nossa Constituição Federal de 1988, nada foi proclamado expressamente quanto ao mínimo existencial, senão o que se depreende dos objetivos fundamentais do Estado quanto à erradicação da pobreza e das desigualdades sociais.

Diante destas considerações, pode-se afirmar que o mínimo existencial encontra também guarida na temática dos direitos fundamentais sociais.

Quanto ao fundamento do mínimo existencial, eis a importante lição de Ricardo Lobo Torres:[73]

> A proteção ao mínimo existencial, sendo pré-constitucional, está ancorada na ética e se fundamenta na liberdade, ou melhor, nas condições iniciais para o exercício da liberdade, na ideia de felicidade, nos direitos humanos e nos princípios da igualdade e da dignidade humana. Não é totalmente infensa à ideia de justiça e ao princípio da capacidade contributiva, Mas se extrema dos direitos econômicos e sociais.

Quanto à extensão, afirma-se que o direito ao mínimo existencial pode alcançar qualquer direito, se considerado essencial, existencial e de inalienabilidade, podendo ser utilizado em vários ramos do direito.[74]

Diante da importância do direito ao mínimo existencial, criou-se, à luz dos direitos fundamentais, a "teoria do mínimo existencial", a qual conta com diversas características e seus respectivos desdobramentos, tais como, normativa, interpretativa, dogmática e vinculada à moral.

Normativa no sentido de preocupar-se com a eficácia e validade do mínimo existencial, já que consiste em uma teoria jurídica normativa; interpretativa porque

---

[68] SARLET, Ingo Wolfgang. *Reserva do possível, mínimo existencial e direito à saúde: algumas aproximações*, p. 22.
[69] LEAL, Ana Luiza Domingues de Souza. *O direito fundamental ao mínimo existencial como conceito normativamente dependente*, p. 18.
[70] SARLET, Ingo Wolfgang. *Reserva do possível, mínimo existencial e direito à saúde: algumas aproximações*, p. 24- 25.
[71] Idem, p. 25.
[72] TORRES, Ricardo Lobo. O direito ao mínimo existencial, p. 8.
[73] Idem, p. 13.
[74] Idem, p. 13.

projeta consequências aos direitos fundamentais; dogmática, uma vez que o que lhe interessa é a concretização dos direitos fundamentais. E, por fim, vinculada à moral, eis que os direitos fundamentais estão intimamente ligados aos princípios morais, no sentido de ser o mínimo existencial o caminho para a legitimação daqueles.[75]

Assim, observa-se que o mínimo existencial inclui-se no cerne dos direitos fundamentais sociais como meio de proteção de constrições por parte do Estado e de terceiros, carecendo de prestações positivas e garantido pela eficiente atividade judicial.

Em vista disso, o mínimo existencial não poderá ser reduzido a mero valor ou princípio jurídico, mas sim, deverá ser entendido como regra e conteúdo essencial dos direitos fundamentais, como limitador da atuação do Estado, sendo assegurado pela tributação, como forma democrática de financiamento dos custos do Estado.

Referências

ALLEGRETTI, Umberto. *Amministrazione pubblica e costituzione.* Padova: CEDAM, 1996

BARRETO, Vicente de Paulo. Reflexões sobre os direitos sociais. In: SARLET, Ingo W. (org.) *Direitos Fundamentais Sociais: Estudos de direito constitucional, internacional e comparado.* Rio de Janeiro, Ed. Renovar, 2003

BONAVIDES, Paulo. *Curso de Direito Constitucional.* 27ª. ed. São Paulo: Malheiros, 2012

CANOTILHO, Joaquim José Gomes. *Direito Constitucional e Teoria da Constituição.* Coimbra: Almedina, 1998.

FIGUEIREDO, Mariana Filchtiner. *Direito Fundamental à Saúde: parâmetro para sua eficácia e efetividade.* Porto Alegre: Livraria do Advogado, 2009

LEAL, Ana Luiza Domingues de Souza. O direito fundamental ao mínimo existencial como conceito normativamente dependente. *Revista da AJURIS – Associação dos Juízes do Rio Grande do Sul,* ano 26, n. 75, p.13-44, set. 1999

LOPES, José Reinaldo. Em torno da reserva do possível. In: SARLET, Ingo W. (org.). *Direitos fundamentais: orçamento e "reserva do possível",* p. 173-194. Porto Alegre, Ed. Livraria do Advogado, 2008

MOLINARO, Carlos Alberto. *Direito Ambiental: proibição de retrocesso.* Porto Alegre: Livraria do Advogado, 2007

MORAES, Alexandre de. *Curso de direito constitucional.* 7ª. ed. São Paulo: Atlas, 2012

NUNES, Anelise Coelho. *A titularidade dos direitos fundamentais na Constituição Federal de 1988.* Porto Alegre: Livraria do Advogado, 2007

SARLET, Ingo Wolfgang. A Eficácia dos Direitos Fundamentais: uma teoria geral dos direitos fundamentais na perspectiva constitucional. 10ª ed. Porto Alegre: Livraria do Advogado, 2010.

———. Os direitos fundamentais e sua eficácia na ordem constitucional. *Revista da AJURIS: Associação dos Juízes do Rio Grande do Sul,* Porto Alegre, v. 76, p. 365-396, 1999.

———. Os direitos fundamentais sociais na Constituição de 1988. *Revista de Direito do Consumidor,* São Paulo, RT, v. 30, p. 97-124, 1999.

———. O Estado Social de Direito, a proibição de retrocesso e a garantia fundamental da propriedade. *Revista da AJURIS – Associação dos Juízes do Rio Grande do Sul,* Porto Alegre, n. 73, p. 210-236, 1998

———; FIGUEIREDO, Mariana Filchtiner. Reserva do possível, mínimo existencial e direito à saúde: algumas aproximações, p. 11-53, em SARLET, Ingo W.; TIMM, Luciano Benetti (orgs. e coautores) *Direitos fundamentais, orçamento e "reserva do possível".* Porto Alegre: Livraria do Advogado, 2008

SILVA, José Afonso da. *Curso de Direito Constitucional Positivo.* 18 ed. São Paulo: Malheiros, 2000.

SILVEIRA, Paulo Antônio Caliendo Velloso da. *Direito tributário e análise econômica do Direito: uma visão crítica.* Rio de Janeiro: Elsevier, 2009

SORRENTINO, Giancarlo. *Diritti e partecipazione nell'amministrazione di risultato.* Napoli: Editoriale Scientifica, 2003.

TORRES, Ricardo Lobo. O Mínimo Existencial e os Direitos Fundamentais. *Revista de Direito da Procuradoria-Geral do Rio de Janeiro,* Rio de Janeiro, n. 42, p. 69-78, 1990.

---

[75] TORRES, Ricardo Lobo. O direito ao mínimo existencial, p. 26-27.

— 3 —

O governo eletrônico e a implantação de uma inclusão digital eficiente: uma via de acesso à democracia participativa no âmbito do estado socioambiental

CATARINE GONÇALVES ACIOLI[1]

Sumário: 1. As práticas de governo eletrônico e a inclusão digital como caminho para a democracia participativa; 2. As políticas públicas para uma inclusão digital eficiente; 3. O acesso à educação para uso do meio eletrônico como critério de uma inclusão digital eficiente; 4. Considerações finais; Referências bibliográficas.

1. As práticas de governo eletrônico e a inclusão digital como caminho para a democracia participativa

O desenvolvimento das novas tecnologias da informação, marcadas pela criação dos computadores e, em seguida, pela estruturação desses em redes, o que possibilitou a disponibilização e manipulação da informação sob a forma desmaterializada em um meio eletrônico capaz de ultrapassar as barreiras territoriais, passou a exigir do homem a elaboração de conceitos e paradigmas na área social e jurídica.

Essa elaboração advém do abandono à compreensão da realidade, baseada em instituições e categorias da fase industrial, e passa a permitir uma nova interpretação caracterizada pelo avanço da inteligência humana mediante a produção, agora, não apenas de bens materiais, mas, principalmente, de conhecimento técnico e científico.[2]

Ante tais transformações, cumpre questionar se o meio eletrônico seria capaz de disponibilizar novas ferramentas para a prática de uma democracia participativa,[3] mediante o exercício da cidadania sob a forma desmaterializada, ou seja, por intermédio das informações digitalizadas.

---

[1] Doutoranda em Direito pela Pontifícia Universidade Católica do Rio Grande do Sul (PUCRS). Mestre em Direito Público pela Universidade Federal de Alagoas (UFAL). Professora de Direito Constitucional e Direito Administrativo em cursos de graduação e pós-graduação *lato sensu* em Direito no Estado de Alagoas. Analista Judiciária do Tribunal de Justiça do Estado de Alagoas.

[2] DE MASI, Domenico. *A sociedade pós-industrial*. São Paulo: Editora Senac, 2003. p. 30.

[3] BONAVIDES, Paulo. *Teoria Constitucional da Democracia Participativa*: por um Direito Constitucional de luta e resistência, por uma Nova Hermenêutica, por uma repolitização da legitimidade. São Paulo: Malheiros, 2003. p. 26-30.

Dúvidas não há de que a Internet, como sinônimo de um espaço global, com sua imensa oportunidade de ampliar a comunicação e a disponibilidade de informação, aprimorou o cenário de interação entre os indivíduos, tornando possível a troca de informações de vários para vários, em que o receptor tem oportunidade de interagir com o conteúdo que recebe.

Todavia, tal interação não se dá apenas entre indivíduos, mas também entre indivíduo e Poder Público, pois o meio eletrônico tem disponibilizado uma nova forma desse atuar, restando observar se há uma preocupação em que essa atuação se concretize baseada em critérios democráticos.

O entendimento clássico de democracia remonta à participação da vontade popular na formação da vontade política.[4] Os cidadãos passam a opinar como chefes de governo diante das escolhas que podem ser obtidas em um exercício cívico. Pode constituir-se sob a forma direta, indireta ou participativa, esta com grande realce na atualidade por corresponder à participação dos cidadãos nos atos de governo, como por exemplo, por meio de audiências públicas, orçamentos públicos participativos e provocação do controle dos atos do Poder Público.[5]

No que se refere à relação entre meio eletrônico e as práticas democráticas, não se pode negar que aquele é capaz de oferecer uma participação direta dos cidadãos e uma comunicação entre estes e o Poder Público de forma descentralizada, o que levaria a pensar em uma possível substituição de uma democracia representativa por uma democracia centrada em práticas diretas, porém não é bem assim que a realidade se apresenta.[6]

A melhor solução é tê-lo como um instrumento útil para aprimoramento da democracia participativa para que o Poder Público possa demonstrar suas ações, com

---

[4] BONAVIDES, Paulo. *Ciência Política*. São Paulo: Malheiros, 2004. p. 265-267. ROUSSEAU, Jean-Jacques. *Do contrato social*. Trad. Lourdes Santos Machado. Coleção Os Pensadores. São Paulo: Ed. Nova Cultural, 1999. p. 91-147. Ao distinguir a vontade geral da vontade de todos, por entender que aquela se volta ao interesse comum e estará representada pelas leis, enquanto esta ao interesse privado, correspondendo à soma de vontades particulares. Para o autor, todo governo para ser legítimo precisa fundar-se na soberania do povo, embora para ele a ideia de democracia relacione-se àquela existente na Antiguidade, em que a soberania popular era exercida por intermédio das assembleias de cidadãos. Todavia, o entendimento atual de democracia expande os limites dessas assembleias, permitindo que todo o povo participe das decisões do governo, ainda que de forma indireta, ou seja, por seus representantes.

[5] Cf. BONAVIDES, Paulo. *Teoria Constitucional da Democracia Participativa*: por um Direito Constitucional de luta e resistência, por uma Nova Hermenêutica, por uma repolitização da legitimidade. *Op. cit.*, p. 25-49. Atualmente, a democracia prevalente compreende a representativa, na qual o povo escolhe seus representantes para realizarem as escolhas políticas em seu nome, embora seja possível encontrar resquícios de uma participação direta do povo quando realiza iniciativa de um projeto de lei, ou quando é consultado em um plebiscito ou referendo, ou mesmo quando interpõe uma ação popular visando a proteção de alguns interesses públicos. ELIZALDE, Antonio. Democracia representativa y democracia participativa. *Interações- Revista Internacional de Desenvolvimento Local*. v. 1, nº 02, Mar./2001. Disponível em: <http://www.desenvolvimentolocal.ucdb.br/RevistaInteracoes/n2_elizalde_2001b.pdf>. Acesso em: 10 maio 2006. O autor ressalta que a democracia participativa, nos dias atuais, deve ser exercida mediante uma prática cotidiana como estratégia de vida, ou seja, pela criação de uma cultura democrática.

[6] Ver RODRÍGUEZ PALOP, Maria Eugenia.La perplejidad trás el impacto. Internet em nuestro mundo. *Revista do Institutito Bartolomé de lãs Cosas*, ano 8, n. 12/2003.Universidade Carlos IV de Madrid. BOE: Madrid. p. 330-331. A autora cita também argumentos de Pérez Luño ao avocar que a referida mudança radical nas instituições democráticas poderia afetar de maneira negativa a individualidade das pessoas, a organização política e o processo legislativo, inclusive prejudicando a própria elaboração de normas jurídicas. Em sua argumentação final, conclui pela utilização da Internet como um instrumento fortalecedor e colaborador das instituições democráticas, mas não substitutivo, uma vez que amplia a interatividade entre estas e os cidadãos, bem como permite uma maior vigilância do Poder Público, além de servir de meio útil para expressão de opinião e recebimento de informações públicas. BRAVO, Álvaro Sanchez. *Internet y la sociedad europea de la información*: implicaciones para los ciudadanos. Servilla: Universidad de Sevilla, 2001. p. 63-65. Esse autor ressalta que não há, ainda, uma cultura disseminada de utilização da Internet para a prática do debate político, ou mesmo discussões argumentativas e críticas.

clareza e amplitude, e os cidadãos possam participar (opinando) na organização dos orçamentos públicos e na prática das políticas governamentais.

No entanto, infelizmente, a referida prática não é muito utilizada pelos cidadãos, porque ainda é restrito o acesso ao meio eletrônico, fator que poderá ser afastado a partir da implementação de uma efetiva inclusão digital,[7] fundada na disponibilidade de informações com idoneidade, autenticidade e segurança no meio eletrônico, bem como pela proteção à livre concorrência e expressão daqueles que atuam no referido meio.[8]

O Poder Público, por sua vez, tem se utilizado um pouco mais do meio eletrônico mediante o governo eletrônico.[9] O termo refere-se à prática de atos do Poder Público mediante o uso do meio eletrônico, em que há a disponibilidade de serviços públicos e realização de atos administrativos nos *sites* dos órgãos governamentais, de modo a diminuir a distância entre os cidadãos e o Estado, além de facilitar o acesso dos administrados a tais ações, bem como por criar um novo canal para disponibilização das informações públicas na tentativa de realizar uma cultura de legalidade e transparência na gestão pública, fatores essenciais em um Estado Socioambiental, sem esquecer dos benefícios ambientais advindos mediante a substituição gradual do meio tradicional (documento em papel, arquivos armazenados em pastas e armários, necessidade de amplos espaços físicos etc.) pelo uso do meio digital.

Como forma de concretizar essa diminuição de distância entre o Poder Público e os cidadãos, bem como no intuito de efetivar o princípio da transparência inerente à gestão pública democrática, o Brasil aprovou, no final de 2011, a Lei nº 12.527, cuja finalidade visa a regular o direito fundamental à informação previsto na Constituição Federal de 1988. A referida lei, que entrou em vigor em 16 de maio de 2012, passou a intitular-se lei de acesso à informação pública (também conhecida por "lei da transparência") e cria deveres estatais para a disponibilização de informações que sejam de interesse público, como também regula o acesso às informações pessoais que estejam em bases de dados públicas.

A mencionada lei, então, representa exemplo de ato de governo eletrônico, mas sua concretização vem sofrendo obstáculos pelo fato de o Poder Público não ter proporcionado uma discussão maior em relação ao seu conteúdo, em especial porque envolve a efetividade[10] do direito fundamental à privacidade dos dados dos agentes

---

[7] A expressão *inclusão digital* refere-se a uma forma de realizar a inclusão social, ou seja, por meio da oferta de acesso ao meio eletrônico a todo cidadão, independente de fator econômico ou social, permite-se que o princípio da isonomia seja concretizado no sentido de que todos os cidadãos tenham acesso à tecnologia e aos recursos que ela disponibiliza como: comunicação, serviços públicos, informações públicas e privadas e, inclusive, novas profissões e formas de exercer a atividade econômica. Todavia, a inclusão digital aqui ressaltada não se restringe ao simples acesso a computador e rede de computadores, mas inclui, também, a garantia de segurança da autenticidade e idoneidade dos dados e a preparação do indivíduo para uso do meio eletrônico. No presente artigo, esse sentido é o que será utilizado como inclusão digital eficiente ou com qualidade. Sobre aspectos da inclusão digital, ver CAZELOTO, Edilson. *Inclusão digital: uma visão crítica.* São Paulo: Editora SENAC, 2008. SANTOS, Maria Salett Tauk (Org.). *Inclusão digital, inclusão social? Uso das tecnologias da informação e comunicação nas culturas populares.* Recife: Editora do autor, 2009.

[8] BRAVO SÁNCHEZ. *Op. cit.*, p. 65-66.

[9] Ressalte-se que ao utilizar a expressão *governo eletrônico* versa-se sobre a prática da atividade administrativa pelos órgãos estatais, as quais podem ser realizadas de forma típica ou atípica, razão pela qual não se restringe a atos da função executiva. Nesse sentido, MELLO, Celso Antônio Bandeira de. *Curso de Direito Administrativo.* São Paulo: Malheiros, 2009., p. 29-37.

[10] Adota-se, aqui, o entendimento de Sarlet sobre efetividade ou eficácia social a qual envolve a decisão pela efetiva aplicação de uma norma jurídica eficaz (aptidão de uma norma para ser aplicada a casos concretos e, assim, produzir

públicos e dos administrados e a definição do que seria informação de interesse público,[11] como também por não haver, no Brasil, até o presente momento, a efetividade da inclusão digital com qualidade para os cidadãos.

Frise-se, ainda, que o Estado Socioambiental consiste em um modelo de Estado regulador com o intuito de ajustar a atividade econômica aos valores constitucionais, particularmente para promoção do desenvolvimento humano e social sob a vertente do desenvolvimento sustentável, o que é perceptível no modelo de Estado adotado pela Constituição Federal de 1988, a qual adota o meio ambiente e o princípio do desenvolvimento sustentável como fundamentos da Ordem Econômica brasileira, introduzindo, assim, o modelo de economia socioambiental de mercado[12] no Brasil.

Cumpre salientar que a relação do modelo estatal brasileiro de 1988 com a promoção do desenvolvimento sustentável decorre de outra particularidade essencial: o caráter Democrático de Direito, o que implica sua fundamentação encontrar-se centrada no valor dignidade humana, cuja concretização se dará pela efetividade de direitos fundamentais que englobam a noção de mínimo existencial ecológico,[13] o qual consiste, por conseguinte, na proteção do homem contra sua própria ação predatória para preservação de sua espécie. Dar-se quando o mínimo existencial passa a se relacionar com a justiça ambiental e supera as dimensões individual e social para adquirir uma nova dimensão referente à ecológica, passando a requerer uma proteção à posteridade.[14]

Porém, para que o governo eletrônico se realize como via à democracia participativa no âmbito de um Estado Socioambiental, faz-se necessário um comprometimento do Poder Público com a ampliação do acesso às tecnologias da informação com qualidade, assim como com a preparação dos cidadãos para o uso do meio eletrônico a fim de que esse possa configurar um verdadeiro meio de se concretizar a referida democracia.

Outro fator de destaque no estabelecimento do meio eletrônico como instrumento facilitador da citada forma de democracia refere-se ao desenvolvimento de práticas democráticas fundadas em valores e escolhas universais, uma vez que o ci-

---

efeitos) como também o resultado concreto de sua aplicação ou ausência de aplicação. SARLET, Ingo W. *A eficácia dos direitos fundamentais: uma teoria geral dos direitos fundamentais na perspectiva constitucional*. Porto Alegre: Livraria do Advogado, 2011., p. 240.

[11] Um exemplo desses obstáculos concerne na discussão sobre a constitucionalidade da disponibilização pública dos salários dos agentes públicos de todas as esferas estatais em *sites* dos órgãos públicos ou mediante requisições nas respectivas sedes a fim de proporcionar o controle quanto aos gastos públicos em torno da despesa com pessoal. Sobre o assunto, alguns juízes e tribunais, como no âmbito do TRF da 1ª Região, concederam liminares a fim de que esse dever estatal fosse suspenso dada a possível violação à privacidade de dados dos agentes públicos no que se refere aos valores das suas remunerações. Todavia, em 10 de julho de 2012, o presidente do STF, Min. Carlos A. Britto, ao analisar a SL nº 623, concedeu a suspensão das referidas liminares a partir do entendimento de prevalência do princípio da publicidade administrativa e de que a socialização de tais dados estaria em consonância com a lei de responsabilidade fiscal, o que permitirá o controle dos gastos públicos e se adequa aos fins do Estado Democrático de Direito brasileiro de 1988, além do fato de o próprio STF ter cumprido o citado dever legal em maio do corrente ano, o que já faz perceber sua postura em torno dessa questão. Disponível em: <http://www.stf.jus.br/portal/processo/verProcessoAndamento.asp?incidente=4272552>. Acesso em 24 de julho de 2012.

[12] SARLET, Ingo W.; FENSTERSEIFER, Tiago. Estado socioambiental e mínimo existencial (ecológico?): algumas aproximações. IN: SARLET, Ingo W. (Org.) *Estado Socioambiental e direitos fundamentais*. Porto Alegre: Livraria do Advogado, 2010. p. 22.

[13] SARLET, Ingo W. & FENSTERSEIFER, Tiago. *Op. Cit.*, p. 11-38.

[14] MOLINARO, Carlos Alberto. *Direito Ambiental: proibição do retrocesso*. Porto Alegre: Livraria do Advogado, 2007., p. 104-105.

tado meio induz à ruptura da ideia de um cidadão vinculado a uma pátria, mas sim a valores universais, cujos direitos e deveres seriam coletivos, independentemente do território físico em que se encontrasse,[15] sendo, por exemplo, relevante no que concerne à concretização de valores relacionados ao meio ambiente.

Evidentemente, a ideia de compromisso na realização de um consenso não é ruim, ou mesmo desastrosa, ao versar sobre o meio eletrônico, em especial quanto aos valores coletivos a serem respeitados nesse meio no que se refere à proteção das informações.

Tem-se, então, que o meio eletrônico, por permitir o acesso às informações públicas e por servir de mais um caminho para vigilância pelo cidadão e interação desse com o Poder Público, consiste em mais uma forma de participação e controle democrático, por contribuir no reforço e melhor efetivação das instituições democráticas existentes ao atuar em conjunto com a democracia representativa e desde que haja a preocupação de sua utilização segura e eficiente.[16]

Contudo, para que o meio eletrônico possa se constituir em uma verdadeira via para prática de uma democracia participativa, é preciso, também, adequar os impactos advindos com sua utilização de forma desequilibrada pelos países, capaz de criar uma nova maneira de divisão entre os países baseada obtenção, domínio e produção do conhecimento científico, o que se tem denominado "brecha digital".[17]

Nesse sentido, Castells destaca que a desconexão do ou uma conexão insatisfatória ao meio eletrônico gera a marginalização do sistema global, o que implica uma economia e administração sem base na Internet, marcadas por um desenvolvimento irrisório incapaz de gerar recursos para suprir sua sustentabilidade.[18]

---

[15] Nesse sentido, há a ocorrência do que Lévy denominou consciência coletiva de amplitude mundial e fundada na ideia de que as tecnologias da informação têm condições de incrementar e reforçar novas fontes de riqueza para a sociedade por meio da produção de informação sob uma perspectiva industrial. LÉVY, Pierre. *Ciberdemocracia: ensayos sobre filosofia política*. Trad. Javier Palácio. Barcelona: Editora UOC, 2002. p. 67. O autor aborda, ainda, em outras obras, a ideia de inteligência coletiva como produto da democracia eletrônica a partir da formação de comunidades virtuais, cuja finalidade constitui-se em meios de articulação e elaboração de propostas públicas visando ao interesse público. Seria um modo de ouvir os cidadãos sem intervenção de um representante, a fim de que seus apelos não sofressem falsas interpretações, embora seja uma meta difícil de ser concretizada pelo fato de não se ter um número significativo de inclusão dos cidadãos nessas comunidades virtuais em virtude do pouco acesso, ainda existente, ao meio eletrônico. Ver, também, LÉVY, Pierre. *O que é o virtual?* Trad. Paulo Neves. São Paulo: Ed. 34, 1996. p. 119-121. LÉVY. *Cibercultura*.Trad. Carlos Irineu da Costa. São Paulo: Ed. 34, 1999. p. 29-30.

[16] Nesse sentido, RODRÍGUEZ PALOP. *Op. cit.*, p. 336. Embora se posicione favorável à ideia de que a utilização do meio eletrônico, em especial a Internet, é capaz de favorecer as instituições democráticas, a autora aborda, também, a corrente contrária, que entende ser mais prejudicial à organização política e ao próprio processo legislativo.

[17] De um lado, os países que tiveram oportunidade de desenvolver-se tecnologicamente, em que se concentram as novas elites, e em torno dos quais são tomadas as principais decisões quanto a acordos e validações de condutas praticadas no meio eletrônico. Além disso, é onde se concentram as vozes que são ouvidas nessa forma de comunicação.Do outro lado, aqueles países que enfrentaram uma desorganização estrutural, tendo sido explorados e marginalizados no mercado pelas superpotências tecnológicas, que possuem um índice de acesso ao meio eletrônico muito aquém do esperado, por justamente concentrarem seus esforços em minimizar as mazelas advindas de suas circunstâncias históricas e sociais.Não se pode rejeitar a preocupação pelo atraso tecnológico dos países em desenvolvimento, uma vez que sem o combate dessa "brecha digital" também não será crível falar em universalização de valores, especialmente em novos direitos originados das relações humanas com o uso das tecnologias da comunicação e, consequentemente, em nova esfera de concretização da dignidade humana, proporcionada pela atualização dos ordenamentos jurídicos estatais, de acordo com as recentes circunstâncias sociais. Cf. LÉVY.*Ciberdemocracia*: ensayos sobre filosofia política.*Op. cit.*, p. 107. CASTELLS, Manuel. *A galáxia da Internet*: reflexões sobre a Internet, os negócios e a sociedade. Trad. Maria Luiza X. de A. Borges.Rio de Janeiro: Jorge Zahar Editor, 2003. p. 203-211. A diferença encontra-se apenas quanto à terminologia, porque o autor adota o termo "divisão digital".

[18] CASTELLS. *A galáxia da Internet*: reflexões sobre a Internet, os negócios e a sociedade.*Op. cit.*, p. 220-221.

Ademais, um dos principais impactos da aplicação das novas tecnologias na sociedade hodierna corresponde à oferta de um novo modo de estruturação das relações humanas, em que a criação das redes de computadores, pelo fato de aprimorarem as comunicações entre os indivíduos, gerou uma forma de organização social baseada em um sistema aberto, dinâmico e flexível, formado por produtores e consumidores de tecnologia.

Nessa linha, afirma Castells que o crescimento exponencial das redes de computadores possibilita a criação de novos canais de comunicação capazes de moldar a vida, mas também se moldando por essa,[19] o que demonstra uma relação de interdependência entre os atos da vida cotidiana e as novas tecnologias, pelo fato de eles se autoinfluenciarem.

A estruturação em rede criou um sistema aberto e dinâmico de relações humanas, capaz de organizar as sociedades em torno da produção, armazenamento e gerenciamento do saber tecnológico.

Ademais, a forma de estruturação do meio social com base em uma arquitetura de rede e com foco no aprimoramento dos processos de comunicação fez surgir novas elites, cujo critério de classificação ou marginalização consiste na detenção do saber.

As informações, por conseguinte, representam poder não só para as nações, como também para os indivíduos, em que se destacam aqueles que conhecem a utilização das novas tecnologias, capazes de tirar o melhor proveito dessas. Surge, então, uma nova elite, caracterizada pela detenção do conhecimento tecnológico.[20]

Todavia, as tecnologias não moldam aspectos da vida humana sozinhas, uma vez que são dependentes da atuação do Estado e da própria sociedade. Sem empenho de um contexto social apto a assimilar os adventos tecnológicos, bem como uma organização estatal capaz de estimular sua produção, as tecnologias podem ser sufocadas por tais elementos.[21]

Por tais razões, é preciso que o Estado oferte condições para que seus cidadãos possam usufruir das tecnologias da informação e, por conseguinte, dos resultados das práticas de governo eletrônico, o que será oportunizado mediante a edição e execução de políticas públicas capazes de promoverem uma inclusão digital eficiente. Mas, o que configuraria uma inclusão digital eficiente?

---

[19] CASTELLS, Manuel. *A sociedade em rede*. Trad. Roneide Venâncio Majer. São Paulo: Paz e Terra, 2005. p. 40.

[20] Um exemplo dessas mudanças refere-se à inversão dos valores adotados desde a revolução industrial, o que é visível na área empresarial, afinal, as empresas do ramo da tecnologia são as que têm suas ações mais valorizadas, bem como são as que criam mais postos de trabalho e têm se expandido sob o formato de multinacionais. SILVEIRA, Sérgio Amadeu da.*Inclusão digital, software livre e globalização contra-hegemônica*. Disponível em: <http://www.meulugar.org.br/meulugar/arquivos/inclusao_digital.pdf> Acesso em: 11 maio2006.Ver, ainda, CASTELLS. *A galáxia da Internet:* reflexões sobre a Internet, os negócios e a sociedade.*Op. cit.*, p. 210-213. DUPAS.Gilberto. *Ética e poder na sociedade da informação:* de como a autonomia das novas tecnologias obriga a rever o mito do progresso. 2 ed. São Paulo: Editora UNESP, 2001.p. 99-102.

[21] CASTELLS. *A sociedade em rede. Op. cit.*, p. 45-48. Ver também FERRARI, Levi Bucalem. *Revolução tecnológica e o Estado.* Disponível em: <http://www.mhd.org/artigos/levi_estado.htm>. Acesso em: 10 maio 2009. Disponível em: <http://www.mhd.org/artigos/levi_estado.htm>. Acesso em: 10 maio 2006. Ao ressaltar que somente o Estado Democrático conseguirá assegurar os direitos dos cidadãos diante do modo de produção tecnológico, devendo ser responsável por promover tal fim em compasso com o estímulo ao processo de desenvolvimento tecnológico. Ver ainda: COMPARATO, Fábio Konder. *Ética*: direito, moral e religião no mundo moderno. São Paulo: Companhia das Letras, 2006. p. 31-32.

Para compreender a inclusão digital eficiente faz-se necessário, primeiramente, destacar que o desenvolvimento tecnológico proporcionou uma rediscussão sobre a noção de segurança. Isto porque o uso das tecnologias possibilitou a criação de novos riscos aos direitos fundamentais dos indivíduos, em particular quanto aos direitos fundamentais à informação e à privacidade, o que demanda uma reformulação da atuação e das formas de proteção a valores imateriais, que consistem nas informações sob formato desmaterializado em âmbito público e particular, com intuito de resguardar sua autenticidade e integridade.

Cabe, ainda, ressaltar que os riscos advindos com o desenvolvimento tecnológico têm sido responsáveis por atribuir à sociedade atual a característica de, como denominada por Beck, sociedade do risco, pois "En la modernidade avanzada, la producción social de riqueza va a compañada sistematicamente por la produccion social de riesgos".[22]

Tais riscos, além de possuírem o caráter global, tendo em vista que já não mais respeitam fronteiras territoriais ou sociais, são responsáveis por gerar situações de perigo ante o uso desmesurado das novas tecnologias capazes de atingir a própria noção de personalidade, bem como por causar novas situações de desigualdade social, o que o mencionado autor irá se referir como novos perigos advindos com a modernização pelo desenvolvimento tecnológico. Por isso, argumenta o autor:

> El proceso de modernización se vuelve reflexivo, se toma a si mismo como tema y problema. Las cuestiones do desenvolvimento y de la aplicación de tecnologias (em El ámbito de la naturaliza, la sociedad y la personlidad) son sustituidas por cuestiones de la 'gestion' política e científica (administración, descubrimiento, *inclusión*, evitación y ocultación) de los riesgos de tecnologias a aplicar atual o potencialmente em relación a horizontes de relevância a definir especialmente.[23]

Assim, o suprimento da necessidade de incluir-se na estrutura em rede e, portanto, proporcionar para seus cidadãos mais um meio de realização de direitos fundamentais, relaciona-se com o comprometimento quanto à elaboração e execução de políticas públicas na área de tecnologia, capazes de permitir um acesso seguro a esse novo meio de comunicação e, por conseguinte, forma de efetivar o direito à informação.

Saliente-se, também, Hartmann que enquadra a inclusão digital, ou o acesso à Internet, como um novo direito fundamental social, pois esse valor fundamental,

> [...] assim como o direito à educação e à saúde, visa garantir as condições mínimas para uma existência digna e para a convivência da pessoa em sociedade. Além disso, esforçamo-nos até aqui para demonstrar a íntima ligação do acesso à web com diversas dimensões da vida social de cada pessoa.[24]

Apesar da coerente argumentação do supracitado autor, é preferível ter a inclusão digital como dever fundamental, inerente ao Estado, mas também à própria sociedade civil, decorrente do novo formato do direito à informação, que gera, atualmente, deveres de não intervenção e de proteção para a realização do livre acesso às informações no meio eletrônico.

Isto porque o progresso tecnológico impôs novas obrigações para Estado no que concerne ao direito à informação, uma vez que, se antes daquele, o Estado não se

---

[22] BECK, Ulrich. *La sociedade del riesgo: hacia uma nueva modernidade*. Barcelona: Ediciones Paidos Ibérica, 1998., p . 25.

[23] BECK, Ulrich. *Op. cit.*, p. 26.

[24] HARTMANN, Ivar Albero Martins. *E-codemocracia: a proteção do meio ambiente no ciberespaço*. Porto Alegre: Livraria do Advogado, 2010, p. 168-169.

preocupava sobre como os indivíduos estavam acessando a informação, por assumir exclusivamente uma postura não interventora, hoje a realidade social estruturada em rede impõe que esse busque meios de ampliar a um número cada vez maior de pessoas o acesso às tecnologias da informação (entenda-se aqui o acesso à Internet) para aprimorar seu índice de desenvolvimento tecnológico, o que por sua vez, interfere em seu índice de desenvolvimento econômico. Para tanto, o Estado brasileiro precisará formular novas políticas públicas voltadas à implantação da inclusão digital eficiente.

2. As políticas públicas para uma inclusão digital eficiente

A expressão *políticas públicas* é bastante utilizável no âmbito da efetivação dos direitos sociais e por um longo período seu estudo foi relegado à esfera da Ciência Política. Atualmente, as políticas públicas são compreendidas como instrumentos de ação do governo que evoluíram quanto ao aspecto formal, indo além do princípio da legalidade, devendo realizar-se dentro dos parâmetros deste. As políticas públicas equivalem, por conseguinte, a programas de ação do Poder Público que irão definir quais áreas e interesses públicos serão priorizados para, a partir daí, o governo definir os seus planos, metas e ações.[25]

Dessa forma, muitos países já inserem em seus orçamentos parcelas de recursos destinados ao desenvolvimento e implementação de tecnologias de informação, o que é perceptível no campo da utilização de mensagens seguras via meio eletrônico em que a maior parte dos países já instituiu sistemas de segurança de dados baseados em emissão de certificados digitais, como é o caso do Brasil que, desde 2001, implantou sua Infra-Estrutura de Chaves Públicas (ICP-Brasil)[26] para possibilitar a emissão segura de documentos eletrônicos.

Todavia, a efetivação da inclusão digital ocorre, em geral, mediante cooperação entre setor público e privado, na edição de programas sociais voltados a ofertar o acesso às tecnologias da informação, desde computadores até a rede mundial de computadores, a toda a população.[27]

---

[25] Nesse sentido, BUCCI, Maria Paula Dallari. *Direito Administrativo e Políticas Públicas*. São Paulo: Saraiva: 2002. p. 255-257. Ver, ainda: APPIO, Eduardo. *Controle Judicial das Políticas Públicas no Brasil*. Curitiba: Juruá, 2005. p. 142-143.

[26] O sistema de certificação digital brasileiro corresponde à estrutura de órgãos dispostos hierarquicamente denominada Infra-estrutura de Chaves Públicas brasileira, ou ICP-Brasil. Tal estrutura tem como objetivo principal controlar a realização da atividade de certificação digital por parte de entidades públicas ou privadas que adquiriram o credenciamento junto ao Poder Público para a referida prática. MENKE, Fabiano. *Assinatura eletrônica no Direito brasileiro*. São Paulo: Editora Revista dos Tribunais, 2005. p. 56-60. A Infra-estrutura de chaves públicas brasileira foi criada a partir da Medida Provisória nº 2.200-2/2001, que se encontra em vigor até o presente momento, em virtude das alterações instituídas pela Emenda Constitucional nº 32/2001, a qual determinou que as Medidas Provisórias editadas até a publicação da referida Emenda Constitucional permaneceriam no sistema jurídico até serem convertidas em lei ou serem revogadas por outra Medida Provisória. Ademais, encontra-se em trâmite no Congresso Nacional o Projeto de Lei nº 7316/2002, que substituirá a referida Medida Provisória e repete a regulamentação sobre a atividade de certificação prevista nessa, mas inova ao estabelecer diversas categorias de infrações e penalidades no âmbito da referida atividade e ao estabelecer com rigor os critérios de credenciamento das autoridades certificadoras. Isso permitirá a convalidação dos atos da referida Medida Provisória. BRASIL. Câmara dos Deputados Federais. *Projeto de Lei nº 7316/2002*. Substitui a Medida Provisória nº 2.200-2/2001. Disponível em: <http://www2.camara.gov.br>. Acesso em: 11 de abril de 2011.

[27] Ver, ainda, OLIVO, Luis Carlos Cancellier de. Os "novos" direitos enquanto direitos públicos virtuais na sociedade da informação. In: WOLKMER, Antonio Carlos. & LEITE, José Rubens Morato (org.). *Os "novos" direitos no Brasil: natureza e perspectivas*. São Paulo: Saraiva, 2003. p. 330. O autor relaciona a prática de políticas públicas na área

Na área das políticas públicas para promoção da inclusão digital tem-se uma forte colaboração do chamado terceiro setor da sociedade, ou seja, as Organizações Não Governamentais, bem como as empresas privadas mediante seus compromissos com a responsabilidade social representam, atualmente, uma base forte para auxiliar o governo na garantia a um acesso com qualidade às tecnologias da informação, a fim de diminuir as mazelas advindas com a falta de acesso ou o despreparo para utilizá-las.

Cumpre destacar relevante proposta de diretrizes para implantação da inclusão digital no Brasil disposta no Projeto de Lei nº 2.126/2011, denominado "Marco Civil da Internet", o qual após várias e diversificadas discussões, utilizando o próprio meio eletrônico, encontra-se para análise e votação na Câmara dos Deputados.

O referido projeto de lei disciplina os fundamentos e princípios que irão reger o uso da Internet no Brasil, bem como versa sobre direitos e garantias dos usuários da Internet, tais como: o direito à inviolabilidade e sigilo das comunicações via Internet, direito a não suspensão da conexão à Internet e o direito à manutenção da qualidade da conexão contratada, além de tratar sobre a responsabilidade de guardar os registros de conexão e de não fornecimento desses a terceiros sem justificativa legal.

Oferta, ainda, tratamento ao governo eletrônico ao estabelecer diretrizes para atuação compartilhada dos entes federativos no desenvolvimento da Internet, relacionando esse ao estabelecimento de mecanismos de governança transparente, promoção de serviços públicos via meio eletrônico, promoção de interoperabilidade entre os entes federativos no citado meio, adoção de padrões abertos de tecnologia, otimização da infraestrutura de redes e desenvolvimento de ações e programas de capacitação para uso da Internet, dentre outros.

Especificamente sobre inclusão digital, o mencionado projeto de lei a vincula ao dever estatal de capacitação dos cidadãos para uso seguro, consciente e responsável da Internet como instrumento para o exercício da cidadania,[28] o que representa, com sua aprovação, um passo essencial para colocar o Brasil no eixo dos demais países no que concerne aos avanços no desenvolvimento tecnológico e, consequentemente, à implantação do governo eletrônico em um nível esperado de eficiência.

Aliás, a formulação e execução de políticas públicas na área do acesso às tecnologias da informação consistem em verdadeiros deveres do Poder Público e representam, segundo Del Arco, uma solução pertinente para diminuir a marginalização informática, característica encontrada na sociedade atual, tendo em vista advir da distribuição não equânime e antidemocrática das riquezas provenientes da manipulação do novo bem jurídico: a informação.

O autor cita, ainda, uma iniciativa interessante da União Europeia ao elaborar, no final do século passado, em 1996, um documento, denominado El Libro Verde, em que se destacam as políticas públicas que devem ser realizadas pelos países europeus a fim de servirem de respostas às preocupações quanto à garantia de um futuro

---

da inclusão digital como finalidade para atingir fins democráticos, embora observe que o Brasil não tem dedicado investimentos suficientes na referida área.

[28] Art. 21. O cumprimento do dever constitucional do Estado na prestação da educação, em todos os níveis de ensino, inclui capacitação, integrada a outras práticas educacionais, para uso seguro, consciente e responsável da Internet como ferramenta para o exercício da cidadania, a promoção a cultura e o desenvolvimento tecnológico. BRASIL. Câmara dos Deputados Federais. *Projeto de Lei nº 2126/2011*. Marco Civil da Internet. Disponível em: <http://www2.camara.gov.br>. Acesso em: 10 de dezembro de 2011.

tecnológico com a distribuição justa do potencial das riquezas e um acesso equitativo à informação na sociedade pós-século XX, com foco voltado para criar ações estatais que visem a assegurar um acesso igualitário e democrático às novas tecnologias.[29]

No que concerne à criação de políticas públicas, Gómez Gonzalez menciona a possibilidade de elaboração de um regime jurídico relacionado ao direito à informação, o que permitiria a formulação mais eficiente e ampla de políticas públicas na área da inclusão digital. Relaciona esse regime a uma forma de realização política, a qual chama "governança informacional", em que se enquadram os atos do governo eletrônico, mas também abrange a forma de governar diante da função de atividade econômica e de poder adquirida pelo processamento das informações. Além disso, ressalta essa realização a partir da criação para os usuários do meio eletrônico de uma forma mais fácil de interação com a fonte de informação.[30]

A elaboração, por parte do Poder Público, de sistemas de segurança no transporte e acesso aos dados no meio eletrônico, como forma de proteger direitos fundamentais como o da privacidade aos dados pessoais e direito à informação autêntica e válida, além de ampliar a utilização de *software* livre,[31] e a possibilidade de os indivíduos poderem usufruir de serviços públicos pelo meio eletrônico, representam metas a serem alcançadas por políticas públicas na área de implantação das tecnologias da informação, constituindo-se em uma das metas do modelo de sociedade da atualidade, assim como consistindo em um exemplo dos impactos sociais das novas tecnologias.

Assim, o suprimento da necessidade de incluir-se na estrutura em rede e, portanto, proporcionar para seus cidadãos mais um meio de realização de direitos fundamentais, relaciona-se com o comprometimento dos Estados modernos quanto à elaboração e execução de políticas públicas na área de tecnologia da informação, capazes de permitir um acesso seguro a esse novo meio de comunicação.

O direito fundamental à informação, quando exercido mediante uso do meio eletrônico, para que possa modificar a realidade social, e, com isso, ter efetividade, necessita de amparo técnico e jurídico, baseado no estabelecimento e regulamentação, conforme disposição dos ordenamentos jurídicos estatais, de instrumentos capazes de ofertar a segurança das informações digitalizadas, como a técnica de assinatura digital associada à emissão de certificados digitais, e, dessa forma, garantir que tal exercício se dará voltado a fins democráticos.

---

[29] DEL ARCO, Javier. Consideraciones gerales sobre la sociedad de la información. In: *Elementos de ética para la sociedad em red*. Madrid: Dykinson, 2004.p. 651-653. É possível, ainda, perceber a partir de pesquisas apresentadas na Cúpula Mundial da Sociedade da Informação realizada em Tunis (África) em novembro de 2005, o que compreendeu um esforço da Organização das Nações Unidas – ONU para combater a exclusão digital e gerou, inclusive, a criação do dia 17 de maio como Dia Mundial da Sociedade da Informação. Fonte: SOCIEDADE BRASILEIRA PARA O PROGRESSO DA CIÊNCIA. *Cúpula Mundial da Sociedade da Informação se reúne em Tunis*. Jornal da ciência. Disponível em: <http://www.sbpc.com.br>. Acesso em: 31 mar. 2006.

[30] GÓMEZ GONZÁLEZ. Maria Nélida. *Novos cenários políticos para a informação*. Disponível <http://www.scielo.br/scielo.php?script=sci_arttext&pid=S0100-19652002000100004&lng=pt&nrm=iso&tlng=pt>. Acesso em 3 maio 2006.

[31] Consiste em uma forma de realizar a inclusão digital, pois disponibiliza para os usuários do meio eletrônico os códigos-fonte dos *softwares* a fim de que estes possam ser obtidos gratuitamente e serem modificados de acordo com as necessidades de cada usuário. Iniciou-se a partir da distribuição por Linus Torvald do código-fonte do sistema operacional Linux, em 1992, tendo esse sistema se desenvolvido mediante cooperação de programadores de vários países, que puderam aprimorar a versão original sem que necessitassem comprar a licença desse. Representa uma das formas de diminuir, ou até acabar, com os monopólios privados de tecnologia, pelo menos no âmbito dos *softwares*, uma vez que esses monopólios consistem, na verdade, em uma violação à liberdade no acesso à informação.

Essa prática consiste em um passo essencial para a realização de uma inclusão digital eficiente, fundada na criação de um campo seguro para obter, manipular e transmitir informações digitalizadas, sem que valores essenciais relacionados à dignidade humana, como liberdade de acesso e privacidade sejam violados tanto por particulares como pelo Poder Público.

Conforme destacado anteriormente, um dos objetivos da Administração Pública moderna refere-se ao investimento e à ampliação em tais atos ao trilhar mais um caminho de contato com os cidadãos, ao disponibilizar informações públicas e ofertar serviços públicos por intermédio do uso de novas tecnologias e, por conseguinte, da rede mundial de computadores, o que reforça o reconhecimento do meio eletrônico como campo para concretização de direitos fundamentais.

Nesse diapasão, o sistema de certificação digital brasileiro apresenta-se, atualmente, como um dos elementos primordiais para o fortalecimento do governo eletrônico, tendo em vista que a execução dos serviços públicos pelo referido meio necessita de ferramentas de segurança das informações rígidas e confiáveis.[32]

Mas, ainda que o Brasil tenha dado um passo importante com a criação do seu sistema de certificação digital, em conformidade com princípios liberais, está longe de ser uma pátria capaz de valorizar descobertas científicas, investimentos em tecnologias da informação e, principalmente, reduzir seu índice de exclusão digital.

Diante do exposto, cabe questionar de que forma o Brasil implementa políticas públicas na área de tecnologia da informação voltadas ao desenvolvimento de uma inclusão digital eficiente. A resposta não é tão confortante.

Isso ocorre, frise-se, porque os recursos destinados à área de Ciência e Tecnologia ainda são bastante escassos e, na maior parte, concentram-se em investimentos no âmbito acadêmico, muito pouco ultrapassando esse limite. Apesar de, no ano de 2010, o Brasil ter investido um aporte de 1,5% (um e meio por cento) do seu Produto Interno Bruto (PIB) na área de Pesquisa e Desenvolvimento,[33] representando o maior volume nos últimos 11 anos, ainda é considerado um percentual muito abaixo do esperado, em especial se forem levadas em conta as reais necessidades para desenvolver governo eletrônico.[34]

---

[32] Tanto é verdade que nas negociações no Mercosul as experiências com assinatura digital e certificação digital, além da troca de informações sobre proteção de dados pessoais disponíveis em bancos de dados, são temas sempre discutidos pelo Subgrupo de Trabalho 13, ou SGT 13, cuja finalidade visa aprimorar as relações entre os países do bloco econômico no âmbito das relações comerciais eletrônicas. No que se refere à proteção de dados o referido grupo de trabalho almeja elaborar uma diretriz padrão, a exemplo do que foi realizada pela União Europeia, mas na matéria de firma e certificação digitais já houve significativos avanços, em especial, no desenvolvimento das atividades dos governos eletrônicos dos países integrantes e na adoção de um consenso sobre aspectos técnicos legais que permitam o reconhecimento dos certificados digitais emitidos por qualquer membro do bloco, independentemente de fronteiras. Representa, então, forma de ampliar a interoperabilidade dos sistemas estrangeiros de certificação digital. SILVA, Ricardo Barreto Ferreira da. & MONTAGNA, Camila Ramos. Cyber Law no Mercosul. In:VALLE, Regina Ribeiro do. (org.).*E-Dicas: o Direito na sociedade da informação*. São Paulo: Usina do Livro, 2005. p.70-71.

[33] BRASIL. Ministério do Desenvolvimento, Indústria e Comércio Exterior. *Notícia*.Disponível em: <http://www.telecentros.desenvolvimento.gov.br/sitio/destaques/destaque.php?sq_conteudo=3272> . Acesso em 28 out. 2010.

[34] Os poucos programas que existem relacionados à diminuição de preços para aquisição de computadores, implantação de escolas de informáticas à população de baixa renda e estímulo à prática de atos cotidianos ou negociais pela Internet, em geral, são proporcionados pela iniciativa privada em sistema de parceria ou pelas organizações não governamentais, como são os casos dos projetos: Cidadão Conectado e Computador para todos. Fonte: BRASIL. Ministério da Ciência e Tecnologia. *Informações sobre programas sociais para promoção de inclusão digital*. Disponível em: <http://www.mct.gov.br>. Acesso em: 10 set. 2010. Foi divulgada, em 08/09/2010, a Pesquisa Nacional por Amostra de Domicílio (PNAD 2009), realizada pelo IBGE, a qual detectou que dentre 58 milhões de domicílios

Por isso, Olivo enfatiza que as políticas públicas brasileiras na área de tecnologia não são suficientes para adequar o Estado brasileiro à estrutura de uma sociedade em rede, tendo em vista que tais políticas têm caráter excludente e elitista,[35] sem voltar-se para a parcela da população que se encontra completamente distante dos benefícios das novas tecnologias.

Por outro lado, reconhece-se que é difícil, mas não impraticável, abordar a necessidade de investir em desenvolvimento tecnológico em países que não conseguem atingir um nível satisfatório de desenvolvimento em outras áreas primordiais à sobrevivência humana, como é o caso do Brasil.

Entretanto, a supramencionada situação não pode servir de motivo para a estagnação do Brasil quanto a investimentos na área tecnológica, tendo em vista que por encontrar-se diante de uma economia e de uma estrutura organizacional em rede, o grau de desenvolvimento dos países passa a ser medido também por seus avanços na utilização das novas tecnologias.

Até porque, no momento atual, o desenvolvimento tecnológico e um baixo índice de exclusão digital são primordiais para se conseguir superar as demais deficiências em outras áreas sociais[36] e, assim conseguir concretizar os fins estabelecidos pelo Estado Socioambiental brasileiro de 1988.

3. O acesso à educação para uso do meio eletrônico como critério de uma inclusão digital eficiente

Conforme anunciado anteriormente, observa-se uma vinculação entre a necessidade de combater a exclusão digital e o aprimoramento do governo eletrônico com base em critérios democráticos, tendo em vista que a ampliação dos serviços públicos disponibilizados na Internet depende da ampliação do acesso com qualidade ao meio eletrônico, o que somente ocorrerá mediante seriedade e compromisso do Poder Público na realização de políticas públicas dirigidas a provocar uma maior inserção de indivíduos nesse meio, seja em suas próprias residências com custos reduzidos, seja pela criação de espaços públicos que disponibilizem tal acesso, além da disponibilização de preparação para o acesso responsável e seguro ao meio eletrônico por meio da criação e implementação de políticas públicas no sentido de ofertar esse conhecimento desde os currículos escolares.

Caso contrário, em vez de ter-se uma tentativa de melhorar a proteção de direitos fundamentais pelo meio eletrônico, gerar-se-ia uma situação de violação ao princípio da isonomia e a restrição a prerrogativas inerentes à cidadania, caso um indivíduo fosse impedido de realizar uma obrigação legal, como, por exemplo, pagamento de impostos, porque o Poder Público apenas disponibiliza uma via para tanto,

---

investigados 35% tinham computador e 27,4% tinham acesso à Internet, além de demonstrar que 67,9 milhões de pessoas com 10 anos ou mais de idade utilizaram a Internet em 2009. Fonte: IBGE. *Pesquisa Nacional por Amostra de Domicílio*. Disponível em: <HTTP://www.ibge.gov.br/estatísticas>. Acesso em 29 out. 2010. Assim, é possível perceber que o índice de inclusão digital no Brasil ainda continua muito baixo, embora desde o ano de 2004 o governo tenha ampliado verbas para execução de políticas nessa área.

[35] OLIVO. *Op. cit.*, p. 330.

[36] DUPAS. *Op. cit.*, p. 41; SILVEIRA. *Op. cit.* Disponível em: <http://www.meulugar.org.br/meulugar/arquivos/inclusao_digital.pdf>. Acesso em: 11maio 2006.

ou seja, a digital, e, justamente, essa não lhe está acessível por questões financeiras e de oportunidade.

Dessa forma, iniciativas de atuação estatal sob a forma de governo eletrônico são relevantes para estimular e alertar ao Poder Público brasileiro sobre a necessidade de se comprometer com a promoção da inclusão digital, a fim de adequar os atos desse aos fins previstos em sua Carta Magna de 1988, porém esses poderão adquirir plenitude em sua efetivação se a inclusão digital deixar de ser tida apenas como meta ou programa de governo, para ser inserida como tarefa cotidiana, de modo a, por exemplo, disponibilizar meios gratuitos ou mais acessíveis de obtenção dos certificados digitais e proporcionar acesso à educação sobre a utilização de computadores e da Internet, o que tem sido escasso na maior parte das cidades brasileiras, dada a pouca concretização de tais espécies de programas sociais.

Desse modo, a realidade brasileira impõe um verdadeiro dilema sobre como encontrar uma maneira de aprimorar a concretização do direito fundamental à informação no meio eletrônico, a partir da realização de práticas de governo eletrônico em consentânea com parâmetros constitucionais, para que essas práticas cheguem à maior parte dos administrados.

Entenda-se: tais práticas chegarão apenas àqueles incluídos nas novas elites da sociedade atual, às quais cabe frisar são constituídas por quem possui recursos financeiros e conhecimentos técnicos suficientes para utilização do meio eletrônico. Enquanto isso, a maior parte da população brasileira ficará excluída dessa forma de prestação de serviços públicos.[37]

Ignorar tais inovações e continuar investindo nos meios tradicionais seria uma saída, mas não a melhor ou a mais adequada aos ditames de um Estado Democrático e Socioambiental. O caminho ideal consiste em atentar para a realização de políticas públicas de inclusão digital, e essas não devem se restringir à disponibilidade de máquinas e de acesso ao meio eletrônico por parte dos cidadãos, mas, principalmente caberá conscientizá-los sobre a disposição das informações de forma eficiente nesse meio.[38]

Para a obtenção do referido acesso com qualidade, faz-se precípuo o investimento na área de educação específica para manuseio das informações pelo meio eletrônico.

Tal educação deve ir além do mero conhecimento técnico sobre como utilizar os equipamentos de *hardware* e *softwares* que compõem a máquina, pois requer o aprendizado sobre segurança das informações em formato eletrônico, em especial sobre como se proteger de possíveis violações a direitos fundamentais nesse âmbito de atuação, sobre necessidade de um agir ético em tal meio e sobre como realizar negócios jurídicos ou usufruir de atos administrativos praticados via meio eletrônico.

Particularmente, com relação aos atos administrativos, para que haja um crescimento do governo eletrônico, o Poder Público passaria a ser o primeiro interessado nesse aprimoramento e preparação de seus administrados, não só dos atuais, mas principalmente dos futuros, devendo buscar uma inter-relação entre os seguintes in-

---

[37] OLIVO. *Op. cit.*, p. 330.
[38] Nesse sentido, SÁNCHEZ BRAVO. *Op. cit.*, p. 65.

teresses públicos: acesso à tecnologia e à educação, de modo que haja um compromisso em criar políticas públicas na área da educação que gere o conhecimento sobre tecnologias da informação em sentido amplo, ou seja, ultrapassando o conhecimento técnico, mas englobando, inclusive, uma preparação ética e de conhecimento dos direitos fundamentais ali efetivados.

Isto porque de nada adianta o Poder Público preocupar-se apenas em investir no acesso a uma banda larga com qualidade, em estimular a compra de computadores ou mesmo munir escolas e locais públicos de equipamentos informáticos, se não ofertar uma preparação prévia e eficiente para a inserção de tais pessoas no meio eletrônico.

Na verdade, essa espécie de educação associada à inclusão digital consiste em uma educação em direitos fundamentais a fim de proporcionar a democratização da atual sociedade em rede. Sobre o tema, Molinaro aduz:

> Uma educação em direitos humanos e em direitos fundamentais implica em dar voz aos cidadãos. [...] Portanto, para superar a crise em que nos encontramos, e para satisfazer questionamento racional de convicções, crenças e dogmas- ainda que legitimadas pela tradição ou impostas por autoridades políticas ou religiosas – necessitamos estabelecer uma educação em direitos humanos com uma especial pauta de ação: uma *pedagogia* e uma *metodologia da práxis social* que busque compromissos setoriais entre as mais plurais concepções de *justiça social* que defendam as minorias cada vez mais conscientes e predispostas à participação e transformação político-social.[39] (grifos do autor)

Igualmente, não surtirão efeitos positivos investimentos na seara de disponibilização de serviços públicos via meio eletrônico, ainda que com utilização de técnicas de segurança das informações, caso haja uma despreocupação com a realização de uma inclusão digital dos administrados por parte do Poder Público, pois é essa a responsável pelos índices de desenvolvimento tecnológico e, atualmente, também econômico dos países, razão pela qual tais conceitos estão vinculados e cuja prática ainda se encontra concentrada na atuação estatal apesar de, conforme ressaltado, ser crescente a participação do chamado terceiro setor da economia nessa área.

Nessa linha de argumentação, Sánchez Bravo ressalta que a utilização do meio eletrônico, como ferramenta voltada a fins democráticos, induzirá à garantia de acesso universal a todos os cidadãos com qualidade, ou melhor, há que se preocupar tanto com a forma quanto com o conteúdo das informações disponibilizadas na Internet, a fim de que realmente sejam capazes de contribuir para formação de uma opinião pública relacionada com problemas reais da sociedade, com estímulo a discussões críticas, argumentativas e debates.[40]

Uma inclusão digital com qualidade permitirá aos cidadãos uma preparação para usufruir das vantagens do meio eletrônico como campo para exercício de direitos fundamentais, e, em especial, nas práticas relacionadas ao governo eletrônico. Além disso, deve ter seus fundamentos em aspectos que possam preparar os cidadãos para uma mudança mais profunda relacionada à realização de uma nova forma de democracia, a qual seja a democracia participativa.

---

[39] MOLINARO, Carlos Alberto. Se a educação é a resposta. Qual era a pergunta? IN: *Revista Direitos Fundamentais & Justiça*. Ano I. nº 1. Out./Dez. 2007. Porto Alegre: HS Editora/ PUCRS. 2007., p. 120-140.
[40] SÁNCHEZ BRAVO. *Op. cit.*, p. 64-65.

4. Considerações finais

A implantação de uma inclusão digital com qualidade mediante oferta de instrumentos de segurança de informações e de preparação educacional para o uso do meio eletrônico são compromissos essenciais a serem seguidos por países ao implementarem sua estrutura de governo eletrônico, para que não se desviem da meta principal a ser atingida com o uso de tecnologias da informação pelo modelo de Estado Socioambiental, referente a tê-las como instrumentos de libertação de rotinas retrógradas e de eliminação dos obstáculos no exercício da cidadania.

No entanto, com relação a tal compromisso, o que se observa no Brasil, hodiernamente, compreende uma preocupação na criação de programas para proporcionar uma inclusão digital sem que haja questionamentos suficientes sobre os resultados qualitativos dessa, para, desse modo, ser possível averiguar se o procedimento como vem sendo concretizada requer aprimoramento e mudanças.

Por isso, não basta investir em equipamentos tecnológicos no intuito de qualificar os serviços do governo eletrônico sem o fazer em recursos humanos, como se observa mediante a previsão de investimentos financeiros nos próximos anos no acesso à Internet via banda larga, de acordo com o Decreto do Presidente da República nº 7.175, de 12 de maio de 2010, que criou o Plano Nacional de Banda Larga,[41] além da edição de lei sobre acesso à informação pública, sem reflexão crítica sobre as soluções para implantação de uma inclusão digital no Brasil, bem como em desatenção à promoção de educação em direitos fundamentais para uso do meio eletrônico. Isto porque de nada adianta dispor de tecnologias de última geração sem ter cidadãos qualitativamente preparados para essa utilização, ou seja, sem uma aplicação concreta de tais tecnologias.

Destarte, para um aproveitamento eficiente dos resultados advindos das descobertas tecnológicas na seara da informação, é preciso haver uma preocupação prévia com desenvolvimento de várias habilidades dos indivíduos via meio eletrônico, em especial no que concerne àquela voltada ao exercício de sua cidadania quando da concretização dos interesses públicos nesse meio para, somente assim, ser possível perceber uma nova via para a realização de uma democracia participativa.

Referências bibliográficas

APPIO, Eduardo. *Controle Judicial das Políticas Públicas no Brasil.* Curitiba: Juruá, 2005.

BECK, Ulrich. *La sociedade delriesgo: hacia uma nueva modernidade.* Barcelona: EdicionesPaidos Ibérica, 1998.

BONAVIDES, Paulo. *Teoria Constitucional da Democracia Participativa*: por um Direito Constitucional de luta e resistência, por uma Nova Hermenêutica, por uma repolitização da legitimidade.São Paulo: Malheiros, 2003.

——. *Ciência Política.* São Paulo: Malheiros, 2004.

BRASIL. Câmara dos Deputados Federais. *Projeto de Lei nº 7316/2002.* Substitui Medida Provisória nº 2.200-2/2001. Disponível em: <www2.camara.gov.br>. Acesso em: 27jul. 2006.

——. Ministério da Ciência e Tecnologia. *Informações sobre programas sociais para promoção de inclusão digital.* Disponível em: <http://www.mct.gov.br>. Acesso em: 10 set. 2010.

——. Ministério do Desenvolvimento, Indústria e Comércio Exterior. *Notícia.* Disponível em:<http://www.telecentros.desenvolvimento.gov.br/sitio/destaques/destaque.php?sq_conteudo=3272 > . Acesso em 28out. 2010.

——. Presidência da República Federativa do Brasil. *Decreto nº 7175 de 12 de maio de 2010.* Disponível em: <http://presidencia.gov.br.>. Acesso em 10 fev. 2011.

---

[41] BRASIL. Presidência da República Federativa do Brasil. *Decreto nº 7175 de 12 de maio de 2010.* Disponível em: <http://presidencia.gov.br.>. Acesso em 10 fev. 2011.

_____. Câmara dos Deputados Federais. *Projeto de Lei nº 2126/2011*. Marco Civil da Internet. Disponível em: <http://www2.camara.gov.br>. Acesso em: 10 de dezembro de 2011.

_____. *Supremo Tribunal Federal*. Disponível em: <http://www.stf.jus.br/portal/processo/verProcessoAndamento.asp?incidente=4272552>. Acesso em 24 de julho de 2012.

BRAVO, Álvaro Sanchez. *Internet y la sociedad europea de la información:* implicaciones para los ciudadanos. Servilla: Universidad de Sevilla, 2001.

BUCCI, Maria Paula Dallari. *Direito Administrativo e Políticas Públicas*. São Paulo: Saraiva: 2002.

CASTELLS, Manuel. *A sociedade em rede*. Trad. Roneide Venâncio Majer. São Paulo: Paz e Terra, 2005.

_____. *A galáxia da Internet: reflexões sobre a Internet, os negócios e a sociedade*. Trad. Maria Luiza X. de A. Borges.Rio de Janeiro: Jorge Zahar Editor, 2003.

CAZELOTO, Edilson. *Inclusão digital: uma visão crítica*. São Paulo: Editora SENAC, 2008.

COMPARATO, Fábio Konder. *Ética: direito, moral e religião no mundo moderno*. São Paulo: Companhia das Letras, 2006.

DEL ARCO, Javier. Consideraciones gerales sobre la sociedad de la información.In: *Elementos de ética para la sociedad em red*. Madrid: Dykinson, 2004.

DE MASI, Domenico. *A sociedade pós-industrial*. São Paulo: Editora Senac, 2003.

DUPAS, Gilberto. *Ética e poder na sociedade da informação*: de como a autonomia das novas tecnologias obriga a rever o mito do progresso. 2 ed. São Paulo: Editora UNESP, 2001.

ELIZALDE, Antonio. Democracia representativa y democracia participativa. *Interações:* Revista Internacional de Desenvolvimento Local. [s/l], v. 1, n. 02, mar./2001. Disponível em: <http://www.desenvolvimentolocal.ucdb.br/RevistaInteracoes/n2_elizalde_2001b.pdf>. Acesso em: 10 maio 2006.

FERRARI, Levi Bucalem. *Revolução tecnológica e o Estado*. Disponível em: <http://www.mhd.org/artigos/levi_estado.htm>. Acesso em: 10 maio 2009.

GÓMEZ GONZÁLEZ, Maria Nélida. *Novos cenários políticos para a informação*. Disponível em:<http://www.scielo.br/scielo.php?script=sci_arttext&pid=S0100-19652002000100004&lng=pt&nrm=iso&tlng=pt>. Acesso em: 3 maio 2006.

HARTMANN, Ivar Albero Martins. *E-codemocracia: a proteção do meio ambiente no ciberespaço*. Porto Alegre: Livraria do Advogado, 2010.

IBGE. *Pesquisa Nacional por Amostra de Domicílio*. Disponível em: <HTTP://www.ibge.gov.br/estatísticas>. Acesso em 29 outubro 2010.

LÉVY, Pierre. *Cibercultura*. Trad. Carlos Irineu da Costa. São Paulo: Ed. 34, 1999.

_____. *Ciberdemocracia: ensayos sobre filosofia política*. Trad. Javier Palácio. Barcelona: Editora UOC, 2002.

_____. *O que é o virtual?* Trad. Paulo Neves. São Paulo: Ed. 34, 1996.

MELLO, Celso Antônio Bandeira de. *Curso de Direito Administrativo*. São Paulo: Malheiros, 2009.

MENKE, Fabiano. *Assinatura eletrônica no Direito brasileiro*. São Paulo: Editora Revista dos Tribunais, 2005.

MOLINARO, Carlos Alberto. *Direito Ambiental: proibição do retrocesso*. Porto Alegre: Livraria do Advogado, 2007.

_____. Se a educação é a resposta. Qual era a pergunta? IN: *Revista Direitos Fundamentais & Justiça*. Ano I. nº 1. Out./Dez. 2007. Porto Alegre: HS Editora/ PUCRS. 2007.

RODRÍGUEZ PALOP, Maria Eugenia. La perplejidad trás el impacto. Internet em nuestro mundo. *Revista do InstitutitoBartolomé de lãs Cosas*, ano 8, n. 12/2003.Universidade Carlos IV de Madrid. BOE: Madrid.

ROUSSEAU, Jean-Jacques. *Do contrato social*. Trad. Lourdes Santos Machado. Coleção Os Pensadores. São Paulo: Ed. Nova Cultural, 1999.

SANTOS, Maria Salett Tauk (Org.). *Inclusão digital, inclusão social?* Uso das tecnologias da informação e comunicação nas culturas populares. Recife: Editora do autor, 2009.

SARLET, Ingo W. *A eficácia dos direitos fundamentais*: uma teoria geral dos direitos fundamentais na perspectiva constitucional. Porto Alegre: Livraria do Advogado, 2011.

_____. (Org.). *Estado Socioambiental e direitos fundamentais*. Porto Alegre: Livraria do Advogado, 2010.

SILVEIRA, Sérgio Amadeu da. *Inclusão digital, software livre e globalização contra-hegemônica*. Disponível em: <http://www.meulugar.org.br/meulugar/arquivos/inclusao_digital.pdf> Acesso em: 11 maio2006.

SOCIEDADE BRASILEIRA PARA O PROGRESSO DA CIÊNCIA. *Cúpula Mundial da Sociedade da Informação se reúne em Tunis*. Jornal da ciência. Disponível em: <http://www.sbpc.com.br>. Acesso em: 31 mar. 2006.

VALLE, Regina Ribeiro do (org.). *E-Dicas: o Direito na sociedade da informação*. São Paulo: Usina do Livro, 2005.

WAGNER, Flávio R. Habilidade e inclusão digital-o papel das escolas. In: CGI.br(Comitê Gestor da Internet no Brasil). *Pesquisa sobre o uso das tecnologias da informação e da comunicação 2009*. São Paulo, 2010, PP 47-51.

WOLKMER, Antonio Carlos. & LEITE, José Rubens Morato (org.). *Os "novos" direitos no Brasil*: natureza e perspectivas. São Paulo: Saraiva, 2003.

— 4 —

Dignidade humana, bem-estar ("sumak kawsay") e sustentabilidade: algumas ponderações na perspectiva dos direitos fundamentais

CRISTHIAN MAGNUS DE MARCO[1]
RODRIGO GOLDSCHMIDT[2]

Sumário: Introdução; 1. A dignidade humana e os direitos fundamentais; 2. O bem-estar da Constituição da República brasileira e o paradigma do bem-viver andino; 3. Sustentabilidade e desenvolvimento da personalidade para além das necessidades básicas; Conclusão; Referências.

Introdução

A aplicação do princípio da sustentabilidade envolve dimensões individuais e sociais. Esses aspectos estão sempre relacionados em razão da irresistível existência social do ser humano. Mas, em algumas decisões tomadas no exercício da autonomia da vontade, pode-se perceber o predomínio da dimensão individual sobre a social, como por exemplo, em decisões corriqueiras, como a escolha da melhor cor para se pintar uma casa. Em outras circunstâncias, predominam interesses gerais, a exemplo da imposição das restrições urbanísticas para o uso da propriedade (recuos obrigatórios para ventilação e insolação).

A garantia da personalidade humana, da autodeterminação e do livre-arbítrio, diz respeito diretamente aos direitos ligados à dignidade humana. Mas, o direito à sustentabilidade traz em si a superação de posturas excessivamente individualistas ligadas à dignidade, aproximando e relacionando-se (sem negar a importância dessa garantia) com compromissos ético-jurídicos coletivos. A promoção do *bem-estar*, preconizada pela Constituição brasileira, pode receber renovação paradigmática a partir do conceito de *bem viver*, que está se desenvolvendo em outras[3] constituições latino-americanas.

1. A dignidade humana e os direitos fundamentais

Vale insistir numa questão que invariavelmente tem sido debatida: o princípio da dignidade humana é um princípio absoluto? Antes de responder a essa pergun-

---
[1] Doutor em Direito pela Pontifícia Universidade Católica do Rio Grande do Sul – PUC/RS –, professor e pesquisador da Unoesc.
[2] Doutor em Direito pela Universidade Federal de Santa Catarina – UFSC –, professor e pesquisador da Unoesc e Juiz do Trabalho da 12ª Região.
[3] Constituições do Equador (www.asambleanacional.gov.ecu) e Bolívia (www.bolivia.gov.bo).

ta, deve-se ponderar que, ao referir-se à dignidade humana, é inegável que se tenha sempre forte relação com os postulados kantianos, uma vez que as ideias do filósofo formam uma proposta inaugural de dignidade humana de cunho moderno/racional, que aos poucos permitiu o afastamento das concepções religiosas até então preponderantes. O homem passou a ser valorizado como um fim em si mesmo. Os seres desprovidos de razão, nessa concepção, possuem um valor relativo e condicionado. O homem se revela como um valor absoluto, porque sua natureza racional existe como um fim. Ao contrário do que ocorre entre as coisas, os seres racionais são chamados de pessoa, porque a sua natureza os designa como fim em si mesmos, como algo que não se pode empregar como meio e, assim, por ser um objeto de respeito, limita o próprio arbítrio humano.[4]

O homem possui um valor absoluto em razão de sua natureza representar sua própria existência. Para Kant, os seres racionais estão submetidos a uma lei segundo a qual ninguém jamais poderá tratar a si mesmo ou aos outros como meio, mas sempre e de forma simultânea como fins.

A influência kantiana é percebida na leitura de José Afonso da Silva, citando-se apenas um importante autor nacional, para quem dignidade "é atributo intrínseco, da essência, da pessoa humana, único ser que compreende um valor interno, superior a qualquer preço, que não admite substituição equivalente. Assim, a dignidade entranha-se e se confunde com a própria natureza do ser humano." (Silva, 2002, p. 146).

Os postulados clássicos evidenciam uma transformação histórica acerca do conteúdo da dignidade, Verifica-se que, progressivamente, os textos dos documentos internacionais e das constituições nacionais vêm consagrando a dignidade humana como objetivo, finalidade, princípio e valor, máxime após a II Guerra Mundial. A Constituição Federal brasileira de 1988 proclama a dignidade humana como um valor supremo da ordem jurídica, positivando-a como *um dos fundamentos da República Federativa do Brasil* (Título I, art. 1º, inciso III).

As decisões do Supremo Tribunal Federal evidenciam que, no Brasil, há uma *praxis* dos Direitos Fundamentais que atua, de forma enfática sobre o pilar do princípio da dignidade humana (Sarlet, 2004).[5] Desse fato, decorrem dificuldades na dogmática jurídica, que remetem à pergunta anterior, sobre o caráter absoluto da dignidade humana.

A proposta de Alexy merece observação. Para ele, não há princípios absolutos. Tomar-se um princípio por absoluto liquidaria com a própria teoria dos princípios, uma vez que seria impossível ponderar-se algo absoluto. Os princípios, para Alexy,

---

[4] "No reino dos fins tudo tem ou um preço ou uma dignidade. Quando uma coisa tem um preço, pode se pôr em vez dela qualquer outra como equivalente; mas quando uma coisa está acima de todo o preço, e, portanto não permite equivalente, então tem ela dignidade." (KANT, 1960, p. 76).

[5] É copiosa a jurisprudência da STF que confirma tal constatação: "A mera instauração de inquérito, quando evidente a atipicidade da conduta, constitui meio hábil a impor violação aos direitos fundamentais, em especial ao princípio da dignidade humana." (HC 82.969, Rel. Min. Gilmar Mendes, julgamento em 30-9-03, 2ª Turma, *DJ* de 17-10-03) "Discrepa, a mais não poder, de garantias constitucionais implícitas e explícitas – preservação da dignidade humana, da intimidade, da intangibilidade do corpo humano, do império da lei e da inexecução específica e direta de obrigação de fazer – provimento judicial que, em ação civil de investigação de paternidade, implique determinação no sentido de o réu ser conduzido ao laboratório, 'debaixo de vara', para coleta do material indispensável à feitura do exame DNA. A recusa resolve-se no plano jurídico-instrumental, consideradas a dogmática, a doutrina e a jurisprudência, no que voltadas ao deslinde das questões ligadas à prova dos fatos." (HC 71.373, Rel. p/ o ac. Min. Marco Aurélio, julgamento em 10-11-94, Plenário, *DJ* de 22-11-96).

referem-se a direitos individuais ou a interesses coletivos. Caso um deles fosse considerado absoluto, estar-se-ia eliminando as possibilidades eficaciais do outro princípio (Alexy, 2008, p. 111). Isso não acontece na prática, uma vez que os direitos e interesses coletivos estão em constante ponderação em face de direitos e interesses individuais. Nesse sistema, encontra-se o princípio da dignidade humana.

A Constituição alemã afirma em seu artigo 1º, § 1º, 1, que "a dignidade humana é inviolável". Essa redação, "dá a impressão de um caráter absoluto", segundo Alexy. Porém, o autor cita como exemplo um precedente em que o Tribunal Constitucional alemão analisou as possibilidades de interceptações telefônicas, manifestando o seguinte: "No que diz respeito ao princípio da inviolabilidade da dignidade humana [...] tudo depende das circunstâncias nas quais a dignidade humana pode ser considerada como violada. Com certeza não há uma resposta geral, devendo-se sempre levar em consideração o caso concreto." (Alexy, 2008, p. 112).

Para Alexy (2008), o princípio da dignidade humana pode ser tratado em parte como regra e em parte como princípio, ou seja, em determinados casos funciona como mandado de otimização e, em outras situações, simplesmente pode ou não ser satisfeito (sempre devendo lembrar-se que a amplitude da expressão permite novas possibilidades). Ele pode também ser sopesado diante de outros princípios, "[...] com a finalidade de determinar o conteúdo da regra da dignidade humana." (Alexy, 2008, p. 113). Assim, em outro exemplo dado pelo autor, a partir de caso julgado pelo Tribunal Constitucional alemão, notou-se que a prisão perpétua não foi considerada violadora da dignidade humana, porque, diante da permanente periculosidade do preso, no caso, tornou-se necessária a permanência do indivíduo no cárcere. A proteção à *comunidade estatal*, neste caso, teve precedência ao princípio da dignidade humana.

Por isso, Alexy (2008) sustenta que, *prima facie,* ou seja, em abstrato, não é possível definir-se que o princípio da dignidade humana precede outras normas, mas, apenas numa determinada situação concreta. Mesmo quando a dignidade humana atua como regra, Alexy sustenta que, diante da abertura semântica da mesma, somente em situações concretas é que seu conteúdo será completado. A dignidade humana, como leciona Sarlet, deve ser conceituada de forma necessariamente aberta, relacional, comunicativa e histórico-cultural. Não pode servir como espécie de fundamentalismo ou tirania de uma concepção de vida (Sarlet, 2004, p. 140).

Além disso, afirma-se que a dignidade humana possui dupla dimensão: positiva e negativa, comportando, desta forma, funcionalidade como direito de defesa e como direitos a prestações. Sarlet está de acordo com Alexy, entendendo que, quando vista como princípio, a dignidade humana comporta graus de realização, devendo ser otimizada, maximizada, protegida, garantida em termos de eficácia e efetividade jurídica e, na sua dimensão prestacional, deve "[...] ser interpretada como um programa de segurança social amplo e irrestrito." (Sarlet, 2004, p. 135).

Sarlet destaca, ainda, que a dignidade humana deve ser observada por dois ângulos. O primeiro é o ângulo da relativização, pelo qual a dignidade humana é percebida como princípio jurídico-fundamental que restringe e é restringida por outros princípios. No segundo ângulo, a dignidade humana é vista como valor intrínseco de cada pessoa, que deve ser reconhecido e protegido pela ordem jurídica. Nesse aspecto, não pode sofrer restrições (Sarlet, 2004, p. 139).

A partir dessas observações, é possível edificar-se uma teoria material sobre o princípio da dignidade humana. Para o procedimentalismo argumentativo de Alexy, pode-se conceituar uma teoria material de direitos fundamentais (Alexy, 2008, p. 560), como aquela que surge a partir de consensos mínimos acerca de determinadas posições jurídicas. Para uma *teoria argumentativa* dos direitos fundamentais, tal como proposta por Alexy, as *teorias materiais* têm natureza essencialmente *argumentativa*, estando, entretanto, no menor grau numa escala de autoridade, encimada pela lei e pelo precedente. As teorias materiais podem ser entendidas como *doutrina majoritária*, fazendo parte do conceito de *dogmática jurídica*, a qual, apesar de se remeter diretamente à lei e aos precedentes, não se encerra em tautologismo da lei, alcançando ampla aceitação da comunidade, justamente porque é considerada doutrina majoritária. Assim, "Lei, precedente e dogmática constituem uma clara linha decrescente de força de autoridade." (Alexy, 2008, p. 560).

Resumindo, uma teoria material dos direitos fundamentais – e aí se insere uma perspectiva material e definidora do princípio da dignidade humana: a) vai além da mera repetição do texto legal ou de precedente; b) tem grau de abstração elevado; c) peso de doutrina majoritária; d) forma de teoria de princípios (roupagem deontológica), ou de uma teoria de valores (axiológica), ou de uma teoria teleológica (teoria de finalidades ou antropológica).

A dignidade humana, portanto, como norma jurídica, sujeita-se aos limites da argumentação, controlada racionalmente pela teoria da "base da argumentação", ou seja, à lei, aos precedentes e à dogmática (Alexy, 2008, p. 573). Mas, pondera Alexy (2008), isso ainda permite uma considerável lacuna de racionalidade, que é preenchida pelo *processo de argumentação no âmbito dos direitos fundamentais*, ou seja: *o discurso de direitos fundamentais*. O *discurso de direitos fundamentais*, explica Alexy, "é um procedimento argumentativo que se ocupa em atingir resultados constitucionalmente corretos e a partir da base aqui apresentada." (Alexy, 2008, p. 573). Assim, a *base* (lei, precedente e dogmática) permite uma abertura qualificada do sistema jurídico, dando a ele certa estabilidade. As regras e formas de argumentação prática geral (Alexy, 2011, p. 271) e da argumentação jurídica, quando aplicadas à argumentação no âmbito dos direitos fundamentais, sobre a base dão racionalidade às respostas.

O princípio da dignidade humana, como os demais princípios, também opera no sistema de direitos constitucionais fundamentais, a partir de um processo discursivo argumentativo, sendo passível, portanto, de relativizações no momento de sua aplicação em casos concretos, mas, também de construções doutrinárias materiais (principiológicas, axiológicas ou teleológicas), que servirão também de base racional de argumentação e ponderação.

Para Ingo Sarlet (2004), a dignidade humana estaria sobreposta a todos os bens, valores e princípios constitucionais, por isso, não se confronta em nenhuma hipótese com eles, mas tão somente consigo mesma (Sarlet, 2004, p. 130). Essa é a leitura também indicada por Gilmar Mendes (Mendes; Coelho; Branco, 2007, p. 142). Com efeito, Sarlet enfatiza que, no âmbito de uma hierarquização axiológica, o princípio da dignidade humana deve prevalecer sobre os demais. O princípio da dignidade humana, *prima facie*, precede os demais, sendo o valor supremo do ordenamento jurídico. Por outro lado, Sarlet admite que a dignidade humana, como princípio constitucional, pode ser relativizada e ponderada – na solução de casos concretos – quando em colisão com outros princípios (Sarlet, 2004, p. 130-132).

Alexy e Sarlet convergem no momento em que Alexy dispõe que uma teoria material dos direitos fundamentais, *normativa* geral, só é possível na forma de uma teoria dos princípios (Alexy, 2008, p. 561). Afirma Alexy, que as teorias materiais sobre direitos fundamentais, para que contribuam na construção de respostas adequadas, devem organizar seus princípios em uma ordem de precedência *prima facie* (Alexy, 2008, p. 573). Nessa perspectiva, nada mais adequado do que as considerações de Sarlet, que propõem a dignidade humana como detentora de primazia no âmbito da arquitetura constitucional (Sarlet, 2004, p. 114).

Oscar Vilhena Vieira (2006, p. 70 ss.), em obra destinada à leitura didática da jurisprudência do STF, apresenta alguns precedentes que, na sua concepção, demonstram colisões entre a dignidade humana e outros princípios. (1) No caso em que o STF decidiu pela impossibilidade de condução de suposto pai, sob vara, para a coleta de amostra de sangue com vistas à realização de Exame de DNA, o autor aponta colisão entre a *dignidade humana* e o *direito à intimidade*.[6] (2) Na ADPF n. 54-2, foi postulado o reconhecimento do direito constitucional de a gestante submeter-se à operação terapêutica de parto de fetos anencéfalos, portanto, estariam em colisão: *dignidade humana* e *direito à vida*. (3) Quando do pedido de extradição de Qian Hong, pela República Popular da China, para que o mesmo cumprisse pena de morte por estelionato, o STF indeferiu a pretensão, analisando a colisão entre a *dignidade humana* e o *devido processo legal*.[7] (4) Por último, na decisão sobre a Lei de Crimes Hediondos, que considerou inconstitucional o dispositivo que determinava o cumprimento integral da pena em regime fechado, o autor considerou como colisão: *escolha da maioria versus dignidade humana*.[8]

Não obstante a possibilidade de divergências quanto ao enquadramento das matérias e dos princípios em colisão, deve-se verificar que, em situações concretas, a dignidade humana possui uma funcionalidade argumentativa idêntica aos demais princípios. Os casos apontados por Oscar Vilhena podem ser observados sob uma ótica de colisão do princípio da dignidade humana com ele próprio, como prefere Sarlet.

Ingo Sarlet destaca relevantes pontos de contato entre a dignidade humana e os direitos fundamentais. O primeiro deles é de que os direitos fundamentais, em regra e em maior ou menor grau, correspondem às exigências de concretização da dignidade humana. Nesse aspecto, ressalta a dupla função dos direitos fundamentais: como posições subjetivas a serem invocadas tanto como direitos de defesa quanto direitos a prestações fáticas e jurídicas (SARLET, 2004, p. 110).

Em segundo lugar, para Sarlet, a recondução de argumentos direta ou indiretamente ao princípio da dignidade humana é condição sistemática para o reconhecimento e validação de direitos fundamentais fora do catálogo constitucional (Sarlet, 2004, p. 111). Ou seja, para além dos direitos formalmente constitucionais (explícitos), que guardam ligação com a dignidade humana, aqueles direitos aos quais se pre-

---

[6] *Habeas Corpus* n. 71.373-4-RS.
[7] Pedido de Extradição n. 633-9.
[8] *Habeas Corpus* n. 69.657-1-SP.

tende atribuir a característica de materialmente fundamentais, deverão também estar relacionados com o princípio da dignidade humana (Sarlet, 2004, p. 111).

Em terceiro lugar, o autor, com fundamentação na doutrina germânica, sistematiza algumas funções *protetivas* da dignidade humana, seja enquanto valor, seja enquanto princípio. Nesse aspecto, vale renovar que, numa visão alexyana da matéria, princípio e valor seriam duas faces da mesma moeda, uma direcionada axiologicamente, e outra, deontologicamente. Mas, ao fim e ao cabo, os autores coincidem seus pensamentos, pois que Sarlet também admite que a dignidade humana, mesmo na dimensão valorativa, em certo sentido, será submetida à hierarquização axiológica ou ponderação, entretanto, conforme seguem suas opções conceituais, o autor também acaba por formular uma teoria material do princípio da dignidade humana (Sarlet, 2004, p. 131).[9]

Nesse terceiro aspecto, o da proteção viabilizada pela dignidade humana, colhe-se uma dimensão que vai além da abstenção do Estado ou dos particulares, de violarem a esfera de dignidade de alguém. A perspectiva aqui abordada exige que, tanto o Estado quanto os particulares promovam condutas positivas para proteger e efetivar a dignidade. A dignidade assume, portanto, a natureza de tarefa ou dever. Esse *dever de proteção*, para Sarlet, não prescinde:

a) que o Estado, além de respeitar a dignidade humana, patrocine ações no sentido da sua promoção e retirada de obstáculos à essa tarefa. A dignidade humana, nesse sentido, protege o cidadão contra as omissões do estado e dos particulares;

b) que o cidadão seja protegido contra seus próprios atos que atentem contra a sua própria dignidade, impedindo, por exemplo, alguns transplantes de órgãos ou trabalhos forçados, por exemplo;

c) que os direitos fundamentais não sejam restringidos excessivamente. Aqui, para Sarlet, o conteúdo em dignidade humana existente em cada direito fundamental apresenta-se como núcleo essencial (limite dos limites) de cada direito, imune a restrições, portanto, imponderável, funcionando como barreira impeditiva de restrições que afetem esse conteúdo (posicionamo-nos pela relatividade do núcleo essencial dos direitos fundamentais, porém não há espaço neste texto para discussão da temática, para maiores detalhes, remetemos o leitor para Virgílio Afonso da Silva (2011));

d) que não haja supressões de direitos fundamentais já conquistados pela via legislativa, fazendo valer o princípio da *proibição de retrocesso*, especialmente nas hipóteses em que o princípio da dignidade humana for afetado naquilo que se tem denominado de *mínimo existencial*: "prestações materiais indispensáveis para uma vida com dignidade." (Sarlet, 2004, p. 121).

O dever de promoção da dignidade humana vincula todas as funções do Estado: administrativas, legislativas ou judiciais. Além de não retroceder, o Estado deve promover condutas evolutivas, respondendo às demandas contemporâneas por qualidade de vida, sustentabilidade e desenvolvimento.

---

[9] "[...] na condição de condição de valor intrínseco e insubstituível de cada ser humano que, como tal, sempre deverá ser reconhecido e protegido, sendo, portanto, e especificamente nesse sentido – imponderável. Mesmo assim, consoante já destacado, não haverá como evitar a formulação de um juízo de valor (e, portanto, num certo sentido, uma ponderação) a respeito da existência, ou não, de uma violação da dignidade, por mais que se venha a fixar diretrizes para tal tarefa, visto que também critérios abstrata e previamente estabelecidos sempre serão o resultado de uma avaliação subjetiva e, nesse sentido, de uma opção axiológica (hierarquização)".

Para a construção de um argumento democrático e racional, como já se disse, Alexy propõe que as teorias materiais sobre os direitos fundamentais – e, nesse conjunto está contido conceito de dignidade humana desenvolvido por Sarlet[10] – formem a importante base da argumentação, juntamente com a lei e o precedente. As restrições aos direitos fundamentais, portanto, decorrem da própria natureza principiológica dos mesmos, admitindo ponderação ou hierarquização. Quando essas restrições forem de encontro ao princípio da dignidade humana, deve-se supor que haverá necessidade de uma argumentação, com referência à máxima da proporcionalidade ou lei do sopesamento: "quanto maior for o grau de não satisfação ou de afetação de um princípio, tanto maior terá que ser a importância da satisfação do outro" (Alexy, 2008, p. 593).[11] O cumprimento desse procedimento argumentativo não culminará na única resposta correta para o caso concreto; mas sim, propiciará *uma* resposta correta.

Para Sarlet e Fensterseifer, diante dos riscos ambientais contemporâneos, a proteção do direito à vida deve ser ampliado para atender ao padrão de dignidade e salubridade assegurado constitucionalmente. "Ampliado no sentido de abarcar a dimensão ambiental no seu quadrante normativo." (Sarlet; Fensterseifer, 2010, p. 27).

O direito à sustentabilidade, como princípio constitucional fundamental, busca, em última análise, a realização da dignidade humana e à qualidade de vida (cf. art. 225, CF). São necessárias condições socioambientais propiciadoras do desenvolvimento da vida saudável, do desenvolvimento da personalidade e da participação democrática. A realização desses objetivos encontra zonas conflituosas do interesse público e do interesse privado, individual ou coletivo. As diversas possibilidades e graus de realização da dignidade humana e da sustentabilidade comportam ponderações das perspectivas éticas, morais, políticas e jurídicas que devem ser relevadas no sopesamento dos bens em jogo.

2. O bem-estar da Constituição da República brasileira e o paradigma do bem-viver andino

A Declaração Universal dos Direitos Humanos (10/12/1948) refere-se ao bem-estar nos seguintes termos:

> Art. XXV, 1. Todo homem tem direito a um padrão de vida capaz de assegurar a si e à sua família saúde e bem-estar, inclusive alimentação, vestuário, habitação, cuidados médicos e os serviços sociais indispensáveis e direito à segurança em caso de desemprego, doença, invalidez, viuvez, velhice ou outros casos de perda dos meios de subsistência em circunstâncias fora de seu controle.

Esse texto preconiza uma concepção de bem-estar que perpassa as dimensões: social, econômica, ética, cultural, jurídico-política e ambiental. A constituição bra-

---

[10] "[...] temos por dignidade humana a qualidade intrínseca e distintiva de cada ser humano que o faz merecedor do mesmo respeito e consideração por parte do Estado e da comunidade, implicando, neste sentido, um complexo de direitos e deveres fundamentais que assegurem a pessoa tanto contra todo e qualquer ato de cunho degradante e desumano, como venham a lhe garantir as condições existentes mínimas para uma vida saudável, além de propiciar e promover sua participação ativa e corresponsável nos destinos da própria existência e da vida em comunhão com os demais seres humanos." (SARLET, 2004, p. 59-60).

[11] "Se dois princípios colidem – o que ocorre, por exemplo, quando algo é proibido de acordo com um princípio e de acordo com outro permitido – um dos princípios terá que ceder. Isso não significa, contudo, nem que o princípio cedente deva ser declarado inválido, nem que nele deverá ser introduzida uma cláusula de exceção. Na verdade, o que ocorre é que um dos princípios tem precedência em face do outro sob precedência pode ser resolvida de forma oposta".

sileira registra em nove ocasiões a expressão "bem-estar". Todas elas estão relacionadas com a garantia de aspectos sociais das funções do Estado brasileiro. Já no preâmbulo da CF/88, afirma-se que o estado brasileiro tem por finalidade assegurar o bem-estar.[12]

Trata-se de um princípio pouco abordado no Brasil como norma jurídica. Assim como os demais princípios constantes do preâmbulo,[13] vem sendo tratado apenas como um enunciado que deve ser perseguido e concretizado mediatamente, por meio da realização de outros princípios jurídico-normativos; não aplicável pela sua própria força jurídica. Nesse aspecto, ele se assemelha a algumas formas de compreensão da dignidade humana.

Na Constituição do Equador, os constituintes proclamaram o seguinte preâmbulo: "com um profundo compromisso com o presente e com o futuro decidimos construir uma nova forma de convivência cidadã, com diversidade e harmonia com a natureza, para alcançar o bem-viver, o *sumak kawsay*". Estão arrolados como direitos ao bem-viver: água e alimentação, ambiente sadio, comunicação e informação, cultura e ciência, habitação e moradia, saúde, trabalho e seguridade social.[14]

A Constituição equatoriana assegura a eficácia e exigibilidade de tais direitos.[15] Para José Vicente Troya, esses enunciados impõem deveres diretos ao estado. O conceito de bem-viver é novo, incorporado pela Constituição de 2008. Por meio dele, o Estado deve produzir bens, criar e promover infraestrutura, prover serviços públicos e estimular o desenvolvimento de atividades econômicas. A responsabilidade pela produção de bens é direta do Estado, e não somente subsidiária. Além disso, para o mesmo autor, o conceito de bem-viver demanda participação cidadã e pluralidade.[16]

---

[12] No art. 23, parágrafo único, afirma-se que a cooperação dos entes federados deve visar ao "bem-estar em âmbito nacional". O art. 182 preconiza que a política urbana destina-se ao "bem-estar de seus habitantes". E ainda: art. 186 (bem-estar dos proprietários e trabalhadores rurais), art. 193 (ordem social destina-se ao bem-estar e a justiça social), art. 230 (ciência e tecnologia destinadas ao bem-estar da população), art. 230 (bem-estar dos idosos), art. 231, §1º (bem-estar indígena).

[13] O STF manifestou entendimento quanto à inexistência de normatividade do preâmbulo da Constituição: EMENTA: CONSTITUCIONAL. CONSTITUIÇÃO: PREÂMBULO. NORMAS CENTRAIS. Constituição do Acre. I. – Normas centrais da Constituição Federal: essas normas são de reprodução obrigatória na Constituição do Estado--Membro, mesmo porque, reproduzidas, ou não, incidirão sobre a ordem local. Reclamações 370-MT e 383-SP (RTJ 147/404). II. – Preâmbulo da Constituição: não constitui norma central. Invocação da proteção de Deus: não se trata de norma de reprodução obrigatória na Constituição estadual, não tendo força normativa. III. – Ação direta de inconstitucionalidade julgada improcedente. (ADI 2076, Relator(a): Min. CARLOS VELLOSO, Tribunal Pleno, julgado em 15/08/2002). Mas, o preâmbulo foi invocado com razão de decidir na importante decisão sobre pesquisas com células tronco: "[...] Isto no âmbito de um ordenamento constitucional que desde o seu preâmbulo qualifica 'a liberdade, a segurança, o bem-estar, o desenvolvimento, a igualdade e a justiça' como valores supremos de uma sociedade mais que tudo 'fraterna'. O que já significa incorporar o advento do constitucionalismo fraternal às relações humanas, a traduzir verdadeira comunhão de vida ou vida social em clima de transbordante solidariedade em benefício da saúde e contra eventuais tramas do acaso e até dos golpes da própria natureza. Contexto de solidária, compassiva ou fraternal legalidade que, longe de traduzir desprezo ou desrespeito aos congelados embriões *in vitro*, significa apreço e reverência a criaturas humanas que sofrem e se desesperam. Inexistência de ofensas ao direito à vida e da dignidade da pessoa humana, pois a pesquisa com células-tronco embrionárias (inviáveis biologicamente ou para os fins a que se destinam) significa a celebração solidária da vida e alento aos que se acham à margem do exercício concreto e inalienável dos direitos à felicidade e do viver com dignidade [...]" (ADI 3510, Relator(a): Min. AYRES BRITTO, Tribunal Pleno, julgado em 29/05/2008).

[14] Arts. 12 e seguintes da Constituição do Equador.

[15] "Art. 340.- El sistema nacional de inclusión y equidad social es el conjunto articulado y coordinado de sistemas, instituciones, políticas, normas, programas y servicios que aseguran el ejercicio, garantía y exigibilidad de los derechos reconocidos en la Constitución y el cumplimiento de los objetivos del régimen de desarrollo".

[16] "Para lograr el buen vivir son deberes del Estado producir bienes, crear y mantener la infraestructura, proveer servicios públicos e impulsar el desarrollo de las actividades económicas. Respecto de la producción de bienes la

A República da Bolívia também editou nova Constituição em 2008, consagrando o mesmo princípio.[17] A Constituição boliviana consigna que se trata de um princípio ético-moral, mas, ao mesmo tempo, afirma que o Estado assume e promove tais princípios. No seu artigo 13, reafirma que todos os direitos reconhecidos na constituição são invioláveis, universais, interdependentes, indivisíveis e progressivos, cabendo ao Estado promovê-los, protegê-los e respeitá-los.

O conceito de bem-viver (*Sumak Kawsay* na língua quíchua, *Suma Qamanã*, em aimará, ou *Teko Porã*, em guarani) tem sido identificado como uma das grandes novidades no início do século XXI.

Para Pablo Dávalos, a tradição indígena do bem-viver é milenar e trata de uma recuperação das formas ancestrais de convivência, sendo uma política de resistência ao capitalismo e, ao mesmo tempo, uma alternativa ao mesmo capitalismo e à modernidade. Acrescenta que o *Sumak Kawsay* "[...] é uma forma diferente de relação entre a sociedade e a natureza, e a sociedade e suas diferenças, que não tem nada a ver com os comportamentos de indivíduos egoístas que maximizam suas preferências." (Dávalos, 2010).

Katu Arconada trata do conceito de bem-viver com estreita relação com a sustentabilidade:

> Ao menos não dentro dos padrões ocidentais, em que o viver melhor equipara-se a ter mais. Em todo caso, é necessário abordar a cosmovisão aimará ou quéchua para compreender ou, pelo menos, aproximar-se da compreensão do significado profundo dos termos.
>
> Em aimará, *Suma* é traduzido como algo muito bom, excelente, plenitude. E *Qamaña* como conviver, viver em definitivo, de modo que o termo *Suma Qamaña* poderia ser traduzido mais aproximadamente como "vida em plenitude", e uma tradução similar pode ser feita do termo quéchua *Sumak Kawsay*.
>
> Quando se fala de vida em plenitude, está se fazendo uma referência a viver em harmonia entre o material e o espiritual, consigo mesmo e com a Mãe Terra. Em última instância, saber conviver com tudo o que nos rodeia, com a comunidade.
>
> [...] O desenvolvimento é medido com uma série de indicadores, que o motor do desenvolvimento é o avanço tecnológico, colocando as pessoas em posição de supremacia frente à natureza e em um vale-tudo para alcançar a sociedade do bem-estar, esse modelo exportado da Europa e que também se refere aos grandes interesses econômicos, que nos impuseram o capitalismo depredatório como modelo socioeconômico. Progresso são os índices do PIB e da renda per capita mais elevados, mesmo que seja à custa da uma deterioração social e ambiental, como a que nos levou a essa crise de civilização que sofremos.

---

actividad del Estado es directa, no subsidiaria. (Art. 277). Las personas y las colectividades han de participar en la gestión pública, en el desarrollo y en la ejecución de de los planes que se expidan. Igualmente, en la producción, intercambio y consumo de bienes con responsabilidad social y ambiental. (Art. 278). Los actores privados tienen una participación complementaria a la del Estado en el mercado de bienes y servicios. El buen vivir o sumak kawsay, es un concepto nuevo incorporado a la Constitución del 2008. Sobre el tema tiene importancia el estudio de Catalina Silva Portero quién sostiene que la integración de este principio podría leerse como un paso en la conformación de un Estado plural e incluyente que introduce la perspectiva. Sustenta que el buen vivir incluye nuevos derechos como el agua y la alimentación." (TROYA, José Vicente. El modelo económico, financiero y tributario de la Constitución del 2008. *Revista Jurídica de la Facultad de Jurisprudencia y Ciencias sociales y políticas,* Universidad Católica de Santiago de Guayaquil. Disponível em: <http://www.revistajuridicaonline.com/index.php?option=com_content&task=view&id=626&Itemid=120>. Acesso em: 29 out. 2011.

[17] Artículo 8. I. El Estado asume y promueve como princípios ético-morales de la sociedad plural: ama qhilla, ama llulla, ama suwa (no seas flojo, no seas mentiroso ni seas ladrón), suma tamaña (vivir bien), ñandereko (vida armoniosa), teko kavi (vida buena), ivimaraei (tierra sin mal) y qhapaj ñan (camino o vida noble). II. El Estado se sustenta en los valores de unidad, igualdad, inclusión, dignidad, libertad, solidaridad, reciprocidad, respeto, complementariedad, armonía, transparencia, equilibrio, igualdad de oportunidades, equidad social y de género en la participación, bienestar común, responsabilidad, justicia social, distribución y redistribución de los productos y bienes sociales, para vivir bien. Disponível em: <http://www.diputados.bo/images/docs/cpe.pdf>. Acesso em: 30 out. 2011.

Nessa conjuntura, o paradigma do Viver Bem ensina-nos não a viver melhor, mas sim a viver bem com menos. Ele precisa ser um marco na educação. Precisamos criar uma ética de Viver Bem e reconstruir um pensamento e uma forma de vida mais comunitária, com outras formas de repensar as relações interpessoais e a economia, um equilíbrio entre a cultura e a Mãe Terra, em que a complementaridade ou a reciprocidade sejam as duas faces de uma mesma moeda. (ARCONADA, 2010).

Esses conceitos se aproximam do "bem-estar coletivo" previsto na Constituição brasileira. Abre-se uma interessante vereda argumentativa para a construção de uma ética e uma principiologia adequada em termos de sustentabilidade socioambiental. O ideal do bem-viver completa as noções de dignidade humana e bem-estar. Para Quinto Regazzoni, o *Sumak Kawsay*, isto é, a Vida Boa, é: "[...] um dom compartilhado que gera bem-estar para todos, e não apenas para alguns." (Regazzoni, 2010, p. 14).[18]

Catherine Walsh (2010), citando o Plano Nacional de Desenvolvimento (2009-2013) do Equador, conecta ainda mais as categorias *dignidade* e *bem viver*: "*Buen vivir* procura satisfazer as necessidades, atingir a qualidade de vida e uma morte digna, amar e ser amado, o florescer saudável de todos, em paz e harmonia com a natureza e o prolongamento indefinido das culturas humanas." (Walsh, 2010, p. 15-21).[19]

A expressão *bem-viver*, entretanto, corre o risco de ser utilizada como mera ferramenta de discurso, um termo cooptado para as funções e estruturas de governo, perdendo seu significado real de transformação cultural, epistemológica e plurinacional. Recentes leis aprovadas no Equador sobre água e mineração, na visão de Catherine Walsh, contrariam os princípios do *buen vivir* (Walsh, 2010, p. 20).

A inter-relação entre os conceitos de dignidade humana e bem-viver (ou bem-estar, a partir da Constituição brasileira) enriquecem as possibilidades jurídicas na busca da superação de posturas excessivamente individualistas, privado-econômicas.

Para empreender máxima eficácia ao princípio da sustentabilidade, esse novo paradigma constitucional (*Suma Qamaña*) fortalece os argumentos no sentido de que, para haver sustentabilidade, todos os bens públicos e privados devem cumprir suas funções socioambientais (bem comum). As ações do Estado e da sociedade devem ser realizadas com o empenho máximo de seus recursos,[20] na promoção do desenvolvimento socioambiental sustentável.

---

[18] Ainda no texto desse autor: "Jesus, por exemplo, é visto por seus contemporâneos como um profeta apaixonado por uma vida mais digna (*teko marangatu*, em guarani) para todos, uma vida boa (*teko porã*). 'Ele proclama o Reinado de justiça e misericórdia de Deus, isto é, sua maneira de ser, cheia de bondade, que instaura a ansiada 'Shalóm', que pode ser traduzida como bem-estar, uma vida plena, cheia de prosperidade'".

[19] "Buen vivir seeks to achieve the satisfaction of necessities, the attainment of the quality of life and a dignified death, to love and be loved, the healthy flourishing of all, in peace and harmony with nature and the indefinite prolongation of human cultures".

[20] Expressão consagrada pelo Pacto Internacional dos Direitos Econômicos, Sociais e Culturais – PIDESC (1966, ratificado pelo Brasil em 1992): "Considerando que, em conformidade com os princípios proclamados na Carta das Nações Unidas, o reconhecimento da dignidade inerente a todos os membros da família humana e de seus direitos iguais e inalienáveis constitui o fundamento da liberdade, da justiça e da paz no mundo [...]. Cada Estado Membro no presente Pacto compromete-se a adotar medidas, tanto por esforço próprio como pela assistência e cooperação internacionais, principalmente nos planos econômico e técnico, até o máximo de seus recursos disponíveis, que visem a assegurar, progressivamente, por todos os meios apropriados, o pleno exercício dos direitos reconhecidos no presente Pacto, incluindo, em particular, a adoção de medidas legislativas." Também em 1992, o Brasil patrocinou a ECO/92, que originou a *Declaração do Rio sobre o Meio Ambiente e Desenvolvimento*. O princípio número um do documento é o seguinte: "Os seres humanos constituem o centro das preocupações relacionadas com o desenvolvimento sustentável. Têm direito a uma vida saudável e produtiva, em harmonia com a natureza".

Os desenvolvimentos conceituais-analíticos concernentes ao princípio da dignidade humana são plenamente utilizáveis para a garantia, proteção e promoção do bem-estar. O princípio constitucional do bem-estar, vitalizado pelo *buen vivir* andino, amplia as possibilidades eficaciais e argumentativas da *dignidade humana*, transformando-a em *dignidade da vida*, incluindo, portanto, dimensões da natureza como um todo, ou *Pacha Mama*, na cultura dos Andes.

3. Sustentabilidade e desenvolvimento da personalidade para além das necessidades básicas

A Conferência de Estocolmo (Suécia), realizada em 1972, é considerada o primeiro passo em busca da sustentabilidade das relações entre o homem e o ambiente.[21] A partir de então, ampliaram-se os debates sobre o desenvolvimento, a produção, o consumo e o urbanismo (Milaré, 2011, p. 75 ss.). Em 1987, o Relatório Brundtland, publicado sob o título: "Nosso futuro comum", foi decisivo para a consolidação da expressão "desenvolvimento sustentável." (Comissão Mundial sobre Meio Ambiente e Desenvolvimento, 1988).

Em 1992, a Conferência das Nações Unidas sobre o Meio Ambiente e Desenvolvimento, realizada no Rio de Janeiro (ECO/92), avaliou os acontecimentos ambientais ocorridos desde a Conferência de Estocolmo. Da análise realizada, resultaram cinco importantes documentos: 1) Declaração do Rio sobre Meio Ambiente e Desenvolvimento; 2) Agenda 21,[22] 3) Princípios para a Administração Sustentável das Florestas, 4) Convenção da Biodiversidade, 5) Convenção sobre Mudança do Clima.[23]

A Agenda 21, que estimula as ações locais, é considerada por Édis Milaré "a cartilha básica do desenvolvimento sustentável". Destaca ainda Milaré:

> Entre as abordagens que merecem destaque encontram-se: estímulo à cooperação, seja internacional, seja dentro dos países; ênfase na gestão ambiental descentralizada e participativa; valorização e incremento do poder local; multiplicação de parcerias para o desenvolvimento sustentável; mudança de padrões de consumo e nos processos produtivos. (MILARÉ, 2011, p. 106).

A sustentabilidade, portanto, é um fenômeno multidimensional, poliédrico, comportando muitos enfoques. Para fins de sistematização, sem enfoques banalizantes ou reducionismos extremos, Juarez Freitas defende, sem caráter exaustivo, a existência de cinco dimensões, "mais ou menos entrelaçadas como galhos de uma árvore." (Freitas, 2011, p. 55). Essas dimensões são: social, ética, jurídico-política, econômica e ambiental.

---

[21] "Para chegar à plenitude de sua liberdade dentro da natureza, e, em harmonia com ela, o homem deve aplicar seus conhecimentos para criar um meio ambiente melhor. A defesa e o melhoramento do meio ambiente humano para as gerações presentes e futuras se converteu na meta imperiosa da humanidade, que se deve perseguir, ao mesmo tempo em que se mantêm as metas fundamentais já estabelecidas, da paz e do desenvolvimento econômico e social em todo o mundo, e em conformidade com elas." (DECLARAÇÃO DE ESTOCOLMO, 2011).

[22] "A Agenda 21 pode ser definida como um instrumento de planejamento para a construção de sociedades sustentáveis, em diferentes bases geográficas, que concilia métodos de proteção ambiental, justiça social e eficiência econômica." Disponível em: <http://www.mma.gov.br/sitio/index.php?ido=conteudo.monta&idEstrutura=18>. Acesso em: 24 jul. 2011.

[23] Todos os documentos constam do *site*: NAÇÕES UNIDAS NO BRASIL. Disponível em: <http://www.onu.org.br/>. Acesso em: 25 jul. 2011.

A dimensão social preocupa-se com a ligação entre todos os seres, não permitindo a manutenção de modelos excludentes, nem a desatenção aos direitos fundamentais sociais. A sustentabilidade, nessa dimensão, depende da eficácia dos direitos e das políticas públicas ligadas à saúde, educação, moradia, saneamento segurança, trabalho, lazer, entre outros.

A dimensão ética da sustentabilidade preconiza um dever de agir sempre de forma benéfica para todos os seres humanos (dentro do possível), "não apenas deixar de prejudicá-los". Exige-se, assim, uma atitude que busque não somente o bem-estar íntimo, mas o bem-estar social (Freitas, 2011, p. 58).

A dimensão ambiental da sustentabilidade importa no reconhecimento da dignidade do meio ambiente. E, junto com essa dignidade, está o direito das futuras gerações a um "ambiente limpo" (Freitas, 2011, p. 60).

A dimensão econômica exige ponderação entre eficiência e equidade. Produção e consumo devem ser estruturados em bases racionais, com respeito à natureza e em busca da eliminação da pobreza (Freitas, 2011, p. 62).

Para Juarez Freitas, na dimensão jurídico-política "[...] a busca da sustentabilidade é um direito e encontrá-la é um dever constitucional inalienável e intangível de reconhecimento da liberdade de cada cidadão." (Freitas, 2011, p. 63). Na conformação intersubjetiva dos conteúdos dos direitos e deveres fundamentais, toda a sociedade deve estar envolvida por meio de participação democrática direta, sempre que viável.

A dimensão jurídico-política contempla direitos que caracterizam um Estado Sustentável, concernentes ao bem-estar, notadamente: a) direito à longevidade digna, b) direito à alimentação sem excessos ou carências, c) direito ao ambiente limpo, d) direito à educação, e) direito à democracia, preferencialmente direta, f) direito à informação livre e de conteúdo apreciável, g) direito ao processo judicial e administrativo com desfecho tempestivo, h) direito à segurança, i) direito à renda oriunda de trabalho honesto, j) direito à boa administração pública, k) direito à moradia digna e segura (Freitas, 2011, p. 63 ss.).

Todas essas dimensões se entrelaçam. Atribuem e completam o sentido das normas constitucionais. Irradiam esses mesmos valores à totalidade da ordem jurídica objetiva e fortalecem a dimensão subjetiva dos direitos fundamentais, incluindo-se o direito fundamental à sustentabilidade.

Para Amartya Sen, o Relatório Brundtland fez boa coisa ao definir desenvolvimento sustentável como "[...] o que satisfaz as necessidades das gerações atuais sem comprometer a capacidade das gerações futuras para satisfazer suas próprias necessidades." (Sen, 2011, p. 285). Mas, é preciso ir além. Sen (2011) propõe que, para evoluir nesse conceito, é preciso incluir nele a dimensão dos *valores*, superando apenas as considerações sobre as *necessidades*. As pessoas efetivamente têm necessidades, mas, além disso, têm valores e isso implica apreciação de suas capacidades de raciocinar, avaliar, escolher, participar e agir. "Ver as pessoas apenas de acordo com suas necessidades pode nos dar uma visão muito pobre da humanidade." (Sen, 2011, p. 284).

Robert Solow (1993) propôs um novo conceito para sustentabilidade, buscando superar a proposta do Relatório Brundtland. Na visão do economista, a sustentabilidade exige que se deixem à geração seguinte as mesmas possibilidades para a realização do seu bem-estar. No mínimo, com mesma possibilidade de manter o padrão de vida existente e proporcionar as mesmas condições à geração subsequente (Solow, 1993, p. 168).[24] Assim ocorrendo, não há consumo do capital da humanidade, mantendo-se a sustentabilidade.

Amartya Sen elogia, de início, a proposta de Solow. A perspectiva da manutenção *do padrão de vida*: "no mínimo tão bom quanto o nosso", para Sen, motiva a preservação do meio ambiente e estende a compreensão prevista no Relatório Brundtland. Ao invés de limitar a sustentabilidade *às necessidades humanas*, Solow amplia a sustentabilidade para outras dimensões, além da mera manutenção das necessidades.

Ainda que o conceito de Solow seja importante e atrativo, pode-se perguntar se as recomendações de "manutenção de padrão de vida" ou garantia dos mesmos "níveis de bem-estar" se aplicam também a países pobres ou em desenvolvimento como o Brasil. A conclusão é positiva, já que a proposta de Solow para a sustentabilidade não é reducionista, nem proposta em termos de tudo ou nada. É um conceito abrangente e que propõe um exame de proporcionalidade.

Quanto aos países pobres, Solow admite existir um grande dilema entre o cumprimento de metas econômicas e a preservação do meio ambiente. Sugere que, diante da complexidade do mundo, com diversos interesses e gostos, há muito a se ganhar investindo em inovação (Solow, 2000)[25] e, também, transformando as perguntas do tipo sim-ou-não (*yes-or-no*), que conduzem a um "beco sem saída", para perguntas que possam ser respondidas em termos de mais ou menos (*more-or-less*), sendo que, o mais importante, na prática, é identificar o que deve ser realizado *mais* e o que deve ser realizado *menos* (Solow, 2000, p. 172).

Para Solow, exigir o impossível de uma sociedade é desobrigá-la de qualquer compromisso com a sustentabilidade. Por isso, proposições radicais devem ser evitadas. Mas, partindo da premissa de que há um forte compromisso ético com as gerações futuras, não somente para com as próximas, mas também com as mais distantes, o autor propõe que se deve deixar para as próximas gerações as mesmas possibilidades de terem níveis de bem-estar iguais aos da atualidade (Solow, 2000, *passim*). Em outros termos: "O desenvolvimento sustentável deve, pois, ser encarado como um mandamento para que o nosso atual padrão de vida não seja conseguido à custa do empobrecimento das gerações futuras." (Mueller, 2005, p. 687-713).

Amartya Sen propõe um conceito de sustentabilidade ainda mais abrangente, defendendo que a satisfação das necessidades e a sustentação de um padrão de vida

---

[24] "For the rest of this talk, I will assume that a sustainable path for the national economy is one that allows every future generation the option of being as well off as its predecessors. The duty imposed by sustainability is to bequeath to posterity not any particular thing – with the sort of rare exception I have mentioned – but rather to endow them with whatever it takes to achieve a standard of living at least as good as our own and to look after their next generatio similarly. We are not to consume humanity's capital, in the broadest sense. Sustainability is not always compatible with discounting the well-being of future generations if there is no continuing technological progress. But I will slide over this potential contradiction because discount rates shoud be small and, after all, there is technological progress."

[25] O avanço da inovação tecnológica é fundamental, na visão de Solow, para o crescimento econômico e o desenvolvimento. A abordagem econômica de Solow sobre a importância da inovação tecnológica é complexa, não comportando análise neste trabalho. Menciona-se, portanto, a questão, apenas para eventual interesse que possa ser despertado para uma pesquisa específica sobre a aplicação de novas tecnologias na sustentabilidade urbana.

estejam *comprometidos com os valores e as capacidades humanas*. A valorização de *oportunidades concretas* nem sempre contribui para um "padrão de vida" ou para os "nossos próprios interesses". (Sen, 2011, p. 285).

Firmadas essas premissas, Amartya defende a relevância de valorizar-se aquilo que as pessoas têm razão para atribuir importância:

> Se a importância da vida humana não reside em nosso padrão de vida e satisfação das necessidades, mas também na liberdade que desfrutamos, então a ideia de desenvolvimento sustentável tem de ser correspondentemente reformulada. Nesse contexto, ser consistente significa pensar não só em sustentar a satisfação de nossas necessidades, mas, de forma mais ampla, na sustentabilidade – ou ampliação – de nossa liberdade (incluindo a liberdade de satisfazer as nossas necessidades). Assim recaracterizada, a liberdade sustentável pode ser ampliada a partir das formulações propostas por Brundtland e Solow para incluir a preservação e, quando possível, a expansão das liberdades e capacidades substantivas das pessoas de hoje "sem comprometer a capacidade das gerações futuras" de ter liberdade semelhante ou maior. (SEN, 2011, p. 286).

Amartya Sen amplia, portanto, o conceito de sustentabilidade, incluindo aspectos valorativos, relacionados à autonomia, capacidade e liberdade. Para essa ampliação, afirma que sua proposta ultrapassa as abordagens que utilizam *renda* e *riqueza* como critérios para verificar o "êxito humano". Ultrapassa também a filosofia política de John Rawls – voltada para os bens primários, como renda, prerrogativas, cargos, autoestima e outros. Sen observa que, para Rawls, esses são os principais indicadores para se verificar a justiça como equidade, discordando da proposição, uma vez que, essa lista de bens primários deve ser entendida apenas como uma relação de meios úteis para os fins valiosos da vida humana (RAWLS, 2003, p. 239).[26]

Diante disso, o conceito de sustentabilidade em Amartya Sen leva em conta a sustentabilidade da liberdade, vista como capacidade. A proposta procura evitar a excessiva vinculação da sustentabilidade com os aspectos econômicos, com a satisfação de necessidades ou com a manutenção de níveis de vida. A ideia de capacidade e sustentabilidade, para Sen, também leva em consideração esses aspectos, mas, principalmente "[...] está ligada à liberdade substantiva, ela confere um papel central à aptidão real de uma pessoa para fazer diferentes coisas que ela valoriza." (SEN, 2011, p. 287).

Essa abordagem geral sobre a sustentabilidade amplia o seu sentido enquanto um direito fundamental a ser efetivado. Assim, todos os esforços devem ser empreendidos para que a próxima geração possa também preservar à geração subsequente a possibilidade de exercício de suas capacidades, isto é, a realização dos valores relacionados ao conceito de vida boa,[27] nas dimensões: social, ética, jurídico-política, econômica e ambiental.

Conclusão

O princípio da dignidade humana tem desempenhado um papel importante no contexto da argumentação jurídica voltada para os direitos fundamentais. Todavia,

---

[26] Sen observa que, para Rawls, esses são os principais indicadores para se verificar a justiça como equidade, discordando da proposição, já que essa lista de bens primários deve ser entendida apenas como uma relação de meios úteis para os fins valiosos da vida humana. Deve-se notar, entretanto, que John Rawls responde a Amartya Sen, defendendo que sua teoria não descarta a importância das capacidades e sua relação com um mínimo essencial para serem membros cooperativos da sociedade. (RAWLS, 2003, p. 248).

[27] *Vida boa* no sentido ético aristotélico, segundo o qual a felicidade que não consiste nas riquezas, nem nas honras, nem nos prazeres, mas numa vida de virtudes, que é ligada a capacidade de realização de condutas proporcionais (ARISTÓTELES, 2000, p. 47 ss.).

sua funcionalidade na *praxis* da dogmática jurídica não permite expectativas absolutas ou imponderáveis.

As perspectivas excessivamente individualistas ou excessivamente socializantes tendem a ser arbitrárias. A dificuldade é justamente encontrar-se o "ponto de Arquimedes", a "prudência aristotélica", que permita o equilíbrio e a racionalidade.

A vida no mundo contemporâneo (moderno ou pós-moderno) torna ainda mais complexa a compatibilização das subjetividades (sua dignidade, seus desejos, sua autonomia, suas opções político-ideológicas) no espaço público dos valores constitucionais. A tarefa é complexa, mas não parece desarrazoada.

O desenvolvimento de novos conceitos no campo jurídico – como o de sustentabilidade – permite a percepção de uma nova trama de valores, padrões morais, aspirações éticas e políticas, além de novas *verdades* científicas (logo, provisórias). Os valores históricos da tradição, ainda que renovados, como é o caso do "bem-viver" indígena, também participam do jogo argumentativo em busca da justa medida.

Assim, dignidade, bem-viver e sustentabilidade são importantes princípios que recebem o *status* de normas constitucionais. E, uma vez que tais categorias sejam assim tratadas, é adequado que recebam da dogmática jurídica – especialmente dedicada à solução de casos concretos – uma funcionalidade inserida na teoria dos direitos fundamentais contemporânea. Isso significa dizer que tais categorias sempre estarão submetidas ao princípio da proporcionalidade, buscando a ponderando os direitos individuais e os interesses coletivos (também direitos) em questão.

Referências

ALEXY, Robert. *Teoria da Argumentação Jurídica*. 3. ed. Rio de Janeiro: Forense, 2011.

——. *Teoria dos direitos fundamentais*. São Paulo: Malheiros, 2008.

ARCONADA, Katu. Descolonização e Viver Bem são intrinsecamente ligados. *Revista do Instituto Humanitas Unisinos*, São Leopoldo, v. 340, 2010. Disponível em http://www.ihuonline.unisinos.br, acesso em 30/10/2011. Entrevista concedida a Moisés Sbardelotto.

ARISTÓTELES. *Ética a Nicômaco*. São Paulo: Martin Claret, 2000.

COMISSÃO Mundial sobre Meio Ambiente e Desenvolvimento (CMMAD). *Nosso Futuro Comum*. Rio de Janeiro: FGV, 1988.

DÁVALOS, Pablo. Sumak Kawsay: uma forma alternativa de resistência e mobilização. *Revista do Instituto Humanitas Unisinos*. São Leopoldo, v. 340, 2010. Disponível em http://www.ihuonline.unisinos.br, acesso em 30/10/2011. Entrevista concedida a Moisés Sbardelotto.

FREITAS, Juarez. *Sustentabilidade: direito ao futuro*. Belo Horizonte: Editora Forum, 2011.

KANT, Imanuel. *Fundamentação da metafísica dos costumes*. Coimbra: Edição Atlântica, 1960.

MENDES, Gilmar Ferreira; COELHO, Inocêncio Mártires; BRANCO, Paulo Gustavo Gonet. *Curso de direito constitucional*. São Paulo: Saraiva, 2007.

MILARÉ, Édis. *Direito do ambiente*: a gestão ambiental em foco. Doutrina, jurisprudência, glossário. 7. ed. rev. atual. e reform. São Paulo: Revista dos Tribunais, 2011.

RAWLS, John. *Justiça como equidade: uma reformulação*. São Paulo: Martins Fontes, 2003.

REGAZZONI, Quinto. A relação entre o Reino pregado por Jesus e o conceito de Vida Boa dos povos indígenas. *Revista do Instituto Humanitas Unisinos*. São Leopoldo, v. 340, 2010. Disponível em http://www.ihuonline.unisinos.br, acesso em 30/10/2011. Entrevista concedida a Moisés Sbardelotto.

SARLET, Ingo Wolfgang. *Dignidade da pessoa humana e direitos fundamentais*. 3. ed. Porto Alegre: Livraria do Advogado, 2004.

——; FENSTERSEIFER, Tiago. Estado Socioambiental e mínimo existencial (ecológico?): algumas aproximações. In: SARLET, Ingo (org.). *Estado socioambiental e direitos fundamentais*. Porto Alegre: Livraria do Advogado, 2010, p.11-38.

SEN, Amartya. *A ideia de justiça*. São Paulo: Companhia das Letras, 2011.

——. *Desenvolvimento como liberdade*. São Paulo: Companhia das Letras, 2000.

——. *Sobre ética e Economia*. 7. ed. São Paulo: Companhia das Letras. 1999.

SILVA, José Afonso da. *Curso de Direito Constitucional Positivo.* 20. ed. São Paulo: Malheiros, 2002.

SILVA, Virgílio Afonso da. *Direitos fundamentais: conteúdo essencial, restrições e eficácia.* 2. ed. 2. tir. São Paulo: Malheiros, 2011.

SOLOW, Robert. An almost practical step toward sustainability. *Resources Policy*, vol. 19, n. 3, setembro, 1993.

TROYA, José Vicente. El modelo económico, financiero y tributario de la Constitución del 2008. *Revista Jurídica de la Facultad de Jurisprudencia y Ciencias sociales y políticas,* Universidad Católica de Santiago de Guayaquil. Disponível em: <http://www.revistajuridicaonline.com/index.php?option=com_content&task=view&id=626&Itemid=120>. Acesso em: 29 out. 2011.

VIEIRA, Oscar Vilhena. Direitos Fundamentais: uma leitura da jurisprudência do STF. São Paulo: Malheiros, 2006.

WALSH, Catherine. Development as Buen Vivir: Institutional arrangements and (de)colonial entanglements. *Development,* v. 53, p. 15–21, 2010. Disponível em: www.sidint.org/development, acesso em 30/10/2011.

— 5 —

Mudam-se os tempos, mudam-se as políticas públicas ... controle pelos tribunais de contas sob a ótica da sustentabilidade

DANIELA ZAGO GONÇALVES DA CUNDA[1]

> Mudam-se os tempos, mudam-se as vontades, Muda-se o ser,
> muda-se a confiança; Todo o Mundo é composto de mudança,
> Tomando sempre novas qualidades.
> [...]
> O tempo cobre o chão de verde manto, Que já coberto foi de neve fria,
> E, enfim, converte em choro o doce canto.
> [...]
> E, afora este mudar-se cada dia, Outra mudança faz de mor espanto:
> Que não se muda já como soía. *Luís de Camões*

Sumário: 1. Apresentação; 2. Solidariedade Intergeracional e sustentabilidade multidimensional; 3. Dimensões da sustentabilidade em situações concretas: licitações e contratações sustentáveis; 4. Algumas diretrizes para uma gestão sustentável e respectivo controle externo sob a ótica da sustentabilidade; 5. Conclusões; Bibliografia.

1. Apresentação

Não há mais espaço para uma gestão pública que não tenha foco na sustentabilidade, que não esteja voltada para o futuro e que não vise a consubstanciar a solidariedade entre gerações. Pretende-se estudar a possibilidade de atuação dos Tribunais de Contas e a necessidade de novos paradigmas na fiscalização das políticas públicas que deverão concretizar a solidariedade intergeracional e a sustentabilidade multidimensional.

Com amparo em estudo desenvolvido anteriormente,[2] os *direitos sociais* (em especial os *prestacionais*) e respectivas políticas públicas para realizá-los são objeto

---

[1] Mestre e doutoranda em Direito pela Pontifícia Universidade Católica do Rio Grande do Sul (PUC/RS). Auditora do Tribunal de Contas do Estado do Rio Grande do Sul. Especialista em Direito Público pela Universidade Federal do Rio Grande do Sul (UFRGS). Graduada em Direito pela Universidade Federal de Santa Maria (UFSM). Docência em cursos preparatórios para concursos e exame da OAB. Membro integrante do Grupo de Estudos/Pesquisas em Interpretação Constitucional, Administrativo e Sustentabilidade e do Grupo de Estudos/Pesquisas sobre Direitos Fundamentais (NEDF). Autora de artigos sobre Direito Público, com ênfase em Direitos Fundamentais, Controle Externo (Tribunais de Contas), Controle das Políticas Públicas e Sustentabilidade. Emails: dzcunda@gmail.com e cunda@tce.rs.gov.br

[2] CUNDA, Daniela Zago Gonçalves da. *Tutela da efetividade dos direitos e deveres fundamentais pelos Tribunais de Contas:* direito/dever fundamental à boa administração pública (e derivações) e direitos fundamentais à saúde e à educação. Dissertação de Mestrado, PUC/RS, 2011, p. 19.

de controle dos Tribunais de Contas, como, por exemplo, a previdência social (registro dos atos de aposentadoria e pensões), a saúde e educação (na análise da aplicação dos percentuais mínimos estabelecidos na Constituição da República Federativa do Brasil), o meio ambiente[3] (mediante a realização de auditorias operacionais), dentre outros direitos e deveres fundamentais.

Demonstra ser pertinente a utilização de princípios e estudos destinados ao Direito Ambiental, como os princípios da prevenção, da precaução, da sustentabilidade[4] e da solidariedade intergeracional ao Direito Público de maneira geral.

Afirma Carla Amado Gomes que "o ambiente é um assunto que, pelas piores razões, entrou no mundo jurídico nos anos 70 do século passado e tem-se mantido 'na moda' desde então".[5] Todavia, outros direitos fundamentais de grande importância, como o direito à saúde e à educação dentre outros direitos sociais, mesmo diante de todas as problemáticas enfrentadas em sua efetivação, aparentam não terem "entrado na moda" ainda. Também o estudo dos deveres fundamentais[6] continua a se demonstrar *démodé*.

As catástrofes ambientais,[7] a crise econômico-financeira mundial, dentre outros fenômenos sociais regionais e transnacionais estão a demonstrar a urgência de políticas públicas (e respectivo controle) com planejamento a médio e longo prazos, de maneira a tutelar a atual e as gerações futuras.[8]

Conjuntamente, a atitude de cidadania responsável é necessária na busca de se contornar a *insustentabilidade* que se configura em um futuro não tão longínquo ou já se encontra instalada sob certos aspectos.

No ano da "Rio + 20", em que os holofotes novamente foram direcionados para o "sustainable development", para o "future for our planet and for present and

---

[3] Relacionados ao tema, realizaram-se estudos específicos: CUNDA, Daniela Zago G. *Licitação sustentável, um novo paradigma ambiental na "hipermodernidade"*: Direito fundamental à boa gestão ambiental no Estado Socioambiental. Trabalho apresentado no X Seminário Internacional: Os Direitos Fundamentais no Estado Socioambiental, no dia 26 de abril de 2011, Porto Alegre; CUNDA, Daniela Zago G. da. Mudam-se os tempos, mudam-se as licitações públicas... Considerações sobre licitações sustentáveis, sustentabilidade e tutela das gerações futuras (direito ao futuro), a Administração Pública como consumidora responsável, respectiva fiscalização e responsabilidade socioambiental. In: I Congresso Internacional Florense de Direito e Ambiente, 2011, Caxias do Sul. Anais... Caxias do Sul, ago. 2011. CUNDA, Daniela Zago G. da; BERTOLO, Rozangela Motiska Bertolo. O papel dos Tribunais de Contas na concretização das licitações e contratações sustentáveis. In: XXVI Congresso dos Tribunais de Contas, 2011, Belém. Anais ... Belém, nov. 2011.

[4] Sobre os princípios referidos: FREITAS, Juarez. Sustentabilidade: direito ao futuro. 2ª ed. Belo Horizonte: Fórum, 2012, p. 284 e ss.; ——. A Interpretação Sistemática do Direito. 5 ed. São Paulo: Malheiros, 2010; ——. O Controle dos Atos Administrativos e os Princípios Fundamentais. 4 ed. São Paulo: Malheiros, 2009; ——. Discricionariedade Administrativa e o Direito Fundamental à Boa AdministraçãoPública. 2. ed. São Paulo: Malheiros, 2009; ——. O princípio constitucional da Precaução e o controle de Gestão Ambiental. Revista do TCE-MG. v. 61, n. 4, , p. 17-42, out./dez. 2006; ——. Princípio da Precaução e o Direito Fundamental à Boa Administração Pública. Revista de Direito do Estado, n. 7, p. 201-215, jul./set. 2007; ——. Princípio da precaução: vedação de excesso e de inoperância. Revista Interesse Público. Belo Horizonte, n. 35, p. 33-48; ——. Princípio Constitucional da Precaução e o Direito Administrativo Ambiental. Boletim de Direito Administrativo, [S.l], p. 888-897, ago. 2006.

[5] AMADO GOMES, Carla. *Risco e Modificação do Acto Autorizativo Concretizador de deveres de Protecção do Ambiente*. Coimbra: Coimbra Editora, 2007. (publicação da tese de doutoramento da autora).

[6] SARLET, Ingo Wolfgang. *A Eficácia dos Direitos Fundamentais*. 10. ed. Porto Alegre: Livraria do Advogado, 2009, p. 226 e ss; CASALTA NABAIS, José. A face oculta dos direitos fundamentais: os deveres e os custos dos direitos. Revista da AGU. Brasília, n. Especial, p. 73-92, jun. 2002. ——. *O dever fundamental de pagar impostos*: contributo para a compreensão constitucional do estado fiscal contemporâneo. Coimbra: Almedina, 1998.

[7] AMADO GOMES, Carla. Catástrofes naturais e acidentes industriais graves na União Europeia: a prevenção a prova nas directivas Seveso. *O Direito 143.o (2011), III, 459-488*, 2011.

[8] Pretende-se paralelamente avaliar a aplicação de outros princípios atinentes ao Direito Ambiental Internacional ao Direito Público, com destaque ao Direito Administrativo e Financeiro.

future generations",[9] não haveria momento mais oportuno para debates acadêmicos e institucionais visando um novo olhar da administração pública e respectiva sindicabilidade com "as lentes da sustentabilidade multidimensional".[10] Uma pequena contribuição nesse sentido é o que se pretende.

Em suma, nas linhas a seguir, buscar-se-á tecer considerações sobre a solidariedade intergeracional e sua correlação com a sustentabilidade multidimensional; somado a isso, pretende-se analisar as dimensões da sustentabilidade em situações concretas, como nas licitações e contratações sustentáveis. Ademais, serão apresentadas algumas diretrizes para uma gestão sustentável e o respectivo controle externo sustentável, de maneira a demonstrar a possibilidade de atuação dos Tribunais de Contas no controle das políticas públicas sob a ótica da sustentabilidade.

2. Solidariedade Intergeracional e sustentabilidade multidimensional

Afirma Juarez Freitas que "temos que pensar a médio e longo prazos e desenvolver estratégias que se estendam por essas escalas temporais. Existe a obrigação de considerarmos de que modo as políticas atuais tenderão afetar a vida dos que ainda não nasceram".[11]

Os Tribunais de Contas desempenham papel importante na fiscalização das políticas públicas. Todavia, a gestão pública e o respectivo controle externo, nos termos ora desempenhados, não demonstram preocupações suficientes com a sustentabilidade multidimensional, tampouco há diretrizes explícitas que visem a uma concretização da solidariedade entre gerações.

Em estudos anteriores, procurou-se demonstrar a importância da sintonia do controle externo com o controle social, tema que tem relação com a proposta de estudo sobre a concretização da solidariedade entre gerações e a atuação dos Tribunais de Contas neste contexto.[12]

A figura do dever fundamental "assenta na lógica de solidariedade responsável inerente ao Estado Social"[13] e merece releituras em tempos de crise econômico-financeira mundial e de aumento contínuo de escassez de recursos financeiros para subsidiar a gama de direitos fundamentais crescentes.

Mais recentemente, surge uma nova dimensão de solidariedade, em sede específica e inicialmente ambiental – a *solidariedade intergeracional* -, que está interligada e se confunde, de certo modo, com a sustentabilidade (outro postulado do Direito Internacional do Ambiente). De fato, "se a preocupação dos defensores do princípio da solidariedade intergeracional (*intergenerational equity*) é assegurar o aproveita-

---

[9] Conforme item 1 – Our common vision (subitem 1), Agenda item 10, Outcome of the Conference, Rio + 20, United Nations Conference on Sustainable Development, Rio de Janeiro, 20-22 June 2012.

[10] Expressão referida pelo Prof. Dr. Juarez Freitas no II Congresso Brasileiro de Direito e Sustentabilidade – Direito Administrativo e Gestão Sustentável, ocorrido de 18 a 20 de junho de 2012 – Belo Horizonte, também constante em obras do autor sobre o tema.

[11] FREITAS, Juarez. *Sustentabilidade: direito ao futuro*. Belo Horizonte: Fórum, 2011, p. 43, com arrimo na obra de Anthony Giddens (*A política da mudança climática*. Rio de Janeiro: Zahar, 2010).

[12] CUNDA, Daniela Zago Gonçalves da. *Tutela da efetividade dos direitos e deveres fundamentais pelos Tribunais de Contas*: direito/dever fundamental à boa administração pública (e derivações) e direitos fundamentais à saúde e à educação. Dissertação de Mestrado, PUC/RS, 2011, p. 110 e ss.

[13] AMADO GOMES, Carla. *Risco e Modificação do Acto Autorizativo Concretizador de deveres de Protecção do Ambiente*. Coimbra: Coimbra Editora, 2007, p. 151.

mento racional dos recursos ambientais, de forma a que as gerações futuras também possam deles tirar proveito, então a coincidência entre ambas as noções é grande".[14]

Na Constituição da República Federativa do Brasil, o princípio da solidariedade entre gerações está previsto no *caput* do art. 225. Na Constituição da República de Portugal, consta explicitado no art. 66º/2/*d*.

Propõe-se uma análise da sustentabilidade e da solidariedade entre gerações para além do Direito Ambiental e uma aplicação dos referidos dispositivos constitucionais de maneira sistemática e abrangente, destinando-se a outros direitos e deveres fundamentais.

Juarez Freitas sustenta haver um "dever improtelável, incorporado por norma geral inclusiva (CF, art. 5º, § 2º), de adotar a diretriz vinculante da sustentabilidade".[15] Mais adiante, complementa que "só a sustentabilidade, entendida como valor constitucional supremo, garante a expansão sistemática das dignidades e a preponderância da responsabilidade antecipatória".[16]

A conexão entre solidariedade ou equidade intergeracional e sustentabilidade também consta no Relatório Brundtland,[17] ocasião em que se determinou como "desenvolvimento sustentável (...) aquele que satisfaz as necessidades presentes, sem comprometer a capacidade das gerações futuras de suprir as suas".[18]

Amartya Sen acrescenta que por sermos mais poderosos do que as demais espécies, temos para com elas uma certa responsabilidade, ligando-se esta, por conseguinte, precisamente a essa assimetria de poder. O autor propõe o conceito de sustentabilidade sob a ótica da liberdade sustentável "quando possível, a expansão, das liberdades e capacidades substantivas das pessoas dos dias de hoje, 'sem', com isso, 'comprometer a capacidade das futuras gerações' para terem uma idêntica – ou maior – liberdade".[19] De tal forma, o desenvolvimento não pode ser visto apenas com relação ao melhoramento de objetos inanimados de conveniência, como um aumento do PIB,[20] posto que o desenvolvimento é multidimensional.[21]

---

[14] AMADO GOMES, Carla. *Risco e Modificação do Acto Autorizativo Concretizador de deveres de Protecção do Ambiente*. Coimbra: Coimbra Editora, 2007, p. 155. Informa a Autora que "a noção é importada do Direito Internacional, em cujo âmbito teve a sua primeira aparição, mais concretamente nos princípios 1 e 2 da Declaração de Estocolmo, de 1972", também em vários outros instrumentos de Direito Internacional do Ambiente: "princípio 3º da Declaração do Rio, o art. 3, § 1º, da Declaração das Nações Unidas sobre as alterações climáticas, o art. 2º da Convenção das Nações Unidas para a protecção da biodiversidade, o capítulo 8º, pontos 7 e 31, da Agenda 21".

[15] FREITAS, Juarez. *Sustentabilidade: direito ao futuro*. Belo Horizonte: Fórum, 2011, p. 122.

[16] FREITAS, Juarez. *Sustentabilidade: direito ao futuro*. Belo Horizonte: Fórum, 2011, p. 122 e 123.

[17] SEN, Amartya. *A ideia de Justiça*. Coimbra: Almedina, 2010.

[18] FREITAS, Juarez. *Sustentabilidade: direito ao futuro*. Belo Horizonte: Fórum, 2011, p. 47.

[19] SEN, Amartya. *A ideia de Justiça*. Coimbra: Almedina, 2010, p. 343.

[20] Referente aos índices de controle, de maneira a contornar "o medo da não comensurabilidade" referido por Amartya Sen, oportuno referir que o PIB (Produto Interno Bruto) tem relação com a dimensão econômica, o IDH (Índice de Desenvolvimento Humano) com a dimensão social e mais recentemente, correlacionado às demais dimensões, com destaque a dimensão ambiental, destaca-se novo índice em estudo no IBGE, referido na Rio + 20, que possibilitará uma mensuração mais precisa e multidimensional. O índice apresentado pela ONU – o IRI (Índice de Riqueza Inclusiva) considera quatro fatores para dizer se um país cresce de maneira sustentável. O primeiro deles é o capital humano, que mede o nível de educação e capacitação da população; o segundo é o capital produtivo, que mede a capacidade manufatureira do país; o terceiro é o capital natural, que diz das florestas, peixes, combustíveis fósseis, minerais e terra agrícola dos países; e o capital social, que calcula reduções na expectativa de vida dos habitantes ao longo do tempo.

[21] FREITAS, Juarez. *Sustentabilidade: direito ao futuro*. 2ª ed. Belo Horizonte: Fórum, p. 236.

François Ost refere a relevância na construção de pontes existenciais entre gerações humanas utilizando a questão ambiental como paradigma central a revelar uma situação de *destemporalização*,[22] isso porque o comportamento dos seres humanos contemporâneos repercute de forma direta nas condições existenciais das futuras gerações, com a degradação e poluição ambiental aumentando de forma cumulativa para o futuro.[23]

Assevera Juarez Freitas que "além do tripé consagrado das dimensões econômica, social e ambiental, propõe-se considerar, em acréscimo oportuno, as dimensões jurídico-política e ética".[24] Em outro trecho, sustenta que a "sustentabilidade, assim, reúne facetas materiais e imateriais, que jamais podem ser negligenciadas. De fato, a sustentabilidade é, em sentido forte, um princípio multidimensional".[25]

Para Ignacy Sachs,[26] o ecodesenvolvimento tem cinco dimensões: uma *dimensão social*, que tem como meta a construção de uma civilização com maior equidade na distribuição de renda e bens; uma *dimensão econômica*, mediante o gerenciamento eficiente dos recursos e constantes investimentos públicos e privados, com o zelo de amenizar configurações externas negativas; uma *dimensão ecológica*, mediante o uso potencial de recursos dos ecossistemas com o mínimo de dano possível, limitação do consumo dos recursos esgotáveis ou danosos ao meio ambiente e substituição por recursos renováveis, redução do volume de resíduos e poluição em suas diversas formas e definição de normas para adequada proteção ambiental; uma *dimensão espacial ou territorial* dirigida para a obtenção de um maior equilíbrio rural-urbano, mediante melhor distribuição territorial de assentamentos urbanos e atividades econômicas; e, por fim, uma *dimensão cultural*, com busca de processos de modernização e de sistemas agrícolas integrados, sem desconsiderar a continuidade cultural, que traduzam o conceito normativo de ecodesenvolvimento em consonância com soluções específicas para o local, com suas peculiaridades do ecossistema e culturais.

As dimensões da sustentabilidade, para além do clássico tripé (ambiental, social e econômico), não serão desenvolvidas teoricamente,[27] no presente estudo, utilizando-se os autores anteriormente referidos como referencial, com destaque as abordagens de Juarez Freitas.[28] Acrescente-se, contudo, a importância de outra dimensão – a

---

[22] OST, François. *O tempo do Direito*. Lisboa: Instituto Piaget 1999, p. 39 e ss.

[23] SARLET, Ingo Wolfgang; FENSTERSEIFER, Tiago. *Direito Constitucional Ambiental*. São Paulo: Revista dos Tribunais, 2011.

[24] FREITAS, Juarez. *Sustentabilidade: direito ao futuro*. Belo Horizonte: Fórum, 2011, p. 21. O Autor, que será um dos referenciais teóricos das investigações propostas, nas p. 41, 51 e 147, propõe um novo conceito de sustentabilidade, como sendo "o princípio constitucional que determina, independentemente de regulamentação legal, com eficácia direta e imediata, a responsabilidade do estado e da sociedade pela concretização solidária do desenvolvimento material e imaterial, socialmente inclusivo, durável e equânime, ambientalmente limpo, inovador, ético e eficiente, no intuito de assegurar, preferencialmente de modo preventivo e precavido, no presente e no futuro, o direito ao bem-estar físico, psíquico e espiritual, em consonância homeostática com o bem de todos."

[25] FREITAS, Juarez. *Sustentabilidade: direito ao futuro*. Belo Horizonte: Fórum, 2011, p. 51.

[26] SACHS, Ignacy. *Estratégias de Transição para do século XXI – desenvolvimento e Meio Ambiente*. São Paulo: Studio Nobel – Fundação para o desenvolvimento administrativo, 1993, pp. 37 e ss. SACHS, Ignacy. Caminhos para o Desenvolvimento Sustentável. 3ª edição. Rio de Janeiro: Ed. Garamond, 2008.

[27] No item a seguir, tratar-se das dimensões da sustentabilidade em situações concretas, com destaque as licitações e contratações sustentáveis.

[28] FREITAS, Juarez. *Sustentabilidade: direito ao futuro*. 2ª ed. Belo Horizonte: Fórum, 2012, obra que recebeu a Medalha Pontes de Miranda da Academia Brasileira de Letras Jurídicas.

sustentabilidade fiscal-, objeto de estudo específico,[29] que também não será objeto de abordagem neste momento.

Conforme anunciado, um dos propósitos do presente ensaio é o de analisar as dimensões clássicas da sustentabilidade (econômica, social e ambiental), com o acréscimo de novas dimensões, mediante diretrizes de um necessário repensar do atual modelo de gestão pública. Da mesma forma, há que se planejar uma reformulação (rumo a uma maior sustentabilidade possível) do modelo de controle exercido pelos Tribunais de Contas e da sua própria atuação como gestor sustentável. Algumas propostas nesse sentido foram desenvolvidas em estudos anteriores,[30] mas ensejam ser complementas e esmiuçadas com foco na sustentabilidade, tarefa dos tópicos a seguir.

3. Dimensões da sustentabilidade em situações concretas: licitações e contratações sustentáveis

A Administração Pública, na aquisição (escolha) de bens e serviços, deverá sopesar a economicidade (*dimensão econômica*) junto às demais dimensões, com destaque à *dimensão ambiental*, de maneira a perfectibilizar o "trade-off" entre eficiência e equidade[31] (incluindo-se a intergeracional). A *dimensão social* também deve ser levada em consideração nas licitações/contratações sustentáveis, de maneira a fomentar a solidariedade não somente na geração presente, mas para gerações futuras (mesmo diante de todas as complexidades da equidade intergeracional). Nas licitações/contratações sustentáveis a *dimensão ética* é primordial, no sentido de propiciar uma universalização para o presente e para o futuro, mediante uma responsável escolha de bens e serviços e detalhada motivação para justificá-la. Ainda, no que concerne às licitações sustentáveis, salienta-se a *dimensão jurídica,* consolidada na Constituição Federal e mais recentemente nas previsões infraconstitucionais. Contudo, muitos passos deverão ser dados rumo à plena efetivação dos certames licitatórios, como nova ferramenta das políticas públicas (*dimensão política*). Registre-se que os Tribunais de Contas têm papel decisivo na fiscalização da efetiva realização de licitações e contratos sustentáveis, nos termos constitucionais e mais recentemente disposto em vários diplomas legais.[32]

---

[29] CUNDA, Daniela Zago G. *Sustentabilidade Fiscal – a dimensão oculta da sustentabilidade*, estudo em elaboração que tem como referenciais teóricos a seguintes obras: CASALTA NABAIS, José; TAVARES DA SILVA, Suzana. *Sustentabilidade Fiscal em Tempos de Crise*. Coimbra: Almedina, 2011; CASALTA NABAIS, José. Algumas reflexões críticas sobre os direitos fundamentais. *Revista de Direito Público da Economia – RDPE,* Belo Horizonte, ano 6, n. 22, p. 61-95, abr./jun. 2008. ——. Algumas considerações sobre a solidariedade e a cidadania. *Boletim da Faculdade de Direito da Universidade de Coimbra* – BFDUC, Coimbra, pp. 145-174, 1999; ——. A face oculta dos direitos fundamentais: os deveres e os custos dos direitos. *Revista da AGU.* Brasília, n. Especial, p. 73-92, jun. 2002; ——. *O dever fundamental de pagar impostos:* contributo para a compreensão constitucional do estado fiscal contemporâneo. Coimbra: Almedina, 1998.

[30] CUNDA, Daniela Zago G. Licitação sustentável, um novo paradigma ambiental na "hipermodernidade": Direito fundamental à boa gestão ambiental no Estado Socioambiental. In: X Seminário Internacional: Os Direitos Fundamentais no Estado Socioambiental, 2011, Porto Alegre. Anais... Porto Alegre, abr. 2011. ——. Mudam-se os tempos, mudam-se as licitações públicas... Considerações sobre licitações sustentáveis, sustentabilidade e tutela das gerações futuras (direito ao futuro), a Administração Pública como consumidora responsável, respectiva fiscalização e responsabilidade socioambiental. In: I Congresso Internacional Florense de Direito e Ambiente, 2011, Caxias do Sul. Anais... Caxias do Sul, ago. 2011. ——. BERTOLO, Rozangela M. O papel dos Tribunais de Contas na concretização das licitações e contratações sustentáveis. In: XXVI Congresso dos Tribunais de Contas, 2011, Belém. Anais ... Belém, nov. 2011.

[31] SEN, Amartya. *A ideia de Justiça*. Coimbra: Almedina, 2010.

[32] A Lei nº 12.187/2009, em seu artigo 6º, inc. XII, prevê, dentre outras medidas a serem instituídas pela Política Nacional Sobre Mudança do Clima (PNMC), "*o estabelecimento de critérios de preferência nas licitações e concorrências públicas*, compreendidas aí as parcerias público-privadas e a autorização, permissão, outorga e concessão

É importante explicitar algumas "pistas" de itens (exemplificativos) que seriam desejáveis que constassem em um "edital sustentável", com arrimo na Instrução Normativa nº 01/2010 do Ministério do Planejamento, Orçamento e Gestão: a) em obras e serviços de engenharia, alternativas para redução do consumo de energia e água e tecnologias que reduzam o impacto ambiental; b) sensores de presença; c) lâmpadas de alto rendimento e eficiência; d) energia solar (ou outras energias limpas para aquecimento); e) medição individualizada de consumo de água e energia; f) sistema de reuso de água (incluindo-se o aproveitamento da água da chuva); g) utilização de materiais reciclados e biodegradáveis; h) exigência de comprovação da origem da madeira; i) medidas para evitar o desperdício de água tratada; j) disponibilização de bens considerados ociosos; dentre outras inúmeras práticas de sustentabilidade (sempre justificadamente).

O Direito Administrativo não poderia ficar inerte à necessidade de mudanças na aquisição de bens e consumos de maneira a concretizar também a dimensão ambiental da sustentabilidade, da mesma forma que "o Direito do Ambiente não podia ficar imune a esta tendência para a contratualização".[33]

Juarez Freitas ressalta que nas licitações e contratações sustentáveis há obrigatoriedade de ponderação dos custos e benefícios, diretos e indiretos. Conjuntamente, faz-se necessária a incorporação cogente de critérios paramétricos de sustentabilidade para aferir a proposta mais vantajosa para a Administração Pública. Consequentemente, "impõe-se que *todos os atos e contratos administrativos passem a ser sindicados à base do princípio deontológico da sustentabilidade*, que não é simples declaração programática. É norma *vinculante,* orientada para procedimentos e resultados".[34]

Tendo-se em mente o princípio da sustentabilidade, ao se questionar qual a proposta mais vantajosa para a Administração Pública a resposta não poderá ser outra que não a que considere *melhor preço* como *aquele que implica os menores impactos e externalidades negativas e os maiores benefícios globais,*[35] ou seja, maiores benefícios econômicos, sociais, ambientais, jurídico-políticos, éticos e fiscais.

para exploração de serviços públicos e recursos naturais, para as propostas que propiciem maior economia de energia, água e outros recursos naturais e redução da emissão de gases de efeito estufa e de resíduos". Especificamente quanto às licitações, outro passo importante rumo à sustentabilidade foi a Instrução Normativa nº 1, de 19 de janeiro de 2010, da Secretaria de Logística e Tecnologia da Informação (que dispõe sobre os critérios de sustentabilidade ambiental na aquisição de bens, contratação de serviços ou obras pela Administração Pública Federal). No ano de 2010, registram-se dois grandes avanços legislativos: 1º) a regulamentação das Políticas sobre Mudança do Clima e de Resíduos Sólidos, vislumbrando-se referência aos princípios gerais de A3P em seu texto; e 2º) a conversão da Medida Provisória 495/10 na Lei nº 12.349, de 15 de dezembro de 2010, que incluiu o princípio constitucional da promoção do desenvolvimento "nacional" sustentável na lei de licitações (inclusive em pregões), de maneira a regular definitivamente a sustentabilidade nas compras públicas. Conjuntamente, a Lei nº 12.462, de 05 de agosto de 2011 (que instituiu o Regime Diferenciado de Contratações Públicas, aplicável exclusivamente às licitações e contratos necessários à realização da COPA 2014, Jogos Olímpicos 2016 e obras para os aeroportos das cidades sedes e proximidades dos mundiais referidos), determina, nos arts. 3º, 10 e inc. II do parágrafo único do art. 14, que nas licitações/contratações diferenciadas (simplificadas) dever-se-á ter em mente o *desenvolvimento nacional sustentável*. Mais recentemente, o Decreto nº 7.746, de 5 de junho de 2012, regulamentou o art. 3º da Lei nº 8.666/1993.

[33] PEREIRA DA SILVA, Vasco. *Verde Cor de Direito* – Lições de Direito do Ambiente. Coimbra: Almedina, 2002, p. 211. O autor dedica no Capítulo IV – *Verde agir: formas de actuação administrativa em matéria ambiental,* um tópico aos "Contratos da Administração Pública em matéria de ambiente. O caso dos contratos de promoção e de adaptação ambiental. Conjuntamente, recomendável a leitura: ESTORNINHO, Maria João. *Réquiem pelo Contrato Administrativo.* Coimbra: Almedina, 1990.

[34] FREITAS, Juarez. *Sustentabilidade: Direito ao futuro.* 2ª ed. Belo Horizonte: Fórum, 2012, pp. 233 e ss. [itálico no original]. Especificamente sobre licitações sustentáveis, também do mesmo autor: Licitações e sustentabilidade: ponderação obrigatória dos custos e benefícios sociais, ambientais e econômicos. *Interesse Público*, nº 70, 2011, Belo Horizonte: Fórum, pp. 15 a 35.

[35] FREITAS, Juarez. *Sustentabilidade: Direito ao futuro.* 2ª ed. Belo Horizonte: Fórum, 2012, p. 235. [itálico no original]

Na realização da licitação sustentável, é importante que se registre, a escolha e fundamentação sob o enfoque da sustentabilidade deverá ocorrer já na sua fase interna, ou seja, no termo de referência, quando da descrição do objeto, quando da montagem do projeto básico.[36] No edital, os critérios sustentáveis deverão também constar, em consonância com as fases anteriores e posteriores (como a habilitação e julgamento das propostas). Considerando os ditames constitucionais e legislação infraconstitucional, cada vez mais ampliada e detalhada, as empresas que não atenderem os requisitos de sustentabilidade deverão ser eliminadas do certame. Não se trata mais de uma faculdade, mas sim de uma obrigatoriedade de cumprimento ao princípio da sustentabilidade.

Outras possibilidades de aplicação prática das várias dimensões da sustentabilidade foram desenvolvidas em estudo anterior,[37] quanto à aplicação aos direitos fundamentais à saúde e à educação.

Analisa-se, sucintamente, cada dimensão aplicável aos direitos fundamentais à saúde e à educação:

a) *Dimensão social*, com a concepção de que não se pode admitir um modelo excludente. "Precisamente, na dimensão social da sustentabilidade, avultam os direitos fundamentais sociais, com os correspondentes programas relacionados à *saúde, à educação* e à segurança (serviços públicos, por excelência), que precisam obrigatoriamente ser universalizados com eficiência e eficácia, sob pena de o modelo de gestão (pública e privada) ser autofágico, ou seja, insustentável";[38]

b) *Dimensão ética*, relacionada à ligação intersubjetiva e natural, de maneira a originar a solidariedade "como dever-prazer universalizável, acima das limitações conhecidas do formalismo kantiano e na correta compreensão darwiniana da seleção natural".[39] Dimensão, que enseja a *reavaliação das políticas públicas*, de maneira a "cobrar a alocação equitativa dos recursos públicos poupados e direcionados à universalização do bem-estar físico, psíquico e espiritual. O próprio Estado Constitucional só faz sentido a serviço dos fins éticos relacionados à sustentabilidade do bem-estar";[40]

c) *Dimensão econômica*, "no sentido de que se faz essencial saber praticar a pertinente ponderação, o adequado "trade-off" entre eficiência e equidade, ou seja, indispensável escolher e aplicar as grandes e as pequenas políticas econômicas sustentáveis";[41]

---

[36] Ponderações nesse sentido foram referidas no II Congresso Brasileiro de Direito e Sustentabilidade, de 18 a 20 de junho de 2012 – Belo Horizonte, pelos Professores Me. Tatiana Martins da Costa Camarão e Me. Felipe Alexandre Santa Anna Mucci Daniel.

[37] CUNDA, Daniela Zago Gonçalves da. *Tutela da efetividade dos direitos e deveres fundamentais pelos Tribunais de Contas:* direito/dever fundamental à boa administração pública (e derivações) e direitos fundamentais à saúde e à educação. Dissertação de Mestrado, PUC/RS, 2011

[38] FREITAS, Juarez. *Sustentabilidade.* p. 55 e 56.

[39] FREITAS, Juarez. *Sustentabilidade.* p. 57 a 59.

[40] FREITAS, Juarez. *Sustentabilidade.* p. 57 a 59.

Vide, conjuntamente: SEN, Amartya. *A ideia de Justiça.* Coimbra: Almedina, 2010. Com destaque: As Exigências da Justiça (p. 99 e ss) e os Materiais da Justiça (p. 311 e ss).

[41] FREITAS, Juarez. *Sustentabilidade.* p. 62. Em complementação, abordando a relação entre controle e eficiência da Administração: MARQUES NETO, Floriano de Azevedo. Os grandes desafios do controle da Administração Pública. In: MODESTO, Paulo (Coord.). *Nova organização administrativa brasileira.* 2 ed. rev. ampl. Belo Horizonte: Fórum, 2010. p. 199-238.Conjuntamente: VEIGA, José Eli. *Economia Socioambiental.* São Paulo: Senac, 2009. VEIGA, José Eli (Org.). *Desenvolvimento Sustentável – o desafio do século XXI.* Rio de Janeiro: Garamond, 2005.

d) *Dimensão jurídico-política*, no sentido de que "a busca da sustentabilidade é um direito e encontrá-la é um dever constitucional inalienável [...] estipulação intersubjetiva do conteúdo dos direitos e deveres fundamentais do conjunto da sociedade, sempre que viável diretamente".[42] Como exemplo, Juarez Freitas menciona o *direito à educação*, com boa qualidade multidimensional, desde cedo, com destaque para o desenvolvimento harmonioso das várias inteligências e da vontade; o *direito à democracia, preferencialmente direta*, com o emprego intensificado das novas tecnologias em rede; o *direito à informação livre e de conteúdo apreciável*, de maneira a assegurar, sem censura, o acesso à internet e à superação da opacidade crivada de vícios, na execução dos orçamentos públicos; *o direito ao processo judicial e administrativo com desfecho tempestivo* e a melhor definição das competências, numa postura realmente dialógica; *o direito à boa administração pública*, com boa regulação homeostática das atividades essenciais e socialmente relevantes, tais como o sistema financeiro.[43]

e) *Dimensão ambiental*, interligada às dimensões anteriores, também tem possibilidades de aplicação a outros direitos sociais, considerando-se a necessidade de investimentos em educação ambiental e a conexão entre meio ambiente e saúde (*v.g.* o saneamento básico).[44]

Ainda quanto à dimensão ética da sustentabilidade, é importante que se refira que tem correlação com a solidariedade entre gerações através de uma ideia de *ética de transmissão*[45] que, em sua origem, se refere à herança ao ambiente "que se frui e se transmite nas melhores condições possíveis à geração futura (*in trust for future generations*)".[46]

Juarez Freitas, ao tratar das *políticas públicas sob a ótica da sustentabilidade*, refere que as políticas "precisam, doravante, começar a funcionar de acordo com os princípios e objetivos fundamentais da República (CF, art. 3º), não de acordo com os clientelismos antifuncionais, imediatistas e sem nexo".[47] De fato, trata-se de uma tendência a ser adotada e que está em consonância com uma das dimensões da solidariedade intergeracional apontada por Carla Amado Gomes, ou seja, a de requer-se atitude continuada, que não é temporal, mas *transtemporal*.

A *transtemporalidade* deverá ser consubstanciada pelos Tribunais de Contas, mediante uma atuação preventiva, sucessiva e com caráter educativo nas continuadas trocas dos administradores públicos (nas três esferas da Federação), que deverão receber diretrizes nos termos dos princípios e objetivos fundamentais da Constituição da República Federativa do Brasil.

---

[42] FREITAS, Juarez. *Sustentabilidade*. p. 64 e 65.

[43] FREITAS, Juarez. *Sustentabilidade*. p. 64 e 65.

[44] Sobre a multidisciplinaridade do Direito do Ambiente e a importância de abordagens plurais e diversificadas e a importância da visão de conjunto: SILVA, Vasco Pereira. *Verde Cor de Direito*: Lições de Direito do Ambiente. Lisboa: Almedina, 2002.

Conjuntamente: AUGUSTIN, S.; LIMA, V. M.. A contribuição da sociedade marxiana na formação da consciência ecológica: educação e responsabilidade socioambiental. In: AUGUSTIN, Sérgio; BELLO, Enzo; LIMA, Martonio Montalverne Barreto (Org.). *Direito e Marxismo*. Caxias do Sul: Editora Plenum, 2011, v. 1, p. 622-635. E também: VEIGA, José Eli. *Meio Ambiente & Desenvolvimento*. São Paulo: Editora Senac, 2006.

[45] FIEVET, G. Réflexions sur le concept de développement durable: prétention économique, principes stratégiques et protection des droits fondamentaux, in *RDBI, 2001/1*, pp. 128 e ss.

[46] AMADO GOMES, Carla. *Risco e Modificação do Acto Autorizativo Concretizador de deveres de Protecção do Ambiente*. Coimbra: Coimbra Editora, 2007, p. 157.

[47] FREITAS, Juarez. *Sustentabilidade: direito ao futuro*. Belo Horizonte: Fórum, 2011, p. 119.

Outra questão apurada por Carla Amado Gomes é a da necessária consciência pelos cidadãos de que são para além de *credores* de direitos fundamentais também *devedores* em determinados contextos. Na mesma linha, sustenta Juarez Freitas que "sustentabilidade não combina com simplismos econômicos e jurídicos: é abolicionista de velhos e carcomidos hábitos mentais. [...] O Ser humano, uma vez acolhida a nova leitura da Carta, é retirado da zona de conforto, em função das inovadoras exigências do princípio constitucional da sustentabilidade, mandatório e vinculante".[48]

Pontuadas algumas considerações sobre as dimensões da sustentabilidade, propostas por Juarez Freitas, visualizadas em situações concretas (como licitações e contratações sustentáveis) e aplicáveis a outros direitos fundamentais (direito à saúde e à educação), reúne-se maior lucidez para se esboçar alguns indicativos do que poderia ser considerado uma administração pública e respectiva sindicabilidade com as *lentes da sustentabilidade*.[49]

4. Algumas diretrizes para uma gestão sustentável e respectivo controle externo sob a ótica da sustentabilidade

No presente item, pretendem-se elaborar premissas (e desenvolvê-las) do que poderia ser considerado como uma gestão pública sustentável e a correspondente delimitação de indicadores e critérios de um controle externo que tenha por fim concretizar a sustentabilidade.

Até o presente momento, mediante as investigações realizadas, constatam-se as seguintes proposições para uma gestão pública sustentável:[50]

A leitura constitucional a ser efetivada pelo administrador do que seja desenvolvimento sustentável deverá ser abrangente e sistemática, visualizando em conjunto os artigos 225; 170, inc. VI; 218; 219; 174, § 1º; art. 192, art. 205, dentre outros da Constituição da República Federativa do Brasil;

Um dos investimentos que deverá ter primazia será o direito à educação, de boa qualidade e multidimensional, incluindo-se a educação ambiental (art. 225, inc. VI, CRFB) e noções de cidadania, desde a tenra idade, de maneira a tutelar as presentes e futuras gerações (art. 225, *caput*, CRFB);

O administrador público preventivamente deverá investir em saúde e saneamento ambiental;

Viabilizar o direito à informação ampla e de fácil compreensão pelo cidadão, consubstanciando os princípios da publicidade e da transparência, conjuntamente efetivando o *direito/dever fundamental à boa ciber@dministração pública*[51] e possibilitando o controle social;

As políticas públicas deverão ser planejadas para além dos períodos estabelecidos nas leis orçamentárias, mediante a fixação de políticas intertemporais, com estratégias antecipatórias;

A administração não poderá chegar tarde, vedando-se omissões, com o emprego das referidas estratégias antecipatórias, em consonância com os princípios da precaução e prevenção;

A gestão pública deverá efetivar o princípio da sustentabilidade em conjunto com o princípio da proporcionalidade;

---

[48] FREITAS, Juarez. *Sustentabilidade: direito ao futuro*. Belo Horizonte: Fórum, 2011, p. 139 e 140. Investigações serão desenvolvidas nesse sentido, com uma análise de novas perspectivas dos deveres fundamentais frente ao contexto mundial rumo a insustentabilidade. Para tal, serão utilizadas obras de José Casalta Nabais constantes nas referências bibliográficas.

[49] Termo constante na seguinte obra: FREITAS, Juarez. *Sustentabilidade*: direito ao futuro. 2ª ed. Belo Horizonte: Fórum, 2012.

[50] Para a elaboração das premissas, como referencial teórico, foram utilizadas as obras constantes na bibliografia, com destaque os seguintes autores: Juarez Freitas, Carla Amado Gomes e José Casalta Nabais.

[51] CUNDA, Daniela Zago Gonçalves da. *Tutela da efetividade dos direitos e deveres fundamentais pelos Tribunais de Contas*: direito/dever fundamental à boa administração pública (e derivações) e direitos fundamentais à saúde e à educação. Dissertação de Mestrado, PUC/RS, 2011, p. 113 e ss.

O administrador deverá tomar decisões sustentáveis (devidamente motivadas) com o equacionamento entre eficiência e equidade;[52]

A gestão responsável deverá ter foco no desenvolvimento durável, de maneira a visualizar a causalidade de longo prazo;

O administrador deverá evitar os *vícios da política insustentável*,[53] ou seja, o patrimonialismo, o tráfico de influência, o omissivismo e o mercenarismo;

O gestor público deverá ter sempre em mente que seu objetivo central é a realização de direitos fundamentais para a presente e futuras gerações, consubstanciando o princípio da dignidade da pessoa humana;

Em conjunto com a gama de direitos fundamentais a serem realizados, o direito/dever fundamental à boa administração (e derivações) deverá ser efetivado;

A administração pública deverá viabilizar a gestão da cidadania, de maneira a abandonar decisões unilaterais e autoritárias, dando-se primazia a democracia direta (através de audiências públicas) e a possibilidade de controle social efetivo, controle orçamentário (em cumprimento ao princípio da transparência, efetivando o direito/dever fundamental à boa administração pública);

A gestão pública deverá estar comprometida com o princípio da eficiência (art. 37 da CRFB) e com o princípio da eficácia (art. 74 da CRFB), conjuntamente viabilizando a sindicabilidade permanente, mediante um eficaz controle interno em sintonia com o controle externo;

O administrador que zela pela sustentabilidade deverá realizar licitações e contratações sustentáveis (conforme detalhado em item específico).

Uma gestão sustentável deverá dar primazia ao transporte público, em atendimento ao Estatuto da Mobilidade (Lei nº 12.587/2012).

Em correlação às proposições referentes a uma gestão pública para um desenvolvimento sustentável, constataram-se as seguintes premissas de maneira a consubstanciar um controle externo sustentável, resultantes das pesquisas em desenvolvimento até então:[54]

Transição de um modelo de controle pautado na repressão para uma fiscalização consensual, utilizando-se o termo de ajustamento de gestão,[55] dentre outros instrumentos, de maneira a incentivar um pensar solidário do administrador;

O controle externo deverá estar pautado no caráter educativo, com medidas preventivas e sucessivas, na tentativa de preencher as lacunas administrativas e a falta de continuidade de políticas públicas nas trocas de governo – a administração deverá ser una e intertemporal com foco no desenvolvimento durável;

Controle externo em sintonia com o controle social, tutelando-se os princípios da publicidade, transparência e o direito à informação *lato sensu*, de maneira a incentivar audiências públicas, conselhos sociais (como o previsto para a saúde e educação) e fomentar o *direito/dever fundamental à boa ciber@dministração* na fiscalização simultânea do orçamento público;

O controle externo deverá ser na mesma frequência do controle interno;

O controle a ser efetivado pelos Tribunais de Contas deverá analisar para além da legalidade, tal como se afirmou em estudos anteriores, deverá ter em mente os princípios da eficiência e eficácia, tendo como foco o "trade-off" entre eficiência e equidade;

Fiscalização do cumprimento dos demais princípios da administração pública previstos no art. 37 da CRFB, todos em consonância com os dispositivos constitucionais atinentes ao desenvolvimento sustentável;

Conjuntamente avaliação dos princípios da prevenção, precaução, proporcionalidade e motivação no atuar do administrador público;

---

[52] SEN, Amartya. *A ideia de Justiça*. Coimbra: Almedina, 2010.

[53] FREITAS, Juarez. *Sustentabilidade*: direito ao futuro. Belo Horizonte: Fórum, 2011, p. 209 e ss.

[54] Para a elaboração das premissas, como referencial teórico, foram utilizadas as obras constantes na bibliografia, com destaque as de autoria de Juarez Freitas, Carla Amado Gomes e José Casalta Nabais, em conjunto com as obras atinentes aos Tribunais de Contas, Políticas Públicas, Gestão Pública e Controle Externo.

[55] CUNDA, Daniela Zago Gonçalves da. *Tutela da efetividade dos direitos e deveres fundamentais pelos Tribunais de Contas*: direito/dever fundamental à boa administração pública (e derivações) e direitos fundamentais à saúde e à educação. Dissertação de Mestrado, PUC/RS, 2011, p. 105 e ss.

O controle deverá aprimorar os indicadores averiguados em auditorias operacionais,[56] de maneira a viabilizar a fiscalização do cumprimento dos princípios acima referidos sem o *medo da não comensurabilidade*;[57]

As auditorias operacionais, para a fiscalização da sustentabilidade, deverão avaliar a eficiência (compatibilidade entre os meios empregados e os resultados pretendidos) e a eficácia (sintonia entre o resultado efetivamente alcançado e os objetivos que haviam sido traçados), averiguando se a administração foi fiscalmente responsável e se amenizou conflitos intertemporais;

O controle externo deverá constatar se a gestão pública está afastada dos *vícios da política insustentável*;

É recomendável a atuação forte dos Tribunais de Contas na responsabilização dos administradores públicos (incluindo-se as condutas omissivas) como forma de tutelar as gerações presentes e futuras;

O controle externo deverá ter respostas mais imediatas, em cumprimento ao direito fundamental à duração razoável do processo e utilização de medidas cautelares quando necessário;

Os itens a serem auditados deverão estar em constante revisão de maneira a atender as várias dimensões do princípio da sustentabilidade (dimensões ambiental, social, econômica, jurídico-política, ética e fiscal);

A sindicabilidade sustentável deverá ser ampliada de maneira a inserir a fiscalização do cumprimento do princípio da sustentabilidade nas licitações e contratações públicas (fase interna e externa do certame), bem como nos ditames constantes no Estatuto da Mobilidade, trazidos pela Lei nº 12.587/2012.

As instituições que exercem sindicabilidade sustentável concomitantemente deverão ser paradigmas de gestão sustentável.

Na adoção e sistematização de novas premissas, quer seja para uma gestão pública sustentável, quer seja para um controle externo com mecanismos de avaliação da sustentabilidade, haverá necessidade de se "abandonar os velhos hábitos", deixando-se "de lado antigas concepções e pesadas categorias". Por outro lado, justifica-se o esforço, levando-se em consideração que o modelo da sustentabilidade poderá produzir "imensas vantagens sociais, econômicas e ambientais".[58]

5. Conclusões

O presente estudo, ao mesmo tempo que já traçou algumas diretrizes conclusivas no item anterior, não pretende encerrar as reflexões apresentadas. Retomam-se alguns pontos que merecem destaque e estão correlacionados com a atuação concreta e efetiva dos Tribunais de Contas nesse contexto.

Ao analisar-se o Acórdão do Tribunal de Contas da União nº 1752/2011, decisão plenária, consta-se que passos importantes rumo à sindicabilidade do princípio da sustentabilidade estão sendo dados. Na referida decisão, atinente a auditoria operacional, foram avaliadas as ações adotadas pela Administração Pública Federal acerca do uso racional e sustentável de recursos naturais e tecidas recomendações. Dentre outros acórdãos de Tribunais de Contas, também se destaca a decisão plenária do TCU, constante no processo nº 019.377/2011-8 (Acórdão 122/2012), por abordar a importância de o princípio da sustentabilidade nas licitações e contratações públicas ser seguido e fundamentado em todas as fases do certame.

Buscou-se, em resumo, pontuar a solidariedade intergeracional e sua correlação com a sustentabilidade multidimensional, a análise das diversas dimensões da sustentabilidade em situações concretas, como nas licitações e contratações susten-

---

[56] CUNDA, Daniela Zago Gonçalves da. *Tutela da efetividade dos direitos e deveres fundamentais pelos Tribunais de Contas:* direito/dever fundamental à boa administração pública (e derivações) e direitos fundamentais à saúde e à educação. Dissertação de Mestrado, PUC/RS, 2011..

[57] Como refere: SEN, Amartya. *A ideia de Justiça*. Coimbra: Almedina, 2010.

[58] Ideias constantes na seguinte obra, utilizada como referencial: FREITAS, Juarez. *Sustentabilidade*: direito ao futuro. 2ª ed. Belo Horizonte: Fórum, 2012.

táveis. Em momento posterior, apresentaram-se diretrizes rumo à gestão sustentável e o respectivo controle externo sustentável, de maneira a demonstrar a possibilidade de atuação dos Tribunais de Contas no controle das políticas públicas sob a ótica da sustentabilidade.

Pretende-se ter alcançado o propósito de fomentar o debate acadêmico visando um novo olhar da administração pública e respectiva sindicabilidade com "as lentes da sustentabilidade multidimensional" neste momento importante em que foram novamente semeadas diretrizes na "Rio + 20".[59] Para além de críticas, no sentido de que o protocolo internacional de intenções tenha sido aquém do esperado, cabe a cada pesquisador, a cada instituição, a cada cidadão refletir como poderá concretizar a solidariedade para a presente e futuras gerações.

Mudam-se os tempos, mudam-se as vontades [e com ela o agir dos administradores, controladores e cidadãos?] / *Muda-se o ser, muda-se a confiança* [a incluir a de uma geração perante a outra?] / *Todo o Mundo é composto de mudança* [sem o esquecimento das mudanças climáticas] / *Tomando sempre novas qualidades* [ensejando novas sistemáticas] / *O tempo* [retira do chão o] *verde manto, / E, afora este mudar--se cada dia, / Outra mudança faz de mor espanto: / Que não se muda já* [urgente e preventivamente] *como* dever-se-ia.

Bibliografia

ALEXY, Robert. *Teoria dos direitos fundamentais*. Tradução Virgílio Afonso da Silva. São Paulo: Malheiros, 2008. (Teoria e direito público). Título original: Theorie der Grundrechte.

AMADO GOMES, Carla. Risco e Modificação do Acto Autorizativo Concretizador de deveres de Protecção do Ambiente. Coimbra: Coimbra Editora, 2007.

——. Catástrofes naturais e acidentes industriais graves na União Europeia: a prevenção a prova nas directivas Seveso. *O Direito 143*. (2011), III, 459-488.

——. Quality education for all: some geneal remarks. *Revista da Faculdade de Direito da Universidade de Lisboa*, Lisboa, v. 49, n. 1-2, p. 53-67, 2008.

——. Mudam-se os Tempos, Mudam-se os Actos Administrativos ... Contributo para a construção de um regime de modificação do acto administrativo por alteração superveniente dos pressupostos. Separata de *Estudos em Homenagem ao Professor Doutor Marcello Caetano*. Edição da Faculdade de Direito da Universidade de Lisboa, Coimbra: Coimbra Editora, p. 237-265, 2006.

——. *Textos dispersos de Direito do Ambiente*, I, reimp., Lisboa: AAFDL, 2008.

——. Contributo para o Estudo das Operações Materiais da Administração Pública e do seu Controlo Jurisdicional. Coimbra: Coimbra Editora, 1999.

——. Estado Social de Direito e Concretização de Direitos Fundamentais na era tecnológica: Algumas Verdades Inconvenientes. *Textos Dispersos de Direito Constitucional*. Lisboa: AAFDL, 2011.

——. A prevenção à prova no direito do ambiente. Coimbra: Coimbra Editora, 2000.

AMARAL, Diogo Freitas do. Princípio da Legalidade. In: AMARAL, Diogo Freitas do. *Polis*. Lisboa/São Paulo: Verbo, 1985. v. 3.

ANDRADE, José Carlos Vieira de. *Os Direitos Fundamentais na Constituição Portuguesa de 1976*. 3. ed. Coimbra: Almedina, 2004.

ANTUNES, Tiago. Ambiente: um direito mas também um dever, *in Estudos em memória do Professor Doutor António Marques dos Santos*, vol. II. Coimbra.

ARENDT, Hannah. A condição humana. 10. ed. Rio de Janeiro: Forense Universitária, 2003.

ÁVILA, Humberto. *Teoria dos princípios*: da definição à aplicação dos princípios jurídicos. 4. ed. São Paulo: Malheiros, 2005.

BARCELLOS, Ana Paula de. Constitucionalização das políticas públicas em matéria de direitos fundamentais: o controle político-social e o controle jurídico no espaço democrático. *Revista de Direito do Estado*. Rio de Janeiro, v. 1, n. 3, p. 17-54, jul./set. 2006.

BARROSO, Luís Roberto. *O Direito Constitucional e a Efetividade de suas Normas*. 9. ed. Rio de Janeiro: Renovar, 2009.

---

[59] Agenda item 10, Outcome of the Conference, Rio + 20, United Nations Conference on Sustainable Development, Rio de Janeiro, 20-22 June 2012, p. 1-51.

BERGUE, Sandro. Controles interno, externo e sociedade: integração na formulação e avaliação das políticas púbicas no nível local de governo. In: HERMANY, Ricardo. (Org.). *Gestão Local ePolíticas Públicas*. Santa Cruz do Sul: Editora IPR, 2010, v. 1. p. 141-169.

BERTOLO, Rozangela Motiska. Os princípios de direito ambiental na perspectiva do modelo dos princípios e das regras. *Revista do Tribunal de Contas do Estado do Rio Grande do Sul*. Porto Alegre, v. 22, n. 38, p. 45-72, 2005.

——. Atos da Administração Pública. *Revista do Tribunal de Contas do Estado do Rio Grande do Sul*. Porto Alegre, v. 13, n. 22, p. 160-168, 1. sem 1995.

BOBBIO, Norberto. *A Era dos Direitos*. Nova ed. Rio de Janeiro: Elsevier, 2004.

——. *Dalla struttura alla funzione:* Nuovi studi di teoria del diritto. Milano: Edizioni di Comunità, 1977.

BRANCO, Paulo Gustavo Gonet. Aspectos de Teoria Geral dos Direitos Fundamentais. In: MENDES, Gilmar Ferreira; BRANCO, Paulo Gustavo Gonet *Hermenêutica Constitucional e Direitos Fundamentais*. Brasília: Brasília Jurídica, 2002.

BRASIL. Constituição (1988). *Constituição da República Federativa do Brasil*. Brasília, DF: Senado Federal, 1988.

BRITTO, Carlos Ayres. A administração pública em transformação: a efetividade dos direitos fundamentais como condição para a legitimidade das reformas administrativas. *Revista TCEMG*. Belo Horizonte, v. 56, n. 3, p. 227-238, jul./set. 2005.

——. O regime constitucional dos Tribunais de Contas. In: GRAU, Eros Roberto; CUNHA, Sérgio Sérvulo da (coords.). *Estudos de Direito Constitucional em Homenagem a José Afonso da Silva*. São Paulo: Malheiros, 2003.

BROWN WEISS, Edith. Our rights and obligations to future generations for the environment. In: Agora: *what obligations does our generation owe to the next? An approach to global environmental responsibility*. AJIL, v. 94, p. 198 e ss, 1990.

——. In fairness to future generations: International Law, common patrimony and intergenerational equity, 1989. Tokyo, Japan: The United Nations University e New York: Transnational Publishers.

BUCCI, Maria Paula Dallari. Controle judicial de políticas públicas: possibilidades e limites. *Fórum Administrativo:Direito Público*. Belo Horizonte, n. 103, p. 7-16, set. 2009.

——. *Direito administrativo e políticas públicas*. São Paulo: Saraiva, 2002.

CALIENDO, Paulo. *Direito Tributário e Análise Econômica do Direito*: uma visão crítica. Rio de Janeiro: Elsevier, 2009.

——. *Direito Tributário*: três modos de pensar a tributação: elementos para uma teoria sistemática do Direito Tributário. Porto Alegre: Livraria do Advogado, 2009.

CANARIS Claus-Wilhelm. *Pensamento Sistemático e Conceito de Sistema na Ciência do Direito*. Lisboa: Fundação Calouste Gulbenkian, 1999.

CANOTILHO, José Joaquim Gomes.; MOREIRA, Vital. *Constituição da República Portuguesa Anotada*. v. I. 4. ed. Revista. Coimbra: Coimbra Editora, 2007.

CANOTILHO, José Joaquim Gomes. *Estudos sobre Direitos Fundamentais*. Coimbra: Coimbra Editora, 2004.

——. *Brancosos e Interconstitucionalidade:* itinerários dos discursos sobre a historicidade constitucional. Coimbra: Almedina, 2006.

——. Tribunal de Contas como instância dinamizadora do princípio republicano. *Revista do Tribunal de Contas de Santa Catarina*. Florianópolis, p. 17-30, set. 2008.

CARBONELL, Miguel. *Neoconstitucionalismo*. Madrid: Trotta, 2003.

CARETTI, Paolo. *I Diritti Fondamentali*: Libertà e Diritti Socialli. Torino: G. Giappichelli Editore, 2000.

CARSON, Rachel. *Primavera Silenciosa*. São Paulo: Editora Gaia, 2010. Título original: Silent Spring.

CARVALHO, Délton Winter de. . A sociedade do risco global e o meio ambiente como um direito personalíssimo intergeracional. *Revista de Direito Ambiental*, v. 52, p. 27-36, 2008.

CASALTA NABAIS, José; TAVARES DA SILVA, Suzana. *Sustentabilidade Fiscal em Tempos de Crise*. Coimbra: Almedina, 2011.

CASALTA NABAIS, José. Algumas reflexões críticas sobre os direitos fundamentais. *Revista de Direito Público da Economia – RDPE*, Belo Horizonte, ano 6, n. 22, p. 61-95, abr./jun. 2008.

——. Algumas considerações sobre a solidariedade e a cidadania. *Boletim da Faculdade de Direito da Universidade de Coimbra – BFDUC*, Coimbra, pp. 145-174, 1999.

——. A face oculta dos direitos fundamentais: os deveres e os custos dos direitos. *Revista da AGU*. Brasília, n. Especial, p. 73-92, jun. 2002.

——. *O dever fundamental de pagar impostos:* contributo para a compreensão constitucional do estado fiscal contemporâneo. Coimbra: Almedina, 1998.

CASSESE, Sabino. *Il Mondo Nuovo Del Diritto:* Un giurista e Il suo tempo. Bologna: Socità Editrice Il Mulino, 2008.

——. *Le basi del diritto amministrativo*. Milano: Garzanti, 2000.

——. *La nuova costituzione economica*. Roma: Editori Laterza, 2005.

CELOTTO, Alfonso. Carta dei diritti fondamentali e costituzione italiana: verso Il "trattato costituzionale" europeo. *Europa e diritto privato*. Revista trimestrale. Milano: Giuffrè Editore, p. 33-50. 2010.

CHEVALLIER, Jacques. *O Estado pós-moderno*. Tradução: Marçal Justen Filho. Belo Horizonte, 2009. Título original: "L'État post-moderne" .

COMANDUCCI, Paolo. *L'interpretazione delle norme giuridiche. La problematica attuale*. Disponível em: <www.dirittosuweb.com>. Acesso em 05 set. 2010.

CORREIA, José Manuel Sérvulo. Legalidade e Autonomia Contratual nos Contratos Administrativos. Coimbra: Almedina, 1987.

CORREIA, José Manuel Sérvulo. Os Princípios Constitucionais da Administração Pública. In: MIRANDA, Jorge. *Estudos sobre a Constituição*. v. 3. Lisboa: Livraria Petrony, 1979.

CUNDA, Daniela Zago Gonçalves da. *Tutela da efetividade dos direitos e deveres fundamentais pelos Tribunais de Contas*: direito/dever fundamental à boa administração pública (e derivações) e direitos fundamentais à saúde e à educação. Dissertação de Mestrado, PUC/RS, 2011.

——. Um breve diagnóstico sobre a utilização do termo de ajustamento de gestão pelos tribunais de contas estaduais. *Revista Interesse Público*, Belo Horizonte, n. 58, p. 243-251, 2010.

——; ZAVASCKI. Liane Tabarelli. Controles da Administração Pública e a efetividade dos direitos fundamentais: breves anotações sobre a atuação dos Tribunais de Contas e do controle judicial da discricionariedade administrativa. *Revista Interesse Público, Revista Interesse Público*, Belo Horizonte, ano 13, n. 66, p. 223-265 mar./abril 2011.

CUNDA, Daniela Zago Gonçalves da. Direito Fundamental à boa administração tributária e financeira. *Revista Jurídica Tributária*, Porto Alegre: Nota Dez, v. 3, n. 10, p. 103-130, jul./set. 2010.

——. Controle de Políticas Públicas pelos Tribunais de Contas: Tutela da efetividade dos direitos e deveres fundamentais. *Revista Brasileira de Políticas Públicas*, Brasília: UniCEUB, v. 01, p. 111-149, jul./dez.2011.

——. Licitação sustentável, um novo paradigma ambiental na "hipermodernidade": Direito fundamental à boa gestão ambiental no Estado Socioambiental. In: X Seminário Internacional: Os Direitos Fundamentais no Estado Socioambiental, 2011, Porto Alegre. Anais... Porto Alegre, abr. 2011.

——. Mudam-se os tempos, mudam-se as licitações públicas... Considerações sobre licitações sustentáveis, sustentabilidade e tutela das gerações futuras (direito ao futuro), a Administração Pública como consumidora responsável, respectiva fiscalização e responsabilidade socioambiental. In: I Congresso Internacional Florense de Direito e Ambiente, 2011, Caxias do Sul. Anais... Caxias do Sul, ago. 2011.

——. O papel dos Tribunais de Contas na concretização das licitações e contratações sustentáveis. In: XXVI Congresso dos Tribunais de Contas, 2011, Belém. Anais ... Belém, nov. 2011.

——. Da Casa dos Contos ao Tribunal que não é só de Contas: A necessária tutela da dignidade da pessoa humana na esfera administrativa (no prelo). *Revista do Tribunal de Contas de Minas Gerais*, 2012.

DERRIDA, Jacques. *Força da Lei*. O fundamento místico da autoridade. Tradução Leyla Perrone-Moisés. 2. ed. São Paulo: Martins Fontes, 2010.

DI LORENZO, Wambert Gomes. A Solidariedade entre Gerações. *Jornal Estado de Direito,* Porto Alegre, p. 9 – 9, 15 mar. 2010.

DROMI, Roberto. *Modernización Del Control Público*. Madrid: Hispania Libros, 2005.

DWORKIN, Ronald. *Levando os Direitos a Sério*. Tradução de Nelson Boeira. São Paulo: Martins Fontes, 2002.

ESTORNINHO, Maria João. Organização Administrativa da Saúde – Relatório Sobre o Programa, os Conteúdos e os Métodos de Ensino. Lisboa: Almedina, 2008.

——. *A Fuga para o Direito Privado:* Contributo para o estudo da actividade de direito privado da Administração Pública. Coimbra: Almedina, 2009.

——. Réquiem pelo Contrato Administrativo. Coimbra: Almedina, 1990.

FALZONE, Guido. *Il Dovere di Buona Amministrazione*. Milano: Dott. A. Giuffrè Editore, 1953.

FAZIO, Giuseppe. Sindicabilità e Motivazione degli atti amministrativi discrezionali. Milano: Dott. A. Giuffrè Editore, 1966.

FERNANDES, Jorge Ulisses Jacoby. *Tribunais de Contas do Brasil* – Jurisdição e Competência. Belo Horizonte: Fórum, 2003.

FERRAZ, Luciano. Termos de Ajustamento de Gestão (TAG): do sonho à realidade. *Revista Brasileira de Direito Público – RBDP*, Belo Horizonte, ano 8, n. 31, p. 43-50, out/dez. 2010.

FIEVET, G. Réflexions sur le concept de développement durable: prétention économique, principes stratégiques et protection des droits fondamentaux, in *RDBI, 2001/1,* pp. 128 e ss.

FIGUEIREDO, Mariana F. *Direito Fundamental à saúde*. Parâmetros para sua eficácia e efetividade. Porto Alegre: Livraria do Advogado, 2007.

FINCATO, Denise Pires. A pesquisa jurídica sem mistérios: do projeto de pesquisa à banca. Porto Alegre: Notadez, 2008.

FRANCO, Antônio de Sousa. *Orçamento*: Conceito, natureza e regime dos orçamentos públicos portugueses. Lisboa: Tribunal de Contas, 2006. Atualizado por: José F. F. Tavares e Guilherme D'Oliveira Martins.

FREITAS, Juarez. *Sustentabilidade: direito ao futuro*. Belo Horizonte: Fórum, 2011

——. *Sustentabilidade*: direito ao futuro. 2ª ed. Belo Horizonte: Fórum, 2012.

——. *A Interpretação Sistemática do Direito*. 5 ed. São Paulo: Malheiros, 2010.

——. *O Controle dos Atos Administrativos e os Princípios Fundamentais*. 4 ed. São Paulo: Malheiros, 2009.

——. *Discricionariedade Administrativa e o Direito Fundamental à Boa Administração Pública*. 2. ed. São Paulo: Malheiros, 2009.

_____. A responsabilidade do estado e a eficácia imediata dos direitos fundamentais. *Revista Negócios Públicos*. São Paulo. p. 42-44.

_____. O princípio constitucional da Precaução e o controle de Gestão Ambiental. *Revista do TCE-MG*. v. 61, n. 4, , p. 17-42, out./dez. 2006.

_____. Princípio da Precaução e o Direito Fundamental à Boa Administração Pública. *Revista de Direito do Estado*, n. 7, p. 201-215, jul./set. 2007.

_____. Direito fundamental à boa administração pública e a constitucionalização das relações administrativas brasileiras. *Revista Interesse Público*. Belo Horizonte: Fórum, n. 60, p. 13-24, mar./abr. 2010.

_____. Princípio da precaução: vedação de excesso e de inoperância. *Revista Interesse Público*. Belo Horizonte, n. 35, p. 33-48.

_____. Princípio Constitucional da Precaução e o Direito Administrativo Ambiental. *Boletim de Direito Administrativo*, [S.l], p. 888-897, ago. 2006.

_____. Responsabilidade Objetiva do Estado, Proporcionalidade e Precaução. *Direito & Justiça,*ano XXVII, v. 31, n. 1, p. 11-41, 2005.

_____. O princípio da Democracia e o Controle de Orçamento Público Brasileiro. *Revista Interesse Público*. Belo Horizonte, Responsabilidade Fiscal, ano 4., v. especial, p. 1-24.

_____. Administração Tributária: atividade essencial ao funcionamento do Estado (Parecer). *Revista JAM Jurídica*. Administração Pública. Executivo & Legislativo. Administração Municipal. Ano IX. n. 08, p. 56-76, ago. 2004.

_____. O controle social no orçamento público. *Revista Interesse Público,* v. 3, n. 11, p. 13 –29, jul./set. 2001.

_____. Direito Constitucional à Democracia. In: FREITAS, Juarez; TEIXEIRA, Anderson (Org.) *Direito à Democracia*: Ensaios transdisciplinares. São Paulo: Conceito Editorial, 2011. p. 11-39.

FORTINI, Cristiana. Efetividade dos direitos fundamentais e o princípio da reserva do possível: uma discussão em torno da legitimidade das tomadas de decisão público administrativas. *Fórum Administrativo*. Direito Público. Belo Horizonte, n. 93, p. 7-14, nov. 2008.

_____; ESTEVES, Júlio César dos Santos; DIAS, Maria Tereza Fonseca (Org.). *Políticas públicas:* possibilidades e limites. Belo Horizonte: Fórum, 2008.

GIANNINI, Massimo Severo. *Diritto Amministrativo*. Volume Primo, Terza Edizione. Milano: Dott. A. Giuffrè Editore, 1993.

_____. *Diritto Amministrativo*. Volume Secondo, Terza Edizione. Milano: Dott. A. Giuffrè Editore, 1993.

GIANOLLA, Cristiano. Vertical Cosmopolitanism: The Intergenerational Approach towards Human Rights of Future Generations. *Pace diritti umani / Peace human rights*. Rivista quadrimestrale. Nuova serie, anno VI, numero 3, settembre-dicembre 2009, Padova: Centro Diritti Umani Università di Padova, p. 107-127.

GUASTINI, Riccardo. Os princípios constitucionais como fonte de perplexidade. *Revista Interesse Público*, Belo Horizonte n. 55, pp. 157-177.

HOMERCHER, Evandro T. O tribunal de contas e o controle da efetividade dos direitos fundamentais. *Interesse Público*. Porto Alegre, n. 35, jan./fev. 2006, p. 315-343.

LEAL, Mônia Clarissa Hennig. *A Constituição como princípio*: Os limites da jurisdição constitucional brasileira. São Paulo: Manole, 2003.

LEAL, Rogério Gesta. A Efetivação do Direito à Saúde por uma Jurisdição-Serafim: Limites e Possibilidades. In: REIS, Jorge Renato e LEAL, Rogério (Org.). *Direitos Sociais e PolíticasPúblicas*: Desafios Contemporâneos. Tomo 6. Santa Cruz: Edunisc, 2006.

LEWANDOVSKI, Enrique Ricardo. *Pressupostos materiais e formais da intervenção federal no Brasil,* São Paulo: Revista dos Tribunais, 1994.

LEVINE, Peter. *Can the Internet rescue democracy?* Toward an on-line commons. Disponível em: <http://www.peterlevine.ws/internetdemocracy.htm>. Acesso em: 27 maio 2010.

LIMBERGER, Têmis. Direito e informática: o desafio de proteger os direitos do cidadão. In: SARLET, Ingo Wolfgang (Org.). *Direitos Fundamentais, Informática e Comunicação:* algumas aproximações.Porto Alegre: Livraria do Advogado, 2007.

_____. Transparência administrativa e novas tecnologias: o dever de publicidade, o direito a ser informado e o princípio democrático. *Revista do Ministério Público do Rio Grande do Sul*. Porto Alegre, n. 60, p. 47-65. ago./2007 – abr./2008.

_____. Efetividade da gestão fiscal transparente: o valor da cultura. *Interesse Público*. Porto Alegre, n. 52, p. 75-88, 2009.

LLORENS, François. Justice administrative et dignité humaine. *Revue du Droit Public,* Paris: Lextenso éditions, n. 02-2011, p. 299-319, 2011.

LORENZETTI, Ricardo Luis. *Teoria da Decisão Judicial* – Fundamentos de direito. Tradução Bruno Miragem. São Paulo: Revista dos Tribunais, 2009.

LUGON, Luiz Carlos de Castro. Ética na concretização dos direitos fundamentais. *Revista do TRF 4ª Região*. Porto Alegre, v. 18, n. 65, p. 31-53, 2007.

MARQUES NETO, Floriano de Azevedo. Os grandes desafios do controle da Administração Pública. In: MODESTO, Paulo (Coord.). *Nova organização administrativa brasileira*. 2 ed. rev. ampl. Belo Horizonte: Fórum, 2010. p. 199-238.

MARTINS, Guilherme d'Oliveira; PAIXÃO, Judite Cavaleiro. *Public Accounts with History*. Lisboa, 2007.

MENDES, Gilmar Ferreira. Os direitos fundamentais e seus múltiplos significados na ordem constitucional. *Revista Brasileira de Direito Público*. Belo Horizonte, n. 1, p. 91-103, abr./jun. 2003.

——; BRANCO, Paulo Gustavo Gonet. *Curso de Direito Constitucional*. 6. ed. rev. e atual. São Paulo: Saraiva, 2011.

MILESKI, Helio Saul. *Controle da Gestão Pública*. 2. ed. Belo Horizonte: Fórum, 2011.

——. O controle público exercido sobre a atividade financeira e orçamentária do Estado: dados comparativos entre os sistemas de controles exercidos nos âmbitos da União européia e do Brasil. *Interesse Público*, [S.l], n. 53, p. 29-68, 2009.

MIRANDA, Jorge. *Manual de Direito Constitucional*. Tomo IV. Direitos Fundamentais. 4. ed. rev. e atual. Coimbra: Coimbra Editora, 2008.

——. *Manual de Direito Constitucional*. 2. ed. Coimbra: Coimbra, t. V., 1998.

MOLINARO, Carlos Alberto. *Direito Ambiental*: Proibição de Retrocesso. Porto Alegre: Livraria do Advogado, 2007.

——; SARLET, Ingo. Por uma teoria dos direitos e deveres sociobambientais: aproximações sociais e jurídicas a partir do exemplo da judicialização do direito fundamental à saúde. In: *Inovação, Universidade e Relação com a Sociedade: Boas práticas na PUCRS*. Porto Alegre: EDIPUCRS, 2009. p. 95-106.

MONTORO CARRASCO, J. S. Solidariedad y derecho al médio ambiente, in *BFD*, nº 12, 1997, pp. 593, 613 e ss.

MORAES, Germana de Oliveira. *Controle Jurisdicional da Administração Pública*. 2. ed. São Paulo: Dialética, 2004.

MOTTA, Fabrício. Tribunais de contas e a efetivação dos direitos fundamentais. *Revista Del Rey Jurídica*. Belo Horizonte: Del Rey, n. 14, p. 36-37, jan./jun. 2005.

MOREIRA NETO, Diogo de Figueiredo. *Quatro Paradigmas do Direito Administrativo Pós-Moderno*. Legitimidade. Finalidade. Eficiência. Resultados. Belo Horizonte: Fórum, 2008.

——. Algumas Notas sobre Órgãos Constitucionalmente Autônomos (um estudo de caso sobre os Tribunais de Contas no Brasil) *Revista de Direito Administrativo*, Rio de Janeiro, n. 223, p. 1-24, jan./mar. 2001.

NUSSBAUM, Martha. *Sin fines de lucro*. Por qué la democracia necesita de las humanidades. Buenos Aires/Madrid: Katz editores S.A, 2010.

NUNES, Anelise Coelho. *A Titularidade dos Direitos Fundamentais na Constituição Federal de1988*. Porto Alegre: Livraria do Advogado, 2007.

OST, François. *O tempo do Direito*. Lisboa: Instituto Piaget, 1999.

OTERO, Paulo. *Direito Constitucional Português:* Organização do Poder Público. Vol. II, Coimbra: Almedina, 2010.

PASSARO, Fabio Merusi Michele. *Le autoritá indipendenti*. Bologna: Società Editrice Il Mulino, 2003.

PEREZ LUÑO, Antônio Enrique. *Los Derechos Fundamentales*. 9 ed. Madrid: Tecnos, 2007.

——. *Ciberciudadaní@ o ciudadanìa.com?* Barcelona: Gedisa, 2004.

——. *Cibernética, Informática y Derecho* (Un análisis metodológico). Bolonia: Publicaciones Del Real Colégio de España, 1976.

RAWLS, J. *O Liberalismo Político*. São Paulo: Editora Ática, 2000.

——. *Justiça como Equidade*: uma reformulação. São Paulo: Martins Fontes, 2003.

RECH, A. U. ; PEREIRA, A. O. K. ; HORN, L. F. R. A sociedade de consumo e o desenvolvimento sustentável. In: PEREIRA, Agostinho Oli Koppe; HORN, Luiz Fernando Del Rio. (Org.). *Relações de Consumo – Meio Ambiente*. Caxias do Sul: EDUCS, 2009. p. 27-44.

RIO GRANDE DO SUL. Constituição (1989). *Constituição do Estado do Rio Grande do Sul*. Porto Alegre: Assembléia Legislativa, 1989.

——. *Tribunal de Contas do Estado* – Auditorias operacionais de políticas públicas. Porto Alegre: TCE/RS, 2010. Disponível em: <http://www1.tce.rs.gov.br/portal/page/portal/tcers/consultas/auditoria_operacional/auditorias_operacionais_vale.pdf>. Acesso em: 10 de abril de 2012.

ROCHA, Cármen Lúcia Antunes. *Princípios Constitucionais da Administração Pública*. Belo Horizonte: Del Rey, 1994.

——. Improbidade Administrativa e Controle das Finanças Públicas. *Revista do Tribunal de Contas de Minas Gerais*. Belo Horizonte, v. 37, n. 4, out./dez. 2000.

RODRIGUES, Daniel dos Santos. Fundamentalidade dos direitos sociais prestacionais e a teoria de direitos humanos de Amartya Sen. *Direito Público*. Porto Alegre, n. 26, p. 42-52, mar./abr. 2009.

SACHS, Ignacy. *Estratégias de Transição para o século XXI – desenvolvimento e Meio Ambiente*. São Paulo: Studio Nobel – Fundação para o desenvolvimento administrativo, 1993.

SACHS, Ignacy. *Caminhos para o Desenvolvimento Sustentável*. 3ª edição. Rio de Janeiro: Ed. Garamond, 2008.

SANTOLIM, Cesar. Aspectos jurídicos do governo eletrônico: as tecnologias da informação na Administração Pública. *Revista de Direito de Informática e Telecomunicações – RDIT*. Belo Horizonte: Fórum, v. 2, n. 2, p. 85-96, jan./jun. 2007.

SARLET, Ingo Wolfgang. *A Eficácia dos Direitos Fundamentais*. 10. ed. Porto Alegre: Livraria do Advogado, 2009.

——. *Dimensões da Dignidade*: Ensaios de Filosofia do Direito e Direito Constitucional. Porto Alegre: Livraria do Advogado, 2005.

——; FENSTERSEIFER, Tiago. *Direito Constitucional Ambiental*. São Paulo: Editora Revista dos Tribunais, 2011.

——. TIMM. Luciano Benetti. *Direitos Fundamentais: orçamento e reserva do possível*. Livraria do Advogado. Porto Alegre. 2008.

——. Algumas Considerações em torno do Conteúdo, Eficácia e Efetividade do Direito à Saúde na Constituição de 1988. *Revista Interesse Público*, Sapucaia do Sul: Notadez, n. 12, 2001.

——. As Dimensões da Dignidade da Pessoa Humana: construindo uma compreensão jurídico constitucional necessária e possível. In: SARLET, Ingo Wolfgang (Org.). *Dimensões da Dignidade*: ensaios de Filosofia do Direito e Direito Constitucional. Porto Alegre: Livraria do Advogado, 2005.

——. Dignidade da Pessoa Humana e Direitos Fundamentais na Constituição Federal de 1988. 7. ed. Porto Alegre: Livraria do Advogado, 2009.

——. Direitos Fundamentais e Direito Privado: algumas considerações em torno da vinculação dos particulares aos direitos fundamentais. In: SARLET, Ingo Wolfgang; MORAES, José Luiz Bolzan de (Org.). *A Constituição concretizada:* construindo pontes entre o público e o privado. Porto Alegre: Livraria do Advogado, 2000. p. 107-163.

——. Direitos fundamentais sociais e proibição de retrocesso: algumas notas sobre o desafio da sobrevivência dos direitos sociais num contexto de crise. In: *Direitos Fundamentais Sociais e Proibição de retrocesso*. p. 103-135.

SARMENTO, Daniel. A Proteção Judicial dos Direitos Sociais: Alguns Parâmetros Ético-Jurídicos. In: SARMENTO, Daniel; SOUZA NETO, Cláudio Pereira de. *Direitos Sociais*: Fundamentos, Judicialização e Direitos Sociais em Espécie. Rio de Janeiro: Lumen Juris, 2008, p. 553-586.

SCAFF, Fernando Facury. Tributação e políticas públicas: o ICMS ecológico. *Revista de Direito Ambiental*, São Paulo, n. 38, p. 99-120, abr./jun. 2005.

SCHÄFER, Jairo Gilberto. *Direitos fundamentais*: proteção e restrições. Porto Alegre: Livraria do Advogado, 2001.

SCHIER, Paulo Ricardo. Ensaio sobre a supremacia do interesse público sobre o privado e o regime jurídico dos direitos fundamentais. *Revista dos Tribunais*, São Paulo, n. 845, p. 22-36, mar. 2006.

SCHMITT, Rosane Heineck. *Tribunais de Contas no Brasil e Controle de Constitucionalidade* Tese (Doutorado em Direito). Faculdade de Direito, Universidade Federal do Rio Grande do Sul – UFRGS, Porto Alegre, 2006.

SCHWARTZ, Germano André Doederlein. A saúde como direito público subjetivo e fundamental do homem e sua efetivação. *Revista Ajuris*. Porto Alegre, n. 83, p. 179-200, set. 2001.

SCLIAR, Wremyr. Democracia e o indispensável controle da administração. *R. TCM RJ*. Rio de Janeiro, n. 44, p. 15-43, maio 2010.

SEN, Amartya. *Sobre Ética e Economia*. São Paulo: Companhia das Letras, 2002.

——. *A ideia de Justiça*. Coimbra: Almedina, 2010.

SILVA, Vasco Pereira da. *Em busca do Acto Administrativo Perdido*. Coimbra: Almedina, 1996.

——. *Verde Cor de Direito*: Lições de Direito do Ambiente. Coimbra: Almedina, 2002.

——. *Ventos de Mudança no Direito do Ambiente*: a Responsabilidade CivilAmbiental. *Revista de Direitos Fundamentais e Justiça*, Porto Alegre: HS Editora / PUCRS, ano 3, n. 7, p. 81-88, abr./jun. 2009.

SILVA, Virgílio Afonso da. O conteúdo essencial dos direitos fundamentais e a eficácia das normas constitucionais. *Revista de Direito do Estado*. Rio de Janeiro, v. 1, n. 4, p. 23-51. out./dez. 2006.

SIMIONI, Rafael Lazzarotto. *Direito Ambiental e Sustentabilidade*. Curitiba: Juruá Editora, 2006.

SOUSA, Alfredo José. O Tribunal de Contas de Portugal na Actualidade. In: SOUSA, Alfredo José (Coord.). *O Novo Tribunal de Contas* – Órgão Protetor dos Direitos Fundamentais. Belo Horizonte: Fórum, 2003.

STEINMETZ, W. Direitos fundamentais e função social do (e no) direito. *Revista da Ajuris* , v. 107, p. 285-291, 2007.

TAVARES, José F. F. *O Tribunal de Contas:* Do visto, em especial. Coimbra: Almedina, 1998.

——. *Estudos e Administração e Finanças Públicas*. Coimbra: Almedina, 2004.

TORRES, Ricardo Lobo. *Curso de Direito Financeiro e Tributário*. 16. ed. Rio de Janeiro: Renovar, 2009.

——. Os direitos fundamentais e o Tribunal de Contas. *Revista do Tribunal de Contas do Estado do Rio de Janeiro*. Rio de Janeiro, v. 13, n. 23, p. 54-63, jul. 1992.

——. O mínimo existencial, os direitos sociais e os desafios de natureza orçamentária. In: SARLET, Ingo Wolfgang; TIMM, Luciano Benetti. *Direitos Fundamentais*: orçamento e reserva do possível. Porto Alegre: Livraria do Advogado, 2008. p. 69-86.

VEIGA, José Eli. *Mundo em Transe:* do Aquecimento Global ao Ecodesenvolvimento. Campinas: Editora Autores Associados, 2009.

——. (Org.). *Economia Socioambiental*. São Paulo: Senac, 2009.

——. (Org.). *Desenvolvimento Sustentável* – o desafio do século XXI. Rio de Janeiro: Garamond, 2005.

——. *Meio Ambiente & Desenvolvimento*. São Paulo: Editora Senac, 2006.

VIRGÍNIA RAU. *A Casa dos Contos:* Os três mais antigos regimentos dos contos – Para a História do Tribunal de Contas. Lisboa: Imprensa Nacional – Casa da Moeda, 2009.

——. *A Casa dos Contos*, Coimbra, 1951, p. XVIII.

— 6 —

O critério de reconhecimento da liberdade fiscal no ordenamento jurídico brasileiro: o conceito jurídico-material aberto dos direitos, liberdades e garantias fundamentais

DIEGO GALBINSKI[1]

Sumário: 1. Introdução; 2. O suporte fático e o âmbito de proteção do direito fundamental da liberdade fiscal ; 3. O critério de reconhecimento em sentido débil do direito fundamental da liberdade fiscal; 3. O critério de reconhecimento em sentido forte do direito fundamental da liberdade fiscal; 4. O conceito material dos direitos fundamentais na ordem constitucional norte-americana; 5. O conceito material dos direitos fundamentais na ordem constitucional brasileira; 6. A Inferência analógica da liberdade fiscal a partir dos valores da autonomia e autodeterminação; 7. Conclusão.

1. Introdução

A liberdade fiscal é uma das matérias mais importantes no direito tributário brasileiro desde a introdução da cláusula geral que outorga a competência da administração tributária de desconsiderar atos ou negócios jurídicos que formalizam relações econômicas praticadas com a finalidade de dissimular a ocorrência do fato gerador. Apesar de vários estudos sobre o tema, até o presente momento ele não foi investigado sob a perspectiva da teoria dos direitos fundamentais, no sentido de que a prática de relações econômicas neutras na maior medida possível do ponto de vista dos efeitos tributários é um direito fundamental que reivindica um regime especial de proteção.

Portanto, o objetivo do presente trabalho é aplicar a teoria dos direitos fundamentais para o exame da liberdade fiscal. No presente estudo, será investigado qual é o seu critério de reconhecimento no ordenamento jurídico brasileiro.

2. O suporte fático e o âmbito de proteção do direito fundamental da liberdade fiscal

No quadro geral das liberdades jurídicas, a liberdade fiscal é uma liberdade negativa que tem alternativas de ação no seu âmbito de proteção.[2] Particularmente,

---
[1] Graduado pela Pontifícia Universidade Católica do Rio Grande do Sul – PUCRS. Pós-Graduado em Direito Tributário pela Universidade Federal do Rio Grande do Sul – UFRGS. Mestre em Direito pela Pontifícia Universidade Católica do Rio Grande do Sul – PUCRS. Formação complementar em Direito Tributário Internacional pela Westfälische Wilhelms-Universität Münster. Doutorando em Direito pela Pontifícia Universidade Católica do Rio Grande do Sul – PUCRS. Advogado e parecerista em Porto Alegre.

as alternativas de ação que estão no âmbito de proteção das liberdades negativas são permissões de fazer ou de não fazer algo. No caso da liberdade fiscal, o algo permitido a fazer ou a não fazer é a prática de relações econômicas neutras na maior medida possível do ponto de vista dos efeitos tributários. Portanto, é possível afirmar que as alternativas de ação garantidas pelo âmbito de proteção da liberdade fiscal são todas as formas de ação que concretizam a prática de relações econômicas neutras na maior medida possível dos efeitos tributários.[3]

Enquanto o seu âmbito de proteção garante todas as formas de ação que concretizam a prática de relações econômicas neutras na maior medida possível do ponto de vista dos efeitos tributários, o suporte fático da liberdade fiscal é a prática de relações econômicas neutras na maior medida possível do ponto de vista dos efeitos tributários. No caso das liberdades negativas, o suporte fático e o âmbito de proteção, de certa forma, equivalem-se, no sentido de que o que se subsume no suposto fático de liberdades negativas também se subsume no seu âmbito de proteção.[4]

A exemplo de outras liberdades negativas, o suporte fático da liberdade fiscal pressupõe uma norma permissiva de direito fundamental que garanta esta liberdade.[5] Todavia, o catálogo dos direitos, liberdades e garantias fundamentais e os limites constitucionais ao poder de tributar não preveem de forma expressa nenhum dispositivo que permita a prática de relações econômicas neutras na maior medida possível do ponto de vista dos efeitos fiscais. Logo, é possível afirmar que o suporte fático da liberdade fiscal no ordenamento jurídico brasileiro pressupõe uma norma de direito fundamental permissiva que pertence à categoria das normas implícitas.[6]

3. O critério de reconhecimento em sentido débil do direito fundamental da liberdade fiscal

Visto que o suporte fático da liberdade fiscal pressupõe uma norma permissiva de direito fundamental que pertence à categoria das normas implícitas, em um primeiro momento, a prática de relações econômicas neutras na maior medida possível do ponto de vista dos efeitos tributários pode ser permitida pelo direito brasileiro, sob o argumento de que não há nenhuma norma que obrigue ou proíbe o seu suporte fático. Este argumento de lógica jurídica que constitui o ponto de partida para a dedução da norma permissiva de direito fundamental no caso da liberdade fiscal corresponde à clássica formulação kantiana de permissão, no sentido de que uma ação que não é obrigada ou proibida é permitida.[7] De acordo com esta formulação, a lógica das

---

[2] Na verdade, toda e qualquer liberdade negativa, no sentido de "liberdade de", é também liberdade positiva, ou seja, "liberdade para". No caso da liberdade negativa, o "para da liberdade" é a autonomia da razão, que torna o indivíduo legislador de si próprio, como motivo determinante da vontade. KAUFMANN, Arthur. *Filosofia do Direito*. Tradução de António Ulisses Cortes. Lisboa: Fundação Calouste Gulbenkian, 2004, p. 352.

[3] ALEXY, Robert. *Teoría de los Derechos Fundamentales*. Traducción de Ernesto Garzón Valdés. Madrid: Centro de Estudios Políticos y Constitucionales, 2002, p. 210-226.

[4] ALEXY, 2002, p. 293.

[5] "A justiça social, os direitos humanos, a dignidade humana, bem como a responsabilidade e a culpa radicam na liberdade do Homem. Esta liberdade é, antes de mais, a liberdade exterior que consiste na ausência de coacções e vinculações, a 'liberdade em sentido negativo', como lhe chama *Kant*. Esta 'liberdade de' é sobretudo garantida através dos direitos humanos e fundamentais, dos direitos de liberdade." KAUFMANN, 2004, p. 352, grifos do original.

[6] ALEXY, 2002, p. 210-226.

[7] Ibid., p. 210-226.

normas não é bivalente entre proibição, de um lado, e obrigação, de outro, pois a negação de uma proibição pode não equivaler apenas a uma obrigação, mas também a uma permissão. Em virtude desta trivalência, no universo das proposições deônticas, em termos de força normativa, a proposição "você pode" é tão significante quanto a proposição "você deve" ou "você não deve".[8]

Entretanto, é possível observar que a clássica formulação kantiana de permissão constitui um critério de reconhecimento débil da norma permissiva de direito fundamental pressuposta pelo suporte fático da liberdade fiscal, na medida em que do ponto de vista da lógica das normas a ausência de obrigação ou proibição nem sempre implica em permissão. Embora obrigação e permissão impliquem sempre ausência de proibição, a ausência de proibição não implica necessariamente obrigação ou permissão: às vezes, a ausência de proibição pode implicar indiferença, como um vazio deôntico.[9]

Outro argumento de lógica normativa que suporta o ponto de vista de que a clássica formulação kantiana de permissão é em sentido débil critério de reconhecimento da norma permissiva de direito fundamental no caso da liberdade fiscal é o de que a proibição, a obrigação e a permissão não são modais que completam a totalidade do espaço deôntico. Na verdade, o espaço deôntico é um universo contínuo em que a proibição e a obrigação são os polos positivo e negativo de um intervalo em que as permissões variam da ausência de proibição até o forte encorajamento, que pode, no final, transformar-se em obrigação, na presença de uma indução suficiente.[10]

A clássica formulação kantiana de permissão também é um critério de reconhecimento débil da norma permissiva de direito fundamental pressuposta pelo suporte fático da liberdade fiscal, sob a perspectiva da filosofia e teoria do direito de que a permissão no sentido de uma ação que não é obrigada ou proibida é fraca [*weak permission*]. Em filosofia e teoria do direito, toda e qualquer permissão que não seja a implicação de uma norma, mas a consequência da ausência de normas que obriguem ou proíbem a prática da ação, é fraca [*weak permission*]. Ao contrário, a permissão é forte [*strong permission*] quando não for consequência da ausência de normas que obriguem ou proíbem a prática da ação, mas a implicação de uma norma que permite explicitamente fazer ou não fazer algo.[11] A permissão forte [*strong permission*] não tem o efeito de produzir razões apenas no sentido de que um ato é permitido porque não é proibido, como a permissão fraca [*weak permission*], mas no sentido de que um ato é permitido porque as razões por meio das quais este ato seria proibido estão *a priori* excluídas.[12]

---

[8] SCHAUER, Frederick. *Playing by the Rules*. New York: Oxford University Press, 2002, p. 8. No mesmo sentido, ver também: RAZ, Joseph. *Practical Reasons and Norms*. New York: Oxford University Press, 1999. "'Permissão', como muitos outros termos normativos, é usado em uma variedade de contextos como fundamento de uma variedade de pontos de vista. [...] Frequentemente, entretanto, ao dizermos que uma ação é permitida, queremos dizer que alguém tem a liberdade de praticá-la, que alguém pode praticar a ação ou evitar de praticá-la. Nesse uso uma permissão implicará que não há razões a favor ou contra a prática da ação ou que essas razões estão divididas". Tradução livre do original: "'*Permission', like so many other normative terms, is used in a variety of contexts to make a variety of points. [...] Often, however, when saying that an action is permitted we mean thar one is at liberty to perform it. In this use a permission entails that there are no reasons either for or against performing it or that these reasons are evenly balanced.*" [RAZ, op. cit., p. 84].

[9] WRIGHT, G. H. von *apud* SCHAUER, 2002, p. 8

[10] Ibid., p. 9.

[11] RAZ, 1999, p. 86.

[12] HAGE, Jaap C. *Reasoning with Rules*. Dordrecht: Kluwer Academic Publishers, 2010, p. 68.

3. O critério de reconhecimento em sentido forte do direito fundamental da liberdade fiscal

De forma diametralmente oposta à clássica formulação kantiana de permissão no sentido de que a ação que não é obrigada ou proibida é permitida, o critério de reconhecimento em sentido forte da norma permissiva de direito fundamental pressuposta pelo suporte fático da liberdade fiscal pode ser alcançado por meio do conceito jurídico-material aberto dos direitos, liberdades e garantias fundamentais.[13] Este conceito é uma norma geral inclusiva [*inclusio unius alterius est exclusius*] que dispõe no sentido de que o catálogo dos direitos, liberdades e garantias fundamentais não exclui outros direitos, liberdades e garantias fundamentais, denominados *direitos não enumerados* [*unenumerated rights*].[14]

Na verdade, o conceito jurídico-material aberto dos direitos, liberdades e garantias fundamentais não é um conceito propriamente dito, na medida em que é comum a todos os pontos de vista derivados das concepções do idealismo, do realismo, do conceptualismo e do nominalismo que os conceitos sejam representações de processos mentais que têm por objeto o conhecimento de ideias ou fatos.[15] Mais do que um conceito, ele é um método ou postulado jurídico que estrutura a interpretação e aplicação dos direitos, liberdades e garantias fundamentais, por meio do qual o catálogo dos direitos, liberdades e garantias fundamentais previsto pela ordem constitucional não exclui *a priori* outros direitos, liberdades e garantias derivados do regime, dos princípios e dos tratados internacionais.[16]

Dentre as suas principais implicações, é possível observar que o conceito jurídico-material aberto dos direitos, liberdades e garantias fundamentais implica o dever que o intérprete tem de concluir na maior medida possível a favor do ponto de vista de que a omissão não é causa *a priori* de lacuna do catálogo de direitos, liberdades e garantias fundamentais. Uma das formas pelas quais este dever é concretizado é a que se dá por meio da ordem de considerações de que o espaço ju-

---

[13] O direito brasileiro previu originalmente o conceito jurídico-material aberto dos direitos, liberdades e garantias fundamentais no art. 78 da CRFB/1891 ["Art 78. A especificação das garantias e direitos expressos na Constituição não exclui outras garantias e direitos não enumerados, mas resultantes da forma de governo que ela estabelece e dos princípios que consigna"]. Este conceito foi reproduzido em todas as ordens constitucionais posteriores, até culminar no art. 5º, § 2º, da CRFB/1988 ["Art. 5º Todos são iguais perante a lei, sem distinção de qualquer natureza, garantindo-se aos brasileiros e aos estrangeiros residentes no país a inviolabilidade do direito à vida, à liberdade, à igualdade, à segurança e à propriedade, nos termos seguintes: [...] § 2º Os direitos e garantias expressos nesta Constituição não excluem outros decorrentes do regime e dos princípios por ela adotados, ou dos tratados internacionais em que a República Federativa do Brasil seja parte."]

[14] A propósito, ver, por exemplo: FARBER, Daniel A. *Retained by The People*. New York: Basic Books, 2007. FREITAS, Juarez. *A Interpretação Sistemática do Direito*. 5 ed. São Paulo: Malheiros, 2010. SARLET, Ingo Wolfgang. *A Eficácia dos Direitos Fundamentais*. 10 ed. Porto Alegre: Livraria do Advogado, 2011. TRIBE, Lawrence. *The Invisible Constitution*. New York: Oxford University Press, 2008.

[15] Segundo alguns, a filosofia e a teoria do direito se caracterizam atualmente por dois reducionismos fundamentais. O primeiro é o de que o direito não é mais entendido como um meio para o alcance de valores fundamentais, como a justiça [Platão, Aristóteles, Radbruch], a autopreservação [Hobbes], a propriedade [Locke] ou liberdade [Kant, Hegel]. O direito é entendido hoje como um meio para o alcance de fins contingentes, o que dá causa para o surgimento do fenômeno do *instrumentalismo*. O segundo é o de que os seus elementos são reduzidos cada vez mais a normas, regras ou princípios, o que nega conceitos, institutos e instituições. Pode-se chamar isto de *normativismo*. VON DER PFORDTEN, Dietmar. About Concepts in Law. HAGE, Jaap C.; VON DER PFORDTEN, Dietmar [orgs.]. *Concepts in Law*. Dordrecht: Springer, 2010, p. 17.

[16] A propósito, ver, por exemplo: ALEXY, Robert. *Epílogo de la Teoría de los Derechos Fundamentales*. Traducción de Carlos Bernal Pulido. Madrid: Colegio de Registradores de la Propriedad, 2004. ÁVILA, Humberto. *Teoria dos Princípios*. 13 ed. São Paulo: Malheiros, 2012.

rídico vazio derivado da omissão do catálogo dos direitos, liberdades e garantias fundamentais pode ser preenchido e integrado por meio da aplicação do argumento *a simili*.[17]

No caso do ordenamento jurídico brasileiro, a aplicação do argumento *a simili* para fins de preenchimento ou integração do espaço jurídico vazio que é derivado da omissão do catálogo dos direitos, liberdades e garantias fundamentais pode implicar, às vezes, na inferência analógica de direito não enumerado [*unenumerated right*] a partir do conceito material dos direitos fundamentais que é extraído a partir do regime, dos princípios e dos tratados internacionais. No que diz respeito aos direitos não enumerados [*unenumerated rights*], esta inferência faz uma ponte entre o ser – no caso, o direito, a liberdade ou a garantia fundamental que não é previsto expressamente pela ordem constitucional – e o dever ser – no caso, o regime, os princípios e os tratados internacionais. Porém, como a analogia não é dedução nem indução, ela não conduz a nenhum juízo demonstrativo ou apodítico, mas apenas a juízo problemático, o qual pode ser considerado vacilante, se não for suficientemente justificado.[18]

4. O conceito material dos direitos fundamentais na ordem constitucional norte-americana

Portanto, uma das formas pelas quais os direitos não enumerados [*unenumerated rights*] podem ser reconhecidos no ordenamento jurídico brasileiro é a que ocorre por meio da inferência analógica do conceito material dos direitos fundamentais que é extraído a partir do regime, dos princípios e dos tratados internacionais. Como o conceito jurídico-material aberto dos direitos, liberdades e garantias fundamentais previsto pelo direito brasileiro foi incorporado por influência da Nona Emenda [*Ninth Amendment*], não há dúvida que a forma por meio da qual o conceito material dos direitos fundamentais é extraído no direito norte-americano pode produzir algumas implicações na forma por meio da qual ele deve ser extraído no direito brasileiro.

Na ordem constitucional norte-americana, o conceito jurídico-material aberto dos direitos, liberdades e garantias fundamentais é previsto pela Nona Emenda [*Ninth Amendment*]. Uma das principais teses da doutrina que tiveram por objeto a sua interpretação e aplicação foi a formulada pelo Professor de Berkeley, Daniel Farber. Sua tese teve como ponto de partida a premissa de que os direitos, as liberdades e as garantias fundamentais não foram propriamente ditos criados, mas apenas reconhecidos pelo catálogo dos direitos, liberdades e garantias fundamentais [*Bill of Rights*].

---

[17] Em relação a esta questão, no caso da ordem constitucional norte-americana, Tribe diz que é enunciado em vários momentos pelo próprio texto da Constituição que ele não pode ser lido exaustivamente. A propósito, cita a Nona Emenda [*Ninth Amendment*], que prevê que "A enumeração na Constituição de certos direitos não pode ser construída para negar ou denegrir outros retidos pelo povo" ["*The enumeration in the Constitution, of certain rights, shall not be construed to deny or disparage others retained by the people*"]. Segundo Tribe, este dispositivo trata da situação em que a omissão do texto não conta como um argumento contra a existência de um direito novo que não seja enumerado em nenhum lugar. Ele é o reconhecimento explícito de que os termos do texto constitucional em matéria de direitos, liberdades e garantias fundamentais não dão causa à existência de um tipo de vácuo jurídico em que a sua omissão implica necessariamente na ausência do direito não enumerado [*unenumerated right*]. TRIBE, Lawrence. *American Constitutional Law*. 3 ed. New York: Foundation Press, 2000, p. 34.

[18] KAUFMANN, 2004, p. 366. A propósito, ver também: WELLMAN, Carl. *The Moral Dimensions of Human Rights*. New York: Oxford University Press, 2011, p. 49.

Esta premissa foi justificada sob o argumento de que os direitos, as liberdades e as garantias fundamentais que foram enumerados à época eram tidos como direitos naturais.[19]

Em virtude dos trabalhos preparatórios [*travaux préparatoires*] que estiveram por trás da Nona Emenda [*Ninth Amendment*], ele demonstrou que havia, à época, uma preocupação dos Pais Fundadores [*Founding Fathers*] de que a lista de direitos, liberdades e garantias fundamentais viesse, ao final, ser interpretada e aplicada de maneira *a contrario sensu*. Este problema somente foi resolvido através da proposta de James Madison, por meio da qual a redação da Nona Emenda [*Ninth Amendment*] passou a se referir aos direitos, às liberdades e às garantias fundamentais previstas expressamente pela ordem constitucional como apenas exemplificativos, de modo que a lista, por si só, não seria mais capaz de fundamentar o ponto de vista que pudesse negar, no futuro, os outros direitos, liberdades e garantias retidos pelo povo.[20]

A despeito da rica historicidade da Nona Emenda [*Ninth Amendment*], quanto à sua interpretação e aplicação, Farber identificou duas correntes, na Suprema Corte dos Estados Unidos [*Suprem Court of the United States*]. A primeira, tida por ele como liberal, defende a perspectiva de que a ordem constitucional norte-americana forneceria larga proteção a direitos. A segunda, tida pelo autor como conservadora, defende, por outro lado, o ponto de vista de que a ordem constitucional norte-americana alocaria a decisão sobre os outros direitos para o processo legislativo. Entre ambas as correntes interpretativas, Farber propôs, então, uma terceira via, que reconhece a proteção a outros direitos, liberdades e garantias fundamentais, ao mesmo tempo em que reconhece que a decisão sobre outros direitos que não sejam fundamentais foi alocada para o processo legislativo.[21]

De acordo com a tese de Farber, o conceito material dos direitos fundamentais que é o ponto de partida da inferência analógica dos direitos não enumerados [*unenumerated rights*] pode ser extraído de várias fontes, denominadas por ele como *fatores*, que podem ser sintetizados na seguinte forma: (a) direitos, garantias e liberdades fundamentais que são previstas expressamente pela ordem constitucional; (b) leis domésticas e internacionais que reconhecem o direito não enumerado [*unenumerated right*]; (c) precedentes domésticos e internacionais que estabelecem o direito ou direito a ele análogo; e (d) tradição sobre a existência do direito não enumerado [*unenumerated right*].[22]

---

[19] FARBER, 2007, p. 21-29.

[20] Ibid., p. 29-45.

[21] Ibid., p. 93-108.

[22] "Colocando tudo isto junto, nós temos a seguinte lista de fatores a ser reconhecido ao determinar se um dado direito é fundamental: precedente da Suprema Corte estabelecendo o direito ou direitos análogos; conexões com garantias constitucionais específicas; consenso social contemporâneo sobre a validade do direito; decisões de legisladores e juízes americanos reconhecendo o direito; tradições americanas duradouras ou mais recentes consistentes com o direito; decisões por legisladores e juízes internacionais reconhecendo o direito". FARBER, op. cit. 108. Tradução livre do original: "*Putting all of this together, we have the following list of factors to be considered in determining whether a given right is fundamental: Supreme Court precedent establishing the right or analogous right; conecctions with specific constitutional guarantees; long-standing, specific traditions upholding the right; contemporary societal consensus about the validity of the right; broader or more recent American traditions consistent with the right; decisions by international lawmakers and judges recognizing the right*".

5. O conceito material dos direitos fundamentais na ordem constitucional brasileira

Ao contrário do direito norte-americano, a ordem constitucional brasileira dá algumas pistas que conduzem o intérprete para os locais onde ele deve extrair o conceito material dos direitos fundamentais. São eles o regime, os princípios e os tratados internacionais, que são previstos pelo conceito jurídico-material aberto dos direitos, liberdades e garantias fundamentais como os pontos de partida da inferência analógica dos direitos não enumerados [*unenumerated rights*].

A princípio, o fato de o conceito jurídico-material aberto dos direitos, liberdades e garantias fundamentais previsto pelo direito brasileiro prever o regime, os princípios e os tratados internacionais como os pontos de partida da inferência analógica dos direitos não enumerados [*unenumerated right*] pode conduzir à dedução da conclusão de que as fontes a partir das quais é extraído o conceito material de direitos fundamentais seriam menos numerosas no direito brasileiro do que no direito norte-americano. Porém, não há dúvidas de que o conceito material dos direitos fundamentais também pode ser extraído, por exemplo, dos precedentes jurisprudenciais de direito comparado que reconhecem o direito não enumerado [*unenumerated right*] em outras jurisdições, sob pena de ele deixar de ser aberto, para ser apenas autopoiético. No caso da liberdade fiscal, são paradigmáticos alguns precedentes, como o da Suprema Corte dos Estados Unidos [*Supreme Court of the United States*], que reconheceu o direito do contribuinte de arranjar os seus negócios de forma a minimizar os seus efeitos tributários, em *Gregory v. Helvering*.[23]

Contudo, não há dúvidas também de que os precedentes jurisprudenciais de direito comparado em relação ao regime, aos princípios e aos tratados internacionais podem conduzir a inferências analógicas de direitos não enumerados [*unenumerated rights*] menos convincentes. É possível deduzir, então, a regra de que maior será o grau da força do conceito jurídico-material aberto dos direitos, liberdades e garantias fundamentais como critério de reconhecimento da liberdade fiscal, quanto maior seja a possibilidade de inferir analogicamente a norma permissiva de direito fundamental que é pressuposta por seu suposto fático do conceito material dos direitos fundamentais extraído do regime, dos princípios e dos tratados internacionais.

A partir desta perspectiva, no caso dos princípios propriamente ditos, os autores de teoria dos direitos fundamentais sustentam que eles tratam dos princípios fundamentais previstos pela ordem constitucional brasileira.[24] Dentre eles, destacam

---

[23] *Gregory v. Helvering*, 293 U.S. 465 (1935).

[24] Os princípios fundamentais são previstos pelos arts. 1º, 2º, 3º e 4º da CRFB/1988, que têm a seguinte redação, respectivamente: "Art. 1º A República Federativa do Brasil, formada pela união indissolúvel dos Estados e Municípios e do Distrito Federal, constitui-se em Estado Democrático de Direito e tem como fundamentos: I – a soberania; II – a cidadania; III – a dignidade da pessoa humana; IV – os valores sociais do trabalho e da livre iniciativa; V – o pluralismo político.Parágrafo único. Todo o poder emana do povo, que o exerce por meio de representantes eleitos ou diretamente, nos termos desta Constituição. Art. 2º São Poderes da União, independentes e harmônicos entre si, o Legislativo, o Executivo e o Judiciário. Art. 3º Constituem objetivos fundamentais da República Federativa do Brasil: I – construir uma sociedade livre, justa e solidária; II – garantir o desenvolvimento nacional; III – erradicar a pobreza e a marginalização e reduzir as desigualdades sociais e regionais; IV – promover o bem de todos, sem preconceitos de origem, raça, sexo, cor, idade e quaisquer outras formas de discriminação. Art. 4º A República Federativa do Brasil rege-se nas suas relações internacionais pelos seguintes princípios: I – independência nacional; II – prevalência dos direitos humanos; III – autodeterminação dos povos; IV – não-intervenção; V – igualdade entre os Estados; VI – defesa da paz; VII – solução pacífica dos conflitos; VIII – repúdio ao terrorismo e ao racismo; IX – cooperação entre os povos para o progresso da humanidade; X – concessão de asilo político. Parágrafo único. A República Federativa do

principalmente o *princípio da dignidade da pessoa humana*, sob o argumento de que o catálogo dos direitos, liberdades e garantias fundamentais, na verdade, concretiza posições jurídico-fundamentais que derivam, em última instância, dele.[25]

Todavia, o princípio da dignidade da pessoa humana tem um suporte fático cujo núcleo é preenchido por um conceito demasiadamente aberto que pode ser concretizado em várias dimensões. As dimensões nas quais ele pode ser densificado são inferidas principalmente da complexidade da pessoa e do meio em que ela desenvolve a sua personalidade, como a ontológica, a comunicativa e relacional, a histórico-cultural e, por fim, a negativa e prestacional. Particularmente, na sua dimensão ontológica, o conceito aberto que nucleia o suporte fático do princípio da dignidade da pessoa humana é reconduzido aos valores de autonomia e autodeterminação que são construídos a partir do conceito kantiano de liberdade. A recondução do conceito aberto que nucleia o suporte fático do princípio da dignidade da pessoa humana a estes valores permite chegar à conclusão de que a noção da dignidade da pessoa humana é intimamente conectada à da liberdade, no sentido de que a liberdade como autonomia e autoderminação é uma das principais reivindicações *a priori* do princípio da dignidade da pessoa humana.[26]

6. A inferência analógica da liberdade fiscal a partir dos valores da autonomia e autodeterminação

A partir dos valores da autonomia e autodeterminação que nucleiam o princípio da dignidade da pessoa humana como ponto de partida para a extração do conceito material dos direitos fundamentais, é possível inferir analogicamente a norma permissiva de direito fundamental que é pressuposta pelo suporte fático da liberdade fiscal, de maneira que a prática de relações econômicas neutras na maior medida possível do ponto de vista dos efeitos tributários seja permitida no ordenamento jurídico brasileiro como direito não enumerado [*unenumerated right*]. A exemplo de outros valores fundamentais, os valores jurídicos da autonomia e autoderminação que

---

Brasil buscará a integração econômica, política, social e cultural dos povos da América Latina, visando à formação de uma comunidade latino-americana de nações."

[25] SARLET, 2011, p. 100-121. A respeito da materialidade dos direitos fundamentais, Sarlet concorda com o ponto de vista de que o princípio da dignidade da pessoa humana seja o seu valor unificador. No entanto, ressalva ele que "a circunstância de que a tese enunciada, no sentido de que todos os direitos fundamentais encontram sua vertente no princípio da dignidade da pessoa humana e de que este – justamente por este motivo – pode ser tido como elemento comum à matéria dos direitos fundamentais, merece ser encarada, ao menos de início, com certa reserva. Em primeiro lugar, parece oportuna a menção – de modo especial à luz de nosso direito constitucional positivo – de que se revela no mínimo possível de discussão a qualificação do princípio da dignidade da pessoa humana, considerado em si mesmo, como um autêntico direito fundamental autônomo, em que pese sua importante função, seja como elemento referencial para a aplicação e interpretação dos direitos fundamentais (mas não só como destes), seja na condição de fundamento para a dedução de direitos fundamentais decorrentes. De outra parte, e aqui centramos a nossa crítica, basta um breve olhar sobre o nosso extenso catálogo dos direitos fundamentais para que tenhamos dúvidas fundadas a respeito da alegação de que todas as posições jurídicas ali reconhecidas possuem necessariamente um conteúdo diretamente fundado no valor maior da dignidade da pessoa humana. Não pretendendo polemizar especificamente as diversas hipóteses que aqui podem ser referidas, reportamo-nos, a título meramente exemplificativo, ao art. 5º, incs. XVIII e XXI, XXV, XXVIII, XXIX, XXXI, XXXVIII, bem como ao art. 7º, incs. XI, XXVI, XXIX, sem mencionar outros exemplos que poderiam facilmente ser garimpados no catálogo constitucional dos direitos fundamentais." Ibid., p. 103.

[26] SARLET, Ingo Wolfgang. As Dimensões da Dignidade da Pessoa Humana: Construindo Uma Compreensão Jurídico-Constitucional Necessária e Possível. SARLET, Ingo Wolfgang (org.) *Dimensões da Dignidade*. 2 ed. Porto Alegre: Livraria do Advogado, 2009, p. 101. A propósito, ver também: PATON, H. J. *The Categorical Imperative*. Chicago: The University of Chicago Press, 1948.

nucleiam o princípio da dignidade da pessoa humana podem reivindicar a derivação de outro direito fundamental toda vez que o novo direito, liberdade e garantia sirva para protegê-los.[27] Esta derivação de novos direitos por exigência de valores fundamentais encontra a sua justificativa principalmente no argumento de que os valores se projetam em outros domínios além do seu núcleo essencial. Esta projeção a outros domínios fundamenta o surgimento de razões morais e jurídicas a partir das quais é reivindicado que eles venham também a ser protegidos por outros direitos, liberdades ou garantias fundamentais.[28]

No domínio do direito tributário, a projeção dos valores da autonomia e da autodeterminação que nucleiam o princípio da dignidade da pessoa humana entre outras coisas serve de obstáculo para que a interpretação e aplicação dos tipos tributários a partir do princípio da capacidade contributiva sejam utilizadas *a priori* para alterar as oportunidades ou opções que os particulares têm à sua disposição no espaço vazio de tributação. Se este espaço favorece mais as preferências de um particular do que as de outro com a mesma renda ou riqueza em relação à opção econômica que ele decide praticar, esta vantagem não pode ser perturbada na maior extensão possível por meio da interpretação e aplicação dos tipos tributários.[29] Não há dúvida que a projeção dos valores da autonomia e autodeterminação no domínio do direito tributário não se opõe à instituição de nova obrigação fiscal, sob o argumento de que ela limitaria a prática de relações econômicas neutras na maior medida possível do ponto de vista dos efeitos tributários. Todavia, a autonomia e autodeterminação como valores projetados no domínio do direito tributário exigem que a interpretação e aplicação dos tipos tributários a partir do princípio da capacidade contributiva não pode causar a alteração das oportunidades ou opções que os particulares têm no espaço vazio de tributação.

Portanto, a projeção dos valores da autonomia e autodeterminação que nucleiam o princípio da dignidade da pessoa humana no domínio do direito tributário permite a inferência analógica da norma permissiva de direito fundamental que é pressuposta pelo suporte fático da liberdade fiscal. A norma permissiva de direito fundamental pressuposta pela prática de relações econômicas neutras na maior medida possível do ponto de vista dos efeitos tributários situa-se em um perímetro de proteção [*protective perimeter*] em que as oportunidades ou opções que os particulares têm à sua disposição no espaço vazio de tributação não podem ser perturbadas por meio da interpretação e aplicação dos tipos tributários a partir do princípio da capacidade contributiva.[30] Em este perímetro de proteção [*protective perimeter*], os efeitos da prática

---

[27] WELLMAN, 2011, p. 49.

[28] Ibid., p. 49.

[29] MURPHY, Liam; NAGEL, Thomas. *O Mito da Propriedade*. Tradução de Marcelo Brandão Cipolla. Martins Fontes: São Paulo, 2005, p. 138.

[30] O perímetro de proteção [*protective perimeter*] é uma estrutura de proteção indireta que funciona como uma área que rodeia em maior ou menor medida as liberdades. A propósito, cita Hart um exemplo que trata do exercício da liberdade econômica. Hart imagina um comerciante *a* e um comerciante *b* que sejam livres para ganhar para si o comprador *c*. Nenhum dos dois tem frente ao outro um direito a que o outro não anule seus esforços através de diversas ações, tais como melhores ofertas. Porém, Hart sustenta que isto não significa que o comerciante *a* e o comerciante *b* estejam totalmente desprotegidos ao exercerem a sua liberdade. O comerciante *b* não pode, por exemplo, impedir as ações do comerciante *a*, matando-o, lesionando-o ou através de concorrência desleal. Trata-se, diz Hart, da proteção indireta que é estruturada para a proteção das liberdades por meio do perímetro de proteção [*protective perimeter*]. HART, H. L. A. *apud* ALEXY, 2002, p. 225.

de relações econômicas em matéria de direito tributário são os previstos de forma expressa, casuística, completa e exclusiva por meio de tipos jurídicos.[31]

7. Conclusão

No quadro geral das liberdades jurídicas, a liberdade fiscal é uma liberdade negativa que tem alternativas de ação no seu âmbito de proteção. Particularmente, as alternativas de ação que estão no âmbito de proteção das liberdades negativas são permissões de fazer ou de não fazer algo. No caso da liberdade fiscal, o algo permitido a fazer ou a não fazer é a prática de relações econômicas neutras na maior medida possível do ponto de vista dos efeitos tributários. Portanto, é possível afirmar que as alternativas de ação garantidas pelo âmbito de proteção da liberdade fiscal são todas as formas de ação que concretizam a prática de relações econômicas neutras na maior medida possível dos efeitos tributários.

A exemplo de outras liberdades negativas, o suporte fático da liberdade fiscal pressupõe uma norma permissiva de direito fundamental que garanta esta liberdade. Todavia, o catálogo dos direitos, liberdades e garantias fundamentais e os limites constitucionais ao poder de tributar não preveem, de forma expressa, nenhum dispositivo que permite a prática de relações econômicas neutras na maior medida possível do ponto de vista dos efeitos fiscais. Logo, é possível afirmar que o suporte fático da liberdade fiscal no ordenamento jurídico brasileiro pressupõe uma norma de direito fundamental permissiva que pertence à categoria das normas implícitas.

Visto que o suporte fático da liberdade fiscal pressupõe uma norma permissiva de direito fundamental que pertence à categoria das normas implícitas, em um primeiro momento a prática de relações econômicas neutras na maior medida possível do ponto de vista dos efeitos tributários pode ser permitida pelo direito brasileiro, sob o argumento de que não há nenhuma norma que obrigue ou proíbe o seu suporte fático. Este argumento de lógica jurídica que constitui o ponto de partida para a dedução da norma permissiva de direito fundamental no caso da liberdade fiscal corresponde à clássica formulação kantiana de permissão, no sentido de que uma ação que não é obrigada ou proibida é permitida. De acordo com esta formulação, a lógica das normas não é bivalente entre proibição, de um lado, e obrigação, de outro, pois a negação de uma proibição pode não equivaler apenas a uma obrigação, mas também a uma permissão.

Entretanto, a clássica formulação kantiana de permissão é um critério de reconhecimento débil da norma permissiva de direito fundamental pressuposta pelo suporte fático da liberdade fiscal, principalmente sob o argumento de que a permissão no sentido de uma ação que não é obrigada ou proibida é fraca [*weak permission*]. A permissão é forte [*strong permission*] toda vez que ela não for consequência da au-

---

[31] A respeito da previsão expressa, casuística, completa e exclusiva dos efeitos das relações econômicas praticadas por meio de tipos jurídicos em matéria de direito tributário, ver, por exemplo: DOURADO, Ana Paula. *O Princípio da Legalidade Fiscal*. Coimbra: Almedina, 2007. FURLAN, Anderson. *Elisão Fiscal*. Coimbra: Almedina, 2007. ROSEMBUJ, Tulio. *El Fraude de Ley, La Simulación y el Abuso de las Formas en el Derecho Tributario*. 2 ed. Madrid: Marcial Pons, 1999. SANCHES, J. L. Saldanha. *Os Limites do Planeamento Fiscal*. Coimbra: Coimbra, 2006. TABELLINI, Paolo M. *L'Elusione della Norma Tributaria*. Milano: Giuffrè, 2007. XAVIER, Cecília. *A Proibição da Aplicação Analógica da Lei Fiscal no Âmbito do Estado Social de Direito*. Coimbra: Almedina, 2006. WEBER, Dennis. *Tax Avoidance and the EC Treaty Freedoms*. Hague: Kluwer Law International, 2005.

sência de normas que obriguem ou proíbem a prática da ação, mas a implicação de uma norma que permite explicitamente fazer ou não fazer algo.

A partir desta premissa, o critério de reconhecimento em sentido forte da norma permissiva de direito fundamental pressuposta pelo suporte fático da liberdade fiscal pode ser alcançado por meio do conceito jurídico-material aberto dos direitos, liberdades e garantias fundamentais. Este conceito é uma norma geral inclusiva [*inclusio unius alterius est exclusius*] que dispõe no sentido de que o catálogo dos direitos, liberdades e garantias fundamentais não exclui outros direitos, liberdades e garantias fundamentais, denominados *direitos não enumerados* [*unenumerated rights*].

Dentre as suas principais implicações, o conceito jurídico-material aberto dos direitos, liberdades e garantias fundamentais acarreta no dever que o intérprete tem de concluir na maior extensão possível a favor do ponto de vista de que a omissão não é causa *a priori* de lacuna do catálogo de direitos, liberdades e garantias fundamentais. Uma das formas pelas quais este dever é densificado é a que se dá por meio da ordem de considerações de que o espaço jurídico vazio derivado da omissão do catálogo dos direitos, liberdades e garantias fundamentais pode ser preenchido e integrado por meio da aplicação do argumento *a simili*.

No caso do ordenamento jurídico brasileiro, a aplicação do argumento *a simili* para fins de preenchimento ou integração do espaço jurídico vazio que é derivado da omissão do catálogo dos direitos, liberdades e garantias fundamentais pode implicar, às vezes, na inferência analógica de direito não enumerado [*unenumerated right*] a partir do conceito material dos direitos fundamentais que é extraído a partir do regime, dos princípios e dos tratados internacionais. No que diz respeito aos direitos não enumerados [*unenumerated rights*], esta inferência faz uma ponte entre o ser – no caso, o direito, a liberdade ou a garantia fundamental que não é previsto expressamente pela ordem constitucional – e o dever ser – no caso, o regime, os princípios e os tratados internacionais.

Como o conceito jurídico-material aberto dos direitos, liberdades e garantias fundamentais previsto pelo direito brasileiro foi incorporado por influência da Nona Emenda [*Ninth Amendment*], não há dúvida que a forma por meio da qual o conceito material dos direitos fundamentais é extraído no direito norte-americano pode produzir algumas implicações na forma por meio da qual ele é extraído no direito brasileiro. Em Daniel Farber, o conceito material dos direitos fundamentais que é o ponto de partida da inferência analógica dos direitos não enumerados [*unenumerated rights*] na ordem constitucional norte-americana pode ser extraído de várias fontes, denominadas por ele como *fatores*, que são sintetizados a seguir: (a) direitos, garantias e liberdades fundamentais que são previstas expressamente pela ordem constitucional; (b) leis domésticas e internacionais que reconhecem o direito não enumerado [*unenumerated right*]; (c) precedentes domésticos e internacionais que estabelecem o direito ou direito a ele análogo; e (d) tradições sobre a existência do direito não enumerado [*unenumerated right*].

Ao contrário do direito norte-americano, a ordem constitucional brasileira dá algumas pistas que conduzem o intérprete para os locais onde ele deve extrair o conceito material dos direitos fundamentais. São eles o regime, os princípios e os tratados internacionais, que são previstos pelo conceito jurídico-material aberto dos direitos, liberdades e garantias fundamentais como os pontos de partida da inferência analógica dos direitos não enumerados [*unenumerated rights*]. Todavia, não há dúvidas que o conceito material dos direitos fundamentais também pode ser extraído, por exemplo, dos precedentes jurisprudenciais de direito comparado que reconhecem o direito não enumerado [*unenumerated right*] em outras jurisdições, sob pena de deixar de ser aberto, mas apenas autopoiético. No caso da liberdade fiscal, são paradigmáticos vários precedentes, como o da Suprema Corte dos Estados Unidos [*Supreme Court of the United States*], que reconheceu o direito do contribuinte de arranjar os seus negócios de forma a minimizar os seus efeitos tributários, em *Gregory v. Helvering*.

Contudo, não há dúvidas também que os precedentes jurisprudenciais de direito comparado em relação ao regime, aos princípios e aos tratados internacionais podem conduzir a inferências analógicas de direitos não enumerados [*unenumerated rights*] menos convincentes. É possível deduzir, então, a regra de que maior será o grau da força do conceito jurídico-material aberto dos direitos, liberdades e garantias fundamentais como critério de reconhecimento da liberdade fiscal, quanto maior for a possibilidade de inferir analogicamente a norma permissiva de direito fundamental que é pressuposta por seu suposto fático do conceito material dos direitos fundamentais que for extraído do regime, dos princípios e dos tratados internacionais.

A partir desta perspectiva, no caso dos princípios propriamente ditos, os autores de teoria dos direitos fundamentais sustentam que eles tratam dos princípios fundamentais previstos pela ordem constitucional brasileira. Dentre eles, destacam principalmente o *princípio da dignidade da pessoa humana*, sob o argumento de que o catálogo dos direitos, liberdades e garantias fundamentais, na verdade, concretiza posições jurídico-fundamentais, que derivam, em última instância, dele. Contudo, o princípio da dignidade da pessoa humana tem um suporte fático cujo núcleo é preenchido por um conceito demasiadamente aberto que pode ser concretizado em várias dimensões. Particularmente, na sua dimensão ontológica, ele é reconduzido aos valores de autonomia e autodeterminação do que são construídos a partir do conceito kantiano de liberdade, o que permite chegar à conclusão de que a noção da dignidade da pessoa humana é intimamente conectada à da liberdade, no sentido de que a liberdade como autonomia e autoderminação é uma das principais reivindicações *a priori* do princípio da dignidade da pessoa humana.

A partir dos valores da autonomia e autodeterminação que nucleiam o princípio da dignidade da pessoa humana como ponto de partida para a extração do conceito material dos direitos fundamentais, é possível inferir analogicamente a norma permissiva de direito fundamental que é pressuposta pelo suporte fático da liberdade fiscal, de maneira que a prática de relações econômicas neutras na maior medida possível do ponto de vista dos efeitos tributários seja permitida no ordenamento jurídico brasileiro como direito não enumerado [*unenumerated right*]. A exemplo de outros valores fundamentais, os valores jurídicos da autonomia e autoderminação que nucleiam o princípio da dignidade da pessoa humana podem reivindicar a derivação de outro direito fundamental toda vez que o novo direito, liberdade e garantia sirva para protegê-los. Esta derivação de novos direitos por exigência de valores encontra a sua justificativa principalmente no argumento de que os valores se projetam em outros domínios além do seu núcleo essencial. Esta projeção a outros domínios fundamenta o surgimento de razões morais e jurídicas a partir das quais é reivindicado que eles venham também a ser protegidos por outros direitos, liberdades ou garantias fundamentais.

No domínio do direito tributário, a projeção dos valores da autonomia e da autodeterminação que nucleiam o princípio da dignidade da pessoa humana entre outras coisas serve de obstáculo para que a interpretação e aplicação dos tipos tributários a partir do princípio da capacidade contributiva sejam utilizadas *a priori* para alterar as oportunidades ou opções que os particulares têm à sua disposição no espaço vazio de tributação. Se este espaço favorece mais as preferências de um particular do que as de outro com a mesma renda ou riqueza em relação à opção econômica que ele decide praticar, esta vantagem não pode ser perturbada na maior extensão possível por meio da interpretação e aplicação dos tipos tributários. Não há dúvida que a projeção dos valores da autonomia e autodeterminação no domínio do direito tributário não se opõe à instituição de nova obrigação fiscal, sob o argumento de que ela limitaria a prática de relações econômicas neutras na maior medida possível do ponto de vista dos efeitos tributários. Todavia, a autonomia e autodeterminação como valores projetados no domínio do direito tributário exigem que a interpretação e aplicação dos tipos tributários a partir do princípio da capacidade contributiva não pode causar a alteração das oportunidades ou opções que os particulares têm de praticar estas relações principalmente no espaço vazio de tributação.

—7—

A diferença entre principios e regras e a função das politicas públicas na ordem constitucional brasileira vigente

LIANE FRANCISCA HÜNING BIRNFELD[1]

Sumário: Introdução; 1. Princípios e regras; 2. Políticas públicas; Conclusão; Referências bibliográficas.

Introdução

O presente artigo busca traçar as diferenças entre princípios e regras, bem como pesquisar a função das políticas públicas na ordem constitucional brasileira vigente.

Para tanto, tem-se como fio condutor a ideia de que o sistema jurídico é composto por normas que se subdividem em regras e princípios e tendo a perspectiva de que as políticas (públicas) se configuram como possibilidades de concretude dessas normas.

Buscar-se-á, por outra banda, analisar as possibilidades de controle das políticas públicas pelo Poder Judiciário, ressaltando que o jurista há de fazer uso da interpretação considerando o sistema jurídico como um sistema aberto de normas e princípios, onde o constituinte originário traçou as metas e o perfil das políticas a serem instituídas pelo legislador ordinário e aplicadas pelo administrador público. E tendo claro que somente diante do caso concreto é que se poderá efetivamente concluir que naquela situação se aplicará um princípio e/ou uma regra para aferir a regularidade da efetivação de uma política pública posta.

Como teoria de base, parte-se de Dworkin, Canotilho, Grau, Alexy, Ingo Sarlet e Paulo Caliendo, entre outros.

Desta feita, partindo-se da premissa de que a maioria dos autores, com exceção de Dworkin, não desenvolve especificamente o tema sobre políticas, opta-se em dividir o desenvolvimento do tema em dois tópicos, quais sejam: princípios e regras e outro em políticas públicas.

---
[1] Doutoranda pela PUCRS – Bolsista da CAPES, Mestre em direito pela UFSC – Universidade Federal de Santa Catarina, professora da FURG – Universidade Federal do Rio Grande e da UCPEL – Universidade Católica de Pelotas, Graduada e pós-graduada em direito pela UNIJUI – Universidade de Ijuí. E-mail: liane@birnfeld.net

1. Princípios e regras

A discussão inicial sobre regras, princípios e políticas nasce com Dworkin, para quem os juristas, em casos difíceis, operam com padrões que ora funcionam como regras, ora como princípios e ora como políticas.[2]

Sendo que o padrão que o autor denomina como política é aquele que estabelece um objetivo a ser alcançado, em geral uma melhoria em algum aspecto econômico político ou social da comunidade – enfim – o objetivo a que se visa.

Nos princípios, o padrão deve ser observado não porque promoverá ou assegurará uma situação econômica, política ou social considerada desejável como ocorre com o padrão da política, mas sim a exigência de justiça ou equidade ou ainda alguma outra dimensão da moralidade.

Nesta perspectiva, Dworkin cita como exemplo de padrão de política o que estabelece que os acidentes automobilísticos devam ser reduzidos, enquanto o padrão segundo o qual nenhum homem deve beneficiar-se de seus próprios delitos configurar-se-ia como um princípio.[3]

O autor também distingue princípios, regras e políticas pelo critério da generalidade. O padrão mais genérico seria política, sendo que, por sua vez, o princípio seria mais restritivo que a política e a regra mais restritiva que o princípio.[4]

Ressalta que as regras são aplicáveis à maneira do tudo ou nada, ou seja, se a regra for válida, deve ser aceita a resposta que ela fornece; caso seja inválida, a regra não deve ser aplicada, pois em nada contribuirá para a decisão.

Dworking observa que em determinados casos, sobretudo nos dificultosos, os juristas fazem uso de pautas *(standards)* que não funcionam como regras, mas operam de modo diverso, como princípios, diretrizes *(policies)* ou outra espécie de pauta. Propõe, então, a usar o vocábulo *princípio* genericamente, para referir, em conjunto, aquelas pautas que não são regras; em outras ocasiões, no entanto – adverte-se – é mais preciso, distinguindo entre *princípios* e *diretrizes*.[5]

Nas palavras do autor:

> Os juristas nos casos difíceis nos quais nossos problemas com esses conceitos parecem mais agudos, eles recorrem a padrões que não funcionam como regras, mas operam diferentemente, como princípios, políticas e outros tipos de padrões.
>
> (...)
>
> Acabei de mencionar "princípios, políticas e outros tipos de padrões". Utilizarei o termo "princípio" de maneira genérica, para indicar todo esse conjunto de padrões que não são regras. Denomino "política" aquele tipo de padrão que estabelece um objetivo a ser alcançado, em geral uma melhoria em algum aspecto econômico, político ou social da comunidade (ainda que certos objetivos sejam negativos pelo fato de estipularem que algum estado atual deve ser protegido contra mudanças adversas). Denomino "princípio" um padrão que deve ser observado, não porque vá promover ou assegurar uma situação econômica, política ou social considerada desejável, mas porque é uma exigência de justiça ou equidade ou alguma outra dimensão da moralidade. Assim, o padrão que estabelece que os acidentes automobilísticos devam ser reduzidos é uma política e o padrão segundo o qual nenhum homem deve beneficiar-se de seus próprios delitos é um princípio.
>
> (...)

---

[2] DWORKIN, Ronald. *Levando o direito a sério*. Tradução Nelson Boeria. 3ª ed. São Paulo: Martins Fontes. 2010. p. 35 a 43.

[3] Ibidem, p. 35 a 43.

[4] Ibidem, p. 35 a 43.

[5] Ibidem, p. 35 a 43.

A diferença entre princípios jurídicos e regras jurídicas é de natureza lógica. Os dois conjuntos de padrões apontam para decisões particulares acerca da obrigação jurídica em circunstâncias específicas, mas distinguem-se quanto à natureza da orientação que oferecem. As regras são aplicáveis à maneira do tudo – ou – nada. Dados os fatos que uma regra estipula, então ou a regra é válida, e neste caso a resposta que ela fornece deve ser aceita, ou não é válida, e neste caso em nada contribui para a decisão.[6]

Canotilho, tendo sob consideração a Constituição de Portugal, conceitua a ordem constitucional como um *sistema jurídico normativo aberto que abrange princípios e regras sobre poderes, direitos e deveres*.[7]

Para o autor, o sistema jurídico *é normativo* porque é um sistema dinâmico de normas tendentes a refletir as diferentes expectativas coletivas; é *aberto* porque apresenta "uma *estrutura dialógica* traduzida na disponibilidade e 'capacidade de aprendizagem' das normas constitucionais para captarem a mudança da realidade e estarem abertas às concepções da 'verdade' e da 'justiça'".[8]

Mas o autor ressalta a complexidade de se diferenciar princípios de regras. Essa complexidade deriva de dois fatores: o primeiro de saber-se a função do princípio (se são normas de conduta ou de argumentação); a segunda de saber se há entre os princípios e as regras algum denominador comum (pertencendo ambos a uma mesma família), havendo neste caso apenas uma diferença apenas de grau ou, ao contrário, se há efetivamente uma diferença quantitativa entre ambos:

> Como se pode ver, a distinção entre princípios e regras é particularmente complexa. Esta complexibilidade deriva, muitas vezes, do facto de não se esclarecerem duas questões fundamentais: (1) saber qual a função dos princípios, ou seja, se têm uma função retórica – argumentativa ou são normas de conduta; (2) saber se entre princípios e regras existe um denominador comum, pertencendo a mesma "família" e havendo apenas uma diferença do grau (quanto a generalidade, conteúdo informativo, hierarquia das fontes, explicitação do conteúdo, conteúdo valorativo), ou se, pelo contrário, os princípios e as regras são susceptíveis de uma diferenciação qualitativa.[9]

O autor leciona algumas das diferenças entre princípios e regras, partindo do pressuposto de que são normas qualitativamente distintas. Diferenças que se traduzem nos seguintes aspectos:[10]

> Os princípios:
> - são normas jurídicas impositivas de uma *optimização* (permitem o balanceamento de valores e interesses consoante o seu *peso* e a ponderação de outros princípios eventualmente conflitantes);
> - a convivência dos princípios é conflitual (coexistem);
> - os princípios podem ser objeto de ponderação, de harmonização, pois eles contêm apenas "exigências" que, em "primeira linha" (*prima facie*), devem ser realizados;
> - os princípios suscitam problemas de *validade e peso* (importância, ponderação, valia).
>
> As regras:
> - são normas que prescrevem imperativamente uma exigência (impõem, permitem ou proíbem) que é ou não é (as regras obedecem a lógica do tudo ou nada e não deixam espaço para qualquer outra solução, pois se uma regra *vale* (tem validade) deve cumprir-se na exata medida das suas prescrições, nem mais nem menos)
> - a convivência de regras é antinômica, (excluem-se);
> - as regras colocam apenas questões de *validade* (se elas não são corretas devem ser alteradas).

---

[6] DWORKIN, Ronald. *Levando o direito a sério*. Tradução Nelson Boeria. 3ª ed. São Paulo: Martins Fontes. 2010. p. 35 a 43.

[7] CANOTILHO, Gomes. *Direito Constitucional e Teoria da Constituição*. Coimbra – Portugal, Almedina 1998, p. 165.

[8] Ibidem, p. 165.

[9] Ibidem, p. 165.

[10] Ibidem p. 165.

Nas palavras do autor:

> Em primeiro lugar, os princípios são normas jurídicas impositivas de uma *optimização*, compatíveis com vários graus de concretização, consoante os condicionalismos fácticos e jurídicos; as *regras* são normas que prescrevem imperativamente uma exigência (impõem, permitem ou proíbem) que é ou não é cumprida (nos termos de Dworkin: *applicable in all – or – nothing – fashion*); a convivência dos princípios é conflitual (Zagrebelsky), a convivência de regras é antinômica; os princípios coexistem, as regras antinômicas excluem-se. Conseqüentemente, os princípios, ao constituírem *exigências de optimização*, permitem o balanceamento de valores e interesses (não obedecem, como as regras, à "lógica do tudo ou nada"), consoante o seu *peso* e a ponderação de outros princípios eventualmente conflitantes; as regras não deixam espaço para qualquer outra solução, pois se uma regra *vale* (tem validade) deve cumprir-se na exacta medida das suas prescrições, nem mais nem menos. (...) *princípios* podem ser objecto de ponderação, de harmonização, pois eles contém apenas "exigências" ou "Standards" que, em "primeira linha" (*prima facie*), devem ser realizados; as regras contém "fixações normativas" *definitivas,* sendo insustentável a *validade* simultânea de regras contraditórias. Realça-se também que os princípios suscitam problemas de *validade e peso* (importância, ponderação, valia); as regras colocam apenas questões de *validade* (se elas não são corretas devem ser alteradas).[11]

Canotilho classifica os princípios jurídicos constitucionais em quatro tipos:

> a) princípios jurídicos fundamentais. Consideram-se princípios jurídicos fundamentais os princípios historicamente objectivados e progressivamente introduzidos na consciência jurídica e que encontram uma recepção expressa ou implícita no texto constitucional. Pertencem à ordem jurídica positiva e constituem um importante fundamento para a interpretação, integração, conhecimento e aplicação do direito positivo.
>
> b) princípios políticos constitucionalmente conformadores. Designam-se por princípios políticos constitucionalmente conformadores os princípios constitucionais que explicitam as valorações políticas fundamentais do legislador constituinte. Nesses princípios se condensam as opções políticas nucleares e se reflete a ideologia inspiradora da constituição.
>
> [...]
>
> Tal como acontece com os princípios jurídicos gerais, os princípios políticos constitucionalmente conformadores são princípios normativos, diretrizes e operantes, que todos os órgãos encarregados da aplicação do direito devem ter em conta, seja em atividades interpretativas, seja em actos inequivocamente conformadores (leis, actos políticos).
>
> c) princípios constitucionais impositivos, Nos princípios constitucionais impositivos subsumem-se todos os princípios que impõem aos órgãos do Estado, sobretudo ao legislador, a realização de fins e a execução de tarefas. São, portanto, princípios dinâmicos, prospectivamente orientados. Estes princípios designam-se, muitas vezes, por "preceitos definidores dos fins do Estado" (assim Scheuner: Staatszielbestimmungen), "princípios directivos fundamentais" (Häfelin), ou "normas programáticas, definidoras de fins ou tarefas".
>
> e) princípios – *garantia,* nos quais incluídos "outros princípios que visam instituir directa e imediatamente uma *garantia* dos cidadãos"; a eles é "atribuída a densidade de autêntica norma jurídica e uma força determinante positiva e negativa" [...].[12]

O autor ressalta também a importância de compreender-se a constituição como um sistema interno assente em regras e princípios, estes últimos de diferentes graus de concretização, quais sejam: princípios estruturantes (que ganham concretização através de outros princípios ou subprincípios), princípios constitucionais gerais e princípios constitucionais especiais. *Litteris*:

> A articulação de princípios e regras, de diferentes tipos e características, iluminará a compreensão da constituição como um sistema interno assente em princípios estruturantes fundamentais que, por sua vez, assentam em *subprincípios* e *regras constitucionais* concretizadores desses mesmos princípios. Quer dizer: a constituição é formada por regras e princípios de diferentes graus de concretização (= diferente densidade semântica).

---

[11] CANOTILHO, Gomes. *Direito Constitucional e Teoria da Constituição.* Coimbra – Portugal, Almedina 1998, p. 1125-1126.

[12] Ibidem. p. 1125-131.

> Existem, em primeiro lugar, certos princípios designados por princípios estruturantes, constitutivos e indicativos das ideias directivas básicas de toda a ordem constitucional. São, por assim dizer, as traves – mestras jurídico – constitucionais do estatuto jurídico do político.
> Estes princípios ganham concretização através de outros princípios (ou subprincípios) que "densificam" os princípios estruturantes iluminando o seu sentido jurídico – constitucional e político – constitucional, formando, ao mesmo tempo, com eles, um sistema interno (a uma "união perfeita" alude Larenz).[13]
> Os princípios estruturantes → princípios constitucionais gerais → princípios constitucionais especiais → regras constitucionais, constituem um sistema interno, cuja ilustração gráfica se poderá apresentar de forma seguinte:[14]

O autor deixa claro que o esquema apresentado não se desenvolve apenas em uma direção (de cima para baixo). Ressalta que os princípios estruturantes ganham densidade e transparência através das suas concretizações (em princípios gerais, princípios especiais ou regras), e estas formam com os primeiros uma unidade material (unidade da Constituição). Todos estes princípios e regras poderão ainda obter maior grau de concretização e densidade através da *concretização legislativa e jurisprudencial.*[15]

Grau[16] também comunga da perspectiva de Dworkin e Canotilho ao perceber que uma das características da Constituição de 1988 está no fato dela apresentar-se marcantemente principiológica – e, por consequência, programática – no sentido de que dispõe não apenas regras, mas também princípios.

Para o autor, a perspectiva de que o sistema jurídico compõe-se de princípios explícitos, implícitos, e princípios gerais de direito, que também são implícitos, nos seguintes termos:

> O sistema que o direito é compõe-se de:
> [i] *princípios explícitos,* recolhidos no texto da Constituição ou da Lei;
> [ii] *princípios implícitos,* inferidos como resultado da análise de um ou de mais preceitos constitucionais ou de uma lei ou conjunto de textos normativos da legislação infraconstitucional (exemplos: o *princípio da imparcialidade do juiz,* arts. 95, parágrafo único, e 5º, XXXVII da Constituição); e
> [iii] princípios gerais de direito, também implícitos, coletados no direito pressuposto, qual o da vedação do enriquecimento sem causa.
> O critério tomado por Dwokin:
> *princípios* – art. 1º *caput* e incisos; art. 2º; art. 4º; art. 5º, *caput* e incisos; art. 170, *caput* (parcialmente) e incisos;
> *diretrizes* – art. 3º; parágrafo único do art. 4º; art. 170, *caput* (parcialmente).
> O critério classificatório de CANOTILHO :
> princípios jurídicos fundamentais – art. 5º, XXXV e LV; art. 37, *caput*;
> *princípios políticos constitucionais conformadores* – art. 170 (forma de Estado); art.1º, *caput,* (estrutura de Estado); art. 1º, V (regime político); arts. 2º e 14 (forma de governo e organização política);
> *princípios constitucionais impositivos* – art. 3º e art. 170, *caput* ("assegurar a todos existência digna");
> *princípios* – garantia – art. 5º, III, VIII e XXXIX.[17]

---

[13] CANOTILHO, Gomes. *Direito Constitucional e Teoria da Constituição.* Coimbra – Portugal, Almedina 1998, p. p. 1137.
[14] Ibidem, p. 1138-1139.
[15] Ibidem, p. 1139.
[16] GRAU, Eros Roberto. *A ordem econômica na constituição de 1988.* 14. ed. revisada e atualizada. São Paulo: Malheiros, 2010. p. 155-159.
[17] Ibidem. p. 155-159.

Sarlet[18] ressalta que, independentemente de se utilizar a expressão "normas programáticas", esta perspectiva também coaduna-se com o entendimento de que nossa Constituição pode ser considerada como um sistema aberto de princípios e regras:

> Há de se ter em mente a circunstancia, embasada na paradigmática lição de Gomes Canotilho, de que a nossa Constituição (assim como as Constituições em geral) pode ser considerada um sistema aberto de regras e princípios. Ainda que se queira negar – e não sem certa razão – a utilização da expressão "normas programáticas", isto em nada altera o fato da existência, também na nossa Constituição vigente – em escala sem precedentes no constitucionalismo pretérito – de normas que, à evidência, se esteja a negar a eficácia e aplicabilidade (inclusive imediata) a essas normas.[19]

Para Alexi,[20] também as normas são classificadas entre regras e princípios.

Para esse autor, existem vários critérios para distinguir regras de princípios, sendo que provavelmente o mais utilizado é o da generalidade e, segundo esse critério, o grau de generalidade dos princípios é alto, e os das regras nem tanto. As regras são sempre satisfeitas ou não. Se a regra vale, então, deve-se fazer exatamente aquilo que ela exige; nem mais, nem menos (as regras contem determinações). Já os *princípios* são normas que ordenam que algo seja realizado na maior medida possível dentro das possibilidades jurídicas e fáticas existentes (são mandamentos de otimização).

Nas palavras do autor:

> (...) Tanto regras quando princípios são normas, porque ambos dizem o que deve ser. Ambos podem ser formulados por meio das expressões deônticas básicas do dever, da permissão e da proibição. Princípios são, tanto quando as regras, razões para juízos concretos de dever – ser, ainda que de espécie muito diferente. A distinção entre regras e princípios é, portanto, uma distinção entre duas espécies de normas.
> Há diversos critérios para se distinguir regras de princípios. Provavelmente aquele que é utilizado com mais freqüência é o da generalidade. Segundo este critério, princípios são normas com grau de generalidade realmente alto, enquanto o grau de generalidade das regras é relativamente baixo. Um exemplo de norma de grau de generalidade relativamente alto é a norma que garante a liberdade de crença. De outro lado, uma norma de grau de generalidade relativamente baixo seria a norma que prevê que todo preso tem o direito de converter outros presos à sua crença.
> (...)
> O ponto decisivo na distinção entre regras e princípios é que *princípios* são normas que ordenam que algo seja realizado na maior medida possível dentro das possibilidades jurídicas e fáticas existentes. Princípios são, por conseguinte, *mandamento de otimização*.
> (...)
> Já as *regras* são normas que são sempre ou satisfeitas ou não satisfeitas. Se uma regra vale, então, deve se fazer exatamente aquilo que ela exige; nem mais , nem menos. Regras contêm, portanto, *determinações* no âmbito daquilo que é fática e juridicamente possível. Isso significa que a distinção entre regras e princípios é uma distinção qualitativa, e não uma distinção de grau. Toda norma é ou uma regra ou um princípio.[21]

No que tange a conflito entre as normas, o autor[22] ressalta que, se houver conflito entre regras, somente uma será considerada válida e aplicada ao caso concreto, pois ou a regra é valida ou não é. Mas se houver conflito entre princípios, resolve-se de forma diferente do das regras em conflito, pois em vez se ser considerado inválido

---

[18] SARLET. Ingo Wolfgang. *A eficácia dos direitos fundamentais:uma teoria geral dos direitos fundamentais na perspectiva constitucional.* 10ª ed. Porto Alegre : Livraria do Advogado. 2009, p. 266.

[19] Ibidem, p. 266.

[20] ALEXI Robert. *Teoria dos direitos fundamentais.* Tradução de Virgilho Afonso da Silva 2ª ed.. São Paulo: Malheiros Editora, 2011, p. 87-91.

[21] Ibidem, p. 87-91.

[22] Ibidem, p. 91-94.

um princípio, ele apenas cede para aplicação do outro princípio naquele determinado caso, pois em outra situação poderá ocorrer o inverso. Pois os princípios têm pesos diferentes, aplicando-se ao caso concreto o princípio de maior peso. Assim, para o autor, os conflitos entre regras ocorrem na dimensão da validade e o conflito entre princípios na dimensão do peso:

> (...) Ou uma norma jurídica é válida, ou não é. Se uma regra é válida e aplicável a um caso concreto, isso significa que também sua conseqüência jurídica é válida. Não importa a forma como sejam fundamentos não é possível que dois juízos concretos de dever – ser contraditórios entre si sejam válidos.
> (...)
> A colisão entre princípios devem ser solucionadas de forma completamente diversa. Se dois princípios colidem – o que ocorre, por exemplo, quando alguém é proibido de acordo com um principio e, de acordo com outro, permitido -, um dos princípios terá que ceder.
> (...)
> Os princípios têm pesos diferentes e que os princípios com o maior peso têm precedência. Conflitos entre regras ocorrem na dimensão da validade, enquanto a colisão entre princípios – visto que só princípios válidos podem colidir – ocorrem, para alem dessa dimensão, na dimensão do peso.[23]

O autor[24] ressalta que uma das diferenças mais importantes é a de que os princípios não têm um mandamento definitivo como as regras. Estas sim, ordenam que se faça exatamente o que elas determinam. Assim os princípios têm sempre um caráter *prima facie*, e as regras, se não houver exceção, um caráter definitivo. Nesse sentido, o autor reporta-se a Dworkin para quem as regras devem ser aplicadas na forma do *tudo-ou-nada*, enquanto que os princípios contêm razões que determinam uma direção:

> Princípios exigem que algo seja realizado na maior medida possível dentro das possibilidades jurídicas e fáticas existentes. Nesse sentido, eles não contém um *mandamento definitivo*, mas apenas *prima facie*. Da relevância de um princípio em determinado caso não decorre que o resultado seja aquilo que o princípio exige para esse caso. Princípios representam razões que podem ser afastadas por razões antagônicas. A forma pela qual deve ser determinada a relação entre razão e contra-razão não e algo determinado pelo próprio princípio. Os princípios, portanto, não dispõe da extensão do seu conteúdo em face dos princípios colidentes e das possibilidades fáticas.
> O caso das regras é totalmente diverso. Com as regras exigem que seja feito exatamente aquilo que elas ordenam, elas têm uma determinação da extensão de seu conteúdo no âmbito das possibilidades jurídicas e fáticas. Essa determinação pode falhar diante de impossibilidades jurídicas e fáticas; mas, se isso não ocorrer, então, vale definitivamente aquilo que a regra prescreve.
> Diante disso, alguém poderia imaginar que os princípios têm sempre um mesmo caráter *prima facie*, e as regras um mesmo caráter definitivo. Um tal modelo parece estar presente em Dworkin, quando ele afirma que as regras, se validas, devem ser aplicadas da forma tudo – ou – nada, enquanto os princípios apenas contém razões que indicam uma direção, mas não têm como conseqüência necessária uma determinada decisão. Esse modelo é, contudo, muito simples. Um modelo diferenciado é necessário. Mas também no âmbito desse modelo diferenciado o diferente caráter *prima facie* das regras e dos princípios deve ser mantido.[25]

Para Sarmento,[26] as normas jurídicas compostas no ordenamento também se classificam em regras (ou disposições) e princípios. Os princípios constituem mandamentos nucleares do sistema jurídico, servindo de balizamento para a interpretação de todo o setor do ordenamento. Mas ressalta que os princípios assumem múltiplas

---

[23] ALEXI Robert. *Teoria dos direitos fundamentais*. Tradução de Virgilho Afonso da Silva 2ª ed. São Paulo: Malheiros Editora, 2011. p. 91-94.

[24] Ibidem, p. 103-104.

[25] Ibidem, p. 103-104.

[26] SARMENTO Daniel. In *Teoria dos direitos fundamentais* 2ª ed. Ricardo Lobo TORRES (org.) Rio de Janeiro: Renovar. 2001. p. 51.

funções: operam como alicerces do sistema jurídico, pautando valores nos quais os intérpretes devem basear-se para solucionar os casos mais controvertidos (função hermenêutica) e em caso de ausência de regras os princípios podem exercer a função de normas de conduta (função regulatória) e ainda, citando Canotilho, o autor ressalta os princípios podem revelar normas na expressas por enunciado legislativo (função argumentativa).

Assim, para o autor, os princípios passam por um processo de concretização e densificação sucessiva através de princípios mais específicos e subprincípios, até adquirirem a concretização das regras, ocorrendo assim um processo dialético entre as normas.[27]

Nas palavras do autor:

> Os princípios assumem no ordenamento múltiplas funções: por um lado, operam como alicerces do sistema jurídico, cimentando as suas diferentes partes e fornecendo a pauta de valores nas quais o interprete deve se basear para a solução das questões mais controvertidas (função Hermenêutica); por outro, na ausência de regras cuidando da hipótese, os princípios podem também exercer a função de normas de conduta, regulando imediatamente o comportamento de seus destinatários (função regulativa).Segundo Canotilho, eles também *"podem desempenhar uma função argumentativa, permitindo, por exemplo, denotar a ratio legis de uma disposição ou revelar normas que não são expressas por qualquer enunciado legislativo possibilitando aos juristas, sobretudo aos juízes, o desenvolvimento, integração e complementação do direito".*
>
> Dentro do sistema jurídico, os princípios passam por um processo de concretização e densificação sucessiva, através de princípios mais específicos e subprincípios, ate adquirirem a concretização das regras. Tal concretização não se dá através de um simples processo lógico – formal, no qual sejam os princípios mais específicos deduzidos dos mais gerais. O que ocorre na verdade é um procedimento dialético no qual cada subprincípio em que se desdobra o princípio original adiciona a este novas dimensões e possibilidades, subsistindo o principio original no papel de vetor exegético dos cânones mais específicos. Há um "esclarecimento recíproco": o principio se ilumina através das suas concretizações, as quais, por sua vez, só assumem seu sentido pleno ao lume do principio que lhes engendrou.[28]

Os princípios podem sinalizar soluções diametralmente opostas para determinados casos concretos, pois é possível que um princípios seja valido e pertinente a determinado caso concreto mas que suas consequências jurídicas não sejam deflagradas naquele caso, ou não seja inteiramente aplicado, em razão da aplicação também de outro princípio. O que o autor[29] chama de "calibragem" entre princípios.

Para Caliendo,[30] o ordenamento é composto de normas jurídicas portadoras de valores normativos que serão implementados por meio de princípios e regras jurídicas.

Citando Bandeira de Mello e Ataliba, ressalta o autor[31] que a violar um princípio é muito mais grave que violar uma regra, pois a violação do princípio significa a violação a todo o sistema de comando, pois são este que trazem os grande nortes do sistema jurídico, expressando o querer de toda a população as linhas mestras da legislação, da administração e da jurisdição. Portanto, devem ser prestigiadas até as últimas consequências.

---

[27] SARMENTO Daniel. In *Teoria dos direitos fundamentais* 2ª ed. Ricardo Lobo TORRES (org.). Rio de Janeiro: Renovar. 2001, p. 51.
[28] Ibidem,. p. 51.
[29] Ibidem, p. 52.
[30] CALIENDO Paulo. In Cadernos de Direito Tributário. *Revista de Direito Tributário* 95. Malheiros. p. 126.
[31] Ibidem, p. 126.

Violar um princípio é muito mais grave do que transgredir uma norma. A desatenção a um princípio implica ofensa não apenas a um específico mandamento obrigatório mas a todo sistema de comando. É a mais grave forma de ilegalidade ou de inconstitucionalidade, conforme o escalão do princípio atingido, porque representa insurgência contra todo sistema, subversão de seus valores fundamentais, contumélia irrenunciável ao seu arcabouço lógico e corrosão de sua estrutura mestra. Isto porque com o ofendê-lo abatem-se as vigas os sustem, e alui-se a estrutura neles esforçada.

Da mesma forma, defendia Geraldo Ataliba que: "os princípios são as linhas mestras, os grandes nortes, as diretrizes magnas do sistema. Apontam os rumos a serem seguidos por toda sociedade e obrigatoriamente pelos órgãos do governo (poderes constituídos). Eles expressam a substância última do poder popular, seus objetivos e desígnios; as linhas mestras da legislação da administração e da jurisdição. Por estas não podem ser contrariados; tem que ser prestigiados até as últimas conseqüências".[32]

O autor, para fundamentar a prevalência dos princípios sobre as regras, apresenta o argumento heurístico de Alexi, para quem as regras são "mandados de comportamento" que determinam a conduta que deve ser seguida, enquanto os princípios são "mandados de otimização" que exigem a verificação da melhor conduta a ser aplicada ao caso concreto, conforme já exposto anteriormente.[33]

Nas palavras do autor:

Segundo R, Alexi os princípios seriam tidos como "mandados de otimização", visto que exigem a verificação da melhor conduta possível conforme o estado de coisas, ou situação de fato ou jurídica que exija a sua aplicação. As regras, contudo, devem ser entendidas como "mandados de comportamento", visto que determinam uma conduta que deva ser seguida em determinado caso.[34]

Outro argumento em favor da prevalência dos princípios que o autor[35] usa é o do "argumento genético" citado por Dworkin como o "teste de origem ou *pedigree*", cujo o qual os princípios prevalecem sobre as regras porque fazem parte da própria gênese do ordenamento, podendo estarem implícitos no ordenamento jurídico, enquanto que as regras permitem verificar o momento de sua criação.

Para Dworkin a distinção entre princípio e regras pode ser fundamentada igualmente no "teste de origem" ou de pedigree. Desse modo, as regras permitem verificar o momento de sua criação, já os princípios existem no ordenamento jurídico e não dependem da sua instituição por alguma autoridade, podendo estar implícitos no sistema jurídico. Desse modo, os princípios prevaleceriam perante as regras porque fazem parte da própria gênese do ordenamento, sendo desnecessária a verificação de seu estabelecimento.[36]

Ávila[37], por sua vez, conceitua os princípios como normas finalísticas, estabelecendo um fim a ser atingido, representam uma *função diretiva* para a determinação da conduta.

No que tange a eficácia interna dos princípios, autor,[38] ressalta que esses são de suma importância para a compreensão das regras, eis que estabelecem o estado ideal das coisas a serem buscados.

Os princípios, por serem normas imediatamente finalísticas, estabelecem um estado ideal de coisas a ser buscada, que diz respeito a outras normas do mesmo sistema, notadamente das regras. Sendo assim, os princípios são normas importantes para a compreensão do sentido das regras.[39]

---

[32] CALIENDO Paulo. In Cadernos de Direito Tributário. *Revista de Direito Tributário* 95. Malheiros. p.126-127.

[33] Ibidem, p. 127.

[34] Ibidem, p. 127.

[35] Ibidem. p. 129.

[36] Ibidem p. 129.

[37] ÁVILA, Humberto. *Teoria dos princípios da definição à aplicação dos princípios jurídicos.* 3ª ed. São Paulo: Malheiros. 2004. p. 70-74.

[38] Ibidem, p. 78.

[39] Ibidem, p. 78.

Chama atenção também para a diferença de funcionalidade existente entre princípios e regras, possuindo estas um grau de decidibilidade muito maior que o dos princípios, tendo em vista que a regra é uma espécie de solução previa proposta pelo Legislativo, exigindo um ônus argumentativo forte para serem superadas, enquanto que os princípios por, por sua pretensão de complementariedade, exigem, no confronto com razões contrárias, um ônus argumentativo menor a para serem superados.[40] Em seus termos:

> (...) *diferente funcionalidade* dos princípios e das regras: as regras consistem em normas com pretensão de solucionar conflitos entre bens e interesses, por isso possuindo *caráter "prima facie" forte e superabilidade mais rígida* (isto é, as razões geradas pelas regras, no confronto com razões contrárias, exige um ônus argumentativo maior para serem superadas); os princípios consistem em normas com pretensão de compelmentariedade, por isso tendo caráter *"prima facie" fraco e superabilidade mais flexível* (isto é, as razões geradas pelos princípios, no confronto com razões contrárias, exige um ônus argumentativo menos para serem superadas).[41]

Por outro lado, no que tange à eficácia interna das regras, ressalta que o dever a ser cumprido é muito maior do que aquele presente no caso dos princípios devido o caráter imediatamente descritivo e comportamental das regras.

Para o autor,[42] descumprir uma regra é muito mais grave que descumprir um principio porque o grau de pretensão de decidibilidade é muito maior do que aquele presente no caso dos princípios, tendo em vista ser a regra uma espécie de proposta de solução para um conflito de interesse conhecido ou antecipável pelo Poder Legislativo.

Birnfeld,[43] por sua vez, também nos traz que as normas do sistema constitucional podem revelar-se tanto sob a forma de *princípios*, assim como sob a forma de *regras*, que se subdividem em regras que estabelecem *poderes, regras que estabelecem direitos* e outras que estabelecem *deveres*.

Assim, para o autor há uma sutil diferença da abordagem dele (mas não de fundo) em relação a Canotilho (que limita-se inicialmente a assumir, ao lado de Dworking e Alexy a divisão das normas entre princípios e regras), qual seja: a sinalização apriorística dos distintos campos de atuação da ordem jurídica constitucional que as regras conformam: atribuição de *direitos e deveres* e estabelecimento de *poderes*.[44]

Nas palavras do autor:

> As *normas* deste sistema, especialmente no plano constitucional, podem revelar-se tanto sob a forma de *princípios*, assim como sob a forma de *regras*, cujo escopo fundamental, acrescenta-se, é estabelecer *poderes, direitos* e *deveres*. Neste ponto há uma sutil diferença de abordagem (mas não de fundo) em relação a CANOTILHO (que limita-se inicialmente a assumir, ao lado de Dworking e Alexy a divisão das normas entre princípios e regras): a sinalização apriorítica dos distintos campos de atuação da ordem jurídica constitucional que as regras conformam: atribuição de *direitos e deveres* e estabelecimento de *poderes*.
>
> Opta-se, destarte por conceber a ordem constitucional como um espaço conformativo da realidade que assenta-se em quatro planos de ação normativa, um composto por princípios e três compostos de regras:

---

[40] ÁVILA, Humberto. *Teoria dos princípios da definição à aplicação dos princípios jurídicos*. 3ª ed. São Paulo: Malheiros. 2004, p. 84.

[41] Ibidem, p. 84.

[42] Ibidem, p. 84.

[43] BIRNFELD, Carlos Andre H. *Arquitetura normativa da ordem constitucional brasileira*. Pelotas: Delfos. (Serie Constituição Brasileira) 2008 p. 14 – 15.

[44] Ibidem, p. 14-15.

Estabelecimento de princípios, que apresentam diferentes funções, desde o estabelecimento de metas para o estabelecimento ou cumprimento das regras, incluindo especialmente funções hermenêuticas, assim como funções regulatórias diretas relacionadas com a necessidade de completude ao sistema;

Estabelecimento de regras de poderes, que envolve a atribuição de diferentes funções e prerrogativas, públicas e privadas, para atuação no espaço público, inerentes aos diferentes processos que envolvem a criação ou materialização de direitos e obrigações respaldados pelo aparato coercitivo do Estado;

Estabelecimento de regras de direitos, no sentido de reconhecimento e ampliação de prerrogativas de natureza subjetiva da cidadania em face da coletividade e do Estado;

Estabelecimento de regras de deveres, abrangendo toda e qualquer obrigação, de conteúdo positivo ou negativo, afeita ao Estado e aos cidadãos de forma geral pela *ordem constitucional*.[45]

Outrossim, cabe ressaltar que alguns autores destacam que não há prevalência ou hierarquia entre princípios e regras, pois ambos são de naturezas distintas que não podem ser comparadas. Neste sentido, recorra-se a Caliendo e Barroso.

Caliendo[46] traz alguns argumentos para não haver prevalência entre princípios e regras, dentre eles destacam-se:

Pretende-se demonstrar que somente a análise tópica e casuística irá determinar em cada caso qual a norma que irá prevalecer. Este argumento parte da premissa de que é uma regra lógica que entidades de naturezas distintas não podem ser comparadas.

(...)

Argumento lógico: Não pode existir conflito entre princípios e regras. Se houver conflito será entre princípios ou entre valores, preponderando o princípio ou valor mais elevado ou tópica e sistematicamente mais relevante.

Não há como existir, portanto, o conflito entre princípios e regras. O ordenamento jurídico pressupõe uma concretização de valores jurídicos mediante normas jurídicas (princípios e regras). As regras por sua vez, são concretizações de princípios. Dessa forma, a solução do conflito entre princípios e regras não pode ocorrer. O que conflita, em termos lógicos, são regras com regras, princípios com princípios e valores com valores. Desse modo, a regra não conflita com o princípio, mas é o princípio que fundamenta a regra que conflita com outro princípio.

(...)

Argumento axiológico: O confronto entre princípios e regras deve ser resolvido pela preponderância da norma suportada por valores de maior peso axiológico.

Se houver um confronte entre normas irá preponderar a norma que possuir um fundamento axiológico mais robusto. Caberá ao intérprete no caso concreto escolher dentre as diversas soluções possíveis, ou seja, a que considerar "melhor" solução *possível*, com base em conexões axiológicas, ou seja, escolhas valorativas.

(...)

Argumento semântico: As regras e os princípios possuem um conteúdo semântico mínimo idêntico que são os valores fundantes do ordenamento jurídico

Pelo argumento semântico pode-se afirmar que as regras e os princípios possuem um conteúdo semântico mínimo idêntico que são os valores fundantes do ordenamento jurídico. Tanto o valor justiça, quanto o valor segurança jurídica estarão na base desses tipos normativos. As regras, por sua vez, ainda são concretizações de enunciados decorrentes de princípios jurídicos. Desse modo, podemos afirmar que inexistente confronto direto entre princípios e regras, será antes entre princípios e valores.

(...)

O primeiro se refere à compreensão do sistema jurídico como sendo um sistema organizado em torno de valores jurídicos. O ordenamento jurídico é composto de normas jurídicas portadoras de valores normativos que serão implementados por meio de princípios e regras jurídicas. O segundo é de que este sistema possui uma coerência sistemática em torno de um sistema axiológico plural e findado na resolução leal de conflitos entre valores, em um estado democrático de direito.

(...)

---

[45] BIRNFELD, Carlos Andre H. *Arquitetura normativa da ordem constitucional brasileira.* Pelotas: Delfos. (Serie Constituição Brasileira) 2008 p. 14-15.

[46] CALIENDO Paulo. *in Cadernos de Direito Tributário. Revista de Direito Tributário 95.* Malheiros. p. 132-134

Este raciocínio parte da premissa que inexiste uma única resposta correta a um determinado caso concreto. Igualmente, não há como sustentar que qualquer resposta poderia ser adotada em um conflito entre princípios e regras. Dessa forma, o sistema autoriza a possibilidade de respostas alternativas, dentro do que se pode considerar a melhor resposta possível a um determinado caso. O conflito entre princípio e regra deve ser realizado sempre tento em vista a realização de valores constitucionais.[47]

Para Barroso,[48] à vista do princípio hermenêutico da unidade da Constituição, inexiste hierarquia entre princípios e regras, pois, normalmente as regras contêm relato mais objetivo, com incidência restrita às situações específicas as quais deram origem, enquanto os princípios têm maior teor de abstração e incidem sobre uma pluralidade de situações. Mas ressalta que isso não impede que desempenhem funções distintas dentro do ordenamento.

Nessa perspectiva, as regras são relatos objetivos, descritivos de condutas e aplicáveis a um conjunto delimitado de situações, e, uma vez ocorrendo a hipótese descrita a regra incidirá diretamente pelo mecanismo da subsunção: enquadrando-se o fato na previsão e produzindo uma conclusão. Ou a regra regula a matéria inteira ou é descumprida (modalidade do tudo ou nada). Por outro lado, os princípios contem relatos de maior grau de abstração não especificando condutas a serem seguidas. Sua aplicação deverá ser por ponderação (a vista do caso concreto o interprete, mediante concessões recíprocas, preservando o máximo de cada um).[49]

Para o autor,[50] os princípios identificam valores ou fins públicos, enquanto as regras se limitam a traçar condutas. Em seus termos:

> Quanto ao conteúdo, destaca os princípios como normas que identificam valores a serem preservado ou fins a serem alcançados, trazem normalmente em si um conteúdo axiológico ou uma decisão política. Isonomia, moralidade, eficiência são valores Justiça Social, desenvolvimento nacional, redução das desigualdades regionais são fins públicos. Já as regras limitam traçar uma conduta. A questão relativa a valores ou a fins públicos não vem explicitada na norma porque já foi decidida pelo legislador e ao transferida ao interprete. Daí ser possível afirmar-se que regras são descritivas de condutas, ao passo que princípios são valorativos ou finalísticos.[51]

O autor adverte que, em relação à aplicação de princípio, pode ocorrer uma dificuldade adicional, qual seja, o fim a ser atingido ou o estado ideal a ser transformado em realidade pode não ser objetivamente determinado, envolvendo uma integração subjetiva do intérprete. Assim, pode-se ingressar em um espaço de indeterminação, na qual a demarcação do conteúdo estará sujeita à concepção ideológica ou filosófica do intérprete.[52]

O mesmo autor adverte que a ponderação ingressou no universo da interpretação constitucional como uma necessidade antes que como uma opção filosófica ou ideológica, eis que envolve avaliações de caráter subjetivo que poderão variar em funções das circunstâncias pessoais do intérprete. Assim, no estágio atual, a ponderação ainda não atingiu o padrão desejável de objetividade, dando lugar à ampla discricionariedade judicial e ressalta que a ponderação não deve ser um convite para o exercício indiscriminado de ativismo judicial.[53]

---

[47] CALIENDO Paulo. in *Cadernos de Direito Tributário*. *Revista de Direito Tributário 95*. Malheiros. p. 144.
[48] BARROSO Luis Roberto. *Interpretação e aplicação da constituição*. 7ª ed. São Paulo: Saraiva 2010. p. 353- 354.
[49] Ibidem, p.353- 354
[50] Ibidem, p. 355
[51] Ibidem, p. 355
[52] Ibidem, p. 356
[53] Ibidem. p. 356.

Para finalizar, oportuno citar o exposto por Breus,[54] para quem é inviável um sistema jurídico composto por apenas princípios ou apenas por regras, tendo em vista que cada uma dessas espécies normativas possui funções diferenciadas:

> (...) é inviável um sistema jurídico formado apenas por regras, haja vista que inexistiriam mecanismos seguros para a resolução de casos difíceis, assim como seria impossível a existência de um sistema jurídico formado tão-só por princípios, em face da imprecisão dos seus enunciados, o que promoveria uma ausência de uniformidade de aplicação do direito.[55]

Assim, perpassadas as diferenças existentes entre princípios e regras, é possível ingressar na temática das políticas públicas.

2. Políticas públicas

No que tange às políticas públicas cabe traçar como fio condutor o entendimento que as mesmas são os mecanismos que dão concretude aos princípios e regras. As políticas públicas tem seus limites estabelecidos pela Constituição, cabendo ao legislativo e ao Executivo, através de seus mecanismos colocá-las em pratica.

Nesse sentido, segundo Breus:

> (...) as linhas gerais das políticas publicas devem estar na constituição. O poder legislativo pode organizá-las em forma das leis, para que o poder executivo possa realizá-las de modo mais adequado.[56]

O autor[57] conceitua políticas públicas, como sendo *o principal mecanismo de ação estatal com vistas a realização dos direitos sociais, econômicos e culturais* e ressalta que existe uma pluralidade de formas de políticas desde as distributivas, as redistributivas, as regulatórias e as constitutivas, ou seja, *os meios à disposição do Estado para a realização dos objetivos socialmente relevantes e politicamente determinados.*

Assim, pode-se dizer que as políticas públicas são os instrumentos de ação do Estado para concretizar suas finalidades e que a Constituição traz as bases para que as políticas públicas possam ser exercidas, bases essas que são representadas pelos princípios e regras inseridos em seu texto.

Nas palavras de Breus[58] a opção do Legislador Constituinte se expressa da seguinte forma:

> A Constituição promove a fixação dos fins ou metas que deverão ser cumpridos pelo Poder Público, no entanto, não estabelece explicitamente como, ou de que modo, esses fins deverão ser atingidos. Trata-se de âmbito reservado a deliberação política

Assim, as políticas públicas apresentam-se como programas da Administração para as quais a Constituição Federal traz as diretrizes. Para Bucci,[59] são "*metas coletivas conscientes*". Em seus termos:

> Políticas públicas são programas de ação governamental visando a coordenar os meios a disposição do Estado e as atividades privadas para a realização de objetivos socialmente relevantes e politicamente

---

[54] BREUS. Thiago Lima. *Políticas públicas no estado constitucional*: problemática da concretização dos direitos fundamentais pela administração pública brasileira contemporânea. Belo Horizonte: Fórum. 2007. p. 95.

[55] Ibidem p. 95.

[56] Ibidem. p. 222.

[57] Ibidem, p. 204 e 220.

[58] Ibidem, 257.

[59] BUCCI. Maria Paula Dallari. *Direito administrativo e políticas públicas.* São Paulo: Saraiva. 2002. p. 241.

determinados. Políticas públicas são "metas coletivas conscientes" e como tais, um problema de direito publico em sentido lato.[60]

A autora[61] ressalta que as políticas públicas se inserem na função política do Governo e serão executados pela Administração Publica. Para autora parece tranquila a ideia de que as políticas públicas (diretrizes, objetivos) são opções políticas que cabem ao legislativo (representantes do povo) que as organiza em forma de leis, para a sua execução pelo Executivo.

Quanto ao controle das políticas públicas, cabe ressaltar que, apesar de ser função do Executivo e do Legislativo definir as políticas públicas conforme determinações constitucionais, poderá o Judiciário vir a intervir diante da ineficácia do estado em realizá-las.

Sarlet[62] ressalta a possibilidade de controle jurisdicional dos atos legislativos e administrativos nestes termos:

A Constituição de 1988 segue correspondendo mais a um modelo constitucional dirigente do que uma Constituição do tipo "Quadro" ou "Moldura", o que indubitavelmente implica limites mais acentuados a liberdade de conformação do legislador e da administração publica, bem como reforça a possibilidade de controle jurisdicional (o que também decorre das competências e instrumentos colocados à disposição do Poder Judiciário) dos atos legislativos e administrativos.[63]

Oportuno trazer a advertência do autor no que tange à intervenção judicial no caso de políticas públicas. Esta intervenção judicial deve ser excepcional e subsidiária, eis que cabe precipuamente ao legislador, o mapeamento legislativo, e, posteriormente, ao administrador a execução dessas políticas.[64]

O Poder Judiciário tem um *poder-dever* de intervenção, que não lhe pode ser subtraído nem pode ser reduzido *prima facie*. É importante destacar que a atuação jurisdicional (especialmente nos casos de intervenção nas políticas publicas) sé se deve dar de maneira excepcional e subsidiária, já que cabe, precipuamente, ao legislador o mapeamento legislativo de políticas publicas e, posteriormente, ao administrador a execução dessas, tanto na seara social como na seara ecológica.[65]

Por outro lado, o autor ressalta que tanto a discricionariedade administrativa, quanto a liberdade legislativa como a atividade jurisdicional, todas, encontram-se sujeitas a um controle com base nos princípios e regras constitucionais.[66] Em seus termos:

A discricionariedade administrativa e a liberdade de conformação legislativa, assim como a própria atividade jurisdicional, encontram-se sujeitas sempre a um controle com base nos princípios e regras constitucionais.[67]

No mesmo sentido, para Breus[68] a intervenção judicial há de ser sempre exercida com base nos princípios e normas da Constituição. Litteris:

---

[60] BUCCI. Maria Paula Dallari. *Direito administrativo e políticas públicas*. São Paulo Saraiva. 2002, p. 241.

[61] Ibidem, p. 249 e 268.

[62] SARLET Ingo Wolfgang. Neoconstitucionalismo e influência dos direitos fundamentais no direito privado: algumas notas sobre a evolução brasileira. In *Constituição, direitos fundamentais e direito privado*. Ingo Wolfgang Sarlet (org.). 3ª ed. Porto Alegre: Livraria do advogado, 2010. p. 22.

[63] Ibidem p. 22.

[64] SARLET Ingo Wolfgang. FENSTERSEIFER Tiago. *Direito constitucional ambiental:* estudos sobre a constituição, os direitos fundamentais e a proteção do ambiente. São Paulo: Revista dos Tribunais 2011, p. 252.

[65] Ibidem, p. 252.

[66] Ibidem, p. 252.

[67] Ibidem. p 252.

[68] BREUS. Thiago Lima. *Políticas públicas no estado constitucional:* problemática da concretização dos direitos fundamentais pela administração pública brasileira contemporânea. Belo Horizonte: Fórum. 2007, p. 242.

(...) o controle judicial das atividades dos outros poderes é exercido pelo judiciário, principalmente, com base nos princípios e normas da constituição, que são genéricos e muitas vezes utilizam conceitos juridicamente indeterminadas. Portanto, podem "atualizados" por simples interpretação *construtiva* (criadora) do juiz, não havendo perigo real de "engessamento" da Administração Pública.[69]

Por fim, oportuno ressaltar que a interpretação das normas constitucionais, tanto as regras, como dos princípios deve ser operacionalizada conforme a Constituição, considerando-se que o aplicador da norma deverá buscar aquela que mais se compatibiliza com a Constituição, ainda que não seja aparentemente deflua do sentido literal de seu texto.[70] Neste sentido, para Barroso:

Com base na interpretação conforme a Constituição, o aplicador da norma infraconstitucional, dentre mais de uma interpretação possível, deverá buscar aquela que a compatibilize com a Constituição, ainda que não seja a mais obviamente decorra do seu texto.[71]

Conclusão

Após feita a pesquisa sobre a conceituação de princípios e regras, pode-se chegar à conclusão de que o sistema jurídico é composto por normas que se classificam em princípios e regras, sendo que as políticas públicas são formadas por atuações destinadas a dar concretude as essas normas constitucionais.

Neste sentido, convém resgatar de Dworking a perspectiva da conceituação dos princípios em sentido amplo, abrindo mão especialmente da distinção que o mesmo faz entre princípios (em sentido estrito) e políticas, tendo claro que ambos configuram-se como normas conformadoras da atuação efetiva do Estado perante o cidadão – ou seja, das próprias políticas públicas. Ainda mais no idioma português, ressaltar o espaço constitucional como definidor de um tipo normativo que tenha a denominação de "políticas" (que naturalmente hão de ser públicas) serve mais para confundir o intérprete do que para guiá-lo com segurança no universo da hermenêutica constitucional. Melhor ter-se claro, nesta perspectiva, que políticas (públicas) envolvem efetiva ação do Poder Executivo, nos limites dos ditames do Poder Legislativo e da própria Ordem Constitucional, que traz efetivos ditames normativos a serem seguidos tanto pelo Poder Legislativo como pelo Poder Executivo.

As políticas públicas possuem suas diretrizes na Constituição Federal e, de modo geral, serão concretizadas pelo legislador ordinário para que o administrador público (Poder Executivo) as ponha em pratica nos limites estabelecidos.

Nesta perspectiva, cabe ressaltar que cabe ao Poder Judiciário intervir na eficácia e a legalidade das políticas publicas, cabendo ao interprete analisar, no caso concreto, se a política pública cumpriu o objetivo, a meta a que veio, cujo perfil foi traçado pelo Constituinte. Em caso negativo, poderá o interprete, através de uma interpretação sistemática, analisando o sistema jurídico como um sistema aberto de regras e princípios, aplicar a regra que mais se adéqua ao caso concreto, invalidando as demais, ou, se for um caso de difícil solução, ponderar na aplicação de princípios para a solução do caso em espécie.

---

[69] BREUS. Thiago Lima. *Políticas públicas no estado constitucional:* problemática da concretização dos direitos fundamentais pela administração pública brasileira contemporânea. Belo Horizonte: Fórum. 2007, p. 242.
[70] BARROSO Luis Roberto. Interpretação e aplicação da constituição. 7ª ed. São Paulo: Saraiva 2010. p. 373.
[71] Ibidem, p. 373.

Referencias bibliográficas

ALEXY Robert. *Teoria dos direitos fundamentais.* Tradução de Virgilho Afonso da Silva 2ª ed.. São Paulo: Malheiros Editora, 2011.

ÁVILA, Humberto. *Teoria dos princípios da definição à aplicação dos princípios jurídicos.* 3ª ed. São Paulo: Malheiros. 2004.

BARROSO Luis Roberto. *Interpretação e aplicação da constituição.* 7ª ed. São Paulo: Saraiva 2010.

BIRNFELD, Carlos Andre H. *Arquitetura normativa da ordem constitucional brasileira.* Pelotas: Delfos. (Serie Constituição Brasileira) 2008.

BREUS, Thiago Lima. *Políticas públicas no estado constitucional:* problemática da concretização dos direitos fundamentais pela administração pública brasileira contemporânea. Belo Horizonte: Fórum. 2007.

BUCCI, Maria Paula Dallari. *Direito administrativo e políticas públicas.* São Paulo: Saraiva. 2002.

CALIENDO Paulo. Cadernos de Direito Tributário. *Revista de Direito Tributário 95.* Malheiros.

CANOTILHO, Gomes. *Direito Constitucional e Teoria da Constituição.* Coimbra – Portugal, Almedina 1998.

DWORKIN, Ronald. *Levando o direito a sério.* Tradução Nelson Boeria. 3ª ed São Paulo: Martins Fontes. 2010.

FREITAS. Juarez. *A interpretação sistemática do direito.* 5ª ed. São Paulo: Malheiros, 2010.

GRAU, Eros Roberto. *A ordem econômica na constituição de 1988.* 14 ed. revisada e atualizada. São Paulo: Malheiros, 2010.

SARLET. Ingo Wolfgang. A eficácia dos direitos fundamentais: uma teoria geral dos direitos fundamentais na perspectiva constitucional. 10ª ed. Porto Alegre: Livraria do Advogado. 2009.

——. Neoconstitucionalismo e influência dos direitos fundamentais no direito privado: algumas notas sobre a evolução brasileira. In *Constituição, direitos fundamentais e direito privado.* Ingo Wolfgang Sarlet (org.). 3ª ed. Porto Alegre: Livraria do advogado. 2010.

——. FENSTERSEIFER Tiago. *Direito constitucional ambiental: estudos sobre a constituição, os direitos fundamentais e a proteção do ambiente.* São Paulo: Revista dos Tribunais 2011.

SARMENTO Daniel. Os princípios constitucionais e a ponderação de bens. In. *Teoria dos direitos fundamentais.* 2ª ed. RICARDO LOBO TORRES (org.) Rio de Janeiro: Renovar. 2001. p. 35-98.

— 8 —

Um diálogo entre Dworkin e Perelman: reflexões sobre interpretação judicial e poder discricionário

LIANE TABARELLI ZAVASCKI[1]

Sumário: 1. Introdução; 2. Interpretação judicial e ideologia; 3. Âmbito de abrangência da discricionariedade; 4. Regras, princípios e poder discricionário em Dworkin e Perelman; 5. Conclusão; 6. Referências.

1. Introdução

Todo discurso, texto, pessoa, postura ou conduta humana é sujeita à interpretação. É inerente ao ser humano emitir juízos de valor sobre textos e contextos, pessoas e coisas. Muitos desses juízos de valor são velados, diga-se, não obstante existam e condicionem atos e julgamentos.

Desse modo, insta refletir sobre o que, efetivamente, entende-se por discricionariedade judicial, em especial, na seara de psicologia do intérprete. Para tanto, fundamental que se façam incursões sobre a atividade interpretativa dos juízes e, particularmente, sobre suas ferramentas de interpretação, quais sejam princípios e regras.

Ainda, apropriado, nesse passo, registrarem-se as contribuições de Ronald Dworkin e Chaïm Perelman quando se manifestam sobre o poder discricionário dos juízes.

Quer-se, assim, tecer comentários sobre a atuação dos juízes, sobretudo sobre o *poder-dever* de fundamentar as decisões que prolatam, tendo como limite de sua discricionariedade[2] a máxima efetividade[3] dos direitos fundamentais.

---

[1] Advogada, sócia do escritório Jane Berwanger Advogados. Ex-bolsista da CAPES de Estágio Doutoral na Faculdade de Direito da Universidade de Coimbra (Processo: 5694/11-6). Doutoranda em Direito pela PUC-RS. Mestre em Direito pela UNISC. Professora da PUC-RS. Colaboradora da Assessoria Jurídica da FETAG-RS. Autora da obra "O Direito na Era Globalizada: desafios e perspectivas" e de diversos capítulos de livros e artigos jurídicos. Endereço eletrônico: lianetab@hotmail.com

[2] Acordo Semântico: Não obstante as visões de Dworkin, Hart e Perelman para quem a noção de poder discricionário possa apresentar significado distinto, e, contrariando-se a ideia de que discricionário é o que procede, ou se exerce, à discrição, sem restrições, sem condições; arbitrário, caprichoso (In: FERREIRA, Aurélio Buarque de Holanda. *Novo Dicionário da Língua Portuguesa*. 2 ed. rev. e aum. 40ª impressão. Rio de Janeiro: Nova Fronteira, 1986. p. 596), para fins desse trabalho, considera-se discricionário a qualidade do ato que se pratica segundo a vontade do agente, com discrição, isto é, com o poder ou direito conferido a alguém para que aja, em certas circunstâncias, de acordo com a sua própria convicção e consciência; capacidade de discernir entre o certo e o errado. Nesse sentido,

2. Interpretação judicial e ideologia

Inicialmente, cumpre salientar que as noções de imparcialidade e neutralidade judicial diferem. Em Direito, em especial na seara processual, existe o dogma da imparcialidade do juiz, sendo-lhe vedado que atue em causa onde possua algum motivo de ordem objetiva (causas de impedimento[4]) ou de ordem subjetiva (causas de suspeição[5]) que comprometam seu olhar "equidistante" sobre o feito e as partes, tornando-o tendencioso para um ou outro lado ao conduzir o processo e proferir a sentença.

Neutralidade, por seu turno, é um ideal utópico e, afirme-se, não existir juiz algum neutro. A neutralidade de um julgador implicaria não possuir ele nenhuma pré-compreensão de mundo, valores morais, princípios éticos, pré-juízos e ponderações axiológicas sobre o fato e/ou pessoa em julgamento. O juiz não é uma folha de papel em branco. Ele possui um "ter prévio", um "olhar ao redor".

Oportuno, nessa linha, invocar os ensinamentos de Gadamer para quem a verdade de um texto não está na submissão incondicionada à opinião do autor nem só nos preconceitos do intérprete, senão na fusão dos horizontes de ambos, partindo do ponto atual da história do intérprete que se dirige ao passado em que o autor se expressou.[6]

Assim, a real finalidade da hermenêutica jurídica é "encontrar o Direito" (seu sentido) na aplicação "produtiva" da norma, pois a compreensão não é um simples ato reprodutivo do sentido original do texto, senão, também, produtivo.[7]

Desse modo, o intérprete "contamina" os fatos e os direitos que lhe embasam o desenvolvimento do labor, sepultando o ideal kelseniano de pureza da Ciência.[8]

---

vide MELLO, Maria Chaves de. *Dicionário Jurídico português-inglês – inglês-português*. 8 ed. rev. atual. e ampl. São Paulo: Método, 2006. p. 211.

[3] Nesse passo, oportuno alertar que se coaduna com a lição de SARLET, Ingo Wolfgang para quem eficácia jurídica e efetividade (ou eficácia social) se distinguem, no sentido de que eficácia jurídica é a qualidade de uma norma válida poder conferir efeitos no mundo jurídico, mesmo que não os produza, mas está apta para tanto. Por outro lado, efetividade implica a concretização efetiva dos efeitos peculiar a dada regra de Direito. Para maiores esclarecimentos, vide SARLET, Ingo Wolfgang. *A Eficácia dos Direitos Fundamentais*: Uma Teoria Geral dos Direitos Fundamentais na Perspectiva Constitucional. 10 ed. rev. atual. e ampl. Porto Alegre: Livraria do Advogado, 2009. p. 235 e ss.

[4] *Código de Processo Civil Brasileiro: Art. 134* – É defeso ao juiz exercer as suas funções no processo contencioso ou voluntário: I – de que for parte; II – em que interveio como mandatário da parte, oficiou como perito, funcionou como órgão do Ministério Público, ou prestou depoimento como testemunha; III – que conheceu em primeiro grau de jurisdição, tendo-lhe proferido sentença ou decisão; IV – quando nele estiver postulando, como advogado da parte, o seu cônjuge ou qualquer parente seu, consangüíneo ou afim, em linha reta; ou na linha colateral até o segundo grau; V – quando cônjuge, parente, consangüíneo ou afim, de alguma das partes, em linha reta ou, na colateral, até o terceiro grau; VI – quando for órgão de direção ou de administração de pessoa jurídica, parte na causa. *Parágrafo único*. No caso do n. IV, o impedimento só se verifica quando o advogado já estava exercendo o patrocínio da causa; é, porém, vedado ao advogado pleitear no processo, a fim de criar o impedimento do juiz.

[5] *Código de Processo Civil Brasileiro: Art. 135* – Reputa-se fundada a suspeição de parcialidade do juiz, quando: I – amigo íntimo ou inimigo capital de qualquer das partes; II – alguma das partes for credora ou devedora do juiz, de seu cônjuge ou de parentes destes, em linha reta ou na colateral até o terceiro grau; III – herdeiro presuntivo, donatário ou empregador de alguma das partes; IV – receber dádivas antes ou depois de iniciado o processo; aconselhar alguma das partes acerca do objeto da causa, ou subministrar meios para atender às despesas do litígio; V – interessado no julgamento da causa em favor de uma das partes. *Parágrafo único*. Poderá ainda o juiz declarar-se suspeito por motivo íntimo.

[6] Para maiores esclarecimentos, vide GADAMER, Hans-George. *Verdad y Método*. Tradução de Ana Agud Aparicio y Rafael de Agapito. Salamanca: Sígueme, 1977.

[7] Ibid., p. 366.

[8] Vide KELSEN, Hans. *Teoria Pura do Direito*. Tradução de João Baptista Machado. 5. ed. São Paulo: Martins Fontes, 1996.

Freitas, nesse passo, adverte que

> Mais do que nunca, força reconhecer que, [...], proveito nenhum resulta daquela concepção anacrônica de Carta Maior como um conjunto normativo em relação ao qual o exegeta inferiria soluções de modo exclusivamente dedutivo. No plano fático, não faz qualquer sentido imaginar que o intérprete constitucional – e, numa certa medida, todo juiz o é – obtenha êxito operando apenas com modelos de subsunção lógico-formal. O melhor caminho, em termos contemporâneos, está em escolher, acertadamente, as premissas adequadas e necessárias ao longo da jornada de compreensão-decisão, processo que, em essência, gadamerianamente, jamais deve experimentar um corte rígido, sob pena de ser uma abordagem infiel ao mundo real.[9]

Renove-se, aqui, por oportuna, a concepção interpretativa de Gadamer no sentido de que

> A tarefa da interpretação consiste em concretizar a lei em cada caso, isto é, em sua aplicação. A complementação produtiva do direito, que ocorre com isso, está obviamente reservada ao juiz, mas este se encontra, por sua vez, sujeito à lei, exatamente como qualquer outro membro da comunidade jurídica. Na ideia de uma ordem jurídica supõe-se o fato de que a sentença do juiz não surja de arbitrariedades imprevisíveis, mas de uma ponderação justa do todo.[10]

Veja-se, pois, que a neutralidade judicial é virtude inalcançável, bem como a neutralidade humana. E nisso, portanto, reside que qualquer ato de decisão judicial é, antes e acima de tudo, um ato de vontade, onde uma certa dose de discricionariedade está presente.

Registre-se, outrossim, que maior será discricionariedade do juiz quanto mais aberto for o sistema jurídico em sua principiologia. Ademais, a complexificação das relações sociais na contemporaneidade tem fragilizado o sistema jurídico, eis que demanda previsões legislativas que antecipem situações *sui generis* e, não raras vezes, ainda controversas no meio social, o que suscitam os "casos difíceis" em pauta de julgamento pelo Judiciário. Esses "casos difíceis" são, também, situações onde frequentemente a discricionariedade do juiz é reafirmada e revisitada.

Assim, embora o magistrado tenha a imparcialidade como dever de ofício, não há que se advogar a ideia da neutralidade judicial, como bem pontua a seguinte passagem acerca da nova textura das normas jurídicas e a morte do juiz neutro:

> Ao contrário da tese montesquieuniana, o juiz não é, nem nunca foi, a "boca inanimada da lei". É inevitável a presença do elemento subjetivo no ato jurisdicional, na medida em que *aplicar* é indissociável dos atos de *interpretar* e *criar*. Aquilo que se diz ser uma concepção racional do direito positivo é, em verdade, um ato de vontade. Juízes neutros somente são encontráveis nos cemitérios (não como visitantes...).
>
> A atividade judicial exige do magistrado, em maior ou menor grau, um papel criador, atribuindo relevância ou não a um determinado fato, solucionando casos de lacunas e antinomias ("casos difíceis"), especificando o sentido de conceitos jurídicos indeterminados (termos vagos, que só adquirem um sentido – dentre muitos possíveis – no momento da aplicação. Estes últimos, contemporaneamente, representam um convite expressivo a um papel mais proeminente do Judiciário. A multiplicação de atores em conflito nas sociedades de massa aliada à superação da pauta típica de direitos do Estado Liberal acarretaram extraordinário grau de generalização e abstração nas categorias conceituais que marcam o discurso jurídico. Isto é uma marca inevitável da legislação em sociedades complexas.
>
> [...]
>
> Escolhas e vontade estão na essência do fazer judicial – que isso fique bem sublinhado, assim como as conseqüências daí advindas. Como ensina Joaquim Falcão: Na democracia, dificilmente os juízes po-

---

[9] FREITAS, Juarez. O intérprete e o poder de dar vida à Constituição: preceitos de exegese constitucional. In: *Revista do Tribunal de Contas do Estado de Minas Gerais – R. TCMG*, Belo Horizonte, v. 35, n. 2, p. 15-46, abr./jun. 2000. p. 19.

[10] GADAMER, Hans-Georg. *Verdad y Método*. Tradução de Ana Agud Aparicio y Rafael de Agapito. Salamanca: Sígueme, 1977. p. 312.

dem, como ocorreu no autoritarismo, lavar as mãos nas neutras águas de um formalismo legal imaginário. Sobretudo quando as sentenças tomam posições diante da discricionariedade político-administrativa do Executivo. A interpretação judicial, pretenda-se ou não, há que se um ato politicamente responsável. Sem o que, aliás, inexiste Poder Judiciário. Existe só "judiciário".[11]

Logo, embora vedado pela profissão dedicar-se à atividade político-partidária,[12] o juiz possui ideologias.[13] Por óbvio, tais ideologias não se manifestam tão somente no âmbito político-partidário, mas a sua ideologia de mundo, em sua plenitude, coexiste com a existência dele.

Frise-se, ainda, que os juízes jamais se "despem" de suas ideologias. Elas sempre o acompanham, enquanto homem, pai de família, negro, democrático, juiz... Assim, presentes estarão no ato interpretativo e na tarefa da interpretação construtiva do Direito.

Veja-se, por exemplo, sobre "O Judiciário em Crise – O Caso Brasileiro" que

Esta dimensão da crise judiciária foi bem revelada em duas pesquisas conduzidas pelo Instituto de Estudos Econômicos, Sociais e Políticos de São Paulo (IDESP), a primeira em 1993 e a outra em 2000.

Na primeira ocasião, foi solicitado aos juízes que manifestassem as suas opiniões sobre uma seqüência de afirmações, entre as quais merecem destaque:

a) O juiz não pode ser um mero aplicador das leis, tem de ser sensível aos problemas sociais;

b) O compromisso com a justiça social deve preponderar sobre a estrita aplicação da lei.

Enquanto 73,7% declararam concordar "inteiramente" ou "muito" com a assertiva *a*, somente 37,7% manifestaram o mesmo grau de concordância com a proposição *b*.[14]

Já na pesquisa mais recente, contradição similar pode ser detectada. Questionados acerca da freqüência com que decisões judiciais são mais baseadas em "suas visões políticas do que na leitura rigorosa da lei", os magistrados ouvidos responderam:

QUADRO – VISÃO DOS JUÍZES SOBRE A POLITIZAÇÃO DA JUSTIÇA

Muito frequentemente	4,2%
Frequentemente	21,3%
Ocasionalmente	52,9%
Nunca	21,5%

Fonte: IDESP

Contudo, submetidos a uma pergunta[15] atinente à possível tensão entre respeito aos contratos e observância da justiça social, o seguinte resultado foi alcançado:[16]

---

[11] CASTRO E COSTA, Flávio Dino de. A função realizadora do Poder Judiciário e as políticas públicas no Brasil. In: *Interesse Público – IP*, Porto Alegre, ano 6, n. 28, p. 64-90, nov./dez. 2004. p. 71-72.

[12] Art. 95, Parágrafo único, III, da Constituição Federal Brasileira de 1988.

[13] Para fins desse estudo, compreenda-se ideologia como pensamento teórico que pretende desenvolver-se sobre seus próprios princípios abstratos, mas que, na realidade, é a expressão de fatos, principalmente sociais e econômicos, que não são levados em conta ou não são expressamente reconhecidos como determinantes daquele pensamento. (In: FERREIRA, Aurélio Buarque de Holanda. *Novo Dicionário da Língua Portuguesa*. 2 ed. rev. e aum. 40ª impressão. Rio de Janeiro: Nova Fronteira, 1986. p. 913).

[14] SADEK, Maria Teresa (Org.). *Uma Introdução ao Estudo da Justiça*. São Paulo: Sumaré, 1996. p. 22 citada por CASTRO E COSTA, Flávio Dino de. A função realizadora do Poder Judiciário e as políticas públicas no Brasil. In: *Interesse Público – IP*, Porto Alegre, ano 6, n. 28, p. 64-90, nov./dez. 2004. p. 81.

[15] A questão tinha o seguinte teor: "Na aplicação da lei, existe freqüentemente uma tensão entre contratos, que precisam ser observados, e os interesses de seguimentos sociais menos privilegiados, que precisam ser atendidos. Considerando o conflito que surge nesses casos entre esses dois objetivos, duas posições opostas têm sido defendidas [...] Com qual das duas posições o(a) senhor(a) concorda mais?"

[16] PINHEIRO, Armando Castelar. *O Judiciário e a Economia na Visão dos Magistrados*. São Paulo: IDESP, 2001. p. 10 referido por CASTRO E COSTA, Flávio Dino de. A função realizadora do Poder Judiciário e as políticas públicas no Brasil. In: *Interesse Público – IP*, Porto Alegre, ano 6, n. 28, p. 64-90, nov./dez. 2004. p. 81.

Posição A – Os contratos devem ser sempre respeitados, independentemente de suas repercussões sociais: 19,7%

Posição B – O juiz tem um papel social a cumprir. E a busca da justiça social justifica decisões que violem os contratos: 73,1%

Isto é, ao mesmo tempo em que rejeitam a ideia de que os juízes decidam "politicamente" e sublinham a fidelidade a uma "leitura rigorosa (??) da lei", os pesquisadores colocam a "justiça social" como fator legitimador da inobservância dos contratos, parecendo ignorar a inevitável carga político-ideológica daquele conceito.[17]

Dessa forma, impõe-se refletir sobre a atividade interpretativa judicial e sobre o intérprete em si, pois, se, de um lado, insta analisar a ponderação no sentido de que interpretação e aplicação são tarefas judiciais distintas, de outro, cabe refletir também sobre a necessidade de se ter intérpretes com uma postura ativa, que assumam a carga axiológica de seus julgados com responsabilidade e compromisso social.

Nesse sentido, acerca da diferença entre interpretação e aplicação, tem-se que

Entretanto, pelo que diz respeito ao discurso dos juízes, convém, pelo menos, distinguir entre interpretação e aplicação. Interpretação de textos normativos, aplicam-se normas (ou, se assim se quer dizer, textos normativos interpretados). Interpretar é decidir o significado de um texto normativo, de modo a extrair-lhe uma ou mais normas. Aplicar as normas assim extraídas é usá-las para resolver controvérsias concretas.

No seio, pois, do discurso dos operadores jurídicos, em geral (juízes, juristas, etc.), convém distinguir ao menos entre duas coisas:

(i) de uma parte, a interpretação em sentido estrito, isto é, a atribuição de significado a (fragmentos de) textos normativos, cuja forma *standard* é um enunciado do tipo "T significa S";

(ii) de outra parte, uma longa série de operações que se podem agrupar sob a rubrica da "construção jurídica": exemplo paradigmático, a elaboração de normas não expressas (que se pretendem implícitas).

A concretização de um princípio, em suma, é obra não de interpretação propriamente dita, mas de "construção jurídica".

[...] É bem verdade que a interpretação de conteúdo de significado as disposições constitucionais de princípio é uma variável dependente de valores morais: as valorações morais de intérpretes, obviamente (e de que outros senão?). Mas é uma surpreendente ingenuidade pensar que os juízos de valor intervenham somente na interpretação dos conceitos "morais" empregados nos textos constitucionais.

Entretanto, os conceitos "morais" não são uma peculiaridade dos textos constitucionais: basta pensar nas cláusulas gerais que se encontram nas leis civis, das quais "dano injusto" constitui um exemplo paradigmático. E, de qualquer modo, qualquer jurista competente sabe bem que os juízos de valor podem condicionar a interpretação de qualquer texto normativo que apresente uma certa forma de ambigüidade ou de indeterminação semântica.[18]

De outra banda, necessitam-se, como referido, hermeneutas que construam sua interpretação, em especial sobre princípios aplicáveis a "casos difíceis", onde as regras são inexistentes, ambíguas ou contraditórias, contaminadas pelos seus juízos de valor, mas também com eticidade e comprometimento moral.

Aqui reside, pois, o caráter discricionário dessas decisões judiciais que envolvem textos de textura aberta com conceitos indeterminados que demandam interpretação construtiva para o deslinde dos *hard cases*.[19] Ressalte-se que esse poder discricionário dos juízes ao qual se refere não se presta para legitimar arbitrariedades, muito antes pelo contrário. Trata-se de uma parcela de liberdade nas escolhas interpretativas que o magistrado possui, porém uma "liberdade controlada". Diga-se isso,

---

[17] Ibid., p. 82.

[18] GUASTINI, Riccardo. Os princípios constitucionais como fonte de perplexidade. In: *Interesse Público – IP*, Belo Horizonte, ano 11, n. 55, p. 157-177, maio/jun. 2009. p. 167-168 e 175.

[19] Expressão usada por DWORKIN, Ronald em *Levando os Direitos a Sério*. Tradução de Nelson Boeira. São Paulo: Martins Fontes, 2002.

em razão de que essas escolhas não devem se dar de modo irrestrito e desarrazoado. Defende-se aqui que o limite da discricionariedade judicial deve ter como fundamento último a *supereficácia* social dos direitos fundamentais. Ou seja, a justificação dessa atuação com discrição do juiz encontra ressonância no fundamento do próprio sistema jurídico, isto é, o princípio da Dignidade da Pessoa Humana.[20]

Soma-se a isso o fato de que o Poder é uno e o seu exercício democrático legitima e viabiliza seu controle por parte dos outros Poderes do Estado.

Ainda, veja-se também que o controle da própria sociedade é consagrado no Texto Magno, em razão de que se "todo o Poder emana do povo",[21] está ele simplesmente endossando que seu verdadeiro titular deve controlar, fiscalizando seu exercício como no caso brasileiro, onde vige uma democracia representativa.

Nessa linha de raciocínio, ponderando sobre a tarefa interpretativa e as valorações axiológicas judiciais, Freitas afirma que

> Ora, se a tarefa suprema consiste em hierarquizar princípios, normas e valores, límpido resulta que a mutação constitucional, que sucede através da preponderância cambiante deste ou daquele valor, mostra-se indispensável à própria higidez do sistema em sua organicidade vital. De conseguinte, não se admite o intérprete passivo de outrora, perspectiva advogada, ainda hoje, por nostálgicos da Escola da Exegese. Tal orientação mecanicista, como acentuado, situa-se em desacordo pleno com a vida real. De outra parte, certo está que a hierarquização não deve ocorrer nos termos da aplicação de um Direito Livre. Há, sem a menor dúvida, limites formais e substanciais para que se dê vida socialmente adequada à ordem jurídica, sendo um destes o que deflui do dever de realizar, com a máxima cautela, a "interpretação conforme"[22] [...].
>
> [...] força reter que bem interpretar qualquer dispositivo da Carta consiste em colocá-lo, plasticamente, em conexão com a totalidade axiológica do sistema, realizando, de modo tópico-sistemático, a ponderada hierarquização de princípios, de normas e de valores, de sorte a obter a máxima justiça possível, substancialmente indispensável para que a Constituição viva.
>
> O [...] preceito de interpretação constitucional é o de que o intérprete deve buscar uma fundamentação racional, objetiva e vitalizante para as suas decisões em diálogo com o sistema, sem adotar jamais soluções "contra legem". Em outro modo de dizer, deve ter presente o desiderato de lutar, com denodo, contra todo subjetivismo redutor da juridicidade do sistema constitucional em grave prejuízo para o Estado de Direito.
>
> Ora, uma das mais altas funções do ordenamento reside justamente no combate ao arbítrio irracionalista. Não se pode, está dito, erradicar jamais uma salutar dose de subjetividade, porquanto a liberdade, felizmente, é traço inextirpável no ato humano de julgar, já que não operamos com silogismos lógico-formais. Todavia, deve ser afastado qualquer decisionismo irracional, movido sob o influxo deletério das paixões associadas a motivações subalternas. Apenas assim seremos capazes de revelar e, ao mesmo tempo, edificar um sistema constitucional acatável perante o *"auditório universal"* de que nos falava Perelman, continuamente preocupado com a responsabilidade ética dos decisores judiciais.[23]

Por derradeiro, impõe-se tecer comentários sobre o chamado ativismo judicial. Dworkin[24] explica essa postura da seguinte forma:

---

[20] Art. 1º da Constituição Federal de 1988: "A República Federativa do Brasil, formada pela união indissolúvel dos Estados e Municípios e do Distrito Federal, constitui-se em Estado Democrático de Direito e tem como fundamentos: [...] III – a dignidade da pessoa humana;"

[21] Parágrafo único do art. 1º da Constituição Federal de 1988: "Todo o poder emana do povo, que o exerce por meio de representantes eleitos ou diretamente, nos termos desta Constituição".

[22] O autor se refere à interpretação conforme a Constituição.

[23] FREITAS, Juarez. O intérprete e o poder de dar vida à Constituição: preceitos de exegese constitucional. In: *Revista do Tribunal de Contas do Estado de Minas Gerais – R. TCMG*, Belo Horizonte, v. 35, n. 2, p. 15-46, abr./jun. 2000. p. 22-24 e 33.

[24] DWORKIN, Ronald. *Levando os direitos a sério*. Tradução de Nelson Boeira. São Paulo: Martins Fontes, 2002. p. 215.

> [...] o programa da moderação judicial afirma que os tribunais deveriam permitir a manutenção das decisões dos outros setores do governo, mesmo quando elas ofendam a própria percepção que os juízes têm dos princípios exigidos pelas doutrinas constitucionais amplas, excetuando-se, contudo, os casos nos quais essas decisões sejam tão ofensivas à moralidade política a ponto de violar as estipulações de qualquer interpretação plausível, ou, talvez, nos casos em que uma decisão contrária for exigida por um precedente inequívoco.

A doutrina do *judicial activism* se inspira no valor da congruência do Direito com a "consciência social", por vezes, a uma metaética utilitarista (a tarefa dos juízes é favorecer a melhor distribuição possível de alguns recursos), por vezes, ao dever dos juízes constitucionais de proteger os direitos dos cidadãos (como também os direitos das minorias) contra as maiorias políticas, por vezes, a outros valores que é difícil identificar.[25]

Assim, impera compreender que, ao se falar de ativismo judicial, a expressão não deve possuir conotação pejorativa, eis que, inevitavelmente, quando um dos poderes da República tem deixado a desejar, e muito, na realização de suas atribuições, outro deve cooperar para suplantar tais deficiências. Logo, em sendo o Judiciário o Poder constitucionalmente consagrado para fazer valer a Constituição, o ativismo desse Poder é salutar, desde que dentro dos limites do próprio sistema jurídico e, por último, do próprio Texto Magno.

A seguir, considerações serão tecidas sobre o âmbito de abrangência do poder discricionário judicial.

3. Âmbito de abrangência da discricionariedade

Tarefa árdua é discorrer acerca do âmbito de abrangência da discricionariedade dos magistrados. Se assim já não fosse, registre-se a significativa controvérsia que acomete a temática na visão dos estudiosos.

Almeja-se, pois, aqui, apresentar ideias que se entende como as mais adequadas e promissoras, não obstante não se tenha a pretensão de exaurir a temática e, tampouco, apresentar respostas definitivas.

Retome-se, nesse particular, a importância de uma interpretação construtiva a partir de princípios, diante dos "casos difíceis", os quais dão margem à discricionariedade do juiz. Importa uma interpretação fundamentada e responsável com o cumprimento das "promessas da Modernidade"[26] e da Pós-Modernidade.[27]

Interessante registrar, nesse passo, que

> O poder judicial não se apresenta como um instrumento de Estado, *mas da sociedade*. Uma concepção de direito como "integridade"[28] implica a preclusão da concepção tradicional da "política" *centrada no Estado*.

---

[25] GUASTINI, Riccardo. Teoria e Ideologia da Interpretação Constitucional. In: *Interesse Público – IP*, ano 8, n. 40, p. 217-256, nov./dez. 2006. Porto Alegre: Notadez. p. 237.

[26] Para maiores esclarecimentos ver STRECK, Lenio Luiz. *Hermenêutica Jurídica e(m) Crise*. 9 ed. Porto Alegre: Livraria do Advogado, 2009.

[27] Para fins desse trabalho, compreende-se pós-modernidade como uma condição sociocultural e estética que prevalece no capitalismo contemporâneo após a queda do Muro de Berlim e a conseqüente crise das ideologias que dominaram o século xx. (Disponível em: <http://pt.wikipedia.org/wiki/P%C3%B3s-modernidade> Acesso em: 07 jul. 2010).

[28] Vide DWORKIN, Ronald em *Levando os Direitos a Sério*. Tradução de Nelson Boeira. São Paulo: Martins Fontes, 2002.

Com isso o juiz compensa com "princípios" as decisões nos "casos constitucionalmente difíceis", evitando a "indeterminabilidade", fundando nesta a sua própria "teoria".

[...] distinção tradicional entre "interpretação" e "desenvolvimento progressivo do direito" (: *interpretação construtiva*). A "quem" pertence, afinal, a competência para o "desenvolvimento do direito"? Antes de mais, uma questão normativo-teórica, mas também *político-teórica*. Daqui decorrem conflitos práticos relativos aos *fins* e teóricos relativos aos *meios*.

No essencial, trata-se de evidenciar a parte precisa de não-positividade inelimináve na ciência jurídica, a necessidade de tornar ainda *científico* o momento político-valorativo da interpretação constitucional. A existência de um insuprimível "momento criativo" não torna a sentença arbitrária, posto que esta se encontra limitada por um conjunto de "regras" ou "atitudes interpretativas", antes indica que a decisão incorpora agora elementos valorativos que podem ir *para além* da letra estrita do texto da norma.

[...]

Deste modo, um "elemento humano" insere-se na função de julgar, obedecendo a uma racionalidade jurídica própria, que não é a da lógica formal nem a da experimentação científica. O juiz, e particularmente o juiz constitucional, não manipula conceitos, donde deduz as soluções jurídicas sem se preocupar com as conseqüências práticas da sua ação. Encontra-se limitado pelo "sistema" e pela "ordem jurídico-constitucional". E é nessa hierarquia (material) difusa entre diferentes bens e valores jurídicos, protegidos por normas (constitucionais) de idêntico escalão, que reside o cerne da interpretação constitucional.

A normatividade não se relaciona com o texto da norma. Apenas o resultado da interpretação se apresenta como norma jurídica. O que, diferentemente, caracteriza o "texto da norma" é a sua "validade". Esta consiste, de um lado, na obrigação dirigida aos destinatários da norma de conformarem com esta o seu comportamento e, do outro, na obrigação dirigida ao juiz – ou a toda a autoridade habilitada a interpretar – de utilizar na sua integralidade os textos das normas jurídicas adequados ao caso particular e de os trabalhar corretamente de um ponto de vista metódico. O acento tônico tem vindo até aqui a ser colocado na "aplicação judicial da Constituição" numa tentativa de identificar a interpretação constitucional com o poder judicial. Isso implica, no limite, não uma hierarquia entre normas jurídicas, mas *uma coordenação entre as funções de Estado*.

Daqui decorre a necessidade de se definir, com acuidade e precisão, uma *teoria normativa* do direito judicial de controle e, correlativamente, da interpretação constitucional. Esta teoria inclui *necessariamente* os três poderes de governo – legislativo, executivo e judicial – num processo de *diálogo* e *cooperação* quanto à determinação do significado objetivo do texto constitucional.

Deste modo, é o critério *valorativo*, não o da apreciação dos "fatos legislativos" ou fatos sociais gerais que serve de base à decisão. No limite, o direito constitucional não estaria tanto preocupado em julgar da "racionalidade" e/ou "razoabilidade" do legislador quanto com os *efeitos sociais* das suas decisões. Saber se essa "razoabilidade" e/ou "racionalidade" se apresenta como "lícita" ou "ilícita" – e, como tal, "admissível" ou "inadmissível" – depende, em último termo, de uma "escolha" ou "opção" valorativa que se torna impossível determinar se foi ou não a que dominou a ação.

[...] a auto-capacidade do intérprete para criar "conceitos autônomos" resolveria o problema. Esta converte-se, no âmbito do direito constitucional, numa *interpretação material de conteúdos*. Este apelo à "razoabilidade" não aponta para uma solução única, mas para uma *pluralidade* de soluções possíveis.

A responsabilidade do juiz transforma-se, cada vez mais, numa responsabilidade pela fundamentação das suas decisões. Daí que um número considerável de autores se esforce hoje por demonstrar como a decisão judicial depende não tanto da linguagem empregue no texto (: textualismo), nem da virtude do juiz (: realismo), mas dos limites do *raciocínio judicial*.

O poder judicial é dentre todos os poderes de governo aquele que se situa *fora* do centro essencial da atividade do Estado na sua projeção sobre o conjunto da sociedade. Representa, no conjunto institucional, o poder que mais à margem se quedou na evolução para o Estado social. Unicamente na *justiça constitucional* guarda uma relação funcional mais adequada com o funcionamento político geral.[29]

Desse modo, diz-se que somente há espaço para o uso do poder discricionário judicial diante de "casos difíceis". Mas o que se deve compreender por "casos de difícil solução"? São os não previstos normativamente? Ou os cuja previsão legal é insuficiente, ambígua, contraditória ou indeterminada?

---

[29] QUEIROZ, Cristina. *Interpretação Constitucional e Poder Judicial*: Sobre a epistemologia da construção constitucional. Coimbra: Coimbra Editora, 2000. p. 327, 332-337 e 343- 347.

Em primeiro lugar, saliente-se que, para a presente pesquisa, identifica-se por "casos difíceis" todos aqueles que, não possuindo normatividade específica dentro do sistema jurídico ou quando previstos legalmente, o são de maneira insuficiente, ambígua, contraditória e/ou indeterminada, ou ainda, aqueles que disciplinados em regras claras e satisfatórias, impõem um tratamento peculiar, afastando-se o uso da(s) regra(s) específica(s) em prol da aplicação/concretização de princípios maiores, fundantes do sistema jurídico, tal como dignidade humana, isonomia, valores sociais do trabalho e da livre iniciativa, cidadania e pluralismo político.

Trata-se, pois, de evidente problemática que recai sobre a estrutura da linguagem, donde se adverte que

> Generalmente, los problemas fundamentales de toda interpretación textual nacem de la vaguedad y de la ambigüedad de los textos sujetos a interpretación.
>
> La vaguedad concierne al significado, y por tanto a la semântica, de los vocablos y de los sintagmas. La ambigüedad, a su vez, puede depender del significado de los vocablos y de los sintagmas (ambigüedad semántica), de La sintaxis de los enunciados (ambigüedad sintáctica), o del contexto en que se usan los enunciados (ambigüedad pragmática).[30]

Em segundo lugar, não obstante se compreenda que a discricionariedade judicial se faz presente somente diante dos *hard cases*, no sentido empregado no presente trabalho a discricionariedade do julgador sempre o acompanhará em suas tarefas profissionais diuturnas, em virtude de que as concepções valorativas e morais do intérprete contaminam sua atribuição interpretativa do sistema jurídico.

Dessa forma, acerca da injustiça e a insuficiência do direito abstrato: a necessidade da moralidade

> É sabido que a moralidade tem a ver com a vontade livre, do ponto de vista de sua reflexividade interna, isto é, ela indica a vontade que se reflete a si mesma.
>
> [...]
>
> Tal como o direito, a injustiça decorre de vontades livres. As coisas não são justas ou injustas, mas só de vontades livres podem surgir atos injustos. Pode-se dizer, de certa forma, que o injusto é um produto do direito abstrato e do contrato. Ferir o pacto é injusto. A vontade é que produz o injusto. O conflito originado pelo enfrentamento de uma vontade particular com a vontade universal (a dos outros) provoca o dano. Esse enfrentamento tem como causa um capricho ou arbítrio particular, que é completamente vulnerável e acidental.
>
> [...]
>
> A moralidade representa a internalização do princípio da liberdade a ser respeitado em relação a todo o agir social.[31]

Endossa-se, inclusive, essa linha de pensamento a revisitação do conceito de poder discricionário na seara do Direito Administrativo, denominada discricionariedade administrativa ou do administrador público, ramo do Direito que – frise-se – tradicionalmente tem como princípio vetor o da estrita legalidade. Veja-se:

> A discricionariedade, entendida como área imune à sindicabilidade judicial, não mais comporta essa concepção, segundo a qual "onde exista poder discricionário, nenhum controle do juiz é possível, ou sequer conceptível". Esta definição negativa de discricionariedade somente se enquadra no perfil do "direito por regras", cujo contexto se reduzia ao princípio da legalidade administrativa, entendido como a conformidade dos atos administrativos com as regras de direito, tidas como o único referencial da Administração Pública, absolutamente alheia a quaisquer outros vetores axiológicos.
>
> A concepção clássica de discricionariedade – traduzível na impossibilidade de controle judicial, concebida à época em que o Direito se identificava com a legalidade – "direito por regras", precisa ser repensada e

---

[30] GUASTINI, Riccardo. Problemas de Interpretación. *Isonomía*. n. 7. Octubre, 1997. p. 123.

[31] WEBER, Thadeu. *Hegel* – Liberdade, Estado e História. Petrópolis: Vozes, 1993. p. 75, 76 e 79.

redefinida, de maneira a adequá-la a nova compreensão contemporânea do "direito por princípios", o que implica também a redefinição de categorias afins, como o mérito do ato administrativo.[32]

Assim, no que tange a função de julgar como ato humano, de humanidade e de humanização, percebe-se a humanização constante dos magistrados, a toda hora, tentados em suas fraquezas e enfrentando-as, quando se lhes impõe o ônus de serem e moldarem paradigmas de conduta. De igual modo, a humanização dos julgados que são compelidos a reorientarem suas ações com vistas à realização dos valores exponenciais de justiça e paz social. [...] Ao libertar-se do determinismo instintivo, ao conscientizar-se, o ser humano "tem de encontrar princípios de ação e de tomada de decisões que substituam os princípios do instinto"...[33]

Portanto, entendendo-se que a discricionariedade judicial reside em seu poder de escolha na interpretação construtiva do Direito frente a "casos difíceis", a qual se edifica a partir de princípios, e que esses, inexoravelmente, possuem conteúdo moral e valorativo. É nisso que reside à abrangência do poder discricionário. Isto é, abrange uma liberdade de escolha judicial, fundamentada em princípios jurídicos, muitos com significância moral, os quais devem visar a concretizar, em última instância, a dignidade humana e a justiça social.

No próximo tópico, analisar-se-á a questão das regras, princípios e o poder discricionário a partir de um diálogo das contribuições de Ronald Dworkin e Chaïm Perelman.

4. Regras, princípios e poder discricionário em Dworkin e Perelman

Em princípio, a fim de fomentar as reflexões sobre as contribuições de Dworkin e Perelman no que toca ao poder discricionário, fundamental apresentar, mesmo que de forma breve, a distinção entre regras e princípios.

Nesse passo, deve-se valer da lição de Dworkin no sentido de que

A diferença entre princípios jurídicos e regras jurídicas é de natureza lógica. Os dois conjuntos de padrões apontam para decisões particulares acerca da obrigação jurídica em circunstâncias específicas, mas distinguem-se quanto à natureza da orientação que fornecem. As regras são aplicáveis à maneira do tudo-ou-nada. Dados os fatos que uma regra estipula, então ou a regra é válida, e neste caso a resposta que ela fornece deve ser aceita, ou não é válida, e neste caso em nada contribui para a decisão.
[...] Essa primeira diferença entre regras e princípios traz consigo uma outra. Os princípios possuem uma dimensão que as regras não têm – a dimensão do peso ou importância.
[...] As regras não têm essa dimensão. Podemos dizer que as regras são *funcionalmente* importantes ou desimportantes. [...] Nesse sentido, uma regra jurídica pode ser mais importante do que outra porque desempenha um papel maior ou mais importante na regulação do comportamento. Mas não podemos dizer que uma regra é mais importante que outra enquanto parte do mesmo sistema de regras, de tal modo que se duas regras estão em conflito, uma suplanta a outra em virtude de sua importância maior.[34]

Destarte, as regras possuem uma natureza de "é tudo ou nada". Regras contraditórias se excluem. Porém, não é o que ocorre com os princípios. Eles se mantêm apesar da aplicação de um em detrimento de outro no caso concreto.

---

[32] MORAES, Germana de Oliveira. *Controle jurisdicional da Administração Pública*. 2. ed. São Paulo: Dialética, 2004. p. 41-42.
[33] Ibid., p. 191.
[34] DWORKIN, Ronald. *Levando os direitos a sério*. Tradução de Nelson Boeira. São Paulo: Martins Fontes, 2002. p. 39, 42 e 43.

Para Dworkin, pois, a diferença entre regras e princípios é de natureza lógica. Possuem orientações diferentes. As regras são orientadas pelo "tudo ou nada". Os princípios, por sua vez, têm uma dimensão de peso ou importância que as regras não têm. A regra pode ser mais importante que outra porque desempenha papel mais importante para regular um comportamento, mas não se pode afirmar que, dentro do sistema jurídico, uma regra seja mais importante que outra. Já os princípios não se excluem mutuamente por uma dimensão de "peso".

Nesse particular, os princípios, para Dworkin, são de ordem moral. Dessa maneira, entende o autor não haver poder discricionário, porque sempre existirão princípios para justificar uma decisão judicial. Logo, para ele, nunca se precisa aplicar uma regra injusta. E, inclusive, no caso de a lei em si não ser injusta, mas, se no caso concreto, sua aplicação trouxer consequências injustas. Desse modo, os princípios não seriam extralegais, pertencendo, pois, ao sistema jurídico. Para Dworkin, portanto, juiz não tem poder discricionário, pois os valores fazem parte do sistema.

Contrastando com isso, para um positivista, o princípio é de ordem moral-filosófica. Neokantianos como Kelsen e Rawls não admitem justificação moral para uma decisão judicial. Para Rawls, por exemplo, a concepção de justiça é política. Já para Hart, outro autor positivista, os princípios sendo de ordem moral e filosófica, não fazem, por conseguinte, parte do sistema, tornando, assim, o juiz um legislador. "Cria" algo que, em tese, não existe, com base em princípios.[35]

Oportuna aqui a lição de MacCormick, na obra intitulada H.L.A. Hart, em seu Capítulo 11, que versa sobre "A Discricionariedade Judicial e o Papel Judicial" e, especialmente, sobre "Regras e Discricionariedade" ao advertir que

> Hart formulou uma doutrina valiosa e parcialmente correta quanto ao motivo pelo qual as regras jurídicas não fundamentam totalmente a decisão de todo problema jurídico. É a doutrina da imprecisão e da textura aberta das regras jurídicas, qualidades das regras que resultam do fato de que as regras são estruturadas e enunciadas em linguagem natural ordinária pelo uso de palavras e frases gerais como "veículo", "semáforo", "fabricante", "matar", "intenção", e assim por diante.
> [...]
> Além dos casos de "textura aberta" em que termos gerais não apresentam limites claros, há casos de imprecisão. Por exemplo, uma regra ou lei consuetudinária (da *common law*) muitas vezes se inspira em algum *standard* geral como o da "razoabilidade" ou "eqüidade".
> Considerando que os sistemas jurídicos são sistemas de regras (segundo Hart), e que as regras são estruturadas e enunciáveis em linguagem geral, segue-se que, muito diferentemente de outros fundamentos de incerteza nas regras, há um limite quanto ao nível de definição na orientação que podem fornecer. Para todas as regras (exceto as muito mal elaboradas), há alguns casos claros, e para algumas regras há muitos casos claros. Se não fosse assim, a possibilidade de qualquer sistema jurídico existir em qualquer lugar como qualquer tipo de orientação sobre a conduta de qualquer um para qualquer propósito seria nula. A experiência comum, porém, revela não apenas a possibilidade, mas a realidade da orientação jurídica do comportamento.
> [...]
> No entanto, da mesma forma, para todas ou quase todas as regras, há casos difíceis. A jurisprudência está cheia de relatórios desses casos problemáticos. Muitas vezes surgem situações em que a classificação dos fatos ou dos supostos fatos é controversa, e com isso também a aplicabilidade de uma regra adequada. [...] Muitas vezes, surgem situações em que a interpretação correta de uma regra é posta seriamente em dúvida.

---

[35] Para maiores esclarecimentos vide DWORKIN, Ronald. *Levando os direitos a sério*. Tradução de Nelson Boeira. São Paulo: Martins Fontes, 2002; KELSEN, Hans. *Teoria Pura do Direito*. Tradução de João Baptista Machado. 5. ed. São Paulo: Martins Fontes, 1996; e, RAWLS, John. *O Liberalismo Político*. Tradução de Dinah de Abreu Azevedo. 2 ed. 2ª impressão. São Paulo: Ática, 2000.

[...]
Na opinião jurídica moderna, tornou-se mais ou menos um lugar-comum que, na decisão desses casos problemáticos, os juízes não somente verificam e aplicam as leis; elas as criam. Hart compartilha essa visão. A sua teoria sustenta que, embora os juízes sejam de fato obrigados a aplicar as regras jurídicas referentes a todo caso em que são claramente aplicáveis, eles possuem necessariamente uma discricionariedade mais ampla sobre o que fazer nas situações em que as regras não são claras. Certamente, eles são orientados no exercício da discricionariedade pela referência a fontes persuasivas e "permissivas" do Direito, como textos doutrinais e jurisprudência estrangeira. Certamente, o exercício apropriado da discricionariedade é moldado pela necessidade de desenvolver bases para a decisão que forneçam algum tipo de racionalidade à decisão imediata no caso difícil, manifestada em uma "preocupação em desenvolver algum princípio geral aceitável como uma base justificada para a decisão".

Não há, contudo, razão para supor que o recurso a essas outras fontes de orientação possam revelar conclusivamente uma única resposta correta em casos em que as próprias regras do Direito não conseguem dar orientação clara e determinada. A juíza deve ir além da lei e (sem sacrifício da imparcialidade) consultar seu próprio senso de correção moral e política, equidade e conveniência social para chegar à decisão que lhe parece ser a melhor a respeito do problema em questão. Ao menos para as partes do caso, a juíza *cria*, em certa medida, a "lei" que "aplica". E, se a regra de reconhecimento estabelece precedente como fonte vinculante de Direito, ela, com a sua decisão, também cria leis para o futuro. Não obstante, a lei recém-criada, por sua vez, está sujeita à dificuldade e indeterminação intrínsecas a tentar estabelecer a *ratio decidendi* do caso, isto é, a suposta "regra" inerente a ela que se torna "vinculante" no futuro.[36]

Para Dworkin, por outro lado, o juiz é garantidor de direitos, e não inventor de normas, ao agir enquanto garante desses direitos dos cidadãos.[37]

---

[36] MAcCORMICK, Neil. *H.L.A. Hart*. Tradução de Cláudia Santana Martins. Revisão técnica de Carla Henriete Beviláqua. Rio de Janeiro: Elsevier, 2010. p. 169-171.

[37] Dworkin diz que, *porque* um sistema jurídico é sempre fundamentado em princípios, *segue-se* que os juízes não têm realmente uma discricionariedade "forte". Não é verdade, diz ele, que, quando as regras não fornecem uma resposta clara, o juiz tem uma discricionariedade que não é limitada por qualquer *standard* jurídico. Isso é razoavelmente correto em si. A discricionariedade do juiz é uma discricionariedade de agir como parece correto e apropriado, em coerência com os princípios jurídicos, os valores jurídicos e outros *standards* jurídicos aplicáveis. Mas essa é uma discricionariedade tão forte quanto uma discricionariedade pode ser. A decisão sobre o que é certo e apropriado interpretar e aplicar princípios que são vagos porque são gerais envolve a avaliação das consequências de uma sentença ou de outra. Essa é uma questão de *estabelecer*, não de *encontrar*, as prioridades dentro do sistema jurídico. Não há um consenso real nos Estados/sociedades a respeito das prioridades morais e políticas, nem há motivo para supor que haja algum ponto de vista do juiz ou do observador ideal para, a partir dele, estabelecer as *verdadeiras* prioridades morais e políticas oferecidas pelo sistema jurídico. Mesmo se for o caso, como pressupõe Dworkin, que os valores e princípios morais possuam uma verdade objetiva e validade universal, continua também sendo o caso que as pessoas discordam cronicamente a respeito deles, como Dworkin não nega. Os princípios políticos são, portanto, também sujeitos à crônica discórdia. Os sistemas jurídicos resultam de uma colcha de retalhos de asserções históricas de princípios políticos controversos e mutáveis, acordos políticos e meras confusões políticas. As fontes das quais as leis se originaram são controversas; isso é verdade até se algumas ou todas as controvérsias se referem a questões morais sobre as quais há em princípio, uma única resposta certa. Sendo assim, não se pode defender a ideia de que os juízes têm apenas uma discricionariedade "fraca", já que a tarefa deles é "encontrar" a ordenação certa das prioridades dos princípios jurídicos e deduzir daí a resposta certa – continua sendo uma questão de julgamento, não de dedução. Embora a teoria hartiana da discricionariedade judicial precise de emendas, e embora a crítica de Dworkin aponte em direção às emendas necessárias, a própria leitura dele dessas emendas não tem a nossa concordância. É um denominador comum, de qualquer forma, que a discricionariedade judicial existe somente na estrutura de alguns *standards* predeterminados. Quando esses *standards* são regras jurídicas, a discricionariedade se estende apenas dentro de uma área bem restrita, embora raramente seja eliminada por completo. Quando as regras não dão orientação ou dão orientação ambígua ou conflitante, pode-se ter de recorrer a outros *standards* de julgamento. No entanto, como esses *standards* são todos menos precisos do que as regras, a discricionariedade envolvida na sua interpretação e extrapolação é maior. As "discricionariedades" não surgem em formas diferentes (uma visão que Dworkin imputa a Hart), mas em níveis diferentes (como se conclui das reflexões confessadamente incompletas de Hart sobre o assunto). Quanto maior o nível de discricionariedade, mais o juiz se assemelha a um legislador, estabelecendo suas próprias sentenças sobre pontos discutíveis, mesmo que, ao fazê-lo, ele esteja ainda interpretando e aplicando *standards* jurídicos relativamente vagos. O legislativo, em comparação, *pode* (embora raramente o faça) realizar inovações totais radicalmente opostas aos *standards* jurídicos anteriores. (In: MAcCORMICK, Neil. *H.L.A. Hart*. Tradução de Cláudia Santana Martins. Revisão técnica de Carla Henriete Beviláqua. Rio de Janeiro: Elsevier, 2010. p. 171-177.

Acrescente-se a isso, ademais, no que se refere aos "Limites da Discricionariedade e a Diversidade dos *Standards* Jurídicos", que, na visão de MacCormick, a doutrina hartiana [...] aponta na direção certa, mas não nos leva longe o bastante. Isso porque nos sistemas jurídicos existem cânones ou *standards* de raciocínio jurídico que determinam quais são as justificativas satisfatórias para as decisões judiciais quando a justificativa por simples dedução de uma regra jurídica e dos fatos estabelecidos do caso é inaplicável por algum dos motivos que consideramos acima. [...] Assim, um aspecto em particular do raciocínio jurídico que aponta para o papel e importância dos princípios gerais no Direito é o recurso onipresente ao raciocínio analógico. O caso em análise pode não ser "coberto" por uma regra de Direito Positivo ou por qualquer precedente admissível. Porém, em tais casos, os juízes e advogados argumentam por analogia com regras estabelecidas e buscam fazer escolhas entre analogias concorrentes. Isso mostra uma pressuposição de que as regras específicas e as sentenças validadas pela "regra de reconhecimento" são, em si, exemplos ou concretizações de princípios mais gerais, ou seja, os princípios cuja observação no Direito tende a promover certas situações desejadas. Esses princípios e valores implícitos no Direito constituem, por conseguinte, *standards* jurídicos a que é considerado legítimo – na verdade, obrigatório – recorrer quando as formas mais específicas de regras jurídicas não proporcionam orientação ou proporcionam apenas uma orientação fraca e indeterminada.[38]

Além do mais, para ele, toda a atividade de argumentação jurídica em casos difíceis gira em torno do dever do juiz de não tomar uma decisão qualquer, mas de tomar uma decisão fundamentada em alguma sentença explícita ou implícita a respeito do(s) ponto(s) do Direito disputado(s) pelas partes. Esse dever depende de um princípio jurídico de importância central, o princípio da justiça formal na tomada de decisões: decidir casos semelhantes de forma semelhante e, portanto, tomar decisões supondo que elas abranjam todos os casos de um tipo genérico previsto, não apenas a questão singular em discussão entre as partes específicas da presente disputa. O reconhecimento daquele princípio da justiça formal – bem como a aderência, em alguma medida, a ele – é, na verdade, mais um elemento necessário na distinção do papel judicial daquele de um mero mediador ou árbitro, cuja decisão é específica ao caso em discussão entre as partes em questão. [...] apenas pelo fato de os *standards* que não são regras serem ainda mais vagos e possuírem uma textura ainda mais aberta do que as regras, os juízes têm necessariamente ampla discricionariedade ao interpretá-los, mesmo quando não estão se desviando do caminho correto. Portanto, os advogados precisam conhecer as predisposições (etc.) dos juízes a fim de informar seus clientes sobre o que o tribunal provavelmente decidirá.[39]

E, por fim, MacCormick aduz que [...] Hart infere sobre a discricionariedade judicial. Parece ser obviamente verdadeiro. Ao aplicar *standards* amplos, os juízes têm uma discricionariedade ampla. [...] O princípio geral deixa o juiz com uma ampla discricionariedade. A regra específica deixa o juiz sem nenhuma discricionariedade. Estabelece uma pena obrigatória. Sendo assim, o resultado é que há averiguações importantes sobre o Direito e o seu funcionamento que vão além da competência do jurista analítico. Sobre esse fundamento em específico, [...], a obra de Hart fornece

---

[38] MAcCORMICK, Neil. *H.L.A. Hart*. Tradução de Cláudia Santana Martins. Revisão técnica de Carla Henriete Beviláqua. Rio de Janeiro: Elsevier, 2010. p. 171-177.
[39] Ibid., p. 171-177.

apenas uma compreensão parcial do Direito, mesmo quando é mais bem-sucedida em suas reflexões. A obra dos realistas e dos sociólogos do Direito é, *no mínimo*, um complemento essencial à obra analítica.[40]

Assim, a visão dworkiana, a qual se contrapõe a Hart no que tange a essa matéria, é mais adequada e esclarecedora para os propósitos desse estudo.

Acerca do poder discricionário, Dworkin manifesta entendimento no sentido de que

> O conceito de poder discricionário só está perfeitamente à vontade em apenas um tipo de contexto: quando alguém é em geral encarregado de tomar decisões de acordo com padrões estabelecidos por uma determinada autoridade.
> [...]
> Algumas vezes empregamos "poder discricionário" em um sentido fraco, apenas para dizer que, por alguma razão, os padrões que uma autoridade pública deve aplicar não podem ser aplicados mecanicamente, mas exigem o uso da capacidade de julgar. Usamos este sentido fraco quando o contexto não é por si só esclarecedor, quando os pressupostos de nosso público não incluem esse fragmento de informação.
> [...] sentido mais forte [...] ele não está limitado pelos padrões da autoridade em questão. [...] Empregamos a expressão nesse sentido não para comentar a respeito da dificuldade ou do caráter vago dos padrões ou sobre quem tem a palavra final na aplicação deles, mas para comentar sobre seu âmbito de aplicação e sobre as decisões que pretendem controlar.[41] [42]

---

[40] MAcCORMICK, Neil. op. cit., p. 171-177.

[41] DWORKIN, Ronald. *Levando os direitos a sério*. Tradução de Nelson Boeira. São Paulo: Martins Fontes, 2002. p. 50-52.

[42] É nesse sentido forte que Dworkin examina o poder discricionário. Sua posição é clara. Na ausência de regras ou diante de regras contraditórias o recurso do juiz deve ser aos princípios e valores, considerando que são parte construtiva e essencial do Direito, mas que, também, podem ser não jurídico-positivos. Regras fundamentam-se em princípios e o juiz, portanto, não tem poder discricionário. Na ausência de regras, não está livre de "padrões jurídicos e morais", que são parte do Direito. Não se pode dar liberdade ao juiz para decidir arbitrariamente os casos difíceis. Ele não está legitimado para ditar regras. O que se deve exigir dele é a busca de critérios e uma fundamentação que justifique as decisões tomadas. Ora, essa fundamentação deve dar-se a partir dos princípios. Nas lacunas ou contradições das regras, o juiz está determinado pelos princípios porque eles fazem parte do Direito e não são extralegais, com dão a entender os positivistas. A função do juiz é garantidora de direitos e não criadora dos mesmos. Se os princípios fazem parte do Direito cabe ao juiz justificar os princípios e valores escolhidos. Mas estes já existem na tradição da Filosofia Política ou do Direito Costumeiro. Logo, não há poder discricionário. Nos casos de ausência de regras ou regras duvidosas, o recurso aos princípios é próprio da hermenêutica jurídica. É que Dworkin estabelece uma íntima ligação entre questões morais e questões jurídicas. Mostra como as posições morais fornecem a base para "argumentos constitucionais" (cf. *L.D.S.* p. 319). "A constituição funde questões jurídicas e morais, fazendo com que a validade de uma lei dependa da resposta a problemas morais complexos... (*L.D.S.* p. 285). [...] Um positivista poderia dizer, segundo Dworkin, que os princípios não podem obrigar. Essa tese é rechaçada pelo autor sustentando que de fato pode ser questionado se um princípio realmente obriga algum juiz, mas "não há nada no caráter lógico de um princípio" que o torne incapaz de obrigar uma autoridade jurídica. [...] Para um positivista, os princípios não podem valer como leis. Isso mostra que para ele os princípios vão além do Direito (ciência jurídica). São apenas padrões morais ou jurídicos. É o que indica a teoria pura do Direito do neokantiano e formalista Kelsen. Ele desenvolve um sistema de Direito separado do contexto não jurídico. A moral está separada do Direito. não aceita, portanto, qualquer fundamentação do Direito na Moral.[...] Tanto Dworkin quanto Perelman e Rawls admitem conflitos entre princípios. Mas a solução desses não está, pura e simplesmente, no poder de decisão do juiz. Está na justificação do princípio escolhido que, para aquele caso, tem força de convicção. [...] Em resumo, regras ficam arbitrárias quando não justificadas. Sua justificação se dá através do recurso aos princípios, que são elementos constitutivos do Direito. A escolha e a fundamentação desses, por parte dos juízes, se dá pela força da argumentação e pelo convencimento do auditório universal. Quando ocorrem conflitos entre princípios, não se pode deixar o assunto nas mãos discricionárias dos juízes. Estes devem escolher o princípio que tenha maior força de argumentação. A função dos juízes consiste na justificação racional do princípio escolhido. [...] Dworkin, no entanto, aproxima as questões morais das questões jurídicas, principalmente na justificação de princípios. Para Perelman, se os juízes, seguindo o precedente, chegarem a conclusões inaceitáveis podem, por razões políticas, morais ou sociais, reconstruir "o conjunto da legislação" de modo a chegarem à resultados admissíveis e integráveis na ordem jurídica. Podem, portanto, apelar para as razões morais na interpretação das leis e justificação de princípios e valores. (In: WEBER, Thadeu. Justiça e Poder Discricionário. In: *Direitos Fundamentais & Justiça*. Ano 2. n. 2. p. 214-242. Jan./Mar. 2008. p. 235-240).

Alerte-se para o fato de que Dworkin não diz que não há princípios no positivismo, mas somente que os que existem são os positivados. Ele, por sua vez, permite valer-se de valores universalizáveis, princípios do direito costumeiro, bom-senso, cultura, "o espírito de um povo que está dentro do espírito do tempo (o qual são princípios e valores universalizáveis, que ultrapassam fronteiras culturais)" para Hegel para justificar o uso dos princípios.

A Constituição, pois, como Carta Maior no Brasil, constituída de princípios e regras, na linha do entendimento de Dworkin e Hegel, deve possuir uma concepção ética. Veja-se, sobre a fundamentação ética da Constituição, que

> A Constituição política, escreve Hegel, é "a organização do Estado e o processo de sua vida orgânica em relação a si mesmo" (Rph, § 271). Importa, aqui, considerar a base ética sobre a qual se sustenta a Constituição. Segundo o autor em discussão, esta base está estritamente ligada ao conceito de "espírito do povo". Já foi mostrado que este é constituído por toda a história de um povo, suas origens, seus costumes e hábitos, sua cultura, seu *éthos*. A Constituição de um Estado, portanto, é o próprio "espírito do povo". Este é "a garantia da existência de uma Constituição" (Bobbio, 1991, p. 105).[43]

Por fim, a noção de justiça sugere a todos, inevitavelmente, a ideia de certa igualdade. [...] todos estão de acordo sobre este ponto. A ideia de justiça consiste numa certa aplicação da ideia de igualdade. O essencial é definir essa aplicação de tal forma que, mesmo constituindo o elemento comum das diversas concepções de justiça, ela possibilite as suas divergências.[44]

Perelman contribui, pois, para a argumentação, a justificação que se dá diante de seu auditório universal. Ele refere que regra arbitrária é a não justificada.

Dito isso, ratifica-se, mais uma vez, por oportuno, a importância da justificação, do *poder-dever* de fundamentação de suas escolhas que o julgador possui, em especial para os "casos de difícil solução" e zelando para a máxima efetividade dos direitos fundamentais.

5. Conclusão

Como exposto, sempre há uma pré-compreensão do intérprete. Isso não é tão arbitrário quanto possa parecer. Ainda, na abertura de alguns conceitos com plurissignificância, há espaço para a discricionariedade adotada nos termos dessa pesquisa.

Porém, não há poder discricionário puro. Ele está limitado, conformado pelos princípios e objetivos que a Constituição Federal determina. O espaço dessa discricionariedade cada vez mais reduzido, porque o sistema jurídico brasileiro é pautado, na sua maioria, por princípios positivados.

O princípio tem conteúdo moral, ético, não se esgotando, assim, na sua positivação e na sua eficácia. É justamente, pois, nos *hard cases* que se constata a função dos princípios.

Desse modo, a decisão do juiz não é um ato arbitrário. Ele precisa levar em conta o auditório universal e observar a regra do precedente. Ou seja, os limites são muito mais próximos do que parecem. Ponderação de princípios, razoabilidade e dis-

---

[43] WEBER, Thadeu. *Ética e filosofia política*: Hegel e o formalismo Kantiano. 2 ed. Porto Alegre: EDIPUCRS, 2009. p. 157.
[44] PERELMAN, Chaïm. *Ética e Direito*. Tradução de Maria Ermantina Galvão. São Paulo: Martins Fontes, 1996. p. 15.

cricionariedade se aplicam dentro deste contexto. Para Dworkin, o limite é o que é universalizável, ou seja, o Direito Costumeiro.

De outro, sendo o Direito é uma ciência normativa, Perelman diz que, diante disso, não se tem como fugir de uma certa arbitrariedade. Há que se fazer escolhas, então, que se as faça dentro de valores universalizáveis. E isso não é extra-legal. Os valores, em última instância, não são mais justificáveis.

6. Referências

CASTRO E COSTA, Flávio Dino de. A função realizadora do Poder Judiciário e as políticas públicas no Brasil. In: *Interesse Público – IP*, Porto Alegre, ano 6, n. 28, p. 64-90, nov./dez. 2004.

DWORKIN, Ronald. *Levando os Direitos a Sério*. Tradução de Nelson Boeira. São Paulo: Martins Fontes, 2002.

FERREIRA, Aurélio Buarque de Holanda. *Novo Dicionário da Língua Portuguesa*. 2 ed. rev. e aum. 40ª impressão. Rio de Janeiro: Nova Fronteira, 1986.

FREITAS, Juarez. O intérprete e o poder de dar vida à Constituição: preceitos de exegese constitucional. In: *Revista do Tribunal de Contas do Estado de Minas Gerais – R. TCMG*, Belo Horizonte, v. 35, n. 2, p. 15-46, abr./jun. 2000.

GADAMER, Hans-George. *Verdad y Método*. Tradução de Ana Agud Aparicio y Rafael de Agapito. Salamanca: Sígueme, 1977.

GUASTINI, Riccardo. Os princípios constitucionais como fonte de perplexidade. In: *Interesse Público – IP*, Belo Horizonte, ano 11, n. 55, p. 157-177, maio/jun. 2009.

——. Problemas de Interpretación. *Isonomía*. n. 7. Octubre, 1997.

——. Teoria e Ideologia da Interpretação Constitucional. In: *Interesse Público – IP*, ano 8, n. 40, p. 217-256, nov./dez. 2006. Porto Alegre: Notadez.

KELSEN, Hans. *Teoria Pura do Direito*. Tradução de João Baptista Machado. 5. ed. São Paulo: Martins Fontes, 1996.

MAcCORMICK, Neil. *H.L.A. Hart*. Tradução de Cláudia Santana Martins. Revisão técnica de Carla Henriete Bevilágua. Rio de Janeiro: Elsevier, 2010.

MELLO, Maria Chaves de. *Dicionário Jurídico português-inglês – inglês-português*. 8 ed. rev. atual. e ampl. São Paulo: Método, 2006.

MORAES, Germana de Oliveira. *Controle jurisdicional da Administração Pública*. 2. ed. São Paulo: Dialética, 2004.

PERELMAN, Chaïm. *Ética e Direito*. Tradução de Maria Ermantina Galvão. São Paulo: Martins Fontes, 1996.

QUEIROZ, Cristina. *Interpretação Constitucional e Poder Judicial*: Sobre a epistemologia da construção constitucional. Coimbra: Coimbra Editora, 2000.

RAWLS, John. *O Liberalismo Político*. Tradução de Dinah de Abreu Azevedo. 2 ed. 2ª impressão. São Paulo: Ática, 2000.

SARLET, Ingo Wolfgang. *A Eficácia dos Direitos Fundamentais*: Uma Teoria Geral dos Direitos Fundamentais na Perspectiva Constitucional. 10 ed. rev. atual. e ampl. Porto Alegre: Livraria do Advogado, 2009.

STRECK, Lenio Luiz. *Hermenêutica Jurídica e(m) Crise*. 9 ed. Porto Alegre: Livraria do Advogado, 2009.

WEBER, Thadeu. Justiça e Poder Discricionário. In: *Direitos Fundamentais & Justiça*. Ano 2. n. 2. p. 214-242. Jan./Mar. 2008.

——. *Ética e filosofia política*: Hegel e o formalismo Kantiano. 2 ed. Porto Alegre: EDIPUCRS, 2009.

——. *Hegel* – Liberdade, Estado e História. Petrópolis: Vozes, 1993.

— 9 —

Dignidade – dimensão ecológica e os deslocados ambientais

MARCIA ANDREA BÜHRING[1]

Sumário: Introdução; 1. Dignidade da pessoa humana; 2. Dimensão ecológica da dignidade da pessoa humana e a problemática dos deslocados/refugiados ambientais; Considerações finais; Referências bibliográficas.

Introdução

Num primeiro momento, verificar-se-á a dignidade da pessoa humana, com a abordagem histórica de seu surgimento, passando pela legislação brasileira, que traz respaldado no seu texto a menção da dignidade da pessoa humana.

A dignidade da pessoa humana é fundamento e finalidade, tanto que no Ordenamento jurídico brasileiro, o princípio obteve logo em seu art. 1°, inciso III, da Carta Magna de 1988 – primeira a tratou da dignidade como fundamento e a intenção de promovê-la.

No que se refere à dimensão ecológica da dignidade, analisar-se-à o usufruto do meio ambiente – ecologicamente equilibrado e uso comum do povo, para presentes e futuras gerações – tendo o meio ambiente *status* de direito fundamental. Ainda, a necessidade de um ambiente (meio enquanto lugar) para viver com dignidade.

Para ao final verificar a situação dos Deslocados/Refugiados ambientais, que são todos aqueles forçados a abandonar o seu lugar habitual, sua casa, em razão de eventos climáticos, tais como chuvas, terremotos, secas, elevação do nível do mar etc., passando pelos Protocolos, Convenções e Declarações. Para tanto parte-se de um questionamento: o clima já oprime mais pessoas no mundo?[2]

---

[1] Aluna do Doutorado em Direito do Programa de Pós-Graduação em Direito da PUC – Pontifícia Universidade Católica do Rio Grande do Su-RS. Email.: marcia.buhring@pucrs.br. Mestre em direito pela UFPR – Universidade Federal do Paraná, Professora da PUCRS – Pontifícia Universidade Católica do Rio Grande do Sul – e professora da UCS – Universidade de Caxias do Sul-RS, graduada e pós-graduada em direito pela UNIJUI – Universidade de Ijuí-RS.

[2] Essa foi a pergunta feita no IX Congresso Internacional do CPR "Refugiados e deslocados ambientais: o lado humano das alterações climáticas" . *E como resposta*: Até 2050 serão 200 milhões de refugiados ambientais.
"O Conselho Português para os Refugiados (CPR), em estreita colaboração com o Alto Comissariado das Nações Unidas para os Refugiados (ACNUR), realiza, desde 1994, de dois em dois anos, Congressos Internacionais, na Fundação Calouste Gulbenkian, em Lisboa, dedicados ao tema dos Direitos Humanos, dos Refugiados e Deslocados Internos. Fundação Calouste Gulbenkian, a 16 de Novembro de 2010". Disponível em http://refugiados.net/_novosite/publicacoes/ACTAS_CPR.pdf. Acesso em 13.02.2012.

1. Dignidade da pessoa humana

Cabe incialmente fazer referência à origem da palavra *persona,* que vem do verbo *personare*[3] com uma diferenciação objetiva do individual e do social,[4] ligada ao vocábulo grego *prosopon*, que remete ao uso da máscara pelo ator no clássico teatro, a fim de representar ou desempenhar determinado papel.[5]

Esse conceito antigo de pessoa sofreu, com o passar dos anos, uma profunda inflexão na Modernidade e o entender acerca da dignidade, é decorrente da noção de pessoa.[6]

A dignidade é um valor, uma referência, é a matriz, o fundamento, que identifica, qualifica e caracteriza o ser humano, enquanto ser humano.

A origem e evolução histórica da dignidade da pessoa humana teria origem religiosa,[7] e que a ideia de dignidade da pessoa humana é uma construção de longa data na cultura ocidental.[8]

A própria Declaração Universal dos Direitos Humanos de 1948 reconhece a dignidade a todos indistintamente, conforme o art. 1º.[9] Dessa forma: Todos são iguais em dignidade.[10]

---

[3] LIMA, Rui Cirne. *Conceito de pessoa jurídica*. [S.l.: s.n., 1910?]. Separata d' Estudos. [s/editora], [s/d]. p. 9. – Persona = "ressoar, e primitivamente significava "a máscara com que os antigos atores cobriam o rosto (...). Da máscara passou a palavra – 'personare' – ao caráter representado pelo ator, depois ao papel que cada um representa na grande cena do mundo; e finalmente à significação técnica, que lhe dão os jurisconsultos".

[4] Ver também: BÜHRING, Marcia Andrea. *Responsabilidade Civil Extracontratual do Estado*. São Paulo: Thomson-IOB, 2004, p. 59.

[5] SINGER, Peter. *Ética Prática*. 3 ed. São Paulo: Martins Fontes, 2002, p. 97.

[6] Nesse sentido: "Desvinculando-se se da necessidade de assumir papéis sociais e passando por uma remodelação na qual se tornou determinante, para sua caracterização, a singularidade individual da natureza concreta do ser humano, o entendimento acerca da dignidade humana, como ideia correlata ou decorrente, tornou-se dependente da noção de pessoa que se assuma[...]".BRAGATO, Fernanda Frizzo. A definição de pessoa e de dignidade humana e suas implicações práticas. *Direitos Fundamentais & Justiça*. Pontifícia Universidade Católica do Rio Grande do Sul. Programa de Pós-Graduação, Mestrado e Doutorado. nº 13 (out./dez. 2010). Porto Alegre: HS Editora, 2010, p. 89.

[7] "[...] tem origem *religiosa*, bíblica: o homem feito à imagem e semelhança de Deus. [...]". BARROSO, Luís Roberto. *A Dignidade da Pessoa Humana no Direito Constitucional Contemporâneo: Natureza Jurídica, Conteúdos Mínimos e Critérios de Aplicação*. Versão provisória para debate público. Mimeografado, dezembro de 2010. E mais: "A despeito de sua relativa proeminência na história das ideias, foi somente no final da segunda década do século XX que a dignidade humana passou a figurar em documentos jurídicos, a começar pelas Constituições do México (1917) e da Alemanha de Weimar (1919). Antes de viver sua apoteose como símbolo humanista, esteve presente em textos com pouco *pedigree* democrático, como o Projeto de Constituição do Marechal Pétain (1940), na França, durante o período de colaboração com os nazistas, e em Lei Constitucional decretada por Francisco Franco (1945), durante a longa ditadura espanhola. Após a Segunda Guerra Mundial, a dignidade humana foi incorporada aos principais documentos internacionais, como a Carta da ONU (1945), a Declaração Universal dos Direitos do Homem (1948) e inúmeros outros tratados e pactos internacionais, passando a desempenhar um papel central no discurso sobre direitos humanos. Mais recentemente, recebeu especial destaque na Carta Europeia de Direitos Fundamentais, de 2000, e no Projeto de Constituição Europeia, de 2004".

[8] Refere: "A noção não está ausente do pensamento grego, pois se manifesta na concepção cosmológica de responsabilidade ética dos estoicos, e ganha profundo alento com o desenvolvimento do pensamento cristão, especialmente considerada a cultura da igualdade de todos perante a criação. Mas, são os modernos que darão uma configuração mais precisa para o tema. A questão da dignidade da pessoa humana é declarada presente nos debates modernos com o *Oratio de Hminis Dignitate* do século XV [...]". BITTAR, Eduardo C. B. Hermenêutica e Constituição: a dignidade da pessoa humana como legado à pós modernidade. *In*: Direitos Humanos Fundamentais Positivação e Concretização. Org. Anna C. da C. Ferraz e Eduardo C. B. Bittar. p. 14-29.

[9] "Considerando que o reconhecimento da dignidade inerente a todos os membros da família humana e de seus direitos iguais e inalienáveis é o fundamento da liberdade, da justiça e da paz no mundo; [...] Artigo I – Todas as pessoas nascem livres e iguais em dignidade e direitos. São dotadas de razão e consciência e devem agir em relação umas às outras com espírito de fraternidade".

O princípio da dignidade é o fundamento de todos os outros direitos e tem inclusive uma dupla dimensão, uma negativa, de não ofender a dignidade e outra prestacional, no sentido de promovê-la.[11][12]

O conceito de dignidade humana possui um substrato axiológico e conteúdo normativo,[13] é valor que atrai a realização dos direitos fundamentais.[14]

A dignidade da pessoa humana, na Constituição Federal[15] de 1988, aparece de forma concomitante como fundamento da República e como fim da Ordem Econômica e Financeira.

---

[10] "A dignidade da pessoa se encontra, de algum modo, ligada (também) à condição humana de cada indivíduo, não há como desconsiderar a necessária dimensão comunitária (ou social) desta mesma dignidade de cada pessoa e de todas as pessoas, justamente por serem todos reconhecidos como iguais em dignidade e direitos (na iluminada fórmula da Declaração Universal de 1948) e pela circunstância de nesta condição conviverem em determinada comunidade". SARLET, Ingo Wolfgang (org). *Dimensões da Dignidade: ensaios de filosofia do direito e direito constitucional*. 2. ed. Porto Alegre: Livraria do Advogado, 2009, p. 23-24.

[11] Referem Luiz Esdon Fachin e Carlos E. P. Ruzyk: "Os direitos fundamentais adquirem, também, feição prestacional, como ocorre, por exemplo, com os direitos sociais de segunda geração. O princípio da garantia da dignidade da pessoa humana, fundamento de todos os demais, também possui dupla dimensão, negativa e prestacional: negativa no sentido de que o Estado e os particulares têm o dever de se eximirem de ofensas à dignidade, em uma ordem de ideias protetiva; prestacional, na medida que há o dever de promoção da dignidade da pessoa. Ambas as dimensões se dirigem tanto às relações entre Estado e cidadãos quanto nas relações interprivadas". FACHIN, Luiz Edson e RUZYK, Carlos Eduardo Pianovski. Direitos Fundamentais, dignidade da pessoa humana e o novo Código Civil: uma análise crítica. In: *Constituição, Direitos Fundamentais e Direito Privado*. Aldacy Coutinho...[et al.] org. Ingo Wolfgang Sarlet. Porto Alegre: Livraria do Advogado Editora, 2003, p. 98.

[12] "A dupla dimensão negativa, é abordada por Ingo Wolfgang Sarlet que sustenta a autonomia e a proteção: Que a dignidade, possui uma dimensão dúplice, que se manifesta enquanto simultaneamente expressão da autonomia da pessoa humana (vinculada à ideia de autodeterminação no que diz com as decisões essenciais a respeito da própria existência), bem como da necessidade de sua proteção (assistência) por parte da comunidade e do Estado, especialmente quando fragilizada ou até mesmo – principalmente – quando ausente a capacidade de autodeterminação". SARLET, Ingo Wolfgang (org). *Dimensões da Dignidade: ensaios de filosofia do direito e direito constitucional*. 2. ed. Porto Alegre: Livraria do Advogado, 2009, p. 30-31.

[13] Destaca Maria Celina Bodin de Moraes: "O princípio constitucional visa a garantir o respeito e a proteção da dignidade humana não apenas no sentido de assegurar um tratamento humano e não degradante, e tampouco conduz ao mero oferecimento de garantias à integridade física do ser humano. Dado o caráter normativo dos princípios constitucionais, princípios que contêm os valores ético-jurídicos fornecidos pela democracia, isto vem a significar a completa transformação do direito civil, de um direito que não mais encontra nos valores individualistas de outrora o seu fundamento axiológico". MORAES, Maria Celina Bodin de. Conceito de dignidade humana: substrato axiológico e conteúdo normativo. In: *Constituição, Direitos Fundamentais e Direito Privado*. Aldacy Coutinho...[et al.] org. Ingo Wolfgang Sarlet. Porto Alegre: Livraria do Advogado, 2003, p. 116. Apenas a título de curiosidade: Maria Celina Moraes ainda refere p. 147: "Albert Einstein foi o primeiro a identificar a relatividade de todas as coisas: do movimento, da distância, da massa, do espaço, do tempo. Mas ele tinha em mente um valor geral e absoluto, em relação ao qual valorava a relatividade: a constância, no vácuo, da velocidade da luz. Seria o caso, creio eu, de usar esta analogia, para expressar que também no Direito, hoje, tudo se tornou relativo, ponderável, em relação, porém, ao único princípio capaz de dar harmonia, equilíbrio e proporção ao ordenamento jurídico de nosso tempo: a dignidade da pessoa humana, onde quer que ela, ponderados os interesses contrapostos, se encontre".

[14] Aduz José Afonso da Silva: "A dignidade da pessoa humana [como já escrevi de outra feita] constitui um valor que atrai a realização dos direitos fundamentais do homem, em todas as suas dimensões, e, como a democracia é o único regime político capaz de propiciar a efetividade desses direitos, o que significa dignificar o homem, é ela que se revela como o seu valor supremo, o valor que a dimensiona e humaniza.[...]" AFONSO DA SILVA, José. *Interpretação Constitucional*. I Seminário de Direito Constitucional Administrativo de 30 de maio a 03 de junho de 2005. Tribunal de Contas de São Paulo. Disponível em http://www.tcm.sp.gov.br/legislacao/doutrina/ Acesso em 21.06.2011.

[15] Curiosamente nas Constituições de diferentes países, elencados aqui, de forma aleatória – o termo dignidade aparece ou no Preâmbulo ou artigos como fundamento: 1) Em 1917, na Constituição do México, houve a primeira referência constitucional à dignidade da pessoa humana, onde esse estava dentre os valores que deveriam nortear o sistema educacional daquele país. 2) Alemanha: (23/05/1949); Artigo 1º da Lei Fundamental atual, que postula o respeito aos direitos humanos: "A dignidade da pessoa humana é inviolável. Toda autoridade pública terá o dever de respeitá-la e protegê-la". 3)Itália: (27/12/1947) Art. 3º; "Todos os cidadãos têm a mesma dignidade e são iguais perante a lei". 4) Portugal: (25/04/1976 e revisão de 1989) Em 1976, a Constituição de Portugal, com as sucessivas reformas de 1982 e 1989, conceitua por sua vez em seu artigo 1º como *"uma República soberana, baseada na dignidade da pessoa*

Para Kurt Seelmann, "o assombro em relação ao horror nazista fez com que a dignidade da pessoa humana, como fundamento da Constituição, se tornasse um postulado evidente".[16] Também no Brasil.

No ordenamento jurídico brasileiro, o princípio da dignidade da pessoa humana só obteve lugar de destaque com a Constituição Federal de 1988, que logo em seu art. 1°, inciso III, dispõe "A República Federativa do Brasil, formada pela união indissolúvel dos Estados e Municípios e do Distrito Federal, constitui-se em Estado Democrático de Direito e tem como fundamento: (...) III – a dignidade da pessoa humana".

A Carta Magna de 1988 foi a primeira que realmente tratou da dignidade como fundamento da república, é a primeira Carta que tem a intenção de promover a dignidade.[17]

Inclusive a Carta dos direitos fundamentais da União Europeia de 2000. Em seu artigo 1°, refere a dignidade do ser humano "A dignidade do ser humano é inviolável. Deve ser respeitada e protegida".[18]

Para Carmem Lúcia Antunes Rocha, o conceito da dignidade da pessoa humana é de difícil determinação, vez que, "em permanente processo de construção e de desenvolvimento".[19]

---

humana e na vontade popular e empenhada na construção de uma sociedade livre, justa e solidária". 5) Espanha: (1978) A Constituição da Espanha, em seu artigo 10.1 *"a dignidade da pessoa, os direitos invioláveis que lhe são inerentes, o livre desenvolvimento da personalidade, o respeito à lei e aos direitos dos demais são fundamentos da ordem política e da paz social"*. Tradução livre: (Articulo 10.1 "La dignidad de la persona, los derechos inviolables que le son inherentes, el libre desarollo de la personalidad, el respeto a la ley e a los derechos de los demás son fundamento del ordem político y de la paz social.") 6) França: "Na França, o princípio da dignidade da pessoa humana não se encontra explícito no texto constitucional de 1958, apesar da sua tradição em proteger os direitos individuais, tendo sido objeto de criação hermenêutica do Conselho Constitucional, que lhe conferiu caráter de princípio implícito". 7) Em 1994, na Bélgica, – revisão constitucional. Artigo 23 que *"cada um tem o direito de levar uma vida de acordo com a dignidade da pessoa humana"*. 8) Constituição da República da Croácia – 1990; Preâmbulo da Constituição da Bulgária, Constituição da Romênia, Lei Constitucional da República da Letônia, Constituição da República da Eslovênia – 1991; Constituição da República da Estônia, Constituição da República da Lituânia, Constituição da República da Eslováquia, Preâmbulo da Constituição da República Tcheca – 1992; e, Constituição da Federação da Rússia – 1993. Mencionam, ainda, a dignidade da pessoa humana, as Constituições da Irlanda, Índia, Peru e Venezuela, todas em seu preâmbulo, e da Grécia (artigo 2°), Cabo Verde (artigo 1°), China (artigo 38), Colômbia (artigo 1°), Cuba (artigo 8°), Peru (artigo 4°), Bolívia (artigo 6° II), Chile (artigo 1°), Guatemala (artigo 4°) e Namíbia (preâmbulo e artigo 8°). Constituição da Rússia de 1993, rompendo com a tradição das anteriores Constituições da União Soviética, passou a prever expressamente, em seu artigo 12-, que *"a dignidade da pessoa humana é protegida pelo Estado. Nada pode justificar seu abatimento"*. Ver: HÄBERLE, Peter. A dignidade humana como fundamento da comunidade estatal. Trad. De. Ingo Wolfgang Sarlet e Pedro S.M. Aleixo In: *Dimensões da Dignidade: ensaios de filosofia do direito e direito constitucional*. Org. Ingo Wolfgang Sarlet, 2. ed. Porto Alegre: Livraria do Advogado, 2009, p. 46-47. (Inclusive, vários países são apresentados). Ver também: Disponível em http://intertemas.unitoledo.br/revista/index.php/ . Acesso em 26.06.2011.

[16] SEELMANN, Kurt. Pessoa e dignidade da pessoa humana na filosofia de HEGEL. Trad. De Rita Dostal Zanini. In: *Dimensões da Dignidade: ensaios de filosofia do direito e direito constitucional*. Org. Ingo Wolfgang Sarlet, 2. ed. Porto Alegre: Livraria do Advogado, 2009, p. 107.

[17] "Apesar de referência ao tema da dignidade da pessoa humana – ainda que de modo incipiente e num outro contexto – nas Constituições brasileiras de 1934, 1946 e de 1967, a primeira Constituição a tratar do princípio da dignidade da pessoa humana, enquanto fundamento da República e do Estado Democrático de Direito em que ele se constitui, foi a de 1988. Assim, temos que ao dar ao princípio esta formulação a Constituição brasileira de 1988 avançou significativamente rumo à sua plena normatividade jurídica. Além disso, a Constituição de 1988 ao instituir um amplo sistema de direitos e garantias fundamentais, buscou não só preservar, mas, acima de tudo, promover a dignidade da pessoa humana". MARTINS, Flademir Jerônimo Belinati. *Dignidade da pessoa humana: princípio constitucional fundamental*. Curitiba: Juruá, 2003. p. 123.

[18] CARTA DOS DIREITOS FUNDAMENTAIS DA UNIÃO EUROPEIA. Disponível em: http://www.europarl.europa.eu/charter/pdf/text_pt.pdf. Acesso em 21.06.2011.

[19] ROCHA, Cármen Lúcia Antunes. O Princípio da Dignidade da Pessoa Humana e a Exclusão Social, in: *Revista Interesse Público*, n° 04, 1999, p. 24.

O conceito de dignidade ultrapassou fronteiras, ao que apresenta, Ingo Wolfgang Sarlet um conceito contemporâneo da dignidade da pessoa humana ligado à qualidade intrínseca e distintiva de cada ser humano.[20] [21]

Vem ao encontro, também, a observação tecida por Manfredo A. de Oliveira, que refere que "o homem não existe em função de outro e por isso pode levantar a pretensão de ser respeitado como algo que existe em si mesmo".[22]

Os princípios jurídicos fundamentais concretizadores da dignidade, conforme apresenta Maria Celina Bodin de Moraes, são quatro: a igualdade, a liberdade, a integridade física e moral e da solidariedade.[23]

Para Günther Dürig, citado por Ingo Sarlet, a dignidade da pessoa humana "pode ser considerada atingida sempre que a pessoa concreta for rebaixada a objeto, a mero instrumento, tratada como uma coisa, ou seja, sempre que a pessoa for descaracterizada e desconsiderada como sujeito de direitos".[24]

A dignidade da pessoa humana é o fundamento de posições jurídico-subjetivas, das normas definidoras de direitos e garantias com deveres fundamentais.[25] [26]

---

[20] "[...] a qualidade intrínseca e distintiva reconhecida em cada ser humano que o faz merecedor do mesmo respeito e consideração por parte do Estado e da comunidade, implicando, neste sentido, um complexo de direitos e deveres fundamentais que assegurem a pessoa tanto contra todo e qualquer ato de cunho degradante e desumano, como venham a lhe garantir as condições existenciais mínimas para uma vida saudável, além de propiciar e promover sua participação ativa corresponsável nos destinos da própria existência e da vida em comunhão dos demais seres humanos." SARLET, Ingo Wolfgang (org.). *Dimensões da Dignidade*: ensaios de filosofia do direito e direito constitucional. 2. ed. Porto Alegre: Livraria do Advogado, 2009, p. 37.

[21] "No que se refere ao outro e a meta a seguir, no contexto atual e multicultural, adverte ainda: A dignidade vem sendo considerada qualidade intrínseca e indissociável de todo e qualquer ser humano e, certos de que a destruição de um implicaria a destruição do outro, é que o respeito e a proteção da dignidade da pessoa constituem-se em meta permanente da humanidade, do Estado e do Direito". SARLET, Ingo Wolfgang. *Dignidade da Pessoa Humana e Direitos Fundamentais na Constituição Federal de 1988*. 2. ed. Porto Alegre: Livraria do Advogado, 2002, p. 27-28.

[22] OLIVEIRA, Manfredo A. de. *A filosofia na crise da modernidade*. Coleção Filosofia. Loyola, 1995, p. 23.

[23] MORAES, Maria Celina Bodin de. *O conceito e Dignidade Humana: Substrato axiológico e Conteúdo Normativo*. In: SARLET, Ingo Wolfgang (org.). *Constituição, Direitos Fundamentais e Direito Privado*. Porto Alegre: Livraria do Advogado, 2003, p. 116ss.

[24] DÜRIG, Günter. *Der Grundsatz der Menschnwürde*. in: AÖR, n° 81, 1956, p. 127. Apud SARLET, Ingo Wolfgang. *Dignidade da Pessoa Humana e Direitos Fundamentais na Constituição Federal de 1988*. 2. ed. Porto Alegre: Livraria do Advogado, 2002, p. 59.

[25] Comenta Ingo Wolfgang Sarlet: "A dignidade da pessoa humana (no caso, o artigo 1°, inciso III, da Constituição de 1988), contém não apenas mais de uma norma, mas que esta(s), para além de seu enquadramento na condição de posições jurídico-subjetivas, isto é, norma(s) definidora(s) de direitos e garantias, mas também de deveres fundamentais". SARLET, Ingo Wolfgang. *A eficácia dos Direitos Fundamentais*. 9. ed. Porto Alegre: Livraria do Advogado, 2005, p. 72-73.

[26] "Adverte Ingo Wolfgang Sarlet ainda sobre a dignidade – *dignitas*: É algo que simplesmente existe, é irrenunciável e inalienável, pois qualifica o ser humano, "[...] a dignidade da pessoa humana é simultaneamente limite e tarefa dos poderes estatais[...] a dignidade da pessoa humana engloba necessariamente o respeito e a proteção da integridade física e corporal do indivíduo,[...] garantia de condições justas e adequadas de vida para o indivíduo e sua família... isonomia... identidade [...]" A Dignidade "constitui verdadeira condição da democracia que as torna iguais em humanidade. E, "o conteúdo de dignidade dos direitos fundamentais constitui limite material ao poder de reforma constitucional". Refere ainda: "Não restam dúvidas de que todos os órgãos, funções e atividades estatais encontram-se vinculados ao princípio da dignidade da pessoa humana, impondo-lhes-se um dever de respeito e de proteção, que se exprime, tanto na obrigação por parte do Estado de abster-se de ingerências na esfera individual que sejam contrárias à dignidade pessoal, quanto no dever de protegê-la (a dignidade pessoal de todos os indivíduos) contra agressões oriundas de terceiros, seja qual for a procedência, vale dizer, inclusive, contra agressões oriundas de outros particulares, especialmente – mas não exclusivamente – dos assim denominados poderes sociais (ou poderes privados)". SARLET, Ingo Wolfgang. *A eficácia dos Direitos Fundamentais*. 9. ed. Porto Alegre: Livraria do Advogado, 2005, p. 72-73, p. 105-112.

A dignidade não é inalienável, aduz Béatrice Maurer, ela evolui em razão dos costumes.[27]

Afirma, por outro lado, Rosa Maria de Andrade Nery, que "em todo enfrentamento jurídico o intérprete invoca o princípio da dignidade do homem e os seus desdobramentos em todo sistema jurídico", e adverte mais que esse princípio "é a razão de ser do direito, ele se bastaria sozinho para estruturar o sistema jurídico".[28]

Afirme-se: A dignidade da pessoa humana é um direito inerente ao ser humano, é qualidade integrante e irrenunciável da própria condição humana, não pode e não deve ser retirada, criada ou concedida, pois é intrínseco, é atributo, é o esteio do Estado Democrático de Direito, é condição da democracia.

Por fim, finaliza-se com Ingo Sarlet, que refere: "apenas a dignidade de determinada pessoa pode ser desrespeitada, inexistindo atentados contra a dignidade da pessoa em abstrato".[29] A dignidade é, então, considerada atributo individual da pessoa.

Portanto, é um princípio geral de direito, uma conquista revelada pela história, é valor fundamental, independe de casos concretos, é portanto, valor absoluto.

Dignidade é o ponto de partida e chegada, adverte José Joaquim Gomes Canotilho,[30] é um valor supremo que atrai o conteúdo de todos os direitos fundamentais do homem,[31] desde o direito à vida.[32]

Peter Häberle traz que a "dignidade humana apresenta-se de tal sorte, como "valor jurídico mais elevado" dentro do ordenamento constitucional, figurando como "valor jurídico supremo". E acrescenta: "a dignidade é o 'fim supremo de todo o

---

[27] "Na linguagem comum, a dignidade foi empregada primeiramente no sentido de 'alta função, cargo ou titulo eminente'. Nessa acepção social, relativa ao lugar ocupado na sociedade em função dos méritos pessoais ou das funções exercidas, a 'dignidade-honra', exige o respeito. Assim compreendida, a dignidade não é inalienável: da mesma forma que é conferida alguém, pode ser retirado [...] Os direitos e deveres vinculados a essa dignidade são, então, extremamente relativos e evoluem em função dos costumes". MAURER, Béatrice. Notas sobre o respeito da dignidade da pessoa humana... ou pequena fuga incompleta em torno de um tema central. Trad. De Rita Dostal Zanini. In: *Dimensões da Dignidade*: ensaios de filosofia do direito e direito constitucional. Org. Ingo Wolfgang Sarlet, 2. ed. Porto Alegre: Livraria do Advogado, 2009, p. 122. A autora apresenta ainda, na contribuição da teologia cristã: o uníssono, ou seja: "Os teólogos trazem uma resposta clara ao fundamento da dignidade da pessoa humana. Para eles, a dignidade da pessoa humana é fundamentada na criação do homem à imagem de Deus e na obra redentora de Deus feito homem", p. 123.

[28] NERY, Rosa Maria de Andrade. *Pensamento jurídico e teoria geral do direito privado*. São Paulo: RT, 2008, p. 235.

[29] SARLET, Ingo Wolfgang. *Dignidade da pessoa humana e direitos fundamentais na Constituição Federal de 1988*. 7. ed. Porto Alegre: Livraria do Advogado, 2009, p. 53.

[30] "É no princípio da dignidade humana que a ordem jurídica encontra os seus próprios sentidos. Este é o ponto de partida e de chegada da hermenêutica constitucional contemporânea. Consagra-se, assim, a dignidade humana como verdadeiro superprincipio a orientar tanto o Direito Internacional como o Direito Interno". CANOTILHO, José Joaquim Gomes. Direito Constitucional e teoria da constituição, 7. ed. Coimbra: Almedina, 2003, p. 416-417.

[31] "O reconhecimento e proteção da dignidade da pessoa pelo Direito resulta justamente de toda uma evolução do pensamento humano a respeito do que significa este ser humano e de que é a compreensão do que é ser pessoa e de quais os valores que lhe são inerentes que acaba por influenciar ou mesmo determinar o modo pelo qual o Direito reconhece e protege esta dignidade" SARLET, Ingo Wolfgang (org). *Dimensões da Dignidade*: ensaios de filosofia do direito e direito constitucional. 2. ed. Porto Alegre: Livraria do Advogado, 2009, p. 16.

[32] SILVA, José Afonso da. *Cursode direito Constitucional positivo*. São Paulo: Malheiros, 2008, p. 435.

Direito'", ou como "determinação da inviolabilidade da dignidade humana, que está na base de todos os direitos fundamentais".[33] [34]

Ingo Wolfgang Sarlet também aborda a dimensão ontológica, mas não necessariamente ou, exclusivamente biológica da dignidade.[35]

Inicialmente, a vida era tida como bem constitucional maior,[36] segundo Michael Kloepfer, e hoje aponta a conjugação da vida e a dignidade da pessoa humana como "bens da vida" conjugados, como unidade, pois a relação, o elo que liga a vida à dignidade é a pessoa humana, é o ser humano que é atingido.[37]

Enfatize-se: Todos possuem dignidade, independente de características pessoais (físicas ou intelectuais), de nacionalidade, sexo, cor, religião ou crença.

A dignidade é o fundamento de todas as liberdades, segundo Stephan Kirste,[38] que apresenta 4 argumentos: 1) a dignidade humana no estado de sujeição, ou seja: a intocabilidade da dignidade; 2) dignidade humana no estado negativo, ou seja: o direito de defesa e respeito da dignidade; 3) a dignidade humana no estado positivo, ou seja: o direito de participação e de realização, ou função trabalho – a proteção da dignidade; 4) a dignidade humana no estado ativo, ou seja: os direitos de participação.[39]

Noutra seara, refere Carlos Alberto Molinaro quanto à relação de grupos, e que quando existe uma preocupação com *o outro*, então há solidariedade, mas que traz pelo menos dois problemas: Primeiro) "*A condição mesma de cidadão, cidadã*, desde

---

[33] HÄBERLE, Peter. A dignidade humana como fundamento da comunidade estatal. Trad. De. Ingo Wolfgang Sarlet e Pedro S.M. Aleixo In: *Dimensões da Dignidade*: ensaios de filosofia do direito e direito constitucional. Org. Ingo Wolfgang Sarlet, 2. ed. Porto Alegre: Livraria do Advogado, 2009, p. 54-55.

[34] Menciona Peter Häberle também que ao "rastrear" a jurisprudência alemã: "Resulta a proibição, decorrente da consideração da dignidade humana como 'princípio constitutivo basilar'('valor social e pretensão de respeito por parte dos homens'), de fazer dos homens 'meros objetos do Estado ou de expô-los a tratamento que coloque em causa, em princípio, sua qualidade de sujeito'; assim, restam reforçadas a referencia e a vinculação comunitária da pessoa humana, mas também sua individualidade" HÄBERLE, Peter. A dignidade humana como fundamento da comunidade estatal. Trad. De. Ingo Wolfgang Sarlet *e* Pedro S.M. Aleixo In: *Dimensões da Dignidade*: ensaios de filosofia do direito e direito constitucional. Org. Ingo Wolfgang Sarlet, 2. ed. Porto Alegre: Livraria do Advogado, 2009, p. 54-55.

[35] "[A dignidade deve] ser compreendida como qualidade integrante e, em princípio, irrenunciável do própria condição humana, pode (e deve) ser reconhecida, respeitada, promovida e protegida, não podendo, contudo (no sentido ora empregado) ser criada, concedida ou retirada (embora possa ser violada), já que existe – ou é reconhecida como tal – em cada ser humano como algo que lhe é inerente. E mais: "A dignidade é um valor espiritual e moral inerente à pessoa, que se manifesta singularmente na autodeterminação consciente e responsável da própria vida e que leva consigo a pretensão ao respeito por parte dos demais" p. 22." SARLET, Ingo Wolfgang (org.). *Dimensões da Dignidade*: ensaios de filosofia do direito e direito constitucional. 2. ed. Porto Alegre: Livraria do Advogado, 2009, p. 20.

[36] KLOEPFER, Michael. Vida e dignidade da pessoa humana. Trad. De Rita Dostal Zanini. In: *Dimensões da Dignidade*: ensaios de filosofia do direito e direito constitucional. Org. Ingo Wolfgang Sarlet, 2. ed. Porto Alegre: Livraria do Advogado, 2009, p. 145.

[37] "O direito à vida é o direito de viver. [...] A vida é compreendida, então, num sentido exclusivamente biológico e fisiológico. Pautado no direito à vida, a dignidade da pessoa humana é o direito fundamental mais fortemente impregnando (talvez impregnado) da visão ideológica e política. Por isso, o preceito da dignidade da pessoa humana causa especiais dificuldades[...]". KLOEPFER, Michael. Vida e dignidade da pessoa humana. Trad. De Rita Dostal Zanini. In: *Dimensões da Dignidade:* ensaios de filosofia do direito e direito constitucional. Org. Ingo Wolfgang Sarlet, 2. ed. Porto Alegre: Livraria do Advogado, 2009, p. 150.

[38] KIRSTE, Stephan. *A Dignidade da Pessoa Humana na Jurisprudência do Tribunal Constitucional da Alemanha*. Palestra PUC – Pontifícia Universidade Católica em 02.06.2011. Tradução: Dr. Draiton Gonzaga de Souza e debatedor: Dr. Thadeu Weber.

[39] Ibidem.

a perspectiva da garantia de um 'mínimo existencial'". E segundo: "O perdurar dessa garantia e suas implicações".[40]

A dignidade é um conceito aberto, que deve ser reinterpretado constantemente, levando-se em consideração, aspectos históricos, costumes, aspectos jurídicos, [...].

Uma das maiores, senão a maior garantia, é o respeito aos direitos humanos e fundamentais, e certamente um desses direitos é à vida, assim como condições vivê-la com dignidade.[41][42]

Para Jussara Jacinto, o princípio também é elemento fundante do direito internacional, além do constitucional, e do "movimento de internacionalização dos direitos humanos, surgido a partir das violações sistemáticas desses direitos ocorrida durante a Segunda Guerra Mundial".[43]

Adverte Peter Häberle sobre a dimensão comunitária de dignidade, e refere-se diretamente à proteção ambiental.[44]

Se, como afirma Peter Häberle,[45] a cláusula da dignidade humana "é 'ativada' no caso dos direitos de pessoas desfavorecidas, carecedoras de proteção e de minorias", acredita-se que os refugiados ambientais estariam incluídos.

O Conceito de dignidade da pessoa humana merece atualização constante, e nesse sentido (eu incluiria) contemporaneamente a dignidade dos refugiados ambientais.

---

[40] "Por 'mínimo existencial', se pode atribuir a concreção mesma das condições de efetivação da *dignidade humana*. *Existir exige a efetividade das condições de estar presente como realidade subjetiva*; mais ainda, *reclama a concreção da possibilidade de coexistir, vale dizer, de estar presente como realidade intersubjetiva*". MOLINARO, Carlos Alberto. *Direito Ambiental*. Proibição de Retrocesso. Porto Alegre: Livraria do Advogado, 2007, p. 95.

[41] "Entre esses direitos, está o direito fundamental à vida, bem como das condições de vivê-la dignamente. O direito ambiental, também fundamental, vale dizer, o direito ao gozo de um ambiente são e equilibrado, constitui-se como essencial a existência da vida como a conhecemos. Sua garantia, inclusive, a ultrapassa, para assegurar à vida vindoura". MOLINARO, Carlos Alberto. *Direito Ambiental*. Proibição de Retrocesso. Porto Alegre: Livraria do Advogado, 2007, p. 97-98.

[42] "Neste contexto, Stephan Kirste, apresenta ainda, diferentes conceitos de dignidade, os que sustentam a) *as teorias extrajurídicas da dignidade humana*: 'teorias fortemente influenciadas por pressupostos de direito natural apresentam forte fundamentação extrajurídica da dignidade humana. Com base na história filosófica do conceito, elas sustentam o caráter pré-jurídico da dignidade'; b) *relativização formal da dignidade humana*: consideram a dignidade 'não como um direito humano, mas como um princípio ou valor objetivo'; c) *relativização do conteúdo da dignidade humana*: 'a diminuição do seu conteúdo permite um fortalecimento do seu impacto formal como um direito, especialmente como direito fundamental'". KIRSTE, Stephan. A dignidade humana e o conceito de pessoa de direito. Trad. de Luís Marcos Sander. In: *Dimensões da Dignidade*: ensaios de filosofia do direito e direito constitucional. Org. Ingo Wolfgang Sarlet, 2. ed. Porto Alegre: Livraria do Advogado, 2009, p. 181-185.

[43] JACINTHO, Jussara Maria Moreno. *Dignidade humana: princípio constitucional*. Curitiba, PR: Juruá, 2006, p. 250.

[44] "Para o futuro, um desenvolvimento mais reforçado dos deveres e obrigações decorrentes da dignidade torna-se imperativo. Tal componente encontra fundamento especialmente na dimensão comunitária da dignidade humana, que, em princípio, já foi esporadicamente atualizada, devendo nessa medida, tornar-se atual, tal como os 'limites do crescimento' do Estado social de Direito tornaram necessária a proteção do meio ambiente (art. 20, *a*, LF)". HÄBERLE, Peter. A dignidade humana como fundamento da comunidade estatal. Trad. de Ingo Wolfgang Sarlet; Pedro S.M. Aleixo In: *Dimensões da Dignidade*: ensaios de filosofia do direito e direito constitucional. Org. Ingo Wolfgang Sarlet, 2. ed. Porto Alegre: Livraria do Advogado, 2009, p.57.

[45] HÄBERLE, Peter. A dignidade humana como fundamento da comunidade estatal. Trad. De. Ingo Wolfgang Sarlet; Pedro S.M. Aleixo In: *Dimensões da Dignidade*: ensaios de filosofia do direito e direito constitucional. Org. Ingo Wolfgang Sarlet, 2. ed. Porto Alegre: Livraria do Advogado, 2009, p. 64.

2. Dimensão ecológica da dignidade da pessoa humana e a problemática dos deslocados/refugiados ambientais

Todos possuem um direito humano[46][47] e fundamental[48] de usufruir de um ambiente (meio ambiente) ecologicamente equilibrado, tanto para as presentes como para as futuras gerações.

É o que fez a Declaração de Estocolmo das Nações Unidas sobre o Meio Ambiente Humano em 1972;[49] é, portanto, um marco histórico.

No mesmo sentido, a Declaração do Rio de Janeiro em 1992 (Eco ou Rio 92), que traz fundamentos insculpidos em seus princípios.[50]

Também a Declaração e Programa de Ação de Viena de 1993.[51][52]

Nesse sentido, advertem Ingo Sarlet e Tiago Fensterseifer um "constitucionalismo ecológico, atribuindo ao direito ao ambiente o *status* de direito fundamental, em sentido formal e material, orientado pelo principio da solidariedade".[53]

---

[46] Traz Flávia Piovesan: "A Constituição brasileira de 1988 simboliza o marco jurídico da transição democrática e da institucionalização dos direitos humanos do País. [...]". PIOVESAN, Flávia. Justiciabilidade dos direitos sociais e econômicos: desafios e perspectivas. In: *Direito constitucional*. Temas atuais. Homenagem à Professora Leda Pereira da Mota. São Paulo: Método, 2007, p. 60.

[47] João Baptista Herkenhoff conceitua Direitos Humanos: "Por direitos humanos ou direitos do homem são, modernamente, entendidos aqueles direitos fundamentais que o homem possui pelo fato de ser homem, por sua própria natureza humana, pela dignidade que a ela é inerente. São direitos que não resultam de uma concessão da sociedade política. Pelo contrário, são direitos que a sociedade política tem o dever de consagrar e garantir". HERKENHOFF, João Baptista. *Curso de Direitos Humanos – Gênese dos Direitos Humanos*. Volume 1. São Paulo: Ed. Acadêmica, 1994, p. 30.

[48] Para Ingo Wolfgang Sarlet: "Os direitos fundamentais, como resultado da personalização e positivação constitucional de determinados valores básicos (daí seu conteúdo axiológico), integram, ao lado dos princípios estruturais e organizacionais (a assim denominada parte orgânica ou organizatória da Constituição), a substância propriamente dita, o núcleo substancial, formado pelas decisões fundamentais, da ordem normativa, revelando que mesmo num Estado constitucional democrático se tornam necessárias (necessidade que se fez sentir da forma mais contundente no período que sucedeu à Segunda Grande Guerra) certas vinculações de cunho material para fazer frente aos espectros da ditadura e do totalitarismo". SARLET, Ingo Wolfgang. *Dignidade da pessoa humana e direitos fundamentais na constituição federal de 1988*. 5. ed. Porto Alegre: Livraria do Advogado, 2005, p. 70.

[49] Comenta Ingo Wolfgang Sarlet e Tiago Fensterseifer, "apresenta-se como marco histórico-normativo inicial da proteção ambiental, projetando pela primeira vez no horizonte jurídico, especialmente no direito internacional, a ideia em torno de um direito humano a viver em um ambiente equilibrado e saudável, tornando a qualidade do ambiente como elemento essencial para uma vida humana com dignidade e bem-estar". SARLET, Ingo Wolfgang e FENSTERSEIFER, Tiago. *Direito constitucional ambiental*. Estudos sobre a Constituição, os Direitos Fundamentais e a Proteção do Ambiente. São Paulo: Revista dos Tribunais, 2011, p. 36.

[50] Princípio 1 "Os seres humanos estão no centro das preocupações com o desenvolvimento sustentável. Têm direito a uma vida saudável e produtiva, em harmonia com a natureza". Disponível em http://www.scielo.br/pdf/ea/v6n15/v6n15a13.pdf. Acesso 20.12.2010.

[51] Artigo 11. "O direito ao desenvolvimento deverá ser exercido de modo a satisfazer, de forma equitativa, as necessidades ambientais e de desenvolvimento das gerações presentes e vindouras. [...] direitos do homem e da dignidade da pessoa humana nesta área de preocupação universal. Disponível em http://www.dhnet.org.br/direitos/anthist/viena/viena.html. Acesso em 20.05.2011.

[52] "Como resposta ao Relatório Brundtland e tendo por base suas recomendações, foi realizada em 1992 a Conferência das Nações Unidas sobre Meio Ambiente e Desenvolvimento, que ficou mais conhecida como a "Cúpula da Terra", "Rio92" ou "Eco92". "Esse certamente foi o ponto-chave para uma mudança na consciência planetária e, especialmente, na brasileira, sobre os problemas ambientais mundiais", aponta Paulo Moutinho, coordenador do Programa de Mudanças Climáticas do Instituto de Pesquisas da Amazônia". Disponível em http://www.mudancasclimaticas.andi.org.br/node/92 Acesso em 22.06.2011.

[53] No mesmo sentido: SARLET, Ingo Wolfgang e FENSTERSEIFER, Tiago. *Direito constitucional ambiental*. Estudos sobre a Constituição, os Direitos Fundamentais e a Proteção do Ambiente. São Paulo: Revista dos Tribunais, 2011, p. 38.

A Constituição Federal em seu artigo 225, *caput* e art. 5º, § 2º, atribuiu ao direito do ambiente um *status* de direito fundamental tanto individual como coletivo.

A garantia ao mínimo existencial ecológico[54] é condição para a possibilidade do exercício de outros direitos também fundamentais.

O princípio da dignidade da pessoa humana (em seu conteúdo tanto conceitual quanto normativo) está intrinsicamente relacionado, está imbricado à qualidade do ambiente – ambiente este – enquanto localidade, lugar onde a pessoa vive, trabalha, estuda etc.

Michael Kloepfer, refere também, a proteção contra as agressões à dignidade, como "tratamento degradante, a estigmatização, a perseguição, o desterro",[55] e se poderia acrescer a agressão à dignidade dos deslocados/refugiados ambientais.

No que se refere à dimensão ecológica, por sua vez, vale a referência de uma dimensão *ecológica-inclusiva* da dignidade da pessoa humana, como aduzem Ingo Sarlet e Tiago Fensterseifer, "abrange a ideia em torno de um *bem estar ambiental*, indispensável a uma vida digna, saudável e segura".[56]

Pois, vida e saúde humanas, são fundamentais para o desenvolvimento da personalidade,[57] humana. A vida digna tem dimensão constitutiva socioambiental.[58]

---

[54] Aduzem: "O respeito e a proteção à dignidade humana, como acentua Häberle, reclamam o engajamento do Estado, no sentido de que a garantia da dignidade humana implica seja a todos assegurado um mínimo existencial material; Tais condições materiais elementares constituem-se em premissas do próprio exercício dos demais direitos (fundamentais ou não), resultando, em razão da sua essencialidade para existência humana, em um 'direito a ter e exercer os demais direitos'. Sem o acesso a tais condições existenciais mínimas, o que inclui necessariamente um padrão mínimo de qualidade ambiental, não há que se falar em liberdade real ou fática, quanto menos em um padrão de vida digno". A garantia do mínimo existencial ecológico constitui-se, em verdade, de uma condição de possibilidade do próprio exercício dos demais direitos fundamentais, sejam eles direitos de liberdade, direitos sociais ou mesmo direitos de solidariedade, como é o caso do próprio ambiente". SARLET, Ingo Wolfgang; FENSTERSEIFER, Tiago. Estado socioambiental e mínimo existencial (ecológico?): algumas aproximações. In: *Estado Socioambiental e Direitos Fundamentais*. Andreas Krell... [*et al*]; Ingo Wolfgang Sarlet. Org. Porto Alegre: Livraria do Advogado Editora, 2010, p. 28.

[55] KLOEPFER, Michael. Vida e dignidade da pessoa humana. Trad. De Rita Dostal Zanini. In: *Dimensões da Dignidade*: ensaios de filosofia do direito e direito constitucional. Org. Ingo Wolfgang Sarlet, 2. ed. Porto Alegre: Livraria do Advogado, 2009, p. 157.

[56] No mesmo sentido: SARLET, Ingo Wolfgang; FENSTERSEIFER, Tiago. *Direito constitucional ambiental*. Estudos sobre a Constituição, os Direitos Fundamentais e a Proteção do Ambiente. São Paulo: Revista dos Tribunais, 2011, p. 38.

[57] "Personalidade é portanto, não um 'direito', mas um valor, o valor fundamental do ordenamento, que está na base de uma série (aberta) de situações existenciais, nas quais se traduz a sua incessantemente mutável exigência de tutela". MORAES, Maria Celina Bodin de. *Danos à pessoa humana*: uma leitura civil-constitucional dos danos morais. Rio de Janeiro/São Paulo: Renovar, 2003, p. 121.

[58] Refere Carlos Alberto Molinaro: "A dimensão constitutiva socioambiental da vida humana, desde a perspectiva de uma Ética e de uma racionalidade concretas e reais, não exteriores a nossas vidas, tampouco estabelecidas *a priori*, desde elas, se instrui a constituição dos modos institucionais e não institucionais de organização e reprodução social e dos seres humanos não isoladamente, mas em comunhão com o biótico e abiótico do planeta. Daí a necessidade urgente de satisfazer as necessidades socioambientais mediante proporcional repartição dos bens, refutação das divisões sociais, sexuais, étnicas e, especialmente, geográficas, bem como a vedação da degradação do ambiente, e a negação dos fundamentalismos de mercado e tecnológico, tudo para conformar um diálogo democrático onde o princípio reitor seja a afirmação da igualdade substancial entre todos reunidos no encontro neste 'lugar de encontro', onde somos o 'encontro'." MOLINARO, Carlos Alberto. *Dissertação de Mestrado*. PUC – Pontifícia Universidade Católica. Porto Alegre RS.

Se, por um lado, Enrique Dussel aborda a questão do – outro – e a questão das vítimas,[59] adverte-se, por outro lado, que os deslocados/refugiados ambientais, são vítimas. Esse é o ponto de partida.

E para tanto, o conceito de "refugiados ambientais" que foi introduzido por Lester Brown, do Worldwatch Institute, durante os anos setenta,[60] expressão que foi definida, pelo professor do Centro Nacional de Pesquisas Egípcio, *Essam El-Hinnawi*,[61] em 1985, em um artigo escrito para o Programa das Nações Unidas para o Meio Ambiente (PNUMA), é que popularizou o termo "refugiados ambientais", é importante para que se possa conhecer essa "nova categoria" e assim o define:

> [...] aquelas pessoas que foram forçadas a abandonar o seu habitat tradicional, de forma temporária ou permanente, por causa de uma evidente perturbação ambiental (natural e/ou acionada por pessoas), que ameaça a sua existência e/ou afeta gravemente a qualidade da sua vida.[62]

Embora muitos autores[63] não concordem que expressão tenha sido utilizada pela primeira vez por El-Hinnawi, foi ele que a divulgou no meio científico.

Inúmeros acordos e convenções, foram realizados, todavia, em nenhum momento, expressaram a intenção de amparar às pessoas refugiadas por causas ambientais.

A exemplo da Convenção de Genebra de 1951 e o Protocolo de 1967: "o refugiado deve estar fora de seu país de origem, e seu deslocamento deve justificar-se em temores fundados de perseguição por raça, religião, nacionalidade, grupo social, opinião política".[64] Nenhuma menção ao refugiado ambiental, que que tenha que se

---

[59] Comenta Enrique Dussel: "A ética da libertação é uma ética da responsabilidade a *priori* para com o outro, mas responsabilidade também a *posteriori* dos efeitos não intencionais das estruturas dos sistemas que se manifestam à mera consciência cotidiana do senso comum: as vítimas. Mas, como já frequentemente repetimos, e como essa ética da responsabilidade das consequências é uma ética que tem princípios materiais e formais, não se reduz à boa vontade, à mera boa intenção. A ética da libertação é uma ética da responsabilidade radical, já que se defronta com a consequência inevitável de toda ordem injusta: as vítimas". DUSSEL, Enrique. *Ética da Libertação*: na idade da globalização e da exclusão. Petrópolis: Vozes, 2002, p. 571.

[60] BOGARDI, Janos (et al.) *Control, adapt or flee*. How to face Environmental Migration? In: UN. Intersections. Bornheim: United Nations University, n.5, mai 2007, p. 12.

[61] EL-HINNAWI, Essam. *Environmental Refugees*. Nairobi: United Nations Environment Programme, 1985.

[62] BOGARDI, Janos (et al.) *Control, adapt or flee*. How to face Environmental Migration? In: UN. Intersections. Bornheim: United Nations University, n.5, mai 2007, p. 13. Tradução livre do original, em inglês: "[...] those people who have been forced to leave their traditional habitat, temprarily or permanently, because of a marked environmental disruption (natural and/or triggered by people) that jeopardized their existence and/or seriously affected the quality of their life".

[63] BLACK, Richard. Environmental refugees: myth or reality? In: *New Issues in Refugee Research*. Working Paper n. 34, mar 2001. UNHCR (United Nations High Commissioner for Refugees): Genebra, 2001. "Lester Brown, do *Worldwatch Institute*, utilizou-a pela primeira vez sem, defini-la. Em 1984 o Instituto Internacional para o Meio Ambiente e Desenvolvimento (*International Institute for Environment and Development*), de Londres, abordou-a num documento informativo". Alguns autores atribuem, erroneamente, a origem do conceito de "refugiados ambientais" ao artigo preparado por El-Hinnawi para as Nações Unidas, uma vez que ele já havia sido utilizado um ano antes pelo *International Institute for Environment and Development*. Esta atribuição equivocada é percebida nos textos de JACOBSON, Jodi L. *Environmental Refugees*: A Yardstick of Habitability. Worldwatch Paper 86, Washington: Worldwatch Institute, 1988, COURNIL, Christel. Les réfugiés écologiques: Quelle(s) protection(s), quel(s) statut(s)? In: *Revue du Droit Public*. p. 1035-1066. n. 4, 2006 e PIGUET, Etienne. Climate change and forced migration. In: *New Issues in Refugee Research*. Research Paper n. 153, jan 2008. UNHCR (United Nations High Commissioner for Refugees): Genebra, 2008. Contudo, tal informação em nada interfere no conteúdo do conceito, uma vez que, realmente, foi El-Hinnawi quem o popularizou no meio científico.

[64] BOGARDI, Janos (*et al.*) *Control, adapt or flee*. How to face Environmental Migration? In: UN. Intersections. Bornheim: United Nations University, n.5, mai 2007, divide estes dois elementos em quatro, de forma a constituir a condição de refugiado. Assim, segundo o autor, a pessoa deve estar fora do país de sua nacionalidade ou residência

deslocar por razões ambientais, como tempestades, furacões, tornados, secas, entre outros.

O Protocolo de 1967 estabeleceu a definição clássica de refugiado como qualquer pessoa que:

> [...] em conseqüência de acontecimentos acorridos antes de 1º de janeiro de 1951 e temendo ser perseguida por motivo de raça, religião, nacionalidade, grupo social ou opiniões políticas, se encontra fora do país de sua nacionalidade e que não pode ou, em virtude desse temor, não quer valer-se da proteção desse país ou que, se não tem nacionalidade e se encontra fora do país no qual tinha sua residência habitual em conseqüência de tais acontecimentos não pode ou, devido ao referido temor, não quer voltar a ele)[65]

Com a Convenção de 1969, e a Declaração de Cartagena, de 1984, foram adicionadas possibilidades dos refugiados originarem-se, também, de agressões e ocupações externas.

Por outro lado, aponta Christel Cournil que existem diferentes formas de se referir aos refugiados ambientais:

> "Refugiados ecológicos", migrantes ou "refugiados do ambiente", "refugiados do clima", "eco-refugiados", "pessoas deslocadas em razão de uma catástrofe natural", "êxodo ecológico", etc., são termos[66] que refletem o exílio, a migração ou deslocamento em razão de algo que atente ao meio ambiente.[67][68]

Também a Declaração de Cartagena de 1984 na sua terceira conclusão, refere à necessidade de um conceito mais extenso de refugiado.[69]

Advirta-se que embora falte consenso, sobre o termo, o fato é que "refugiados ambientais" têm necessidade imperante em receber proteção.

---

habitual; deve temer perseguições; o receio de tal perseguição deve fundar-se em questões de raça, nacionalidade, religião, grupo social ou opinião política e, tal temor deve ser bem fundamentado.

[65] Fundação Getúlio Vargas do Rio de Janeiro. Disponível em http//www.fgv.br . Acesso em 15.10.09.

[66] Além destas, pode-se encontrar as expressões "eco-migração" em WOOD, William. Ecomigration: Linkages between Environmental Change and Migration. In: ZOLBERG, Aristide.; BENDA, Peter. (Orgs.). *Global Migrants, Global Refugees:* Problems and solutions. New York: Berghahn Books, 2001. p. 43-61; "migração ambiental" em BOGARDI, Janos (et al.) *Control, adapt or flee.* How to face Environmental Migration? In: UN. Intersections. Bornheim: United Nations University, n.5, mai 2007, HUGO, Graeme. *Migration, development and environment.* IOM Imigration Research Series. n. 35. Genebra: IOM, 2008; "migração ambiental forçada" em BROW, Oli. *Migration and climate change.* IOM Imigration Research Series, n. 31. Genebra: IOM, 2008.

[67] COURNIL, Christel. Les réfugiés écologiques: Quelle(s) protection(s), quel(s) statut(s)? In: *Revue du Droit Public.* p. 1035-1066. n.4, 2006. Tradução livre do original, em francês: "Réfugiés écologiques", migrants ou "réfugiés de l'environnement", "re'fugie's climatiques", "éco-réfugiés", "personnes de'place'es en raison d'une catastrophe naturelle", "exodes e'cologiques", etc., nombreux sont les termes qui traduisent l'exil, la migration ou le de'placement en raison d'une atteinte a` l'environnement." p. 1038.

[68] "[...] as pessoas que têm de sair dos seus habitats, imediatamente ou no futuro próximo, devido à súbitas ou progressivas alterações em seu ambiente natural relacionadas a pelo menos um dos três impactos das alterações climáticas: subida do nível do mar, condições meteorológicas extremas, secas e escassez de água". BIERMANN, Frank; BOAS, Ingrid. Protecting Climate Refugees: The Case for a Global Protocol. In: *Environment:* Science and policy for sustainable development. nov-dez. Washington: Heldref, 2008. Disponível em: <http://www.environmentmagazine.org/ Archives/Back%20Issues/November-December%202008/Biermann-Boas-full.html>. Acesso em: 20 abr 2008. Tradução livre do original, em inglês: "[…] people who have to leave their habitats, immediately or in the near future, because of sudden or gradual alterations in their natural environment related to at least one of three impacts of climate change: sea-level rise, extreme weather events, and drought and water scarcity."

[69] "[...] faz-se necessário encarar a extensão do conceito de refugiado, tendo-se em conta, no pertinente, e dentro das características da situação existente na região, o precedente da Convenção da OUA (artigo 1, parágrafo 2) e a doutrina utilizada nos informes da Comissão Interamericana de Direitos Humanos. desse modo, a definição ou conceito de refugiado recomendável para sua utilização na região é aquela que além de conter os elementos da Convenção de 1951 e do Protocolo de 1967, considere também como refugiados as pessoas que fugiram de seus países porque sua vida, segurança ou liberdade foram ameaçadas pela violência generalizada, a agressão estrangeira, os conflitos internos, a violação massiva dos direitos humanos ou outras circunstâncias que tenham perturbado gravemente a ordem pública ". Disponível em http://www.cidadevirtual.pt/acnur/acn.../cartagen.html. Acesso em 10.05.2011.

Por outra senda, é necessário realizar uma nova abordagem sobre migrantes/ deslocados ambientais, pois para alguns autores[70] sugerem, a utilização de uma nova expressão, alternativa ao termo "refugiado ambiental". Cuja proposta é "migrante ambiental" para atingir a todas estas pessoas.

Porém, em 2007, o relatório da IOM *(International Organization for Migration)*, trouxe uma definição mais adequada de "migrantes ambientais".

> Pessoas ou grupos de pessoas que, por motivos de súbitas ou progressivas alterações no ambiente que afetam negativamente a sua vida ou condições de vida, são obrigados a deixar sua casa habitual, ou optar por fazê-lo, temporária ou permanentemente, e que se deslocam quer no âmbito do seu país ou no estrangeiro.[71]

Adverte-se também que fatores de produção, cujos dados[72] impressionam, demonstram a dimensão do alcance da mobilidade humana sobre o planeta, seja por fatores econômicos, sociais, culturais ou ambientais.

Noutra senda, apresenta Antônio Carlos Pedroso, numa dimensão antropológica dos direitos fundamentais, a dignidade da pessoa humana, enquanto substancia individual, existência relacional, e ainda como fonte material dos direitos fundamentais.[73] E dessa forma, deve ser assegurada uma vida digna aos deslocados/refugiados ambientais.

A dignidade humana é tida por Ultfried Neumann como "fardo humano" refere à dignidade humana como valor e como argumentação deontológica (deveres), e menciona a humilhação[74] como referência, além do princípio da dignidade que tem duas dimensões: a jurídico-estatal e a socioestatal.[75]

---

[70] (BOGARDI, Janos (*et al.*) *Control, adapt or flee*. How to face Environmental Migration? In: UN. Intersections. Bornheim: United Nations University, n.5, mai 2007); (BLACK, Richard *et al. Climate change and migration*: improving methodologies to Estimate flows. n. 31, IOM Migration Research Series. Genebra: International Organization for Migration, 2008); (HUGO, Graeme. Environmental concerns and international migration. In: *International migration review*. 1996, p. 105-131.) entre outros. Por sua vez, WOOD, William. Ecomigration: Linkages between Environmental Change and Migration. In: ZOLBERG, Aristide.; BENDA, Peter. (Orgs.). *Global Migrants, Global Refugees:* Problems and solutions. New York: Berghahn Books, 2001. p. 43-61.) "designa o termo "eco-migrantes" para referir-se a estas pessoas, argumentando que o mesmo poderá ser utilizado tanto para migrantes por causas econômicas como por causas ecológicas ou ainda, quando ambas estiverem presentes. Opta-se neste trabalho por utilizar-se a expressão "migrantes ambientais" pelo fato da maioria dos autores utilizarem-na em suas pesquisas"

[71] Tradução livre do original, em inglês: "[...] persons or groups of persons who, for compelling reasons of sudden or progressive changes in the environment that adversely affect their lives or living conditions, are obliged to leave their habitual homes, or choose to do so, either temporarily or permanently, and who move either within their country or abroad". Disponível em: http://www.iom.int/jahia/jsp/index.jsp. Acesso em 20.06.2011.

[72] 'Um estudo das Nações Unidas, elaborado em 2005, afirma que existiam, naquele ano, cerca de 19 milhões de pessoas, entre refugiados, solicitantes de asilo e deslocados internos, sob a proteção da ACNUR. Somente os refugiados tradicionais somavam mais de nove milhões de pessoas, quantidade essa que já havia ultrapassado os 18 milhões em 1992, tendo diminuído desde então, devido a estabilização política, social e econômica dos países mais afetados. Estes números parecem insignificantes, porém, quando comparados às estimativas da quantidade de pessoas deslocadas por questões ambientais que, mesmo sofrendo variação conforme sua classificação, mostram-se alarmantes, principalmente, diante das perspectivas relacionadas às mudanças climáticas. Quanto ao número de migrantes de todos os gêneros, Bogardi *et al.* (2007), utilizando-se de dados da OIM, também de 2005, assegura existirem cerca de 191 milhões de pessoas, incluindo-se os refugiados e deslocados internos".

[73] PEDROSO, Antônio Carlos. A dimensão antropológica dos direitos fundamentais. In: *Direitos Humanos Fundamentais Positivação e Concretização*. Org. Anna C. da C. Ferraz e Eduardo C. B. Bittar, Osasco: EDIFIEO, 2006, p. 14-29.

[74] Ver nesse sentido também: LINDNER, Evelin. Human Dignity and Humiliation Studies (HumanDHS) Disponível em http://www.humiliationstudies.org/whoweare/evelin084.php. Acesso 30.09.2009.

[75] Argumenta Ultfried Neumann: "A alternativa a um modelo ontológico é uma concepção na qual a dignidade humana não seja compreendida substancialmente, mas de modo relacional; na qual a dignidade humana não deve ser vista, destarte, como reconhecimento de uma caraterística especial do homem, mas sim como promessa comunitária.

Vinculo este que pode ser associado aos refugiados ambientais, pois estão despojados da sua dignidade. Estão humilhados.

E, nesse sentido, uma das questões que se projeta no atual cenário jurídico é a do aumento de pessoas deslocadas por causas ambientais, que se elevará significativamente até a metade deste século, produzindo uma quantidade enorme de indivíduos que, repentinamente ou em face de um processo gradual de destruição do meio ambiente, serão forçados a abandonar seus lares, em busca de outro lugar onde lhe seja garantida a sobrevivência. Estima-se, inclusive, que o número de pessoas deslocadas por questões ambientais já supera a própria quantidade de refugiados perseguidos por razões políticas, sociais ou religiosas.[76]

Corrobora, nesse sentido, o entendimento de Ingo Wolfgang Sarlet e Tiago Fensterseifer, que enxergam nas "pessoas necessitadas em termos ambientais e/ou socioambientais" além de uma problemática também um desafio.[77]

A proteção a estas pessoas foi sistematizada durante o século passado, ganhando força após o término da Segunda Guerra Mundial e a criação das Nações Unidas, quando instituiu-se o primeiro acordo global para tratar dos destinos dos refugiados.

Nesse sentido, o Relatório de Desenvolvimento Humano 2007/2008 do Programa das Nações Unidas pra o Desenvolvimento (PNUD), recebeu a atualidade da discussão em seu título: "Combatendo a mudança climática: solidariedade humana num mundo dividido".[78]

Por um lado, os dados Estatísticos da Fundação Getúlio Vargas[79] apontam que é crescente o número de refugiados por causa de guerras civis, perseguições políti-

---

Ponto de partida para a definição do âmbito de proteção do princípio normativo da dignidade humana não seria a questão sobre em que consiste essa dignidade, mas sim outra completamente diferente, qual seja, por intermédio do que os indivíduos são humilhados, que ações implicam um tratamento indigno de outrem. O ponto de referência é, então, a lesividade do homem sob o ponto de vista do menosprezo social. A objeção natural de que o âmbito de proteção do princípio normativo da dignidade humana só se deixaria determinar no momento em que se soubesse o que é a dignidade humana tem apenas uma plausibilidade *prima facie*. Isso porque dignidade é aquilo que é protegido pelo princípio da dignidade humana". NEUMANN, Ultfried. A dignidade humana como fardo humano – ou como utilizar um direito contra o respectivo titular. Trad. Ingo Wolfgang Sarlet. In: *Dimensões da Dignidade*: ensaios de filosofia do direito e direito constitucional. Org. Ingo Wolfgang Sarlet, 2. ed. Porto Alegre: Livraria do Advogado, 2009, p. 239-240.

[76] Ver também: SPAREMBERGER, Raquel. F Lopes e BÜHRING, Marcia Andrea. A problemática dos refugiados/deslocados/Migrantes ambientais e a demanda por direitos sociais: Desafios de ontem e perspectivas para o amanha. *Direitos Fundamentais & Justiça*. Pontifícia Universidade Católica do Rio Grande do Sul. Programa de Pós-Graduação, Mestrado e Doutorado. N. 13 (out./dez. 2010). Porto Alegre: HS Editora, 2010, p. 96ss.

[77] "A sujeição de tais indivíduos e grupos sociais aos efeitos negativos da degradação ambiental irá agravar ainda mais a vulnerabilidade das suas condições existenciais, submetendo-as a um quadro de ainda maior indignidade, inclusive de modo a enquadrá-las na situação jurídica de necessitados ambientais ou mesmo refugiados ambientais. As pessoas mais vulneráveis aos efeitos negativos da degradação ambiental são aquelas mais pobres, as quais possuem uma condição de vida precária em termos de bem-estar, desprovidas do acesso aos seus direitos sociais básicos (moradia adequada e segura, saúde básica, saneamento básico e água potável, educação, alimentação adequada etc.)". SARLET, Ingo Wolfgang; FENSTERSEIFER, Tiago. Estado socioambiental e mínimo existencial (ecológico?): algumas aproximações. In: *Estado Socioambiental e Direitos Fundamentais*. Andreas Krell... [*et al*]; Ingo Wolfgang Sarlet. Org. Porto Alegre: Livraria do Advogado, 2010, p. 50ss.

[78] Relatório de Desenvolvimento Humano 2007/2008 do Programa das Nações Unidas para o Desenvolvimento. Disponível em http//pnud.org.br/rdh. Acesso em 12.12.2010.

[79] É claro que o "deslocar-se" faz parte da história, mas foi o final da Segunda-Guerra Mundial o marco inaugural para o abrigo internacional a sua proteção, em determinadas situações, no contorno específico da figura do refugiado. A proteção ao refugiado encontra abrigo no marco fundamental dos direitos humanos: assinada em 1948, a Declaração Universal dos Direitos Humanos estabelece que *toda pessoa vítima de perseguição tem o direito de procurar e de gozar asilo em outros países*. Nesse sentido, 134 países comprometeram-se com a causa no momento da assinatura

cas, ideológicas e religiosas, violências étnicas e outras violações graves de direitos humanos no Brasil,[80] mas também é grande o número de deslocados/refugiados em razão das mudanças climáticas.

Para Antony Giddens, as ameaças climáticas parecem um tanto quanto irreais, ou seja, chega a cogitar um paradoxo, pois os efeitos não são imediatos.[81]

Só não se pode esperar demais.

As evidências de que o desequilíbrio ambiental alterará o modo de vida de populações inteiras, principalmente se os cenários projetados em decorrência das alterações climáticas se efetivarem, exigirão um esforço mundial no sentido de dirimir as consequências destas mudanças sobre a vida das pessoas. Nesse sentido, do mesmo modo que o aquecimento global irá interferir na produção de alimentos, diminuindo as áreas agricultáveis em razão da intensificação de secas, enchentes e outros eventos, também irá agravar o problema dos deslocados por causas ambientais, não permitindo, em muitos casos, a permanência destes em seus lugares de origem.[82]

Esboçam-se, nesse contexto, no âmbito do direito internacional dos refugiados e das ciências que estudam as migrações, de modo geral, modelos de sistemas internacionais que, de alguma forma, estabeleçam princípios e diretrizes para o tratamento das pessoas deslocadas e que sejam capazes de atribuir obrigações aos países em razão de sua contribuição para o agravamento dos problemas ambientais. No entanto, tais discussões parecem construir-se em torno de caminhos diferentes, não havendo ainda um consenso que possibilite que os esforços sejam conjugados em torno de objetivos comuns.[83]

A situação das pessoas que precisam se deslocar em razão de eventos climáticos, é de extrema vulnerabilidade, como aborda Hannah Arendt.[84] E, cujo objetivo é apenas que sejam criadas condições para uma vida digna.

---

da Convenção sobre o Estatuto dos Refugiados de 1951 e do Protocolo de 1967. Fundação Getúlio Vargas do Rio de Janeiro. Disponível em http//www.fgv.br . Acesso em 15.10.09.

[80] "Nascidos em períodos históricos diversos, o Direito Internacional Humanitário (DIH), o Direito Internacional dos Refugiados (DIR) e o Direito Internacional dos Direitos Humanos (DIDH) apresentam aplicabilidades e mecanismos de supervisões diferenciados. Todavia, tais particularidades não afastam, e sim intensificam sua complementaridade, uma vez que tais vertentes possuem um elemento em comum: a proteção da pessoa humana. A realidade do mundo contemporâneo refletida em temas como guerra contra o terrorismo, conflitos armados, refugiados, deslocados, entre tantos outros, conduz à inafastabilidade do estudo do DIH e do DIR [...].". Fundação Getúlio Vargas do Rio de Janeiro. Disponível em http//www.fgv.br . Acesso em 15.10.09.

[81] "Não importa quanto nos falem dessas ameaças, é difícil enfrenta-las, porque dão a impressão de serem meio irreais – e, enquanto isso, há uma vida por viver, com todos os seus prazeres e pressões. A política da mudança climática tem que lidar com o que chão de "paradoxo de Giddens": visto que os perigos representados pelo aquecimento global não são palpáveis, imediatos ou visíveis no decorrer da vida cotidiana, por mais assustadores que se afigurem, muita gente continua sentada, sem fazer nada de concreto a seu respeito. No entanto, esperar que eles se tornem visíveis e agudos para só então tomarmos medidas sérias será, por definição, tarde demais". GIDDENS, Antony. A política da mudança climática. Trad. Vera Ribeiro. Rio de Janeiro: Zahar, 2010, p. 20.

[82] SPAREMBERGER, Raquel. F Lopes e BÜHRING, Marcia Andrea. A problemática dos refugiados/deslocados/Migrantes ambientais e a demanda por direitos sociais: Desafios de ontem e perspectivas para o amanha. *Direitos Fundamentais & Justiça*. Pontifícia Universidade Católica do Rio Grande do Sul. Programa de Pós-Graduação, Mestrado e Doutorado. N. 13 (out./dez. 2010). Porto Alegre: HS Editora, 2010, p. 96ss.

[83] SPAREMBERGER, Raquel. F Lopes e BÜHRING, Marcia Andrea. A problemática dos refugiados/deslocados/Migrantes ambientais e a demanda por direitos sociais: Desafios de ontem e perspectivas para o amanha. *Direitos Fundamentais & Justiça*. Pontifícia Universidade Católica do Rio Grande do Sul. Programa de Pós-Graduação, Mestrado e Doutorado. N. 13 (out./dez. 2010). Porto Alegre: HS Editora, 2010, p. 96ss.

[84] Argumenta Hannah Arendt: "A situação dos refugiados e refugiadas é, sem dúvida, uma das mais precárias a que fica sujeito o ser humano. Extremamente vulnerável, distante de tudo o que habitualmente sustenta as relações e a

Edith Weiss, atentando-se ao acesso aos recursos do meio ambiente, admite que: "A obrigação planetária de assegurar o uso equitativo requer que essas populações tenham um acesso razoável aos recursos naturais, tais como a água doce e terra cultivável, ou seus benefícios".[85]

Concretizar-se-ia, o "direito universal de hospitalidade" em se estabelecendo uma convenção internacional para proteger os migrantes ambientais, poder-se-ia aproveitar tal ocasião para traçar novos requisitos para acolher essas pessoas.[86]

Certamente sejam estes os grandes desafios que circundam a problemática dos deslocados ambientais, e que exigirão certa sensibilidade dos governantes e dos organismos internacionais para que as respostas dadas acabem por não tornar ainda mais complexa a questão.

Os exemplos são muitos, em todo mundo: Estado de Tuvalu no Oceano Pacífico; a República das Maldivas no Oceano Índico; *Tsunami* em 2004, Furacão *Katrina* em 2005, Enchentes em 2008 em Santa Catarina-BR; Chernobyl na Ucrânia em 1986, bem demonstram as grandes proporções que a natureza "furiosa" pode tomar, e quais dimensões podem atingir.

Segundo Oli Brown, as estatísticas mostram que as mudanças climáticas exercem grande influência

> A avalanche de estatísticas acima se traduz em um simples fato – de que as tendências atuais da "capacidade de carga" de grande parte do mundo, ou seja, a capacidade dos diferentes ecossistemas de fornecer alimentos, água e abrigo para populações humanas, será comprometida pelas mudanças climáticas.[87]

---

estrutura emocional e afetiva de uma pessoa, o refugiado se depara com os desafios de quem só tem a alternativa de recomeçar a própria vida, com a força das boas lembranças e da terra de origem, com a experiência dos difíceis momentos que o expulsaram de sua pátria e com a esperança de que alguém, um país, uma comunidade, o acolham e lhe protejam, pelo menos, o grande bem que lhe restou, a própria vida". ARENDT, Hannah. *As origens do totalitarismo*. Anti-semitismo. Imperialismo. Totalitarismo. Tradução de Roberto Raposo. 4. reimp. São Paulo: Companhia das Letras, 1989, p. 327.

[85] Tradução livre do original, *em espanhol*: "La obligación planetaria de asegurar el uso equitativo requeriría que esas poblaciones tengan un acceso razonable a os recursos naturales, tales como el agua dulce, y tierra cultivable, o sus beneficios." Sugere inclusive uma "obrigação planetária" – pressupõe que se compreenda e se assuma uma responsabilidade para com o outro desconhecido, fundada no princípio da "hospitalidade universal", seja pela via do compromisso de um Estado com outro ou mesmo de uma comunidade para com as pessoas que migram. WEISS, Edith Brown. *Un mundo justo para las futuras generaciones:* derecho internacional, patrimonio común y equidad intergeneracional. New York: United Nations Press, 1999, 87.

[86] [...] incorporar novos requisitos para o acolhimento de refugiados. Assim, para além das habituais regras de não repulsão e acolhimento temporário, seria desafiador integrar em um tratado internacional sobre as obrigações de tratamento digno para os refugiados pelo país de acolhimento, seja o movimento dos refugiados interno ou internacional Tradução livre do original, em francês: "[...] d'insérer de nouvelles exigences pour l'accueil des réfugiés. Ainsi, en plus des règles coutumières de non-refoulement et d'accueil temporaire, il serait ambitieux d'intégrer dans un traité international des obligations sur le traitement digne des réfugiés par le pays d'accueil, et ce, que le déplacement du réfugié soit interne ou international." COURNIL, Christel; MAZZEGA, Pierre. Réflexions prospectives sur une protection juridique des réfugiés écologiques. In: *Revue Européenne des Migrations Internationales*. n. 1, 2007, p. 17.

[87] Tradução livre do original, em inglês: "The avalanche of statistics above translates into a simple fact—that on current trends the "carrying capacity" of large parts of the world, i.e. the ability of different ecosystems to provide food, water and shelter for human populations, will be compromised by climate change." BROW, Oli. *Migration and climate change*. IOM Imigration Research Series, n. 31. Genebra: IOM, 2008, p. 17.

No Brasil[88] não é diferente, adverte Janos Bogardi, diretor do Instituto de Meio Ambiente e Segurança Humana da UNU. "Esta nova categoria de refugiado precisa encontrar seu lugar nos acordos internacionais".[89]

O Território Nacional é imenso, e os problemas enfrentados são muitos.

Para Sidney Guerra, a ACNUR deve assegurar proteção (mas atenção, não é para todo e qualquer deslocado, migrante, refugiado).[90]

Importante frisar que em 2008, foi elaborado um esboço/Projeto para a Convenção acerca do *Status* das Pessoas Deslocadas pelo Meio Ambiente, ou por causas ambientais.[91]

Ao que comenta Marcia Brandão Carneiro Leão que em 2008, foi publicado um projeto para uma Convenção.[92]

O novo e recente Relatório de Desenvolvimento Humano 2011 do Programa das Nações Unidas para o Desenvolvimento (PNUD), discute: "Sustentabilidade e Equidade: Um Futuro Melhor para Todos"[93] e cuja Classificação do IDH de 2011 e alteração na classificação de 2010 para 2011 aponta que o Brasil está na posição 84 e que subiu uma posição em relação ao ano anterior. Esses dados, embora ruins, apontam que em relação à classificação geral dos países do mundo, está-se bem a frente dos piores colocados que são República Democrática do Congo (187) e Níger (186), ou pelo contrário, bem piores que os melhores do mundo como Noruega (1), Austrália (2), Países Baixos (3), Estados Unidos (4), Canadá (5) Mas não se pode comparar, pois as diferenças são muitas, para pior ou para melhor.

---

[88] "Em 2002, o Instituto Brasileiro de Geografia e Estatística (IBGE) ouviu todas as prefeituras brasileiras para traçar um perfil do meio-ambiente nos municípios do país. E dos 50 que mais perderam população entre os censos de 1991 e 2000 – todos com até 20 mil habitantes – metade declarou enfrentar alterações ambientais relevantes que afetaram a vida da população." CAMPOS, André. *Refugiados ambientais*. Disponível em http//www.reporterbrasil.org.br. Acesso 26.10.2009.

[89] "Dados da universidade indicam que o número de 'refugiados ambientais' no mundo pode, em breve, ultrapassar a quantidade oficial de pessoas em situação de risco contabilizadas pelo Alto Comissariado da ONU para Refugiados (ACNUR) – lista que abarca, entre outros, refugiados políticos e pessoas em busca de asilo. Estimativas do Comitê Internacional da Cruz Vermelha, por sua vez, mostram que já hoje há mais pessoas deslocadas por desastres ambientais do que por guerras.". CAMPOS, André. *Refugiados ambientais*. Disponível em http//www.reporterbrasil.org.br. Acesso 26.10.2009.

[90] "O Alto Comissariado das Nações Unidas para os Refugiados está, de certo modo, incumbido de assegurar que os Refugiados sejam protegidos pelo seu país de acolhimento e, tanto quanto possível, apoia o Governo em causa. Deve-se enfatizar que o Alto Comissariado não é uma organização de natureza supranacional e não substitui as competências e responsabilidades do Estado no que se refere à proteção da pessoa humana". GUERRA, Sidney. Curso de Direito Internacional Público. 4. ed. Rio de Janeiro: Lumen Juris, 2009, p. 512.

[91] Convenção acerca do *Status* das Pessoas Deslocadas pelo Meio Ambiente Disponível em <http://www.cidce.org/pdf/Draft%20Convention%20on%20the%20International%20Status%20on%20environmentally%20displaced%20persons.pdf>. Acesso em 20.06.2011.

[92] "No ano de 2008, foi publicado um Projeto para uma Convenção acerca do Status das Pessoas Deslocadas pelo Meio Ambiente, resultado do trabalho desenvolvido pelo CRIDEAU (Interdisciplinary Center of Research on Environmental,Planning and Urban Law), pelo CRDP (Center of Research on persons rights), e por grupos temáticos do OMIJ (Institutional and Judicial Mutations Observatory), da Faculdade de Direito e Ciência Econômica da Universidade de Limoges, com o apoio do CIDCE (International Center of Comparative Environmental Law". LEÃO. Marcia Brandão Carneiro. Direitos Humanos e Meio Ambiente: mudanças climáticas, "refugiados" ambientais e Direito Internacional. http://www.nima.puc-rio.br/aprodab/artigos/clima_e_refugiados_ambientais_marcia_brandao_carneiro_leao.pdf.

[93] Relatório de Desenvolvimento Humano 2011 do Programa das Nações Unidas para o Desenvolvimento. Disponível em http//pnud.org.br/rdh. Acesso em 10.02.2012.

Aponta o Relatório que o grande desafio do desenvolvimento do século XXI "é a salvaguarda do direito das gerações de hoje e do futuro a vidas saudáveis e gratificantes".[94]

Por ora, "proteger o meio ambiente, em ultima análise, significa proteger a própria preservação da espécie humana",[95] e significa também e ao mesmo tempo, criar mecanismos de proteção aos deslocados/refugiados ambientais, capazes de lhes assegurar condições dignas – de vida digna, pois já foram despojados, humilhados.

Considerações finais

A dignidade da pessoa humana é um direito inerente ao ser humano, é qualidade integrante e irrenunciável da própria condição humana – não pode e não deve ser retirada, criada ou concedida – pois é intrínseca, é atributo, é o esteio do Estado Democrático de Direito, é por consequência, condição da democracia.

É um conceito aberto, que deve ser interpretado (e) (re)interpretado constantemente, levando-se em consideração, aspectos históricos, costumes, aspectos jurídicos, sociais, etc.,

A dignidade é qualidade intrínseca e indissociável, e irrenunciável, é atributo da pessoa, como aborda Ingo Sarlet, e com o qual se concorda.

O Conceito de dignidade da pessoa humana merece atualização constante, e nesse sentido (eu incluiria) contemporaneamente a dignidade dos deslocados/refugiados ambientais.

Essa expressão, *refugiados ambientais* – trazida por Essam El-Hinnawi em 1985 – também merece atualização, pois são contemporaneamente todos as pessoas que são forçadas a abandonar o seu lugar habitual, no qual vivem, em razão de eventos da natureza, de eventos climáticos.

O número de deslocados/refugiados cresceu assustadoramente nos últimos anos, e tende a crescer ainda mais. Necessário, portanto, o aprimoramento de políticas de cooperação entre os países, com a finalidade de minimizar os impactos que venham a ser causados por desastres naturais, que pode-se fazer pela transferência tecnológica, repasse de recursos materiais-financeiros, e também recursos humanos.

Também a efetivação de estratégias para adaptação destes grupos vulneráveis, exigindo (solicitando) inclusive dos países desenvolvidos cooperação para com os países – em situação de vulnerabilidade, "criando mecanismos/formas de proteção e de minimização e/ou redução dos impactos".

---

[94] "O Relatório do Desenvolvimento Humano de 2011 oferece novos e importantes contributos para o diálogo global sobre este desafio, mostrando como a sustentabilidade está indissociavelmente ligada à equidade – a questões de imparcialidade e justiça social e de um maior acesso a melhor qualidade de vida. As previsões sugerem que o continuado insucesso na redução dos riscos ambientais graves e das crescentes desigualdades ameaça abrandar décadas de progresso sustentado da maioria pobre da população mundial – e até inverter a convergência global do desenvolvimento humano. [...]". Relatório de Desenvolvimento Humano 2011 do Programa das Nações Unidas para o Desenvolvimento. Disponível em http//pnud.org.br/rdh. Acesso em 10.02.2012.

[95] FIORILLO, Celso Antonio Paduco e RODRIGUES, Marcelo Abelha. *Manual de Direito Ambiental e legislação aplicável*. 2 ed. rev e ampl. São Paulo: Max limonad, 1999, p. 73.

Referências bibliográficas

AFONSO DA SILVA, José. *Interpretação Constitucional*. I Seminário de Direito Constitucional Administrativo de 30 de maio a 03 de junho de 2005. Tribunal de Contas de São Paulo. Disponível em http://www.tcm.sp.gov.br/legislacao/doutrina/ Acesso em 21.06.2011.

ARENDT, Hannah. *A condição Humana*, 10 ed. Rio de Janeiro: Forense Universitária, 2002.

──. *As origens do totalitarismo*. Anti-semitismo. Imperialismo. Totalitarismo. Tradução de Roberto Raposo. 4. reimp. São Paulo: Companhia das Letras, 1989.

BARROSO, Luíz Roberto. A Dignidade da Pessoa Humana no Direito Constitucional Contemporâneo: Natureza Jurídica, Conteúdos Mínimos e Critérios de Aplicação. Versão provisória para debate público. Mimeografado, dezembro de 2010.

BIERMANN, Frank; BOAS, Ingrid. Protecting Climate Refugees: The Case for a Global Protocol. In: *Environment:* Science and policy for sustainable development. nov-dez. Washington: Heldref, 2008. Disponível em: <http://www.environmentmagazine.org/ Archives/Back%20Issues/November-December%202008/Biermann-Boas-full.html>. Acesso em: 20 abr 2008.

BITTAR, Eduardo C. B. Hermenêutica e Constituição: a dignidade da pessoa humana como legado à pós modernidade. *In*: Direitos Humanos Fundamentais Positivação e Concretização. Org. Anna C. da C. Ferraz e Eduardo C. B. Bittar.

BLACK, Richard. Environmental refugees: myth or reality? In: *New Issues in Refugee Research*. Working Paper n. 34, mar 2001. UNHCR (United Nations High Commissioner for Refugees): Genebra, 2001.

── et al. Climate change and migration: improving methodologies to Estimate flows. n. 31, IOM Migration Research Series. Genebra: International Organization for Migration, 2008

BOGARDI, Janos (*et al.*) *Control, adapt or flee*. How to face Environmental Migration? In: UN. Intersections. Bornheim: United Nations University, n.5, mai 2007.

BOSSELMANN, Klaus. Direitos Humanos, Meio Ambiente e Sustentabilidade. *In: Estado Socioambiental e Direitos Fundamentais*. Andreas Krell... [*et al*]; Ingo Wolfgang Sarlet. Org. Porto Alegre: Livraria do Advogado Editora, 2010.

BRAGATO, Fernanda Frizzo. A definição de pessoa e de dignidade humana e suas implicações práticas. *Direitos Fundamentais & Justiça*. Pontifícia Universidade Católica do Rio Grande do Sul. Programa de Pós-Graduação, Mestrado e Doutorado. nº 13 (out./dez. 2010). Porto Alegre: HS Editora, 2010.

BROW, Oli. *Migration and climate change*. IOM Imigration Research Series, n. 31. Genebra: IOM, 2008.

BÜHRING, Marcia Andrea. *Responsabilidade Civil Extracontratual do Estado*. São Paulo: Thomson-IOB, 2004.

CARTA DOS DIREITOS FUNDAMENTAIS DA UNIÃO EUROPEIA. Disponível em: http://www.europarl.europa.eu/charter/pdf/text_pt.pdf. Acesso em 21.06.2011.

CAMPOS, André. *Refugiados ambientais*. Disponível em http//www.reporterbrasil.org.br. Acesso 26.10.2009.

CANOTILHO, José Joaquim Gomes. Direito Constitucional e teoria da constituição, 7. ed. Coimbra: Almedina, 2003.

CASTLES, Stephen. Environmental change and forced migration: making sense of the debate. In: *New Issues in Refugee Research*. Working Paper n. 70, out 2002. UNHCR (United Nations High Commissioner for Refugees): Genebra, 2002.

CONVENÇÃO acerca do *Status* das Pessoas Deslocadas pelo Meio Ambiente Disponível em <http://www.cidce.org/pdf/Draft%20Convention%20on%20the%20International%20Status%20on%20environmentally%20displaced%20persons.pdf>. Acesso em 20.06.2011.

COURNIL, Christel. Les *réfugiés écologiques*: Quelle(s) protection(s), quel(s) statut(s)? In: Revue du Droit Public. p. 1035-1066. n.4, 2006

──; MAZZEGA, Pierre. Réflexions prospectives sur une protection juridique des réfugiés écologiques. In: *Revue Européenne des Migrations Internationales*. n. 1, 2007.

DUSSEL, Enrique. *Ética da Libertação*: na idade da globalização e da exclusão. Petrópolis: Vozes, 2002.

EL-HINNAWI, Essam. *Environmental Refugees*. Nairobi: United Nations Environment Programme, 1985.

FACHIN, Luiz Edson e RUZYK, Carlos Eduardo Pianovski. Direitos Fundamentais, dignidade da pessoa humana e o novo Código Civil: uma análise crítica. *In: Constituição, Direitos Fundamentais e Direito Privado*. Aldacy Coutinho...[*et. al*] org. Ingo Wolfgang Sarlet. Porto Alegre: Livraria do Advogado Editora, 2003.

FIORILLO, Celso Antonio Paduco e RODRIGUES, Marcelo Abelha. *Manual de Direito Ambiental e legislação aplicável*. 2 ed. rev e ampl. São Paulo: Max limonad, 1999.

FUNDAÇÃO Getúlio Vargas do Rio de Janeiro. Disponivel em http//www.fgv.br . Acesso em 15.10.09.

GIDDENS, Antony. *A política da mudança climática*. Trad. Vera Ribeiro. Rio de Janeiro: Zahar, 2010.

HÄBERLE, Peter. A dignidade humana como fundamento da comunidade estatal. Trad. De. Ingo Wolfgang Sarlet e Pedro S.M. Aleixo *In: Dimensões da Dignidade: ensaios de filosofia do direito e direito constitucional*. Org. Ingo Wolfgang Sarlet, 2. ed. Porto Alegre: Livraria do Advogado, 2009.

HÄBERLE, Peter. *Constituição é declaração de amor ao país*. Consultor Jurídico, Entrevista a Marília Scriboni e Rodrigo Haidar em 29 de maio de 2011.

HERKENHOFF, João Baptista. *Curso de Direitos Humanos – Gênese dos Direitos Humanos*. Volume 1. São Paulo: Ed. Acadêmica, 1994.

HUGO, Graeme. Environmental concerns and international migration. In: *International migration review*. 1996.

HUGO, Graeme. *Migration, development and environment.* IOM Imigration Research Series. n. 35. Genebra: IOM, 2008;

JACINTHO, Jussara Maria Moreno. *Dignidade humana: princípio constitucional.* Curitiba, PR: Juruá, 2006.

JACOBSON, Jodi L. Environmental Refugees: A Yardstick of Habitability. Worldwatch Paper 86, Washington: Worldwatch Institute, 1988.

KIRSTE, Stephan. *A Dignidade da Pessoa Humana na Jurisprudência do Tribunal Constitucional da Alemanha.* Palestra PUC – Pontifícia Universidade Católica em 02.06.2011. Tradução: Dr. Draiton Gonzaga de Souza e debatedor: Dr. Thadeu Weber.

KIRSTE, Stephan. A dignidade humana e o conceito de pessoa de direito. Trad. de Luís Marcos Sander. In: *Dimensões da Dignidade: ensaios de filosofia do direito e direito constitucional.* Org. Ingo Wolfgang Sarlet, 2. ed. Porto Alegre: Livraria do Advogado, 2009.

KLOEPFER, Michael. Vida e dignidade da pessoa humana. Trad. De Rita Dostal Zanini. In: *Dimensões da Dignidade: ensaios de filosofia do direito e direito constitucional.* Org. Ingo Wolfgang Sarlet, 2. ed. Porto Alegre: Livraria do Advogado, 2009.

LEÃO. Marcia Brandão Carneiro. Direitos Humanos e Meio Ambiente: mudanças climáticas, "refugiados"ambientais e Direito Internacional. http://www.nima.puc-rio.br/aprodab/artigos/clima_e_refugiados_ambientais_marcia_brandao_carneiro_leao.pdf.

LIMA, Rui Cirne. *Conceito de pessoa jurídica.* [S.l.: s.n., 1910?]. Separata d' Estudos. [s/editora], [s/d].

LINDNER, Evelin. *Human Dignity and Humiliation Studies* (HumanDHS) Disponivel em http://www.humiliationstudies.org/whoweare/evelin084.php. Acesso 30.09.2009.

MAURER, Béatrice. Notas sobre o respeito da dignidade da pessoa humana... ou pequena fuga incompleta em torno de um tema central. Trad. De Rita Dostal Zanini. In: *Dimensões da Dignidade: ensaios de filosofia do direito e direito constitucional.* Org. Ingo Wolfgang Sarlet, 2. ed. Porto Alegre: Livraria do Advogado, 2009.

MARTINS, Flademir Jerônimo Belinati. *Dignidade da pessoa humana: princípio constitucional fundamental.* Curitiba, PR: Juruá, 2003.

MOLINARO, Carlos Alberto. *Direito Ambiental.* Proibição de Retrocesso. Porto Alegre: Livraria do Advogado, 2007.

——. *Dissertação de Mestrado.* PUC – Pontifícia Universidade Católica. Porto Alegre RS.

MORAES, Maria Celina Bodin de. Conceito de dignidade humana: substrato axiológico e conteúdo normativo. In: Constituição, Direitos Fundamentais e Direito Privado. Aldacy Coutinho...[et. al] org. Ingo Wolfgang Sarlet. Porto Alegre: Livraria do Advogado, 2003.

MORAES, Maria Celina Bodin de. *Danos à pessoa humana:* uma leitura civil-constitucional dos danos morais. Rio de Janeiro/São Paulo: Renovar, 2003.

NERY, Rosa Maria de Andrade. Pensamento jurídico e teoria geral do direito privado. São Paulo: RT, 2008.

NEUMANN, Ultfried. A dignidade humana como fardo humano – ou como utilizar um direito contra o respectivo titular. Trad. Ingo Wolfgang Sarlet In: *Dimensões da Dignidade: ensaios de filosofia do direito e direito constitucional.* Org. Ingo Wolfgang Sarlet, 2. ed. Porto Alegre: Livraria do Advogado, 2009.

NUNES, Luiz Antonio Rizzatto. *Principio da Dignidade da Pessoa Humana.* São Paulo: Saraiva, 2002.

OLIVEIRA, Manfredo A. de. *A filosofia na crise da modernidade.* Coleção Filosofia. Loyola, 1995.

PEDROSO, Antônio Carlos. A dimensão antropológica dos direitos fundamentais. *In*: Direitos Humanos Fundamentais Positivação e Concretização. Org. Anna C. da C. Ferraz e Eduardo C. B. Bittar, Osasco: EDIFIEO, 2006.

PIGUET, Etienne. Climate change and forced migration. In: *New Issues in Refugee Research.* Research Paper n. 153, jan 2008.

PIOVESAN, Flávia. Justiciabilidade dos direitos sociais e econômicos: desafios e perspectivas. In: *Direito constitucional* – temas atuais. Homenagem à Professora Leda Pereira da Mota. São Paulo: Método, 2007.

ROCHA, Cármen Lúcia Antunes. *O Princípio da Dignidade da Pessoa Humana e a Exclusão* Social, in: Revista Interesse Público, n° 04, 1999.

SARLET, Ingo Wolfgang *Eficácia dos Direitos Fundamentais.* Porto Alegre: Livraria do Advogado, 1998.

——. *Dignidade da pessoa humana e direitos fundamentais na Constituição Federal de 1988.* 7. ed. Porto Alegre: Livraria do Advogado, 2009.

—— (org). *Dimensões da Dignidade*: ensaios de filosofia do direito e direito constitucional. 2. ed. Porto Alegre: Livraria do Advogado, 2009.

——; FENSTERSEIFER, Tiago. Estado socioambiental e mínimo existencial (ecológico?): algumas aproximações. *In: Estado Socioambiental e Direitos Fundamentais.* Andreas Krell... [et al]; Ingo Wolfgang Sarlet. Org. Porto Alegre: Livraria do Advogado, 2010.

——; ——. *Direito constitucional ambiental.* Estudos sobre a Constituição, os Direitos Fundamentais e a Proteção do Ambiente. São Paulo: Revista dos Tribunais, 2011.

SEELMANN, Kurt. Pessoa e dignidade da pessoa humana na filosofia de HEGEL. Trad. De Rita Dostal Zanini. In: *Dimensões da Dignidade: ensaios de filosofia do direito e direito constitucional.* Org. Ingo Wolfgang Sarlet, 2. ed. Porto Alegre: Livraria do Advogado, 2009.

SILVA, José Afonso da. *Curso de direito Constitucional positivo.* São Paulo: Malheiros, 2008.

SINGER, Peter. *Ética Prática*. 3 ed. São Paulo: Martins Fontes, 2002.

SPAREMBERGER, Raquel. F Lopes e BÜHRING, Marcia Andrea. A problemática dos refugiados/deslocados/Migrantes ambientais e a demanda por direitos sociais: Desafios de ontem e perspectivas para o amanha. *Direitos Fundamentais & Justiça*. Pontifícia Universidade Católica do Rio Grande do Sul. Programa de Pós-Graduação, Mestrado e Doutorado. N. 13 (out./dez. 2010). Porto Alegre: HS Editora, 2010.

STARCK, Christian. Dignidade Humana como garantia constitucional: o exemplo da Lei Fundamental alemã. Trad. De Rita Dostal Zanini. In: *Dimensões da Dignidade*: ensaios de filosofia do direito e direito constitucional. Org. Ingo Wolfgang Sarlet, 2. ed. Porto Alegre: Livraria do Advogado, 2009.

UNHCR (United Nations High Commissioner for Refugees): Genebra, 2008.

WEISS, Edith Brown. *Un mundo justo para las futuras generaciones:* derecho internacional, patrimonio común y equidad intergeneracional. New York: United Nations Press, 1999, 87.

WOOD, William. Ecomigration: Linkages between Environmental Change and Migration. In: ZOLBERG, Aristide.; BENDA, Peter. (Orgs.). *Global Migrants, Global Refugees:* Problems and solutions. New York: Berghahn Books, 2001.

— 10 —

A judicialização do direito fundamental à saúde e dos demais direitos fundamentais do art. 6º e os princípios da prevenção e da precaução[1]

MÁRCIA ROSA DE LIMA[2]

Sumário: 1. Introdução; 2. Os direitos fundamentais do art. 6º da Constituição Federal de 1988; 3. A judicialização perante o Supremo Tribunal Federal; 4. A "confusão" entre direito à saúde e direito à vida; 5. Os princípios da prevenção e da precaução segundo Sunstein, Juarez Freitas e Montague; 6. Conceitos dos princípios; 7. Aplicabilidade do princípio da precaução; 8. A diferenciação segundo Juarez Freitas, Montague e Sunstein; 9. Conclusão; Bibliografia.

1. Introdução

Este artigo pretende fazer uma verificação,[3] singela, da judicialização dos direitos sociais postos no art. 6º da Constituição Federal (1988) perante o Supremo Tribunal Federal (STF) no ano de 2009. A verificação será apenas quantitativa (por seus próprios termos), tentando obter um diagnóstico acerca de quais direitos sociais têm reclamado a intervenção do Poder Judiciário na sua efetivação.

A escolha por esta instância do Poder Judiciário brasileiro deve-se a sua função primeira de atender e dar concretude às normas e princípios constitucionais. Assim, se a pretensão é dimensionar a importância de um tema proposto pela Constituição, é neste órgão que devemos verificar a sua presença.

Considerando os direitos postos no art. 6º da CF/88 (educação, saúde, trabalho, moradia, lazer, segurança, previdência social, proteção à maternidade e à infância e assistência aos desamparados), imagina-se que a educação, a saúde e a moradia devam ser aqueles com maior solicitação de prestação por parte do Estado. Veremos, a seguir, se esta suspeita se confirma.

---

[1] Este texto tem por base trabalhos apresentados nas disciplinas de Direito Eficácia e Efetividade dos Direitos Fundamentais no Direito Público e no Direito Privado I e II, ministradas pelo Prof. Dr. Ingo Wolfgang Sarlet durante o ano de 2009 no Curso de Doutorado do Pós-graduação da PUCRS.

[2] Procuradora do Município de Porto Alegre, atuando na Procuradoria de Dívida Ativa, doutoranda e mestre em direito pela PUCRS, área de concentração Fundamentos Constitucionais do Direito Público e do Direito Privado, professora no Curso de Especialização em Direito Municipal da Escola Superior de Direito Municipal de Porto Alegre e no Curso de Direito das Faculdades Rio-Grandenses.

[3] A forma adotada nesta pesquisa foi de busca no *site* do STF (www.stf.jus.br).

João Luiz M. Esteves, em sua obra "Direitos Fundamentais Sociais no Supremo Tribunal Federal"[4] fez um corte de análise no ano de 1996, mas salientou haver especial interesse na verificação da jurisprudência daquele Tribunal a contar de julho de 2002, tendo em vista os Ministros para lá nomeados a partir daquela data. A ansiedade mencionada por este autor se justifica pela familiaridade dos Ministros no que se refere ao Direito Público. Apresenta também uma justificativa de mérito, a qual transcrevemos por comungarmos com o mesmo pensamento ao elaborarmos o presente texto:[5]

> Conhecer processos concretizadores dos direitos fundamentais sociais no ambiente jurisdicional significa também saber a forma como o Judiciário recebe e trata as questões relativas À subjetividade e à aplicabilidade desses direitos. É necessário, pois, estudar a amplitude que lhes é dada e os mecanismos que lhes possa dar efetividade.

2. Os direitos fundamentais do art. 6º da Constituição Federal de 1988

Para que tenhamos presente de quais direitos sociais estaremos falando, transcrevemos o artigo balizador:

> Art.6º São direitos sociais a educação, a saúde, o trabalho, a moradia, o lazer, a segurança, a previdência social, a proteção à maternidade e à infância, a assistência aos desamparados, na forma desta Constituição. (Redação dada pela Emenda Constitucional nº 26, de 2000)[6]

Lembra João Luiz Esteves que, ao lado dos Poderes Legislativo e Executivo, o Judiciário deve atuar de modo objetivo na efetivação dos direitos fundamentais sociais. Essa atuação deve ser ampla, aferindo se as políticas públicas estão sendo desenvolvidas e, mais do que isso, se estão atingindo os objetivos previstos na Constituição. Nessa direção, o Poder Judiciário deve atuar de forma ativa, suprindo "omissões legislativas e executivas, redefinindo políticas públicas quando ocorrer inoperância de outros poderes".[7]

Nessa perspectiva, o Poder Judiciário – por meio da atuação de seus juízes, desembargadores e ministros – vem se tornando, em boa medida, o garantidor da efetivação dos direitos fundamentais. Nesse contexto, os juízes têm decidido sobre inúmeras questões, tais como o fornecimento de remédios à pessoa portadora de enfermidades; o direito de acesso de crianças à sala de aula; o direito de o deficiente ter acesso a prédios públicos, etc. O *guardião das promessas*[8] passa a desempenhar, assim, outra função, qual seja a de concretizar direitos fundamentais.

Nos termos de João Luiz Esteves,[9] os direitos prestacionais podem incorporar tanto direitos sociais quanto individuais, dos quais se podem citar como exemplo direitos sociais prestacionais aqueles arrolados no art. 6º da CF, e como direitos in-

---

[4] ESTEVES, João Luiz M. *Direitos Fundamentais Sociais no Supremo Tribunal Federal*. São Paulo: Método, 2007 (coleção prof. Gilmar Mendes), p. 94

[5] Deixe-se claro que o presente artigo não tem a pretensão de ser tão intenso e extenso quanto o de João Luiz Esteves, posto que a sua pesquisa foi bem mais alargada e minuciosa.

[6] BRASIL, Constituição da República Federativa do Brasil, promulgada em 05/10/1988 com redação alterada pela Emenda Constitucional n. 26, de 2000.

[7] ESTEVES, João Luiz M., ob. cit., p. 75-76.

[8] GARAPON, Antoine. *O Juiz e a Democracia*: o guardião das promessas. Trad.: Maria Luíza de Carvalho. 2ª ed. Rio de Janeiro: Revan, 2001.

[9] ESTEVES, João Luiz M,, ob. cit, p. 61

dividuais prestacionais, a maior parte daqueles arrolados no art. 5°, que exigem, da parte do Estado, a manutenção de enorme aparelhamento administrativo, judiciário e policial para a sua efetividade e garantia.[10]

O Ministro Gilmar Mendes, em decisão proferida em SS 3690/CE,[11] em sua fundamentação, prescreveu o que segue:

> A doutrina constitucional brasileira há muito se dedica à interpretação do artigo 196 da Constituição. Teses, muitas vezes antagônicas, proliferaram-se em todas as instâncias do Poder Judiciário e na seara acadêmica. Tais teses buscam definir se, como e em que medida o direito constitucional à saúde se traduz em um direito subjetivo público a prestações positivas do Estado, passível de garantia pela via judicial. *As divergências doutrinárias quanto ao efetivo âmbito de proteção da norma constitucional do direito à saúde decorrem, especialmente, da natureza prestacional desse direito e da necessidade de compatibilização do que se convencionou denominar de "mínimo existencial" e da "reserva do possível"* (*Vorbehalt des Möglichen*). Como tenho analisado em estudos doutrinários, os direitos fundamentais não contêm apenas uma proibição de intervenção (*Eingriffsverbote*), expressando também um postulado de proteção (*Schutzgebote*). Haveria, assim, para utilizar uma expressão de Canaris, *não apenas uma proibição de excesso* (*Übermassverbot*), *mas também uma proibição de proteção insuficiente* (*Untermassverbot*) (Claus-Wilhelm Canaris, *Grundrechtswirkungen um Verhältnismässigkeitsprinzip in der richterlichen Anwendung und Fortbildung des Privatsrechts*, JuS, 1989, p. 161). Nessa dimensão objetiva, também assume relevo a perspectiva dos direitos à organização e ao procedimento (*Recht auf Organization und auf Verfahren*), que são aqueles direitos fundamentais que dependem, na sua realização, de providências estatais com vistas à criação e conformação de órgãos e procedimentos indispensáveis à sua efetivação. Ressalto, nessa perspectiva, as contribuições de Stephen Holmes e Cass Sunstein para o reconhecimento de que todas as dimensões dos direitos fundamentais têm custos públicos, dando significativo relevo ao tema da "reserva do possível", especialmente ao evidenciar a "escassez dos recursos" e a necessidade de se fazer escolhas alocativas, concluindo, a partir da perspectiva das finanças públicas, que "levar a sério os direitos significa levar à sério a escassez" (HOLMES, Stephen; SUNSTEIN, Cass. The Cost of Rights: Why Liberty Depends on Taxes. W. W. Norton & Company: Nova Iorque, 1999). *Embora os direitos sociais, assim como os direitos e liberdades individuais, impliquem tanto direitos a prestações em sentido estrito (positivos), quanto direitos de defesa (negativos), e ambas as dimensões demandem o emprego de recursos públicos para a sua garantia, é a dimensão prestacional (positiva) dos direitos sociais o principal argumento contrário à sua judicialização.* A dependência de recursos econômicos para a efetivação dos direitos de caráter social leva parte da doutrina a defender que as normas que consagram tais direitos assumem a feição de normas programáticas, dependentes, portanto, da formulação de políticas públicas para se tornarem exigíveis. Nesse sentido, também se defende que a intervenção do Poder Judiciário, ante a omissão estatal quanto à construção satisfatória dessas políticas, violaria o princípio da separação dos poderes e o princípio da reserva do financeiramente possível. Em relação aos direitos sociais, é preciso levar em consideração que a prestação devida pelo Estado varia de acordo com a necessidade específica de cada cidadão. (grifos nossos)

Desta exposição doutrinária judicializada pode-se depreender o caráter prestacional e protetivo dos direitos sociais elencado na nossa Constituição Federal, principalmente do art. 6°.

3. A judicialização perante o Supremo Tribunal Federal

Para verificarmos a assertiva de que os direitos sociais mais pleiteados são a educação, a saúde e a moradia, há que se verificar junto ao Supremo Tribunal Federal, lugar primeiro da discussão constitucional no Brasil.

---

[10] No mesmo sentido, Ingo Wolfgang Sarlet, em Os direitos fundamentais sociais na ordem constitucional brasileira. *Revista da Procuradoria-Geral do Estado*, Porto Alegre: Procuradoria-Geral do Estado do Rio Grande do Sul, v. 25, n. 55, 2002, p. 48

[11] SS 3690 / CE – CEARÁ, SUSPENSÃO DE SEGURANÇA, Julgamento: 20/04/2009, Presidente: Min. GILMAR MENDES

Desse modo, partiremos dos dados obtidos junto ao *site* do Supremo Tribunal Federal,[12] e as expressões utilizadas estão abaixo listadas e advieram dos termos do art. 6º da Constituição Federal de 1988.

Assunto	Acórdãos	Decisões Monocráticas	Decisões da Presidência	Questão de ordem	Repercussão geral
Direitos sociais[13]	24	127	21	0	0
Art. 6º. Da CF/88	26	297	20	0	4
Educação	31	241	25[14]	0	1
Saúde	67	544	223	0	2
Trabalho	231	1631	55	0	4
Moradia	2	30	4	0	0
Lazer	0	8	1	0	0
Segurança	139	1782	253	6	1
Previdência Social	17	299	11	1	1
Assistência aos desamparados[15]	0	0	1	0	0

A expressão "proteção à maternidade e infância" foi pesquisada sob três formas: a) proteção à maternidade e infância: b) proteção à maternidade; c) proteção à infância. Em quaisquer das formas se obteve o mesmo resultado: nenhuma decisão catalogada.

Considerando todos os termos que compõem o art. 6º da Constituição Federal/88, temos 487 acórdãos, 4.535 decisões monocráticas, 573 decisões da Presidência, 7 questões de ordem e 9 com reconhecimento de repercussão geral.

Diga-se que houve audiência pública para a discussão acerca de ações afirmativas (discussão de cotas para ensino superior) cuja origem é a Arguição de Descumprimento de Preceito Fundamental 186 e do Recurso Extraordinário 597.285/RS[16] e esta foi solicitada pelo Ministro-Relator Ricardo Lewandowski. Aqui o direito fundamental em questão é o da educação.

O entendimento da abrangência e conteúdo de cada um destes direitos sociais postos no art. 6º da CF/88 é de suma importância para a efetivação perante o Estado

---
[12] Diga-se que a pesquisa no *site* foi realizada considerando o lapso temporal de 01/01/2009 a 05/12/2009.
[13] Foram inseridas decisões em 24 informativos do STF.
[14] Ver nota de rodapé referente ao termo "assistência aos desamparados".
[15] O número de 01 (uma) decisão da presidência neste termo não corresponde à realidade, pois verificando a decisão referida (STA 318/RS, julgamento em 20/04/2009, Min. Gilmar Mendes) localiza-se este termo na transcrição do art. 6º. da CF. O assunto tratado é a disponibilização de transporte escolar por parte do Estado do Rio Grande do Sul para atender o direito à educação.
[16] O andamento pode ser verificado através do site do STF (www.stf.jus.br) processos/audiências públicas/ ação afirmativa. Último acesso em 08.08.2012.

brasileiro, sendo desejável uma análise robusta por parte da suprema corte do país. Diante disto foi proposta e aprovada a Emenda Constitucional nº 45/2004, na qual foi introduzido no direito brasileiro o instituto da repercussão geral através do § 3º no art. 102 da Constituição, o qual diz:

> Art. 102: ... § 3º No recurso extraordinário o recorrente deverá demonstrar a repercussão geral das questões constitucionais discutidas no caso, nos termos da lei, a fim de que o Tribunal examine a admissão do recurso, somente podendo recusá-lo pela manifestação de dois terços de seus membros.

A regulamentação deste dispositivo constitucional foi efetuada pela Lei nº 11.418, de 19 de dezembro de 2006, acrescentando no Código de Processo Civil os arts. 543-A e 543-B. O parágrafo primeiro do art. 543-A aborda os requisitos de conhecimento da repercussão geral. A finalidade é reconhecer a existência, ou não, de questões relevantes do ponto de vista econômico, político, social ou jurídico que ultrapassem os interesses subjetivos da causa.

Uma das motivações para a criação deste instituto é a diminuição de demandas individuais perante o Poder Judiciário, uma vez que se verificou a repetição de pleitos com fulcro no mesmo dispositivo constitucional. A ideia é retirarem-se as causas com jurisprudência já consolidada, matérias sumuladas e de natureza idêntica, permitindo que os feitos com repercussão (grau de relevância) e interesse coletivo possam ser analisados e decididos pela Suprema Corte.

Dessa forma, se a questão jurídica em debate estiver restrita às partes do processo e aos seus interesses, não terá espaço para o Recurso Extraordinário. Para que seja reconhecida a repercussão geral, é necessário que a questão em conflito, o objeto da lide, seja também uma preocupação da coletividade, ou seja, saia do conflito entre partes e envolva a comunidade ou parte dela.

O juízo negativo de admissibilidade, ou seja, a rejeição da repercussão geral necessita do voto de dois terços dos membros da Corte Suprema. Logo, compete a oito dos onze ministros a recusa do pleito, somente o Plenário do STF poderá rejeitar a matéria, cabendo-lhe decidir pelo conhecimento do recurso extraordinário por falta de repercussão geral da questão constitucional nele ventilada.

Diante disto é interessante notarmos que, com relação aos direitos sociais, foi reconhecida em nove (09) ocasiões a repercussão geral do pleiteado perante o STF. Por outro lado, note-se que, apesar de haver catalogação para a existência de súmulas e de súmulas vinculantes, nenhum destes assuntos as possui até o momento.

4. A "confusão" entre direito à saúde e direito à vida

Em decisão da Presidência do STF[17] (20/11/2009), o Min. Gilmar Mendes, analisando pedido de suspensão de tutela antecipada proposta pelo Estado da Bahia para o fim de não dispensar o medicamento MYOZYME ao Autor (Francisco de Pinho dos Santos), portador da doença de POMPE, reconheceu o caráter constitucional da discussão posta no feito em atenção aos direitos sociais (saúde) garantidos nesta esfera.

Após longa fundamentação (e apresentação de argumentos teóricos robustos), decidiu pela impossibilidade de conceder a suspensão:

---

[17] STA 361/BA – suspensão de tutela antecipada, julgamento em 20/11/2009.

Inocorrentes os pressupostos contidos no art. 4º da Lei nº 8.437/1992, verifico que a suspensão da decisão representa *periculum in mora* inverso, podendo a falta do medicamento solicitado resultar em *graves e irreparáveis danos à saúde e à vida do paciente*. Assim, não é possível vislumbrar grave ofensa à ordem, à saúde, à segurança ou à economia públicas a ensejar a adoção da medida excepcional de suspensão de tutela antecipada. Ante o exposto, indefiro o pedido de suspensão. Publique-se. Brasília, 20 de novembro de 2009. Ministro GILMAR MENDES Presidente.

Considerando o volume de demandas acerca do assunto "direito à saúde", o Presidente do STF determinou a realização de audiência pública, realizada em 27, 28 e 29 de abril, e 4, 6 e 7 de maio de 2009, com a participação de especialistas da área (tanto do direito como da medicina) e sociedade civil através de entidades representativas.[18] Além desta, houve a audiência pública da ADPF 54 (discussão acerca da possibilidade de realização de aborto de feto anencefálico),[19] a qual também discutiu o direito à vida (do feto e da mãe) e à saúde (principalmente da mãe).

No citado pedido de suspensão de tutela antecipada (STA 361/BA),[20] o Min. Gilmar Mendes faz referência às discussões sobre o tema direito à saúde e utiliza tal como fundamento de sua decisão já transcrita:

> O direito à saúde é estabelecido pelo artigo 196 da Constituição Federal como (1) "direito de todos" e (2) "dever do Estado", (3) garantido mediante "políticas sociais e econômicas (4) que visem à redução do risco de doenças e de outros agravos", (5) regido pelo princípio do "acesso universal e igualitário" (6) "às ações e serviços para a sua promoção, proteção e recuperação". A doutrina constitucional brasileira há muito se dedica à interpretação do artigo 196 da Constituição. Teses, muitas vezes antagônicas, proliferaram-se em todas as instâncias do Poder Judiciário e na seara acadêmica. Tais teses buscam definir se, como e em que medida o direito constitucional à saúde se traduz em um direito subjetivo público a prestações positivas do Estado, passível de garantia pela via judicial. *O fato é que a judicialização do direito à saúde ganhou tamanha importância teórica e prática que envolve não apenas os operadores do Direito, mas também os gestores públicos, os profissionais da área de saúde e a sociedade civil como um todo. Se, por um lado, a atuação do Poder Judiciário é fundamental para o exercício efetivo da cidadania e para a realização do direito à saúde, por outro as decisões judiciais têm significado um forte ponto de tensão perante os elaboradores e executores das políticas públicas, que se veem compelidos a garantir prestações de direitos sociais das mais diversas, muitas vezes contrastantes com a política estabelecida pelos governos para a área da saúde e além das possibilidades orçamentárias.* Em 5 de março de 2009, convoquei Audiência Pública em razão dos diversos pedidos de suspensão de segurança, de suspensão de tutela antecipada e de suspensão de liminar em trâmite no âmbito desta Presidência, com vistas a suspender a execução de medidas cautelares que condenam a Fazenda Pública ao fornecimento das mais variadas prestações de saúde (fornecimento de medicamentos, suplementos alimentares, órteses e próteses; criação de vagas de UTIs e leitos hospitalares; contratação de servidores de saúde; realização de cirurgias e exames; custeio de tratamento fora do domicílio, inclusive no exterior, entre outros). *Após ouvir os depoimentos prestados pelos representantes dos diversos setores envolvidos, entendo ser necessário redimensionar a questão da judicialização do direito à saúde no Brasil. Isso porque, na maioria dos casos, a intervenção judicial não ocorre em razão de uma omissão absoluta em matéria de políticas públicas voltadas à proteção do direito à saúde, mas tendo em vista uma necessária determinação judicial para o cumprimento de políticas já estabelecidas.*" (grifos nossos)

Esta rápida análise feita pelo Presidente do STF, e ressaltada por nós na transcrição acima, demonstra que efetivamente as decisões proferidas pelo Judiciário em demandas que envolvem a saúde, "modificam" a política do ente federativo diretamente envolvido na lide. E, por outro lado, vê-se (nos próprios termos da decisão do Ministro) que o elemento "vida" é preponderante nas decisões onde o indivíduo plei-

---

[18] A íntegra desta audiência pública pode ser acessada através do *site* do STF (www.stf.jus.br) processos/audiências públicas/saúde. Último acesso em 05.12.2009 para a elaboração do texto. Considerando que se trata de transcrição de ato já realizado não há modificação posterior.

[19] Também acessável pelo *site* retromencionado com modificação para ADPF 54.

[20] STA 361/BA – suspensão de tutela antecipada, julgamento em 20/11/2009.

teia uma prestação (seja serviço ou entrega de medicamento) com fulcro no direito à saúde.

A confusão existente entre vida e saúde nas demandas judiciais fica por demais evidente. O deferimento de um pedido contra a Fazenda Pública sempre, ao fim e ao cabo, é feita considerando a possibilidade de manutenção da vida do autor. Dificilmente vamos encontrar alguma antecipação de tutela que seja deferida sem considerar o risco de vida (ou de morte) do autor.

Mesmo quando o pedido é de internação para o tratamento de desintoxicação por uso de drogas, o elemento vida prepondera sobre a questão do direito à saúde do beneficiado pela internação. A questão do risco de ofensa à vida de outrem ou à própria (seja por ameaça de suicídio ou pelo uso da droga em si) é o que prepondera.

Assim, o que se percebe é que o bem tutelado é a vida, e não propriamente a saúde. Apresentamos como exemplo um trecho de decisão do Tribunal do Rio Grande do Sul,[21] onde o autor pleiteava uma cirurgia bariátrica (redução de estômago):

> No caso concreto, é a vida humana que está periclitando em termos de seu mínimo existencial (mantença da saúde), razão pela qual se impõe medidas de eficácia objetiva a resguardar e promover tal interesse público indisponível, tal como a de determinar que o Estado preste imediatamente a pretensão deduzida, quando for o caso efetivamente.

Quando as perícias médicas conseguem demonstrar que o medicamento pleiteado pelo Autor pode ser substituído por outro sem trazer-lhe prejuízo, ou melhor, conseguindo manter-lhe a vida com qualidade, a substituição vem sendo deferida.

Na mesma STA[22] em comento, temos a seguinte explanação:

> O segundo dado a ser considerado é a existência de *motivação para o não fornecimento de determinada ação de saúde pelo SUS*. Há casos em que se ajuíza ação com o objetivo de garantir prestação de saúde que o SUS decidiu não custear por entender que inexistem evidências científicas suficientes para autorizar sua inclusão. Nessa hipótese, podem ocorrer, ainda, duas situações distintas: 1º) o SUS fornece *tratamento alternativo*, mas não adequado a determinado paciente; 2º) o SUS *não tem nenhum tratamento específico* para determinada patologia. A princípio, pode-se inferir que a obrigação do Estado, à luz do disposto no artigo 196 da Constituição, restringe-se ao fornecimento das políticas sociais e econômicas por ele formuladas para a promoção, proteção e recuperação da saúde. Isso porque o Sistema Único de Saúde filiou-se à corrente da "Medicina com base em evidências". Com isso, adotaram-se os "Protocolos Clínicos e Diretrizes Terapêuticas", que consistem num conjunto de critérios que permitem determinar o diagnóstico de doenças e o tratamento correspondente com os medicamentos disponíveis e as respectivas doses. Assim, *um medicamento ou tratamento em desconformidade com o Protocolo deve ser visto com cautela, pois tende a contrariar um consenso científico vigente*. Ademais, não se pode esquecer de que a gestão do Sistema Único de Saúde, obrigado a observar o princípio constitucional do acesso universal e igualitário às ações e prestações de saúde, só torna-se viável mediante a elaboração de políticas públicas que repartam os recursos (naturalmente escassos) da forma mais eficiente possível." (grifos nossos)

Abramovich assevera que o "direito à vida" pode ser usado como estratégia para o cidadão assegurar os demais direitos:

> El uso del derecho a la vida para proteger intereses amparados por derechos sociales ha sido otra estrategia de protección indirecta de derechos económicos, sociales y culturales, utilizada en el nivel doméstico y que podría aplicarse asimismo en los mecanismos de protección internacional de derechos humanos.

---

[21] APELAÇÃO CÍVEL E REEXAME NECESSÁRIO. DIREITO PÚBLICO NÃO ESPECIFICADO (DIREITO À SAÚDE). AÇÃO ORDINÁRIA. realização de cirurgia. OBESIDADE MÓRBIDA.Não restando comprovada de forma eficaz a enfermidade e a necessidade do tratamento médico, é de ser indeferido o procedimento cirúrgico.Apelação provida. Prejudicado o reexame necessário, por maioria. Terceira Câmara Cível, nº 70021864954, município de Porto Alegre, apelante – IZOE CESAR ROCHA SANCHEZ, Apelado.

[22] STA 361/BA – suspensão de tutela antecipada, julgamento em 20/11/2009.

> En el sistema europeo tambíén se ha utilizado el derecho a la vida como una forma de proteger intereses vinculados al derecho a la salud y de exigir al Estado obligaciones positivas de protección.[23]

No caso do direito à saúde, esta "confusão" entre eles (direito à saúde e direito à vida) é muito mais simples de ser verificada e admitida. O fio que separa as duas percepções é muito tênue.

Se o pleito é da realização de um procedimento cirúrgico ou de um exame para diagnóstico, como se pode dizer que a sua não realização em nada afetará a permanência da vida do autor da lide?

E dentro disto há que se ter presente que não é o direito à saúde que determinará o deferimento de uma tutela antecipada, mas sim o medo da perda da vida pela não realização de um exame, de um procedimento ou ingestão de um medicamento.

5. Os princípios da prevenção e da precaução segundo Sunstein, Juarez Freitas e Montague

Atualmente, trazidos do Direito Ambiental, os princípios da prevenção e da precaução estão na fundamentação das decisões judiciais onde a lide discute, precipuamente, o limite da obrigação da administração pública em prestar um serviço para atender direitos fundamentais. O mais comentado é o direito fundamental à saúde, embora, pelo dito acima, verifica-se que pode não ser o direito fundamental mais efetivamente discutido perante o STF.

Entre Cass Sunstein e Juarez Freitas há uma divergência fundamental no que tange à utilização do princípio da prevenção: o primeiro afirma que o "princípio é literalmente paralisante – proibindo inação, regulação rígida e mesmo ações intermediárias",[24] uma "forma mal elaborada de proteção desses objetivos"[25] (proteção à saúde e meio ambiente) e o segundo, que tal princípio é "dotado de eficácia direta" e estabelece a "obrigação de adotar medidas antecipatórias ... e proporcionais".[26]

O Prof. Juarez Freitas afirma no livro *Discricionariedade...*[27] (acima referido) que tal princípio é "dotado de eficácia direta e imediata, estabelece (não apenas no campo ambiental), mas nas relações de administração em geral) a obrigação de adotar medidas antecipatórias e *proporcionais mesmo nos casos de incerteza* quanto à produção de danos fundamentemente temidos." (grifo nosso)

Para Montague, o princípio da precaução é uma "nova forma de tomar decisões sobre meio ambiente e saúde" (*new way of making decisions about environment and health*), é centrada na prevenção dos danos (*one focused more on preventing harm*). Diga-se que o texto analisado é uma resposta às críticas (11 pontos) ao princípio da precaução e a partir disto é que são feitas as assertivas do autor.

---

[23] ABRAMOVICH, Víctor. Sur. *Revista Internacional de Direitos Humanos*, Sur, Rev. int. direitos human. vol.2 n.2 São Paulo 2005, Líneas de trabajo en derechos económicos, sociales y culturales: Herramientas y aliados

[24] SUNSTEIN, Cass R. (PARA) Além do Princípio da Precaução, Tradução de: Marcelo Fensterseifer, Martin Haeberlin e Tiago Fensterseifer. *Revista Interesse Público* 37, ano VIII, 2006, Porto Alegre, Notadez, p. 119

[25] Sunstein, ob. cit., p. 120.

[26] Juarez Freitas no livro *O controle dos atos administrativos e os princípios fundamentais*, p. 140, e no livro *Discricionariedade administrativa e o direito fundamental à boa administração pública*, p. 101.

[27] Freitas, Juarez. *"Discricionariedade..."*, p. 101.

Ressalte-se que tanto Montague como Sunstein mencionam que o uso de tal princípio não é explícito nos Estados Unidos, e no dizer de Montague, a "velha forma" ainda encontra-se presente e esta diz que tudo pode ser feito desde que não seja ilegal levando a litígios que duram décadas e com dispêndio de milhares de dólares, pois é necessário provar o dano. Nesta via, as ações alternativas somente são necessárias após a ocorrência (e comprovação) do dano.[28] Um exemplo desta atuação seria a questão da utilização do chumbo em tintas e na gasolina, bem como a questão do uso do amianto, referido por Montague. Neste modo de agir e pensar, o ônus de provar o dano é do lesado. Apesar da ratificação de tratados e declarações, como a do Rio/1992, os Estados Unidos ainda não atuam em conformidade com tal princípio.

6. Conceitos dos princípios

Sunstein[29] refere a existência de dois princípios (ou versões): fraco e forte. A fraca autorizaria a regulação "mesmo se não pudermos estabelecer uma conexão definitiva..."; a forte diz que "...então decisões devem ser tomadas de modo a prevenir tais atividades de ser conduzidas a menos e até que evidência científica demonstre que o dano não ocorrerá".[30]

Na Declaração do Rio sobre Meio Ambiente e Desenvolvimento em 1992 foi definida no princípio 15 da Carta e afirma sua função como:

> (...) a garantia contra os riscos potenciais que, de acordo com o estado atual do conhecimento, não podem ser ainda identificados. Este princípio afirma que a ausência da certeza científica formal, a existência de um risco de um dano sério ou irreversível requer a implementação de medidas que possam prever este dano.

Segue-se a esta a Declaração de Wingspread (1998), a qual afirma que o princípio deve ser "implantado" quando uma atividade represente ameaças de danos à saúde humana ou ao meio ambiente. E em 2004, através da Convenção de Estocolmo sobre Poluentes Orgânicos Persistentes, o princípio é mencionado como base para a proteção da saúde humana e do meio ambiente.

Conforme Montague,[31] temos três elementos comuns à formulação do princípio da precaução:

1. se temos uma razoável suspeita de ocorrência de danos *(If we have reasonable suspicion of harm)*
2. acompanhada de incerteza científica, e em seguida *(accompanied by scientific uncertainty, then)*
3. todos temos o dever de agir para evitar os danos (we all have a duty to take action to prevent harm)

Há que se fazer diferenciação entre o princípio da precaução e o da prevenção. Para o prof. Juarez Freitas, a diferença é sutil e reside no grau estimado de probabilidade de ocorrência,[32] sendo que o princípio da prevenção leva a administração pública para "o dever incontornável de agir preventivamente", sendo que "o ponto relevante é que não se admite a inércia administrativa perante o dano previsível".

---

[28] Esta perspectiva também aparece na resposta à crítica 2 a qual afirma que a precaução não é necessária, que o atual sistema de regulamentação atua bem e que não há necessidade de mudar.

[29] Sunstein, obra cit., p.. 127.

[30] Sunstein, obra cit., p. 129.

[31] É parte da resposta à crítica 1 a qual afirma que não faz sentido o princípio da precaução tendo em vista suas muitas maneiras de afirmação.

[32] Em todos os textos referidos: "*O controle...*", p. 140, *Discricionariedade...*", p. 103.

Devemos ressaltar que esse autor, desde o resumo do artigo "Princípio da Precaução: vedação de excesso e de inoperância", informa que vincula a precaução aos princípios da proporcionalidade e da motivação aos quais a boa administração pública deve estar atenta.

"A motivação compensa a insegurança da dúvida circunstancial".[33] Este dever de motivar retira o receio da ausência de indícios justificadores da medida adotada com fundamento na precaução. "Em síntese, o exercício da precaução requer motivação consistente: os fundamentos de fato e de direito para as decisões estatais de precaução são de rigorosa inafastabilidade".[34]

No dizer do Prof. Juarez, quando o assunto é direito ambiental "não se admite inércia do estado"[35] e apresenta nos elementos de fundo: "a) alta e intensa probabilidade (certeza) de dano especial e anômalo; b) atribuição e possibilidade de o Poder Público evitá-lo; e c) o Estado arca com o ônus de produzir a prova da excludente reserva do possível ou de outra excludente do nexo de causalidade".

Outro princípio que deve atuar em conjunto com o da precaução é o da proporcionalidade em sentido estrito. Quem afirma isto é o Prof. Juarez Freitas, afirmando que esta última cláusula decorre do "reconhecimento de que os meios podem ser idôneos para atingir o fim, contudo desproporcionais em relação ao custo/benefício. (...) a proporcionalidade indaga pelo preço a pagar, no caso da precaução. Faz a conta do lucro e da perda, ao apurar se os ônus interventivos não são desmesurados".[36]

Depois desta análise conjunta o Autor sintetisa nos seguintes termos:[37]

> À vista disso, no que concerne à harmonia do princípio constitucional da precaução com o princípio da motivação e sob o crivo do tríplice teste da proporcionalidade, vital possuir em mente que: a) a aplicação direta e imediata do princípio da precaução nada mais deve acarretar do que a hierarquização governada pelos princípios e direitos fundamentais74; b) embora autônomo, o princípio da precaução deve ser compreendido entrelaçadamente com os demais, isto é, relativo e considerado superior às regras, por definição; c) a efetividade do princípio da precaução supõe o Poder Público animado por carreiras de vínculo institucional típico, na perspectiva do Direito Administrativo Ambiental mais de Estado do que governativo; e d) deve ser amplamente sindicada a conduta estatal (omissiva ou comissiva), com a noção clara de que o princípio da proporcionalidade veda ações excessivas e inoperância. Com tais vetores assentes, força inferir a responsabilidade objetiva75 e proporcional do Estado no tocante às condutas omissivas (falta de precaução) ou comissivas (excesso de precaução). De passagem, útil reter que, na seara ambiental, a responsabilidade do Estado não será meramente subsidiária, mas solidária.

Com estas ponderações, as críticas feitas por Sunstein (e também as respondidas por Montague) podem ser minoradas e até mesmo dirimidas.

7. Aplicabilidade do princípio da precaução

Este princípio é mais corriqueiramente mencionado quando da discussão de direito ambiental, sendo que a saúde humana ali aparece como em sentido lato, e não específico na busca de um procedimento ou medicamento sob prescrição médica.

---

[33] Freitas, Juarez. Princípio da precaução..., p. 39.
[34] Freitas, Juarez. Obra cit., p. 40.
[35] Freitas, Juarez. Obra cit., p. 35.
[36] Freitas, Juarez. Obra cit., p. 44.
[37] Freitas, Juarez. Obra cit., p. 44.

Sunstein menciona que a política ambiental na Alemanha, desde meados de 70, está baseada no *vorsorgeprinzip* (prontidão/princípio da precaução), e classifica como intervencionista (p. 121). Faz menção à existência de pelo menos 14 documentos internacionais.[38]

Este Autor afirma que: "o princípio da precaução parece muito sensato, até sedutor. (...) Isto faz sentido para gastar recursos ao prevenir uma chance pequena de desastre – considere os altos custos, pecuniários ou não, que são gastos para reduzir o risco de ataques terroristas (...). O princípio da precaução deve também ser visto como um apelo para um tipo de seguro regulatório (...) Apesar disto insisto que o principio da precaução não pode ser defendido plenamente nesses termos, simplesmente porque riscos estão por todos os lados das relações sociais. Qualquer esforço para ser universalmente precavido vai se tornar paralisante, proibindo todos os passos imagináveis, incluindo nenhum passo também".[39]

Poder-se-ia dizer que o princípio da precaução está presente na nossa Constituição nos arts. 196, 225, 227, sendo que os núcleos estariam nas seguintes expressões:

> Art. 196. A saúde é direito de todos e *dever do Estado,* garantido mediante *políticas* sociais e econômicas *que visem à redução do risco* de doença e de outros agravos e ao acesso universal e igualitário às ações e serviços para sua promoção, proteção e recuperação.
>
> Art. 225. Todos têm direito ao meio ambiente ecologicamente equilibrado, bem de uso comum do povo e essencial à sadia qualidade de vida, *impondo-se ao poder público e à coletividade o dever de defendê-lo e preservá-lo para as presentes e futuras gerações...*
>
> Art. 227. É dever da família, da sociedade e do Estado assegurar à criança e ao adolescente, com absoluta prioridade, o direito à vida, à saúde, à alimentação, à educação, ao lazer, à profissionalização, à cultura, à dignidade, ao respeito, à liberdade e à convivência familiar e comunitária, além de colocá-los a salvo de toda forma de negligência, discriminação, exploração, violência, crueldade e opressão..."

Na área da saúde, o Prof. Juarez Freitas cita como exemplo de utilização do princípio da precaução a não liberação de medicamentos sem a segurança mínima quanto aos efeitos colaterais, o que torna necessário um lapso de tempo entre a sua apresentação ante a administração pública (no caso a ANVISA, administração pública federal) e a sua colocação no mercado visando à utilização pelos cidadãos. É o dever de cautela. Até porque, conforme esse autor, para a aplicação deste princípio, *"o dano se afigura somente provável, a partir de indícios e presunções"*.[40]

O atual conceito de saúde pública não é na origem um conceito científico, mas uma ideia comum, ao alcance de todos.[41]

Se aceitarmos o argumento posto na crítica de número 8[42] analisada por Montague (de que o princípio da precaução prevê um papel intrusivo para o governo, sem precedente ou legitimidade) teremos um governo inoperante, apenas ratificador da

---

[38] Sunstein, obra cit., p. 121/123. 1982: Carta Mundial para a Natureza das Nações Unidas: primeiro reconhecimento internacional; 1987: segunda Conferência Internacional de proteção do Mar do Norte. 1992: Declaração do Rio sobre Meio Ambiente e Desenvolvimento. 1992: Convenção-quadro das Nações Unidas sobre mudanças climáticas. 1995: Declaração Final da Primeira Conferência Europeia sobre Mares em Risco. 1998: Declaração de Wingspread. 1997: tratado da União Europeia. 2000: Comissão Europeia. 2000: Protocolo de Cartagena sobre Biossegurança da Convenção sobre Diversidade Biológica.

[39] Sunstein, ob. cit., p. 123.

[40] Freitas, Juarez, *Princípio da precaução,...* p. 37.

[41] Dallari, Sueli Gandolfo, Ventura, Deyse de Freitas Lima, O princípio da precaução, dever do estado ou protecionismo disfarçado?, São Paulo *Perspectiva*, vol. 16, April/June 2002.

[42] Montague, criticism 8: The precautionary principle envisions an intrusive new role for government, one without precedent or legitimacy.

atitude do poder privado. Não se admitiria qualquer regulamentação de atividade privada, mesmo que em benefício da comunidade. O dever do estado proteger desapareceria.

8. A diferenciação segundo Juarez Freitas, Montague e Sunstein

Das leituras feitas, é possível depreender que a diferenciação para a aplicabilidade do princípio da precaução está na interpretação deste, se prudente, como mencionado pelo prof. Juarez Freitas.

A crítica colocada em sétimo lugar no texto de Montague é de que tal princípio é baseado em valores e emoções e não na ciência. Pois bem, a percepção da possibilidade de danos não é resultado de emoções. A valoração faz parte do Homem, a vida, sua qualidade, são elementos presentes em toda e qualquer decisão tomada de forma individual. Não há por que o mesmo não ocorrer quando se trata de definição de política pública, a qual atingirá um contingente de pessoas. Há que se hierarquizar os bens e projetar as consequências das decisões tomadas hoje. Nisto não há elemento que diminua a coerência do princípio.

Na resposta à crítica de número 3, a abordagem da precaução pretende atingir risco zero, o que é impossível,[43] Montague aponta a intenção da precaução, a diminuição dos riscos de ocorrência de danos, a questão posta neste princípio é " como pode-se evitar o dano?".

Quando é dito que é uma anticiência tendo em vista a questão da incerteza científica, deve-se anotar que a diferença desta para a velha forma, no dizer de Montague, é a consequência do olhar sobre tal incerteza. Na velha forma, é uma luz verde (como não há certeza de que ocorrerá dano, vamos em frente, corremos o risco). Com o olhar do princípio da precaução, é um sinal de alerta (amarelo ou até mesmo vermelho). O autor entende que na base da ciência sempre há a incerteza.

Talvez uma das críticas mais contundentes é a enumerada em quinto lugar: o princípio impedirá o progresso, se tal estivesse em vigência quando da criação do automóvel, não o teríamos criado... Montague infere que o necessário é a discussão e a criação de alternativas menos danosas para o desenvolvimento. A solução de substituição do cavalo em 1900 talvez pudesse ter sido menos danosa, se mais discutida.

Contudo, também temos que considerar que a discussão acontece em um determinado tempo e baseia-se nas informações cientificas e tecnológicas conhecidas naquele momento, portanto se hoje aplicarmos o princípio da precaução sobre decisões do passado, podemos "condenar" soluções que à época não poderiam ter sido diferentes. O ponto central é o uso das informações disponíveis para alcançarmos a melhor solução.

A crítica 6 (*Precaution will stifle innovation and destroy job.*)guarda relação com a 5 no momento em que menciona a inibição de inovações e novos empregos. Acerta Montague quando contradita tal crítica afirmando que com os questionamen-

---

[43] Montague, Peter. "Answering…: criticism 3: The precautionary approach aims to achieve zero risk, which is impossible.

tos hoje postos surge a necessidade de maior estudo e apresentação de alternativas e desta forma abre-se o mercado da pesquisa e de novas criações.

O prof. Juarez Freitas, em certa medida concorda com Sunstein, afirmando que devem ser coibidos os excessos e deste modo é de se rejeitar a versão forte do princípio da precaução, considerando que nesta medida este o seria incoerente, dado que permitiria, ação e inação.[44] E, adiante alerta: *"Precaução em demasia é não-precaução"*.[45]

Porém, deixa claro o entendimento de que "o princípio da precaução, congruentemente fundamentado, determina uma inovadora lógica de atuação do Estado: a lógica das estratégias prudentes de longo prazo".[46]

9. Conclusão

Qual a conclusão a que podemos chegar verificando os números acima apresentados? Porque não temos um número equivalente na busca dos direitos sociais listados no art. 6º, parece-nos fácil de responder.

Num Estado onde a prestação do serviço público da saúde ainda precisa ser buscada pela via judicial, não temos como possuir grandes demandas em busca do lazer. Este é um direito que se torna "supérfluo" em relação aos demais.

Se o trabalho não está protegido suficientemente, talvez a moradia fique em segundo plano, pois o cidadão não terá como cumprir os compromissos financeiros advindos da obtenção deste direito (aluguel, CDRU, taxas, IPTU, ...)

Será que podemos dizer que inexistem problemas na prestação de alguns dos direitos sociais elencados no art. 6º?

Ou será que a realidade brasileira faz com que alguns direitos sociais se mostrem mais prementes e desta forma estes são mais buscados pelos cidadãos e assim, verificando-se a ineficiência do Estado na sua prestação, a solução judicial é buscada?

A impressão colocada na introdução deste artigo, de que apenas alguns dos direitos sociais são buscados perante o Poder Judiciário Superior é verdadeira.

Contudo, a verificação mostrou que os direitos mais presentes na catalogação do Supremo Tribunal Federal não são aqueles mencionados na Introdução (saúde, educação, moradia).

Se considerarmos apenas o volume de decisões monocráticas, teremos a Segurança e o Trabalho como "campeões" de pleitos. Por outro lado, se observarmos as decisões da Presidência, temos novamente a segurança em primeiro lugar, seguida, de perto, pela saúde.

Devemos ressaltar que esta verificação se deu considerando a catalogação do próprio Supremo Tribunal Federal, e não uma leitura de cada um dos textos numericamente mencionados.

Chama a atenção a inexistência de ações catalogadas como proteção à maternidade e à infância, mas devemos ressaltar que estes direitos estão vinculados, em sua grande parte, à saúde, à educação e à previdência social.

---

[44] Freitas, Juarez, *Princípio da precaução*...p. 38.
[45] Freitas, Juarez, *Princípio da precaução*...p. 39.
[46] Freitas, Juarez, *Princípio da precaução*...p. 40/41.

Consideramos inevitável concluir que não temos ainda um diagnóstico preciso da judicialização dos direitos sociais na busca pelo cumprimento do dever de prestação destes direitos por parte do Estado (*lato senso*).

Existem temas elencados no art. 6º. que são mais prementes em seu cumprimento na nossa realidade.

Aqui, mais uma vez, nos valemos das palavras de Esteves:[47]

> Todos os órgãos estatais, nos quais se inclui o Judiciário, têm função política. A argumentação de que o Judiciário é um órgão estatal incumbido de uma função meramente jurisdicional, incompatível com a atividade política atribuída ao Legislativo e ao Executivo, e que por esse motivo deve permanecer estritamente submetido a uma interpretação que 'revele' o direito contido nos pressupostos legais, doutrinários e jurisprudenciais, dando-lhe uma característica de neutralidade diante das posições políticas que envolvem o conjunto da sociedade -, somente teria sentido em uma construção jurídico-ideológica que tentasse esconder a existência da discricionariedade da jurisdição.

Diga-se que com o entendimento de que o princípio da precaução é um dever de agir para o Estado (dentro das referências postas pelo Prof. Juarez Freitas) a responsabilidade civil do estado também se modifica, sendo suficiente o questionamento e prova de que não realizou as medidas de precaução devidas e aí surgirá o nexo de causalidade gerador do dever de indenizar a quem sofreu o dano.[48]

Uma das maneiras de entendermos melhor a aplicabilidade e o alcance do princípio da precaução é problematizando.

Suponhamos a situação de um indivíduo que pretende estar diagnosticado com obesidade mórbida.

Tal doença não tem o caráter transmissivo da Gripe A, contudo a necessidade de atenção por parte do ente público formalizador da política pública mostra-se cabível pelo risco de complicações (ou comorbidades) que podem gerar ônus ao sistema (complicações que gerem internações hospitalares, realização de exames, necessidade de próteses etc.), nos termos do art. 196 da Constituição Federal/88.

Pelo sistema de saúde vigente no Brasil (o qual pode-se dizer público em sua maioria, seja pela universalidade, seja pela gratuidade), houve uma hierarquização de situações de saúde para orientar o gestor no cumprimento de suas obrigações.

Um momento importante é o da escolha pelo poder público. Quando se fala em precaução voltada ao meio ambiente, fica bem presente a questão da qualidade ou sua melhoria. Quando abordamos tal princípio em relação à saúde, há uma aparente dificuldade em percebermos isto.

Daí a tentativa de visualizarmos a aplicação através do problema (obesidade mórbida). Qual (ou quais) procedimento(s) é(são) exigível(is) do poder público como carecedor de política pública? O que orienta o gestor público na sua escolha de atendimento?

---

[47] ESTEVES, João Luiz M., ob. cit., p. 74.

[48] Ver Juarez Freitas, *Princípio da precaução...*, p. 45: "Quer no exame das condutas comissivas, quer no controle das condutas omissivas, mister sobrepassar a indagação privatista acerca da prova da imperícia, da imprudência, da negligência ou da intencionalidade de provocar dano. Basta verificar se as medidas exigíveis de precaução, que deveriam ter sido tomadas tempestivamente, não o foram. Em caso afirmativo, o nexo causal estará formado. Não se trata de culpa presumida, nem de imputação objetiva de culpabilidade, todavia de afirmar a indiferença de prova da culpa individual ou anônima na apuração do liame proporcional de causalidade. Trata-se de sutileza que faz toda a diferença na afirmação efetiva e eficaz do princípio constitucional da precaução".

Existem dois pontos fundamentais: o sistema e o indivíduo. O sistema deve ser pensado no momento das definições de custeio, tendo em vista as consequências financeiras do não atendimento desta demanda, o Estado deve considerar o princípio da precaução inteligindo qual o tratamento (ou medicamento) – atitudes, menos onerosas ao sistema considerando aquela doença. E aqui o menos oneroso pode não significar o mais barato...

E do ponto de vista individual, o Estado deve determinar atitudes do órgão executor da medida de saúde para que a garantia à saúde não fique apenas com característica emocional. Se alguém pede um procedimento cirúrgico de redução de estômago em face de obesidade mórbida, cabe ao Estado proteger o paciente determinando que não sejam suprimidas etapas de preparação para tal processo.

Em certa medida é o estado protegendo o indivíduo de sua própria emoção que pretende a cura de sua enfermidade, aceitando toda e qualquer possibilidade.

Acontece que nem todas as pessoas têm condições de serem submetidas ao procedimento com sucesso e pode acontecer de irem a óbito por não terem passado por todas as etapas de preparação e ou verificação de caso.

Pensando nestes dois pontos, cabe ao Estado criar um programa específico onde os ritos e cuidados estão predefinidos, garantindo saúde segura. Evitando riscos.

Deste modo, entendo que é desejável a aplicação do princípio da precaução quando a Administração Pública realiza suas escolhas em saúde pública, principalmente num sistema de saúde público como o brasileiro. Por certo que nenhum dos princípios pode ou deve ser usado isoladamente e em se tratando de aplicabilidade ao direito fundamental à saúde, é importante a sua conjugação com a proporcionalidade.

10. Bibliografia

ABRAMOVICH, Victor. Líneas de trabajo en derechos económicos, sociales y culturales: Herramientas y aliados; Sur. *Revista Internacional de Direitos Humanos*, vol. 2, n. 2, São Paulo 2005.

BRASIL, *Constituição da República Federativa do Brasil*, promulgada em 05.10.2009, com redação alterada pela Emenda Constitucional no. 26, de 2000.

BRASIL, Supremo Tribunal Federal, site www.stf.jus.br. Último acesso em 05.12.2009.

ESTEVES, João Luiz M. *Direitos Fundamentais Sociais no Supremo Tribunal Federal*. São Paulo: Método, 2007 (coleção prof. Gilmar Mendes).

FREITAS, Juarez. *Discricionariedade administrativa e o direito fundamental à boa administração pública*, Cap. VI, *O direito fundamental à boa administração pública e os princípios da prevenção e da precaução*, 2ª ed, Malheiros, 2009, p. 99/113.

——. *O controle dos atos administrativos e os princípios fundamentais*, 4ª ed., Malheiros, 2009, p. 138/144.

——. *O princípio da precaução: vedação de excesso e de inoperância*, *Revista Interesse Público* 35, Ano VII, 2006, Porto Alegre, Notadez.

GARAPON, Antoine. *O Juiz e a Democracia: o guardião das promessas*. Trad.: Maria Luíza de Carvalho. 2ª ed. Rio de Janeiro: Revan, 2001.

MONTAGUE, Peter. *Answering the Critics of Precaution* (Draft 3, April 17, 2004) http://www.rachel.org/library/getfile.cfm?ID=378: As menções, em português, a este texto são resultado de uma tradução livre da Autora, auxiliada pelo Google tradutor.

SARLET, Ingo Wolfgang. *A eficácia dos direitos fundamentais*, 10ª. ed., revista, atualizada e ampliada. Porto Alegre: Livraria do Advogado, 2009.

——. *Os direitos fundamentais sociais na ordem constitucional brasileira*. *Revista da Procuradoria-Geral do Estado*, Porto Alegre: Procuradoria Geral do Estado do Rio Grande do Sul, v. 25, n. 55, 2002.

SUNSTEIN, Cass R. *(Para) Além do Precaução*, Tradução de:Marcelo Fensterseifer, Martin Haeberlin e Tiago Fensterseifer. Revista Interesse Público 37, ano VIII, 2006, Porto Alegre, Notadez.

— 11 —

Os limites da proteção jurídica dos manguezais

PEDRO DE MENEZES NIEBUHR[1]

Sumário: Introdução; 1. Os manguezais na ordem jurídica nacional vigente antes da promulgação do novo Código Florestal – Lei nº 12.651/12; 2. O regime jurídico dos manguezais após a vigência do novo Código Florestal – Lei nº 12.651/02; 3. A questão das áreas de transição de manguezal; 4. O caso de Florianópolis; Conclusões; Referências.

Introdução

O presente estudo tem como finalidade abordar o regime jurídico de proteção dos manguezais, a fim de apontar seu embasamento legal, as definições aplicáveis e limites. Será verificada qual é a situação das chamadas áreas de transição de manguezais no ordenamento jurídico nacional, por meio do estudo de caso de Florianópolis, Santa Catarina.

A importância de se examinar, detidamente, referidas *nuances* decorre da necessidade de se afastarem interpretações equivocadas que podem decorrer da normatização de regência. Deve-se ter em conta, especialmente, a alteração que a Lei nº 12.651/12 (novo Código Florestal) impinge à matéria, que modifica as bases legais de todo o sistema regulatório então vigente.

Permeia o presente estudo, nesse contexto, a percepção de que a construção de um Direito Ambiental forte, efetivamente voltado aos propósitos de proteção e promoção de um meio ambiente ecologicamente equilibrado, passa necessariamente pela escorreita interpretação das normas aplicáveis. A afirmação do Direito Ambiental depende, muito, de sua eficácia e do grau de confiabilidade nele depositado.

No que toca aos manguezais, o intérprete deve buscar a coerência das regras existentes. A possibilidade de se praticarem excessos e/ou de se protegerem deficientemente aqueles ecossistemas, em decorrência da aplicação apressada da legislação, é que se busca, em última análise, evitar.

---

[1] Doutorando em Direito pela Pontifícia Universidade Católica do Rio Grande do Sul. Mestre e Bacharel em Direito pela Universidade Federal de Santa Catarina. Membro-nato do Instituto Catarinense de Direito Administrativo – IDASC. Autor dos livros "Parcerias Público-Privadas: Perspectiva Constitucional Brasileira" (Forum, 2008) e "O Princípio da Competitividade na Licitação Pública" (Obra Jurídica, 2004), além de artigos publicados em revistas especializadas. Advogado e Professor Universitário.

1. Os manguezais na ordem jurídica nacional vigente antes da promulgação do novo Código Florestal – Lei nº 12.651/12

A qualificação dos manguezais como área de preservação permanente não encontrava, até a edição do novo Código Florestal – Lei nº 12.651/12 – previsão explícita na legislação ambiental federal. A referência expressa havida no antigo Código Florestal – Lei Federal nº 4.771/65 – era a contida na alínea "f" do artigo 2º, que estatuía:

> Art. 2º Consideram-se de preservação permanente, pelo só efeito desta Lei, as florestas e demais formas de vegetação natural situadas:
> (...)
> f) nas restingas, como fixadoras de dunas ou estabilizadoras de mangues;

Percebe-se que o ambiente protegido na alínea "f" do artigo 2º do antigo Código Florestal era a restinga, quando ela atuasse como estabilizadora de mangues, e não do manguezal propriamente dito. Caso a restinga não atuasse nesta condição (ou como fixadora de dunas), ela sequer era qualificada como de preservação permanente pela alínea "f" do artigo 2º do antigo Código Florestal.[2] Neste sentido, inclusive, já havia decidido o Tribunal Regional Federal da 4ª Região, na apelação cível nº 0004767-32.2006.404.7208/SC, relatada pelo Desembargador Federal Carlos Eduardo Thompson Flores Lenz, em 13.04.2010,[3] e o próprio Superior Tribunal de Justiça, nos autos do REsp nº 1145636/SC, de relatoria do Ministro Mauro Campbell Marques,[4] em 03.05.2011.

---

[2] Toma-se a lição de Joel de Menezes Niebuhr: "Soma-se a isso o fato de que a vegetação de restinga somente é qualificada como de preservação permanente se prestante a fixar dunas ou a estabilizar mangues. Quer dizer que nem a vegetação situada na restinga é por si só merecedora da proteção legal. Só o será se evidenciada a funcionalidade dela em relação às dunas e aos mangues e, por obséquio ao princípio da proporcionalidade, na medida em que realmente for útil a tal propósito. Vegetação de restinga distante de área com dunas ou mangue não é de preservação permanente" (2003, p. 45).

[3] Do acórdão colhe-se: "A primeira questão, sem dúvida, é definir qual a proteção dada às restingas pela Lei n. 4.771/65 (Código Florestal), pois, se estamos em um Estado Democrático de Direito (art. 1º da CF), é incontrastável que o princípio da legalidade (ninguém será obrigado a fazer ou deixar de fazer alguma coisa senão em virtude de lei – art. 5º, II, da CF) ordena que examinemos a *vexata quaestio* sob o prisma legal: Art. 2º Consideram-se de preservação permanente, pelo só efeito desta Lei, as florestas e demais formas de vegetação natural situadas: f) nas restingas, como fixadoras de dunas ou estabilizadoras de mangues;
Em sendo assim, a restinga objeto de proteção ambiental e que impõe limitações ao direito de propriedade (é garantido o direito de propriedade – art. 5º, XXII, da CF) é aquela que tem a função de fixar dunas ou proteger (estabilizar) os mangues".

[4] "PROCESSUAL CIVIL E AMBIENTAL. OFENSA AO ART. 535 DO CPC. INOCORRÊNCIA. IMPACTO AMBIENTAL. CARACTERIZAÇÃO DE ÁREA COMO ÁREA DE PRESERVAÇÃO PERMANENTE (RESTINGA). INSUFICIÊNCIA DE PROVAS. INCIDÊNCIA DA SÚMULA N. 7 DESTA CORTE SUPERIOR. 1. Nas razões recursais, sustenta a parte recorrente ter ocorrido violação aos arts. 535 do Código de Processo Civil (CPC) – porque o acórdão recorrido incorreu em duas contradições, ao (i) considerar que (i) não havia prova suficiente para caracterizar o local como área de preservação e (ii) manter a condenação à recuperação ambiental de área anteriormente devastada, localizada a alguns metros da área ora controversa, sem reconhecer a ocorrência de impacto ambiental pela nova edificação – e 1º, caput e § 2º, e 2º, alínea "f", da Lei n. 4.771/65 (Código Florestal), ao argumento de que as restingas são áreas de preservação permanente, implicando a permanência da construção controversa impacto ambiental. Aponta, ainda, dissídio jurisprudencial a ser sanado. 2. Inexistente a ofensa ao art. 535 do CPC porque a contradição que autoriza o manejo dos embargos de declaração é aquela que acontece entre a fundamentação e o dispositivo, e não aquela interna à fundamentação ou aquela que ocorre entre a decisão e as provas dos autos. 3. Inviável conhecer da ofensa aos arts. 1º, caput e § 2º, e 2º, alínea "f", da Lei n. 4.771/65 (Código Florestal) e do dissídio jurisprudencial – sob o argumento de que as restingas são áreas de preservação permanente, implicando a permanência da construção controversa impacto ambiental -, porque, na espécie, a origem deixou consignado que não foi formado conjunto probatório convincente no sentido de que a área na qual edificado o bar que se pretende demolir é área de preservação permanente. Incidência da Súmula n. 7 desta Corte Superior. 4. Recurso especial parcialmente conhecido e, nesta parte, não provido." Do acórdão, em referência à decisão recorrida: "No entanto foi afastada a caracterização de Área

Não obstante a lacuna legislativa, o Conselho Nacional do Meio Ambiente editou sucessivas resoluções que imprimiam ao ambiente de manguezal *status* de especial proteção ambiental. O inciso I do artigo 5º da Resolução CONAMA 10/93 veiculou um conceito amplo de manguezal – incluindo nele ecossistemas secos, recoberto por gramíneas – num contexto de definição de conceitos técnicos do Decreto Federal nº 750/93, que, por sua vez, se referia ao corte, regeneração e supressão de vegetação de Mata Atlântica. A Resolução CONAMA 10/93 não qualificava o manguezal nela definido como de preservação permanente.

Foi também neste contexto, de definição dos conceitos técnicos atinentes à Mata Atlântica, que o CONAMA editou a Resolução nº 261/99, alargando ainda mais o conceito de manguezal que havia atribuído pelo inciso I do artigo 5º da Resolução CONAMA 10/93. Na Resolução CONAMA nº 261/99, que aprova o parâmetro básico para análise dos estágios sucessivos de vegetação de restinga para o Estado de Santa Catarina, o CONAMA diz que "as áreas de transição entre a restinga e o manguezal, bem como entre este e a floresta ombrófila densa, serão consideradas como manguezal, para fins de licenciamento de atividades localizadas no Domínio Mata Atlântica".

Esta ampliação da noção de manguezal trazida pela Resolução CONAMA nº 261/99 era abertamente antijurídica, posto que fazia uso de um conceito técnico atinente a um ecossistema específico para abraçar outros ambientes que, na prática, não reuniam aqueles atributos essenciais aptos a lhes caracterizar. Ao dizer que também se considerava manguezal a área abrangida entre o fim do próprio manguezal e início da restinga ou floresta ombrófila densa, a própria Resolução CONAMA nº 261/99 indicava o término do manguezal. Ora, se o manguezal termina onde inicia outro ecossistema, é evidente que de manguezal ele não trata. A generalização da qualificação do ambiente de manguezal como qualquer área situada entre o próprio manguezal e a floresta ombrófila densa ou a restinga era abertamente contrária ao poder regulamentar de que o órgão dispunha. Seria o mesmo que o CONAMA, invocando seu poder regulamentar, pretender transformar cimento em ouro, só por conta de seu poder regulamentar.

Mais tarde, a pretexto de regulamentar a alínea "f" do artigo 2º do antigo Código Florestal,[5] o CONAMA editou a Resolução nº 303/02. Aqui, pela primeira vez, considerou-se expressamente o manguezal como área de preservação permanente por conta do inciso X do seu artigo 3º.[6]

Ocorre, tal qual visto, que a alínea "f" do artigo 2º do antigo Código Florestal não qualificava o mangue como de preservação permanente, mas sim a restinga que

---

de Preservação Permanente, assim consideradas apenas as formações florísticas de restinga que visem fixar dunas e estabilizar mangues, o que não é o caso" (REsp 1145636/SC, Rel. Ministro MAURO CAMPBELL MARQUES, SEGUNDA TURMA, julgado em 03/05/2011, DJe 09/05/2011)

[5] Parte da doutrina advoga a tese de que apesar da referência na alínea "f" do artigo 2º da Lei Federal nº 4.771/65, ao mangue ser obscura, era possível deduzir seu status de preservação permanente. Gilberto D'Ávila Rufino, por exemplo, entende que a restinga referida no dispositivo deve ser reputada como a planície litorânea formada na costa brasileira. O que se busca proteger pela alínea "f" do artigo 2º da Lei Federal nº 4.771/65, segundo o autor, é a vegetação de mangue existente nas planícies litorâneas (1981: p. 111). Parece-nos que a conclusão do autor é contrariada pela própria regulamentação do conceito de restinga atribuído pela Resolução CONAMA nº 303/02, que a qualifica como acidente geográfico específico (e não planície litorânea em sentido amplo) recoberto por vegetação típica.

[6] "Art. 3º Constitui Área de Preservação Permanente a área situada: [...] X – em manguezal, em toda a sua extensão".

lhe estabilizava. São situações fáticas absolutamente distintas: mangue não se confunde com restinga, tanto que receberam, do próprio CONAMA, definições técnicas absolutamente distintas.

No mais, o inciso X do seu artigo 3º da Resolução CONAMA nº 303/02 não poderia ampliar uma restrição de direito – tal qual a qualificação da restinga como APP – sem amparo legal. Como é sabido, as regras que instituem restrições a direitos devem ser interpretadas restritivamente.[7]

Para que as restrições advindas da qualificação do manguezal como APP pudessem ser legalmente válidas, haveriam de ter outro embasamento jurídico.

O fundamento legal para a proteção jurídica do manguezal no contexto do antigo Código Florestal decorria não da alínea "f" do artigo 2º do antigo Código Florestal, mas sim da aplicação, *in concreto*, do inciso II do § 2º do artigo 1º daquele diploma normativo, ao seu próprio *artigo 3º*. Leia-se:

> Art. 1º [...] § 2º Para os efeitos deste Código, entende-se por: [...]
> II – área de preservação permanente: área protegida nos termos dos arts. 2º e 3º desta Lei, coberta ou não por vegetação nativa, com a função ambiental de preservar os recursos hídricos, a paisagem, a estabilidade geológica, a biodiversidade, o fluxo gênico de fauna e flora, proteger o solo e assegurar o bem-estar das populações humanas.
> Art. 3º Consideram-se, ainda, de preservação permanentes, quando assim declaradas por ato do Poder Público, as florestas e demais formas de vegetação natural destinadas:
> a) a atenuar a erosão das terras;
> b) a fixar as dunas;
> c) a formar faixas de proteção ao longo de rodovias e ferrovias;
> d) a auxiliar a defesa do território nacional a critério das autoridades militares;
> e) a proteger sítios de excepcional beleza ou de valor científico ou histórico;
> f) a asilar exemplares da fauna ou flora ameaçados de extinção;
> g) a manter o ambiente necessário à vida das populações silvícolas;
> h) a assegurar condições de bem-estar público.

Além das áreas previamente definidas no artigo 2º do antigo Código Florestal como de preservação permanente,[8] também eram suscetíveis de serem desta forma caracterizadas por ato do Poder Público (leia-se ato administrativo) as áreas que possuíssem as funções ecológicas descritas nas alíneas do artigo 3º do mesmo Código Florestal, aptas a preservar os recursos hídricos, a paisagem, a estabilidade geológi-

---

[7] Nas palavras de CARLOS MAXIMILIANO: "A lei que abre exceção a regras gerais, ou restringe direitos, só abrange os casos que especifica [...] As disposições excepcionais são estabelecidas por motivos ou considerações particulares, contra outras normas jurídicas, ou contra o Direito comum; por isso não se estendem além dos casos e tempos que designam expressamente" (1999, p. 184/193).

[8] "Art. 2º Consideram-se de preservação permanente, pelo só efeito desta Lei, as florestas e demais formas de vegetação natural situadas: a) ao longo dos rios ou de qualquer curso d'água desde o seu nível mais alto em faixa marginal cuja largura mínima será: 1 – de 30 (trinta) metros para os cursos d'água de menos de 10 (dez) metros de largura; 2 – de 50 (cinquenta) metros para os cursos d'água que tenham de 10 (dez) a 50 (cinquenta) metros de largura; 3 – de 100 (cem) metros para os cursos d'água que tenham de 50 (cinquenta) a 200 (duzentos) metros de largura; 4 – de 200 (duzentos) metros para os cursos d'água que tenham de 200 (duzentos) a 600 (seiscentos) metros de largura; 5 – de 500 (quinhentos) metros para os cursos d'água que tenham largura superior a 600 (seiscentos) metros; b) ao redor das lagoas, lagos ou reservatórios d'água naturais ou artificiais; c) nas nascentes, ainda que intermitentes e nos chamados "olhos d'água", qualquer que seja a sua situação topográfica, num raio mínimo de 50 (cinquenta) metros de largura; d) no topo de morros, montes, montanhas e serras; e) nas encostas ou partes destas, com declividade superior a 45°, equivalente a 100% na linha de maior declive; f) nas restingas, como fixadoras de dunas ou estabilizadoras de mangues; g) nas bordas dos tabuleiros ou chapadas, a partir da linha de ruptura do relevo, em faixa nunca inferior a 100 (cem) metros em projeções horizontais; h) em altitude superior a 1.800 (mil e oitocentos) metros, qualquer que seja a vegetação".

ca, a biodiversidade, o fluxo gênico de fauna e flora, proteger o solo e assegurar o bem-estar das populações humanas. Trata-se da distinção, no plano conceitual, entre as áreas de preservação permanente por previsão legal (primeiro grupo) e por ato do Poder Público (segundo grupo) (Milaré, 2007, p. 695).

O artigo 3º do antigo Código Florestal, cumulado com o inciso II do § 2º do artigo 1º da mesma Lei, dava azo, portanto, à qualificação de novas áreas de preservação permanente pelo Poder Público afora aquelas arroladas no artigo 2º, desde que comprovada a função ecológica do ambiente indicada na legislação. É saber: para que um novo espaço pudesse ser qualificado como de preservação permanente, era necessário que o mesmo atenuasse a erosão da terra, fixe dunas ou asile exemplares da fauna ou flora ameaçada de extinção, dentre outros.

É, salvo melhor juízo, nesta hipótese que se enquadrava a proteção legal dos manguezais até 2012. Isto porque os manguezais exercem as funções ambientais indicadas no artigo 3º do antigo Código Florestal:

> São áreas dinâmicas do ponto de vista físico-químico, sendo responsáveis por uma grande produção de biomassa vegetal e animal. Além disso, podem atuar como exportadores de matéria orgânica para as áreas adjacentes, promovem maior estabilidade das margens, prevenindo a erosão, e servem como depósitos de nutrientes e carbono. (SERAFINI, 2008).

Ou seja, os manguezais são ecossistemas responsáveis, em parte, pela preservação da biodiversidade, do solo, da estabilidade geológica. São ambientes suscetíveis, por força do inciso II do § 2º do artigo 1º, e do artigo 3º do antigo Código Florestal, de serem qualificados, pela Administração, como áreas de preservação permanente.

E assim o foram pela Resolução CONAMA nº 303/02 – que dispõe sobre os parâmetros, definições e limites de áreas de preservação permanente – assinala:

> Art. 1º Constitui objeto da presente Resolução o estabelecimento de parâmetros, definições e limites referentes às Áreas de Preservação Permanente.
> Art. 2º Para os efeitos desta Resolução, são adotadas as seguintes definições:
> IX – manguezal: ecossistema litorâneo que ocorre em terrenos baixos, sujeitos à ação das marés, formado por vasas lodosas recentes ou arenosas, às quais se associa, predominantemente, a vegetação natural conhecida como mangue, com influência flúvio-marinha, típica de solos limosos de regiões estuarinas e com dispersão descontínua ao longo da costa brasileira, entre os estados do Amapá e Santa Catarina;

Noutros termos, o Poder Público – com fundamento direto no inciso II do § 2º do artigo 1º, e no artigo 3º do antigo Código Florestal (ao contrário do que preceitua expressamente o preâmbulo da resolução)[9] – qualificou os manguezais como área de preservação permanente através do inciso IX de seu artigo 2º e inciso X do artigo 3º da Resolução CONAMA nº 303/02.

Em síntese, a caracterização do manguezal como área de preservação feita pelo inciso IX do artigo 2º e inciso X do artigo 3º da Resolução CONAMA nº 303/02, para que pudesse ser reputada constitucional e legal, deveria se referir ao inciso II do § 2º do artigo 1º e ao artigo 3º, todos do antigo Código Florestal. Esta era a única interpretação que empresa legitimidade ao seu fundamento legal.

A constatação supramencionada é de extrema importância. O próprio Superior Tribunal de Justiça, ao qualificar a natureza jurídica do manguezal nos autos do Recurso Especial nº 650.728-SC (ainda sob vigência do antigo Código Florestal), aparentemente passou despercebido por ela. O Tribunal partiu direto da Resolução

---

[9] "[...] Considerando a necessidade de regulamentar o art. 2º da Lei nº 4.771, de 15 de setembro de 1965, no que concerne às Áreas de Preservação Permanente".

nº 303/02 do CONAMA, como se ela não devesse reverência ao antigo Código Florestal,[10] a norma hierarquicamente superior que confere fundamento de validade à resolução do CONAMA.

Insista-se que se o fundamento atribuído ao inciso IX do artigo 2º e ao inciso X do artigo 3º da Resolução CONAMA nº 303/02 fosse o poder regulamentar da alínea "f" do artigo 2º do antigo Código Florestal, o regulamento, como visto, seria inconstitucional,[11] e não poderia ser utilizado pelo Judiciário como previsão legal da imposição de referidas restrições. Para tal conclusão reporte-se às lições de Paulo Affonso Leme Machado[12] e Luiz Carlos Silva de Moraes,[13] dentre outros.

De fato, a instituição de nova área de preservação permanente (de manguezais) a pretexto de regulamentar os ambientes de restinga mostraria flagrante excesso do poder regulamentar atribuído ao CONAMA. Esta qualificação do manguezal como área de preservação permanente feita pelo inciso IX do artigo 2º e inciso X do artigo 3º da Resolução CONAMA nº 303/02 só não seria ilegal se a definição do dispositivo pudesse se amoldar ao artigo 3º do antigo Código Florestal.

Até, portanto, a edição do novo Código Florestal, a natureza jurídica dos manguezais era de área de preservação permanente instituída por ato do Poder Público, em virtude da função ecológica que desempenha na manutenção do solo, na estabilidade geológica, como agente atenuante da erosão e essencial aos processos ambientais de reprodução da fauna marinha.

Isto, todavia, não resolvia problemas que advinham da aparente coexistência da Resolução CONAMA nº 303/02, às Resoluções CONAMA nº 10/93 e nº 261/99, que previam conceitos técnicos distintos para o mesmo ecossistema de manguezal quando relacionados à ocorrência de Mata Atlântica ou restinga. E o principal problema é que as Resoluções CONAMA nº 10/93 e nº 261/99, apesar de veicularem conceitos

---

[10] "[...] 3.1 Natureza e regime jurídicos dos manguezais no Brasil. Nos termos da Resolução Conama nº 303/02, manguezal é "o ecossistema litorâneo que ocorre em terrenos baixos, sujeitos à ação das marés, formado por vasas lodosas recentes ou arenosas, às quais se associa, predominantemente, a vegetação natural conhecida como mangue, com influência flúvio-marinha, típica de solos limosos de regiões estuarinas e com dispersão descontínua ao longo da costa brasileira, entre os estados do Amapá e Santa Catarina" (art. 2º, inciso IX). "[...] A legislação brasileira atual reflete a transformação científica, ética, política e jurídica que reposicionou os manguezais, levando-os da condição de risco sanitário e de condição indesejável ao patamar de ecossistema criticamente ameaçado. Objetivando resguardar suas funções ecológicas, econômicas e sociais, o legislador atribuiu-lhes natureza jurídica de Área de Preservação Permanente" (REsp 650.728/SC, Rel. Ministro HERMAN BENJAMIN, SEGUNDA TURMA, julgado em 23/10/2007, DJe 02/12/2009).

[11] De acordo com Seabra Fagundes, o regulamento "prende-se em essência ao texto legal. O seu objetivo é tão somente facilitar, pela especificação do processo executório e pelo desdobramento minucioso do conteúdo sintético da lei a execução da vontade do Estado expressa em ato legislativo" (1979, p. 24). Também essa é a constatação de Pontes de Miranda: "Se o Poder Legislativo deixa ao Poder Executivo fazer lei, delega; o poder regulamentar o que se exerce sem criação de regras jurídicas que alterem as leis existentes e sem alteração da própria lei regulamentada. *Nem o Poder Executivo pode alterar regras jurídicas constantes de lei, a pretexto de editar decretos para a sua fiel execução, ou regulamentos concernentes a elas, nem tal atribuição pode provir de permissão ou imposição legal de alterar regras legais ou estendê-las ou limitá-las*" (grifo acrescido, 1970, p. 312-313).

[12] "O CONAMA tem função social e ambiental indispensável. Mas esse Conselho não tem função legislativa, e nenhuma lei poderia conceder-lhe essa função. Estamos diante de uma patologia jurídica, que é preciso ser sanada, pois caso contrário o mal poderá alastrar-se, e teríamos o Conselho Monetário Nacional criando impostos e o Conselho Nacional de Política Criminal e Penitenciária definindo crimes. É fundamental a proteção das áreas de preservação permanente, mas dentro do Estado de Direito" (2005, p. 730).

[13] "A competência do CONAMA não pode inovar, originalmente, no campo das proibições do direito de uso de propriedade; é-lhe permitido assumir matriz legal e adequá-la aos casos específicos, nada mais. [...] O conflito entre a redação da Resolução CONAMA nº 04/85 com o art. 2º da Lei nº 4.771/65 torna-se evidente quando modifica a limitação de propriedade" (2000, p. 44).

que não se prestavam a qualificar o ecossistema de manguezal como de preservação permanente, atribuíam-lhe noção mais ampla que a consignada na Resolução CONAMA nº 303/02. Estava-se, portanto, diante de um quadro de concorrência de conceitos técnicos de manguezal no âmbito do poder regulamentar do CONAMA, o que não raras vezes dava azo a interpretações disformes, como a tentativa de aplicar ao regime de preservação permanente uma noção ampla de manguezal que havia sido veiculada para outra realidade.[14]

Esta confusão (decorrente da inexistência de parâmetros sólidos e consensuais para definição dos limites do manguezal como área de preservação permanente, haja vista se tratar de qualificação proveniente de ato administrativo) decorria, em última análise, da ausência da própria previsão do manguezal como de preservação permanente no antigo Código Florestal, construção que teve que se desenvolver no plano infralegal.

2. O regime jurídico dos manguezais após a vigência do novo Código Florestal – Lei nº 12.651/02

Para resolver tais discrepâncias em boa hora o legislador resolveu conduzir ao plano legal o conceito técnico de manguezal definido na Resolução CONAMA nº 303/02. A definição do ecossistema e seu enquadramento como área de preservação permanente encontram, portanto, assento legislativo expresso, constante no inciso XIII do artigo 3º e no inciso VII do artigo 4º, todos do novo Código Florestal:

Art. 3º Para os efeitos desta Lei, entende-se por: [...]
XIII – manguezal: ecossistema litorâneo que ocorre em terrenos baixos, sujeitos à ação das marés, formado por vasas lodosas recentes ou arenosas, às quais se associa, predominantemente, a vegetação natural conhecida como mangue, com influência fluviomarinha, típica de solos limosos de regiões estuarinas e com dispersão descontínua ao longo da costa brasileira, entre os Estados do Amapá e de Santa Catarina;
Art. 4º Considera-se Área de Preservação Permanente, em zonas rurais ou urbanas, para os efeitos desta Lei: [...]
VII – os manguezais, em toda a sua extensão;

Percebe-se que o legislador transcreveu literalmente o conceito de manguezal antes veiculado na Resolução CONAMA nº 303/02 para o inciso XIII do artigo 3º do novo Código Florestal. A nova lei poderia ter optado por um conceito amplo de manguezal, tais quais aqueles contemplados nas Resoluções CONAMA nº 10/93 e nº 261/99. Entretanto, optou por não fazê-lo, lançando mão de uma técnica legislativa adequada, que recepciona o conceito técnico prevalecente no momento atual.

O raciocínio é lógico: se a Resolução CONAMA nº 303/02 alterou uma noção antes utilizada, é porque este novo conceito revela-se atualizado, mais adequado e apto para caracterizar o fenômeno a ser regulamentado. A Resolução CONAMA nº 303/02 já ia além, em muitos aspectos, das Resoluções CONAMA nº 10/93 e nº 261/99, principalmente ao caracterizar a área como de preservação permanente (o

---

[14] Toma-se, a título de exemplo, o entendimento de Leonardo Zagonel Serafini: "Áreas de transição de manguezal: Quando ocorrem como ecossistema associado à Mata Atlântica, os manguezais recebem proteção adicional pelo microssistema da Lei 11.428/2006, que regula a proteção e o uso desse Bioma, cujos regulamentos (especialmente a Resolução CONAMA 10/1993, ratificada recentemente por aquele Conselho), preveem, inclusive, uma outra definição de manguezal, mais abrangente, incluindo no conceito a vegetação de transição entre o próprio manguezal e o continente, bem como gramíneas (Spartina sp.) comumente encontradas na borda dos manguezais, em direção ao mar" (obra citada).

que antes inexistia). Por óbvio que a exclusão de áreas secas (não sujeitas a maré) e de vegetação de gramíneas do âmbito de seu conceito foi intencional e exprimia algum consenso científico (do contrário não teria sido aprovada). Enfim, sua transcrição ao inciso XIII do artigo 3º do novo Código Florestal implicou na consagração legal da noção mais atualizada do ecossistema de manguezal.

É de se afastar, por completo, qualquer alegação retórica e sensacionalista de retrocesso ambiental. A proibição de retrocesso visa a proteger o núcleo essencial de um direito fundamental,[15] não engessar ou paralisar a atividade legislativa e administrativa (que em tempos atuais, pelo contrário, é complexa e extremamente dinâmica). No caso, a proteção dos manguezais não só é mantida, como sua condução ao nível legal a fortalece, na medida em que supre um estado de relativa vulnerabilidade que decorria de sua omissão no antigo Código Florestal. Ademais, consagra-se um conceito que, presumidamente, é consensual no âmbito científico.[16]

A segunda conclusão que se deduz com o advento do novo Código Florestal é que se antes o manguezal era qualificado como de preservação permanente por ato do Poder Público (insista-se, ato administrativo), hoje o é por ato legal. A qualificação decorre de lei e afasta a possibilidade da Administração alterar seu conteúdo, tanto para mais quanto para menos. Toda a regulamentação superveniente do novo Código Florestal haverá de respeitar os pressupostos e *standards* concebidos por este diploma legal, sob pena de incontornável vício de legalidade e excesso de poder.

Hoje, independentemente de eventual divergência técnico-científica, a questão foi alçada ao plano legal e nestes termos vincula. Insista-se: somente a noção de manguezal veiculada em lei implica em restrição à propriedade e liberdade dos cidadãos.

Neste sentido não há dúvida acerca dos requisitos legais para a caracterização de uma dada área de manguezal como de preservação permanente. Nos termos do inciso XIII do artigo 3º e o inciso VII do artigo 4º, todos do novo Código Florestal, o manguezal protegido é o *ecossistema* como um todo, que por sua vez é composto, pelo menos, dos seguintes elementos caracterizadores: (i) terrenos baixos sujeitos à

---

[15] "Mediante o reconhecimento de uma proibição de retrocesso está a se impedir a frustração da efetividade constitucional, já que, na hipótese de o legislador revogar o ato que deu concretude a uma norma programática ou tornou viável o exercício de um direito, estaria acarretando um retorno à situação de omissão (inconstitucional, como poderíamos acrescentar) anterior [...] Com efeito, sem que se vá aqui aprofundar as razões que vedam o reconhecimento de uma proibição de retrocesso com feições absolutas, ou seja, impeditivas de qualquer redução nos níveis de proteção social, importa destacar, em apertada síntese, *que uma proibição absoluta não apenas implica a afetação substancial da necessária possibilidade de revisão que é peculiar à função legislativa, mas também desconsidera a indispensável possibilidade (e necessidade) de reavaliação global e permanente das metas da ação estatal e do próprio desempenho na consecução de tais metas, ou seja, a reavaliação mesmo dos meios utilizados para a realização dos fins estatais*, com destaque para a efetivação dos direitos fundamentais" (SARLET, 2009. p.447-449). "Os princípios têm limites. Estão demarcados em sua extensão e proveito. São frutos relacionais, cujo reconhecimento está contido na experiência comum. Os limites dos princípios são os limites da experiência comum. O princípio da proibição da retrogradação socioambiental também tem seus limites. Sua extensão e proveito deve servir aos seres relacionados, e não servir-se deles. *Toda imobilidade é gravosa quando travestida de imobilismo*, vale dizer, quando repudia novas conquistas, apegando-se ao passado, ou fixando-se ao presente não deixa espaço para a inovação criativa. *Por isso, não se pode imobilizar o progresso e, até mesmo, o regresso, quando este se impõe com a razão do princípio de proibição da retrogradação socioambiental*" (MOLINARO, 2007, p. 81).

[16] A ideia, aliás, de certeza e imutabilidade em conceitos científicos é de toda superada. A comunidade científica, não raro, vê-se às voltas com a reformulação e adequação de entendimentos anteriores e ultrapassados, exatamente tal qual ocorre no caso em exame.

ação das marés, formado por vasas[17] lodosas recentes ou arenosas; (ii) de solo limoso, com influência flúvio-marinha; (iii) coberto predominantemente por vegetação natural conhecida como mangue.

Isto quer dizer que para a caracterização do manguezal como ambiente protegido é necessário ocorrer, nesse contexto, concomitantemente: a influência da maré, o solo específico e a vegetação predominantemente natural (mangue).

A ausência de um destes elementos subtrai a condição de área de preservação permanente, posto que fica descaracterizada a ocorrência de manguezal legal. Isto é, impede estender o regime jurídico de preservação permanente ao ambiente em que mesmo que, mesmo identificando-se a ocorrência de dois daqueles elementos (por exemplo, solo e vegetação), constata-se a ausência de um deles (influência da maré). Dito de outro modo: a inexistência de um dos elementos legais não permite caracterizar o ecossistema como manguezal para efeito de aplicação do inciso XIII do artigo 3º e do inciso VII do artigo 4º, todos do novo Código Florestal. Ele deixa de ser de preservação permanente.

A constatação ora apontada é de deveras importância diante da comum confusão, por exemplo, entre mangue e manguezal. Mangue é a vegetação natural. Manguezal é o ecossistema. O mangue, em si, não é caracterizado como área de preservação permanente. O que é caracterizado é o manguezal (ecossistema), e ele depende ainda de que seja identificado, além da vegetação (mangue), o solo típico (limoso, recoberto por lodo) e de terrenos baixos, que sofre influência da maré. Então, se a vegetação de mangue não for alcançada pela maré ou não estiver localizada no solo típico de ambiente de manguezal, ela não recebe a proteção conferida às áreas de preservação permanente.

Referida conclusão se justifica. É o ecossistema como um todo, e não uma de suas partes, que merece atenção especial. É o ecossistema que evita a erosão, que atua como estabilizador de solo. É o ambiente de transição entre o mar e a terra, que mistura água doce com água salina e solo rico em material orgânico, além de vegetação que controla a temperatura, que criam, em conjunto, um local ideal para a reprodução de espécies da fauna. É a preservação deste ambiente, e não de um de seus componentes, a finalidade contida no inciso VII do artigo 4º do novo Código Florestal. Se referido raciocínio fosse equivocado, teria a Lei protegido, separada e independentemente, cada um dos elementos do ecossistema, o que não ocorre.

3. A questão das áreas de transição de manguezal

A conclusão aportada na seção precedente guarda estreita relação com o tratamento jurídico que deve ser atribuído às chamadas "áreas de transição de manguezal". O escopo do inciso XIII do artigo 3º e do inciso VII do artigo 4º do novo Código Florestal é a proteção de um ecossistema específico, formado também pela união peculiar de seus elementos. Só eles, em conjunto, mereceram da legislação a qualificação de preservação permanente. Isto obsta qualquer tentativa de estender ao conceito jurídico de manguezal enquanto área de preservação permanente as áreas adjacentes

---

[17] Vasas: Lama fina oriunda da decomposição de elementos orgânicos e de minerais, que se acumula em fundo de mares e rios; LIMO; LODO (Disponível em <http://aulete.uol.com.br/site.php?mdl=aulete_digital&op=loadVerbete&pesquisa=1&palavra=vasa#ixzz1p2780HsH>).

a este ecossistema, da mesma forma como não se cogita fazê-lo para qualquer adjacência das demais áreas protegidas pelo artigo 4º daquela Lei. Repita-se: as restrições a direitos devem ser interpretadas restritivamente.

É certo que sobrevirão interpretações pretendendo estender o conceito de manguezal do novo Código Florestal para também caracterizar como de preservação permanente outros ambientes, notadamente aqueles enunciados nas Resoluções CONAMA n°s 10/93 e 261/99. Esta leitura induziria à conclusão de que não só o ecossistema previsto no inciso XIII do artigo 3º do novo Código Florestal seria de preservação permanente, mas também ambientes de solo seco, recobertos não por vegetação típica de mangue, mas inclusive por gramíneas e outras espécies exóticas como sugerem as sobreditas Resoluções.

Entendemos que referida interpretação não encontra fundamento jurídico plausível.

Primeiro porque, tal qual já exposto, o inciso XIII do artigo 3º do novo Código Florestal não faz qualquer menção, ainda que indireta, do que se convencionou chamar por ambiente de transição de manguezal, para que lhe pudesse ser estendida a proteção especial que é conferida às áreas de preservação permanente. O poder regulamentar, isto é pacífico, não pode inovar a ordem jurídica, criando obrigações para além daquelas consignadas no diploma regulamentado.

Segundo porque o inciso VII do artigo 4º do novo Código Florestal só protege *efetivamente* o manguezal (até onde ele terminar) e não seu entorno ou área adjacente (considera-se APP o manguezal em toda sua extensão). Não se atribui ao manguezal, por exemplo, os distanciamentos mínimos contidos nos incisos I e II do artigo 4º do novo Código Florestal (de pelo menos 30 metros para cursos d'água ou ao redor das lagoas, dentre outros). O objeto de proteção é o efetivo ecossistema de manguezal em toda, e só na sua, extensão, não suas adjacências.

Terceiro porque, com o advento do novo Código Florestal, os conceitos técnicos veiculados nas Resoluções CONAMA n°s 10/93 e 261/99, e também na nº 303/02, foram automaticamente revogados quando se tornaram contrários aos conceitos encartados na Lei. As normas regulamentares deixaram de ter fundamento de validade em norma hierarquicamente superior.

Quarto porque, independentemente da edição do novo Código Florestal, os conceitos antigos de manguezal veiculados pelas Resoluções CONAMA n°s 10/93 e 261/99 já haviam sido implicitamente revogados pela Resolução CONAMA nº 303/02. Esta consideração há de ser melhor explicada.

O conceito técnico da Resolução CONAMA nº 10/93[18] – que apesar de não referir expressamente à categoria de "transição de manguezal", nela contemplava os ambientes não alcançados pela ação da maré – foi sido substituído por outro, o da Resolução CONAMA nº 303/02. Nesta, passou-se a reputar que a ação da maré como

---

[18] Art. 5º [...] I – Manguezal – vegetação com influência flúvio-marinha, típica de solos limosos de regiões estuarinas e dispersão descontínua ao longo da costa brasileira, entre os Estados do Amapá e Santa Catarina. Nesse ambiente halófito, desenvolve-se uma flora especializada, ora dominada por gramíneas (Spartina) e amarilidáceas (Crinum), que lhe conferem uma fisionomia herbácea, ora dominada por espécies arbóreas dos gêneros Rhizophora, Laguncularia e Avicennia. De acordo com a dominância de cada gênero, o manguezal pode ser classificado em mangue vermelho (Rhizophora), mangue branco (Laguncularia) e mangue siriúba (Avicennia), os dois primeiros colonizando os locais mais baixos e o terceiro os locais mais altos e mais afastados da influência das marés. Quando o mangue penetra em locais arenosos denomina-se mangue seco.

elemento indispensável para caracterização do manguezal, bem como que o solo fosse lodoso e limoso, o que afasta sua ocorrência em ambientes secos.

O ponto é que apesar da Resolução CONAMA nº 303/02 não ter, expressamente, revogado o inciso I do artigo 5º da Resolução CONAMA nº 10/93, não poderia haver duas normas contraditórias e excludentes entre si. Uma das duas definições distintas de manguezal deveria prevalecer para qualificar o mesmo ecossistema; ambas não poderiam ser simultaneamente válidas.

Trata-se de uma antinomia solucionada pelo critério cronológico. De acordo com Norberto Bobbio, entre duas normas da mesma hierarquia e do mesmo grau de especialidade, prevalece a norma posterior em face da precedente (*lex posterior derogat priori*) (1995, p. 204). O preceito é expressamente recepcionado pela Lei de Introdução às Normas de Direito Brasileiro (Decreto-Lei nº 4.657/42). Confira-se:

> Art. 2º [...] § 1º A lei posterior revoga a anterior quando expressamente o declare, quando seja com ela incompatível ou quando regule inteiramente a matéria de que tratava a lei anterior.

Não há, cumpre recordar, espaço em nosso ordenamento para a subsistência de duas definições distintas de manguezal – uma restrita e outra que abraça, supostamente, a área de transição. Inequivocamente, o conceito de manguezal da Resolução CONAMA nº 303/02 já havia revogado aquele da Resolução CONAMA nº 10/93.

Também é equívoco supor que o inciso I do artigo 5º da Resolução CONAMA nº 10/93 ou a ampliação constante nos considerandos da Resolução CONAMA nº 261/99, ainda são vigentes porque tratam de um conceito de manguezal aplicável à Mata Atlântica ou é associada à restinga. Manguezal é manguezal, independentemente do bioma em que ele ocorre. Se a legislação define manguezal como área suscetível de ação da maré, de solo lodoso e limoso, recoberto por vegetação de mangue, não pode o regulamento dizer que também seria manguezal a área seca, não sujeita a maré, recoberta por vegetação que não é predominantemente de mangue só porque ocorre em Mata Atlântica. Não é o fato de ocorrer Mata Atlântica que torna a região seca um manguezal.

De todo o exposto, conclui-se que a área de transição de manguezal, por não possuir previsão expressa na legislação vigente e ter sido, antes disso, revogada por conceito técnico-científico atualizado do ecossistema, não é alcançada pelo regime jurídico de proteção (de preservação permanente), que é atribuído ao manguezal propriamente dito.

4. O caso de Florianópolis

A legislação local do Município de Florianópolis inova e pretende estender às áreas de "estabilização" de manguezal a natureza de preservação permanente que é atribuída ao próprio manguezal. Leia-se o contido no artigo 21 do Plano Diretor do Distrito Sede (Lei Complementar Municipal nº 01/97):

> Art. 21. Áreas de Preservação Permanente (APP) são aquelas necessárias à preservação dos recursos e das paisagens naturais, e à salvaguarda do equilíbrio ecológico, compreendendo:
> [...]
> III – mangues e suas áreas de estabilização;

O dispositivo não se coaduna ao ordenamento jurídico vigente.[19] Perceba que o Município de Florianópolis pretende a criação de um espaço protegido por meio do exercício de competência legislativa. Ocorre que ao Município não é dada competência para legislar sobre proteção do meio ambiente, ou criar outros espaços ambientalmente protegidos em contraposição àqueles consignados na legislação federal. Esta é, de acordo com o artigo 24 da Constituição da República, uma competência concorrente da União, dos Estados e do Distrito Federal.[20]

Trata-se de legítima restrição do constituinte ao poder legislativo municipal. Como ensina José Afonso da Silva:

> A competência dos Municípios para a proteção ambiental é reconhecida no art. 23, III, IV, VI e VII, em comum com a União e os Estados. Mas nesse dispositivo o que se outorga é a competência para ações materiais. Portanto, a competência fica mais no âmbito da execução de leis protetivas do que no de legislar sobre o assunto (2011. p. 81)

Ao Município cabe somente suplementar a legislação federal e estadual.[21] E por competência suplementar entende-se a conjunção das competências supletivas e complementar, isto é, de suprir lacunas e detalhar, respectivamente, as normas federais ou estaduais (Canotilho; Morato Leite, 2007, p. 212).

A todas as luzes, a criação de novo espaço protegido (ou extensão de outro preexistente) não visa suprir lacuna ou detalhar a norma federal ou estadual. A lacuna existe diante do silêncio da lei. E não há silêncio no plano federal quanto ao âmbito de proteção dos manguezais; ao contrário, ele está claramente definido no novo Código Florestal. Também não se fala em detalhar a norma federal se esta exclui expressamente de seu conteúdo as áreas de estabilização ou transição do manguezal. Aqui a legislação municipal inova, visa a substituir no plano local a norma federal, o que é vedado pelo artigo 24 da Constituição da República. Como se observa, a Lei Complementar Municipal nº 01/97 padece, neste ponto, de inconstitucionalidade formal.

Também não se cogita que o inciso III do artigo 21 da Lei Complementar Municipal nº 01/97 trataria do exercício da prerrogativa dada ao Poder Público de instituir áreas de preservação em decorrência do artigo 3º do Código Florestal (artigo 6º do novo Código).

Se havia distinção entre as hipóteses do artigo 2º e 3º do antigo Código Florestal (artigos 4º e 6º do novo Código), ela se dava (ou dá) justamente em função do modo de sua instituição: por lei ou por ato do Poder Público. A diferença só faz sentido caso se considere como ato administrativo o ato do Poder Público apto a qualificar uma área como de preservação permanente. Ora, se o veículo utilizado em Florianópolis foi a lei, ele não se refere ao artigo 3º do antigo Código Florestal ou ao artigo 6º do novo Código, e acaba violando o comando contido no artigo 24 da Constituição da República.

A constatação em questão, vale registrar, não faz do artigo 6º do Código Florestal (que autoriza criação de área de preservação permanente por ato administrativo)

---

[19] Note-se, de plano, que o dispositivo refere-se ao "mangue" e não ao "manguezal". Para os propósitos deste estudo, consideramos que a intenção da lei é proteger o ecossistema (manguezal), posto que as expressões (mangue e manguezal) eram utilizadas no passado como sinônimos (cf. RUFINO, 1981, p. 16).

[20] Art. 24. Compete à União, aos Estados e ao Distrito Federal legislar concorrentemente sobre: [...] VI – florestas, caça, pesca, fauna, conservação da natureza, defesa do solo e dos recursos naturais, proteção do meio ambiente e controle da poluição;

[21] Art. 30. Compete aos Municípios: [...] II – suplementar a legislação federal e a estadual no que couber;

letra morta. Os Estados e Municípios, por meio de atos administrativos, ainda podem instituir áreas de preservação permanente, no caso do ambiente não ser objeto de proteção exaustivamente definida no plano federal. Entretanto, caso ela venha a se relacionar com critério técnico já estabelecido legalmente, este deverá ser respeitado, o que não ocorre com o inciso III do artigo 21 da Lei Complementar Municipal nº 01/97.

Isso diz, por fim, com uma importante consideração. É certo que os Estados e os Municípios poderiam, em tese, criar espaços com maiores restrições ambientais que as contidas na legislação federal. Entretanto, a criação de tais espaços também deve obediência aos demais requisitos estabelecidos na ordem jurídica, notadamente, o exercício regular da competência legislativa e o respeito às normas gerais estabelecidas pelo órgão federal, dentre outros.

Conclusões

O Direito Ambiental não tem como escopo instaurar uma ditadura ecológica, no qual todas os demais princípios e regras jurídicas a ele se subsumem. O Direito Ambiental faz parte de um sistema, o ordenamento jurídico. Nesta condição, dialoga com todos os demais ramos do Direito.

As regras de Direito Ambiental não demandam tratamento privilegiado frente a nenhuma outra disciplina. Por isso é que elas (e aqui se refere especialmente às restrições a direitos impostas pelo ordenamento) devem, como todas as demais regras, ter como fundamento de validade outra norma jurídica, de hierarquia superior. Também não podem subsistir duas normas contraditórias entre si. Resolve-se isto, como todas as demais regras de Direito, através dos critérios de solução de antinomias.

É o que se pretendeu fazer com a análise da proteção jurídica dos manguezais. Em apertada síntese, demonstrou-se que:

(i) A definição dos manguezais como área de preservação permanente decorria, antes da edição do novo Código Florestal em 2012, do artigo 3º do antigo Código Florestal e não da alínea "f" do artigo 2º desta Lei;

(ii) Seu conceito técnico era disciplinado pela Resolução CONAMA nº 303/02, que o caracterizava como o ecossistema formado por um solo ideal (lodoso/limoso), sujeito à ação da maré, recoberto por vegetação nativa típica (comumente chamada de mangue);

(iii) Atualmente, o conceito consagrado na Resolução CONAMA nº 303/02 foi transcrito ao novo Código Florestal. A partir de agora o manguezal deixa de ser uma área de preservação permanente instituída pelo Poder Público e passa a ser uma área de preservação permanente decorrente diretamente de lei;

(iv) Se faltar qualquer um dos elementos componentes do ecossistema de manguezal descritos no inciso XIII do artigo 3º do novo Código Florestal, o ambiente não pode ser como tal ser juridicamente qualificado para efeito de imposição das restrições decorrentes de área de preservação permanente;

(v) Não há fundamento jurídico para pretender manter a validade dos conceitos de manguezal veiculados nas Resoluções CONAMA nºs 10/93 e 261/99. Eles não possuem validade em relação à norma legal hierarquicamente superior, além de contrariarem o âmbito de proteção veiculado em Lei. Mesmo assim o conceito de manguezal das Resoluções CONAMA n⁰ˢ 10/93 e 261/99 foi revogado pela definição da Resolução CONAMA nº 303/02. Inequivocamente, as áreas de transição (ou estabilização) de manguezal e áreas secas (ainda que recobertas por mangue) não são qualificadas como de preservação permanente;

(vi) A extensão, pelos Municípios, do âmbito de proteção dos manguezais para incluir áreas de transição ou de estabilização é antijurídica, porque estes não dispõem competência legislativa para tanto ou porque tal iniciativa desobedece *standard* técnico que havia sido definido no plano federal.

Referências

BANDEIRA DE MELLO, Celso Antônio. *Curso de Direito Administrativo.* 23ª ed. São Paulo: Malheiros, 2007.

BOBBIO, Norberto. *O positivismo jurídico*: lições de filosofia do direito. São Paulo: Ícone, 1995.

CANOTILHO, José Joaquim Gomes; MORATO LEITE, José Rubens (org.) *Direito Constitucional Ambiental Brasileiro.* São Paulo: Malheiros, 2007.

FAGUNDES, Seabra. *O Controle dos Atos Administrativos pelo Poder Judiciário.* 5ª ed. São Paulo: Forense, 1979.

MACHADO, Paulo Affonso Leme. *Direito Ambiental Brasileiro.* 13ª ed. São Paulo: Malheiros, 2005.

MAXIMILIANO, Carlos. *Hermenêutica e Aplicação do Direito.* São Paulo: Forense, 1999.

MEIRELLES, Hely Lopes. *Direito Administrativo.* 23ª ed. São Paulo: Malheiros, 1998.

MILARÉ, Édis. *Direito do Ambiente.* 5ª ed. São Paulo: RT, 2007.

MOLINARO, Carlos A. *Direito Ambiental*: proibição do retrocesso. Livraria do Advogado, 2007.

MORAES, Luiz Carlos da Silva. *Código Florestal Comentado*, 2ª ed., São Paulo: Atlas, 2000.

NIEBUHR, Joel de Menezes. As restingas como área de preservação permanente. *In Revista da Escola Superior da Magistratura do Estado de Santa Catarina.* V. 15. Florianópolis: ESMESC, 2003.

RUFINO, Gilberto D'Ávila. *Proteção jurídica do litoral*: o caso dos mangues brasileiros. Dissertação de Mestrado apresentada na Universidade Federal de Santa Catarina, 1981.

SARLET, Ingo Wolfgang. *A eficácia dos direitos fundamentais*: uma teoria geral dos direitos fundamentais na perspectiva constitucional. 10ª ed. Porto Alegre: Livraria do Advogado, 2009.

SERAFINI, Leonardo Zagonel. Os manguezais, seu regime jurídico e sua proteção socioambiental. *In Revista de Direito Ambiental*, v. 51. São Paulo: RT, 2008. p. 110 e ss.

SILVA, José Afonso da. *Direito Ambiental Constitucional.* 9ª ed. São Paulo: Malheiros, 2011.

— 12 —

Motivação, controle e nexo causal entre a produção do ato administrativo e a realização do concretizável interesse público

PHILLIP GIL FRANÇA[1]

Sumário: Introdução; i) Ato administrativo; ii) A motivação; iii) Nexo causal entre a produção do ato administrativo e a realização do interesse público a ser concretizado; iii.i) Interesse público; iii.ii) Nexo causal (causalidade); iii.iii) Produção do ato administrativo:; iii.iv) Realização do interesse público a ser concretizado; iv) Controle judicial da discricionariedade administrativa e a sindicabilidade da conformação legal da motivação do ato administrativo; Considerações finais.

Introdução

Primeiramente, considerando os multifacetados feixes de forças e interesses existentes atualmente no ambiente da República Federativa do Brasil, como lugar de interação intersubjetiva, observa-se que o Estado brasileiro se desenvolve, pelo menos em tese, mediante a persecução de um concretizável *interesse público*, passível de determinação nas situações empíricas que demandam a atuação estatal. E assim ocorre a partir da consagração material da preponderância do interesse público sobre o particular, em benefício do permanente e equitativo desenvolvimento (quantitativo e qualitativo) dos partícipes do Estado, com destaque ao povo que lhe confere legitimidade e razão de existência, via eficiente instrumentalização de mecanismos objetivadores dessa relação.

Nos trilhos dessa premissa cognitiva, sugere-se uma reflexão sobre o controle da motivação do ato administrativo mediante a verificação objetiva da presença de um legítimo nexo de causalidade entre a produção do ato administrativo e o respectivo interesse público a ser concretizado por meio da efetivação de tal ato. Tem-se como preocupação, então, a operacionalização do alcance do interesse público concretizável de forma que seus resultados tragam, realmente, benefícios práticos, realizados na *efetivação* de determinado interesse público objetivado pela produção do ato administrativo. Assim, propõe-se uma jornada entre (i) ato administrativo; (ii) motivação, (iii) nexo causal entre a produção do ato administrativo e a realização do

---

[1] Pós-Doutorando (CAPES-PNPD), Doutor e Mestre em Direito do Estado pela PUC/RS, Professor de Direito Administrativo e Ambiental. Membro da Comissão de Ensino Jurídico da OAB/PR. Membro do Instituto dos Advogados do Paraná. Membro pesquisador do Grupo de Pesquisas de Constituição e Direitos Fundamentais – PUC/RS (Cnpq). Autor da obra: "O Controle da Administração Pública", 3° ed. RT, São Paulo, 2011. phillipfranca@hotmail.com.

interesse público a ser concretizado; e o (iv) controle judicial da discricionariedade administrativa e a sindicabilidade da conformação legal da motivação do ato administrativo.

Logo, pretende-se demonstrar a relevância da reflexão sobre as necessárias adaptações do atual sistema de controle do ato administrativo, em respeito aos direitos fundamentais que protegem os cidadãos da atividade do Poder Público, com destaque à inafastabilidade da prestação da tutela jurisdicional (art. 5º, XXXV, da CF/88), da forma que segue.

i) Ato administrativo

Ato administrativo é a atuação jurídica (comissiva ou omissa), unilateral e concreta, exteriorizada pela Administração Pública, ou por aqueles legalmente legitimados para tanto, advinda do seu exercício de função administrativa do Estado. Trata-se de manifestação do maquinário público para que se façam valer, para que se justifiquem, para que se sustentem a escolha e a confiança da sociedade em um regime estabelecido com vistas a melhorar sua vida incessantemente. Nesse cenário, não se pode permitir retrocessos e aberturas para sombras no exercício jurisdicional de controle da atividade administrativa do Estado.

Como visto, a premissa aqui adotada de ato administrativo é indivorciável da ampla capacidade de seu controle pelo Estado-juiz. Não se admite, nesta concepção, ato administrativo blindado da tutela jurisdicional. Se assim pretender ser, dissocia-se de sua característica de ato administrativo e torna-se manifestação da Administração Pública frontalmente contrária aos valores do sistema jurídico constitucional estabelecido hoje no Estado brasileiro.

Isto é, a partir da assunção da impossibilidade de existência de atos administrativos não sindicáveis jurisdicionalmente passa-se a compreender que, na dificuldade concreta (prática) de se promover o pleno controle dos atos administrativos – inclusive, os discricionários –, faz-se necessário desenvolver o sistema jurídico para que essa demanda seja adequadamente atendida. É imprescindível que o sistema se adeque às atuais demandas da sociedade no sentido de viabilizar o dever do Estado de promover o desenvolvimento e a proteção do cidadão, por meio de uma jurídica e socialmente legítima gestão de tudo o que é público, a partir de um regime de responsabilidades e responsabilização integral da atuação estatal.

Em suma, é momento de se convencer que *ato administrativo* é ato viabilizador dos valores concebidos no art. 3º da Constituição. Apresenta-se como promotor primordial dos objetivos da República consubstanciados na ideia de desenvolvimento e bem comum. Em outras palavras, *ato administrativo* invoca o Estado como ente legitimamente escolhido para proporcionar, permanentemente, um amanhã melhor para os titulares do poder originário que o criou.

ii) A motivação

Sob a ótica da atuação administrativa estatal, *motivar* é explicar as razões fáticas e jurídicas da Administração para prática de ato administrativo de forma suficiente para se conferir legitimidade substancialmente legal de tal atividade pública.

Ao passo que *fundamentar* é determinar as razões viabilizadoras da Administração para realização do ato, via *conexão* entre o ato e o correspondente ditame legal e fático, por meio do exercício de subsunção entre o apanhado fático e o sistema legal pertinente. Isto é, enquanto a primeira trata-se do *"por quê"* a Administração atua de determinada forma, a segunda indica *"como"* a Administração atua para alcançar o seu desiderato fundamental.

Pode-se dizer, então, que a *fundamentação* do ato administrativo decorre do decorrente dever de *motivação* de sua produção. Uma adequada *motivação*, destarte, pressupõe uma robusta e suficiente exposição – e coerente conexão – de razões fáticas e jurídicas para realização de um ato administrativo, bem como a demonstração de como tal atuação se conecta com a imprescindível legitimidade constitucional do ato. Nesse diapasão, importante ressaltar a necessidade de congruência entre os *motivos* e a *conclusão* do ato para a formação da sublinhada adequada motivação do ato administrativo. Nas lições de Marcello Caetano,[2] "os motivos devem aparecer como premissas donde se extraia logicamente a conclusão, que á a decisão". Isto é, "se há contradição entre a fundamentação e a decisão, essa incongruência não pode deixar de influir na validade do ato".

A "*fundamentação* pode ser entendida como uma *exposição* enunciadora das razões ou motivos da decisão, ou então como a *recondução* do decidido a um parâmetro valorativo que o justifique: no primeiro sentido, privilegia-se o aspecto *formal* da operação, associando-a à transparência da perspectiva decisória; no segundo, dá--se relevo à idoneidade *substancial* do ato praticado, integrando-o num sistema de referência em que encontre bases de legitimidade".[3][4] Destarte, a *fundamentação* consiste em deduzir expressamente a resolução tomada das premissas em que se assenta, bem como em exprimir os razões por que se resolve de certa maneira, e não de outra. A *fundamentação* demonstra como os fatos propostos pela Administração justificam a aplicação de certa norma e a dedução de determinada conclusão, esclarecendo o objeto do ato. Entretanto, na ocorrência de poder exercido mediante a *atividade administrativa discricionária*, a importância da *fundamentação* e da *motivação* do ato administrativo *aumenta*, pois vem a revelar as causas que levaram a Administração a escolher uma solução e não outra inicialmente admissível.[5]

Manoel de Oliveira Franco Sobrinho assenta que "nas relações jurídicas [administrativas] a *motivação* traz consequências quanto ao mérito do ato, implicações quanto à certeza e à legalidade do ato, explicitando a eficácia e os efeitos, a exação com respeito à natureza da atuação administrativa".[6] Nas palavras do autor, "a *moti-*

---

[2] CAETANO, Marcello. *Princípios fundamentais do direito administrativo*, p. 124-125.

[3] VIEIRA DE ANDRADE, José Carlos. *O dever de fundamentação expressa de actos administrativos.* Coimbra: Almedina, 1992.

[4] Neste quadro, a fundamentação obrigatória de um ato administrativo há de necessariamente incluir ambas as dimensões. Por um lado, a formulação dos fundamentos num enunciado linguístico exprime o carácter "público" da decisão tornando-a acessível à compreensão da comunidade dos destinatários e possibilitando o seu controle (o seu conhecimento crítico) numa dimensão intersubjetiva; por outro lado, a justificação normativa é exigida pelo caráter jurídico e vinculado do ato, intencionalmente dirigido à satisfação de fins heteronomamente fixados numa ordem de Direito. Não será correto, portanto, confundir a fundamentação com a justificabilidade objetiva ou com a conformidade ao Direito (juridicidade) da decisão, reduzindo-a a uma qualidade ou atributo do ato; e também não se pode aceitar como fundamentação uma pura indicação de motivos "publicitários", que não constitua ou não pretenda ser um "discurso" justificativo. (*Id.*)

[5] Vide CAETANO, Marcello. *Princípios fundamentais do direito administrativo*, p. 123-124.

[6] OLIVEIRA FRANCO SOBRINHO, Manoel de. *Atos administrativos*, p. 133.

vação, assim, pertence à instrumentação do ato administrativo, depreende-se do processo criador normativo, porque o ato para realizar a função pública deve ser coerente na formação com as manifestações exteriores provocadas".[7]

Mediante as lições de Oliveira Franco Sobrinho, compreende-se que "por meio da motivação a decisão traz repercussões jurídicas e opera no mundo do Direito de maneira a criar ou atingir situações, sempre porém submetida à aplicação do princípio da legalidade".[8] Nessa ordem, depreende-se que "o essencial é que a *motivação* para produzir convencimento encontre-se bem determinada ao falar do querer administrativo, ao expressar a pretensão da Administração ou a dar comando responsável aos negócios estatais".[9] E assim conclui o autor, afirmando que "a questão na *motivação* não é de *simples explicação*, ou mesmo *justificação*, mas de *fundamentação* do ato publicado, qualificada quando possível por meio de *considerandos* para segura interpretação das disposições administrativas".

Juarez Freitas lembra que "toda discricionariedade resta vinculada aos motivos que obrigatoriamente devem ser dados, de modo *consistente*, sempre que afetados os direitos. O assento constitucional está no art. 93 da CF e a exigência de motivação intersubjetiva é das mais destacadas na transição para o direito administrativo dialógico – em oposição ao autocrático –, evitando-se, sempre que possível, qualquer decisão unilateral, desmotivada e instabilizadora de direitos".[10] Para o autor, então, "as decisões administrativas serão motivadas, e, melhor do que isso, fundamentadas, isto é, haverão de ter como suporte razões objetivas e consistentes (numa leitura conjugada, especialmente, dos incisos IX, e X do art. 93 da CF e de várias Constituições estaduais de modo expresso, bem como das leis infraconstitucionais, notadamente o art. 50 da Lei 9.784/99)".[11] Desse modo, "a fundamentação, para além da velha versão da teoria dos motivos determinantes, há de estar presente em todos os atos [...]. Em outras palavras, indispensável motivar, isto é, oferecer fundamentos jurídicos, objetivamente controláveis".[12]

A motivação dos atos administrativos se apresenta como atividade determinante de sua conformação constitucional, tendo a Administração *integral vinculação aos motivos jurídicos e fáticos indicados*. Tal situação é compreendida dogmaticamente como "*teoria dos fatos e motivos determinantes*" dos atos administrativos. Celso Antônio Bandeira de Mello resume a citada teoria da seguinte forma: "de acordo com a teoria dos fatos determinantes, os motivos que determinam a vontade do agente, isto é, os fatos que serviram de suporte à sua decisão, integram a validade do ato. Sendo assim, *a invocação de 'motivos de fato' falsos, inexistentes ou incorretamente qualificados vicia o ato mesmo quando a lei não haja estabelecido, antecipadamente, os motivos que ensejariam a prática do ato*".[13] Dessa maneira, mediante a doutrina do autor, "uma vez enunciados pelo agente os motivos em que se calçou, ainda quando

---

[7] OLIVEIRA FRANCO SOBRINHO, Manoel de. *Atos administrativos*, p. 133.
[8] *Id.*
[9] *Id.*
[10] FREITAS, Juarez. *O controle dos atos administrativos e os princípios fundamentais.*, 4.ed, p. 62.
[11] *Id.*
[12] *Id.*
[13] MELLO, Celso Antônio Bandeira de. *Curso de direito administrativo*, p. 404.

a lei não haja expressamente importa a obrigação de enunciá-los, *o ato só será válido se estes realmente ocorreram e o justificaram*".[14]

Sobre as deformidades na motivação do ato administrativo, Caio Tácito[15] destaca as seguintes lições: "O diagnóstico da violação da *finalidade* impõe o exame dos motivos alegados pelo agente, através dos quais se exterioriza a sua vontade. O desvio de poder guarda, por isso, estreita correlação com outro vício – o da inexistência ou falsidade dos motivos". Para o autor, "é por meio da análise criteriosa da motivação do ato administrativo, dos indícios veementes que defluem da conferência entre os motivos invocados e os resultados alcançados ou pretendidos que o desvio de poder virá à tona". Destaca que "longe de ser um erro grosseiro e ostensivo, ele se distingue pela sutileza com que procura esconder-se sob a capa de regularidade, esmerando-se o agente em ocultar a desfiguração substancial do ato administrativo". Conclui, então, que "é mister, assim, que o intérprete não se contente com a letra dos motivos determinantes, mas mergulhe em seu espírito, atente a suas omissões e contradições, pondere a veracidade e a proporcionalidade dos meios em razão do fim colimado, preferindo, em suma, verificar sob a roupagem do ato os verdadeiros contornos de sua ossatura".

Assim estabelecido, cita-se importante posicionamento do STJ[16] sobre o tema, ao afirmar que "a margem de liberdade de escolha da conveniência e oportunidade, conferida à Administração Pública, na prática de atos discricionários, *não a dispensa do dever de motivação*. O ato administrativo que nega, limita ou afeta direitos ou interesses do administrado deve indicar, de forma explícita, clara e congruente, os motivos de fato e de direito em que está fundado (art. 50, I, e § 1º da Lei nº 9.784/99). *Não atende a tal requisito a simples invocação da cláusula do interesse público ou a indicação genérica da causa do ato*".[17]

Afirma o Ministro Teori Albino Zavascki que "de fato, em matéria de ato discricionário a doutrina administrativista brasileira se mostra unânime ao assentar que *a liberdade de decisão do administrador não é absoluta, estando sujeita à satisfação do princípio da legalidade – a dizer que a escolha acerca da oportunidade e conveniência da prática do ato está subordinada aos limites impostos pela lei, afastado qualquer conteúdo de subjetividade na escolha do momento adequado à prática de determinado ato* [...]".[18] Segue sua orientação afirmando que, "na realidade, *todo e qualquer ato discricionário praticado pela Administração estará necessariamente jungido à supremacia do interesse público – quando, então, e em razão do que a lei autoriza que o Administrador avalie os fundamentos atinentes à conveniência e oportunidade para a prática do ato em questão*".[19] De igual forma, o Julgador considera que, "mesmo em se tratando de atos discricionários, o administrador está obrigado não só a fundamentar as razões da prática do ato, mas também a explicitar a adequação de tal prática em face do *interesse público* – do que se pode concluir que a mera referência ao aludido interesse público não se revela suficiente para atender

---

[14] MELLO, Celso Antônio Bandeira de. *Curso de direito administrativo*, p. 404.

[15] TÁCITO, Caio. *Direito administrativo*, p.133.

[16] BRASIL. Superior Tribunal de Justiça. *MS 9.944/DF 2004/0122.461-0*, Rel. Min. Teori Albino Zavascki, j. 25/05/2005, DJ 13/06/2005, p. 157.

[17] *Id.*

[18] *Id.*

[19] *Id.*

à exigência da motivação, sendo ainda necessário demonstrar com precisão de que modo o ato praticado atende, ou não, ao fim social alvitrado".

Finalmente arremata assim, afirmando: "pois bem, a existência de adequada motivação, quando essencial à validade do ato administrativo, é matéria sujeita a controle jurisdicional. Seguindo essa linha de entendimento, a jurisprudência enfatiza que 'em nosso atual estágio, os atos administrativos devem ser motivados e vinculam-se aos fins para os quais foram praticados (v. art. 2º da Lei nº 4.717/65). *Não existem, nesta circunstância, atos discricionários absolutamente imunes ao controle jurisdicional".*[20] Nesse mesmo trilho,

> [...] a autoridade impetrada não apresentou exposição detalhada dos fatos concretos e objetivos em que se embasou para chegar a essa conclusão. Ora, a simples referência à ausência de interesse público não constitui, por si só, motivação suficiente à formação de uma segura conclusão a respeito das razões de denegação da autorização [...]. O ato administrativo assim proferido, sem motivação suficiente e adequada, impossibilita ao interessado o exercício de seu direito de cidadania de aferir o atendimento dos princípios constitucionais da impessoalidade e da razoabilidade, norteadoras da ação administrativa.[21]

Observa-se a importância da ideia aqui construída em dicções jurisprudenciais do STJ[22] que apontam no mesmo sentido, conforme o exemplo a seguir: "Não atende a exigência de devida motivação imposta aos atos administrativos a indicação de conceitos jurídicos indeterminados, em relação aos quais a Administração limitou-se a conceituar o desempenho de servidor em estágio probatório como bom, regular ou ruim, sem, todavia, apresentar os elementos que conduziram a esse conceito".

Como demonstrado, o grande elo entre a atuação administrativa escorreita e seu necessário controle jurisdicional ocorre pelas vias da *adequada motivação e fundamentação do ato administrativo*. Apenas com a demonstração objetiva sobre o que se fez, como se fez e quais os objetivos fitados a alcançar-se, na expressão clara dos motivos que consubstanciam o ato administrativo, e a correspondente justificação, haverá possibilidade de se cumprir com os respectivos ditames constitucionais que determinam a atuação administrativa harmônica e plenamente sindicável, inclusive, pelo Estado-Juiz.

iii) Nexo causal entre a produção do ato administrativo e a realização do interesse público a ser concretizado

iii.i) Interesse público

A noção de interesse público pode ser consubstanciada como o produto da conjugação dos interesses de uma determinada nação voltado à promoção do máximo desenvolvimento intersubjetivo possível e concretizável. Assim exposto, conclui-se que interesse público possui relevância jurídica apenas quando é passível de determinação e concretização. Do contrário, trata-se de discurso vazio e sem força jurídica vinculante. Fato que, por si, afasta a ideia de conceito jurídico indeterminado, muitas vezes vinculado à concepção de interesse público.

---

[20] BRASIL. Superior Tribunal de Justiça. *MS 9.944/DF 2004/0122.461-0*, Rel. Min. Teori Albino Zavascki, j. 25/05/2005, DJ 13/06/2005, p. 157.

[21] *Id.*

[22] BRASIL. Superior Tribunal de Justiça. *Rec. MS nº 19.210 – RS (2004/0161210-5)*, Rel. Mim. Felix Fischer, j. 14/03/2006.

Interesse público é objeto buscado por quem compõe um Estado (pessoa privada ou pública) para o beneficio daqueles que precisam desse objeto para, assim, proporcionar condições de vida digna neste Estado, inclusive para si próprios. Nesses termos, interesse público é objeto que se condiciona como concretizavelmente positivo e produtivo, de forma proporcional, para quem carece de uma eficiente atividade estatal, conforme objetivos e estrutura normativa, social e política definida pela Constituição Federal. É fim a ser alcançado e promovido pelo Estado e pelos particulares em razão do dever geral de realização do sucesso estatal, via consolidação dos ditames constitucionais.

Nesse contexto, conforme mencionado, interesse público pode ser compreendido como produto das forças de uma dada sociedade (jurídicas, políticas, econômicas, religiosas, dentre outras) concretizadas em um determinado momento e espaço que exprime o melhor valor de desenvolvimento de um maior número possível de pessoas dessa mesma sociedade. Então, alcançar esse produto, considerando as forças de uma determinada sociedade, é o dever primordial do Estado, conforme o art. 3º da Constituição Federal.

Vale frisar que o interesse público não é necessariamente o que o Estado diz por si. Na verdade, aproxima-se de uma noção mais concreta de interesse público o produto que se extrai do inter-relacionamento das diversas forças que conformam a vida da pessoa humana em dado tempo e lugar. Ou seja, para a compreensão de interesse público, faz-se importante a definição do momento e do espaço que se está a analisar o interesse a ser rotulado. Isto porque o produto das relações vinculadas ao ser humano que buscam definir o interesse comum que precisa ser protegido perante o interesse individual (quando este prejudica o desenvolvimento qualitativo da sociedade que se está a analisar) jamais será o mesmo em momentos e espaços diversos, pois depende das demandas expressadas nessas duas variantes das atividades humanas. Isto é, o que o indivíduo precisa neste momento e lugar certamente já não será o mesmo do que necessitará amanhã, ou em lugar diverso, fato que abre a moldura determinista de tentativas de conceituação estanque de interesse público e torna este elemento jurídico algo a ser estabelecido como princípio – consubstanciado no dever estatal de concretização do interesse público – pelo qual se estabelece por meio de efetiva atuação do Estado voltada ao desenvolvimento quantitativo e qualitativo de uma sociedade em um determinado momento e lugar.

O interesse público, então, define a priorização dos anseios e das necessidades de uma sociedade, a partir de critérios temporais e espaciais, para que as escolhas públicas possam ser tomadas para a concretização de um interesse público determinado, ou determinável, mediante um constitucional procedimento administrativo estabelecido para o alcance deste específico desiderato. Assim, controlar a determinação de um interesse público, a partir das escolhas administravas feitas para promover a sua realização, é tarefa primordial do Estado, fato que demanda uma adequada instrumentalização da atuação jurisdicional estatal para realizar os objetivos fundamentais da República Federativa do Brasil, mediante o alcance da concretização do interesse público e efetiva contribuição decorrente dessa tarefa no cotidiano dos administrados.

A ação da administração pública está voltada para a realização do interesse público concreto, legalmente selecionado e atribuído por um predeterminado poder público, construído conforme estrita observância do conteúdo e dos limites estabelecidos pela norma correspondente, conforme condições impostas pelo Estado de Direito.[23] A produção de um ato administrativo, por óbvio, demanda a coerente conexão de um complexo de *razões, fatores, elementos e requisitos com as consequências advindas da persecução de sua finalidade buscada quando do momento da respectiva exteriorização*. Desse modo, é imperioso se determinar o *elo de causa* (motivo) da manifestação do ato administrativo com a obrigatória *realização de um determinado interesse público a ser concretizado*, a partir da compreensão do ato administrativo como conjunto harmônico de procedimentos administrativos *internos* para a sua *exteriorização* como legítima manifestação estatal detentora de todas as prerrogativas e sujeições próprias de sua espécie.

Tendo em vista o apanhado exposto acerca da insuficiência de meios jurídicos aptos a promover o *efetivo* e o *adequado* controle jurisdicional da atividade administrativa estatal, pretende-se indicar a instrumentalização de um novo elemento objetivo de análise de conformidade legal do ato administrativo. Observa-se, então, na demonstração de legitimidade constitucional do caminho a ser percorrido entre a produção do ato e o consequente alcance de um determinado interesse público a ser concretizado, uma maneira apta de se ampliar a verificação de conformidade legal do ato administrativo, sobremaneira aquele revestido dos trajes de discricionariedade administrativa.

Isto porque, ao manejar esse novo critério objetivo, abre-se nova oportunidade para o órgão jurisdicional controlador de estabelecer a ocorrência de conformação legal a partir da análise do ato administrativo. Tal fato reforça a capacidade de recuperação do sistema jurídico agredido – ou sob ameaça de agressão – pois amplia a capacidade de verificação de deformidades legais substanciais e formais, bem como reforça a validade do ato administrativo regular, a partir da chancela do Estado-Juiz, caso questionado.

Está-se a tratar, então, do *nexo causal entre a produção do ato administrativo e a realização do interesse público a ser concretizado*. Assim apresentada a pretensão de instrumentalização dos critérios objetivos do ato administrativo, adicionando este ao rol estabelecido, doutrinária e jurisprudencialmente, na dogmática do Direito Administrativo, mister se faz a análise pormenorizada dos respectivos elementos que o conformam, qual sejam: a) *nexo causal* (causalidade); b) *produção do ato administrativo*; c) *realização do interesse público a ser concretizado*; d) *correlação dos citados elementos*.

iii.ii) Nexo causal (causalidade)

O Conceito de *causa*, a partir da leitura de Miguel Kfouri Neto acerca das lições de Jorge Peirano Facio, é "de conhecimento praticamente intuitivo, associa-se comumente às noções de anterioridade e necessidade. Juridicamente, pois, existe causa quando uma coisa ocorre depois de outra, de tal modo que, sem a primeira, a segunda não ocorreria. Assim, causa de um resultado seria aquilo que, se removido, faria desa-

---

[23] Cf. GAROFOLI, Roberto; FERRARI, Giulia. *Manuale di Diritto Ammnistrativo*, p. 755.

parecer também o dito resultado".[24] O que decorre, necessariamente, da participação de algo possui um elo indissociável, um fato que se estabelece por uma causa determinada (ou, determinável) no tempo e no espaço.

O nexo causal, nesse sentido, é o elo coerente criado entre dois (ou mais) fatos ocorridos em tempo e lugar específico que deflagram uma relação indissociável de ocorrência e lógica decorrência entre os fatos analisados. Verifica-se nexo causal, destarte, quando é possível estabelecer, racionalmente, um coerente caminho – ou ligação lógica – entre fatos determinados. Em outras palavras, se a conexão entre tais fatos for suficientemente razoável para se definir um liame de causa e efeito, tem-se presente o necessário nexo causal que, para o objeto ora estudado, é fundamental, pois define um critério objetivo de verificação de legalidade da produção do ato administrativo fortemente vinculado com determinado interesse público a ser concretizado por meio desta atividade estatal.

iii.iii) Produção do ato administrativo:

Como já tratado anteriormente, a produção do ato administrativo decorre da atividade administrativa do Estado, seja de maneira primordial pela Função Executiva estatal, seja de forma atípica pelas demais Funções do Estado (Judicial e Legislativa). O ato administrativo surge a partir da necessidade da Administração de atender a um determinado interesse público, por meio do uso de prerrogativas públicas que diferem a atuação administrativa estatal da atividade dos particulares e, por essa razão, tornam os atos administrativos cogentes aos administrados, quando legitimamente refletem a dicção legal para assim proceder. Legitimidade essa, em razão do seu regime jurídico próprio de prerrogativas e sujeições voltadas ao alcance do interesse público, *presumida* quando da produção do ato administrativo.

Conforme determinado, o ato administrativo nasce com a certidão de legalidade e com a vinculação de realização do interesse público selada no seu destino e razão de existência. Entretanto, apesar da verificação mínima de um *elemento subjetivo* na produção de qualquer ato administrativo – em geral, caracterizado pela efetiva realização de um determinado ato (*conveniência*) e momento da produção do mesmo (*oportunidade*) – os aspectos objetivos do ato administrativo (*pressupostos, elementos e atributos*) determinam a constitucional possibilidade de controle do ato administrativo, obrigatório para a sua plena realização em um Estado do Direito – com destaque à possibilidade e viabilidade da respectiva sindicabilidade judicial. Vale lembrar, tal sindicabilidade não se apresenta de maneira a *substituir* a atividade administrativa, ou meramente cessar os efeitos do ato administrativo produzido, visto que a verificação da conformação legal do ato administrativo, ou sua devida alocação nos limites do "princípio da legalidade não predica necessariamente a invalidação, como se poderia supor, mas a invalidação ou a convalidação, uma vez que ambas são formas de recomposição da ordem jurídica violada".[25]

Isto é, a produção do ato administrativo não depende apenas de sua dimensão *subjetiva* e *objetiva*, mas também da *viabilização do respectivo controle*, da forma

---

[24] Cf. FACIO, Jorge Peirano. *Responsabilidad Extracontractual*. 3. ed. Bogotá: Temis, 1981, p. 405-406 *apud*. KFOURI NETO, Miguel. *Responsabilidade civil do médico*. 7. ed. São Paulo: RT, 2010, p. 118.

[25] ZANCANER, Weida. *Da convalidação e da invalidação dos atos administrativos*, p. 65.

mais ampla possível, fato que denota a sua capacidade de ser colocado à prova e, assim, de fortalecimento das boas escolhas administrativas como o melhor caminho escolhido para atendimento e concreta realização do interesse público justificador do ato produzido.

iii.iv) Realização do interesse público a ser concretizado

Não há outra razão para a ocorrência do agir administrativo – ou outra qualquer atividade pública – senão a realização do interesse público concretamente na realidade diária do povo, na vida das pessoas, tornando bom algo que aflige, fazendo bem o que se confia para o Estado: a *responsabilidade de indicar os caminhos de desenvolvimento de todos, isonomicamente, para que a luz de um futuro melhor não esbarre nas sombras da ineficiência pública* – em todas as suas dimensões – ou nas barreiras criadas pelos detentores de poder, invariavelmente tentados a promover fuga dos controles do agir público definidos pela Constituição.

Com especial destaque ao imprescindível controle judicial *do que se faz, para que se faz, e como se faz a realização do interesse público* vivenciado pelo cidadão ao chefe do Estado, conforme o republicano regime democrático de Direito constituído pela Constituição de 1988. Pensar em responsabilidade de realização do interesse público a ser concretizado e responsabilização, se, por algum motivo, assim não ocorrer, é lógica diretamente decorrente dos valores nitidamente exalados pela Constituição. O respeito a tais valores é obrigatório, a ocorrência efetiva do interesse público em tudo o que Estado faz é uma obviedade. A falta da realização, e da demonstração do nexo causal entre a produção do ato administrativo e o interesse público a ser concretizado é mácula objetiva de legalidade que torna o ato imperfeito e, deste modo, passível de invalidação.

iv) Controle judicial da discricionariedade administrativa e a sindicabilidade da conformação legal da motivação do ato administrativo

Na conexão entre a produção do ato administrativo e o interesse público a ser concretizado, faz-se indispensável a demonstração, além da conformação legal da atividade administrativa a ser exarada, dos aspectos do ato administrativo condizendo com a moralidade administrativa, bem como com a *obrigação de menor repercussão econômica negativa possível do mesmo*. Isto porque, têm-se na moralidade e na economicidade do *agir administrativo* barreiras determinantes de sua concreta aplicação. A atuação discricionária administrativa, sobremaneira, resulta sempre vinculada aos princípios fundamentais, acentuando-se decisivamente o *dever de motivação congruente e séria*[26] conforme os padrões aqui sublinhados.

Vale ressaltar, de outra margem, que os direitos fundamentais atuam como limite para as habilitações de intervenção administrativa e guiam o exercício da discricionariedade administrativa.[27] De igual forma, impõem obrigações de fazer à

---

[26] Cf. FREITAS, Juarez. *O controle dos atos administrativos e os princípios fundamentais.* 4.ed., p. 208.

[27] Cf. HAIN, Karl-Eberhard; SCHLETTE, Volker; SCHMITZ, Thomas. Ermessen und Ermessensreduktion – ein *Problem im Schnittpunkt Von Verfassungsund Verwaltungsrecht.* AOR, Bd. 122, 1997, p. 32 e segs. *apud* SHMIDT-ASSMANN, Eberhard. *La teoría general del derecho administrativo como sistema,* p. 71.

Administração Pública e servem para a resolução de colisões normativas, por meio de comandos de proporcionalidade, igualdade e segurança jurídica, todos derivados dos direitos fundamentais, o Direito da resposta a elementares necessidades de racionalidade, prudência e orientação.[28]

Desse modo, então, tem-se uma maior *objetivação* do controle judicial da discricionariedade administrativa, uma vez que a construção de sua motivação passa a receber elementos objetivos para viabilizar a sindicabilidade do ato administrativo, pois, assim, há maior possibilidade de alcance de uma melhor resposta fruto da obrigatória conformação legal dos motivos nucleares da manifestação discricionária da Administração Pública.

A motivação do ato administrativo discricionário se revela, então, peça-chave para o seu devido enquadramento no sistema jurídico e, dessa maneira, sua força cogente no universo dos destinatários de sua expressão. Nesse sentido, o respectivo controle, destacadamente o jurisdicional, atesta e fortalece a certeza da necessidade do fiel atendimento do conteúdo exarado pelo ato administrativo discricionário como a melhor escolha para o alcance do fim pretendido, conforme uma lógica, coerente e racional nexo causal entre a produção do ato administrativo com a consequente realização do interesse público determinado a ser concretizado pela expressão estatal administrativa.

Não se sugere da mera troca da motivação administrativa pela motivação jurisdicional, como se esta tivesse uma qualidade melhor do que aquela. A substituição de uma pela outra é tão danosa ao sistema jurídico constitucional brasileiro como a manutenção de uma delas em situação não suficientemente forte, robusta, para expressão de sua legitimidade como a melhor resposta para o atendimento dos objetivos fundamentais da República. Como expressa Luiz Guilherme Marinoni, "a necessidade de raciocinar a partir da consideração da tutela no plano do dircito matcrial c da regra da necessidade não teria significado sem a devida justificativa, ou seja, sem a motivação capaz de expressar adequadamente o raciocínio judicial".[29] Para o autor, tal como se exalta neste estudo, a justificativa racional e robusta da atividade jurisdicional "permite o controle crítico sobre o poder do juiz, sendo que o equívoco da justificativa evidencia a ilegitimidade do uso da técnica processual".[30]

Conforme Marinoni, "a ampliação do poder de execução do juiz, ocorrida para dar maior efetividade à tutela dos direitos, possui, como contrapartida, a necessidade de que o controle da sua atividade seja feito a partir da compreensão do significado das tutelas no plano do direito material, das regras do meio idôneo e da menor restrição e mediante o seu indispensável complemento, a *justificação judicial*".[31] Logo, segundo o autor, em razão do poder do juiz de determinar a "melhor maneira de efetivação da tutela, exige-se dele, por consequência, a adequada justificação das suas escolhas. Nesse sentido se pode dizer que a justificativa é a outra face do incremento do poder do juiz".[32]

---

[28] SHMIDT-ASSMANN, *op. cit.*, p. 71.
[29] MARINONI, Luiz Guilherme. *Precedentes obrigatórios*, p. 159.
[30] *Id.*
[31] *Id.*
[32] *Id.*

Portanto, assinala Marinoni, "no momento em que o juiz deixa de ser a boca da lei ou a boca de o um ser inanimado – como queria Montesquieu – e passa a ser a boca do direito ou a boca de alguém que confere feição ao direito, fica claro que a produção normativa também deriva do Poder Judiciário".[33] Nesta perspectiva, para o autor, "o judiciário torna-se o principal responsável pela coerência do direito, daí advindo a obviedade de que não há Estado de Direito sem um Judiciário instituidor de um direito coerente".[34]

Entretanto, não basta para os fins propostos – de viabilizar o pleno controle da atividade pública administrativa do Estado – o apontamento da necessidade de se observar um critério objetivo de conformação legal do ato administrativo diverso daqueles tradicionais já explorados pela doutrina, bem como, a óbvia exigência de uma atuação jurisdicional fundada em justificativas robustamente vinculadas aos valores constitucionais. Faz-se necessário, nesse prisma, indicar instrumentos de efetividade dessa pretensão. E assim se conduz o presente trabalho para sugerir um mecanismo de tutela jurisdicional próprio para controlar a discricionariedade administrativa de interesse nacional, sendo esta, em princípio, o ponto de maior relevo – sob uma perspectiva sistêmica nacional – para se iniciar, talvez, o afastamento da ideia que zonas de penumbra do controle judicial do que é público possa ser algo aceitável em um Estado de Direito definido sob um regime republicano.

O grande elo entre a atuação administrativa escorreita e seu necessário controle jurisdicional ocorre pelas vias da *adequada motivação e fundamentação do ato administrativo*, de forma ainda mais evidente quando se trata do aspecto discricionário do ato administrativo, pois demanda uma motivação mais consistente e robusta, em função da sua necessidade de justificação da escolha do caminho escolhido. Nesse sentido, apenas com a demonstração objetiva sobre o que se fez, como se fez e quais os objetivos fitados a se alcançar, na expressão clara dos motivos que consubstanciam o ato administrativo, e a correspondente justificação, haverá possibilidade de se cumprir com os respectivos ditames constitucionais que determinam a atuação administrativa harmônica e plenamente sindicável, inclusive, pelo Estado-Juiz.

Considerações finais

A técnica jurídica que ora se destaca é a inclusão de um novo requisito objetivo da conformação legal de um ato administrativo, qual seja: *o nexo causal entre a produção do ato administrativo e a realização do interesse público a ser concretizado*.

Em outros termos, tratou-se sobre a inserção de um novo critério objetivo de controle da discricionariedade administrativa, com o fito de se estabelecer a obrigatoriedade de *demonstração do nexo causal entre o ato administrativo exarado e o interesse público concretamente promovido para viabilizar o amplo controle do ato administrativo*. Isso em razão da necessidade de avanço do controle jurisdicional da discricionariedade administrativa em face do atual cenário jurisprudencial brasileiro sobre o tema, de forma geral, nitidamente voltado ao distanciamento da plena sindicabilidade do ato administrativo discricionário.

---

[33] MARINONI, Luiz Guilherme. *Precedentes obrigatórios*, p. 170.
[34] *Id.*

Para tanto, como já assentado, torna-se importante a operacionalização da mencionada ferramenta jurídica para reforçar a capacidade de controle judicial do ato administrativo a partir de algumas premissas, tais como:

i) afirmação do dever estatal de concretização do interesse público a ser promovido e protegido;

ii) ideia de conceitos jurídicos determináveis quando concretizados para realização de um ato para alcance de um dado fim, pois, nesse momento, desaparece a indeterminação para viabilizar o respectivo controle judicial;

iii) afirmação do dever de viabilizar o controle de tudo o que é público;

iv) afirmação da Teoria da Tripartição dos Poderes, adaptada ao atual contexto social e jurídico brasileiro;

v) retomada do caminho jurisprudencial voltado ao amplo controle da atividade administrativa estatal;

vi) afirmação da ampla possibilidade de sindicabilidade jurisdicional sem, assim, a ocorrência de desnecessária substituição do ato administrativo;

vii) afirmação de ausência de liberdade discricionária – tendo em vista a determinação de proporcionalidade administrativa (adequação objetiva entre meios e fins) na gestão de escolhas públicas exercitada sob o manto da discricionariedade administrativa;

viii) adequado exercício do regime jurídico administrativo estabelecido no país, conforme valores constitucionais, bem como interpretação sistêmica e consequencialista de tal atividade;

ix) necessidade de estabelecimento de novo critério de legitimação para se chancelar ou para corrigir o ato administrativo, voltado ao real controle da atividade discricionária estatal;

x) afirmação da coerência entre a motivação e os procedimentos administrativos viáveis para a realização do concreto interesse público;

xi) dever estatal de viabilização do controle do ato administrativo via simplificação dos respectivos motivos conformadores;

xii) dever estatal de máximo aproveitamento do ato administrativo;

xiii) conexão lógico-jurídica entre a ação (ou omissão) administrativo e o fim buscado.

Logo, faz-se necessária a verificação do nexo de causalidade entre o ato administrativo exarado e o concreto interesse público promovido, como critério objetivo do controle do ato administrativo, com o fito de viabilizar a sua ampla sindicabilidade, pois a concatenação lógica de toda sua formação e justificação, para a plena verificação de sua legitimidade, apresenta-se como a síntese constitucional de um *sistema administrativo harmônico e coerente com o dever estatal de proteção e promoção do cidadão.*

— 13 —

Pleno emprego, estabilidade e direito do trabalho: a função social da empresa como hermenêutica na busca da efetivação dos direitos fundamentais sociais

RODRIGO WASEM GALIA[1]

Sumário: I – O trabalho como fundamento axiológico da República Federativa do Brasil; II – A Ordem econômica e o o princípio da dignidade humana do trabalhador; III – Eficácia e aplicabilidade das normas definidoras dos direitos e garantias fundamentais e despedida ou dispensa arbitrária (sem justa causa); IV – Evolução do trabalho humano e sua valorização no contexto social dos séculos XVIII, XIX e XX; V – O sistema de indenização por tempo de serviço (FGTS) e a estabilidade decenal previstos na CLT; VI – A função social da empresa e a despedida arbitrária, imotivada ou sem justa causa; VII – Proteção à despedida imotivada – a Convenção 158 da OIT e ratificação e denúncia no Brasil; Conclusão; Referências bibliográficas.

I – O trabalho como fundamento axiológico da República Federativa do Brasil

O trabalho é, sem dúvida, meio de sobrevivência, mas também é fonte privilegiada de identidade pessoal, na medida em que a pessoa age e atua, superando desafios e obstáculos proporcionados pelo trabalho. No Estado Democrático de Direito, o trabalho deve ser encarado como manifestação da personalidade; é atividade que se pode exercer com liberdade e dignidade, limitado pela capacidade profissional. O trabalho, nessa medida, realiza o indivíduo como pessoa, e é fundamento para o desenvolvimento humano, econômico e como base do bem-estar e da justiça sociais.

A Constituição Federal de 1988 elege o *valor social do trabalho* ao definir a base fundamental da República, no art. 1º, III e IV, ao lado da *livre iniciativa*. No

---

[1] Advogado, Doutorando em Direito pela PUCRS (2012), Mestre em Instituições de Direito do Estado pela PUCRS (2004), Graduado em Direito pela PUCRS (1999), Professor de Direito do Trabalho I e II da UNISINOS, Professor de Direito do Trabalho II do Curso de Direito das Faculdades Integradas São Judas Tadeu, e de Direito e Legislação Social Trabalhista, na mesma instituição, no Curso de Ciências Contábeis. Foi Professor de Direito Empresarial da UFRGS (2010-2012), Professor de Direito do Trabalho nos Cursos de Especialização, Concursos Públicos e Exame de Ordem em Direito e Processo do Trabalho do IDC, do CETRA/ IMED, do Retorno Jurídico, da UNISINOS, do Lex Universitário, do Professor Alvísio Greco Cursos e Concursos, do Verbo Jurídico, do Jus Praemium Cursos e do CETEC. Membro da Comissão de Ensino Jurídico da OAB/ RS. Ex-Professor de Direito do Trabalho e de Direito Empresarial do IPA Metodista (2006, 2007, 2008 e 2009), da PUCRS (2002, 2003 e 2004), em Porto Alegre/RS e da Faculdade Dom Alberto, em Santa Cruz do Sul (2010).

art. 193 da Carta Magna, o valor social do trabalho é posto em categoria superior aos demais valores que a *Ordem Social* procura preservar.

A tutela Constitucional ao trabalho efetiva o Estado Democrático de Direito, ao garantir, com tal proteção ao trabalho, a dignidade da pessoa e sua possibilidade de inclusão social.

Essa é a razão pela qual a nossa atual Constituição, antes de elencar o *valor social do trabalho* e a *livre iniciativa* como fundamentos da República, arrolou o fundamento que se qualifica como *ratio* dos direitos sociais: *a dignidade da pessoa humana.*

II – A ordem econômica e o o princípio da dignidade humana do trabalhador

A norma constitucional inserida no artigo 170 determina que a ordem econômica deve assegurar a todos existência digna, conforme os ditames da justiça social, fundada na valorização do trabalho humano e na livre iniciativa, devendo, pois, buscar um equilíbrio entre esses fundamentos, conquistando, assim, a dita justiça social, sem olvidar de um de seus princípios, qual seja a busca do pleno emprego.

> Art. 170. A ordem econômica, fudanda na valorização do trabalho humano e na livre iniciativa, tem por fim assegurar a todos existência digna, conforme os ditames da justiça social, observados os seguintes princípios: [...] VIII – busca do pleno emprego.

Assim sendo, da análise da norma referida alhures, resta claro que a dignidade da pessoa do trabalhador constitui uma das finalidades principais da ordem econômica, devendo tal princípio ser informador da própria organização do trabalho. Isto porque a norma contida no referido dispositivo aplica-se, sobretudo, aos trabalhadores no que tange à sua dignidade inserida nas relações de trabalho.[2]

Dessa forma, condições de trabalho precárias e empregos sem perspectiva alguma de estabilidade atingem, indubitavelmente, a dignidade humana dos trabalhadores, devendo, porquanto, tal prática receber tutela jurídica, em face da violação do princípio constitucional da dignidade da pessoa humana.[3]

Nesse sentido, destaca-se a seguinte lição de Alckimin,[4] para quem

> [...] a dignidade do trabalhador está voltada para o trabalho livre e consciente, cuja liberdade de trabalho, como bem revela sua história e evolução, somente foi conquistada após o surgimento da servidão seguida do corporativismo medieval, culminando com a Revolução Industrial no final do século XVIII e início do século XIX, que deu origem à produção industrial e organização do trabalho voltada para a máquina e especialização do trabalho humano, visando à produtividade e lucratividade.

Destaque-se, por oportuno, que incorporar um valor social ao trabalho humano já faz parte da história constitucional brasileira, e, portanto, o trabalho não pode, em hipótese alguma, ser assumido friamente como mero fator produtivo, pois, trata-se, em verdade, de fonte de realização material, moral e espiritual do trabalhador.[5]

---

[2] FERREIRA, Hádassa Dolores Bonilha. *Assédio moral nas relações de trabalho.* Campinas: Russel Editores, 2004, p. 93.

[3] Idem, p. 93-96.

[4] ALCKIMIN, Maria Aparecida. Assédio moral na relação de emprego. Curitiba: Juruá, 2005, p. 16.

[5] SILVA NETO, Manoel Jorge. *Direitos fundamentais e o contrato de trabalho.* São Paulo: LTr, 2005, p. 24.

Ademais disso, é inegável que o trabalho engrandece e dignifica o homem, eis que abstrai dele meios materiais, bem como produz bens econômicos indispensáveis à sua subsistência, representando, portanto, uma necessidade vital e um bem indispensável para sua realização pessoal e valorização no seio de sua família e da sociedade, salientando que o trabalho, na ideologia capitalista, é essencial para o desenvolvimento econômico, político e social de uma Nação. É que, só se atinge o progresso e as exigências do mundo globalizado através da produção, distribuição e circulação de bens e serviços, razão suficiente para uma efetiva tutela jurisdicional do pleno emprego.

A livre iniciativa, por seu turno, deve ser compatibilizada à valorização do trabalho humano, devendo o aplicador do direito buscar um equilíbrio entre os bens constitucionalmente tutelados, diante do caso concreto, aplicando a ponderação entre os ditos valores, sem, jamais, olvidar dos direitos fundamentais do trabalhador.

Destarte, a incidência dos direitos fundamentais nas relações de trabalho, e, em especial, nas relações de emprego, justifica-se pelo fato de que objeto da relação de emprego é o trabalho e não o trabalhador, porém, resta impossível se desmembrar tais figuras, razão pela qual o trabalhador detém a proteção dos direitos fundamentais como cidadão e, sobretudo, como trabalhador.[6]

Nasce daí, portanto, o dever do empregador de respeitar os direitos fundamentais do empregado, tratando-o de forma digna, eis que é sujeito do contrato e também sujeito das garantias fundamentais, principalmente, no que tange à sua dignidade como pessoa.

Nesse sentido, é cristalina a inserção dos direitos fundamentais especialmente nas relações de emprego, uma vez que, além da natureza dessa relação jurídica ensejar tal penetração, há evidentemente uma necessidade de se propiciar autonomia às pessoas submetidas a um "poder privado" e de se assegurar um mínimo de dignidade para a parte hipossuficiente da relação, qual seja o trabalhador.[7]

É importante ressaltar, por oportuno, que, em se tratando de Direito do Trabalho, viga mestra deste estudo, mesmo antes da Carta Magna de 1988, desde a criação das primeiras normas trabalhistas nas Constituições Pátrias e com o advento da Consolidação das Leis do Trabalho em 1943, o Estado já se ocupava da tarefa de intervir nas relações individuais e coletivas de trabalho, visando à proteção necessária ao trabalhador.[8]

III – Eficácia e aplicabilidade das normas definidoras dos direitos e garantias fundamentais e despedida ou dispensa arbitrária (sem justa causa)

Os direitos e garantias fundamentais, via de regra, têm eficácia e aplicabilidade imediata, embora dependam muito do próprio enunciado da Constituição que, conforme esclarece Alexandre de Moraes, a aplicabilidade de algumas normas defini-

---

[6] GOES, Mauricio de Carvalho. *A equiparação salarial como instrumento garantidor da isonomina nos contratos de emprego.* Porto Alegre: Verbo Jurídico, 2009, p. 96.
[7] Idem, p. 99.
[8] Idem, p. 107.

doras de direitos sociais, enquadrados entre os direitos fundamentais,[9] carecem de legislação ulterior, por determinação da própria Constituição.[10]

Entretanto, é imperioso verificar se a aplicabilidade imediata dos direitos fundamentais insculpida no parágrafo primeiro do artigo 5º da Constituição Federal se coaduna com as normas de direitos fundamentais dos trabalhadores.

Isso porque, tal preocupação, no entender de Mauricio de Carvalho Goes,[11] surge da conclusão lógica de que não basta estarem positivados os direitos dos trabalhadores no artigo 7º da Constituição para se ter efetivados os direitos sociais dessa categoria, mas sim, que tais normas sejam aplicáveis de forma concreta nas relações de emprego e que produzam reflexos significativos na vida do trabalhador.

Contudo, em que pese o trabalho configurar-se como um direito social e o artigo 7º estabelecer um mínimo de direitos fundamentais dos trabalhadores os quais devem ser observados no desdobrar da relação empregatícia, concluindo-se, em tese, que não poderia haver dificuldade na sua implementação ou eficácia, alguns dispositivos, no entanto, afetos diretamente aos interesses dos trabalhadores não foram regulamentados, obstaculizando, porquanto, sua eficácia.

Assim sendo, embora a maioria das garantias constitucionais trabalhistas possuam eficácia imediata, ainda hoje, o ordenamento constitucional apresenta normas trabalhistas carentes de regulamentação, não produzindo eficácia, no plano concreto, contrariando a própria intenção do legislador constituinte de estabelecer e garantir um rol de direitos mínimos ao trabalhador.[12]

Exemplo dessa ineficácia constata-se no artigo 7º, inciso I, da Constituição, que prevê o direito de proteção contra a despedida arbitrária ou sem justa causa, carecendo da criação de um sistema de estabilidade absoluta dependente de lei complementar, o que, até o presente momento, não ocorreu, estando vigentes apenas as garantias de emprego provisórias previstas no artigo 10, II, letras "a" e "b", do Ato das Disposições Constitucionais Transitórias.[13]

Mauricio Goes assevera, por fim, que o direito fundamental em comento configura-se como direito de eficácia mediata, posto que além de não ter sido criada a lei necessária para tanto, o ordenamento pátrio obedece tal ineficácia e considera inexistente o sistema de estabilidade absoluta.[14]

IV – Evolução do trabalho humano e sua valorização no contexto social dos séculos XVIII, XIX e XX

O princípio da valorização do trabalho humano e o princípio da livre iniciativa são os pilares fundamentais do ordenamento jurídico econômico. São, também, fun-

---

[9] Conforme esclarece Eugênio Heinzenreder, quando se fala em direitos fundamentais, constata-se a utilização de diversas denominações que são empregadas como sinonímias pela doutrina, como direitos humanos, direitos do homem, liberdades públicas, entre outras. (HAINZENREDER Júnior, Eugênio.*Direito à privacidade e poder diretivo do empregador*: o uso do e-mail no trabalho. São Paulo : Atlas, 2009, p. 12).

[10] MORAES, Alexandre de. *Direito constitucional*. 24. ed. 2. Reimpr. São Paulo: Atlas, 2009, p. 32.

[11] GOES, Mauricio de Carvalho. *A equiparação salarial como instrumento garantidor da isonomina nos contratos de emprego*. Porto Alegre: Verbo Jurídico, 2009, p. 112.

[12] Idem, p. 113.

[13] Ibidem.

[14] Ibidem.

damentos do Estado Democrático de Direito, a teor do art. 1º, inciso IV, da Constituição Federal de 1988.

E, da mesma forma com que tratara o princípio da livre iniciativa, a Carta Magna de 1988 guindou o princípio da valorização do trabalho humano ao *status* de fundamento do Estado Democrático de Direito, bem como, da Ordem Econômica.

O homem passou da condição servil que marcava a sua atuação como trabalhador no regime feudal para a de trabalhador livre, a partir da instalação da supremacia do regime burguês. E, a partir de então, o trabalho ganhou um novo contorno, valorizado agora como elemento econômico e social. É fator preponderante para a ativação dos meios econômicos, constituindo-se na fonte geradora de recursos para a manutenção do homem e de sua realização pessoal.

A valorização do trabalho é de interesse social, na mesma medida em que representa a efetividade da dignidade da pessoa, uma vez que consiste (o trabalho) na fonte de sobrevivência material do homem. Acerca disso, Radbruch[15] ensina que "é tarefa do novo direito trabalhista valorizar o direito humano do trabalhador em novo patamar, no patamar da liberdade pessoal de configurar a relação de trabalho; mais uma vez, como uma relação de direito da pessoa".

A venda da força de trabalho do empregado gera uma relação interpessoal com a empresa (na figura do empresário), estabelecendo uma dependência pessoal do empregado em relação ao empregador, cada dia mais crítica em virtude dos avanços tecnológicos que permitem a substituição, com vantagem econômica para o empresário, do homem pela máquina.

Mas é, sobretudo, uma relação na qual emerge o fator humano, o que lhe dá contornos especiais, pois esse homem precisa não apenas sobreviver, mas também satisfazer necessidades fundamentais de natureza social, emocional, cultural, educacional, segurança, lazer, desenvolver as suas aptidões, ter paz e justiça, ter idêntica oportunidade oferecida a todos, dentre outras.

Nesse sentido, Orlando Gomes[16] esclarece que:

A proteção da pessoa do trabalhador prevalece sob o aspecto da patrimonialidade da relação de emprego, condicionando-o às exigências de sua dignidade expressas sob a forma de limitação à liberdade de estruturar o seu conteúdo.

Dessa forma, faz-se necessária a intervenção estatal para regular as relações trabalhistas, para atuar como contrapeso nessa relação instaurada, frente ao notável desequilíbrio que se instala no liame entre empregado e empregador (com domínio imperativo do capital), e como forma de reparar as desigualdades sociais e de anular, ou ao menos atenuar, os polos opostos de tensões sociais decorrentes (luta secular entre o capital e o trabalho), e a ponto de considerar a miséria como sendo uma imoralidade.[17]

Por isso, a transição do Estado Liberal burguês ao Estado Social foi importante, pois trouxe a exata noção do compromisso Estatal de intervenção na ordem econômi-

---

[15] RADBRUCH, Gustav. *Introdução à Ciência do Direito*. Trad. de Vera Barkow. São Paulo: Martins Fontes, 1999, p. 99.

[16] GOMES, Orlando. *Direito do Trabalho*. vol. I, 7. ed., Rio de Janeiro: Forense, 1978, p. 92.

[17] MARX, Karl; ENGELS, Friedrich. *Manifesto do Partido Comunista*. Trad. de Pietro Nassetti. São Paulo: Martin Claret, 2002, p. 45-46.

co-política, sobretudo com a tutela do emprego, em conjunto com a função social da empresa, ponto que será discutido a seguir.

V – O sistema de indenização por tempo de serviço (FGTS) e a estabilidade decenal previstos na CLT

A CLT dispõe, em seus artigos 478 e 492 a 500, que os empregados despedidos sem justa causa têm o direito a perceber, na rescisão do contrato de trabalho, uma indenização por tempo de serviço equivalente a um mês de remuneração para cada ano de trabalho ou fração superior a seis meses. Esse regime permaneceu em vigor desde a promulgação da CLT até 1988, quando foi revogado pela Constituição Federal, que tornou o regime do Fundo de Garantia por Tempo de Serviço (FGTS) obrigatório.

Até 1988, previa a CLT que o empregado que não era optante pelo regime do FGTS (ou qualquer empregado antes de o regime do FGTS ser introduzido em 1966) adquiria estabilidade no emprego após dez anos de serviços prestados ao mesmo empregador.

Ou seja, após dez anos de permanência em um mesmo emprego, o empregado não podia ser dispensado, exceto se (i) a empresa encerrasse as suas atividades ou (ii) ele(a) cometesse uma falta grave ou, ainda, (iii) em circunstâncias de força maior, devidamente comprovadas.

O FGTS representa um sistema de depósitos efetuados pelo empregador em conta bancária do empregado, sob a gestão da Caixa Econômica Federal, para a utilização pelo trabalhador em hipóteses previstas em lei (atual Lei nº 8.036/90).

A criação do FGTS através da Lei nº 5.107/66 introduziu uma alternativa à indenização por tempo de serviço de um mês de salário por ano de serviço, eliminando a estabilidade decenal no emprego para aqueles empregados que optassem pelo regime do FGTS antes de completar o decênio legal previsto na CLT. Portanto, esse regime trazia um atrativo interessante para os empregadores, restituindo-lhes integralmente a capacidade de despedir empregados sem justa causa.

No que tange aos empregados, o regime introduzido pelo FGTS tinha como atrativo o pagamento mensal pelo empregador de um valor equivalente a 8% do seu salário em conta vinculada do empregado, garantindo, assim, o recebimento de valor equivalente ao da indenização prevista na CLT quando da rescisão imotivada do contrato de trabalho. Em outras palavras, o regime do FGTS veio diminuir consideravelmente o risco e a inadimplência do empregador no pagamento da indenização por tempo de serviço.

Nesse sentido, o valor decorrente do regime do FGTS seria, em tese, equivalente à indenização prevista na CLT, em vista de esta ser igual a um mês de remuneração por ano de serviço, enquanto aquele é o resultado do depósito mensal de 8% da remuneração do empregado em uma conta vinculada, o que, em 12 meses, totaliza um mês de remuneração.

Com a entrada em vigor da Lei nº 5.107/66, em 01/01/1967, o empregado passou a poder optar entre dois regimes de indenização por tempo de serviço: o regime previsto na CLT ou o regime do FGTS. O empregado que optasse pelo regime do

FGTS estava automaticamente excluído do regime de indenização por tempo de serviço e da estabilidade previstos na CLT.

De um lado, o empregado tinha o regime celetista, que previa uma indenização de um mês de salário por ano de serviço e a possibilidade de se tornar estável ao completar dez anos de emprego; de outro, ele tinha um sistema com depósitos mensais e uma multa por rescisão imotivada do contrato de trabalho, correspondente a 10% do valor depositado em sua conta de FGTS.

Apesar de o regime da CLT poder ser considerado mais benéfico para o empregado, o fato é que a opção pelo regime do FGTS tornou-se praticamente obrigatória, deixando de ter o caráter de opção. Na prática, o termo de opção pelo regime do FGTS tornou-se um documento de praxe exigido de todos os empregados contratados como condição para a formalização do contrato de trabalho. Com isso, os empregadores evitavam a aquisição de estabilidade legal após dez anos de serviços de seus empregados.

Com o advento da Constituição Federal de 5 de outubro de 1988, o regime do FGTS tornou-se compulsório para todos os empregados (art. 7º, inciso III).

Isso significou que todos os empregados tornaram-se automaticamente sujeitos ao regime do FGTS em outubro de 1988, independentemente do seu tempo de serviço ou mesmo de serem estáveis. E significou também a perda da estabilidade decenal (estabilidade no sentido jurídico: estabilidade no emprego) para todos os empregados a partir de então.

Dessa forma, atualmente, os únicos trabalhadores portadores de estabilidade celetista foram aqueles que contavam com mais de 10 anos de serviço na mesma empresa em 05 de outubro de 1988 (data da promulgação da CF/88) e que até então não haviam optado pelo regime do FGTS.

A Lei nº 8.036/90, que hoje regula o FGTS, e que revogou a Lei 5.107/66, consagra esse entendimento ao preceituar, em seu art. 14, que fica ressalvado o direito adquirido dos trabalhadores que, à data da promulgação da Constituição da República de 1988, já tinham o direito à estabilidade no emprego prevista na CLT.

Portanto, os trabalhadores que já tinham a estabilidade decenal continuaram estáveis, e o restante dos trabalhadores teve que aderir ao regime do FGTS, sem direito à estabilidade.

VI – A função social da empresa e a despedida arbitrária, imotivada ou sem justa causa

Assim, é possível perceber melhor que o rompimento injustificado do empregado da empresa causa exclusão social, redução ou aniquilamento da capacidade de consumo; extinção de uma relação jurídico-econômico e social produtiva; diminuição da condição de cidadania; perda de contatos e relacionamentos sociais, representando, assim, um ataque ou desrespeito à dignidade desse trabalhador.

Assim, torna-se imperioso defender a dignidade do trabalhador frente às despedidas imotivadas ou arbitrárias. Tais despedidas imotivadas ou arbitrárias relativizam ou anulam a função social da empresa. Nesse sentido, um dos objetivos de se ter hoje a figura da recuperação judicial e extrajudicial da empresa é a preservação de postos de trabalho. Ademais, a atividade empresarial é complexa, necessitando os empresários e sociedades empresárias de mão de obra (empregados) no exercício da atividade econômica produtiva. Não adianta falar em Direito do Trabalho e Função Social da Empresa se não se preserva um dos maiores bens que o indivíduo pode ter: o seu trabalho. Nesse compasso, o trabalho representa forma de inclusão social, conforme já foi dito anteriormente, e meio pelo qual o indivíduo se projeta na sociedade. O Direito do Trabalho atual não preserva o emprego, mas apenas os direitos rescisórios na extinção do Contrato de Trabalho. É necessário alterar o art. 7º, I, da Constituição Federal de 1988, em uma interpretação sistemática do Direito, na busca da efetividade e eficácia dos direitos fundamentais no Direito do Trabalho.

Nesse sentido, torna-se importante o seguinte magistério:[18]

> A empresa atua para atender não somente os interesses dos sócios, mas também os da coletividade, e que função, em direito, é um poder de agir sobre a esfera jurídica alheia, no interesse de outrem, jamais em proveito do próprio titular. Algumas vezes, interessados no exercício da função são pessoas indeterminadas e, portanto, não legitimadas a exercer pretensões pessoais e exclusivas contra o titular do poder. É nessas hipóteses, precisamente, que se deve falar em função social ou coletiva. (...) em se tratando de bens de produção, o poder-dever do proprietário de dar à coisa uma destinação compatível com o interesse da coletividade transmuda-se, quando tais bens são incorporados a uma exploração empresarial, em poder-dever do titular do controle de dirigir a empresa para a realização dos interesses coletivos.

No âmbito de um Estado Social de Direito – e o consagrado pela evolução constitucional brasileira não foge à regra – os direitos fundamentais sociais constituem exigência inarredável do exercício efetivo das liberdades e garantias da igualdade de chances (oportunidades) inerentes à noção de uma democracia e de um Estado de Direito de conteúdo não meramente formal, mas, sim, guiado pelo valor da justiça material.[19] O Estado Social nasceu de uma inspiração de justiça, igualdade e liberdade.[20]

Nesse sentido, para Bonavides:[21]

> O Estado social nasceu de uma inspiração de justiça, igualdade e liberdade; é a criação mais sugestiva do século constitucional, o princípio governativo mais rico em gestação no universo político do Ocidente. Ao empregar meios intervencionistas para estabelecer o equilíbrio na repartição dos bens sociais, instituiu ele ao mesmo passo um regime de garantias concretas e objetivas, que tendem a fazer vitoriosa uma concepção democrática de poder vinculada primacialmente com a função e fruição dos direitos fundamentais, concebidos doravante em dimensão por inteiro distinta daquela peculiar ao feroz individualismo das teses liberais e subjetivas do passado. Teses sem laços com a ordem objetiva dos valores que o Estado concretiza sob a égide de um objetivo maior: o da paz e da justiça na sociedade.

Falar-se de função social da empresa é falar-se de reservas. O interesse social não quer significar o interesse da maioria, mas da própria empresa, órgão estabilizador de emprego e de circulação de bens e serviços. Ademais, uma empresa geradora de riqueza e de emprego atende à sua função social, acima de distribuir dividendo para os acionistas.

A geração de empregos pode ser considerada como função social da empresa à luz do preceito constitucional econômico que promulga a busca pelo pleno emprego.

---

[18] COMPARATO, Fábio Konder. *Empresa e função social*. São Paulo: Revista dos Tribunais, ano 85, n. 732, out. 1996, p. 43-44.

[19] SARLET, Ingo Wolfgang. *A eficácia dos direitos fundamentais*. Porto Alegre: Livraria do Advogado, 1998, p. 63.

[20] KEYNES, John Maynard. *Teoria geral do emprego, do juro e da moeda*. São Paulo: Atlas, 1992, p. 20.

[21] BONAVIDES, Paulo. *Curso de Direito Constitucional*. 12ª ed. São Paulo: Malheiros, 2002, p. 11.

Com efeito, se toda propriedade no Brasil necessita cumprir uma função social, a empresa também necessita e seria encarada como função social dos bens de produção. Em regra, os bens de produção são postos em dinamismo, no capitalismo, em regime de empresa, daí falar-se em função social da empresa.

O princípio da função social da propriedade impõe ao proprietário, ou quem detenha o controle da empresa, o dever de exercê-lo em benefício de outrem, e não apenas de não o exercer em prejuízo de outrem.[22] Este princípio da função social da empresa impõe um comportamento positivo, prestação de fazer e não meramente de não fazer aos detentos do poder que deflui a propriedade.

Não há como negar que a organização empresarial depende de uma autoridade interna privada para estruturá-la (empregador ou superior hierárquico que aja representando os interesses do empregador), mantê-la em funcionamento por meio de lideranças e capacitação técnica, conforme as exigências dos interesses dos meios de produção, pressupondo um poder hierárquico de comando, ordenação e manutenção da disciplina.

O que se quer prestigiar é o manejo democrático, sem uso de violência, destes poderes, em que se confrontam valores relevantes.

A grande empresa, como organização econômica, transcende a própria pessoa do empresário, de modo a impor-se a ordenação de suas relações com a sociedade e das relações que no seu interior, entre investidores, empresários e trabalhadores são travadas. O poder de controle sobre os bens de produção não pertence ao capitalismo, e sim, ao empresário.

No entanto, estes dois valores – livre iniciativa e valor social do trabalho – quando se apresentarem conflitantes, devem ser sopesados, a fim de que se busque o equilíbrio nas dificuldades – em especial, nos momentos de crise – a fim de que um não se sobreponha ao outro. Não se pode prestigiar unicamente a *livre iniciativa* em detrimento do trabalho, caso contrário o resultado disso será o agravamento da questão social, como ocorreu no Estado Liberal Burguês após a Revolução Francesa. De outro lado, não se pode inviabilizar a empresa, que é fonte de postos de trabalho, com um exacerbado paternalismo em relação aos empregados.

Em suma, à propriedade produtiva, como à empresa, tem sido reconhecida uma função social, o capital e o trabalho têm que se completar e não gerar conflito, além do mais, a propriedade dotada de função social é justificada pelos seus fins, seus serviços, sua função.

Somente dessa forma a empresa estaria exercendo a sua função social de forma completa, na garantia do pleno emprego, alicerçada nos valores da livre iniciativa e da dignidade da pessoa.

VII – Proteção à despedida imotivada – a Convenção 158 da OIT e ratificação e denúncia no Brasil

A Constituição Federal de 1988 assegurou, em seu artigo 7º, inciso I, a "relação de emprego protegida contra despedida arbitrária ou sem justa causa, nos termos de

---

[22] GRAU, Eros Roberto. *A ordem econômica na constituição de 1988: interpretação e crítica*. 4. ed. São Paulo: Malheiros, 2000, p. 252.

lei complementar, que preverá indenização compensatória, dentre outros direitos". O direito ao trabalho é um direito social (art. 6º, *caput*, da Constituição Federal de 1988).

Embora tenha sido uma grande conquista, a eficácia plena dessa garantia social restou pendente de posterior regulamentação, por meio de lei complementar, o que até hoje não logrou êxito.

Frente à possibilidade de demora na aprovação de tal lei complementar regulamentadora, a própria Assembleia Nacional Constituinte fez constar, no Ato das Disposições Constitucionais Transitórias, proteção tópica e pontual contra a despedida arbitrária, as chamadas estabilidades provisórias:

> Art. 10. Até que seja promulgada a lei complementar a que se refere o art. 7º, I, da Constituição:
> I – fica limitada a proteção nele referida ao aumento, para quatro vezes, da porcentagem prevista no art. 6º, *caput* e § 1º, da Lei nº 5.107, de 13 de setembro de 1996;
> II – fica vedada a dispensa arbitrária ou sem justa causa:
> a) do empregado eleito para cargo de direção de comissões internas de prevenção de acidentes, desde o registro de sua candidatura até um ano após o final de seu mandato;
> b) da empregada gestante, desde a confirmação da gravidez até cinco meses após o parto.

Dessa forma, foi a Convenção nº 158 da Organização Internacional do Trabalho (OIT) ratificada pelo Estado Brasileiro, pelo Congresso Nacional, em 16 de setembro de 1992 (Decreto Legislativo nº 68/1992), e promulgada em 10 de abril de 1996 (Decreto do então Presidente da República, Fernando Henrique Cardoso, de nº 1.855/1996), para produção de efeitos jurídicos no Brasil a partir de 11 de abril de 1996, data da sua publicação no Diário Oficial da União.

Importa esclarecer que as convenções adotadas pela OIT tratam-se, segundo Sérgio Pinto Martins,[23] de "[...] normas jurídicas provenientes da Conferência da OIT, que têm por objetivo determinar regras gerais obrigatórias para os Estados que as ratificarem, passando a fazer parte de seu ordenamento jurídico interno".

Ressalte-se, por oportuno, que, no que se refere à convenção,[24] para sua admissão, exige-se 2/3 dos votos dos delegados presentes à Conferência, sendo, logo após, seu texto encaminhado aos Estados-Membros, os quais obrigar-se-ão a examinar a conveniência de sua ratificação no prazo de 12 meses ou, excepcionalmente, de 18 meses, entrando em vigor, em cada Estado-Membro, 12 meses após o registro da ratificação, desde que já tenham sido registrados duas ratificações, o que lhe dará vigência internacional de 12 meses após o segundo registro.

A Convenção nº 158 da OIT aplica-se a todas as áreas de atividade econômica e a todas as pessoas empregadas (artigo 2). Embora preveja algumas ressalvas de aplicação a certas categorias de trabalhadores que gozem de garantias especiais. O grande trunfo da Convenção nº 158 da OIT está previsto em seu artigo 4º:

> Não se dará término à relação de trabalho de um trabalhador a menos que exista para isso uma causa justificada relacionada com sua capacidade ou seu comportamento ou baseada nas necessidades de funcionamento da empresa, estabelecimento ou serviço.

---

[23] MARTINS, Sérgio Pinto. *Direito do trabalho*. 22. ed. São Paulo: Atlas, 2006, p.72.

[24] É importante esclarecer, conforme assevera Evaristo de Moraes Filho, que: *"A convenção é o instrumento mais eficaz no caminho de um direito internacional do trabalho uniforme e homogêneo"*. (MORAES FILHO, Evaristo de, MORAES, Antonio Carlos Flores de. Introdução ao direito do trabalho. 9. ed. São Paulo: LTr, 2003, p. 226).

Frise-se que não se trata de previsão de uma estabilidade decenal no emprego, extinta na própria promulgação da Constituição Federal de 1988. Também não se trata de uma impossibilidade total, completa ou absoluta de dispensa do empregado. Na verdade, trata-se de estabelecer a garantia de que somente haverá dispensa quando atinente a uma causa justificada relacionada com o comportamento do empregado (a conhecida *demissão por justa causa*, que a lei brasileira contempla) ou baseada nas necessidades de funcionamento da empresa, estabelecimento ou serviço.

O artigo 5º da Convenção prevê as situações que não podem ser consideradas causas justificadas para o término da relação de trabalho, cada uma delas protetiva de outros direitos fundamentais dos trabalhadores: a) a filiação a um sindicato ou a participação em atividades sindicais fora das horas de trabalho, ou, com o consentimento de empregador, durante as horas de trabalho; b) ser candidato a representante dos trabalhadores ou atuar ou ter atuado nessa qualidade; c) apresentar uma queixa ou participar de um procedimento estabelecido contra um empregador por supostas violações de leis ou regulamentos, ou recorrer perante as autoridades administrativas competentes; d) a raça, a cor, o sexo, o estado civil, as responsabilidades familiares, a gravidez, a religião, as opiniões políticas, a ascendência nacional ou a origem social; e) a ausência do trabalho durante a licença-maternidade. E o artigo 6º refere expressamente que a ausência temporária do trabalho por motivo de doença ou lesão também não é admitida como justa causa para dispensa.

O artigo 7º, por seu turno, prevê a oportunidade de o empregado se manifestar previamente sobre eventuais imputações que lhe sejam feitas pelo empregador:

> Não deverá ser terminada a relação de trabalho de um trabalhador por motivos relacionados com seu comportamento ou seu desempenho antes de se dar ao mesmo a possibilidade de se defender das acusações feitas contra ele, a menos que não seja possível pedir ao empregador, razoavelmente, que lhe conceda essa possibilidade.

Todo esse conjunto protetivo contra a dispensa sem justa causa ou imotivada se dá sem prejuízo de, em casos nos quais seja impossível a manutenção no emprego, ser imposto o pagamento de uma indenização, tal como também prevê a Constituição e a legislação brasileira.

Em outros termos: o que a Convenção nº 158 da OIT proíbe, desse modo, é a dispensa imotivada, arbitrária ou desprovida de fundamentação, como modo de impor respeito à dignidade humana do trabalhador enquanto tal.

Sendo assim, a Convenção nº 158, que havia sido incorporada ao direito interno brasileiro, vem ao encontro de princípios fundamentais da Constituição como dignidade da pessoa humana (art. 1º, inciso III), valores sociais do trabalho (art. 1º, inciso I), construção de uma sociedade justa (art. 3º, I), bem como de princípios gerais da atividade econômica (valorização do trabalho humano (art. 170, *caput*) e busca do pleno emprego (art. 170, inciso VIII)].

Em 20 de dezembro de 1996, o então Presidente da República Fernando Henrique Cardoso editou o Decreto nº 2.100, por meio do qual, em nome do Estado Brasileiro, denunciou a Convenção nº 158 da OIT, tornando público que ela deixaria de vigorar, para o Brasil, a partir de 20 de novembro de 1997, situação que perdura até hoje.

Tal fato representou enorme retrocesso social, próprio de momentos então vividos, tanto no mundo como no Brasil, com a avalanche do ideário neoliberal e paulatina destruição dos avanços sociais, com a gradativa retirada da intervenção estatal nas chamadas questões sociais.

Conclusão

É preciso que a empresa exerça sua função social, garantindo aos trabalhadores condições dignas de trabalho. Mais do que isso, é através dessa função social que se terá acesso ao pleno emprego. Não adianta o Congresso Nacional reavaliar a Convenção nº 158 da OIT. O que se esperá é mais do que isso.

Não se quer apenas uma despedida motivada para proteger os trabalhadores, mas que se tenha estabilidade no emprego, mesmo que, para isso, contem as empresas privadas com benefícios fiscais. Esse talvez seja um Projeto de Lei Complementar que atenda aos anseios do povo e que venha a regulamentar o artigo 7º, I, da Constituição Federal de 1988. Caso contrário, a chamada função social da empresa continuará, como acontece atualmente, carecedora de força normativa.

A quem deve interessar a função social da empresa? À livre iniciativa, representada pelos empresários brasileiros, empregadores, em sua grande maioria, representando o valor capital ou aos empregados, representantes do valor trabalho? Na verdade, aos dois, tentando unir o capital ao trabalho, mas sem aniquilar o caráter protetivo essencial do Direito do Trabalho, o qual não pode se omitir na tutela dos interesses dos hipossuficientes. Assim, o direito à estabilidade jurídica é uma necessidade que se impõe, na esfera individual do Direito do Trabalho, agregando-se aos princípios da Proteção ou tutela do Empregado, Irrenunciabilidade de Direitos Trabalhistas, Continuidade da Relação de Emprego e Primazia da realidade.

Referências bibliográficas

ALCKIMIN, Maria Aparecida. *Assédio moral na relação de emprego*. Curitiba: Juruá, 2005.

BONAVIDES, Paulo. *Curso de Direito Constitucional*. 12ª ed. São Paulo: Malheiros, 2002.

BRASIL. Constituição (1988). *Constituição da República Federativa do Brasil*: promulgada em 5 de outubro de 1988. Organização do texto: Antonio Luiz de Toledo Pinto, Márcia Cristina Vaz dos Santos Windt e Lívia Céspedes. 31. ed. São Paulo: Saraiva, 2003. – (Coleção Saraiva de legislação).

COMPARATO, Fábio Konder. *Empresa e função social*. São Paulo: Revista dos Tribunais, ano 85, n. 732, out. 1996.

FERREIRA, Hádassa Dolores Bonilha. *Assédio moral nas relações de trabalho*. 1ª ed. Campinas: Russel Editores, 2004.

GOES, Mauricio de Carvalho. *A equiparação salarial como instrumento garantidor da isonomina nos contratos de emprego*. Porto Alegre: Verbo Jurídico, 2009.

GOMES, Orlando. *Direito do Trabalho*. vol. I, 7. ed., Rio de Janeiro: Forense, 1978.

GRAU, Eros Roberto. *A ordem econômica na constituição de 1988: interpretação e crítica*. 4. ed. São Paulo: Malheiros, 2000.

HAINZENREDER Júnior, Eugênio. *Direito à privacidade e poder diretivo do empregador*: o uso do e-mail no trabalho. São Paulo: Atlas, 2009.

KEYNES, John Maynard. *Teoria geral do emprego, do juro e da moeda*. São Paulo: Atlas, 1992.

MARTINS, Sérgio Pinto. *Direito do trabalho*. 22. ed. São Paulo: Atlas, 2006.

MARX, Karl; ENGELS, Friedrich. *Manifesto do Partido Comunista*. Trad. de Pietro Nassetti. São Paulo: Martin Claret, 2002.

MORAES, Alexandre de. *Direito constitucional*. 24. ed. 2. Reimpr. São Paulo: Atlas, 2009.

MORAES FILHO, Evaristo de, MORAES, Antonio Carlos Flores de. *Introdução ao direito do trabalho*. 9. ed. São Paulo: LTr, 2003.

RADBRUCH, Gustav. *Introdução à Ciência do Direito*. Trad. de Vera Barkow. São Paulo: Martins Fontes, 1999.

SARLET, Ingo Wolfgang. *A eficácia dos direitos fundamentais*. Porto Alegre: Livraria do Advogado,1998.

SILVA NETO, Manoel Jorge. *Direitos fundamentais e o contrato de trabalho*. São Paulo: LTr, 2005.

— 14 —

Informação sobre as pesquisas envolvendo seres humanos no Brasil: a crônica falta de transparência

SELMA RODRIGUES PETTERLE[1]

Sumário: 1) Considerações introdutórias; 2) Das clássicas etapas da pesquisa biomédica ao modelo translacional; 3) Os ensaios clínicos e suas fases características ; 4) Ensaios clínicos e sociedade de risco: multiplicidade de atores e papéis ; 5) Pesquisa envolvendo seres humanos e ensaios clínicos no Brasil: (des)conhecendo os dados brasileiros; 6) Considerações finais.

1) Considerações introdutórias

A pesquisa científica na área da saúde tem contribuído para aprofundar o conhecimento sobre os mecanismos de desenvolvimento de várias doenças, buscando ampliar as medidas preventivas, os meios de diagnósticos e de tratamento das enfermidades humanas. Com o desenvolvimento de novos medicamentos, novas terapias, novos equipamentos e novas técnicas cirúrgicas têm se conseguido não apenas diminuir o sofrimento como também melhorar a quantidade e a qualidade de vida humana, conquistas que são sem dúvida notáveis. No caso dos medicamentos, tem se buscado, por exemplo, ampliar o conhecimento sobre os diversos níveis de resposta individual de cada paciente a um determinado fármaco, em virtude de características genéticas, informação que poderá ser mais um elemento a considerar, na prática clínica, quando da prescrição, ou não, de determinados medicamentos.

Todavia, com os horizontes abertos pelas pesquisas científicas na área da saúde aprofunda-se não só, mas especialmente no âmbito da realidade científica das pesquisas biomédicas envolvendo seres humanos, a discussão a respeito dos benefícios e dos riscos para a pessoa humana, já que essas investigações científicas, paradoxal e simultaneamente, podem representar reais ameaças à vida, à integridade física, à dignidade e aos direitos fundamentais em geral. O tema assume contornos ainda mais especiais quando é de conhecimento público que a pesquisa científica é cada vez mais dependente de recursos privados (a exemplo das pesquisas financiadas pela indústria farmacêutica e biotecnológica), senão integralmente financiada pelos mesmos, estando cada vez mais presente o risco de se reduzir a pessoa a mero objeto, inclusive para fins notadamente comerciais e econômicos, violando-se de tal sorte a própria dignidade da pessoa, por definição incompatível com qualquer tipo de instrumentalização

---
[1] Mestre e Doutora em Direito pela PUCRS. Advogada e Professora Universitária no Centro Universitário La Salle (UNILASALLE) e Faculdades Rio-Grandenses (FARGS).

e/ou coisificação de qualquer ser humano. As ponderações ora tecidas constituem, em verdade, apenas uma pálida amostra das razões que indicam a evidente atualidade da opção temática efetuada, designadamente naquilo que diz com a necessidade de maior transparência às pesquisas científicas nessa área.

Sabe-se que a Constituição brasileira protege e promove a liberdade de investigação científica e que o conhecimento na área da saúde também se insere nesse contexto. De outra banda, é claro e incontornável que os estudos nessa área têm um perfil bastante diverso, existindo inclusive pesquisas científicas que envolvem diretamente os seres humanos, mais precisamente as pesquisas clínicas. Nestes casos, e em outros mais específicos, há um exercício de atividade de risco pelos pesquisadores. A ilustração mais evidente do risco elevado são os ensaios clínicos de medicamentos na fase 1, que envolvem testes em pequenos grupos de pessoas geralmente sadias, sem qualquer enfermidade, cujas exceções (como alguns estudos de câncer, em que, pela periculosidade dos produtos testados, não se admite a inclusão de pessoas sãs) acabam por confirmar o alto grau de risco de alguns estudos científicos com seres humanos.

Um aspecto central a enfrentar é o relativo à informação disponível sobre esses estudos, que em geral se dá em revistas especializadas. Nesse âmbito, há notícia tanto da prática da autoria por convite quanto da autoria fantasma, duas variantes que, para além de questões éticas, colocam em dúvida a própria proteção da propriedade intelectual, assim como conhecimento científico na área da saúde. No primeiro caso, trata-se de inserir um autor de renome na comunidade científica para legitimar os resultados dos ensaios clínicos, pesquisador que não participou do estudo. O outro fenômeno, com matiz diferenciada e cujas consequências vão para muito além da discussão relativa à autoria, para transbordar em aspectos de saúde pública, é o da autoria fantasma, situação que envolve a contratação de profissional para escrever artigo sobre determinado ensaio clínico, artigo que é submetido a autores com notoriedade na área, já previamente escolhidos, o que está a exigir medidas concretas para banir a prática, dando maior credibilidade aos estudos científicos. Neste contexto é que se inserem os esforços da comunidade internacional em fomentar o registro em base de dados acessível ao público em geral, dando maior transparência aos ensaios clínicos e aos desenhos concebidos para essas investigações científicas.

Atualmente, o modelo brasileiro para apreciação e aprovação da pesquisa científica envolvendo seres humanos está alicerçado em atos normativos exarados pelo Conselho Nacional de Saúde, por meio de Resoluções. Este sistema é frequentemente denominado de modelo CEP/CONEP, já que baseado na apreciação por comitês institucionais de ética em pesquisa (CEP) e por comissão de âmbito nacional criada pelo Conselho Nacional de Saúde, a Comissão Nacional de Ética em Pesquisa (CONEP), que têm desempenhado, sem dúvida, um trabalho notável no que diz com a proteção das pessoas que participam dos estudos científicos, os sujeitos de pesquisa. Dispõe-se, paralelamente, do Sistema Nacional de Informação sobre Ética em Pesquisa envolvendo Seres Humanos (SISNEP), administrado pelo Ministério da Saúde, e que recentemente foi substituído pela denominada Plataforma Brasil.

Tecidas essas considerações prévias, destaca-se que o objetivo geral deste estudo é analisar a informação brasileira sobre as pesquisas envolvendo humanos e sobre os ensaios clínicos. Mais especificamente, o estudo objetiva: apresentar noções conceituais preliminares indispensáveis à análise do tema, descrever as fases características dos ensaios clínicos, conhecer os múltiplos atores e os papeis que eles desempenham nos ensaios clínicos e, por fim, analisar criticamente os quantitativos e a qualidade da informação brasileira nessa seara.

2) Das clássicas etapas da pesquisa biomédica ao modelo translacional

Classicamente divide-se a investigação científica em pesquisa básica e pesquisa aplicada.[2] Embora ambas tenham como escopo gerar conhecimentos científicos, a pesquisa básica (ou fundamental) é aquela pesquisa precursora e desenvolvida ainda em laboratório (e posteriormente com animais), na busca de (novos) conhecimentos que possam representar um avanço no campo científico. Já no que tange à pesquisa aplicada, esta busca uma finalidade mais imediata, qual seja, a aplicação prática desse conhecimento gerado inicialmente (pela pesquisa básica), o que no caso da pesquisa biomédica envolvendo seres humanos corresponde à pesquisa clínica. Constata-se, na prática, que está se promovendo, paulatinamente, uma crescente aproximação dos laços entre a pesquisa básica (fundamental) e a pesquisa aplicada (clínica), o que é levado a efeito pela denominada investigação translacional. Esta preconiza um processo único e integrador de equipes multidisciplinares na área da saúde, em que o investigador translacional trabalhará da bancada do laboratório ao paciente, produzindo algo que ele próprio levará à cabeceira do paciente, medindo inclusive os resultados ali encontrados. Portanto, já é possível afirmar que na prática podem ser tênues as fronteiras[3] que separam a investigação que se costuma(va) designar como básica (ou fundamental) da investigação dita aplicada.

De fato, a separação entre ciência pura da sua aplicação na prática, como se fossem módulos estanques, gera algumas perplexidades, visto que atualmente busca-se um processo mais integrado, que englobe desde a descoberta em laboratório e os estudos em animais[4] (ensaios pré-clínicos, que devem fornecer elementos que justifiquem a pesquisa com humanos) até os ensaios em humanos (ensaios clínicos) e, complementando esse processo, a observação da prática clínica de volta ao laboratório, o que se traduz em um dos focos específicos da investigação translacional.[5] Aliás, uma das principais ferramentas para solidificar esses estreitos elos de ligação entre a pesquisa básica e pesquisa aplicada são os biobancos,[6] bancos de tecidos humanos tanto os de origem clínica quanto os provenientes da pesquisa. No Brasil, desde 2011, os

---

[2] CARNEIRO, António Vaz. Investigação clínica em seres humanos. Principais questões éticas. In: MARTINHO DA SILVA, Paula (Coord.). *Investigação biomédica. Reflexões éticas*. Lisboa: Gradiva, 2008, p. 21.

[3] JORGE, Maria Manuel Araújo. A investigação científica face ao desafio ético: ambiguidades e riscos. *Revista Portuguesa de Bioética, Cadernos de Bioética*, n. 8, p. 147-173, set. 2009.

[4] MEDEIROS, Fernanda Luiza Fontoura de. *Princípio da dignidade da vida para além do animal humano*: um dever fundamental de proteção. (Tese) Doutorado em Direito, Universidade Federal de Santa Catarina, 2009, discutindo a proteção dos animais também no âmbito das investigações científicas.

[5] SEQUEIROS, Jorge. A necessidade de avaliação dos testes genéticos: traduzir o conhecimento científico em aplicação clínica, de forma ética e responsável. In: MARTINHO DA SILVA, Paula (Coord.). *Investigação biomédica. Reflexões éticas*. Lisboa: Gradiva, 2008, p. 340.

[6] GALEGO, Manuel M. Morente. Problemas legales de la investigación biomédica tras la aprobación de la ley: la visión del investigador. In: BIOSCA, Salomé Adroher; JÄÄSKELÄINEN, Federico de Montalvo; GIL-DELGADO, María Reyes Corripio; COPO, Abel B. Veiga (Orgs.). *Los avances del derecho ante los avances de la medicina*. Cizur Menor (Navarra): Thomson Aranzadi, 2008, p. 887-902.

biobancos são regulados pela Resolução CNS nº 441/2011, do Conselho Nacional de Saúde (que revogou a Resolução CNS 347/2005), além de iniciativas institucionais anteriores.[7]

Imprescindível também enfatizar que a pesquisa em saúde humana em geral está, sim, associada à prática clínica, não se concebendo, aliás, esta desvinculada daquela, e vice-versa. Vale, portanto, a observação,[8] a partir do exemplo da oncologia, de que há necessidade de integrar os registros em nível internacional, "*a fin de ir corrigiendo errores y perfeccionando la práctica*".

Nesse contexto, algumas reflexões se impõem. Primeira, sobre o papel central dos registros, especialmente no que tange às pesquisas clínicas (especialmente os ensaios clínicos em fases iniciais, verdadeiros experimentos científicos, com humanos), já que não mais se trata apenas de conhecimento científico lastreado em pesquisa individual de cada pesquisador, quem sabe um modelo talvez até superado.[9] Segunda, quanto ao desempenho da atividade de investigador e da assistência ao paciente, se cumuladas as atividades a ponto de confundir o paciente com o sujeito de pesquisa.[10] Terceira, relativamente a quem pesquisa (no caso, o pesquisador e sua equipe), sem descurar do detalhe de que quem concebeu o projeto de pesquisa não necessariamente será aquele pesquisador que executará todas as etapas do estudo, já que há situações que envolvem apenas atos de execução, sem qualquer participação na concepção e no planejamento geral da pesquisa,[11] situação muito frequente em estudos internacionais, desenvolvidos concomitantemente em vários centros, que é o caso dos ensaios multicêntricos, o que remete às peculiaridades das diversas fases dos ensaios clínicos.

3) Os ensaios clínicos e suas fases características

São quatro as fases dos ensaios clínicos[12] e, em se tratando pesquisa com novos fármacos, medicamentos, vacinas e testes diagnósticos, há Resolução específica,

---

[7] ASHTON-PROLLA, Patrícia; CLAUSELL, Nadine; FERNANDES, Márcia Santana; MATTE, Ursula; BITTELBRUNN, Ana Cristina; HEMESATH, Melissa Prade; KUCHENBECKER, Ricardo; GOLDIM, José Roberto. Biobanco do Hospital de Clínicas de Porto Alegre: aspectos técnicos, éticos, jurídicos e sociais. *Revista do Hospital de Clínicas de Porto Alegre*, v. 29, n. 1, p. 74-79, 2009; FERNANDES, Márcia Santana; ASHTON-PROLLA, Patrícia; MATTE, Úrsula; MEURER, Luise; OSVALDT, Alessandro; BITTELBRUNN, Ana Cristina; SCHLATTER, Rosane; KUCYK, Rosa; SILVA, Fernando Martins Pereira da; CLAUSELL, Nadine; GOLDIM, José Roberto. A normativa do Hospital de Clínicas de Porto Alegre para o armazenamento e utilização de materiais biológicos humanos e informações associadas em pesquisa: uma proposta interdisciplinar. *Revista do Hospital de Clínicas de Porto Alegre*, v. 30, n. 2, p. 169, 2010.

[8] GRACIA, Diego. *Ética na investigação clínica*. In: I JORNADAS. Comissão de Ética para a Investigação Clínica. Livro de Documentação, 2009. Disponível em: <http://www.ceic.pt/portal/page/portal/CEIC/Documentos>. Acesso em: 12 out. 2010.

[9] SAINT-SERNIN, Bertrand. L'inégalité scientifique entre les nations. *Archives de Philosophie du Droit*, Editions Dalloz, n. 51, p. 5-6, 2008, interrogando-se sobre as causas das desigualdades, no plano científico, entre os países.

[10] LERNER, Rogério. Contribuições para o debate sobre a viabilidade de trabalhar como pesquisador em uma instituição na qual se é membro da equipe de atendimento e aspectos éticos envolvidos. In: GUERRIERO, Iara Coelho Zito; SCHMIDT, Maria Luisa Sandoval; ZUCKER, Fabio (Orgs.). *Ética nas pesquisas em ciências humanas e sociais na saúde*. São Paulo: Aderaldo & Rothschild, 2008, p. 223-236, tratando do tema saúde mental sob a perspectiva da psicologia.

[11] GOLDIM, José Roberto. A avaliação ética da investigação científica de novas drogas: a importância da caracterização adequada das fases da pesquisa. *Revista do Hospital de Clínicas de Porto Alegre*, v. 27, n. 1, p. 66-73, 2007. Disponível em: <http://www.ufrgs.br/bioetica/fases.pd>. Acesso em: 25 jan. 2011.

[12] SERRÃO, Daniel. Documentos internacionais pertinentes. In: MARTINHO DA SILVA, Paula (Coord.). *Investigação biomédica. Reflexões éticas*. Lisboa: Gradiva, 2008, p. 65-66, sustentando a necessidade dos ensaios clínicos.

exarada no Brasil pelo Conselho Nacional de Saúde sobre o tema (Resolução CNS nº 251/1997). Com os ensaios clínicos de fase 1 busca-se obter informações sobre a segurança da intervenção a ser testada,[13] sua tolerabilidade bem como os efeitos de um novo produto, a exemplo de um novo fármaco, e do perfil farmacocinético e, quando possível, um perfil farmacodinâmico.[14] Essas pesquisas envolvem um pequeno grupo de pessoas, entre 10 e 80 voluntários,[15] geralmente sadios, existindo exceções a essa regra, como a de alguns estudos de câncer[16] e de ensaios clínicos de terapia gênica, em que, pela periculosidade das intervenções testadas, não se admite tal inclusão.

Transposta a primeira fase, objetiva-se, na fase 2 (de estudo terapêutico piloto), ampliar os conhecimentos sobre a segurança do produto, assim como verificar a eficácia e a calibragem da dose (relação dose-resposta), em grupos de pessoas enfermas ou afetadas por alguma condição patológica. No início, qual seja, na fase 2a, é pequeno o grupo de voluntários.[17] Posteriormente, na fase 2b, o grupo se amplia, podendo chegar a 100 e até 1.000 voluntários.[18] Nesta etapa, mais avançada, já é possível colher informações sobre os efeitos adversos e estabelecer a relação existente entre o dano e o benefício, assim como informação mais precisa quanto ao risco associado ao novo produto testado, o que será essencial à decisão de avançar, ou não, à fase seguinte.

Com os ensaios clínicos de fase 3,[19] também denominados de estudos terapêuticos ampliados, há um incremento no tamanho da amostra, que conta, em geral,[20] com um grande (3.000 ou mais) e variado (por idade, sexo etc.) grupo de voluntários enfermos, investigação que é realizada em vários centros e com base em um único protocolo de pesquisa. Por tais razões são denominados de projetos multicêntricos. Estes são frequentemente desenvolvidos ao mesmo tempo, em vários países, até mesmo pela necessidade de ampliar a amostra, o que seria difícil de conseguir sem a ampliação do número de centros envolvidos na pesquisa. Avalia-se aqui a relação risco-benefício do princípio ativo tanto a curto quanto a longo prazo, assim como

---

[13] FLETCHER, Robert H.; FLETCHER, Suzanne W. *Epidemiologia clínica:* elementos essenciais. Tradução de Roberta Marchiori Martins. 4. ed. Porto Alegre: Artmed, 2006, p. 176, destacando que relativamente ao medicamentos definem-se três fases de estudos, em ordem, sendo que na fase I pretende-se "identificar uma faixa de variação de dose que seja tolerável e segura (pelo menos quanto aos efeitos colaterais de maior frequência e gravidade) e incluem um número muito pequeno de pacientes (talvez uma dúzia), sem um grupo de controle".

[14] A Resolução CNS nº 251/97 aporta definição de farmacocinética e farmacodinâmica (que, em apertada síntese, refere-se às modificações recíprocas provocadas pelo sistema biológico no princípio ativo e vice-versa).

[15] GOLDIM, José Roberto. A avaliação ética da investigação científica de novas drogas: a importância da caracterização adequada das fases da pesquisa. *Revista do Hospital de Clínicas de Porto Alegre,* v. 27, n. 1, p. 66-73, 2007. Disponível em: <http://www.ufrgs.br/bioetica/fases.pdf>. Acesso em: 25 jan. 2011.

[16] GRACIA, Diego. La investigación clínica en oncología. Problemas Éticos. In: ——. *Bioética clínica.* Bogotá: El Búno, 1998, p. 145, referindo a dificuldade de mensurar os riscos e apresentando três critérios (risco de morte, de complicação grave e de complicação leve), em três níveis (desprezível, mínimo e maior que mínimo).

[17] FLETCHER, Robert H.; FLETCHER, Suzanne W. *Epidemiologia clínica:* elementos essenciais. Tradução de Roberta Marchiori Martins. 4. ed. Porto Alegre: Artmed, 2006, p. 176.

[18] GOLDIM, José Roberto. A avaliação ética da investigação científica de novas drogas: a importância da caracterização adequada das fases da pesquisa. *Revista do Hospital de Clínicas de Porto Alegre,* v. 27, n. 1, p. 66-73, 2007. Disponível em: <http://www.ufrgs.br/bioetica/tases.pdf>. Acesso em: 25 jan. 2011.

[19] FLETCHER; FLETCHER, op. cit., p. 176.

[20] À exceção de doenças raras, que têm um pequeno número de participantes e são pouco atrativas para investimentos da indústria farmacêutica, por isso denominados de estudos de drogas órfãs. (GOLDIM, José Roberto. A avaliação ética da investigação científica de novas drogas: a importância da caracterização adequada das fases da pesquisa. *Revista do Hospital de Clínicas de Porto Alegre,* v. 27, n. 1, p. 66-73, 2007. Disponível em: <http://www.ufrgs.br/bioetica/fases.pdf>. Acesso em: 25 jan. 2011).

o efeito terapêutico, sua relevância clínica e estatística,[21] considerando inclusive as alternativas terapêuticas, o que, se bem sucedidos os ensaios, resultará em registro do produto perante as autoridades competentes. Relevante enfatizar, ainda, quanto ao desenho dos estudos,[22] [23] que na fase 3 em geral são randomizados, ou seja, há uma distribuição aleatória, bem como, quanto ao tipo de mascaramento, geralmente duplo-cegos, o que significa que o grupo de doentes não sabe quem recebe e quem não recebe o fator causal, assim como a pessoa que o ministra.

De outra banda, os estudos de fase 4 ocorrem após o registro perante as autoridades estatais e, portanto, com o produto disponível ao público para comercialização (portanto já testado, aprovado e incorporado). Destinam-se a avaliar possíveis efeitos secundários ainda desconhecidos,[24] bem como outras novas indicações ou associações (combinações) para o produto, ou quem sabe uma nova via de administração, ou até mesmo realizar uma análise da relação custo-efetividade, do novo fármaco aprovado com outras opções anteriormente existentes.[25]

Alerte-se, quanto à relevância da definição das várias fases das pesquisas clínicas, que há Resolução Colegiada da Agência Nacional de Vigilância Sanitária (RDC 39/2008, alterada em 27.06.2012 pela RDC 36/2012) sobre pesquisa clínica com medicamentos ou produtos para a saúde passíveis de registro sanitário,[26] no seguinte

---

[21] GOLDIM, José Roberto. A avaliação ética da investigação científica de novas drogas: a importância da caracterização adequada das fases da pesquisa. *Revista do Hospital de Clínicas de Porto Alegre*, v. 27, n. 1, p. 66-73, 2007. Disponível em: <http://www.ufrgs.br/bioetica/fases.pdf>. Acesso em: 25 jan. 2011.

[22] FLETCHER, Robert H.; FLETCHER, Suzanne W. *Epidemiologia clínica:* elementos essenciais. Tradução de Roberta Marchiori Martins. 4. ed. Porto Alegre: Artmed, 2006, p. 88, 99, 105, 106, 108, 117, 157, 162, 170-171, 174. Quanto aos diversos desenhos de estudos: 1) estudos de coorte (reúne grupo de pessoas que tem algo em comum e as acompanha por um período de tempo; com olhar no futuro ou no passado, prospectivo ou retrospectivo; estudo longitudinal é o corte ao longo do tempo; estudos sobre riscos são em geral observacionais, sem intervenção, seja de coorte, sejam caso controle; a desvantagem é estarem mais sujeitos a viés); 2) estudos de caso controle (estudos que olham para trás, por isso as vezes denominados de estudos retrospectivos; comparando dois grupos de pessoas, pacientes que desenvolveram a doença e pessoas que não desenvolveram a doença, por isso caso-controle); 3) ensaios clínicos (estudo que busca avaliar as intervenções; pode ser aberto ou sem cegamento; *open label*, aberto com fármacos; ensaio clínico randomizado como padrão ouro para estudar as intervenções; multicêntricos, no caso de faltar pacientes; estudos observacionais de intervenções; "quase sempre é necessário testar as hipóteses terapêuticas por meio de pesquisas clínicas, em que sejam coletados dados sobre a evolução clínica de pacientes tratados e não tratados" (Ibidem, p. 157).

[23] CARNEIRO, António Vaz. Investigação clínica em seres humanos. Principais questões éticas. In: MARTINHO DA SILVA, Paula (Coord.). *Investigação biomédica. Reflexões éticas*. Lisboa: Gradiva, 2008, p. 23 e 25. Referindo que os desenhos mais utilizados são dois: os estudos de coorte e os estudos de caso controle. No primeiro desenho (estudos de coorte), para determinar se existe "uma relação entre uma causa específica (que pode ser um factor de risco ou um tratamento curativo) e um efeito determinado (que é um resultado – *outcome* – que se deseja medir)", se faz uma comparação entre dois grupos de doentes: um dos grupos fica exposto ao fator causal e o outro não. Já os estudos de caso-controle "comparam um grupo de doentes que já experimentaram o resultado (*outcome*) com um outro grupo em que os doentes não experimentaram um resultado, identificando retrospectivamente o factor causal.".

[24] FLETCHER; FLETCHER, op. cit., p. 176, sustentando que os ensaios de fase III "não são grandes o suficiente para detectar diferenças na taxa, ou mesmo na existência, de efeitos colaterais incomuns", sendo necessária a vigilância pós-comercialização, com o acompanhamento de efetivamente grande número de pacientes, quando o medicamento já está disponível para o público em geral.

[25] GOLDIM, José Roberto. A avaliação ética da investigação científica de novas drogas: a importância da caracterização adequada das fases da pesquisa. *Revista do Hospital de Clínicas de Porto Alegre*, v. 27, n. 1, p. 66-73, 2007. Disponível em: <http://www.ufrgs.br/bioetica/fases.pdf>. Acesso em: 25 jan. 2011.

[26] Essa Resolução RDC 39/2008, da ANVISA, revogou a resolução anterior (RDC n° 219/2004 e definiu quais as pesquisas clínicas que se submetem ao regime dessa Resolução colegiada: *a)* pesquisas clínicas com medicamentos e produtos para saúde, envolvendo intervenções terapêuticas ou diagnósticas não registradas no Brasil, fases I, II e III; *b)* pesquisas que envolvam procedimentos de importação e/ou exportação (se estudo não receber a aprovação ética, o responsável pela pesquisa fica obrigado à re-exportar o produto experimentais ou destruí-lo em território nacional, comprovando perante a ANVISA); *c)* pesquisas que envolvam procedimentos de importação e/ou exportação, ain-

sentido: 1ª) fase I: estudos de farmacologia humana; 2ª) fase II: estudos terapêuticos ou profiláticos de exploração; 3ª) fase III: estudos terapêuticos ou profiláticos confirmatórios; 4ª) fase IV: ensaios pós-comercialização. Pode-se verificar, a partir das características de cada uma das fases dos estudos científicos, que os ensaios clínicos consubstanciam intervenções *diretas* sobre seres humanos, estudos científicos envolvendo seres humanos diretamente, o que, pelas características desses ensaios, analisadas anteriormente, indica tratar-se, por si só, de atividade de risco, tanto maior quanto menos avançadas estiverem as fases desses estudos científicos, como é o caso de estudos de fase 1, de elevado risco.

Apenas a título de exemplo e no intuito de ilustrar a magnitude dos riscos, que não é exclusiva dos ensaios clínicos com medicamentos, cabe referir o primeiro caso de morte em ensaios clínicos de terapia gênica, no ano de 1999, em que um jovem de 18 anos faleceu em decorrência de reação adversa de ensaio clínico de terapia gênica[27] de fase 1, um experimento com terapia gênica de célula somática que buscava verificar se um determinado vírus era vetor (ou o meio, ou o "táxi") adequado para a transferência de um gene, estudo concebido no intuito de buscar tratamento para um distúrbio metabólico de origem genética, a deficiência de ornitina transcarbamilase, proteína que faz o processamento do nitrogênio no fígado. O jovem Jesse Gelsinger,[28] portador da forma parcial dessa enfermidade, sob controle com dieta adequada e medicamentos, foi convidado para participar do estudo (pelo seu médico assistente, que também integrava a equipe de pesquisadores da Universidade da Pensilvânia). Já se sabia, a partir de ensaios pré-clínicos, que vários macacos haviam morrido em decorrência do estudo, informação que não constou no Termo de Consentimento Informado assinado pelo jovem, que meramente informava reações adversas em macacos, controladas. Após a morte do rapaz, verificou-se também que o referido termo, assinado por aquele paciente, era distinto do aprovado pelo comitê de ética em pesquisa. Pelo teor dos registros do ensaio, fiscalizados após a morte, verificou-se que há dois anos já havia observação concreta e clara de efeitos adversos (toxicidade hepática) em alguns dos primeiros ingressantes no ensaio, sem comunicado à autoridade estatal, sem comunicado ao comitê institucional que aprovou a pesquisa e sem que fosse interrompido o estudo, em desacordo com o protocolo de pesquisa aprovado, que previa tal interrupção se fossem observados efeitos adversos em um único voluntário. Além da inobservância de alguns critérios de inclusão, assim como a alteração do protocolo de pesquisa sem os devidos comunicados, o pesquisador que concebeu

---

da que aprovadas por outros órgãos reguladores específicos como a Comissão Técnica Nacional de Biossegurança (CTNBio) e o Conselho de Gestão do Patrimônio Genético (CGEN), e outros; d) pesquisas que envolvam procedimentos de importação e/ou exportação, ainda que epidemiológicas e observacionais). De outra banda, estão excluídas de seu âmbito as pesquisas: *a)* pós-comercialização, fase IV, salvo as relativas a vacinas e pesquisas que objetivem avaliar eficácia e segurança para fins de registro ou revalidação do mesmo, sendo estes considerados como de fase III); *b)* os estudos de Biodisponibilidade e Bioequivalência (que têm normativa específica, a RDC 34/2008, sobre o Sistema de Informações de Estudos de Equivalência Farmacêutica e Bioequivalência, SINEB/CNVB, com controle da participação de voluntários em estudos exigidos para registro de medicamentos genéricos).

[27] PETTERLE, Selma Rodrigues. O Direito Fundamental à Identidade Genética da Pessoa Humana na Constituição Brasileira. Porto Alegre: Livraria do Advogado, 2007, p. 34. 130.

[28] GOLDIM, José Roberto. Caso Jesse Gelsinger. Disponível em: <http://www.bioetica.ufrgs.br/jesse.htm>. Acesso em: 24 jan. 2011. WILSON, Rohin Fretwell. The death of Jesse Gelsinger: New Evidence of the Influence of Money and Prestige in Human Research. *American Journal of Law & Medicine*, v. 3, n. 2-3, p. 295-325, 2010. CAMARGO, Erney Plessmann de; TEIXEIRA, Mônica. A 'indústria dos ensaios clínicos"e sua repercussão sobre a prática médica contemporânea. *Revista Latinoamericana de Psicopatologia Fundamental*, IV, 1, p. 125-136. Disponível em: <http://www.fundamentalpsychopathology.org/art/mar1/10.pdf>. Acesso em: 16 fev. 2011.

a terapia gênica em laboratório, principal responsável pelo ensaio, detinha 30% do capital da empresa patrocinadora, magnitude que foi parcialmente omitida dos voluntários. Nesse caso, tanto a família do jovem quanto as autoridades americanas fizeram acordo com os pesquisadores e a Universidade (acordo do qual não se conhece o teor), culminando, 10 anos após a morte do rapaz, com a publicação de artigo pelo pesquisador principal,[29] uma espécie de esclarecimento a que teria sido obrigado, para continuar pesquisando sem restrições.

Note-se que ainda que nos Estados Unidos tenha se desenvolvido toda uma principiologia da Bioética (que veio a reboque dos diversos escândalos envolvendo experimentos com seres humanos) e que se tenha estruturado todo um sistema de proteção dos sujeitos envolvidos em pesquisas científicas na área da saúde, que engloba vários mecanismos protetivos (como a aprovação e acompanhamento por comitês institucionais de ética em pesquisa, o *Institutional Review Board*, a existência de autoridade reguladora, o *Food and Drug Administration*, a obrigatoriedade de registro desses ensaios clínicos na base de dados pública e oficial dos *National Institutes of Health*, informação que está disponível na internet, ao público em geral e, ainda, o Comitê de Conflitos de Interesse Financeiro da própria Universidade, o *Conflict of Interest Standing Committee*), esses mecanismos não funcionaram a contento no caso de Jesse Gelsinger. Isso no mínimo escancara outro problema, qual seja, o fato de inexistirem mecanismos eficazes de monitoramento dos ensaios clínicos aprovados e em execução nos EUA, salvo em algumas poucas instituições,[30] por amostragem e para ensaios que oferecem maiores riscos.

Ao que tudo indica, o sistema de fiscalização americano (antes e)[31] após a aprovação do ensaio clínico está alicerçado, ao menos preponderantemente, na informação prestada pelo pesquisador. Se este não informa que ocorreu algum efeito adverso nas pessoas envolvidas, os respectivos comitês de ética em pesquisa e as autoridades competentes não tomam conhecimento do fato. Idem, se o termo de consentimento sofrer alterações no seu teor e forma após a chancela do comitê. Idem se o protocolo de pesquisa for alterado. Assim, a informação ocupa um papel de inarredável destaque tanto no que concerne aos procedimentos prévios para avaliação e aprovação desses ensaios clínicos pelos comitês de ética e autoridades reguladoras quanto no que diz com a efetiva fiscalização de todas as etapas, após a aprovação dos estudos. Para além do ilustrativo exemplo americano brevemente mencionado, importa agora conhecer a realidade brasileira relativamente a esses ensaios clínicos, o que se fará a seguir, examinando, primeiramente, quais os atores envolvidos nesse cenário.

---

[29] WILSON, James M. Lessons learned from the gene therapy trial for ornithine transcarbamylase deficiency. *Molecular Genetics and Metabolism*, n. 96, p. 151-155, 2009. Disponível em: <http://genetics.ucsd.edu/BIOM242/WIlsonOTC.pdf>. Acesso em: 21 fev. 2011.

[30] WILSON, Rohin Fretwell. The death of Jesse Gelsinger: New Evidence of the Influence of Money and Prestige in Human Research. *American Journal of Law & Medicine*, v. 3, n. 2-3, p. 322, 2010. O autor relaciona algumas instituições nos EUA que dispõem de um monitoramento após a aprovação dos ensaios clínicos, para ensaios que oferecem maiores riscos e por amostragem (University of Virginia, University of Cincinnati, University of California-Davis, Georgia State University, East Tennessee State University, University of Mississippi).

[31] GOLDIM, José Roberto. *Caso Hexametônio. Morte de voluntário em pesquisa.* Disponível em: <http://www.bioetica.ufrgs.br/hexame.htm>. Acesso em: 24 jan. 2011, analisando caso em que, antes mesmo da aprovação do projeto de ensaios clínico, não se informou corretamente o Comitê de Ética em Pesquisa da Universidade Johns Hopkins sobre outros ensaios clínicos com o mesmo produto químico.

4) Ensaios clínicos e sociedade de risco: multiplicidade de atores e papéis

Adotar-se-á aqui um conceito abrangente de risco,[32] englobando tanto o perigo (dado científico conhecido, e, por isso, dotado de previsibilidade, exigindo medidas preventivas) quanto o risco (dado científico desconhecido, incerto, e, por isso, dotado de imprevisibilidade, demandando medidas de precaução). No caso específico da proteção do meio ambiente, panorama específico (mas não exclusivo) em que se desenvolveu a teoria da "sociedade de risco",[33] esses riscos de degradação ambiental são potencialmente globais, já que extrapolam quaisquer fronteiras (físicas e temporais)[34] e são, em geral, invisíveis, na medida em que é muito difícil identificar a sua exata origem. Essas novas ideias sobre riscos (e o conhecimento sobre os riscos) acabaram por repercutir em outras áreas, influenciando reflexões que vão além do âmbito da sociologia.

Contextualizando a problemática sob o ponto de vista jurídico, alguns estudiosos do tema têm realizado uma abordagem diferenciada entre perigo e risco, traçando uma distinção entre ambos, distinção esta que acarreta uma autonomia do princípio da precaução (que converte a incerteza em problema jurídico)[35] com relação ao princípio da prevenção. Em que pese a compreensível polarização do debate, pela autonomização, ou não, dos mencionados princípios jurídicos, no presente estudo tratar-se-á dos riscos decorrentes da pesquisa científica envolvendo seres humanos (e, em especial, através dos ensaios clínicos), em sentido amplo e abrangente, como já referido. Ademais, abstraída a relevância do problema, que efetivamente não constitui objeto central deste estudo, vislumbram-se algumas incongruências, de magnitudes diversas.

Pelo menos nas fases mais iniciais dos ensaios clínicos (fases 1, 2 e 3, examinadas no item anterior) há efetiva incerteza no plano científico, incerteza essa que, aliás, deverá ser avaliada através dos ensaios. Estão em jogo, com o consentimento das pessoas envolvidas diretamente com o objeto do estudo, a integridade física, a saúde e até mesmo, em alguns casos extremos, a própria vida dos participantes nos ensaios clínicos. Nesses casos, especialmente os que consubstanciam verdadeira experimentação no plano científico e na área da saúde, conjugam-se dois fatores: incerteza científica e previsibilidade de dano. Se à incerteza é acrescida a previsibilidade de dano concreto (até mesmo porque o que se busca avaliar, primeiramente, é a própria segurança da intervenção, com testes em humanos), essa conjugação parece tornar de alguma forma despicienda a discussão em torno da autonomia entre os mencionados princípios. Outro aspecto que evidencia a desnecessidade da distinção entre preven-

---

[32] LOUREIRO, João Carlos Gonçalves. *Constituição e Biomedicina:* contributo para uma teoria dos deveres bioconstitucionais na esfera da genética humana. Dissertação de Doutoramento em Ciências Jurídico-Políticas na Faculdade de Direito da Universidade de Coimbra, Coimbra: 2003, v. I-II, p. 267 e 517.

[33] BECK, Ulrich. *La sociedad del riesgo:* hacia una nueva modernidad. Barcelona: Paidós, 2002, p. 30, 31, 59-60, 204 e 205. O autor traça relação entre meio ambiente e saúde, apresentando, dentre outros, o exemplo do DDT no leite humano, a invisibilidade do chumbo no leite humano, colocando em dúvida, no caso da investigação científica, a crença na inumana infalibilidade, lançando a necessidade de se desmistificar a ciência.

[34] GOLDBLATT, David. *A sociedade de risco.* Ulrich Beck. In: DAVID, Goldblatt. *Teoria social e ambiente.* Lisboa: Instituto Piaget, 1998, p. 227-269.

[35] GOMES, Carla Amado. *Risco e modificação do acto autorizativo concretizador de deveres de protecção do ambiente.* Coimbra: Editora Coimbra, 2007, p. 227.

ção e precaução, neste estudo ao menos, é saber que mesmo os ensaios em fases mais avançadas, como os ensaios pós-registro perante a autoridade estatal (de fase 4, e que se presumem amparados por uma maior certeza científica, se foram conduzidos de forma rigorosa) necessitam de um monitoramento contínuo com relação a relatos de efeitos adversos (novos ou não), um indicativo concreto de que uma maior certeza científica efetivamente não afasta, nesse campo específico do conhecimento humano, a (im)previsibilidade de dano.

Todavia, seja pela peculiaridade de algumas intervenções a serem testadas via ensaios clínicos, a exemplo dos mencionados ensaios de terapia gênica, que podem colocar em causa limites temporais até então indevassáveis, entre a atual e as gerações futuras, seja pela frequente transposição dos limites físicos para além de quaisquer fronteiras estatais, fenômeno inegável, diante dos ensaios multicêntricos de âmbito internacional e das "viagens" dos ensaios clínicos pelo mundo afora,[36] altera-se a própria compreensão que se tem de risco. Fica difícil, nesse contexto e, ademais, considerando a diversidade de atores e papéis envolvidos nessas pesquisas clínicas, não enxergar que está presente, também, outra nota, de transindividualidade, que no caso específico das pesquisas científicas na área da saúde está ligada ao bem "saúde" e ao nível de conhecimento (científico) que se tem acerca desse bem.

A pandemia do HIV/AIDS[37] parece ser um bom exemplo para análise das inúmeras formas de conjugação de esforços no sentido de vencer desafios de saúde pública, em âmbito mundial. Busca-se, em complementação a outras tantas medidas preventivas (campanhas sobre o indispensável uso da camisinha, por exemplo) e/ou medicamentosas já implementadas (adesão aos antirretrovirais, inclusive quebrando o elo da transmissão vertical), criar alguma vacina contra o HIV/AIDS. Os ensaios clínicos até então delineados abrangem a busca de vacinas preventivas[38] (para adultos não infectados com HIV) e também que auxiliem no combate ao vírus já instalado.

Essa grandiosa meta, que envolve necessariamente muitos atores, tem um perfil de construção coletiva do conhecimento na área de saúde, na qual o Brasil também se

---

[36] PETRYNA, Adriana. *When experiments travel:* clinical trials and the global search for human subjects. Princeton University Press: Princeton, 2009, p. 31, denunciando o deslocamento dos ensaios clínicos pelo mundo, na busca de países em que o ambiente seja mais favorável para estas pesquisas, por fatores bem variáveis, dentre outros, padrões éticos menos reforçados, populações mais carentes e sem acesso a tratamentos, falha dos Estados na proteção dos cidadãos.

[37] FLETCHER, Robert H.; FLETCHER, Suzanne W. *Epidemiologia clínica:* elementos essenciais. Tradução de Roberta Marchiori Martins. 4. ed. Porto Alegre: Artmed, 2006, p. 92.

[38] Os Institutos Nacionais de Saúde, nos EUA, disponibilizam relação completa dos ensaios relativos às vacinas contra HIV/AIDS, em andamento e já encerrados, arrolados exemplificativamente abaixo: a) NCT01260727, com previsão de recrutamento de 92 pessoas saudáveis e não infectadas por HIV (título oficial: *A Phase I Study of the Safety and Immunogenicity of PENNVAX-G DNA (ENV & GAG) Administered by Intramuscular Biojector 2000 or CELLECTRA Intramuscular Electroporation Device Followed by MVA-CMDR (HIV-1 CM235 ENV/CM240 GAG/POL) Boost in Healthy, HIV Uninfected Adults*); b) NCT01095224, com 180 pessoas saudáveis e não infectadas por HIV (título oficial: A Phase 1 Clinical Trial to Evaluate the Safety and Immunogenicity of Heterologous Prime-Boost Regimens Utilizing Recombinant Adenovirus Serotype 35 (rAd35) With HIV-1 Clade A Env Insert and Recombinant Adenovirus Serotype 5 (rAd5) With HIV-1 Clade A or B Env Inserts in Healthy, HIV-1-Uninfected Adults); c) NCT01159990, com recrutamento de 100 pessoas saudáveis e não infectadas por HIV, inclusive no Brasil (título oficial: A Randomized, Double Blind Phase 1b Trial to Examine the Influence of Antigenic Competition on the Immunogenicity of HIV-1 Gag/Pol: A Comparison of rAd5 Gag/Pol Env A/B/C to rAd5 Gag/Pol). (Disponível em: <http://aidsinfo.nih.gov/Vaccines/search.aspx? linkID=1&status=open&FrmVal=leftMenu&ordNum=1>. Acesso em: 10 mar. 2011).

insere, a exemplo das pesquisas desenvolvidas no âmbito do *Projeto Praça Onze*,[39] da Universidade Federal do Rio de Janeiro, que participa de vários ensaios clínicos de vacinas (preventivas) contra o HIV/AIDS, dentre eles o Protocolo de pesquisa HVTN 055, envolvendo a *Therion Biologics Corporation*, em colaboração com a rede mundial de pesquisas de vacinas anti-HIV/AIDS (HIV Vaccine Trials Network – HVTN) e com apoio financeiro dos Institutos Nacionais de Saúde Americanos (*National Institutes of Health*, NIH). Tamanha é a envergadura e a repercussão dos projetos na comunidade que o centro conta com um Comitê Comunitário de Acompanhamento de Pesquisa que, além de estreitar os laços entre a comunidade e os pesquisadores, discute e avalia permanentemente a participação voluntária nesses projetos, zelando pelo respeito dos direitos dessas pessoas.

Note-se a complexidade agregada por esses projetos de pesquisa, já que o fenômeno envolve muitos atores[40] e intrincados papéis, como o desempenhado pelos pesquisadores (e suas equipes multidisciplinares de trabalho), assim como pelos integrantes dos comitês de ética em pesquisa, além das autoridades estatais e comissões nacionais de proteção dos sujeitos de pesquisa, bem como os financiadores do projeto, com distintas contrapartidas, vislumbrando-se, também, as diversas tensões que estão em jogo.

Ademais, para além da criação de mais um novo produto para a saúde (uma vacina, para comercialização), busca-se um meio preventivo para senão acabar pelo menos reduzir drasticamente os alarmantes índices de contaminação com o HIV/AIDS, questão que evidentemente transcende a criação de um novo produto. Sabe-se que através de pesquisas clínicas levadas a cabo com rigor metodológico se logrará quem sabe obter a generalização de um (novo) conhecimento científico e que tais pesquisas dependem da participação de voluntários, sem os quais possivelmente não serão (ou não seriam) obtidos quaisquer resultados. De tal sorte, as pessoas que, em um dado momento da vida e pelas mais variadas motivações pessoais, candidatam-se, de livre e espontânea vontade, para participar de um experimento (científico), acabam por contribuir significativamente para essas descobertas científicas. Justamente com base na preocupação de proteger esses sujeitos de pesquisa é que se concebeu todo um sistema calcado em vários mecanismos protetivos como, dentre outros já referidos, o consentimento informado,[41] que garante (ou deveria garantir) o pleno exercício da liberdade, por essas pessoas envolvidas diretamente com o objeto do estudo.

---

[39] CARDOSO, Gisela Cordeiro Pereira. *Ensaios clínicos com vacinas anti-HIV/AIDS:* a rotina de incorporação de uma prática científica. Tese (Doutorado em Saúde Coletiva), Universidade do Estado do Rio de Janeiro, Rio de Janeiro; 2008.

[40] Inclusive, dentre a multiplicidade de atores, o autor fantasma e autor por convite. Segundo CARNEIRO, embora confidencial e, exatamente por isso de difícil detecção, a frequência da prática da autoria fantasma é de "13% em artigos originais, 10% de artigos de revisão, 6% de editoriais e em 11% de revisões da Cochrane Library". Quanto aos dados relativos à autoria por convite, são os seguintes: "16% dos artigos originais, 26% dos artigos de revisão e 21% de editoriais em seis revistas e em 41% de revisões da Cochrane Library". Para o autor este problema ficou também ilustrado e documentado nos autos de demanda indenizatória por efeitos secundários (notadamente cardíacos) que envolveu o medicamento Vioxx ou Rofecoxib. (CARNEIRO, Antônio Vaz. Publicação dos resultados. In: MARTINHO DA SILVA, Paula (Coord.). *Investigação biomédica. Reflexões éticas*. Lisboa: Gradiva, 2008, p. 88 e 90).

[41] CLOTET, Joaquim. O Consentimento Informado nos Comitês de Ética em Pesquisa e na Prática Médica: conceituação, origens e atualidade. *Revista Bioética,* Brasília: Conselho Federal de Medicina, v. 3, n. 1, p. 59, 1995, sustentando que a consolidação do consentimento informado no Brasil passa pela "revitalização da classe médica nas novas dimensões éticas da profissão levantadas nas últimas décadas".

Outro mecanismo de proteção é a necessária aprovação prévia pelo comitê de ética em pesquisa institucional. O projeto de pesquisa, acompanhado de toda a documentação pertinente ao estudo, deverá ser analisado por um comitê de ética em pesquisa (o da instituição onde se realizará o estudo e à qual estão vinculados os pesquisadores proponentes) e, em geral, por uma autoridade nacional sobre pesquisa envolvendo seres humanos, que também fiscalizarão a sua execução, no caso de aprovação. Em se tratando de produtos passíveis de registro sanitário perante as autoridades competentes, estas também acompanharão as fases de pesquisa, dentro das suas respectivas atribuições. Relativamente ao financiamento do projeto, várias poderão ser as fontes de custeio, desde o financiamento público, através de órgãos estatais de fomento à pesquisa, até o financiamento pela iniciativa privada, o que pode acarretar uma série de conflitos de interesse.

Partindo do pressuposto de que o projeto foi aprovado e de que todos os voluntários da pesquisa foram efetivamente informados, de forma adequada e compreensível, sobre todos os aspectos inerentes à pesquisa e os seus efetivos riscos, ainda há que registrar os ensaios clínicos em determinadas bases de registro. Acrescente-se, por oportuno, que a preocupação com o problema do acesso à informação sobre a pesquisa com novas drogas foi, e muito, fomentada pela pressão dos grupos de portadores de HIV/AIDS, que já no ano de 1988 conseguiram fosse aprovado, pelo Congresso Americano, o "*Health Omnibus Programs Extension Act* (HOPE)". Cabe referir, ainda, que o registro perante as autoridades americanas (os Institutos Nacionais de Saúde, já referidos) foi aprovado através do "The Food and Drug Administration Modernization Act (FDAMA)",[42] quando o Congresso dos EUA, em 1997, determinou fosse criado um banco de dados de informação sobre ensaios clínicos de novas drogas (experimentais) para doenças graves, cuja primeira versão foi disponibilizada na internet em 2000, sob o endereço http://clinicaltrials.gov.

Ademais, o registro dos ensaios clínicos é, dentre outros, um mecanismo de controle desses estudos estabelecido pela Declaração de Helsinque (da Associação Médica Mundial), desde a alteração promovida em 2008[43] e também pelo Comitê

---

[42] TOIGO, Theresa. *Food and Drug Modernization Act (FDAMA)*. Seccion 113: Status Report Implementation. Disponível em: <http://www.fda.gov/ForConsumers/ByAudience/ForPatientAdvocates/ParticipatinginClinicalTrials/ucm154725.htm>. Acesso em: 28 fev. 2011.

[43] Quanto ao recorrente problema de buscar uma fundamentação ética para o agir humano, embora não seja possível analisá-lo aqui, verifica-ser que há padrões internacionais para a classe médica, concebidos pela Associação Médica Mundial e constantes na Declaração de Helsinque, assim como duas contribuições do CIOMS, o Conselho de Organizações Internacionais de Ciências Médicas, relativamente à pesquisa científica (Diretrizes Internacionais para as Pesquisas Biomédicas e também as Diretrizes Internacionais para os Estudos Epidemiológicos), além da proposta da Organização Pan-Americana da Saúde (OPAS – OMS), conhecida como Documento das Américas sobre as Boas Práticas Clínicas. No plano do direito internacional há normas jurídicas internacionais no que tange à proteção dos direitos humanos na esfera das pesquisas científicas na área da saúde e das pesquisas biomédicas com seres humanos, mais especificamente três Declarações Internacionais da UNESCO, Organização das Nações Unidas para a Educação, a Ciência e a Cultura (Declaração Universal sobre o Genoma Humano e os Direitos Humanos, de 1997; Declaração Internacional sobre Dados Genéticos Humanos, de 2003; e a Declaração Universal de Bioética e Direitos Humanos, de 2005). Considerando os instrumentos mais específicos sobre a matéria existentes no âmbito europeu, há que referir a Convenção sobre os Direitos do Homem e da Biomedicina (1997) e seu Protocolo Adicional sobre Pesquisa Biomédica (2005), assim como, no âmbito da União Europeia, a harmonização das legislações nacionais sobre a pesquisa científica com seres humanos (diretivas comunitárias específicas sobre ensaios clínicos com medicamentos e ensaios clínicos com dispositivos médicos, e atos normativos sobre a internalização nos Estados-membros). PETTERLE, Selma Rodrigues. *Liberdade de pesquisar, pesquisas clínicas e outras pesquisas científicas de risco envolvendo seres humanos: uma proposta de reformulação do atual sistema de controle implementado pelo Conselho*

Internacional dos Editores de Revistas Médicas (ICMJE, *International Committee of Medical Journal Editors*).[44][45] Note-se, quanto a esses registros, que no caso brasileiro a resolução RDC 39/2008[46] da ANVISA aplicava-se, isso até junho de 2012, apenas aos estudos de confirmação terapêutica, ou seja, aos ensaios de fase 3, questão que foi alterada (RDC 36/2012) no sentido de estabelecer que os estudos clínicos fases 1, 2, 3 e 4 devem comprovar o registro da pesquisa clínica na nova base de registros brasileira, criada em 2011 (o Registro Brasileiro de Ensaios Clínicos) ou em outros registros primários constantes na plataforma internacional disponibilizada pela Organização Mundial da Saúde (no caso de ensaios já registrados antes da alteração do teor da resolução). Outro ponto a enfrentar, antes da publicação, é a revisão pelos pares (*peer review*), quando especialistas que conhecem a matéria avaliarão a rigidez metodológica da pesquisa clínica e o embasamento científico do estudo.[47]

Pode-se verificar que é através dessa extensa rede de pessoas envolvidas nas pesquisas clínicas que se procura obter a generalização de um conhecimento científico, a partir da construção de uma base de evidências científicas que são demonstradas justamente através desses estudos. Há, assim, dois aspectos centrais por ora destacar, seja no que diz com a proteção do próprio conhecimento científico, seja no que concerne à proteção das pessoas envolvidas nos estudos.

5) Pesquisa envolvendo seres humanos e ensaios clínicos no Brasil: (des)conhecendo os dados brasileiros

O Brasil dispõe de sistema de informações sobre as pesquisas envolvendo seres humanos, base de dados que se encontra disponível na internet a usuários específicos (pesquisadores, Comitês de Ética em Pesquisa, Comissão Nacional de Ética em Pesquisa) bem como ao público em geral, sendo possível verificar, a partir de site de órgão vinculado ao Ministério da Saúde, quais as são as pesquisas científicas envolvendo seres humanos desenvolvidas no país, desde o ano de 2002.

A partir das informações oficiais disponíveis no módulo público tentou-se traçar um mapeamento geral dessas pesquisas no Brasil, tarefa que resultou suficiente apenas no que diz respeito à análise dos quantitativos totais dos projetos aprovados

---

Nacional de Saúde, à luz da Constituição brasileira. Tese (Doutorado em Direito), Pontifícia Universidade Católica do Rio Grande do Sul, Porto Alegre, 2012.

[44] O ICMJE aceita os seguintes registros: 1) www.anzctr.org.au ; 2) www.clinicaltrials.gov; 3) www.ISRCTN.org; 4) www.umin.ac.jp/ctr/index/htm; 5) www.trialregister.nl. Disponível em: <http://www.icmje.org/faq_clinical.html>. Acesso em: 28 fev. 2011.

[45] ANGELL, Márcia. Is academic medicine for sale? *New England Journal of Medicine*, v. 342, n. 20, May 2000, p. 1516-1518.

[46] BRASIL. Agencia Nacional de Vigilância Sanitária no Brasil (ANVISA). *RDC n° 39/2008*, que dentre uma longa lista de documentos imprescindíveis à expedição de autorização para essas pesquisas clínicas, está a juntada (para os estudos de fase III, de comprovação terapêutica) do comprovante de que a pesquisa está registrada na base de dados de registro de pesquisas clínicas *International Clinical Trials Registration Plataform/World Health Organization* (ICTRP/WHO) ou outras reconhecidas pelo *International Commite of Medical Journals Editors* (ICMJE), questão recentemente objeto de alteração, pela RDC 36/2012, que arrola dentre os documentos necessários a apresentação de comprovante de registro para estudos clínicos fase I, II, III e IV.

[47] FLETCHER, Robert H.; FLETCHER, Suzanne W. *Epidemiologia clínica*: elementos essenciais. Tradução de Roberta Marchiori Martins. 4. ed. Porto Alegre: Artmed, 2006, p. 174-175, referindo que para "determinar se os resultados de um ensaio clínico randomizado são confiáveis, é preciso ter as informações completas sobre o delineamento, a execução, a análise e a interpretação do estudo", referindo a proposta do padrão CONSORT (*Consolidated Standards of Reporting Trials*).

de 2002 a 2010, já que a informação está distribuída de forma dispersa, ano a ano, para cada Estado da Federação. Advirta-se que na data da confecção dos gráficos que constam a seguir não estavam disponíveis quaisquer dados relativos aos projetos aprovados no ano de 2011, motivo pelo qual não constam nos gráficos. Ademais, frise-se que não se trata de uma amostragem, e sim da totalidade dos projetos de pesquisa aprovados e constantes na base do SISNEP, Sistema Nacional de Informação sobre Ética em Pesquisa envolvendo Seres Humanos.

Quanto à série disponível para consulta pública na oportunidade da consulta, observa-se uma linha crescente no que concerne ao número de projetos aprovados via sistema CEP/CONEP, em todo o Brasil, iniciando com 556 projetos aprovados no ano de 2002, número que praticamente triplicou em 2003 (1.632 projetos aprovados), mantendo-se no mesmo patamar em 2004 (1.727 projetos aprovados), experimentando, nos anos subsequentes, um vertiginoso aumento do quantitativo de projetos aprovados pelo sistema CEP-CONEP. Dos 8.066 projetos aprovados no ano de 2005, houve um salto para 12.891 em 2006, 18.174 em 2007, 23.173 em 2008, 25.108 em 2009, desembocando no ano de 2010 com um total de 28.575 projetos envolvendo seres humanos no Brasil, como se pode visualizar na forma gráfica a seguir (Gráfico 1).[48] Tal fenômeno, qual seja, da em geral crescente elevação do número de projetos de pesquisa envolvendo seres humanos aprovados, é igualmente observável em vários Estados da Federação.

Na Região Sul, para o Estado do Paraná não consta, a partir do módulo de consulta pública do SISNEP, ter havido qualquer aprovação de projeto de pesquisa envolvendo seres humanos nos anos de 2002 a 2004, sendo que o primeiro registro é de 570 projetos em 2005, 916 projetos no ano seguinte (2006), 1.493 em 2007, 2.850 em 2008, 3.291 em 2009 e 3.358 no ano de 2010. O Rio Grande do Sul aprovou 556 projetos em 2002, número que se elevou a 719 no ano seguinte (2003), mantido em 720 projetos no ano de 2004. Subsequentemente, os quantitativos aprovados foram de 1.229 (2005), 1.949 (2006), com um pequeno decréscimo para 1.687 projetos aprovados (2007), retomando o crescimento em 2008, com 2.509 (2008) e novamente um pequeno decréscimo em 2009, com 2.239 projetos aprovados, retomando a linha crescente em 2010, quando foram aprovados 2.655 projetos de pesquisa envolvendo seres humanos. De outra banda, o Estado de Santa Catarina registra um menor número de projetos aprovados, se comparados aos demais Estados que compõem a Região Sul. Não há projeto aprovado de 2002 a 2004 em Santa Catarina, sendo que o primeiro registro é também do ano de 2005, com 273 aprovados, seguidos, nos anos subsequentes, pelos seguintes quantitativos: 543 projetos em 2006, 712 em 2007, 970 em 2008, um pequeno decréscimo em 2009, com 874 projetos aprovados e, por derradeiro, a retomada do crescimento em 2010, com 955 projetos aprovados. Observa-se, no que concerne à Região Sul, que embora o Rio Grande do Sul tenha mantido uma posição de dianteira com relação ao quantitativo de projetos aprovados, a partir do

---

[48] Gráfico 1 – SISNEP – Quantitativo de projetos de pesquisa envolvendo seres humanos aprovados no Brasil, de 2002 a 2010. Fonte: Elaborado pela autora, conforme dados disponíveis no SISNEP. Dados 2002-2009: Disponível em http://portal2.saude.gov.br/sisnep. Acesso em 21 de junho de 2010. Dados 2010: Disponível em http://portal2.saude.gov.br/sisnep. Acesso em 01 de fevereiro de 2011.

ano de 2008 o Estado do Paraná passou a ocupar lugar de destaque, no que concerne ao quantitativo de projetos aprovados, conforme Gráfico 2,[49] a seguir.

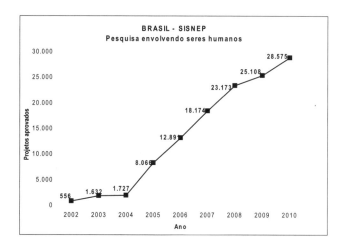

Gráfico 1 – SISNEP – Quantitativo de projetos de pesquisa envolvendo seres humanos aprovados no Brasil, de 2002 a 2010.

Gráfico 2 – SISNEP – Quantitativo de projetos de pesquisa envolvendo seres humanos aprovados na Região Sul do Brasil, de 2002 a 2010.

Quanto às demais Regiões (Sudeste, Centro-Oeste, Norte, Nordeste) é possível afirmar, da mesma forma, que em geral há uma crescente elevação do número de projetos de pesquisa aprovados, envolvendo seres humanos. Quanto às razões para esse em geral crescente aumento (que se manteve em 2011), algumas reflexões parecem

---

[49] Gráfico 2 – SISNEP – Quantitativo de projetos de pesquisa envolvendo seres humanos aprovados na Região Sul do Brasil, de 2002 a 2010. Fonte: Elaborado pela autora, conforme dados disponíveis no SISNEP. Dados 2002-2009: Disponível em http://portal2.saude.gov.br/sisnep. Acesso em 21 de junho de 2010. Dados 2010: Disponível em http://portal2.saude.gov.br/sisnep. Acesso em 01 de fevereiro de 2011.

pertinentes. Como vários fatores podem contribuir para o fenômeno, ficam algumas incertezas: saber se tal fenômeno significa um efetivo (real) aumento das pesquisas ou uma maior adesão dos Comitês de Ética em Pesquisa ao SISNEP, ampliando a informação disponível ao público, informação sobre pesquisas que não eram antes informadas ao público em geral, mas apenas aos CEPs e à CONEP. Acrescente-se outro fator, que é a ampliação do próprio número de Comitês de Ética em Pesquisa[50] registrados perante a CONEP, e, em consequência, o real aumento do número de projetos (submetidos e) aprovados.

Verifica-se, de tal sorte, o quanto um sistema de informação pública (e confiável) sobre as pesquisas envolvendo seres humanos pode auxiliar. A primeira dificuldade consiste em avaliar o quanto efetivamente aumentou o número de pesquisas envolvendo seres humanos ou o quanto aumentou a informação sobre as mesmas, ou ambas. Outra dificuldade consiste em saber, dentre os projetos aprovados (de "pesquisa envolvendo seres humanos", como amplamente definido pela Resolução CNS 196/1996), quais se referem a ensaios clínicos. Um aspecto no mínimo curioso no SISNEP é a consolidação dos dados por ano, por Estado da Federação, sem discriminar as diversas modalidades de pesquisas, englobando tanto uma pesquisa que não envolve maiores riscos com pesquisas que oferecem risco mais elevado, a exemplo dos ensaios clínicos, como examinado.

Impõe-se referir, primeiramente, que o SISNEP disponibiliza vários módulos de consulta, aos diversos usuários da plataforma na internet: 1º) consulta ao público em geral, que disponibiliza a relação de projetos aprovados, como examinado anteriormente, e a lista dos Comitês de Ética em Pesquisa (CEPs)[51] que estão utilizando o SISNEP[52] (são 405 de 607 no total, ou seja, 1/3 dos CEPs ativos não estão cadastrados no SISNEP, o que significa que os quantitativos analisados, estão subestimados); 2º) módulo específico para os pesquisadores previamente cadastrados no sistema submeterem seus projetos via internet e receberem um número único para cada projeto, o CAAE, Certificado de Apresentação para Apreciação Ética, que não apenas identifica o projeto como também certifica que aconteceu a apresentação do projeto, para apreciação e posterior aprovação, pelo comitê institucional de ética em pesquisa (e pela CONEP); 3º) os módulos para acesso e acompanhamento pelos CEP (cadastrados no SISNEP) e pela CONEP.

No primeiro módulo do SISNEP, que é o público, há três (3) dados identificadores dos projetos aprovados: o número CAAE[53] (em geral com um breve andamento do projeto no CEP e na CONEP, se for o caso), o título do projeto e o nome da insti-

---

[50] FREITAS, Corina Bontempo D. de; LOBO, Mirian; HOSSNE, William Saad Hossne. *Oito anos de evolução:* um balanço do sistema Cep-Conep. Comissão Nacional de Ética em Pesquisa, Cadernos de Ética em Pesquisa, ano VI, n. 16, p. 21, nov. 2005, traçando o panorama evolutivo, do ano de 1997 a 2004. Segundo informam os autores, eis os quantitativos de CEP's registrados, ao longo do período: 112 em 1997, 184 em 1998, 242 em 1999, 287 em 2000, 333 em 2001, 375 em 2002, 390 em 2003 e, finalmente, 415 em 2004.

[51] Havia, em novembro de 2010, segundo a CONEP, 607 CEP's ativos. Disponível em: <http://conselho.saude.gov.br/web_comissoes/conep/aquivos/cep/documentos/CEPs_credenciados_novembro_2010.pdf>. Acesso em: 25 fev. 2011.

[52] Pode-se verificar, pelo quantitativo de CEP's ativos na CONEP, que vários deles não estão ainda integrados ao SISNEP, já que neste há, segundo levantou-se no site, 405 CEPs. utilizando o SISNEP. Isso significa que 202 CEP's não utilizam o SISNEP. Disponível em: <http://portal2.saude.gov.br/sisnep/ListaCEP.cfm>. Acesso em: 25 fev. 2011.

[53] A recepção dos protocolos de pesquisa pela Secretaria Executiva da CONEP está regulamentada pela Norma Operacional NP 002/2007, atualizada em julho de 2008, que refere o número SIPAR (Sistema Integrado de Protocolo de Arquivo do Ministério da Saúde) e o número de Registro CONEP.

tuição que sedia a pesquisa, como ilustrado na Tabela 1 a seguir, que aporta, exemplificativamente, alguns diversos projetos aprovados, dentre os 2.239 aprovados em 2009 no Rio Grande do Sul, constantes na listagem geral divulgada no *site*.

CAAE	Título do Projeto	Instituição Sediadora
0051.0.397.000-08	Efeito do treinamento de hidroginástica sobre a flexibilidade de mulheres acima de 50 anos	FUCS
0048.0.397.000-08	Abuso sexual: um levantamento e dados no setor de psicologia do Ministério Público de Caxias do Sul	FUCS
0272.0.243.000-08	Stress ocupacional entre enfermeiros que atuam em unidade de hemodinâmica	UFSM
0037.0.243.000-09	Tianeptina como tratamento adjuntivo na depressão bipolar: um ensaio clínico randomizado controlado por placebo	UFSM
0146.0.001.000-08	Idem, acima	HCPA
0357.0.001.000-09	Um estudo antropológico de como pacientes adultos e pais de crianças e adolescentes se mobilizam para ter acesso a tratamento para si e seus filhos, portadores de doenças genéticas que requerem medicamentos de alto custo ou que não estão contemplados em listas governamentais	HCPA
0267.0.001.000-09	Ensaio Clínico Randomizado, Duplo-Cego, Controlado com Placebo, para Avaliar o Efeito da Amantadina como Terapia Adjuvante aos Antipsicóticos no Tratamento da Esquizofrenia.	HCPA
0038.1.001.000-09	Estudo Prospectivo, Randomizado, Duplo-cego, Controlado por Placebo, Multicêntrico para Avaliar a Segurança e Eficácia de BAY 41-6551 como Terapia Adjuvante em Pacientes com Pneumonia Causada Por Bactéria Gram-negativa, Intubados e Ventilados Mecanicamente.	HCPA
0001.1.111.000-09	Idem, acima	HMD – RS
0427.1.002.000-09	Idem, acima	PUCRS
0292.1.005.000-08	Idem, acima	ISCMPA

Tabela 1 – Projetos de pesquisa envolvendo seres humanos no Rio Grande do Sul, no ano de 2009, dentre o total de 2.239 aprovados neste Estado da Federação, no mesmo ano. Fonte: Sistema Nacional de Informações Sobre Ética em Pesquisa Envolvendo Seres Humanos (SISNEP). Disponível em: <http://portal2.saude.gov.br/sisnep>. Acesso em: 21 jun. 2010.

Pela mera listagem exemplificativa que consta na tabela acima, pode-se conferir a heterogeneidade de alguns projetos de pesquisa aprovados no ano de 2009 no Rio Grande do Sul. Vão desde projetos sem (ou de baixo) risco a ensaios clínicos de diversas fases, inclusive de fármacos cuja via de administração não foi aprovada para uso, pela autoridade responsável (ANVISA, Agência Nacional de Vigilância Sanitária), e que presumidamente englobam riscos mais consideráveis.

No primeiro grupo, há estudos praticamente que observacionais, sem intervenção direta nos seres humanos, levada a cabo pelos pesquisadores. São os seguintes projetos: 1º) na área da antropologia, está a pesquisa denominada "Um estudo antropológico de como pacientes adultos e pais de crianças e adolescentes se mobilizam para ter acesso a tratamento para si e seus filhos, portadores de doenças genéticas que requerem medicamentos de alto custo ou que não estão contemplados em listas governamentais"; 2º) ainda, a avaliação do "efeito do treinamento de hidroginástica sobre a flexibilidade de mulheres acima de 50 anos"; 3º) da mesma forma, o projeto que busca mensurar o "*stress* ocupacional entre enfermeiros que atuam em unidade de hemodinâmica"; e, 4º) o estudo acerca do "Abuso sexual: um levantamento e dados no setor de psicologia do Ministério Público de Caxias do Sul".

Quanto aos outros grupos de projetos, a situação se apresenta bastante distinta. Este é, exemplificativamente, o caso do estudo desenvolvido em várias instituições (HCPA; HMD-RS, PUCRS, ISCMPA), multicêntrico, portanto, cujo título é o seguinte: Estudo Prospectivo, Randomizado, Duplo-cego, Controlado por Placebo, Multicêntrico para Avaliar a Segurança e Eficácia de BAY 41-6551 como Terapia Adjuvante em Pacientes com Pneumonia Causada Por Bactéria Gram-negativa, Intubados e Ventilados Mecanicamente. Via SISNEP é possível saber apenas que este projeto foi aprovado no CEP e na CONEP (nesta com recomendações), procedimento de apreciação que iniciou na Irmandade da Santa Casa de Misericórdia de Porto Alegre (ISCMPA) em 10.12.2008, e finalizou, com aprovação, em 22.05.2009, inclusive nos demais centros. Não se sabe, pela informação do SISNEP, qual a fase deste estudo, como não se sabe também quem patrocina a pesquisa, nem mesmo quais os critérios de inclusão e de exclusão. Ademais, não há qualquer explicitação de quantas pessoas serão recrutadas e nem mesmo informação acerca de seu início.

Tais informações, inexistentes no SISNEP (Sistema Nacional de Informações sobre Ética em Pesquisa Envolvendo Seres Humanos), podem ser obtidas na já referida plataforma de registros de ensaios clínicos dos Institutos Nacionais de Saúde dos Estados Unidos da América.[54] A informação constante no ClinicalTrials.gov é de que o ensaio clínico com BAY 41-6551 é de fase 3, para teste de um antibiótico inalável para pneumonia (o Amikacin),[55] na forma de aerosol. O patrocinador é a indústria farmacêutica Bayer Schering e o número estimado de recrutamentos é de 650 pessoas, maiores de 18 anos, de ambos os sexos (salvo mulheres grávidas e/ou lactantes), sob diagnóstico de pneumonia, intubados e com ventilação mecânica. Segundo a base americana de informação o estudo está previsto para iniciar em julho de 2011, com término em janeiro de 2013. Não foi localizado no ClinicalTrials.gov qualquer registro de ensaios clínicos com BAY 41-6551 no Brasil, embora conste no SISNEP que o estudo foi aprovado, pelo menos no Rio Grande do Sul, em quatro instituições gaúchas. Buscando complementar a informação acerca do mencionado ensaio clínico do fármaco (com via de administração experimental) em pacientes hospitalizados e inconscientes (já que intubados e com ventilação mecânica), buscou-se verificar qual a informação existente na base disponibilizada pela OMS, Organização Mundial da Saúde.[56] Advirta-se, todavia, que esta base não é um registro propriamente dito, e sim uma base que reúne informações provenientes de diversos registros, tornando-as de acesso público e centralizado, alimentada por diversos países e entidades que estiverem integrados a este sistema específico. Segundo os dados da OMS, o ensaio regis-

---

[54] Número do registro, dezembro de 2008: NCT00805168; Título oficial: A Prospective, Randomized, Double-Blind, Placebo-Controlled, Multicenter Study to Evaluate the Safety and Efficacy of BAY 41-6551 as Adjunctive Therapy in Intubated and Mechanically-Ventilated Patients With Gram-Negative Pneumonia. Disponível em: <http://clinicaltrials.gov/ct2/show/NCT00805168>. Acesso em: 25 fev. 2011.

[55] No Brasil, há registro na ANVISA (1999), sob nº 1140200080017 ("amicacina", solução injetável). Disponível em: <http://www7.anvisa.gov.br/datavisa/consulta_produto/rconsulta_produto_detalhe.asp>. Acesso em: 30 jul. 2010.

[56] OMS, informação sobre ensaio registrado sob o nº NCT00805168 (do clinicaltrials.gov).Disponível em: <http://apps.who.int/trialsearch/trial.aspx?trialid=NCT00805168>. Acesso em: 27 fev. 2011.

trado sob o n° NCT00805168 (no ClinicalTrials.gov) será realizado em vários centros distribuídos pelo mundo (Alemanha, Bélgica, Bulgária, Cingapura, Espanha, França, Grécia, Hungria, Japão, Países Baixos, Polônia, Reino Unido, República Checa, Romênia e Rússia), nada constando, portanto, na base da OMS e do ClinicalTrials.gov sobre a realização, no Brasil, de ensaios clínico com BAY 41-6551.

Outro ensaio clínico em que se observa existir disparidade nas informações é o estudo denominado "Tianeptina como tratamento adjuntivo na depressão bipolar: um ensaio clínico randomizado controlado por placebo", também indicado na tabela anterior. Se, por um lado, o SISNEP informa que este ensaio não é multicêntrico (conforme identificado no número CAAE), por outro, há dois centros com o mesmo projeto aprovado (HCPA e UFSM). Buscando informações na plataforma de registro do governo americano (ClinicalTrials.gov) e da OMS[57] podem-se colher os seguintes elementos, relativamente a este ensaio clínico de medicamento psiquiátrico (registrado na ANVISA em 2002):[58] a) o estudo é de fase 3; b) o Hospital de Clínicas de Porto Alegre é o patrocinador principal,[59] enquanto o Conselho Nacional de Desenvolvimento Científico e Tecnológico (CNPq) e o *Stanley Medical Research Institute* constam como colaboradores; c) há previsão de recrutamento de 13 pessoas, entre 18 e 70 anos, de ambos os sexos; d) a data de início é 2009 com término em 2011; e) este é, segundo o ClinicalTrials.gov, o único ensaio com "tianeptine", ensaio que acontecerá apenas no HCPA (grife-se que não foi localizada qualquer informação relativa ao ensaio com Tianeptine na UFSM). De outra banda, segundo os pesquisadores do HCPA responsáveis pelo referido projeto de pesquisa,[60] trata-se: a) do primeiro ensaio clínico controlado a testar a eficácia terapêutica da tianeptina como tratamento adjuntivo para a depressão bipolar; b) considerando o orçamento do projeto, de R$ 1.320.737,20, em 2008, o *Stanley Medical Research Institute* financiará, com U$ 900.000,00, a totalidade dos custos orçados, o que indica ser a principal fonte patrocinadora; c) recrutar-se-á, na primeira etapa, 320 pessoas, e, na segunda etapa, 160 pessoas (80 pessoas para cada um dos braços da pesquisa); d) agosto de 2008 foi a data prevista para início da inclusão de pacientes no Brasil, com término para janeiro de 2011; d) o ensaio acontecerá em três (3) centros de pesquisa no Rio Grande do Sul, que são o HCPA, a UFSM e o Hospital Espírita de Porto Alegre (HEPA). Ressalte-se que o Comitê de Ética em Pesquisa do Hospital Espírita de Porto Alegre (CEP/HEPA, instituído em 2001, há 10 anos), está registrado perante a CONEP, conforme a Resolução 370/2007 do CNS, que regulamenta os registros e credenciamentos dos Comitês de Ética em Pesquisa. Ressalte-se que o Hospital Espírita de Porto Alegre (HEPA) utiliza o sistema de registro de ensaios clínicos das autoridades americanas[61] (o ClinicalTrial.gov).

---

[57] Disponível em: <http://apps.who.int/trialsearch/Trial.aspx?TrialID=NCT00879372>. Acesso em: 28 fev. 2011.

[58] ANVISA, registro número 1127800520010, de 26.03.2002. Disponível em: <http://www7.anvisa.gov.br/dabr/datavisa/consulta_produto/rconsulta_produto_detalhe.asp>. Acesso em: 03 mar. 2011.

[59] Disponível em: <http://clinicaltrials.gov/ct2/show/NCT00879372?term=Tianeptine&rank=1>. Acesso em: 02 mar. 2010.

[60] KAPCZINSKI, Flávio; SANT'ANNA, Márcia Kauer. *Tianeptina como tratamento adjuntivo na depressão bipolar:* um ensaio clínico randomizado controlado por placebo. Disponível em: <http://www.pesquisabipolar.com.br/tianeptina.pdf>. Acesso em: 28 fev. 2011.

[61] Há um (1) ensaio registrado para o Hospital Espírita de Porto Alegre, o projeto identificado sob o número NCT00560079, Efficacy of Allopurinol and Dypiridamole in Acute Mania, um ensaio de fase 4, com os medicamentos Allopurinol, Dipyridamole (e Placebo), um estudo já concluído e que recrutou 180 pessoas, patrocinado pelo

Há outro projeto que pode também ilustrar a (des)informação brasileira sobre as pesquisas clínicas. É o exemplo ilustrativo do estudo desenvolvido no ano de 2009 na Universidade Federal do Rio Grande do Sul (UFRGS), patrocinadora da investigação que tem como objetivo avaliar se o fármaco Risperidona é eficaz para o tratamento de crianças e adolescentes com desregulação grave ou severa do humor ("Pharmacological Treatment of Children and Adolescents With Severe Mood Dysregulation"). Há previsão de recrutamento de 20 crianças e adolescentes entre 7 e 17 anos, de ambos os sexos, cujos critérios de inclusão, segundo as informações contidas no ClinicalTrials.gov, sob o número NCT00825552,[62][63] são idade, diagnóstico de desregulação grave do humor e quociente de inteligência maior do que setenta. Como critérios de exclusão estão o transtorno bipolar, quociente de inteligência menor do que setenta e psicose. Consta a informação de que este projeto de pesquisa na área da psiquiatria, com crianças e adolescentes, passou pela apreciação do comitê de ética local. Buscando informações no SISNEP, relativamente ao ano de 2009, nenhum estudo com o perfil delineado acima foi localizado. No ano de 2008 há projeto certificado sob o nº CAAE 0013.0.001.000-08, cuja instituição sediadora é o Hospital de Clínicas de Porto Alegre (HCPA), estudo denominado "Tratamento Farmacológico em Pacientes com Desregulação Severa do Humor", que entrou para análise do respectivo Comitê de Ética em Pesquisa no dia 15.01.2008, aprovado onze meses após. Note-se que o título do (único) projeto aprovado e constante no SISNEP não se refere à "Tratamento Farmacológico de *Crianças e Adolescentes* com Desregulação Severa do Humor", e sim, à "Tratamento Farmacológico em *Pacientes* com Desregulação Severa do Humor". Todavia, como a HCPA dispõe de um programa específico para Crianças e Adolescentes com Transtorno Bipolar[64] (no Serviço de Psiquiatria da Infância e da Adolescência) e de um projeto também específico sobre "Tratamento Farmacológico em Desregulação Grave do Humor" que envolve crianças com esse diagnóstico e o fármaco Risperidona, o pressuposto lógico é de que se trate do mesmo estudo.

As disparidades apontadas provocam mais reflexões, quais sejam, a de saber em que medida uma substituição, no título do estudo, de "crianças e adolescentes" por "pacientes" pode ser considerada como uma medida protetiva dos envolvidos na pesquisa ou, paradoxalmente, consiste em uma medida desprotetiva tanto dessa população (vulnerável) específica quanto da própria pesquisa científica, o que coloca em relevo a necessidade de um estudo mais aprofundado sobre o tema e a análise, mais abrangente, da informação brasileira disponibilizada ao público em geral.

O SISNEP, sistema brasileiro de informação sobre (ética em) pesquisa envolvendo seres humanos, que contém as informações de praticamente 10 anos da pesquisa brasileira nessa área (de 2002 a 2011), deixa entrever alguns aspectos problemáticos, dignos de nota: 1º) engloba-se, grife-se, *toda* a informação sobre a pesquisa envolvendo seres humanos realizada no Brasil analisada pelos comitês de ética, envolva ela uma intervenção humana, ou não; 2º) para o público, os únicos critérios preesta-

---

próprio Hospital, com a colaboração do Stanley Medical Research Institute. Disponível em: <http://clinicaltrials.gov/ct2/show/NCT00560079?term=hospital+espirita+de+porto+alegre&rank=1>. Acesso em: 02 mar. 2011.

[62] NCT00825552, *Pharmacological Treatment of Children and Adolescents With Severe Mood Dysregulation*. Outro número identificador: 19091979. Disponível em: <http://ClinicalTrials.gov/show/NCT00825552>. Acesso em: 26 jun. 2010.

[63] Na OMS, ICTRP, Public title: *Pharmacological Treatment of Children and Adolescents With Severe Mood Dysregulation*. Disponível em: <http://apps.who.int/trialsearch/Trial.aspx?TrialID=NCT00825552>. Acesso em: 26 jun. 2010.

[64] Disponível em: <http://www.ufrgs.br/procab/pesquisas.html>. Acesso em: 26 jun. 2010.

belecidos para busca por projetos aprovados são "ano" e "Estado da Federação"; 3°) não há qualquer outro critério específico de busca, sendo contemplado apenas um filtro de busca livre; 4°) não há qualquer informação sobre o conteúdo dos projetos de pesquisa aprovados, salvo o título; 5°) pelo conjunto da informação padrão e em bloco fornecida ao público, parece que o grau de risco da pesquisa envolvendo seres humanos é um aspecto irrelevante, ou ao menos um indicativo de que não se está levando os riscos a sério; 6°) a partir do módulo público não é possível saber quais são os ensaios clínicos que já foram, estão sendo e serão realizados no Brasil, 7°) no plano da informação dada ao público, ensaios clínicos parecem ser apenas espécies do gênero pesquisa envolvendo seres humanos; 8°) inexiste informação pública e segura relativamente aos ensaios clínicos desenvolvidos no Brasil. Como se pode verificar, ficam em aberto, vários pontos nevrálgicos, para reflexão.

6) Considerações finais

A questão central é a de saber se será (e como será) possível responder aos crescentes desafios que são postos no campo específico das pesquisas científicas na área da saúde no Brasil. Tomando como ponto de partida a informação fornecida pelo SISNEP, que é, ao menos por ora, a base de informações mais completa sobre pesquisas envolvendo seres humanos no Brasil, que abarca o período de 2002 a 2011, vê-se que o panorama, especificamente no que diz com a informação disponível ao público, não é nada animador.

Quanto à (falta de) informação brasileira, o próprio Conselho Nacional de Saúde já vislumbrava a necessidade de mudança, isso desde o ano de 2007, quando deliberou no sentido de implementar uma nova base de dados, de maior qualidade, que denominou, àquela época, de Plataforma Brasil, sistema que seria contemplado com informações de maior qualidade e com motores de busca mais específicos, o que daria maior transparência às pesquisas científicas envolvendo humanos no Brasil, o que, por tais razões, possivelmente contribuiria para reduzir a precariedade da informação até então disponibilizada ao público, via SISNEP.

Em realidade, tal substituição (do SISNEP pela Plataforma Brasil) somente se concretizou no final de janeiro de 2012, pairando incerteza não apenas quanto à operacionalidade do novo sistema,[65] como também maior incerteza ainda no que diz com a transparência da informação disponível ao público. Ao que tudo indica, ao menos para o público em geral, parece ter ocorrido um retrocesso com relação à informação brasileira, e não um avanço, como se esperava, embora se trate de sistema novo que está a merecer um exame bastante aprofundado.

Curiosamente, até o presente momento nenhuma informação relevante acerca do conteúdo das pesquisas científicas foi agregada à Plataforma Brasil, disponibilizando-se apenas alguns (precários, diga-se de passagem, se considerados todos os recursos de informática atualmente disponíveis) motores de busca que muito pouco (ou nada) agregaram em conteúdo. No sentido do retrocesso, operou-se uma desvinculação entre o número CAAE e o título da pesquisa, medida que dificulta o cruzamento de dados e, consequentemente, a fiscalização por toda a sociedade. No sentido do retrocesso, da mesma forma, restaram ainda mais dificultadas as análises qualitativas

---

[65] http://www.sbppc.org.br/site/images/arq/perguntas_plataforma_brasil_marco_2012.pdf.

e também as análises quantitativas, já que também foram suprimidos os dados parciais, por Estado da Federação, embora constem quantitativos gerais, para o sistema CEP/CONEP no Brasil.

Relativamente à informação sobre os ensaios clínicos, as autoridades públicas brasileiras, em resposta às várias notificações da OMS quanto à mora do Brasil em ingressar no sistema de informação internacional da referida organização internacional, estão empreendendo esforços para consolidar o Registro Brasileiro de Ensaios Clínicos, o recentíssimo REBEC (inicialmente batizado como REBRAC),[66] criado em 2011. A informação brasileira sobre os ensaios clínicos registrados no Brasil está, desde meados de 2011, disponível no endereço eletrônico www.ensaiosclinicos.gov.br. Trata-se de um indicativo positivo e que começa a aportar alguma luz no final do túnel, pelo menos no que diz com a intenção de tornar mais transparente (e pública!) a informação sobre ensaios clínicos no Brasil, bem como no sentido de buscar a consolidação desse registro público brasileiro.

Todavia, há problemas a enfrentar, como a precariedade dos motores de busca do REBEC (se comparados a outros, como os disponíveis no ClinicalTrials), como a disparidade de dados, como a volatilidade de informação. A título de exemplo, já se verificou alguma inconsistência de informações relativamente a dois (2) dos quatro (4) ensaios ali registrados, relativamente ao quantitativo de pessoas a serem recrutadas. É o caso do ensaio clínico de fase 3, denominado "Estudo PREVER: Eficácia de Clortalidona associada a Amilorida *versus* Losartana na redução da pressão arterial de pacientes com hipertensão arterial estudo PREVER 2", que recrutará 2.400 pessoas, segundo a informação oficial do governo brasileiro, constante em www.ensaiosclinicos.gov.br. De outra banda, a declaração perante governo americano (disponível em www.clinicaltrial.gov, sob número NCT00971165) é de que serão recrutadas 866 pessoas, disparidade também existente quanto a outro estudo.[67] Quanto ao problema da volatilidade da informação relativa ao registro brasileiro, verificou-se que em 01.02.2011 estava registrado um ensaio clínico com radiações ultravioleta para o tratamento de vitiligo, estudo que foi posteriormente excluído, o que parece ser incompatível com uma plataforma de registro (público). É o caso do estudo denominado "Eficácia da UVBBE de mão *versus excilite* no tratamento do vitiligo após minitransplante no dorso das mãos"[68] que previa o recrutamento de 34 pessoas, segundo o REBEC, amostra superior à constante no registro americano (www.clinicaltrial.gov, NCT00622180), cuja informação permanece registrada e onde consta a participação de 25 pessoas.

---

[66] BRASIL. Ministério da Saúde, Departamento de Ciência e Tecnologia, Secretaria de Ciência, Tecnologia e Insumos Estratégicos. Registro Brasileiro de Ensaios Clínicos (Rebrac): fortalecimento da gestão de pesquisa clínica no Brasil. *Revista de Saúde Pública*, v. 43, n. 2, p. 388, abr. 2009. Através da Portaria GM nº 1.345/2008 o Ministério da Saúde instituiu a Comissão para Elaboração do Projeto de Implantação, comissão esta que definiu os procedimentos operacionais do Rebrac. "Ao criar o Rebrac, o Ministério da Saúde atende à recomendação da OMS de que seus Estados-membros com competência científica e tecnológica constituam plataformas nacionais de registros de ensaios clínicos. Além do fortalecimento e da regulação da pesquisa clínica, o Brasil terá sua base informacional e passará a fazer parte da rede internacional, com seus dados disponíveis para a sociedade e comunidade científica, de todos os países latino-americanos".

[67] "Estudo PREVER: Eficácia da associação de Clortalidona e Amilorida *versus* placebo na prevenção de hipertensão arterial em pacientes com pré-hipertensão estudo PREVER 1", com recrutamento de 1.350 pessoas, contra 1.250 (NCT00970931). REBEC, Registro Brasileiro de Ensaios Clínicos, Disponível em http://www.ensaiosclinicos.gov.br/ Acessos em: 01 fev. 2011, 16 fev. 2011, 28 fev. 2011 e 03 mar. 2011.

[68] Consulta ao *site* do REBEC. Disponível em: <www.ensaiosclinicos.gov.br>. Acesso em: 01 fev. 2011.

No seu bojo, a precariedade e a disparidade da informação pública disponível sobre as pesquisas envolvendo seres humanos e sobre os ensaios clínicos no Brasil estão a indicar possíveis déficits de proteção jurídica a serem investigados, não só no que se refere à informação do público em geral como também no que se refere à proteção das pessoas incluídas nas pesquisas científicas. No âmbito da teoria jurídico-constitucional, a questão relativa à informação disponível sobre essas pesquisas assume ainda maior relevo na medida em que, a depender do risco agregado pela pesquisa científica, há de ser mais efetiva a atividade de fiscalização. E não há como falar em debate público responsável e em efetiva fiscalização, pelos comitês de ética em pesquisa, pelas autoridades estatais e pela comunidade em geral, sem o alicerce de um sistema de informação fidedigno sobre as pesquisas científicas já realizadas e em andamento. Para que se efetive, no plano concreto, o acompanhamento dos estudos de maior risco por todos, e não apenas pelo Estado e demais atores envolvidos diretamente na pesquisa científica, há que se disponibilizar uma informação pública e transparente, tema que também extrapola fronteiras estatais.

— 15 —

Discurso jurídico y reconocimiento del otro. La palabra y la memoria de las mujeres acerca de la Dictadura Militar brasileña

SHEILA STOLZ[1]

Sumario: 1. Apuntes preliminares; 2. Aspectos jurídicos; 3. El respecto al Derecho Internacional de los derechos humanos y a los estándares y jurisprudencia de los tribunales internacionales; 4. El respecto amplio, general e irrestricto a los derechos de las víctimas y/o de sus familiares; 5. Comité Nacional de la Verdad; 6. La memória; 6.1. El resurgimiento del Feminismo; 6.2. Dando transparencia a otras voces y narrativas; 7. Conclusión; Referencias bibliográficas.

Todos los que hasta hoy vencieron participan del cortejo triunfal,
en que los dominadores de hoy oprimen los cuerpos
de los que están prostrados em el suelo
(Benjamin, 1994, p. 225).

1. Apuntes preliminares

En este ensayo realizaré una mirada transversal a la temática del Derecho a la memoria, la verdad y la justicia en el marco del Derecho Internacional de los Derechos Humanos como contrapunto a la Ley de Amnistía brasileña. Por ello, es pertinente subrayar que la existencia de un *corpus juris* internacional no solamente incluye los tratados y convenciones, sino también las decisiones adoptadas por los Tribunales internacionales. Tal perspectiva representa un avanzo significativo que evidencia no solamente la existencia de un cuadro jurídico común en el Derecho Internacional de los Derechos Humanos aplicable en materia de infracciones, delitos y crímenes catalogables como de carácter político, sino también la interdependencia que existe en el ámbito internacional entre los diversos sistemas internacionales de protección de los Derechos Humanos.

Apuntaré, simultáneamente, a un estudio transdisciplinario de categorías centrales para el análisis de las prácticas jurídicas hegemónicas y a una visualización de las diversas modalidades de juridicidad que se vivencian en Brasil.[2]

---

[1] Mestre em Direito pela Universitat Pompeu Fabra – UPF, Barcelona, España. Professora da Faculdade de Direito da Universidade Federal do Rio Grande – FURG. Coordenadora do Núcleo de Pesquisa e Extensão em Direitos Humanos – NUPEDH/FURG e do Curso de Pós Graduação em Edcucação em Direitos Humanos – PGEDH/FURG.

[2] Para el caso puede verse: Boaventura Santos, 2001.

Intentaré, con base en la investigación realizada entre los años de 2008-2010 analizar la génesis de la violencia y la ineficacia del Derecho brasileño que todavía persiste en desacreditar los hechos ocurridos durante la Dictadura Militar como única posibilidad posible de mantener la democracia alcanzada (viabilizada) a partir de la promulgación de la Constitución en el año de 1988. Desde este marco y utilizándome de las narrativas de mujeres, me introduciré en los procesos de conversión (distorsión de la realidad) de aquellos rituales, formas y dispositivos sociales de negación que llevaron y todavía llevan a que los sujetos todavía sean tratados en el siglo XXI como productos objetales.

Desde ahora pretendo remarcar la diferencia entre los procesos sociales de constitución de sujetos y el tratamiento de éstos como objetos, abriendo así una línea de trabajo que ha sido retomada con preocupación por la Teoría del Derecho Internacional de los Derechos Humanos, en los dictámenes de los sistemas internacionales de protección de Derechos Humanos y que se instaura hoy como un paradigma para pensar a los seres humanos.[3] Esto conlleva, si bien no lo haré en este momento, a una discusión aguda del paradigma liberal clásico y neoliberal, del *"laisse faire"*, la libertad de mercado y, por ende, la lógica desde la cual pensar la producción del Derecho.

Antes de avanzar sobre la problemática del olvido y del derecho a la memoria, la verdad y la justicia, creo ser oportuno realizar algunas aclaraciones teóricas que permitan comprender desde dónde me sitúo para pensar los nuevos paradigmas de y para la construcción de tales derechos como categoría jurídica y no sólo histórica o política.

En primer lugar, intentaré situar el discurso jurídico – que será una de mis áreas de trabajo – y sus dispositivos. En este marco necesitaré realizar algunas aclaraciones epistemológicas. Analizaré al "oscuro objeto del Derecho" más allá de las posiciones clásicas que lo enuncian como norma y/o en su relación exclusiva con un aparato formal de producción normativa. Para nuestro estudio dichas posiciones son consideradas limitativas, puesto que responden a un paradigma respecto del modo en que se piensa a la sociedad, bien como las relaciones en ella establecidas y, en particular, como se piensa el poder. Por lo tanto, en lo que sigue, las discusiones no se darán entre el *ius naturalismo* y el *ius positivismo* (y sus versiones actuales).[4] Tampoco discutiré la existencia o no del *status* científico clásico del Derecho y de los Derechos Humanos, ya que creo que estas discusiones obstaculizarían la comprensión de nuestros análisis y, en particular, el pensar crítico que pretendo efectivar. Por ello, me permitiré, como categoría instrumental, situar a las prácticas jurídicas (legislativas, normativas, jurisprudenciales, teóricas, científicas) en el campo de las Ciencias Sociales y es, desde ese *locus*, que la discusión abordará otros matices.

El Derecho es una ciencia social, una ciencia social que por excelencia se relacionada con el poder, la política, la nomia o anomia social. Por ello, el discurso jurídico no es un discurso más, es un discurso que construye y constituye los dispositivos e instrumentales del poder, el acceso a lo público, el uso, goce y permanencia de y en los derechos. Y como discurso es, como decía Austin (1982), un acto de habla. De ahí conviene hacerse las siguientes preguntas: ¿Quién (quienes) habla(n)? ¿Cómo

---

[3] Véase: Comisión Interamericana de Derechos Humanos, 2002.

[4] He trabajado sobre estos cuestiones en Sheila, 2009 (b) y (c).

habla(n)? ¿A quienes les habla? ¿Quién excluye y a quienes excluye o expulsa con su habla? La respuesta a tales indagaciones hace referencia inmediata a qué estructura de poder el discurso responde.

El discurso jurídico es un discurso nominativo de poder,[5] un discurso estructurante de un orden social heterogéneo, mutable e histórico que se encuentra determinado por una interrelación de discursos y prácticas que se sitúa en un contexto social, político, económico y, porque no decir, también jurídico. El discurso jurídico se configura como garante de un orden y como garantizador, paradojalmente, de relaciones hegemónicas y contra hegemónicas. Es también el instrumento privilegiado de los totalitarismos, autoritarismos y sus palabras, pero también es el discurso que constituí a los seres humanos en sujetos para poder acceder a un circuito público[6] o, al contrario y en algunos casos, los expulsa a la marginación, la invisibilidad y el olvido. Tiene básicamente una función paradojal que adquiere sentido en el grado de legitimidad y consenso y posee un imperativo ético del que no puede quedar excluido. Un discurso jurídico, para más o para menos, no sólo determinará las acciones de los operadores jurídicos, sino que nominará los modelos sociales, las relaciones y las acciones humanas en el espacio de lo público. Y es teniendo en cuenta la genealogía de las relaciones entre Derecho, poder y política que emerge nuestro objeto de estudio.

Los gobiernos dictatoriales instaurados en distintos países latinoamericanos a partir de la segunda mitad del siglo XX son rastros de continuidad de los totalitarismos y barbaries que los antecedieron. Los exterminios llevadas a término por los entonces órdenes políticos de excepción no pueden ser clasificados, así como sus antecesores, de simple improvisaciones, ya que se constituyeron en acciones sistemáticas y deliberadamente planeadas y ejecutadas, en actos de banalización del mal, en negación del crimen dentro de una selección objetiva de los enemigos con intención de su completa eliminación.[7] Todo un aparato técnico de informaciones y acciones organizadas fue montado e instalado a servicio de crímenes a larga escala, traducidos en prisiones arbitrarias, crueldades y torturas que han dejado lesiones permanentes u resultaron en muertes, secuestros, asesinatos, desaparecimientos, destierros, exilios y desconstitución de familias con la separación permanente de padres, madres y hij@s; en definitivo, del que puede ser llamado de una "descartabilidad" de personas (no sujetos y sino objetos) hecha tenaz e independientemente de las fronteras estatales y de las garantías previstas en los sistemas jurídicos de ámbito nacional e internacional.

Diferentemente de otros países que juzgaron y todavía siguen juzgando los crímenes habidos durante las dictaduras militares, la promulgación de la Ley brasileña de Amnistía (Ley n.° 6.683/1979) – que en agosto de 2009 completó 30 años – estableció (aunque no explícitamente en la Ley) la política nacional de "olvido" de las atrocidades cometidas por la Dictadura Militar (instaurada en el país entre 1964 y 1985). Décadas transcurrieron y el enfrentamiento público de los casos de desaparecimientos, muertes y torturas entre tantos otros actos, solamente fueron hechas

---

[5] El discurso de poder es entendido acá tal cual lo plantea Foucault como el conjunto de justificaciones por la que sus mecanismos y dispositivos quedan encubiertos tras una superficie de racionalización.

[6] En igual sentido Axel Honneth, 2009.

[7] Las prácticas de exterminio y de campos de concentración característicos del sistema Nazi se repitieron en algunas dictaduras latinoamericanas como, por ejemplo, aquellas ocurridas en el Estadio Nacional y la Villa Grimaldi en Chile; en los campos El Vesubio y La Perla en Argentina; en el presidio Libertad en Uruguay y en las bases militares brasileñas en la Región del Araguaia.

tímidamente dando a trasparecer (a través del discurso jurídico de los tribunales de justicia brasileños – tema que comentaré más adelante) que dicha elucidaciones pueden ser consideradas innecesarias, cosas de poca relevancia. Pues, como presuponen algunos, el tiempo ya apagó la necesidad de que tales esclarecimientos ocurran. Y es exactamente este matiz de entendimiento que este ensayo quiere repudiar. Acostumbrarse con acciones de descaso puede hacernos pensar, en cuanto comunidad política, que lo que sucedió en nuestro pasado reciente fue algo banal y que por tanto, ya está superado. Mucho se puede ponderar sobre el camino jurídico-político adoptado por Brasil. No obstante, centraré mis análisis en dos aspectos, a saber: 1) en el aspecto jurídico; 2) en el rememoramiento histórico – aquí franqueado por los testimonios de mujeres.

2. Aspectos jurídicos

En lo que concierne a la generalización de la impunidad fruto de la incorrecta aplicabilidad de la Ley n.° 6.683/1979, se puede empezar arguyendo que la historia reciente está repleta de ejemplos de Estados que instituyeron órdenes jurídico-político de excepción donde se perpetraron innúmeras atrocidades contra la humanidad, sucesos que lanzaran tanto sobre el Derecho como sobre el principio de la retroactividad normativa, una nueva mirada.

Y, aunque sea correcto afirmar que en sus orígenes el Derecho fue concebido como un sistema coercitivo y, consecuentemente, legitimador de la violencia institucionalizada en manos del Estado, motivo por el cual Carl Schmitt (2006), entre tantos otros juristas, afirme la continuidad esencial entre el *Ausnahmezustand*[8] (Estado de excepción) y la soberanía (recordemos que para Schmitt el soberano es aquel que decide sobre el Estado de excepción), hay otros que entienden que el Estado de excepción constituye un punto de desequilibrio entre el derecho público y el hecho político, eso es, el Estado de excepción es fruto de los períodos de crisis política y, como tal, debe ser comprendido en el terreno del político y no en el terreno del discurso jurídico-constitucional. Dicho de otra forma, las medidas jurídicas proyectadas por el Derecho (en particular aquellas proyectadas en el derecho constitucional de un Estado de Derecho Democrático) para el Estado de excepción, se presentan como una forma legal de aquello que no puede tener forma legal.

Entre los elementos que tornan difícil una definición de Estado de excepción, están ciertamente su relación con la guerra civil, la insurrección, la rebelión y la resistencia. Y, de ahí, las interminables discusiones en el ámbito de la teoría y la filosofía del Derecho y de la política intentando encontrar una respuesta plausible a las siguientes indagaciones: ¿es admisible la desobediencia civil?, ¿en qué circunstancia sería posible resistir al Derecho? Dado las limitaciones metodológicas de este ensayo no entraré en esta temática,[9] aun ella sea muy relevante, y ello porque, en lo que sigue, razonaré no sobre el Derecho (o el no-Derecho) del Estado de excepción instaurado por la Dictadura Militar brasileña, sino más bien cómo el Derecho de un

---

[8] La mejor tradución para el término *Ausnahmezustand* es Estado de emergencia, aun haya preferido traducirlo por Estado de excepción.

[9] Estas preguntas son formuladas en la actualidad cuando se trata de encontrar una respuesta viable para preguntas tales como: ¿el derecho de resistencia puede ser ejercido en situaciones de carencia extrema?, ¿las protestas sociales so casos de desobediencia al Derecho? Un interesante análisis sobre el tema puede ser encontrado en Gargarella, 2005.

Estado de Derecho Democrático está actuando en el presente con relación a hechos pasados.

Tal como mencionado anteriormente, las innúmeras atrocidades contra la humanidad lanzaron tanto sobre el Derecho como sobre la retroactividad normativa, una nueva mirada. Como afirma Hart (1963, p. 261), dichos eventos también introdujeron fisuras en el principio *nulla poena sine lege* como forma de curar y reparar, dentro de lo posible, las irregularidades e injusticias cometidas en el pasado. En esta línea argumentativa, asevera Lon Fuller (1964), que tanto la humanidad como aquellas comunidades políticas que vivenciaron momentos de crueldad precisan detenerse en el pasado y recoger sus fragmentos para, a partir de entonces, reconstruir el presente y planear el futuro que aspiran alcanzar. Por tanto, en aquellos casos donde la barbarie no ha sido detenida, cuando puesta en práctica la retroactividad normativa no disminuirá la seguridad jurídica – valor jurídico tradicionalmente utilizado como barrera contra la retroactividad normativa –, ya que ella actuará en dichas circunstancias no solamente suprimiendo la legislación inicua, pero también y especialmente puniendo los excesos habidos en el pasado con el intuito de restablecer derechos y garantías; condicionantes que, en efecto, restablecen los postulados de la seguridad jurídica. Además, se la *ratio legis* de la irretroactividad normativa es un fundamento del Estado de Derecho Constitucional Democrático – que pretende ser el baluarte de la salvaguardia de los Derechos Humanos y Fundamentales de la arbitrariedad política[10] –, sería un contrasentido utilizarla como justificativa para que se mantuvieron impunes los actos espurios cometidos en el pasado, perpetrándose, consecuentemente, la injusticia.[11] En este sentido, cualquier argumento que afirme que la justicia y la seguridad jurídica son valores antagónicos está superado, pues esta última no puede más ser pensada desde la perspectiva jurídica del Estado decimonónico.

Con el restablecimiento de la democracia política y en particular con la promulgación en 1988 de la Constitución brasileña se ha creado, por lo menos en tesis, la posibilidad de juzgar a los responsables de las graves y masivas violaciones a los Derechos Humanos cometidas por la Dictadura Militar. Sin embargo, dicha expectativa se vio frustrada por la manutención de la aplicabilidad de la Ley de Amnistía (Ley editada antes del restablecimiento de la democracia),[12] es decir, la impunidad se mantuvo intacta por medio de dicha Ley. En los párrafos anteriores mencioné el instrumento de la retroactividad normativa y, en que pese la teoría del Derecho argumentar sobre la plausibilidad de su uso en esos casos, desde el derecho penal el indulto y la amnistía son causas de extinción de la pretensión punitiva del Estado. Por ello, Fernando Velásquez define la amnistía como

---

[10] Véase más en STOLZ, 2010.

[11] Desde mi punto de vista este es el entendimiento que permitió juzgar tanto los colaboradores del sistema nazi como a tantos otros que estuvieron envueltos con crímenes y violaciones de Derechos Humanos. Creo que también es este el fundamento jurídico para juzgar y condenar – inclusive extraterritorialmente – a los articuladores y colaboradores de las dictaduras civiles y militares latinoamericanas. Este argumento se encuentra mejor desarrollado en STOLZ, 2009 (a).

[12] Proceso similar ocurrió en Argentina donde la Ley de Punto Final (Ley 23.492 de 24/12/1986) y la Ley de Obediencia Debida (23.521 de 09/6/87) obstaculizaron los juicios llevados a termo hasta aquella fecha. Sin embargo, en 14 de junio del 2005 la Suprema Corte de Justicia de Argentina las ha declarado – a ambas leyes – inconstitucionales durante el enjuiciamiento del caso n°. 17.768 (CSJN, Simón, Julio Héctor y otros).

> [...] un acto del poder soberano mediante el cual se borran con el olvido total y absoluto las infracciones a la ley penal catalogables como carácter político, poniendo fin tanto a los procesos comenzados o por iniciarse, como a las condenas pronunciadas (Velásquez apud Quinche Ramirez 2009, p. 91)

Si bien la amnistía implique el olvido de las violaciones de Derechos Humanos queda a salvo la responsabilidad civil de aquellos que estuvieron involucrados en los actos delictivos y crimonosos pero, aun siendo posible este tipo de responsabilización, la memoria, la verdad y la reconciliación seguirán relegadas. Motivo por el cual distintos organismos defensores de los Derechos Humanos mantuvieron incólumes sus reclamos por verdad y justicia explorando distintas vías de acciones judiciales y activando, a lo largo de estos 30 años, el debate jurídico-político-social que tanto procuran evadir algunos influyentes actores políticos. Evento, que ha vuelto a sobrevenir recientemente (entre los días 28 y 29 de abril del 2010) cuando el Supremo Tribunal Federal (STF) decidió, por 7 votos a 2, mantener intacta la Ley N°. 6.683/1979 rechazando la Acción Judicial de Argumentación de Inobservancia de Precepto Fundamental N°. 153, propuesta por el Colegio de Abogados de Brasil (Ordem dos Advogados do Brasil –OAB). La acción judicial impetrada por la OAB pretendía que el STF reconociera que la Ley de Amnistía no tenía, entre sus objetivos, el perdón tácito a todos los partícipes de las acciones llevadas a termo por el Régimen Militar. Creo oportuno subrayar lo que considero ser los principales equívocos y errores deliberados de la referida decisión judicial y que han objetado soezmente cuestiones muy importantes, entre ellas:

3. El respeto al Derecho Internacional de los Derechos Humanos y a los estándares y jurisprudencia de los tribunales internacionales

La decisión del STF fue eminentemente formalista, se ha enfocado en una sola fuente del Derecho: la ley y su interpretación literal. No ha llevado en consideración la Constitución, otras leyes, la jurisprudencia interna de los tribunales inferiores, los tratados internacionales,[13] la jurisprudencia y los estándares internacionales, eso es, los jueces has hecho caso omiso del *ius cogens*.[14] Resalto, igualmente, el voto del juez Lewandowsky que, aún teniendo formación internacionalista, ha ignorado por completo todas las solicitaciones que desde 2001 la Organización de las Naciones Unidas (ONU) hace al Gobierno brasileño de revisión de la Ley N°. 6.683/1979. Hay que subrayar, además, que también fueron relegados los estándares y la jurisprudencia de la Corte Interamericana de Derechos Humanos (CIDH). En se tratando de los estándares de la CIDH, creo fundamental retomar los aportes del profesor Quinche Ramírez, cuando afirma que la expresión estándares ha sido utilizada por la Corte

> [...] para referir la existencia de parámetros, reglas o pautas que deben ser atendidas en todos aquellos eventos en los que un Estado o una comunidad pretenda pasar pacíficamente de una situación de conflicto, de autoritarismo o de represión, a otra circunstancia o condición de paz, de apertura o de democratización, parámetros estos que se concretan en los contenidos y niveles de exigibilidad de los derechos a la verdad, justicia, reparación y compromisos de no repetición. [...] El surgimiento de los referidos estándares en la justicia transnacional es, en última instancia, la respuesta a los sucesivos procesos de impunidad que

---

[13] Entre ellos, la Convención Americana sobre Derechos Humanos (art. 1, 28 y 25); la Declaración Americana de los Derechos y Deberes del Hombre (art. XVIII), el Pacto Internacional de Derechos Civiles y Políticos (art. 2 y 9), la Convención contra la Tortura y otros tratos o penas crueles, inhumanas o degradantes.

[14] Quizá en la decisión de la Corte Interamericana de Derechos Humanos – CIDH en el Caso Araguaia Vs. Brasil nuestro Estado sea condenado definitivamente y la impunidad de los crímenes lesa humanidad practicados en este y en otros sucesos ocurridos durante la Dictadura Militar puedan ser efectivamente juzgados.

han atravesado muchas sociedades, especialmente las latinoamericanas, marcadas por la recurrencia de periodos de conflicto, de represión y de autoritarismo, en los que aun bajo la apariencia de regímenes democráticos, acontece la violación sistemática de los derechos humanos y la comisión de delitos graves conforme el derecho internacional. (Quinche Ramírez, 2009, p. 26-27).

La CIDH viene declarando sistemáticamente la invalidez de todas las "autoamnistías" (leyes de amnistía aprobadas por los propios regímenes de excepción), leyes de indulto o "punto final" latinoamericanas definiendo, por consiguiente, los estándares sobre la verdad y justicia (en este sentido véase, por ejemplo, los Casos paradigmáticos Almonacid Arellano y otros Vs. Chile y Chumbipuma Aguirre Vs. Perú) consolidando, en lo que concierne a los Derechos Humanos que los Estados de la OEA: (i) tienen la obligación de investigar y punir dichos crímenes; (ii) deben atenerse a las obligaciones que emanan de las normas de *jus cogens*; (iii) deben amoldar sus normas internas atendiendo al entendimiento de que tales crímenes son de ejecución permanente, es decir, no hay prescripción de los mismos hasta que los agentes continúen ocultando el destino dado a las personas desaparecida y/o muertas y mientras los hechos no sean aclarados públicamente.

4. El respeto amplio, general e irrestricto a los derechos de las víctimas y/o de sus familiares

Hasta que se aclaren los sucesos y se juzguen los involucrados en ellos se encontraran frustrados una serie de derechos, entre ellos, el derecho a velar los suyos, a saber su destino, el derecho a ser escuchado, el derecho a la memoria, en suma, el derecho a la verdad, que representa una parte del derecho a la justicia – y que es contemplado cuando los actores de los crímenes de lesa humanidad son punidos, las víctimas indemnizadas, la sociedad y su historia reexaminada y, dentro de los límites, la dignidad humana restablecida. En este sentido se ha manifestado la CIDH en el Caso "La Masacre de Mapiripán Vs. Colombia" (decisión datada de 15/09/2005), cuando subraya que es un deber imperativo del Estado la remoción de todos los obstáculos fácticos y jurídicos que puedan dificultar el esclarecimiento judicial exhaustivo de las violaciones perpetradas.

5. Comité Nacional de la Verdad

Entre los varios votos que no sólo rechazaron la Acción Judicial de Argumentación de Inobservancia de Precepto Fundamental N°. 153, sino también concedieron perdón a los agentes involucrados, se encuentran, entre ellos, argumentos favorables a la descubierta de la verdad (sin respectiva punición) de los hechos habidos durante la Dictadura Militar. Se ha recomendado, además, que a parte de la instauración de una Comité Nacional de la Verdad, se abran los archivos de la Dictadura como forma de dar a conocer públicamente las dimensiones de las graves violaciones a los Derechos Humanos – violaciones que configuran verdaderos crimines de lesa humanidad que no están por encima de eventuales leyes de amnistía, de normas jurídicas internas de prescripción y/o de decisiones judiciales favorables a sus agentes. En ello, parece que la decisión adoptada por el STL ha sido unísona con las decisiones de la CIDH entre ellas, por ejemplo, aquella adoptada en el Caso Velásquez Rodríguez *Vs.* Honduras (Sentencia de 29/07/1988).

En lo que concierne a llamada política del olvido y, quizá, a partir de esta toma de decisión del STF de un "olvido a medias", sigo creyendo, a diferencia de nuestro Supremo Tribunal Federal, que es precipuo y oportuno reconstruir las condiciones históricas de aquel período procurando, a través de dicha reconstrucción, entender como la memoria del pasado y del futuro se insiere en nuestra sociedad, donde las disputas sociales parecen siempre terminar en pactos que traen como presupuesto el silencio sobre el pasado. En este sentido pienso que este es un importante paso a ser dado para la superación de este proceso colectivo de estagnación/negación de la memoria reciente. Tal cual propone Adorno, creo que "[...] suministrar voz al sufrimiento es condición de toda verdad" (2005, p. 19). Justamente por ello, este estudio se centra en la voz de las mujeres, pues, como bien recuerda Ruth Klüger (2005), ellas también poseen historias para contar acaso alguien les pregunte o quiera escucharlas – si bien dichas historias se refieran a guerras y otros tantos momentos de crueldad pertenecientes al pasado que no es exclusivamente masculino, sino más bien de tod@s, ya que el derecho a memoria y la verdad es, necesariamente, un derecho humano.

6. La memória

6.1. El resurgimiento del Feminismo

Empiezo esta sección reportándome al feminismo, porque fue precisamente este movimiento social que ha dado voz a las mujeres y, en consecuencia, a sus memorias históricamente ignoradas. Movimiento en Brasil sobrevino durante la Dictadura Militar.

Sufriendo las influencias de los movimientos feministas propagados por todo el mundo, la Organización de las Naciones Unidas – ONU, reunida en el Congreso Internacional de la Mujer, que ocurrió en México, 1975, aclama en esta ocasión el "Año Internacional de la Mujer", empezando, a partir de entonces, la *Década de la Mujer*, una de las circunstancias que han favorecido para el florecimiento en el escenario internacional y también en Brasil, del llamado *Feminismo de Segunda Ola*.[15] Caracterizado por ser un movimiento que no tiene un padrón único, dado los distintos enlaces que lo configuran, el feminismo de "Segunda Ola" tiene visiones distintas, tanto en lo que concierne a su carácter cuanto a las estrategias de lucha que deben ser puestas en acción en cada contexto político.

Sin embargo, se puede afirmar de forma bastante sucinta, que la defensa de los derechos a la igualdad, entendida como aquella que abarca el derecho a la diferencia y su revés,[16] pasa a ser el gran estandarte del feminismo, dándole un substrato

---

[15] Aunque sea este el nombre habitualmente asociado al Movimiento Feminista existente a partir de los años 60, hay autores(as) que argumentan que los movimientos feministas surgen, por vez primera, en el período del Iluminismo, en la Revolución Francesa, como un movimiento social libertador. Por esta razón, es posible denominar este período de "Primera Ola" del Feminismo. Según estos mismos teóricos, la llamada "Segunda Ola" del feminismo, ocurre al final del siglo XIX, período en el cual el movimiento feminista poseía una identidad teórica y organizativa suficientemente autónoma y que le permitió luchar por el sufragio y por la consecución del derecho al voto as las mujeres. Por lo que sería adecuado llamar al feminismo surgido después de los años 60 de la "Tercera Ola" del feminismo. Pero, mismo que la distinción sugerida sea coherente, opté por lanzar mano de la denominación mas usualmente utilizada. Sobre las "Olas del Feminismo" véase REVERTER, 2000.

[16] Según Boaventura Santos (2006) el derecho a la igualdad debe de ser reivindicado siempre que la diferencia inferioriza y, por consiguiente, el derecho a la diferencia debe ser reivindicado siempre que la igualdad descaracteriza.

común. Para el pensamiento feminista la *diferencia* presupone la heterogeneidad, la multiplicidad y la pluralidad del entendimiento acerca de la categoría género[17] y no más solamente la mera oposición y exclusión binaria entre los sexos, tema que estuvo marcadamente presente en el origen del feminismo. Se niega, consecuentemente, que es en las diferencias que residen los problemas entre hombres y mujeres, sino más bien en la forma como estas son jerarquizadas – por lo que acostumbran imponer la idea básica de interiorización de las mujeres.[18] En este sentido, el *feminismo de la diferencia*, supera los dualismos sexuales en dirección a una visión más amplia, reconociendo, como bien resalta Friedman (1995, p. 07), que el privilegio y la opresión no son categorías absolutas, por que se modifican de acuerdo con los diferentes ejes de poder existentes.

Argumento que se encuentra corroborado en lo que se refiere a la realidad brasileña de la década de 70, por lo que son innegables las influencias externas a la narrativa de la genealogía de este nuevo feminismo y que acaban no apenas reflejando los distintos tonos e interpretaciones feministas que se hacían presente en la época, pero también revelando un feminismo *sui generis*, marcado por una confluencia de factores que van desde la articulación y el enraizarse con los movimientos sociales urbanos y sus demandas por bienestar,[19] a la defensa de una posición más moderada en lo que concierne al confronto entre los sexos,[20] el no enfrentamiento de temas polémicos como, por ejemplo, el aborto y, hasta mismo, el envolvimiento de las mujeres en la resistencia y en la lucha armada contra la Dictadura Militar instaurada en el país entre los años de 1964 y 1985.[21]

Sin tener la pretensión de agotar el sentido de esta experiencia plural y polisémica que ha constituido el movimiento feminista de los años 70 y, de antemano, alertando para la importancia de su legado capaz de transformar formas de vivir y pensar que ocasionaron impactos tanto en el ámbito privado de las costumbres y hábitos cotidianos, como en las instituciones sociales y políticas, al expandir el espacio de actuación pública de la mujer, nuestra investigación, desarrollada conjuntamente con los demás pesquisador@s del Núcleo de Pesquisa e Extensão en Direitos Humanos (NUPEDH/FURG) intitulada *"Revisão da Lei de Anistia Brasileira: rememorando*

---

[17] En los Estados Unidos, las mujeres homosexuales y negras llevaron a cabo movimientos de contestación al presupuesto de que las mujeres poseen una esencia femenina común capaz, aunque las diferencias existan entre ellas, de crear un vínculo social apto a unirlas. El movimiento de las mujeres negras evidenciaron igualmente que la retorica de las feministas blancas era comúnmente etnocentrica en sus análisis de género y opresión. Igualmente, las mujeres homosexuales, han tratado de demostrar que esta misma retórica estaba fundamenta en las experiencias de las mujeres heterosexuales. Sobre esta temática recomiendo: CARNEIRO (2003), AZERÊDO (1991), HOOKS (1990, 1992).

[18] En la década de 70, muchos autores(as) trataron de demonstrar que la asimetría sexual entre hombres y mujeres era un fenómeno de carácter universal, como podemos verificar en Rosaldo y Lampere (1979, p.19) cuando afirman que: "Em todos os lugares vemos a mulher ser excluída de certas atividades econômicas e políticas decisivas; seus papéis como esposas e mães são associados a poderes e prerrogativas inferiores aos dos homens. Pode-se dizer, então, que em todas as sociedades contemporâneas, de alguma forma, há o domínio masculino, e embora em grau e expressão a subordinação feminina varie muito, a desigualdade dos sexos, hoje em dia, é fato universal na vida social".

[19] Como por ejemplo, la lucha por mejores condiciones de vida – acceso a la energía elétrica, saneamiento básico y transporte público. Sobre ese contexto: CARDOSO (1983) y COSTA, BARROSO y SARTI (1985).

[20] Opinión de HEILBORN y SORJ, 1999.

[21] La presencia de las mujeres ha significado, en lo que concierne a los Órganos de Represión, no solamente la insurrección contra la Dictadura Militar, sino también una forma de rechazar el papel social designado a la época como propio de las mujeres. Las narrativas de muchas mujeres militantes han revelado también que la igualdad entre hombres y mujeres eran, mismo en los aparatos de la militancia política, apenas una retórica (GOLDENBERG, 1997).

a história recente em busca da plena reconciliação e construção de um Estado Democrático de Direito", se encauza en los testimonios y las narrativas individuales de mujeres[22] que, en la condición de madres, hijas, esposas o compañeras de militantes y/o sujetos identificados por el Estado como subversivos,[23] sufrieron con las atrocidades y los incontables tipos de pierdas provocadas por el entonces vigente orden político de excepción.

6.2. Dando transparencia a otras voces y narrativas

Parto de la premisa básica de que las consecuencias de lo que ocurrió durante la Dictadura Militar brasileña transitó y todavía transita en la dinámica de la vida particular, familiar, colectiva y política de aquellas mujeres que tuvieron algún tipo de proximidad con las acciones impetradas por el Régimen político de entonces. Aportaré a este ensayo una pequeña parcela de los hallazgos de la referida investigación valiéndome, para tanto, no solamente de la revisión bibliográfica sobre el tema, pero también del análisis documental y de las entrevistas estructuradas que fueron realizadas con un grupo de mujeres que residen en la región sur del Rio Grande do Sul/Brasil (precisamente en las ciudades de Rio Grande y Pelotas) durante el período de dos años (2008-2009). Dichas entrevistas, además, estuvieron focalizadas en las experiencias individuales de algunas familias como forma de rememorar algunos hechos que hasta el presente momento no tuvieron la oportunidad de ganar voz.

Antes de exponer algunas hablas, creo importante explicar porque he utilizado el mecanismo de los testimonios como método de rememoramiento. Primero, porque tal como enseña Ricouer, el testimonio nos lleva al contenido de las cosas del pasado (*praeterita*). Segundo, porque el testimonio inaugura un proceso epistemológico que parte de la memoria declarada, para cuando es posible ser ratificado en la prueba documental. Y, aunque sea bastante utilizado en el Derecho, en lo que concierne a ciertas formas contemporáneas de declaraciones suscitados por las barbaries del Siglo XX, el testimonio es una forma de oponerse a la explicación y representación hecha por la historiografía oficial. No obstante, si buscamos más que fragmentos de la historia, eso es, si buscamos las verdades que están al margen de la historiografía oficial, ¿cómo entonces confiar en el testimonio que es algo tan personal?

Todo y cualquier testimonio se desarrolla en una sucesión de operaciones que van desde el nivel de la percepción de una escena vivida, hasta llegar a fase declarativa y narrativa que es, en efecto, una reconstitución de los rasgos de los hechos y acontecimientos pasados. Si bien la descripción de como se despliega el testimonio parezca clara y objetiva, hay que añadirle, de acuerdo con Ricouer, una dimensión suplementar de orden moral destinada a reforzar su credibilidad y confiabilidad, a saber: la disponibilidad del testigo de reiterar su testimonio. El testigo confiable es aquel que consigue mantener su testimonio en el tiempo, circunstancia que avecina el testimonio a la promesa. Se puede decir, siguiendo a Von Wright en su obra *On Promises*, que endosar una cosa ocurrió en el pasado equivale, en el caso de los testimonios y narrativas, a una promesa a respecto del pasado (en términos de Von

---

[22] La palabra "mujeres", en este contexto, no está haciendo referencia a una categoría empírica/discriptiva utilizada como contraposición al término género como categoría analítica.

[23] Para el análisis del modo como el término y la categoría social "subversivo" se ha insertado en el cotidiano brasileño se recomienda la obra de VELHO, 1997.

Wright equivale a una distinción entre la *ipseidad* y la *mesmedad*). La consideración y el apoyo otorgado a la palabra del otro hacen del mundo social un mundo intersubjetivamente compartido. Y, como bien señala Ricouer (2007, p. 174-175), este acto de compartir es el principal componente del llamado sentido común – entendido, en lo que sigue, como la presuposición de un mundo compartido posible –. Y es precisamente este mundo compartido posible que se ve duramente afectado cuando instituciones políticas degradadas y corrompidas instauran un clima de vigilancia mutua, de denuncias y persecuciones en el cual las prácticas farsantes y embusteras solapan las bases de la confianza en el lenguaje, en la palabra del otro. La confianza en la palabra del otro refuerza no solamente la interdependencia – *inter homines ese* –, sino también la similitud en humanidad entre los seres humanos y en particular entre los miembros de la comunidad política.

Empezaré por la narrativa de C. A.[24] que dice:

> Cuando Paulo estuvo en la prisión yo sufrí un aborto. Yo estaba con tres meses de embarazo cuando llevaron a Paulo. Sin embargo, nunca hablamos de ello [...] Este aborto yo sufrí cuando aun trabajaba, pues fui mandada junto con otra profesora aplicar exámenes a los alumnos de una Escuela en la que no actuaba. Nosotras fuimos, nos llevaron los funcionarios de la Secretaria de la Educación, pero no fueron buscarnos y caminamos para regresar a casa unos 28 km a 30 Km. [...] era diciembre, hacía mucho calor, y antes de llegar a casa, desmaye en medio camino. Llegue a casa exhausta, sangre mucho [...] lloré [...] sufrí el aborto.
>
> Tal abuso fue cometido deliberadamente contra una mujer embarazada, ya fragilizada por la arbitraria prisión del marido.[25] Como se no fuera poco, según consta en la Decreto n° 145/65, del 18 de mayo de 1965 de la Prefeitura Municipal (Ayuntamiento) de la ciudad de Santa Vitória do Palmar/Rio Grande do Sul – RS (prueba documental), fue concedida a C. A. "[...] licencia para tratamiento de salud, por el plazo de (30) días [...]". Sin que en momento alguno haya sido especificada la motivación para tal concesión, la licencia para tratamiento de salud se transforma en destitución del empleo. El marido de C. A. pasa más de cuatro años preso siendo también expulsado del trabajo. Durante años la pareja mantuvo su familia realizando trabajos temporales, pues, durante aquel período, "[...] a nadie se le ocurría emplearlos, todos tenían miedo de sufrir represalias".

La conmovedora narrativa de A. M., hija de un militante político, cuenta que era niña en la época de la Dictadura Militar y que aun guarda recuerdos de los murmurios y movimientos nocturnos, de las cosas que no se podían decir, que no eran explicadas y que eran escondidas de todos. Hasta que un día, cuando llegaba de la escuela encontró la casa "boca abajo". Después de algún tiempo buscando cosas "[...] llevaron de casa mi papá [...]" que, mientras estuvo en la prisión, fue brutalmente asesinado. Durante mucho tiempo A. M. sintió "[...] un vacio inmenso y sin explicación [...] yo no comprendía nada y menos aun porqué mi papá que era igual a tantos otros padres, me fue robado [...]". Por años A. M. se sentía culpable "[...] yo imaginaba que mi papá se había ido de casa por mi culpa [...] me quedaba pensado en el día que lo vi por última vez, cuando nuestra casa fue invadida por la policía y lo abrace llorando mucho [...] lo han llevado, tenía la cara demacrada, mi mamá lloraba desesperada [...] ella lo buscó por todo los lados hasta que un día paró. [...] no entendí que había pasado [...] sólo muchos años después supé todo [...]".

---

[24] C. A. nos ha permitido hacer pública su identidad. La entrevistada llamase Cenira San Martin Aquino es una profesora jubilada, viuda del Policial Militar Paulo Darcy Aquino, que fue preso por el Régimen Militar en el año de 1965. Esta narrativa emerge de la entrevista concedida por Cenira en el día 24 de marzo de 2009.

[25] En palabras de Cenira: "Sí, yo me he quedado llena de deudas, sola [...] pero todo pasa no es! Es la justicia de los hombres!?. Y yo solo entendí que Paulo había sufrido tortura porque al quedarse enfermo él reveló todo que sufrió [...] él tenía pesadillas, temblores, hacía confusiones entre lo que era real y presente y lo que pasó en la prisión".

En la entrevista realizada con L. G. ella cuenta, llorando mucho, que cuando vio a su hija en la prisión "[...] no la reconoció, ni mismo por la voz, pues estaba con los dientes rotos, hinchada y deformada". L. G. tuvo oportunidad de ver a su hija una sola vez, "[...] hasta hoy sueño que ella va volver a casa [...] algunas veces en mis sueños ella pide ayuda, grita mucho [...], ¿porqué no la han devuelto?, ¿qué han hecho con ella? [...]". La hija L. G. se encuentra en la lista de los desaparecidos políticos.

Los testimonios anteriores hablan de recuerdos, de pierdas, de vacíos. En otras partes de las entrevistas (aquí no reproducidas) se puede notar que la forma como la policía actuaba, los locales para donde eran llevadas las víctimas entre tantos otros aspectos, acaban certificando la veracidad de los hechos narrados por cada testiguo dado su similitud con los demás. Asimismo, algunas narrativas son fácilmente comprobadas a través de las pruebas documentales existentes. Por ello, cumple afirmar, que dar visibilidad a estas y tantas otras narrativas es una de las formas posibles de transitar en otras redes discursivas sobre el período histórico en cuestión. Redes discursivas, cabe decir, diferentes de aquellas legitimadas por la Historia Oficial que, además de seleccionar y ordenar los hechos según algunos criterios e intereses construidos y que suelen llevar en cuenta las orientaciones de aquellos que tenían el poder durante el Régimen de excepción, es contada y trasmitida como la única y verdadera historia, criando, de esta forma, zonas de penumbras, silencios, olvidos y negaciones.

Esta otra forma de concebir la historia tiene sus raíces en el pensamiento de Benjamin que es muy bien reinterpretado por Gagnebin cuando afirma que:

> Escribir la historia de los vencidos exige la adquisición de una memoria que no se encuentra en los libros de la historia oficial [...], hacer brotar las esperanzas no realizadas (en el) pasado e inscribir en nuestro presente su apelo por un futuro diferente [...]. El esfuerzo [...] es no dejar esa memoria escapar, pero cuidar de su conservación, contribuir en la reapropiación de los fragmentos de historia olvidados por la historiografía dominante (1982, p.26).

Al admitir la existencia de variadas formas posibles y plausibles de narrativas de la Historia y la recuperación de las visiones sufocadas y olvidadas de mujeres que tuvieron sus vidas personales, familiares y profesionales trazadas por las manos de la Dictadura Militar, estas mujeres estarán teniendo la posibilidad de ejercer, aunque mucho tiempo después de los dilemas sufridos, sus clamores y reivindicaciones, dejando la condición de meras espectadoras para se convirtieren en portavoces de hechos históricos, asumiendo así, una condición de sujetos de su propia historia, en ámbito personal y colectivo. Como indica Freire:

> No junto mi voz a de aquellos que, hablando en paz, piden a los oprimidos, a los miserables del mundo, su resignación. Mi voz tiene otra semántica, tiene otra música. Hablo de la resistencia, de la indignación, de la "*justa ira*" de los traicionados y de los engañados. De su Derecho y de su deber de rebelarse contra las transgresiones éticas de que son víctimas cada vez más sufridas (1997, p. 113-14).

En este sentido, rememorar la historia es un acto eminentemente político, es una objeción contumaz al olvido público, la amnesia social y al incontestable desplazamiento de las trayectorias individuales, pues, sirviéndonos de las múltiples formas de dominación producidas, bien como de los fragmentos de la memoria trasfigurada en ausencias, vacios y silencios conseguiremos, de forma colectiva, re-significar la memoria como una práctica de resistencia que, fundada en el inconformismo y en la indignación, expresa las luchas de los diferentes agentes sociales por la superación y transformación de sus condiciones de existencia.

7. Conclusión

Creo que la acción de rememoramiento de la historia – por medio de una perspectiva femenina – puede constituirse en una acción que contribuya para el perdón, la reafirmación compartida de otras verdades, bien como al desencadenamiento de un proceso de afirmación de identidades y de derechos de ciudadanía de los segmentos sociales históricamente excluidos y/o ocultados por la historiografía oficial brasileña.

Este perdón implica revolver recuerdos y escuchar relatos de historias y experiencias de sufrimiento, humillaciones e injusticias, relatos que exigen de uno procurar entender las pierdas, los dolores y sufrimientos del otro. Y, en se tratando de unos y otros que fueran víctimas y verdugos, es necesario el reconocimiento mutuo de los errores cometidos.[26] Rememoramiento creo, será capaz de reafirmar otras verdades a través del acto de escuchar las alteridades, acción de oír y ser oído y que no tiene la pretensión de reescribir los libros de historia, presentando, tal cual la historiografía oficial, un encadenamiento casual entre los hechos ocurridos en el pasado como se viviéramos en un sucesivo caminar en dirección al progreso. En cambio, el propósito de interrumpir este *continnum* histórico para que el pasado brote en el presente es consciente de su fragilidad inherente tanto en el sentido de que es imposible un rememoramiento que abarque todas las injusticias y barbaries ocurridas como en el sentido de que solamente esta acción es capaz de romper con la fuerza de la historia linear y progresiva.

En el caso brasileño, donde la obstinación por el olvido y el no enfrentamiento de los hechos que ocurrieron durante la Dictadura son actitudes estatales compartidas por el colectivo que detiene el poder acaba por lacerar la justicia: primero, porque este tipo de actitud niega las injusticias cometidas; segundo, porque elimina de la memoria colectiva el sufrimiento de las víctimas (re)negando, en el presente, su existencia. En estas condiciones, la Justicia se queda vaciada de su potencial ético, operando como mera legitimadora del *status quo*.

Como bien enfatiza Young (1990; 1997), si la Justicia es concebida como una virtud política que fundamenta la teoría moral y feminista, ella también es apta a enfrentar distintos tipos de dominación y opresión. De esta manera, dar voz a las víctimas, a los enmudecidos y a todos aquellos que cayeron a lo largo del camino, es una forma concreta de romper con la amnesia histórico-social que nos es impuesta. Es también una forma de resistir a la destrucción realizada contra la pluralidad y la

---

[26] Después de la barbarie ocurrida en la Segunda Guerra Mundial fueron instaurados Tribunales con el propósito de juzgar los crímenes y delitos de aquél período. Algunos acusados fueron condenados a muerte, otros a prisión perpétua y otros a largos años de cárcel. En Brasil, la Ley de Amnistía adoptó el camino del olvido y de la no atribución de culpas y respectivas penas para los crímenes de torturas, asesinatos, desaparecimientos, muertes, entre otros actos delictivos ocurridos durante la Dictadura Militar. En Sudáfrica, Mandela y su grupo político articularán una tercera forma de solventar estes períodos, extraordinariamente sabia y creativa, que se ha mostrado también bastante eficaz. Cerrón el Tribunal de la Verdad y de la Reconciliación, presidido por el Obispo Desmond Tutu (Premio Nobel de la Paz de 1984), respetado en todo el mundo por su lucha antirracista, por los derechos civiles y las libertades democráticas, no solamente en Sudáfrica. El referido Tribunal, tenía el poder de amnistiar todos que se presentasen como partícipes de las atrocidades ocurridas durante el *Apartheid* desde que confesasen sus crímenes y delitos siempre y cuando tales actos hayan tenido motivación política y/o que tuvieran alguna relación de proporción entre los fines deseados y los medios adoptados. De otro lado, el Tribunal abrió espacio para que todas las víctimas compartiesen su dolor, relatasen sus historias y cuando posible, lograsen alguna forma de reparación (aún que el aporte económico concedido a las víctimas y/o sus familiares era de un valor económico más bien simbólico) por parte del Estado. Sugiero la lectura de la obra de TUTU, 1999.

diversidad en nombre de una supuesta unidad nacional – directamente asociada a una uniformidad de pensamiento. Por lo tanto, dar lugar a la mirada de los relegados de la historia reciente brasileña y oír sus testimonios ciertamente nos auxiliará a encontrar otras verdades capaces de no solamente romper con la realidad olvidada y renegada, como también de restaurar nuestra humanidad.

La reconciliación del pasado con el presente es una tarea siempre en movimiento de construcción y, justamente por eso, indispensable al desencadenamiento de un proceso de afirmación de identidades personales, sociales, colectivas y de derechos de ciudadanía de los segmentos históricamente excluidos y/o ocultados por la historia oficial brasileña; situación que favorece la construcción del presente y del futuro que se quiere en cuanto sociedad libre y democrática. Pues, como argumenta Candau:

> Este es nuestro momento. En el tenemos de buscar, en medio a tensiones, contradicciones y conflictos, caminos de afirmación de una cultura de los Derechos Humanos, que penetre en todas las prácticas sociales y sea capaz de favorecer procesos de democratización, de articular la afirmación de los derechos fundamentales de cada persona y grupo sociocultural, de manera especial los derechos sociales y económicos, con el reconocimiento de los derechos a diferencia (2007, p. 399).

Por lo tanto, creo que podemos pensar que las condiciones de producción de nuestros discursos y prácticas sociales, políticas y jurídicas son tributarias de las concepciones de ser humano, mundo y sociedad que compartimos y de los sentimientos de pertenecer y de identificarse con los valores de la sociedad en que vivimos y que deseamos construir colectiva y solidariamente.

Referencias bibliográficas

ADORNO, Theodor W. *Dialectica negativa*. Tradução de Alfredo Brotons Muñoz. Madrid: Akal, 2005.
AMORÓS, Celia. *Feminismo y Filosofia*. Madrid: Síntesis, 2000.
ARENDT, Ana. *Origens do Totalitarismo –antissemitismo, imperialismo e totalitarismo*. Traduçao de Roberto Raposo. São Paulo: Companhia das Letras, 1989.
AUSTIN, John Langshaw. *Cómo Hacer Cosas con Palabras* (3ª Ed.). Traducción de Genaro R. Carrió y Eduardo A. Rabossi. Barcelona: Paidos Estudio.
AZERÊDO, Sandra. A questão racial na pesquisa. In: AZERÊDO, Sandra, STOLCKE, Verena (org.). *Derechos reprodutivos*. São Paulo: Fundação Carlos Chagas, 1991, p. 125-150.
——. Teorizando sobre gênero e relações raciais. *Estudos feministas*,Número Especial, out., 1994, p. 203-216.
BENJAMIN, Walter. Magia e técnica, arte e política ensaios sobre literatura e história da cultura. Obras Escolhidas I. 7ª ed. Tradução de Sérgio Paulo Rouanet. São Paulo: Brasiliense, 1994.
BOURDIEU, Pierre. Observações sobre a história das mujeres. In: DUBY, G. e PERROT, Michelle (org.). *As Mujeres e História*. Lisboa: Dom Quixote, 1995.
CANDAU, Vera. Educação em direitos humanos: desafios atuais. In: SILVEIRA, Rosa Maria et al. (orgs.). *Educação em Direitos Humanos*: Fundamentos teórico-metodológicos. João Pessoa: Ed. da UFPB, 2007, p. 399-412.
CARDOSO, Ruth. Movimentos sociais urbanos: um balanço crítico. In: ALMEIDA, Maria Herminia T. de e SORJ, Bernardo. (orgs.) *Sociedade e política no Brasil pós-64*. São Paulo: Editora Brasiliense, 1983, p. 215-239.
CARNEIRO, Sueli. Enegrecer o feminismo; a situação da mulher negra na América Latina a partir de uma perspectiva de gênero. In (org.). *Racismos contemporâneos*. Rio de Janeiro: Takano Ed, 2003.
CATELA, L. S. Situação limite e memória: a reconstrução do mundo dos familiares de desaparecidos da Argentina. São Paulo: Hucitec, 2001, ANPOCS.
COLLING, A. M. *A resistência da mulher à ditadura militar no Brasil*. Rio de Janeiro: Record, Rosa dos Tempos, 1997.
COMISIÓN INTERAMERICANA DE DERECHOS HUMANOS. *La nueva dimensión de las necesidades de procteción del ser humano en el inicio del Siglo XXI*. Opinión Consultiva (OC-17 de 28 de agosto), 2002. http://www.acnur.org/biblioteca/pdf/2212.pdf. Aceso en: 10/07/2008.

CORRÊA, Mariza. Do feminismo aos estudos de gênero no Brasil: um exemplo pessoal. Campinas-SP, Núcleo de Estudos de Gênero: *Cadernos Pagu*, 16, 2001, p. 13-30.

COSTA, BARROSO y SARTI, C. A. Pesquisa sobre mulher no Brasil: do lombo ao gueto? *Cadernos de Pesquisa*, nº 54, 1985, ago, p. 5-15.

FERREIRA, E. F. X. *Mujeres: militância e memória*. Rio de Janeiro: Fundação Getúlio Vargas, 1996.

FOUCAULT, Michael. *A História da Sexualidade I: a vontade de Saber*. Tradução de Maria Thereza da Costa Albuquerque e José Augusto Guilhon Albuquerque. 7ª ed. Rio de Janeiro: Graal, 1988.

FREIRE, Paulo. *Pedagogia da Autonomia*: saberes necessários à prática educativa. São Paulo: Paz e Terra, 1997.

FRIEDMAN, Susan. Beyond White and other: relationality and narratives of race in feminist discourse. *Signs*, vol. 21, nº 01, 1995, 1-49.

FULLER, L. L. *The Morality of Law*. New Haven: Yale University Press, 1964.

GAGNEBIN, Jeanne M. *Cacos da história*. São Paulo: Brasiliense, 1982.

GARCIA, Marco Aurélio. O gênero na militância: notas sobre as possibilidades de uma outra história da ação política. *Cadernos Pagu*, n. 8/9, 1997, p. 319-342.

GARGARELLA, Roberto. *El derecho a resitir el Derecho*. Madrid: Miño y Dávila Ed., 2005.

GOLDENBERG, Mirian. Mujeres e militantes. *Revista Estudos Feministas*, v. 5, n. 2, 1997, p. 349-364.

HART. H. L. A. *El Concepto de Derecho*. Tradução de Genaro Carrió. Buenos Aires: Abeledo-Perrot, 1963.

HEILBORN, M. L. e SORJ, B. Estudos de Gênero no Brasil. In: MICELI, S. (org.) *O que ler nas Ciências Sociais Brasileiras* (1970-1995). São Paulo, ANPOCS/ Editora Sumaré, 1999.

HONNETH, Axel. *Luta por reconhecimento. A gramática moral dos conflitos sociais*. Tradução de Luiz Repa. São Paulo: Ed. 34, 2009.

HOOKS, Bell. Representing Whiteness: Seeing Wings of Desire. Yearning, race, gender and cultural politics. Boston: South End Press, 1990, p. 165-72.

——. Representing Whiteness in Black Looks: Race and Representations. Boston: South End Press, 1992.

KLÜGER, Ruth. *Paisagens da Memória*: autobiografia de uma sobrevivente do Holocausto. Tradução de Irene Aron. São Paulo: Editora 34, 2005.

LIRA, E. Recordar es volver a pasar por el corazón. In: D. Páez, J. F. Valencia, J. M. Pennabaker, B. Rimé e D. Jodelet (ed.), *Memorias colectivas de procesos culturales y políticos*. Bilbao: Universidad del País Vasco, 1998, p. 247-263.

PÉREZ, Carmem Lúcia V. O lugar da memória e a memória do lugar na formação de professores: a reivenção da escola como uma comunidade investigativa. In: Reunião Anual da ANPED, 26, 2003. Disponível em: http://www.anped.org.br/reunioes/26/trabalhos. Acesso em: 05 jun, 2008.

QUINCHE, Manuel Fernando Ramirez. *Los estándares de La Corte Interamericana y La Ley de Justicia y Paz*. Bogotá: Editorial de la Universidad del Rosario, 2009.

REVERTER, Sonia. La perspectiva de género em la filosofía. Alicante: *Feminismo/s*, 1, jun, 2003, p. 33-50.

RICOEUR, Paul. *A memória a história, o esquecimento*. Tradución de Alain François (et. al.). Campinas: Editora da Universidade de Campinas, 2007.

RIDENTI, M. S. As mujeres na política brasileira: os tempos de chumbo. *Tempo Social*, 2(2), 1990, 113-128.

ROSALDO, Z. R. e LAMPERE, L. *A mulher, a cultura e a sociedade*. Rio de Janeiro, Paz e Terra, 1979.

RUIZ, Castor M. M. Bartolomé. A justiça perante uma crítica ética da violência. In: C. M- M. Bartolomé (org.), *Justiça e Memória. Para uma crítica ética da violência*. São Leopoldo: Editora UNISINOS, 2009, p. 87-111.

SANTOS, Boaventura. Pela mão de Alice. O social e o político na pós-modernidade. São Paulo: Cortez, 2006.

——. Para uma Concepção Multicultural dos Direitos Humanos. *Contexto Internacional*. Rio de Janeiro: vol.23, n. 1, jan/jun 2001, p. 7-34.

SARTI, C. A. O feminismo brasileiro desde os anos de 1970: revisitando uma trajetória. *Estudos Feministas*, 12(2), 2004, p. 35-50.

SCHIMITT, Carl. *Teologia política*. Tradución de Elisete Antoniuk. Belo Horizonte: Ed. Del Rey, 2006.

STACY, Judith. Is Academic Feminism and Oxymoron? *Signs: Journal of Women in Culture and Society*, vol. 25, n° 4, Summer, 2000.

STOLZ, Sheila. Estado de Direito e Democracia: velhos conceitos e novas realidades frente aos direitos humanos. In: J. R. Rodriguez, C. E. Silva e Costa e S. Barbosa (org.), *Nas fronteiras do formalismo: a função social da dogmática jurídica hoje*. São Paulo: Ed. Saraiva, 2010, p. 337-372.

——. Reflexiones sobre la sentencia del Tribunal Supremo Español en el caso Adolfo Scilingo. In: S. STOLZ e G. Kyrillos (ed.), *Ensaios de Derechos Humanos e Fundamentais*. Editora Delfos: Pelotas, 2009 (a), pp. 15-23.

——. Derecho, derechos y democracia: un análisis crítico al positivismo ético. *Direito, Estado e Sociedade*. Rio de Janeiro: nº 34, jan./jun. 2009 (b), p. 212-230.

——. *El positivismo Jurídico incluyente: posibilidades y límites*. Pelotas: Editora da Universidade Federal de Pelotas, 2009 (c).

——. O Derecho a não ser discriminado por razão de gênero segundo a Scottish Court of Session: Apreciação de um Precedente Judicial. Porto Alegre: *Revista Eletrônica do Tribunal Regional do Trabalho da 4ª Região*, Edição Especial nº 07, 2006, pp. 17-25.

TUTU, Desmond. *No Future without forgiveness*. New York: Doubleday, 1999.

VELHO, G. Individualismo e cultura: notas para uma antropologia da sociedade contemporânea. 4ª ed. Rio de Janeiro: Zahar, 1997.

WRIGHT, Georg Henrik von. On Promises. *Philosophical Papers I*, 174, n°. 25, p. 83-99.

YOUNG, Iris. *Justice and the Politics of Difference*. New Haven: Princeton University Press, 1990.

——. *Intersecting Voices*: Dilemmas of Gender, Political Philosophy and Policy. New Haven: Princeton University Press, 1997.

— 16 —

A importância do Poder Judiciário para a viabilização do princípio da dignidade e da concretização da cidadania na complexa sociedade contemporânea

SONILDE KUGEL LAZZARIN[1]

Sumário: 1. Introdução; 2. A nova sociedade pluralista; 3. O novo perfil sociológico do juiz; 4. A juridicização da sociedade; 5. Conclusão; Referências.

1. Introdução

Nas últimas décadas, verifica-se um constante alargamento da importância do Poder Judiciário, que, juntamente com os demais Poderes, assume relevante papel na construção das bases da democracia representativa e participativa preconizada pela Constituição Federal de 1988, em cujo preâmbulo consta a assertiva:

> Nós, representantes do povo brasileiro, reunidos em Assembleia Nacional Constituinte para instituir um Estado Democrático, destinado a assegurar o exercício dos direitos sociais e individuais, a liberdade, a segurança, o bem-estar, o desenvolvimento, a igualdade e a justiça como valores supremos de uma sociedade fraterna, pluralista e sem preconceitos, fundada na harmonia social e comprometida, na ordem interna e internacional, com a solução pacífica das controvérsias, promulgamos, sob a proteção de Deus, a seguinte Constituição da República Federativa do Brasil.[2]

Em face das complexidades dos sistemas políticos, exige-se uma crescente atuação do Poder Judiciário, cuja ampliação decorre de várias razões, podendo-se citar como principais, as razões político-estruturais, científico-culturais e também razões sociológicas.

Dentre as razões político-estruturais, Facchini (2007, p. 139) elenca, entre outras, o constitucionalismo moderno, a crise do Poder Legislativo, o *welfare state* e sua crise, a função promocional do novo direito, a proteção dos direitos fundamentais e as novas funções do Judiciário. De acordo com Zaffaroni (1995, p. 55), o Poder Judiciário contemporâneo assume diversas funções, identificando três funções: decidir os conflitos, controlar a constitucionalidade das leis e realizar seu autogoverno. Além destas, Gomes (1997, p. 29) acrescenta a concretização dos direitos fundamentais e a

---

[1] Advogada, Especialista, Mestre e Doutoranda em Direito pela PUCRS, Professora de Direito do Trabalho e Processo do Trabalho da PUCRS e UNIRITTER. Pesquisadora do Núcleo de Pesquisas CNPQ *Estado Processo e Sindicalismo* e Pesquisadora no UNIRITTER, Grupo de Direitos Humanos e Fundamentais.

[2] BRASIL. *Constituição da República Federativa do Brasil*. São Paulo: Saraiva, 2012.

garantia do Estado Constitucional Democrático de Direito como funções do modelo democrático e independente de Poder Judiciário.

Facchini (2009, p. 11) aponta como principais razões científico-culturais da expansão da importância do Poder Judiciário: a superação do legalismo positivista, segundo o qual inexistiam incertezas, o direito estava nos textos legais, dispensando o arbítrio do intérprete, que apenas identificava e tornava explícito o significado intrínseco da norma; a nova relação do juiz com a lei, cabendo ao intérprete o papel de desenvolver o programa normativo contido na legislação e a ideia de *continuum* entre as atividades legislativa e judicial, no sentido de concretização de cláusulas gerais, de densificação de conceitos abstratos e efetividade dos princípios; a crise da teoria das fontes, segundo a qual a legislação era tida por completa, clara e coerente, resultando daí o juiz aplicador; por fim, o aporte criativo e inovador da interpretação, ou seja, a atividade decisória é criativa de direito, e não apenas declarativa. Nesse sentido, o direito positivo visto não apenas como aquele contido nas leis, ou seja, a produção da ordem jurídica abrange também a norma individualizada na sentença judicial ou na decisão administrativa.

Quanto às razões sociológicas para a ampliação da importância do Poder Judiciário, encontram-se a nova sociedade pluralista, o novo perfil do julgador e a juridicização da sociedade. Tais características serão objeto específico deste estudo e serão abordadas a seguir.

2. A nova sociedade pluralista

A sociedade sofre constante transformação. As normas, gerais e abstratas, necessitam de uma interpretação para aplicação ao caso concreto. O problema fundamental para o aplicador do direito de acordo com Coelho (2007, p. 18) "não é a distância cronológica entre a elaboração da norma e a sua aplicação, mas a distância material existente entre a necessária generalidade do seu enunciado e a singularidade do caso a decidir". De acordo com o autor, alguns juristas consideram essa distância irredutível, apresentando-se o trabalho do intérprete não apenas como explicitador de significados ocultos, mas como mediador para superar a distância real que existe entre o abstrato e o concreto, pois é somente na aplicação do texto jurídico que se revela o conteúdo significativo de uma norma, e esta cumpre sua função de disciplinar as situações concretas.

As interpretações são feitas de conformidade com a época histórica em, por isso, também sofrem constantes mudanças, dadas às renovadas exigências relativas aos valores sociais. Além disso, o Poder Judiciário encontra soluções mais rápidas para os conflitos do que as demoradas respostas legislativas,[3] na medida em que decide realizando novas leituras dos enunciados normativos existentes, criando muitas vezes modelos jurídicos novos, ou, como denomina Reale (1994, p. 70), modelos autônomos, que decorrem da aplicação do princípio de que o juiz não pode deixar de julgar alegando lacuna ou obscuridade da lei e o princípio de que na omissão da lei, deve o juiz proceder como se fora legislador.

---

[3] De acordo com BRUTAU, o legislador só se decide a atuar quando o objetivo que se propõe já está traçado por uma série de necessidades acumuladas. O legislador nos dá a sensação de um míope equipado com uma arma poderosa (BRUTAU, José Puig. *A Jurisprudência como Fonte de Direito*. Porto Alegre: Coleção AJURIS n. 5, 1977).

As interpretações nas normas sofrem alterações, não apenas sob o aspecto histórico-social de aplicação do direito, mas também em função dos diversos significados possíveis de extração, produzindo novos enunciados embora mantendo a mesma roupagem verbal, é o que se verifica da análise das divergentes decisões proferidas com base no mesmo texto legal.Desse modo, as transformações sociais deixam de ser consideradas excluídas dos modelos jurídicos, ou, como referidas por Coelho (2007, p. 27), "corrosivas revoltas dos fatos contra os códigos", para se converterem em fatores de atualização e regeneração da sua força normativa.

De acordo com Rocha (2001, p. 16-19), é fácil perceber a amplitude das transformações que provoca no direito a constatação de que o Estado deixou de ser o fundamento único da validade do poder da lei. Nesse sentido, na perspectiva da teoria sistêmica, aduz o referido autor que vivenciamos uma hipercomplexidade, que é a possibilidade de recorrer-se a diferentes sistemas para o enfrentamento de questões específicas. Não existe mais a pretensão de tomar decisões isoladas, porque essa função passou para as burocracias das organizações, ou seja, as decisões não dependem somente de indivíduos, mas das organizações. O sistema jurídico se utiliza de uma programação condicional e o direito é uma programação para decisões. Desse modo, o direito positivo, por meio da programação condicional e das expectativas normativas, reduz em grande medida a complexidade das decisões sociais, efetuando um controle do tempo. De acordo com este ponto de vista, pode-se afirmar que o sistema do direito é autopoiético, reproduzindo os seus elementos de forma condicional e diferenciando-se de suas consequências cognitivas, ou seja, o sistema do direito constituído por uma lógica que articula a repetição e a diferença.

Atualmente, convive-se com a complexidade social e a diversidade de valores e comportamentos. Trata-se de uma complexidade com muitos níveis e dimensões. Roger (1999, p. 89) salienta que a complexidade antropológica, sociológica, ética, política e histórica são os níveis mais importantes em que o homem encontra o seu modo de estar no mundo, e por isso devem ser entendidas como diferentes faces e aspectos de um mesmo fenômeno, o *fenômeno humano*. Nesse sentido, deve-se pensar em movimento aquilo que a lógica clássica pensa de maneira estática, como a identidade, o homem, a sociedade. O paradigma da complexidade mostra outras maneiras de usar a lógica, ou seja, a necessidade de incluir o terceiro em situações complexas frente a realidade do paradigma lógico da ordem.

Existem várias teorias da sociedade, com concepções diferenciadas de sociedade. Entre elas podem ser citadas a concepção estrutural-funcionalista; conflitual dicotômica e conflitual pluralista.

A teoria da sociedade estrutural funcionalista concebe a sociedade, comparada a um organismo vivo. O cientista social, para determinar as leis sociais, sempre a partir da investigação e da experimentação, deveria colocar-se numa posição semelhante àquela adotada pelos físicos, químicos, biólogos, aplicando os mesmos conhecimentos metodológicos das ciências naturais eliminando da análise qualquer juízo de valor, ideologia e posição política, assumindo uma posição de neutralidade e equidistância dos fatos. Assim, a sociedade é definida como um conjunto de indivíduos e grupos sociais integrados e complementares, cujas funções sociais são regulamentadas por um conjunto de leis e normas. Estas leis e normas expressam um consenso, que é o entendimento e a aceitação das partes em relação às suas funções.

Por conseguinte, de acordo com Bresasan (1987, p. 14 a 16) "a sociedade desenvolve formas de controle social no sentido de induzir os indivíduos a assimilarem as normas e valores e a desempenharem seus papéis sociais, tendo-se em vista a manutenção da ordem social".

O processo de institucionalização adquire relevância no sentido de padronizar os comportamentos sociais, substituir o comportamento espontâneo pelo padronizado, regular e permanente. Entretanto, a teoria não nega a mudança social, admite a mudança no sentido evolutivo, mediante o progressivo ajustamento funcional através da eliminação das disfunções e da criação de novas funções sociais. Para isso, considera de fundamental importância, o papel do Estado, para estabelecer uma ordem jurídica capaz de regulamentar e arbitrar a realidade social, concentrando o poder e a autoridade para garantir e manter a ordem social estabelecida.

A concepção conflitual dicotômica permite uma definição geral da sociedade como uma estrutura composta de partes interdependentes e contraditórias, em constante movimento e transformação, que não é simplesmente evolutivo, mas ocorre através de rupturas. Assim, aduz Bressan (1987, p. 20/21) que a estrutura social também comporta um conjunto de leis, ideias e valores, que são o reflexo do sistema de relações sociais vigentes. Essa superestrutura faz com que "todos, dominantes e dominados, internalizem, ao nível da consciência, as relações sociais como válidas e imutáveis". Entretanto, a estrutura social não é imutável, sendo dois os fatores que contribuem para a sua transformação: a contradição entre as forças produtivas e as relações de produção e a emergência da consciência crítica dos membros da classe dominada, as quais não produzem a sua consciência de forma espontânea, mas com a colaboração de organizações específicas, como sindicatos ou partidos, desenvolvendo ideias e valores próprias a sua classe, como a solidariedade, o espírito de luta e o poder objetivo que têm em suas mãos, desde que se unam e se organizem.

As sociedades modernas são dinâmicas e conflituais, caracterizam-se por diferentes grupos sociais e políticos e com interesses e valores díspares, o que torna mais difícil a interpretação uniforme das normas, levando a uma maior complexidade da função jurisdicional, que em ultima análise terá que fazer a adequação do direito ao caso concreto. Salienta Facchini (2009) que a expectativa de que o julgador encontre na moral social critérios seguros e unívocos para a avaliação do fato, seria adequada em se tratando de sociedades estáticas e homogêneas, nas quais seria possível encontrar traços de valores estáveis e coerentes, o que não é possível nas sociedades modernas em face da existência de critérios de avaliação concorrentes e contraditórios. Aduz que uma sociedade marcada por fortes conflitos, o sistema de valores expressos pela atividade judiciária dependerá em grande medida da extração social da magistratura e poderá por sua vez ser contraditória e conflitual.

Esta pluralidade vem acentuada pela novidade dos problemas que a evolução da ciência, da técnica e da economia propõem. Assim, do ponto de vista teórico a nova sociedade é responsável pela superação da concepção estrutural funcionalista da sociedade que por tanto tempo marcou a forma de pensar o social.

A sociedade, na versão funcionalista, resultava em uma estrutura dividida em funções, sistemas e subsistemas cujo pressuposto para a própria existência estava na forma de interação entre as distintas partes, ou seja, num repasse de informações de uma estrutura para outra, separado por funções e identidade. O conflito passava a ser funcional ao sistema e ao seu desenvolvimento. O advento da sociedade em rede baseada em forma de comunicações interativas obriga a pensar um social pós-estruturalista, onde os distintos setores, os diversos grupos, as instituições, as empresas passam a se sobrepor e a reinventar-se através da continua interação e do contínuo acesso aos fluxos informativos. De acordo com Di Felice (2009), "um social dinâmico e em contínuo devir, algo diferente de um organismo fechado e delimitado feito de um conjunto de órgão separados e interagentes, um social hibrido, perante o qual é necessário repensar o significado da estrutura e da ação social".

A crise da modernidade esvazia o mundo de sentido, ou seja, cria um mundo global, que na verdade não existe, o que existe é a virtualização. Tudo ocorre dentro da perspectiva do tempo real, inaugurando assim um tempo global. Existe, de acordo com Virilio (2001, p. 7-17), a possibilidade de uma tirania tecnocientífica inigualável, capaz de controlar, ao mesmo tempo, o corpo humano, o corpo social e o planeta. Salienta o autor que mais grave é a cibernética social: a eugenia, a possibilidade, graças à decodificação do código genético, de "melhorar" o homem e de chegar ao super-homem. Não se pode, segundo o autor, separar informática, genética e cibernética. Somente é possível trabalhar, hoje, com biotecnologia em face de termos a informática para decodificar a extraordinária complexidade do DNA e do código genético humano. Tudo, portanto está interligado.

Não se trata de uma simples revolução técnica, mas algo de muito mais profundo, comparável ao que foi o aparecimento do alfabeto, ou à invenção da imprensa. Esta revolução é acompanhada de uma modificação radical de nosso olhar sobre o mundo, de nossa própria maneira de ser. A cibercultura é fundamentalmente ligada à mundialização em curso e às mudanças culturais, sociais e políticas. Induzida pela mesma, apoia-se em esquemas mentais, modos de apropriação social, práticas estatísticas muito diferentes das que conhecíamos até agora. Uma questão que se coloca, é: qual será o lugar da pessoa humana num mundo cada vez mais dominado pelas máquinas e por lógicas abstratas? No centro da cibercultura se delineia um desafio profundamente ético. Mais do que definir códigos de conduta trata-se de um debate necessariamente democrático sobre o futuro da sociedade mundial.

A complexidade, além de reconhecer uma parcela inevitável de desordem e de eventualidade em todas as coisas, reconhece uma parcela inevitável de incerteza no conhecimento. É, portanto, o fim do saber absoluto e total. O princípio de separação não morreu, mas é insuficiente; é preciso separar, distinguir, mas também é preciso reunir e juntar; o princípio de ordem também não morreu, mas é preciso integrá-lo na dialógica ordem-desordem-organização. O princípio da lógica dedutivo-identitária deixou de ser absoluto, é necessário transgredi-lo.

Os governos nacionais altamente centralizados não são mais capazes de atuar localmente nem de pensar globalmente. No nível planetário, o reconhecimento de que não podemos "gerir" o planeta, mas precisamos nos integrar nos múltiplos sistemas auto-organizadores, exige, de acordo com Capra (1999, p. 389) uma ética planetária e novas formas de organização política. Entender o homem comum cosmo-psico-bio-antropossocial implica, segundo Carvalho (1999, p. 107) em devolvê-lo ao império da natureza, sem retirá-lo da república da cultura, isto é, descentrá-lo de sua superioridade, para reinseri-lo na diáspora global cósmica.

O modo de pensamento clássico torna impossível a contextualização dos conhecimentos. A ideia é a da dialógica, que permite que duas instâncias não redutíveis uma à outra e contraditórias estejam ligadas intimamente. Hoje, podemos dizer: "somos filhos do cosmos, trazemos em nós o mundo físico, trazemos em nós o mundo biológico... mas 'com' e 'em' nossa singularidade própria. Em outras palavras, entende Ardoino (2001, p.564-567) que para enfrentarmos o desafio da complexidade, precisamos de princípios organizadores do conhecimento".

Nas sociedades pluralísticas contemporâneas, desenvolveu-se uma pluralidade de novas necessidades e de novos direitos que para sua efetivação exige a atuação dos poderes estatais. Como o Poder Executivo é incapaz de atender estas necessidades e frente à morosidade e inércia do Poder Legislativo, não resta outra alternativa para satisfação de tais demandas a não ser a busca pelo Poder Judiciário. Nesse contexto esclarece Fachin (2009) que os juízes têm decidido sobre inúmeras questões, "tais como o fornecimento de remédios à pessoa portadora de enfermidades; o direito de acesso de crianças à sala de aula; o direito do deficiente ter acesso a prédios públicos". Passa o Judiciário, desse modo, a desempenhar uma nova função, de concretização dos direitos fundamentais, ou, como afirma Denti (1988, p. 19), passa a ser o árbitro destes conflitos, na medida em que o aspecto participativo da tutela dos novos direitos está exatamente nesta sua coerência com o pluralismo das nossas sociedades.

Esse pluralismo é uma decorrência natural das mudanças ocorridas na sociedade complexa e deriva de vários centros de produção do direito, não só do Estado, mas da família, do partido, do sindicato e de outros centros cujas regras poderão ser coerentes ou conflitantes.

Como consequência, o Poder Judiciário, em um determinado contexto histórico, reflete o sistema de valores. Em uma sociedade conflitual, certamente a atividade judicial resulta também em conflitual e contraditória. Inobstante tal fato, salienta Facchini (2009) que, mesmo em uma sociedade pluralista, onde estão presentes valores não hegemônicos e na qual se valoriza a diversidade, faz-se necessária a identificação de uma pauta de valores que possa servir como base para uma mínima coesão, e que o Poder Judiciário, em face de sua capilaridade e pela diversidade de seus agentes, teria melhores condições para construí-la.

Há, em síntese, uma mudança de paradigma, conforme Martins-Costa (2000, p. 276), "um processo pelo qual a cultura jurídica abandona determinado paradigma de relacionamento com as demais instâncias do todo social – o paradigma do sistema fechado, um sistema que se autorreferencia de modo absoluto – e começa a se movimentar em torno de outro paradigma, o de sistema aberto, ou sistema de autorreferência relativa".

Esta passagem representa a queda do mundo da segurança, no qual as leis eram claras, seguras, sistematicamente postas em códigos, o que permitia aos juristas abandonar-se a um tipo de interpretação estática e linear. A segurança decorria de dois vetores: o dogma da identidade entre a norma e o texto, ou seja, as disposições normativas estavam integral e substancialmente contidas no texto da norma; e a sistematicidade externa aos próprios textos legais, onde os vários ramos jurídicos eram demarcados pelos códigos correspondentes.

Atualmente, de acordo com a autora (2000, p. 276/277), vive-se no "mundo da insegurança", não residindo esta apenas em decorrência da multiplicidade dos textos legais, mas da impossibilidade de manter-se a integridade lógica do sistema em face do desenvolvimento da tecnologia, possibilitando com impensável rapidez a integração dos mercados e das comunicações, provocando a globalização econômica e cultural. Aduz que profundas fissuras fizeram ruir a tríplice ideologia que sustentava a relação sistema-código: a ideologia da sociedade, da unidade legislativa e da interpretação. A primeira dizia respeito aos valores da burguesia liberal, capaz de exprimir princípios comuns e refletir-se num determinado e firme quadro legislativo; a segunda estava expressa na compreensão do código como sistema completo, total, harmônico e autoreferente das regras concernentes à sociedade civil; a terceira ideologia a ruir era de que havia impossibilidade de opção por métodos interpretativos da lei. As prescrições legais eram vistas necessariamente na representação simples de uma plana subsunção que poderia ser operada através da dedução silogística, sem que fosse possível uma intervenção estranha às regras preestabelecidas.

Assim, essa tríplice ideologia foi esfacelada, considerando-se que em face da massificação social há um correspondente desenvolvimento irreversível de um pluralismo social. Nesse sentido, a mundialização da atividade econômica, com o surgimento de grandes empresas transnacionais, associações de grupos sociais ou categorias, novas formas de instrumentação do domínio político e social. Paralelamente a todas estas modificações dos processos de produção econômica surge uma nova modulação, novas exigências para a solução dos conflitos daí resultantes. Desse modo, de acordo com Martins-Costa (2000, p. 281) aos códigos civis foram sendo agregadas inúmeras leis especiais; não é mais possível acomodar "num mesmo e harmônico leito, todos os interesses, porque não há apenas um único sujeito social a ser ouvido, não há mais um sujeito comum, como aquele desenhado na esteira da revolução Francesa pelo principio da igualdade abstrata frente à lei".

Conclui a referida autora (2000, p. 285/286) que a esta nova cultura corresponde um novo modelo de código. O Código Civil, na contemporaneidade não mais como um modelo fechado, mas com inspiração, do ponto de vista da técnica legislativa, na Constituição Federal, que é repleta de modelos jurídicos abertos: "um código não totalitário tem janelas abertas para a mobilidade da vida", pontes que o ligam a outros corpos normativos que o vinculam aos princípios e regras constitucionais. Estas normas desenham-se da seguinte forma: buscam a formulação da hipótese legal mediante a utilização de conceitos intencionalmente imprecisos e abertos, são os chamados conceitos jurídicos indeterminados; desenham uma vaga moldura permitindo a incorporação de princípios, diretrizes e máximas de conduta estranhos ao corpo codificado, bem como a constante formulação de novas normas, as chamadas cláusulas gerais.

3. O novo perfil sociológico do juiz

A democratização da sociedade elevou o processo à condição de instrumento de atuação política, no sentido de proteger o indivíduo e as coletividades, não só do agir *contra legem* do Estado e dos particulares, mas de atribuir-lhes o poder de provocar o agir do Estado e dos particulares no sentido de se efetivarem os objetivos politicamente definidos pela comunidade, ou seja, transforma-se em instrumento de formulação e realização dos direitos, um misto de atividade criadora e aplicadora do direito ao mesmo tempo. Assim, de acordo com Passos (1988, p. 95), trata-se de um problema de ordem política, e não apenas de algo que encontrará solução no campo da dogmática jurídica; trata-se, em ultima análise, de conceder ao jurista a condição de cientista político, sob pena de se fazer "um discurso sem ouvintes e exercitarem uma ciência sem objeto".

Com base neste novo enfoque, verifica-se a superação do mito da neutralidade do juiz e do seu apoliticismo, institucionalizando-se uma magistratura socialmente comprometida e socialmente controlada, mediadora dos conflitos individuais e sociais, em que a confrontação dos interesses gere as soluções normativas de compromisso e conciliação dos contrários.

Não há, de acordo com Zaffaroni (1995, p. 29), neutralidade ideológica nas decisões dos juízes. Para ele, "a imagem de um juiz asséptico, à margem da sociedade, supõe um ente que, quando se apresta a julgar, deve atuar como um eunuco político, econômico e social, desinteressando-se do mundo fora do tribunal". Assim, de acordo com Azevedo (2000, p. 52), o juiz na sua atuação, concilia seus conhecimentos jurídicos com um saber genérico sobre produção, a função e a aplicação do direito positivo, o que exige uma reflexão multidisciplinar capaz de desvendar as relações sociais subjacentes às normas e às relações jurídicas.

O acesso à ordem jurídica justa depende também de um corpo adequado de juízes, com sensibilidade para captar a realidade social vigente, bem como as transformações sociais a que está constante e velozmente submetida a sociedade moderna, e isso reflete no recrutamento e aperfeiçoamento dos juízes. Estes devem estar inseridos na realidade social, comprometidos com o objetivo de realização da ordem jurídica justa (Watanabe, 1988, p. 134).

Diferentemente da magistratura do século XIX, cujos juízes compartilhavam os mesmo valores e ideologias da classe dominante, atualmente ocorre uma maior diversidade cultural e ideológica, o que se faz essencial em face do acentuado pluralismo social. Bonavides (2001, p. 540) introduz o conceito de juiz social, aquele que incorpora em seu aparelho de reflexão e entendimento "uma vasta e sólida pré--compreensão das questões sociais, pressuposto inalterável de toda a hermenêutica constitucional e de seu conceito de concretização".

Analisando a criatividade jurisprudencial e a autonomia política, Guarnieri (1993, p. 27 e ss) aponta quatro modelos de juiz: o juiz-executor; o juiz-delegado; o juiz-guardião e o juiz-político. No primeiro modelo, o juiz executor não deve fazer política e nem pode se contrapor às instituições representativas, vistas como a sede da soberania popular. Nessa concepção, que está intimamente relacionada com o processo de codificação do século XIX, cabe ao legislador definir o sentido do direito. O juiz apenas executa a vontade da lei; tem como principais características a baixa autonomia e a baixa criatividade. No segundo, o juiz-delegado, embora haja o reconhecimento da ação política do juiz, bem como o fato de que nem sempre o ordenamento jurídico oferece regras claras e precisas para a solução do conflito, o juiz deve agir como se fosse o legislador. Tem alta criatividade, mas baixa independência, pois o juiz é um delegado dos demais poderes, mantendo-se um mínimo de previsibilidade jurídica. O juiz-guardião tem alta independência, e seu objetivo é proteger a Constituição e a legislação ordinária dos ataques que maiorias conjunturais e passionais intentarem. Deve, portanto, opor-se à comunidade e aos demais poderes sempre que houver ameaça à Constituição, tendo esta como limite para sua atuação. O último, o juiz-político, combina alta autonomia política e alta criatividade judicial. Nesse modelo há identificação do juiz a um ator político, não significando que tenha total liberdade, pois há textos a interpretar, procedimentos e hierarquias a respeitar.

Salienta Campilongo (2002, p. 57/58) que a parcialidade, contestação à lei e intromissão em funções alheias são as principais críticas formuladas contra o juiz-político. Aduz o autor que a crítica relativa à parcialidade diz respeito ao juiz que cede à pressão de partidos grupos ou personalidades da política, demonstrando que o que é inaceitável é a partidarização da atividade judicial. O equivoco está em entender a politização do juiz como sinônimo de atuação partidária, o que absolutamente não é real.[4] A segunda critica, decorre do mito da completa submissão do juiz à lei. Neste modelo, o juiz se afastaria da solução normativa para decidir com parâmetros ideológicos. Aqui também reside um erro, na medida em que "a politização da magistratura é expressão de um aumento das possibilidades de escolha e decisão e não de um processo de contestação ou negação da legalidade. Por fim, a terceira crítica identifica a politização da magistratura com a assunção de tarefas que caberiam ao político". Também o ataque é inconsistente, na medida em que os mecanismos da política tradicional (parlamentares, partidos...) não são capazes de gerar consenso ou agregação de interesses, o que leva a uma descrença do cidadão para com a política, passando a ver o Poder Judiciário como instância habilitada a superar a paralisia, a ineficácia e a corrupção do sistema político.

Na Itália, esse processo é mais acentuado. A politização do Judiciário vem definida como o desempenho de um papel de substituição do político pelo magistrado, enumerando três características básicas da magistratura italiana: alto grau de independência; magistratura treinada no histórico combate ao terrorismo, ao crime organizado e à corrupção política; e, por fim, é uma magistratura que atua frente a um sistema político-partidário desmantelado, mas, ainda assim, "protagonista de uma larguíssima e peculiar produção legislativa", o que leva a magistratura independente e criativa na aplicação de um direito novo, emergencial e carente da devida complementação de conteúdo. O juiz, mesmo diante de uma legislação omissa ou passível de várias interpretações, decidirá os conflitos com fundamento no ordenamento jurídico, sendo inimaginável que o juiz possa decidir à margem de qualquer referência interna ao sistema jurídico (Campilongo, 2002, p. 59).

Logicamente que para se ter um Judiciário eficiente, célere e acessível, requer-se também um olhar sobre o sistema de recrutamento dos juízes. No Brasil, adverte Nalini (2000, p. 148/156), os concursos são realizados utilizando-se como metodologia a aferição do conhecimento jurídico, onde os candidatos passam por provas escritas, orais, entrevistas, avaliação psicossocial e finalmente nomeação dos aprovados. Questiona-se legislação, doutrina e jurisprudência. Daí, segundo o autor, o sucesso dos cursos preparatórios com técnicas de memorização e até treino de *performance* do candidato perante a banca. Aprovado em rigorosa seleção, tem relevantes moti-

---

[4] Os juízes exercem atividade política em dois sentidos: por serem integrantes do aparato de poder do Estado, que é uma sociedade política, e por aplicarem normas de direito, que são necessariamente políticas (DALLARI, Dalmo de Abreu. *O Poder dos Juízes*. São Paulo: Saraiva, 2002, p. 87).

vos para elevar sua autoestima, sua sapiência já foi comprovada. Além disso, corre o risco de se distanciar da comunidade "o mito da inércia do Judiciário, o dogma da imparcialidade e da neutralidade conferem-lhe uma aura de distanciamento. Sobrepaira em relação aos mortais, decidindo sobre seus destinos: liberdade, patrimônio, honra e interesses".[5]

O Judiciário brasileiro, de acordo com o mesmo autor, foi desenhado para uma sociedade estável que na realidade é instável e contraditória, caracterizando-se por fortes desigualdades sociais, regionais e setoriais e por uma subsequente explosão de litigiosidade.

Analisando as novas funções do Judiciário e dentro do novo contexto social, Santos (2000) aponta as principais características do novo perfil do magistrado. Entende que a primeira diz respeito à substituição da cultura normativista, técnico-burocrática por uma cultura judicial democrática: uma cultura que tem a justiça como estratégia e que permita tratar os processos e a atividade judicial estrategicamente. É exatamente com esta visão estratégica e de direitos humanos que os cidadãos veem uma luz diferente. Diz o autor "Por que razão é que só tem direito a um zelo adicional do magistrado o cidadão que está preso? Até pode ser um cidadão muito rico. E o que está com fome? E o que está na emergência de ser despejado? E aquele que foi despedido, que está na miséria e não tem nenhuma rede de segurança? E aquele que perdeu o direito à sua segurança social? As formas de vulnerabilidade são muito amplas, o tratamento delas, neste momento, é extremamente seletivo".

Quanto à nova cultura, distingue o autor, a necessidade de cinco distintas manifestações: a primeira, uma visão estratégica dos processos. Os processos não são meramente burocráticos. Trata-se de pessoas, com aspirações e interesses diferentes com poderes diferentes na sociedade, daí a necessidade de ter uma concepção de direito como fenômeno social. .Em segundo lugar, não faz sentido tentar contrapor uma cultura geral a uma cultura técnica. O importante é criar uma cultura judicial nova, política e democrática, e não justapor a cultura geral a uma cultura técnico-burocrática. A terceira manifestação é que o grande princípio da igualdade de todos perante a lei tem que ser efetivamente realizado. Os magistrados não podem ter medo de estar numa sociedade com conflitos. A lógica das sociedades para que caminhamos é uma lógica de conflitos, não é uma lógica de consensos. A palavra consenso é, hoje, a palavra mais usada pelos políticos; enquanto que a prática dos cidadãos é cada vez mais de conflito, nos seus lugares de trabalho ou nas próprias famílias. Por fim, a complexidade das novas funções vai exigir um grande processo de aprendizagem. É preciso aprender muitas outras áreas para além do direito: técnicas contabilísticas, economia, psicologia, antropologia, sociologia, para entender essa realidade, e isso faz parte da cultura. A quinta manifestação é que esse novo perfil de uma cultura judiciária, po-

---

[5] Este pensamento pode ser ilustrado com o texto constante de uma sentença: "A liberdade de decisão e a consciência interior situam o juiz dentro do mundo, em um lugar especial que o converte em um ser absoluto e incomparavelmente superior a qualquer outro ser material. A autonomia de que goza, quanto à formação de seu pensamento e de suas decisões, lhe confere, ademais, uma dignidade especialíssima. Ele é alguém em frente aos demais e em frente à natureza; é, portanto, um sujeito capaz, por si mesmo, de perceber, julgar e resolver acerca de si em relação com tudo o que o rodeia. Pode chegar à autoformação de sua própria vida e, de modo apreciável, pode influir, por sua conduta, nos acontecimentos que lhe são exteriores. Nenhuma coerção de fora pode alcançar sua interioridade com bastante força para violar esse reduto íntimo e inviolável que reside dentro dele. Destarte, com a liberdade e a proporcional responsabilidade que é conferida ao Magistrado pelo Direito posto, passa esse Juízo a fundamentar o seu julgado" (PARAÍBA. Tribunal Regional do Trabalho da 13ª Região. Única Vara do Trabalho de Santa Rita-PB. Processo nº 017018.2007.027.13.00-6. Disponível em: http://www.trt13.jus.br/consulta/redirecionaConsulta.jsp).

lítica e democrática, vai criar mais divisão dentro das próprias magistraturas e esses conflitos têm que ser assumidos e institucionalizados.[6]

Por fim, complementa Santos (2000, p. 7-26) a necessidade de observância de determinados princípios gerais para a nova formação, seleção e recrutamento dos juízes. Dentre eles, destaca que a formação inicial não tem que estar em exclusivo nas faculdades de direito, Aqueles magistrados que não têm uma formação de base em direito têm, naturalmente, que aprender elementos de direito relativamente seguros, mas os magistrados que têm uma formação em direito têm que aprender outras áreas das ciências sociais e humanas, da ciência política, que os outros, eventualmente, terão; a formação permanente e complementar; e o terceiro princípio deste novo perfil é que a formação não pode continuar a ter o mesmo perfil generalista; a formação tem que ser específica porque as funções vão ser cada vez mais complexas e específicas.

Considerando-se o novo perfil do magistrado, o referido autor propõe as mudanças que deveriam ocorrer para o recrutamento e a seleção dos magistrados. Entende que deve ser pluralístico, não necessariamente apenas por concurso público. Pode haver outras formas de nomeação, através da valorização da experiência profissional; a vitaliciedade não deve ser um dado de fato, mas uma conquista. Propõe que, tal como para a universidade, em que só depois do doutoramento é que se passa a ter um cargo vitalício, no primeiro tempo da formação do magistrado, essa formação seja fora do quadro e não dentro do quadro. Entende, ainda, que mesmo quando entram em funções judiciais, não podem ter, imediatamente, todas as funções de competência genérica. É bom que passem uns anos a resolver cobrança de dívidas, bagatelas penais. É bom porque isso é uma tarimba, e, digamos assim, permite que o conhecimento vá crescendo com a prática judiciária. Finalmente, é muito importante que os sistemas de avaliação e de disciplina sejam rígidos, mas sempre com duas fases: primeiro, a avaliação pedagógica; segundo, a avaliação repressiva. Conclui que à "medida que formos criando esta cultura, estaremos, de fato, a movimentar-nos da pré-história para a história do debate da justiça: a história sobre a qualidade da nossa justiça."

4. A juridicização da sociedade

Por "juridicização", ou "judicialização" e, ainda "juridificação", entenda-se o fenômeno descrito por diversos autores e perspectivas teóricas e que gira em torno da crescente importância do poder Judiciário e do sistema jurídico na mediação das relações sociais, políticas e econômicas (Mello, 2005).

---

[6] Na Itália, por exemplo, durante um tempo, foram três as grandes correntes políticas da magistratura. Em Portugal, lutou-se para se ultrapassar as divisões iniciais para que houvesse apenas uma estrutura organizativa e associativa da magistratura. Na verdade, esta união teve uma grande vantagem – deu uma grande força e coesão às lutas corporativas das magistraturas –, mas teve um grande custo. Os magistrados de esquerda assumiram o controlo de magistraturas predominantemente de direita para fazerem, basicamente, uma política conservadora. Porque a política conservadora, traduzida nos privilégios, nas remunerações, nos estatutos, era a única que dentro das magistraturas podia unir a direita e a esquerda.A tendência dos dirigentes associativos foi ir para o que os unia e não para o que os dividia. Esta situação, em meu entender, teve consequências negativas ao não permitir que as clivagens ideológicas, desde que regularizadas, pudessem permitir novas interpretações do direito e o surgimento de escolas de direito alternativo, que dessem hoje ao público a ideia de que afinal a magistratura não pode ser toda metida no mesmo saco. SANTOS, Boaventura de Sousa. Que formação para os magistrados nos dias de hoje? *Revista do Ministério Público*. – Lisboa – Ano 21, nº 82 (Abril-Junho 2000), p. 7-26. Disponível em http://www.crise-da-justica.com/Que%20forma%C3%A7% C3%A3o%20para %20os%20magistrados.htm. Acesso em 26.09.2009).

A crescente juridicização dos conflitos político-sociais justifica-se em face da crescente discussão sob o ponto de vista jurídico dos referidos conflitos. Salienta-se que reconhecidamente há outras formas de atuação das instituições jurídicas que não necessariamente levam ao Judiciário.

A complexidade é a principal característica das sociedades modernas, atingindo não apenas a estrutura da sociedade e as atividades econômicas, pela multiplicidade de campos de atuação e pelos conhecimentos especializados que tais atividades reclamam, como também atingem o cidadão em suas múltiplas atividades e em sua vida relacional presidida pela economia de massa, disciplinada por um emaranhado de leis e orientada por uma massa assistemática de informações de todas as espécies, além da velocidade em que ocorrem as transformações sociais no mundo contemporâneo, imperceptível até mesmo ao segmento mais instruído da sociedade (Watanabe, 1988, p. 131).

Estas circunstâncias, de acordo com Watanabe (1988, p. 131), têm gerado algumas consequências, tais como: o incremento assustador de conflitos de interesses, muitos de configuração coletiva; impossibilidade de conhecimento da existência de um direito principalmente pela camada mais humilde da população; e a impossibilidade de avaliação crítica do sistema jurídico. Todos estes aspectos devem ser enfrentados para que se possa atingir o ideal de acesso à Justiça.

O Ministro do Superior Tribunal de Justiça Luiz Fux, comentando as mudanças no Código de Processo Civil, referiu que "há uma verdadeira orgia legislativa em nosso país: toda semana sai uma reforma no Código de Processo Civil e isso gera insegurança. Não há nada mais instável para o profissional do que a cada semana uma nova lei ser editada, às vezes até surpreendendo os advogados e operadores do Direito em geral", criticou o Ministro. No entanto, considera as constantes mudanças um mal necessário para a agilização dos processos, entende que "todas essas reformas que não param de acontecer estão sendo levadas a efeito primeiramente para tornar a jurisdição a função mais popular possível. Por outro lado, o que se pretende através dessas reformas é tornar o processo mais eficiente" (Fux, 2009).

Vivemos numa sociedade pluralista, na qual se encontram diversas religiões, concepções filosóficas, ideologias, sistemas de valores que, fundamentados em diferentes movimentos históricos, propõem-se a construir uma nova sociedade. A legislação, em todas as suas formas, aumenta largamente em todas as sociedades contemporâneas; a cada problema, edita-se uma nova lei. Nesse contexto, poder-se-ia pensar que os inúmeros textos legais poderiam dispensar ou reduzir a criação jurisprudencial do direito. Cappelletti (1993, p. 18) observa que ocorre o inverso, ou seja, quanto mais leis são editadas, mais se necessita da intervenção judicial na formação do direito.

Adverte Cappelletti (2002, p. 161) que o surgimento do enfoque do acesso à justiça é uma razão para que se encare com otimismo a capacidade dos sistemas jurídicos modernos em atender as necessidades que reivindicam seus direitos, mas "é preciso que se reconheça, que as reformas judiciais e processuais não são substitutos suficientes para as reformas políticas e sociais".

Sobre as incertezas da era contemporânea na esfera econômica, que repercutem mais nos diversos conflitos sociais, amplia-se a importância do Poder Judiciário para efetivação dos princípios da dignidade da pessoa humana e a concretização da cidadania.

5. Conclusão

A sociedade está em constante transformação. Atualmente, vivemos com a cultura da complexidade, do não linear, do multidimensional que integra a dinâmica social. Os fatos são percebidos com clareza e, ao mesmo tempo, com uma ambiguidade que impossibilita a criação de uma linguagem que possa conter toda a complexidade inerente à mensagem.

Nesta perspectiva, incumbe ao Direito debruçar-se sobre esse caldo cultural no sentido de uma compreensão ética, voltado para um pensamento subjetivo que retire essa ideia de absoluto e pense no fragmento. O Direito precisa se reorganizar para ter uma maior compreensão, para poder pensar nesta ética. Inobstante o fato da sociedade contemporânea, identificada pela complexidade social, a incerteza dos riscos e a imprevisibilidade dos acontecimentos, conviver com a velocidade da luz, há de se pensar, também, que o processo possui outra velocidade, que requer um tempo próprio, ou seja, requer a sua temporalização, desagregando-se da velocidade do instante, a fim de observar princípios basilares constitucionais.

Apesar disso, forçoso admitir que, inobstante o descompasso entre o tempo do processo e a virtualização dos fatos e fenômenos sociais, já que tudo ocorre dentro da perspectiva do tempo real, o Poder Judiciário é, dentre os demais poderes, aquele que mais rapidamente encontra soluções para os conflitos sociais.

Diante das sociedades modernas, dinâmicas e conflituais, caracterizadas por diferentes grupos sociais e políticos e com interesses e valores variados, torna-se mais difícil também a interpretação uniforme das normas, levando a uma maior complexidade da função jurisdicional, que em ultima análise terá que fazer a adequação do direito ao caso concreto. Além disso, nas sociedades pluralistas desenvolveram-se novas necessidades e novos direitos, exigindo para sua efetivação a atuação dos poderes estatais. Dada a incapacidade do Poder Executivo, e frente à morosidade e inércia do Poder Legislativo, a procura pelo Poder Judiciário tem sido o caminho encontrado para viabilizar a concretização de tais direitos.

Assim, verifica-se a importância da superação do mito da neutralidade do juiz e do seu apoliticismo, institucionalizando-se uma magistratura mediadora dos conflitos individuais e sociais, e com sensibilidade para captar a realidade social vigente, bem como as transformações sociais a que está constante e velozmente submetida à sociedade moderna.

Referências

ARDOINO, Jacques. A Complexidade *in* MORIN, Edgar. *A Religação dos Saberes: O Desafio do Século XXI*. Rio de Janeiro : Bertrand Brasil, 2001, p. 464-567.

AZEVEDO, Plauto Faraco de. *Direito, Justiça Social e Neoliberalismo*. Porto Alegre: RT, 2000.

BONAVIDES, Paulo. *Curso de Direito Constitucional*. São Paulo: Malheiros, 2001.

BRASIL. *Constituição da República Federativa do Brasil*. São Paulo: Saraiva, 2012.

BRESSAN, Suimar; PACHECO, Eliezer. *Introdução à Teoria da Sociedade e Estado*. Ijui: Unijui, 1987.

BRUTAU, José Puig. *A Jurisprudência como Fonte de Direito*. Porto Alegre: Coleção AJURIS n. 5, 1977.

CAMPILONGO, Celso Fernandes. *Política, Sistema Jurídico e Decisão Judicial.* São Paulo: Max Limonad, 2002.

CAPPELLETTI, Mauro. *Juízes Legisladores?* Porto Alegre: Sergio Antonio Fabris Editor, 1993.

——; GARTH, Bryant. *Acesso à Justiça.* Porto Alegre: Sergio Antonio Fabris, 2002.

CAPRA, Fritjof. O Ponto de Mutação: A Ciência, a Sociedade e a Cultura Emergente. São Paulo: Cultrix, 1999.

CARVALHO, Edgard de Assis. Complexidade e Ética Planetária in Pena-Vega, Alfredo. *O Pensar Complexo: Edgar Morin e a Crise da Modernidade.* Rio de Janeiro: Garamond, 1999.

COELHO, Inocêncio Mártires. *Interpretação Constitucional.* São Paulo: Saraiva, 2007.

DALLARI, Dalmo de Abreu. *O Poder dos Juízes.* São Paulo: Saraiva, 2002.

DENTI, Vittorio. Giustizia e Partecipazione Nella Tutela dei Nuovi Diritti in GRINOVER, Ada Pellegrini; DINAMARCO, Cândido Dinamarco; WATANABE, Kazuo (Coord). *Participação e Processo.* São Paulo: RT, 1988.

DI FELICE, Massimo. *As Formas Digitais do Social e os Novos Dinamismos da Sociabilidade Contemporânea.* Disponível em http://www.vertent.net/abrapcorp/ www/trabalhos/gt3/gt3_felice.pdf. Acesso em 23.09.2009.

FACHIN, Zulmar. *Funções do Poder Judiciário na Sociedade Contemporânea e a Concretização dos Direitos Fundamentais.* Disponível em http://www.opet.com.br/revista/direito/primeira_edicao/artigo_Zulmar_Fachin_funcoes.pdf Acesso em 24.09.2009.

FACCHINI NETO, Eugênio. *A Expansão do Poder Judiciário no Mundo Contemporâneo:* Razões, Tendências, Disfunções e Limites. Porto Alegre: Texto Doutorado Direito PUCRS, 2009.

——. O Judiciário no Mundo Contemporâneo. *Revista AJURIS* 108 – Ano XXXIV – Dezembro – 2007.

FUX, Luiz. STJ Comenta Mudanças no Código de Processo Civil. Disponível em http://www.univercidade.edu/uc/ci/noticias/n_ant/n_ministrofux.htm. Acesso em 27.09.2011.

GOMES, Luiz Flávio. *A Dimensão da Magistratura no Estado Constitucional e Democrático de Direito.* São Paulo: Revista dos Tribunais, 1997.

GUARNIERI, Carlo; PEDERZOLI, Patrizia. *Magistratura e Politica in Italia.* Pesi Senza Contrappesi. Bologna: Il Mulino, 1993.

MARTINS-COSTA, Judith. *A Boa-Fé no Direito Privado.* São Paulo: RT, 2000.

MELLO, Marcelo Pereira de. Sociologias do Direito: Historicismo, Subjetivismo e Teoria Sistêmica. *Revista de Sociologia e Política,* n. 25 – Curitiba Nov. 2005. Disponível em http://www.scielo.br/scielo.php?pid=S0104-44782005000200012 &script=sci_arttext#back5. Acesso em 25.01.2012.

NALINI, José Renato. *O Juiz e o Acesso à Justiça.* São Paulo: RT, 2000.

PASSOS, Calmon de. Processo e Democracia in GRINOVER, Ada Pellegrini; DINAMARCO, Cândido Dinamarco; WATANABE, Kazuo (Coord). *Participação e Processo.* São Paulo: RT, 1988.

PARAÍBA. Tribunal Regional do Trabalho da 13ª Região. *Única Vara do Trabalho de Santa Rita-PB.* Processo nº 017018.2007.027.13.00-6. Disponível em: http://www.trt13.jus.br/consulta/redirecionaConsulta.jsp. Acesso em 22.03.2012.

REALE, Miguel. *Fontes e Modelos do Direito.* Para um Novo Paradigma Hermenêutico. São Paulo: Saraiva, 1994.

ROCHA, Leonel Severo. Prefácio in SCHWARTZ, Germano. *Direito à Saúde:* Efetivação em uma Perspectiva Sistêmica. Porto Alegre: Livraria do Advogado, 2001.

ROGER, Emilio. Uma Antropologia Complexa para entrar no Século XXI in PENA-VEJA, Alfredo; NASCIMENTO, Elimar Pinheiro do. *O Pensar Complexo.* Edgar Morin e a Crise da Modernidade. Rio de Janeiro: Garamond, 1999.

SANTOS, Boaventura de Sousa. Que formação para os magistrados nos dias de hoje? *Revista do Ministério Público.* Lisboa. Ano 21, nº 82 (Abril-Junho 2000).

VIRILIO, Paul. Da Política do Pior ao Melhor das Utopias e à Globalização do Terror in *Revista FAMECOS.* Porto Alegre, nº 16, dezembro 2001, p. 7-17.

WATANABE, Kazuo. Acesso à Justiça e Sociedade Moderna, in GRINOVER, Ada Pellegrini; DINAMARCO, Cândido Dinamarco; WATANABE, Kazuo (Coord). *Participação e Processo.* São Paulo: RT, 1988, p. 131/132.

ZAFFARONI, Eugênio Raúl. *Poder Judiciário:* Crise, Acertos e Desacertos. São Paulo: Revista dos Tribunais, 1995.

— 17 —

Usucapião familiar: uma forma de solução de conflitos no Direito de Família ou (re)criação de outros?

TULA WESENDONCK

Sumário: Introdução; A nova legislação; Os problemas da nova lei; Conclusão; Bibliografia.

Introdução

O Direito de Família é uma das matérias que mais inovações sofreu nos últimos anos, não somente pela entrada em vigor do Código Civil de 2002, responsável pela sedimentação de muitas orientações consagradas na doutrina e na jurisprudência, mas também pelas alterações ocorridas depois de sua entrada em vigor.

As mudanças no Direito de Família foram profundamente impactantes, trouxeram alterações no âmbito do Direito Pessoal e também no âmbito do Direito Patrimonial, mas talvez nenhuma delas apresentou tanta perplexidade quanto a que foi trazida pela Lei 12.424/11.

A Lei 12.424/11 tem sido vista com surpresa, para não usar o termo *estranheza*, no meio acadêmico e jurídico, pois incluiu no art. 1240 do Código Civil de 2002 uma alínea que instaura uma nova modalidade de usucapião, que tem sido denominada por "usucapião pró-familiar" ou então "usucapião por abandono de lar".

A própria denominação do termo utilizado para definição da nova modalidade de usucapião já é objeto de repulsa nos meios acadêmicos, pois o termo abandono de lar é uma figura ultrapassada no Direito de Família, tendo em vista que a discussão a respeito da existência ou não da culpa para rompimento de vínculos matrimoniais ou de uniões estáveis passou a ser irrelevante e até mesmo repudiada no cenário atual, já que a doutrina comemorava fervorosamente o fato de as mudanças no Direito de Família terem eliminado a aferição de culpa como requisito para a atribuição de qualquer efeito jurídico, no que concerne à dissolução do vínculo conjugal, na concessão de alimentos e na partilha de bens.

Além disso, a legislação trouxe uma série de dúvidas no que diz respeito ao cumprimento dos seus requisitos e também da possibilidade de reconhecimento dessa espécie de usucapião a casos não previstos na legislação.

Em virtude disso, torna-se necessário o estudo da inovação legislativa, pois dependendo da forma como a legislação for interpretada, os seus efeitos poderão ser extremamente prejudiciais. Assim, este artigo tem como objetivo apresentar as peculiaridades da legislação e os caminhos iniciais que podem ser seguidos para uma interpretação adequada aos princípios jurídicos e regras do Direito de Família.

A nova legislação

A Lei 12.424/11 trouxe para o Direito brasileiro uma série de inovações com o objetivo de regulamentar matéria objeto da Medida Provisória 514/10, que dispunha sobre o funcionamento da política pública conhecida como "Programa Minha Casa Minha Vida".

O Projeto de transformação da Medida Provisória em lei tramitou no primeiro semestre de 2011 em caráter de urgência. Essa rápida tramitação talvez tenha sido responsável pelo fato de a comunidade acadêmica não ter participado ativamente da discussão da matéria, o que poderia ter evitado alguns equívocos que a legislação apresenta.

A Medida Provisória 514/10 não tratava da viabilidade de reconhecimento de usucapião entre os cônjuges, e não incluía a alteração prevista no art. 1240-A.

Tal alteração foi objeto de redação na Câmara dos Deputados por proposição do Deputado André Vargas do PT/PR, que incluiu então a possibilidade de reconhecimento de usucapião pró-familiar, com o objetivo de permitir o "fortalecimento das mulheres como chefes de família".

A lei foi dirigida a um segmento específico da sociedade, com a finalidade de autorizar que mulheres de baixa renda, incluídas no rol das pessoas que poderiam se beneficiar do "Programa Minha Casa Minha Vida", e que são "abandonadas pelos maridos", pudessem garantir a aquisição da propriedade exclusiva de um bem imóvel através de usucapião.

A conclusão de que a lei teria esse objetivo pode ser retirada das palavras do próprio Deputado, a se ver: "O Minha Casa, Minha Vida tem como prioridade as mulheres. Vamos possibilitar a assinatura de convênio pelas mulheres, é o chamado usucapião pró-familiar, que pode ser usado quando o cônjuge não estiver mais no lar, possibilitando a resolução da posse".[1]

Outra conclusão que se pode tirar das palavras do Deputado André Vargas é que a alteração legislativa tinha por objetivo reconhecer o acesso à moradia àquelas mulheres, que mesmo abandonadas pelos maridos ou companheiros, pudessem buscar a regularização de sua posse e por consequência a aquisição de propriedade.

A redação sugerida pelo Deputado André Vargas foi aprovada pelo Senado Federal, e a lei foi sancionada em junho de 2011.

Assim, com base na redação do art. 9º da Lei 12.4242/11, o art. 1.240 do Código Civil de 2002, que trata da aquisição da propriedade por meio da usucapião especial urbana, passa a contar com a alínea A, que irá dispor da matéria da seguinte forma:

> Art. 9º A Lei nº 10.406, de 10 de janeiro de 2002, passa a vigorar acrescida do seguinte art. 1.240-A:
> Art. 1.240-A. Aquele que exercer, por 2 (dois) anos ininterruptamente e sem oposição, posse direta, com exclusividade, sobre imóvel urbano de até 250m² (duzentos e cinquenta metros quadrados) cuja proprie-

---

[1] Informação retirada do site do Deputado Andre Vargas http://www.andrevargas.com.br/noticias/?id=2438, acesso em 10 de agosto de 2011.

dade divida com ex-cônjuge ou ex-companheiro que abandonou o lar, utilizando-o para sua moradia ou de sua família, adquirir-lhe-á o domínio integral, desde que não seja proprietário de outro imóvel urbano ou rural.

§ 1º O direito previsto no *caput* não será reconhecido ao mesmo possuidor mais de uma vez.

§ 2º No registro do título do direito previsto no *caput*, sendo o autor da ação judicialmente considerado hipossuficiente, sobre os emolumentos do registrador não incidirão e nem serão acrescidos a quaisquer títulos taxas, custas e contribuições para o Estado ou Distrito Federal, carteira de previdência, fundo de custeio de atos gratuitos, fundos especiais do Tribunal de Justiça, bem como de associação de classe, criados ou que venham a ser criados sob qualquer título ou denominação.[2]

A finalidade da lei foi atingir determinado setor da sociedade que necessitava de proteção, porém a solução apontada pela legislação de alterar o dispositivo do Código Civil de 2002 pode ser desastrosa em virtude dos prejuízos que a sua aplicação literal ou interpretação conforme a "vontade do legislador" poderá acarretar.

A incidência genérica de uma lei que é dirigida a um caso específico, como é o caso da aplicação do art. 1240 A, poderá ser perigosa, pois poderá violar uma série de princípios do Direito de Família e do Direito das Coisas, podendo representar grande retrocesso a respeito de matérias que ao longo de décadas foram sendo superadas pela sociedade e pelo Direito, tais como as noções de "chefe de família" e "abandono do lar".

Os problemas da nova lei

A nova legislação apresenta uma nova espécie de usucapião, denominada usucapião familiar, na qual "Aquele que exercer, por 2 (dois) anos ininterruptamente e sem oposição, posse direta, com exclusividade, sobre imóvel urbano de até 250m² (duzentos e cinquenta metros quadrados) cuja propriedade divida com ex-cônjuge ou ex-companheiro que abandonou o lar, utilizando-o para sua moradia ou de sua família, adquirir-lhe-á o domínio integral, desde que não seja proprietário de outro imóvel urbano ou rural."

Para exame da extensão da norma é necessário refletir sobre os requisitos previstos no texto legal.

1) O *prazo* do exercício da posse é substancialmente menor que qualquer prazo de prescrição aquisitiva mencionado no Código Civil de 2002. Basta comparar com os prazos de usucapião constitucional, que são os casos de menor prazo de usucapião sobre imóveis e nos quais a prescrição aquisitiva ocorre em 05 anos. Também vale referir o caso de bens móveis, nos quais a prescrição se implementa em 03 anos para os casos de boa-fé e justo título e 05 anos para os casos de usucapião extraordinário.

Segundo a lei, o afastamento do lar terá como efeito a perda do direito de propriedade pelo decurso do prazo de dois anos, em outras palavras: o cônjuge adquire direito a propriedade que pertencia ao outro em um prazo de dois anos, sem atendimento de requisitos que comumente são exigidos para a usucapião.

É preciso examinar esse exíguo prazo de afastamento do lar como causa de perda da propriedade em conjunto com a disposição constitucional do art. 5º, LIV, segundo o qual ninguém será privado de seus bens sem o devido processo legal, pois a complexidade das relações familiares não permite efeitos tão fortes pelo simples

---

[2] Conforme consulta ao texto da Lei 12.424/2011 no site http://www6.senado.gov.br/legislacao/ListaTextoIntegral.action?id=243567&norma=263696, acesso em 10 de agosto de 2011.

decurso do tempo. Veja-se, por exemplo, que esse período de dois anos pode ser o prazo no qual as partes estão definindo se devem dar mais uma chance ao relacionamento ou devem por fim ao mesmo.

Esse é um período em que muitos casais separados de fato ainda não tomaram nenhuma medida quanto à definição da partilha de bens porque estão elaborando a ideia de separação ou reconciliação. E por conta disso não se pode considerar que o período de indecisão possa reverter na conclusão de abandono da posse, sem que exista um ato voluntário dirigido a tal fim.

2) O imóvel deve ser restrito a um imóvel urbano de até 250 m².

A lei não contempla as situações de aquisição de imóvel rural e também não excepciona aquelas situações em que um imóvel de 250 m² pode ter valor elevado (por exemplo: um apartamento situado em uma área nobre da cidade pode nem chegar a 250 m² e valer R$ 1.000.000,00).

A lei também não reconhece a viabilidade de usucapião entre os cônjuges se o imóvel, mesmo sendo de baixo valor, tiver mais do que 250m².

Além disso, a lei não trata de possibilidade de aquisição da propriedade de bens móveis.

Em suma, a lei não trata da viabilidade de usucapião entre cônjuges e companheiros sobre outras espécies de bens comuns e isso pode trazer o risco de que se forme uma interpretação equivocada no sentido de que somente seria viável a modalidade de usucapião entre cônjuges e companheiros prevista no art. 1.240 – A do CC.

3) A lei se refere a imóvel cuja *propriedade seja dividida com ex-cônjuge ou ex-companheiro*.

A leitura do artigo sugere o pressuposto de ser o imóvel de propriedade do casal, tratando-se de imóvel comum. Assim, o instituto deve ser analisado com cautela porque ao mesmo tempo em que irá reconhecer a propriedade de um dos cônjuges ou companheiros irá determinar a perda da propriedade do outro num prazo muito curto, considerando-se, para essa qualificação, a específica ambiência do Direito de Família. A saída do lar conjugal pelo prazo de 02 anos não pode determinar como penalidade a perda do bem imóvel, pois seria a segurança esperada pelas regras dos regimes de bens e se violaria frontalmente tanto o art. 5º, XXII (direito de propriedade), como o art. 5º, LIV (devido processo legal), da CF.

4) A lei refere o *abandono do lar* como início da contagem do prazo prescricional.

O fato que autoriza o reconhecimento de usucapião de bem comum a um dos condôminos é o abandono da posse, porque pode um dos cônjuges se afastar do lar conjugal e continuar exercendo posse, mesmo que indireta sobre o bem.

Assim, talvez a melhor orientação seria no sentido de interpretar a expressão abandono do lar como abandono da posse, pois a essa segunda ideia está carregada com um sentido próprio do Direito de Família já superado, não sendo adequado reintroduzir tal expressão em uma matéria com forte vínculo com o Direito das Coisas.

A disposição estabelece novamente a discussão a respeito da figura da culpa como requisito para determinados reflexos patrimoniais, matéria que foi praticamente sepultada com as inovações legislativas pelas quais passou o Direito de Família. De fato, considerar abandono do lar como fato juridicamente relevante pode conduzir à retomada de um significado que fora esvaziado ao não mais se colocar a culpa em papel central.

A interpretação da lei deve considerar que em algumas situações a saída do lar se dá por outras razões que não têm relação com o abandono da posse (requisito que seria essencial para a contagem de prazo de usucapião de bem comum).

Um exemplo a ser refletido é o caso do cônjuge, em geral a mulher, que sai do lar conjugal com o intuito de preservar a sua segurança física. A partir da nova lei, a mulher que sofre violência doméstica poderá sentir-se obrigada a permanecer no lar, até que o Poder Judiciário determine a retirada do lar do marido ou companheiro, para evitar que o prazo que ela fique fora do lar conjugal conte para fins de usucapião (e aí pode acontecer que a sua segurança física ou a sua própria vida sofram com a espera de uma decisão judicial de afastamento do lar que pode nem mesmo vir).

Também é interessante refletir sobre os casos em que há separação de fato, e os cônjuges ainda não deliberaram sobre a partilha dos bens, porque há uma chance de reconciliação, como já referido acima. Pode também que se chegue à conclusão de ser a partilha do bem prejudicial para a família, decidindo-se, então, que um dos cônjuges ou companheiro irá sair do lar.

Outra hipótese se dá pela "partilha fática" dos bens, ficando um dos cônjuges com as quotas de sociedade ou com automóveis, sítios etc., enquanto outro permanece na residência. Em tal caso, o cônjuge que permanecer com a residência terá um enriquecimento pela usucapião, pois é o único bem que se submete a tal prazo.

Para esses casos, interpretar a lei através da aplicação literal e irrestrita de suas palavras pode significar imposição da perda da propriedade como pena ou castigo àquele que sai do lar conjugal, porque não quer ou não suporta mais a continuidade da relação!

Não é demais reforçar: a interpretação literal estabelece uma espécie de pena ou castigo àquele que sai do lar, porque irá perder a propriedade do bem comum em um prazo muito curto (02 anos). É preciso relembrar que as últimas alterações legislativas no Direito de Família foram *todas* no sentido de facilitar que as pessoas pudessem terminar os seus vínculos matrimoniais sem intervenção do Estado nas suas escolhas. Hoje somente permanece casado quem efetivamente quer, ou melhor, era assim até a Lei 12.424/2011.

Assim, deve-se utilizar a interpretação sistemática do Direito para interpretar o art. 1.240 A do Código Civil, com a finalidade de não comprometer a evolução do ordenamento. O dispositivo deve ser adequado aos princípios vigorantes no Direito de Família, como será proposto a seguir.

Sugere-se, para equacionar os impasses advindos da nova lei, a adoção de uma interpretação sistemática, calcada na consideração do sistema jurídico como "totalidade axiológica". Assim pensa Juarez Freiras, ao referir o Direito, "como rede axiológica e hierarquizada de princípios gerais",[3] vigorando, ainda que implicitamente o princípio da hierarquização axiológica como um "metaprincípio, unificador e sistematizante". É um princípio que ordena a "prevalência do princípio axiologicamente superior".[4] Assim, a lei passa a ser a primeira etapa da interpretação, mas deve estar vinculada com os princípios e os valores, ou seja: "interpretar uma norma é interpretar um sistema inteiro, pois qualquer exegese comete, direta ou obliquamente, uma aplicação a totalidade do Direito, para além de sua dimensão textual".[5]

Com isso, pode-se chegar à conclusão de que a separação de fato gera a dissolução da sociedade conjugal e a partir da separação de fato há a possibilidade de iniciar a contagem de prazo prescricional para o reconhecimento de usucapião.[6]

Essa possibilidade é compatível com o entendimento jurisprudencial que já tem reconhecida a possibilidade de usucapião entre parentes.

O reconhecimento de usucapião nos casos de separação de fato pode ser utilizado para resolução de conflitos nos casos em que existe longo período de separação de fato, posse exclusiva de um dos cônjuges e há abandono da posse sobre os bens comuns.

Isso porque embora a separação de fato não figure de forma expressa no Código Civil de 2002 como um meio de dissolver a sociedade conjugal,[7] essa orientação decorre da análise sistemática dos dispositivos que tratam da dissolução da sociedade conjugal, em conjunto como outros dispositivos, como por exemplo, os que se referem ao reconhecimento da união estável com terceiros daquele cônjuge que está separado de fato.[8]

Assim, a conclusão que vigora atualmente no Direito brasileiro é de que a separação de fato é causa de dissolução da sociedade conjugal, tal separação fará com que os bens adquiridos nesse período, por qualquer um dos cônjuges, não se comuniquem, para se evitar o enriquecimento sem causa. No entanto, deve-se ter cuidado ao definir no caso concreto qual é o momento em que iniciou a separação de fato (não pode ser eventual ou provisória, deve ser aquela que rompeu com a vida de casamento, "indo cada qual para o seu lado, tratando de sua própria vida").[9]

Reconhecer a cessação de efeitos do regime de bens pela separação de fato é uma conclusão que resulta da constatação de que se não existe mais a comunhão de afeto, amor, dedicação, convivência efetiva, companheirismo que são os valores do casamento, não existe razão para "manter a comunhão de bens quando não existe mais a comunhão espiritual e amorosa".[10]

---

[3] FREITAS, Juarez. *A interpretação sistemática do Direito*. 5ª ed., Malheiros, São Paulo, 2010, p. 63

[4] *Idem. Ibidem.* p.132.

[5] *Idem. Ibidem.* p. 76

[6] Conforme defendemos na obra WESENDONCK, Tula. Direito Patrimonial de Família – Disciplina Geral do Regime de Bens no Código Civil. Elsevier, Rio de Janeiro, 2011, p. 135.

[7] O art. 1571 do CC somente tratou das causas de dissolução da sociedade conjugal, sem trazer referência à separação de fato.

[8] Conforme defendemos na obra WESENDONCK, Tula. Direito Patrimonial de Família – Disciplina Geral do Regime de Bens no Código Civil. Elsevier, Rio de Janeiro, 2011, p. 135.

[9] COSTA, Maria Aracy Menezes da. *O Regime de Bens na Separação de Fato*. Revista da *AJURIS*, Porto Alegre, n. 68, novembro de 1996, p. 192.

[10] PEREIRA, Sérgio Gischkow. *A Separação de Fato dos Cônjuges e sua Influência nos Bens Adquiridos Posteriormente*. Revista da *AJURIS*, Porto Alegre, n. 56, novembro de 1992, p. 266.

A convivência é que justifica a comunicação patrimonial, e com a separação de fato, os efeitos do regime de bens estariam interrompidos nos bens adquiridos individualmente pelos cônjuges.[11]

Porém, é necessário definir quais são os critérios para a configuração da separação de fato. Há quem acredite que a separação de fato possa ser visualizada por um critério objetivo: separação de fato por mais de um ano.[12] Esse critério não é infalível. Embora seja um critério objetivo e possa auxiliar a prática forense, pois dependeria simplesmente da averiguação do tempo que as pessoas estão separadas, ele é perigoso, pois se pode estar diante da situação em que o indivíduo está separado de fato, por menos de um ano e adquire bem de elevado valor com o fruto do seu trabalho. Assim, esse bem seria obrigatoriamente partilhado com o seu ex-cônjuge que não contribuiu para a aquisição do mesmo, o que implicaria o enriquecimento sem causa.

Além disso, não basta a separação física, porque pode a sociedade conjugal ser desfeita (por longos anos inclusive) e permanecer vigorando a sociedade negocial, pela continuidade de comunhão de interesses no que diz respeito ao patrimônio, existindo assim uma sociedade civil entre os ex-cônjuges que implicará a comunhão dos bens mesmo depois da separação de fato. Por isso, cabe ao Judiciário distinguir os efeitos da separação no caso concreto, tendo em conta a manifesta ou objetivável intenção dos cônjuges na continuidade ou não da sociedade negocial, já que não existe dispositivo legal que rotule as situações.[13]

A incomunicabilidade dos bens adquiridos na separação de fato também foi admitida pela jurisprudência brasileira, a ponto de o Superior Tribunal de Justiça consolidar o entendimento de que os bens adquiridos pelo cônjuge durante a separação passam a integrar um novo patrimônio individual que não integra a comunhão de bens, são incomunicáveis impedindo que o outro cônjuge adquira o direito à meação.[14] Com o início da separação de fato, o Superior Tribunal de Justiça tem considerado a interrupção da coabitação.[15]

---

[11] MADALENO, Rolf. *Casamento – Regime de Bens e Efeito Patrimonial da Separação de Fato. Revista Jurídica.* Porto Alegre, Ed. Síntese, n. 234, abril de 1997, p.12.

[12] KREUZ, S. Op. cit., p. 296.

[13] COSTA, Maria Aracy Menezes. Op. cit., p.193.

[14] CAHALI, Y. Op. cit., p. 815, citando ementa referente ao Recurso Especial n. 91.993. A ementa da decisão é a seguinte: "Concubinato. Partilha dos bens registrados em nome da concubina. Ação proposta pelo espolio e por herdeiros do concubino. Os herdeiros do concubino, filhos havidos durante o seu casamento, tem direito à metade dos bens adquiridos durante a relação concubinária do pai, com recursos fornecidos por ele, embora registrados em nome da concubina, que fica com a outra metade. Recurso não conhecido".

[15] DIVÓRCIO. PARTILHA DE BENS. MEAÇÃO REIVINDICADA PELO MARIDO EM BENS HAVIDOS PELA MULHER APÓS LONGA SEPARAÇÃO DE FATO. – Não se comunicam os bens havidos pela mulher após longa separação de fato do casal (aproximadamente 20 anos). Precedentes da Quarta Turma. Recurso especial não conhecido. (Recurso Especial n. 1996/0003909-7, julgamento em 17.06.99, Rel. Min. Barros Monteiro). No mesmo sentido pode se referir decisão mais recente proferida no Recurso Especial 1107192 / PR 2008/0283243-0 Rel. Ministro Massami Uyeda, Terceira Turma, julgamento em 20/04/2010 "...Ainda que a coabitação não constitua requisito essencial para o reconhecimento de união estável, sua configuração representa dado relevante para se determinar a intenção de construir uma família, devendo a análise, em processos dessa natureza, centrar-se na conjunção de fatores presente em cada hipótese, como a affectio societatis familiar, a participação de esforços, a posse do estado de casado, a fidelidade, a continuidade da união, entre outros, nos quais se inclui a habitação comum...". O Tribunal de Justiça de São Paulo tem o mesmo entendimento defendendo que uma vez rompido o vínculo conjugal com a separação se torna inviável a comunhão de bens "onde tudo se rompeu: dever de fidelidade, affectio maritalis, vida em comum, respeito mútuo, criação da prole", e ainda considera que o regime de bens é imutável, mas que seria considerado repugnante ao Direito e à moral o reconhecimento apenas de comunhão de bens entre os cônjuges e atribuir metade

Essa orientação ganhou reforço com a inserção de capítulo relativo à União Estável no Código Civil de 2002 e que trouxe importante inovação legislativa que já era defendida pela doutrina e jurisprudência. Com o art. 1723, § 1º, do Código Civil, passou a ser autorizado o reconhecimento da união estável de pessoa casada desde que separada de fato.

O art. 5º da Lei 9.278/96 dispõe que os bens adquiridos na constância da união a título oneroso devem ser partilhados entre os companheiros. Essa orientação foi reforçada pelo art. 1.725 do Código Civil, aplicando-se por isso o regime da comunhão parcial como determinou o Código Civil de 2002.

Esses dois dispositivos levam ao entendimento de que, mesmo que um dos companheiros for casado, os bens adquiridos durante a união estável (que exigirá a separação de fato), serão partilhados com o companheiro, não abrindo a possibilidade de discussão a respeito da comunicabilidade dos bens adquiridos na separação de fato.

Assim, o ordenamento determina a cessação dos efeitos do regime de bens no casamento se um dos cônjuges vier a constituir união estável com terceiro. Ainda que a legislação não tenha previsto de forma expressa dispositivo a respeito dos efeitos na separação de fato, o efeito da dissolução do regime de bens deve ser estendido também à separação de fato.

As orientações vistas até aqui vão ao encontro da necessidade que o ordenamento jurídico tem de atribuir efeitos jurídicos às situações de fato, em nome da segurança jurídica das relações sociais. Porém, não se pode admitir que o indivíduo seja surpreendido pela aplicação mecânica da lei, quando a situação fática está consolidada e se impõe orientação adaptada ao caso em questão.

Assim, não é viável que o cônjuge se separe, abandone a família, deixe o outro criando os filhos sozinho, amealhando patrimônio com seu esforço, e depois, pretenda a partilha dos bens adquiridos durante a separação de fato.

Ou ainda, que o cônjuge que abandona a família e a posse dos bens comuns, deixe os bens sob encargo de administração exclusiva do outro (o que importa em despesa e trabalho) e depois venha a pretender a divisão desses bens.

Também é necessário refletir sobre uma situação em que o casal optou pelo regime da comunhão universal de bens, o marido abandona a família, deixando a mulher com filhos, que não busca, porém, alimentos nem mesmo para os filhos, já que, considerando reprovável a conduta do marido, não quer dele depender. Pode dar-se que depois de 15 anos faleça o pai da esposa deixando herança que beneficia substancialmente a mulher; nesse caso, teria legitimidade o marido para buscar a partilha da herança?[16]

A resposta deve ser negativa. Há o risco, porém, de aplicar-se literalmente o art. 1.571. Para afastá-lo, deve ser reconhecido que a separação de fato, embora não integrando a hipótese prevista abstratamente no enunciado normativo, dissolve, para esse efeito patrimonial, a sociedade conjugal. Nesse sentido, é que o ordenamento autoriza o indivíduo a constituir nova entidade familiar por meio da união estável, sendo o patrimônio dessa união dividido somente entre os companheiros, nada podendo bus-

---

dos bens adquiridos na separação de fato ao outro cônjuge resultaria no enriquecimento ilícito (CAHALI, Y. Op. cit., p. 816).

[16] PEREIRA, Sergio G. Op. cit., p. 262.

car o cônjuge em relação à união estável, bem como, nada podendo os companheiros reclamar em relação aos bens adquiridos durante a constância do casamento.

Chega-se, assim, a uma conclusão relevante: embora não referido no art. 1.571 do Código Civil, o fato da separação de fato dissolve, para determinados efeitos, a sociedade conjugal.[17]

Nesse sentido, é de se ponderar a possibilidade de reconhecimento de usucapião quando um dos cônjuges passa a exercer posse exclusiva sobre os bens do casal no período da separação de fato.[18]

Os bens adquiridos na constância do casamento regido pelo regime da comunhão de bens formam uma massa comum, conferindo aos cônjuges o condomínio e a composse sobre os mesmos.

Uma vez existindo a composse, o art. 1.199 do Código Civil prevê que um dos compossuidores não poderá excluir o exercício dos demais. Ocorre que se há o abandono da posse (e aí não se está utilizando a expressão *abandono de lar* como equivocadamente o faz a Lei 12.412/11!), não se está diante da situação em que um possuidor exclui o exercício do outro. Com o abandono dos bens impõe-se a perda da posse, tendo em vista que para ser possuidor o art. 1.196 do Código Civil exige que o indivíduo exerça algum dos poderes inerentes ao domínio.

Assim, se um dos cônjuges (compossuidor) deixa de exercer poderes inerentes ao domínio sobre os bens durante a separação de fato, perde a posse e nasce a posse exclusiva do outro, consequentemente incidindo a possibilidade de que se inicie a contagem do prazo para fins de usucapião.

Da mesma forma que ocorreria a possibilidade de contar o prazo para fins de usucapião em relação a terceiro possuidor se ambos os cônjuges abandonassem a posse do bem.

Embora o art. 197 do Código Civil determine que não corre a prescrição entre os cônjuges na constância da sociedade conjugal, tal artigo deve ser lido considerando a separação de fato.[19]

Como já foi visto, ainda que a separação de fato não seja relacionada expressamente pela lei, como causa de dissolução da sociedade conjugal, em verdade é motivo de sua dissolução uma vez que autoriza o reconhecimento de união estável com pessoa casada, e a jurisprudência e a doutrina praticamente comungam da mesma orientação: os bens adquiridos na separação de fato não se comunicam.

O Tribunal de Justiça do Rio Grande do Sul já se manifestou sobre a matéria e firmou posição em duas decisões proferidas na vigência do Código Civil revogado no sentido de não reconhecer usucapião, a saber:

---

[17] Observe-se que no trecho acima não se está tratando do "casamento", mas da "sociedade conjugal".

[18] Essa orientação foi defendida em nosso intitulado Direito Patrimonial de Família – Disciplina Geral do Regime de Bens no Código Civil, publicado em 2011 (fechamento da edição em 28 de setembro de 2010), p.135.

[19] Interessante mencionar decisão que será objeto de análise logo a seguir, que defende que as causas de suspensão, interrupção e obstaculização dos prazos prescricionais não se aplicam à prescrição aquisitiva, por isso, mesmo que considerasse que a separação de fato não põe fim ao casamento a prescrição aquisitiva poderia correr entre cônjuges desde que houvesse a separação de fato pelo fato da posse deixar de ser comum (Apelação Cível n. 234708 SC 2008.023470-8, Tribunal de Justiça de Santa Catarina, Rel. Des. Henry Petry Junior, Julg. em 11/11/2010).

Usucapião. Desquite. Bem não partilhado. Dissolvida a sociedade conjugal e não o *casamento*, sem que tenha sido realizada a partilha dos bens, não pode um dos cônjuges usucapir bem que ainda integra o patrimônio comum, pois entre eles não corre prescrição, como reza o art-168 do cc. Apelação desprovida.[20] Embargos de terceiro. Penhora sobre bem não partilhado em separação judicial. *Usucapião*. Meação resguardada. Dissolvida apenas a sociedade conjugal e não o *casamento*, sem que tenha sido realizada a partilha dos bens, não pode ser reconhecida a *usucapião*, ainda que incidentalmente, de bem ainda integra o patrimônio comum, em favor de qualquer dos cônjuges, pois entre eles não corre prescrição, como reza o art-168 do cpc. Caso em que se resguarda a meação do cônjuge que não se beneficiou do mutuo contratado. Voto vencido. Apelação provida em parte.[21]

As duas decisões têm como ponto comum o fato de não reconhecer o usucapião na constância do casamento, por entenderem que, então, não corre a prescrição. Porém, ambas reconhecem ter ocorrido a dissolução da sociedade conjugal.

É de se lembrar que o Código Civil, em seu art. 197, define que não corre a prescrição na constância da sociedade conjugal, não se referindo mais a matrimônio como fazia o Código Civil de 1916.

A mudança de termos apresentada no Código Civil implica a viabilidade de usucapião, por terem reconhecido dissolução da sociedade conjugal como requisito para o início da contagem do prazo prescricional entre os cônjuges.

Para o Código Civil vigente, a contagem do prazo prescricional tem início com a dissolução da sociedade conjugal, que ocorre nas hipóteses previstas no art. 1.571, podendo ser incluída também a separação de fato pela analogia do art. 1.723, § 2º.

Assim, embora a posição apresentada nessas decisões seja em sentido contrário ao reconhecimento de usucapião e a doutrina não se manifeste a respeito, é possível defender a viabilidade de reconhecimento de usucapião.

Essa análise deriva dos princípios ligados à disciplina de Parte Geral, relacionados ao início do prazo prescricional, pois o Código Civil atual não usa mais a expressão matrimônio, e sim, sociedade conjugal.

Também fundamenta o argumento levantado, a análise da disciplina de Direito de Família, tendo em vista que o Código Civil traz as hipóteses de dissolução da sociedade conjugal e reconhece efeitos para a separação de fato na constituição de nova entidade familiar a permitir a comunhão de bens adquiridos na união estável. Tanto a doutrina como a jurisprudência atual reconhecem que a separação de fato dissolve a sociedade conjugal implicando na cessação dos efeitos dos regimes de bens.

E, por fim serve de amparo a essa tese a disciplina de Direito das Coisas, tendo em vista que a composse determina que o compossuidor não pode ter o seu direito excluído pelos demais, mas nada impede que se reconheça usucapião de um compossuidor em detrimento dos demais se houver abandono da posse.

Nesse mesmo sentido, o Tribunal de Justiça do Rio Grande do Sul reconhece usucapião nas relações familiares, entre parentes, nos casos em que há propriedade condominial, composse e em virtude da demissão da posse (não exercício ou abandono) inicia a contagem de prazo prescricional, como se pode ver das decisões a seguir:

---

[20] Tribunal de Alçada do Estado do Rio Grande do Sul, Apelação Cível n. 198008500, Quinta Câmara Cível, Relator: Márcio Borges Fortes, julgado em 12/03/1998.

[21] Tribunal de Alçada do Estado do Rio Grande do Sul, Apelação Cível n. 197082282, Quinta Câmara Cível, Relator: Rui Portanova, Julgado em 05/03/1998.

Usucapião. Compossuidores. Prova de posse exclusiva. Demonstrada a posse exclusiva dos autores, pelo lapso exigido pelo art.191, CF, procede a ação de usucapião. Ainda que anteriormente, se admitisse a ocorrência da composse, a posse exclusiva pelo lapso temporal constitucional outorga o direito de propriedade por si só. Negaram provimento.[22]

Usucapião extraordinário. Preliminar. Ausência de prestação jurisdicional. Inventário. Interrupção da prescrição. Não ocorrência. A falta de exame de uma tese defensiva não é caso de nulidade. O julgador não está obrigado a se manifestar sobre todos os argumentos deduzidos pelas partes. Sentença suficientemente fundamentada. Ação de inventário que não tem o condão de interromper o prazo prescricional. Posse vintenária, sem interrupção e sem oposição, *animus domini*. Requisitos do art. 550, do Código Civil, preenchidos. Domínio declarado. Repeliram a preliminar e negaram provimento.[23]

Ação de usucapião extraordinário. Requisitos. Alegação de comodato verbal indemonstrada. Art. 333, II, do CPC.

Se a posse dos autores é de cerca de 40 anos, exercida de forma pública, a presunção que se há de estabelecer e o seu exercício com ânimo de dono. Caso em que competeria ao réu, a teor do art. 333, II, do CPC provar o alegado comodato verbal, tarefa da qual não se desincumbiu a contento. Apelação improvida.[24]

Ação de usucapião extraordinário. Requisitos. Art. 550 do Código Civil (1916). Exsurgindo dos autos que os autores estão a exercer a posse sobre a área de forma exclusiva há mais de 20 anos, de forma ininterrupta, mansa e pacífica, impõe-se o acolhimento da pretensão aquisitiva, nos termos do art. 550 do Código Civil de 1916, aplicável à espécie.Recurso adesivo. Verba sucumbencial.

Cuidando-se de sentença de sentença de procedência, nos termos do art. 500 do CPC, descabe recurso adesivo. Negaram provimento ao recurso dos réus e não conheceram a apelação adesiva dos autores.[25]

Apelação cível. Ação de usucapião especial rural entre co-herdeiros. Prazo da prescrição aquisitiva implementado na vigência da lei nº 6.969/81, aplicável ao caso. Autores da herança que, juridicamente, não tinham a propriedade titulada do todo, mas tão-somente posse, com o que inviável a objeção de que os autores já seriam proprietários de parte ideal da área, adquirida por herança. Comprovada a posse mansa, pacífica, ininterrupta, e com animus domini, por mais de cinco anos, assim como a exploração produtiva do imóvel rural de área inferior a 25 ha, fazem os autores jus à declaração de aquisição da propriedade por força de usucapião especial rural. Posse ad usucapionem demonstrada pela prova uníssona dos autos. Possibilidade de usucapião entre co-possuidores, desde que evidenciado o exercício de posse exclusiva sobre o todo com ânimo de dono. Improcedência da objeção de que os autores já seriam proprietários da área ideal herdada, uma vez que os próprios autores da herança não eram titulares do domínio. Negaram provimento ao recurso. Unânime.[26]

A mesma orientação foi adotada pelo Superior Tribunal de Justiça em decisão proferida no ano de 2008, a qual reconheceu de forma expressa a viabilidade de usucapião entre parentes herdeiros, tendo em vista a posse exclusiva do bem comum por um dos herdeiros, como se vê da ementa que segue:

Agravo regimental em agravo de instrumento. Usucapião. Condomínio. Súmula 7 STJ. Manutenção da decisão hostilizada pelas suas razões e fundamentos. Agravo improvido. I – Esta Corte firmou entendimento no sentido de ser possível ao condômino usucapir se exercer posse exclusiva sobre o imóvel. Precedentes. II – Não houve qualquer argumento capaz de modificar a conclusão alvitrada, que está em consonância

---

[22] Apelação Cível nº 598128767, Décima Nona Câmara Cível, Tribunal de Justiça do RS, Relator: Carlos Rafael dos Santos Júnior, Julgado em 25/05/1999.

[23] Apelação Cível nº 70002426435, Décima Nona Câmara Cível, Rel. Des. Carlos Rafael dos Santos Júnior, julgamento em 18/12/2001.

[24] Apelação Cível nº 70014086870, Décima Sétima Câmara Cível, Rel. Des. Elaine H. Macedo, julgamento em 01/06/06.

[25] Apelação Cível nº 70015100977, Décima Sétima Câmara Cível, Rel. Des. Elaine H. Macedo, julgamento em 14/09/06.

[26] Apelação Cível nº 70017563156, Décima Oitava Câmara Cível, Tribunal de Justiça do RS, Relator: Cláudio Augusto Rosa Lopes Nunes, Julgado em 03/07/2008.

com a jurisprudência consolidada desta Corte, devendo a decisão ser mantida por seus próprios fundamentos. Agravo improvido.[27]

No caso acima, o STJ reconheceu a viabilidade de usucapião entre herdeiros porque o bem comum, deixado pelo falecimento do pai, foi utilizado de forma exclusiva por um dos herdeiros, o que caracteriza o abandono da posse e por consequência, o reconhecimento da propriedade exclusiva de um dos co-herdeiros, como se vê dos trechos destacados a seguir:

> Não obstante, ainda que os apelantes defendam que durante o interregno computado entre a data de abertura da sucessão e a formalização da partilha houve a formação de um condomínio entre os herdeiros, o que impede a consumação da usucapião, tal assertiva foi afastada dos autos, pois o apelado João Rodrigues Terra exercia com exclusividade a posse sobre as partes ideais pretendidas pelos apelantes, pelo tempo de vinte anos, pois, entre o momento de propositura da ação (3.3.97) e o exercício de fato da posse (ano de 1976), concretizou-se a prescrição vintenária.
> (...)
> Ante o exposto, apurada a posse exclusiva do apelado João Rodrigues Terra sobre aquele imóvel rural, de forma mansa e pacífica, por mais de vinte anos, impõe-se o reconhecimento e o acolhimento da tese de defesa argüida, visto que caracterizada a usucapião extraordinária, nos termos do artigo 550 do antigo Código Civil, não havendo falar em impossibilidade de usucapir bem que está sob sociedade condominial"

É importante destacar que essas decisões guardam um relevante ponto de contato: *todas elas* se referem a casos nos quais havia a propriedade comum, e por consequência a possibilidade de composse, mas a posse passou a ser exercida exclusivamente por um dos condôminos o que autoriza a aquisição exclusiva da propriedade.

A possibilidade de usucapião está assentada no fato de que há o abandono da posse, e por consequência a possibilidade de perda da propriedade comum pela prescrição aquisitiva, daquele que exerce a posse exclusiva com *animus domini*, já que os demais proprietários se demitiram da posse.[28]

Assim, o reconhecimento de usucapião será viável entre cônjuges, desde que haja posse exclusiva dos bens (que até podem ter sido comuns no passado), pelo implemento do prazo da prescrição aquisitiva, como se vê das decisões seguem, as quais reconheceram de maneira expressa usucapião em decorrência da separação de fato, a se ver:

> Apelações cíveis. Declaratória de união estável anterior à Constituição Federal de 1988. Concubinato. Partilha de bens. Indenização por uso exclusivo de patrimônio comum. Efetivação da partilha nos autos do inventário do companheiro falecido. Cabimento. Apelação autor Efetivação da partilha nos autos do inventário do companheiro falecido: O direito do autor sobre os bens adquiridos pelo seu genitor na união estável, decorre do seu direito hereditário. Logo, o autor deve efetivar seu direito sobre os bens partilhados à luz do Direito Sucessório. Caso em que é correta a sentença que remeteu a efetivação da partilha de bens para os autos da ação de inventário do falecido companheiro. Partilha dos bens móveis: Indeferimento de partilha de bens móveis, tanto por falta de rol como pelo reconhecimento de usucapião. Indenização pelo uso exclusivo do patrimônio comum: não cabe falar em indenização pela utilização exclusiva do patrimônio comum pela cônjuge supérstite pois à época do falecimento do companheiro sequer havia título que reconhecesse a comunicabilidade do bens. APELAÇÃO REQUERIDA Aplicação do regime de bens da união estável, mesmo em caso de união anterior à Constituição Federal de 1988: No período anterior ao casamento, reconhecido como união estável, nenhuma ressalva ou nenhum acordo foi firmado pelos então companheiros para afastar da mancomunhão os bens que cada um adquiriu no curso da relação. Para to-

---

[27] Agravo Regimental no Agravo de Instrumento n. 731971 / MS, Terceira Turma, Rel. Min. Ministro Sidnei Beneti, julg. em 23/09/08.

[28] Essa linha de raciocínio já havíamos utilizado, mediante o argumento do abandono da posse, que entendemos possível o reconhecimento de usucapião entre parentes e entre cônjuges na obra WESENDONCK, Tula. Direito Patrimonial de Família – Disciplina Geral do Regime de Bens no Código Civil. Elsevier, Rio de Janeiro, 2011, p. 135.

dos os efeitos, todos os bens adquiridos pelos companheiros, no curso da união estável, salvo contrato expresso entre as partes, são considerados patrimônio comum e são partilháveis em igualdade de condições. Isso porque à união estável é aplicável o regime da comunhão parcial de bens, nos termos como determina o art. 1.725, do Código Civil. Esse entendimento é estendido a todas as uniões estáveis, inclusive àquelas ocorridas anteriormente ao advento da nova Constituição Federal, como ocorreu com a união havida entre a recorrente e o falecido pai do recorrido. Negaram provimento às apelações do autor e da ré.[29]

Na decisão acima somente se reconheceu a viabilidade de usucapião no que concerne aos bens móveis.

Já em recente e revolucionária decisão, houve o reconhecimento de usucapião dos bens que eram do casal e sobre os quais a esposa teria exercido posse exclusiva por mais de vinte anos em virtude do ex-cônjuge ter abandonado a família e a posse dos bens do casal. Trata-se de um *leading case*, como se deduz da ementa que segue:

> Apelação cível. Reais e família. Usucapião entre cônjuges. Separação de fato. Sentença extintiva, sem resolução de mérito. – recurso da autora . Possibilidade jurídica do pedido. Situação excepcional caracterizada. Alegado abandono da família e patrimônio pelo marido há mais de 20 anos. Prescrição e prazo para o usucapião. Naturezas jurídicas distintas. Inaplicabilidade literal do art. 168, I, do CC ou art. 197, I, do CC. Interpretação extensiva dos dispositivos inviável. Fim da norma de suspensão não atendido. Posse aparentemente exercida exclusivamente e não em razão da mancomunhão. Carência de ação afastada. Sentença cassada. Recurso provido.
>
> - A considerar a natureza jurídica distinta da prescrição e do prazo para aquisição propriedade por usucapião, sendo equívoca a utilização da expressão "prescrição aquisitiva" como ensinam Clóvis Beviláqua, Caio Mário da Silva Pereira e Orlando Gomes, não há aplicar, em razão da interpretação literal, as causas de suspensão da prescrição previstas no art. 168, I, do ou no art. 197, I, do Código Civil/02.
>
> - Não obstante se reconheça a possibilidade de aplicação extensiva dos dispositivos citados, por meio de interpretação teleológica, ao prazo da usucapião, inviável utilizar desse expediente quando, em tese, não há relação afetiva familiar ou harmonia entre as partes a serem preservadas fim precípuo da causa de suspensão da prescrição entre os consortes.
>
> - Nessas hipóteses excepcionais, se a posse exercida por um dos cônjuges sobre o bem não decorre da mancomunhão (como acontece, e.g. , na mera tolerância do outro enquanto não realizada a partilha ou somente em razão da medida de separação de corpos), mas sim de forma exclusiva em virtude do abandono pelo esposo da família e bens há mais de 20 anos, não se vê impossibilidade jurídica do pleito de usucapião entre cônjuges.
>
> Vistos, relatados e discutidos estes autos de Apelação Cível n. , da comarca de São João Batista (Vara Cível, Criminal e Anexos), em que é apelante Maria das Neves Minatti Tamanini, e apelado Nelson José Tamanini:
>
> ACORDAM, em Terceira Câmara de Direito Civil, por votação unânime, conhecer do recurso e dar-lhe provimento. Custas legais.[30]

Assim, é viável a defesa da tese de usucapião entre cônjuges e companheiros quando ocorre a separação de fato.

Finalmente, é preciso ponderar: a partir de quando terá início a contagem do prazo prescricional? Esse prazo deve se iniciar não somente a partir do momento que um dos cônjuges ou companheiro sai do lar, mas quando efetivamente não exerce mais posse sobre o bem, devendo o julgador atender e examinar todas as circunstâncias fáticas que justifiquem a incidência da nova disposição legal, quais sejam:

- ausência de acordo fático sobre partilha de bens;

---

[29] Apelação Cível nº 70032382228, Oitava Câmara Cível, Tribunal de Justiça do RS, Relator: Rui Portanova, Julgado em 05/11/2009.

[30] Apelação Cível nº 2008.023470-8, Rel. Des. Juiz Henry Petry Junior, Terceira Câmara de Direito Civil, Tribunal de Justiça de Santa Catarina, julg. em 11.11.10.

- inexistência de posse indireta ou de atos que caracterizem que o então casal mantém gestão do patrimônio comum, ainda não partilhado;
- inexistência de negociações ou tratativas sobre a disposição do patrimônio comum;
- inexistência de relacionamento afetivo intermitente entre os cônjuges, que em bora separados de fato ainda possuem expectativa e possibilidade de reconstituição do vínculo; e,
- outras circunstâncias fáticas que justifiquem o afastamento da incidência da disposição legal.

Assim, o início da contagem do prazo para a prescrição aquisitiva se dará a partir da separação de fato, aliada ao abandono da posse. Essa conclusão deriva da constatação de que com a separação de fato ocorre a cessação dos efeitos dos regimes de bens, e com o abandono da posse se autoriza a posse exclusiva do bem ao outro cônjuge ou companheiro.

Essa tese tem por objetivo valorizar as situações fáticas, como tem sido a tendência do Direito de Família, que reconhece efeitos à união estável às uniões homoafetivas (valendo menção à recente e polêmica decisão do STF que reconheceu o caráter de entidade familiar às uniões homossexuais).

Porém, reconhecer efeitos jurídicos às situações fáticas não se confunde com a disposição literal da Lei 12.424/11, que traz a figura da usucapião não como um mecanismo de estabilização das relações jurídicas, mas como potencial fonte de insegurança e conflito, ensejando interpretação que reacende a chama a respeito da discussão da culpa, criando uma forma de perda da propriedade baseada na retribuição ou castigo àquele que opta por se retirar do lar, seja porque não quer ou não tem mais condições de suportar a vida em comum.

Consequentemente, decorre a necessidade de objetar a uma exegese meramente literal do dispositivo legal, que deverá ser interpretado de acordo com os princípios e demais regras do Direito de Família atual, sem deixar de considerar a modificações evolutivas que sofreu e também em decorrência dos requisitos estabelecidos para o reconhecimento de usucapião no Direito das Coisas.

Assim, o que se defende neste artigo é que a matéria não poderá ser vista sem uma interpretação sistemática e integrada dos princípios e ditames vigorantes no Direito brasileiro atual.

Conclusão

A melhores das intenções do legislador nem sempre são suficientes para criar boas leis. Por isso, a intenção do legislador não é parâmetro para interpretação das leis. Esse é o caso da Lei 12.424/11, que embora tivesse por interesse proteger segmento frágil da sociedade, tramitou em caráter de urgência, foi produto de conversão de Medida Provisória em Lei e talvez por isso não contou com debate adequado da comunidade jurídica para evitar os problemas técnicos de sua redação que precisarão ser enfrentados para uma adequada aplicação.

A solução que a lei traz em si, o reconhecimento de usucapião entre cônjuges, é uma solução que se mostra viável e necessária em determinados casos. Porém, a forma como se incluiu o reconhecimento de usucapião entre cônjuges ou companheiros no Código Civil de 2002 pode representar grande retrocesso ao Direito de Família se interpretada em seu sentido literal ou segundo a vontade do legislador, por reacender a discussão a respeito de assuntos que em boa hora foram sepultados como a noção de culpa na dissolução de vínculos e os seus reflexos para o Direito Patrimonial de Família.

A intenção da lei é diferente da intenção do legislador, razão pela qual pode-se certamente dizer que o sentido do ordenamento jurídico não é o de interferir na tomada das decisões que são tão pessoais dos cônjuges e dos companheiros como a dissolução do vínculo. Caso contrário, as pessoas que forem se separar não poderão mais deixar a casa onde vivem, pois correrão o risco de serem punidas com a perda da propriedade em um prazo muito exíguo.

Também é preciso mencionar, que a lei pode ser usada de maneira oportunista para àqueles casos em que ela sabidamente não teria interesse em tutelar, no que se refere aos imóveis de elevado valor. Como a Lei tem origem no programa Minha Casa Minha Vida e tenta limitar a metragem do imóvel, ao que tudo indica quer benificiar pessoas de baixa renda, mas isso não fica claro na lei.

Além disso, não é demasiado considerar que pela redação da lei, outras situações em que mereceriam o reconhecimento de usucapião ficariam a descoberto, dependendo de posição doutrinária e jurisprudencial, como os casos de imóvel rural, ou de imóvel de baixo valor, mas acima de 250m^2, ou mesmo de bens que não se enquadrem em nenhuma das situações de usucapião especial, mas que mereceriam a viabilidade do reconhecimento da aquisição da propriedade pela usucapião, tendo em vista o abandono da posse.

Nosso entendimento não é contrário a possibilidade de usucapião no vínculo familiar: pelo contrário, considera-se ser essa uma solução adormecida no Direito de Família, mas que se revela necessária e relevante, como se viu das decisões referidas acima. A crítica que se levanta à Lei 12.424/11 é pelo fato de somente autorizar o reconhecimento de usucapião a uma situação específica e tecnicamente mal determinada em seus pressupostos e abrangência, enquanto também seria necessário o reconhecimento de usucapião em outras para que se tenha a estabilização das relações jurídicas, mas que a interpretação literal do artigo não irá autorizar.

Além disso, a crítica à lei se refere também aos requisitos que ela apresenta para o reconhecimento de usucapião, como o exíguo prazo e também a referência equivocada à expressão abandono de lar.

Por isso, talvez a melhor orientação fosse, simplesmente, determinar que a separação de fato põe fim aos efeitos patrimoniais do casamento da sua data iniciando a fluência do prazo para usucapião, respeitados os requisitos legais das diversas formas, desta figura, tudo estando restrito aos casos em que, concomitantemente à separação de fato ocorresse o abandono da posse dos bens daquele que se retira do lar, conjugadamente com o exercício exclusivo da posse pelo outro indivíduo que permanece na posse dos bens.

Assim, estariam resolvidos alguns dos problemas espinhosos do Direito de Família, sem que se ressuscitassem velhos fantasmas que já não podem mais encontrar lugar na sociedade brasileira.

Bibliografia

CAHALI, Yussef Said. *Divórcio e Separação*. 10 ed. São Paulo: Revista dos Tribunais, 2002.

COSTA, Maria Aracy Menezes da. O Regime de Bens na Separação de Fato. *Revista da AJURIS*, Porto Alegre, n. 68, novembro de 1996.

FREITAS, Juarez. *A interpretação sistemática do Direito*. 5ª ed., Malheiros Editores, São Paulo, 2010.

KREUZ, Sérgio Luiz. Princípio da Imutabilidade do Regime de Bens do Casamento no Direito Brasileiro. *Revista de Direito Privado*, São Paulo, Revista dos Tribunais, n. 11, jul./set. 2002.

LÔBO, Paulo. *Famílias*. São Paulo: Saraiva, 2ª ed, 2009.

MADALENO, Rolf. Casamento – Regime de Bens e Efeito Patrimonial da Separação de Fato. *Revista Jurídica*. Porto Alegre, Ed. Síntese, n. 234, abril de 1997.

——. Casamento – Regime de Bens e Efeito Patrimonial da Separação de Fato. *Revista Jurídica*. Porto Alegre, Ed. Síntese, n. 234, abril de 1997, p.12.

PEREIRA, Sergio Gischkow. A Alteração do Regime de Bens: Possibilidade de Retroagir. *Revista Brasileira de Direito de Família*, Porto Alegre, Ed. Síntese, n. 23, abril e maio de 2004.

——. A Separação de Fato dos Cônjuges e sua Influência nos Bens Adquiridos Posteriormente. *Revista da AJURIS*, Porto Alegre, n. 56, novembro de 1992.

——. Algumas Questões de Direito de Família na Nova Constituição. *Revista da Ajuris*, Porto Alegre, n. 45, mar. 1989.

——. O Bem Reservado e a Constituição Federal de 1988. *Revista da Ajuris*, Porto Alegre, n. 51, 1991.

——. O Direito de Família e o Novo Código Civil: Principais Alterações. *Revista da Ajuris*, Porto Alegre, n. 87, set. 2002.

——. O Direito de Família e o Novo Código Civil: Alguns Aspectos Polêmicos ou Inovadores. *Revista da Ajuris*. Porto Alegre, n. 90, jun. 2003.

SANTOS, Luiz Felipe Brasil. A Autonomia da Vontade e os Regimes Matrimoniais de Bens. In: *Direitos Fundamentais do Direito de Família*, WELTER, Belmiro Pedro e MADALENO, Rolf Hanssen, Coordenadores, Livraria do Advogado Editora, Porto Alegre, 2004.

SIMÃO, José Fernando. "Usucapião familiar: problema ou solução?" Artigo disponível no site http://www.professorsimao.com.br/artigos_simao_cf0711.html, acesso em 15 de setembro de 2011.

TUCCI, Rogério Lauria Marçal. "Programa Minha Casa Minha Vida e a nova usucapião. Artigo disponível no site http://cna-iasp.blogspot.com/2011/07/programa-minha-casa-minha-vida-e-nova.html acesso em 15 de setembro de 2011.

WESENDONCK, Tula. *Direito Patrimonial de Família* – Disciplina Geral do Regime de Bens no Código Civil. Elsevier, Rio de Janeiro, 2011.

— 18 —

Interesse público e ação civil pública: comentários e análise de um caso concreto

WREMYR SCLIAR[1]
ARTUR TORRES[2]

Sumário: Introdução; 1. Processo coletivo: Tutela de direitos coletivos e tutela coletiva de direitos individuais; 1.1. Ação civil pública: Objeto e considerações específicas; 2. Interesse público; 3. A ação do Ministério Público; 4. Indisponibilidade do interesse público; 5. Igualdade, impessoalidade e moralidade; 6. Jurisprudência; Conclusão; Referências bibliográficas.

Introdução

Em ação civil pública promovida pelo Ministério Público Estadual (RS) objetivando o cumprimento de lei federal que fixa o piso salarial para os servidores públicos do magistério, após sentença de primeira instância favorável ao pleito, o autor e o Governo do Estado celebraram acordo para cumprimento parcial da decisão, implementando o pagamento deferido para somente uma parcela diminuta dos beneficiados pela sentença. Sobrevieram Embargos Declaratórios opostos pelo Sindicato dos Professores e outros terceiros interessados, alegando que o acordo estabelece uma contradição entre a sentença e as suas cláusulas, relativizando a decisão proferida ao permitir pagamentos remuneratórios, chancelando critério de base de cálculo diverso para o piso dos professores.

Apreciando o recurso, o magistrado reconheceu a coragem do Ministério Público ao propor a ação, destacando a obtenção de benefícios à categoria junto ao Governo Estadual. Entretanto, para fulminar o pacto acima aludido, relatou:

> (...) quanto ao acordo celebrado, no meu sentir, operou em equívoco técnico jurídico. Em ação civil pública, quando o Ministério Público é autor, na condição de substituto processual, não pode ser celebrado acordo. É o que ensina o Ministro do STJ Teori Albino Zavascki, *in verbis*: "a legitimação para agir conferida ao Ministério Público nos casos de ação civil atende sempre ao interesse público. Esse interesse é indisponível, dado que o direito substancial derivado do interesse público é indisponível. Isso vale ainda que se trate de

---
[1] Mestre e Doutorando em Direito (PUCRS); Professor de Direito Administrativo (PUCRS); Auditor Substituto de Conselheiro do TC-RS, aposentado.
[2] Laureado *Dom Antonio Zattera* pela Universidade Católica de Pelotas; Especialista em Direito Processual (PUC/RS); Mestre e Doutorando em Direito (PUC/RS); Professor dos PPG em Direito Processual Civil da PUC/RS, IMED (Passo Fundo), UNIVATES (Lajeado), FEEVALE (Novo Hamburgo) e ANHANGUERA EDUCACIONAL (Pelotas); Professor do PPG em Direito de Família e Sucessões da PUC/RS; Professor das Faculdades Rio-Grandenses (FARGS); advogado.

direito meramente patrimonial, pois, legitimado o Ministério Público para vir a juízo agir na defesa desse interesse, ele se transforma de privado em público. Logo, o Ministério Público não poderá praticar atos que importem disposição de direito material, como v.g., a renúncia ao direito, a confissão, a transação..." (Revista de Informação Legislativa, v. 29, n. 114, p. 149-156).

É exatamente o que ocorre neste processo. Trata-se se ação civil pública movida pelo Ministério Público contra o Estado, buscando cumprimento de Lei Federal. O pedido foi julgado procedente, determinando-se que o Estado obedeça à Lei. Não pode ser celebrado acordo entre as partes. O direito do Povo Gaúcho ao cumprimento da Lei Federal é indisponível. Uma vez determinado pelo Poder Judiciário que seja cumprida a Lei do Piso, ninguém está autorizado a dispor deste direito. O cumprimento da Lei consubstancia-se em direito indisponível dos cidadãos. O raciocínio lógico conduz à conclusão de que o Ministério Público não está autorizado a acordar em ação civil pública onde se pleiteia cumprimento de lei federal (...).[3]

Tendo a fundamentação acima transcrita como alicerce é que, de pronto, passamos às considerações que nos parecem pertinentes ao comentário do caso em epígrafe.

1. Processo coletivo: tutela de direitos coletivos e tutela coletiva de direitos individuais

Esclareça-se, desde já, que, ao jurista do século XXI não é dado baralhar o regramento aplicável às relações processuais intersubjetivas com a disciplina destinada ao processamento das contendas coletivas. Sem maior resistência, afirma-se doutrinariamente, hoje, a existência de um mundo do *processo civil tradicional* (o pensado pelo CPC/73) e um mundo do *processo civil coletivo* (destinado a tutelar os ditos *novos direitos*) que, à evidência, funcionam em perspectiva diversa.

É possível (e, segundo pensamos, necessário) subdividir a esfera do *processo civil coletivo*, a que interessa mais de perto, nos exatos termos propostos por Zavascki: há, intrinsecamente falando, um campo processual projetado à *tutela coletiva dos direitos individuais* e outro incumbido da *tutela dos direitos coletivos*.[4] No primeiro, mencionado por ora apenas para evitar equívoco rotineiro, organizou-se, dada uma série de vantagens identificadas doutrinariamente, regramento processual apto a possibilitar o processamento coletivo de posições jurídicas individuais.[5] O segundo, envolto ao objeto do presente comentário, destina-se, única e exclusivamente, a tutelar os denominados direitos *essencialmente* coletivos.

Esta categoria de direitos (que se opõe aos direitos *acidentalmente* coletivos) encontra expressa previsão na legislação pátria.[6] Integram-na os *direitos difusos* e os *coletivos stricto sensu* que diferem dos *individuais homogêneos* por revelarem-se de titularidade *transindividual* e *incindíveis* quanto ao seu objeto.[7] A distinção entre os

---

[3] A sentença de primeiro grau foi prolatada no processo nº 11102463079, em sede de Embargos Declaratórios, na Segunda Vara da Fazenda Pública do Foro Central 2/1, de Porto Alegre. Em decisão de instância superior, o julgamento dos Embargos Declaratórios foi reformado, havendo, segundo consta, novo recurso. Todavia, a intenção deste trabalho é analisar os fundamentos do julgado em Embargos Declaratórios para dele extrair a questão central desse trabalho: a ação civil pública, o interesse público e a sua indisponibilidade.

[4] ZAVASCKI. Teori Albino. *Processo coletivo*: tutela de direitos coletivos e tutela coletiva de direitos. 3 ed. São Paulo: RT, 2008.

[5] TORRES, Artur. *Ação coletiva para a tutela de direitos individuais*. Porto Alegre: Livraria do Advogado, 2012.

[6] Vide, por exemplo, o conteúdo do artigo 81, incisos I e II do Código de Proteção e Defesa do Consumidor.

[7] A respeito da inexistência dos direitos difusos vide, com proveito, a interessante crítica formulada por José Tesheiner. TESHEINER, José (Org.). *et all. Processos coletivos*. Porto Alegre: HS editora, 2012. p. 76/78.

difusos e os *coletivos stricto sensu* (de caráter interno) é, a rigor, desimportante neste primeiro momento.

As peculiaridades e o escopo diverso das ações que tutelam direitos *acidentalmente* e *essencialmente* coletivos, que aqui não serão pormenorizadas em face do recorte do presente estudo, forçou o direito processual a regra-las de forma distinta. O alerta serve, acima de tudo, para que não mais se confundam tais planos, como corriqueiramente ocorre, haja vista que, embora intrínsecos ao mundo processual coletivo, revelam realidades processuais absurdamente distantes.

Finalmente, antes de abordarmos o tema ação civil pública em si, preparando o terreno para as considerações que motivaram o presente escrito, cabe à realização de um acordo semântico (mais aceito do que reprovado pela doutrina): a *ação coletiva* (em sentido estrito) destina-se ao processamento dos direitos *acidentalmente* coletivos (*motivo pela qual não será por nós abordada*); a ação civil pública, por sua vez, encontra-se comprometida com a tutela dos direitos *essencialmente* coletivos (difusos e coletivos *stricto sensu*), e representa o limite das considerações abaixo realizadas.

1.1. Ação civil pública: objeto e considerações específicas

A ação civil pública, doravante denominada ACP, revela-se instrumento processual destinado à tutelar direitos *essencialmente* coletivos, ou seja, posições jurídicas que além de *transindividuais* e *incindíveis* carregam em seu DNA, por definição, o fardo do *interesse público*.[8]

A Ação Civil Pública, enquanto instrumento de tutela de direitos de terceira dimensão (difusos e coletivos), serve à manutenção da ordem jurídica e ao regime democrático, já que instrumento para o exercício da cidadania (...).[9]

Considerada a titularidade *transindividual* do direito posto *sub judice*, optou o ordenamento pátrio por limitar a utilização do instrumento aos entes (ideais) previamente apontados pela lei: os legitimados ativos.[10] Dentre eles, o Ministério Público que, a despeito do debate doutrinário de outrora, exerce *legitimação autônoma*, não atuando neste cenário, a rigor, como *substituto processual*.[11]

No que tange à competência para processar e julgar as ações da espécie, é enfático o artigo 2º da Lei 7.347/85 ao asseverar que serão elas "propostas no foro do local onde ocorrer o dano, cujo juízo terá competência funcional para processar e julgar a causa". Quanto ao procedimento cognitivo a ela aplicável, considerada a previsão do artigo 19 do referido diploma legal, parece-nos adequado sustentar, respeitadas

---

[8] Os ditames processuais atinentes a ACP encontram-se na Lei 7.347/85, que, juntamente com às Leis 8.078/90 e 12.016/09 formam o microssistema processual coletivo brasileiro.

[9] MATTE, Maurício. *Ação Civil Pública: tutela de interesses ou direitos difusos e coletivos stricto sensu*. In: TESHEINER, José Maria (org.) et all. *Processos coletivos*. Porto Alegre: HS Editora, 2012. p. 106.

[10] A despeito do conteúdo do artigo 5º da Lei 7.347/85, considerado o moderno posicionamento jurisprudencial, bem como o diálogo das fontes por nós sustentado (Leis 7.347/85, 8078/90 e 12.016/09), é possível asseverar que são detentores da prerrogativa epigrafada os entes, a saber: (I) o Ministério Público; (II) a Defensoria Pública; (III) a União, os Estados, o Distrito Federal e os Municípios; (IV) as entidades e os órgãos da Administração Pública, direta ou indireta, ainda que sem personalidade jurídica; (V) as associações legalmente constituídas há pelo menos um ano; (VI) os partidos políticos com representação no Congresso Nacional, na defesa de interesses de seus integrantes; (VII) as organizações sindicais e demais entidades de classe.

[11] Nesse sentido, vide: NERY JR, Nelson; NERY, Rosa Maria de Andrade. *Leis Civis Comentadas*. São Paulo: RT, 2006. p. 246/247.

eventuais exigências decorrentes da natureza do direito posto à prova, o respeito ao procedimento ordinário comum previsto pelo CPC.[12]

A despeito de outras peculiaridades de natureza processual, das muitas que poderiam ser aqui levantadas (para demonstrar o gueto existente entre o processo civil tradicional e o processo coletivo), importa mesmo destacar que, é o próprio artigo 1º da Lei da ACP, ao enumerar suas hipóteses de cabimento, quem, com clareza solar, denuncia o seu comprometimento com a tutela do interesse público:

> Regem-se pelas disposições desta Lei, sem prejuízo da ação popular, as ações de responsabilidade por danos morais e patrimoniais causados: I – ao meio-ambiente; II – ao consumidor; III – a bens e direitos de valor artístico, estético, histórico, turístico e paisagístico; IV – a qualquer outro interesse difuso ou coletivo; V – por infração da ordem econômica; VI – à ordem urbanística.

Mas, a rigor, o que é interesse público? E no que diz respeito ao caso comentado?

2. Interesse público

Encontra-se na sentença um dos norteadores do Estado Democrático de Direito, um supraprincípio que é o interesse público. O interesse público corresponde à preponderância do interesse entregue à tutela do Estado.

Muitas vezes ele é confundido com o interesse do próprio Estado, embora assim possa realmente ocorrer, quando estão envolvidas situações imperativas e cogentes (exemplificativamente, o serviço militar obrigatório, a educação primária gratuita e obrigatória, a arrecadação de tributos). Mas também o interesse público pode pender para o particular ou privado, e nesse caso ele continuará tutelado pelo Estado (como acontece quando alguém obtém a preponderância da sua intimidade frente ao princípio da publicidade; ou seus valores religiosos face às regras estatais).

Difícil definir o interesse público, tanto mais que para a Administração Pública ele tem a supremacia sobre quaisquer outros interesses privados e é instrumental serviente do dever de cumprir as finalidades públicas, em realidade uma função relativa ao dever-poder da Administração Pública.[13]

Em âmbito mais geral e abrangente, incluída a própria Administração, o interesse público rege a aplicação da Constituição e das Leis, informa e conduz o próprio Estado e a sociedade, aliás, inerente ao Estado Democrático de Direito e à própria sociedade.

---

[12] Afirma-se, sem maior resistência, que o processo de conhecimento individual é composto pelas fases, a saber: (1) postulatória, (2) saneadora, (3) instrutória e (4) decisória. Presente a noção de que, assim como no processo individual, a fase cognitiva do processo coletivo se destina a (a) identificar o pedido e delimitar o bem da vida tornado litigioso, (b) regularizar eventuais pendências relativas à relação processual, (c) instruir o processo e, por fim, (d) aguardar que o Estado ponha termo ao conflito de interesses a ele submetido, não há falar na não aplicação de um procedimento conhecido de todos e descrito em minúcias pelo texto da lei, em favor da aplicação de um procedimento (supostamente existente) oriundo de elucubração doutrinária. Uma vez constatado que o procedimento atribuído ao processo individual (procedimento ordinário) encontra-se atento aos objetivos supra esposados (similares aos do processo coletivo na fase cognitiva), bem como que há possibilidade de certa adaptação do dele para atender a alguns dos anseios do modelo constitucional do processo brasileiro (exemplificativamente, o direito fundamental à tutela adequada e efetiva), nenhum problema haverá, pelo contrário, maior segurança se alcançará ao sustentar a aplicação do iter previsto a partir do artigo 274 do CPC para a resolução dos feitos coletivos em epígrafe, respeitadas, é claro, pontuais exigências derivadas da natureza coletiva da ação.

[13] MELLO, CELSO ANTONIO BANDEIRA DE. *Curso de Direito Administrativo*. 4 ed. São Paulo: Malheiros, 1993. p. 43 e ss.

Modernamente, é um atributo essencial da República e da Democracia, regência que tem por finalidade magna a concretização ética da dignidade da pessoa humana.

As finalidades públicas, assim como as atividades privadas, somente têm valor quando colimadas ao interesse da sociedade e do homem.

É em nome e por ordem do interesse público que o Estado age, assim como o corpo social e as pessoas individualmente, no interesse coletivo e individual. Esse fim previamente fixado pelo ordenamento constitucional que conceitua e molda o Estado e a sociedade tem um indeclinável dever, o dever com os poderes inerentes a ele para concretizar a dignidade do ser humano.

Razão pela qual a Administração Pública é destituída de vontade (típica do direito privado, onde impera a autonomia).

Oportuna à lembrança das lapidares lições de Ruy Cirne Lima, para quem, na Administração Pública, o administrador somente pode fazer o que a lei lhe comanda, enquanto na vida privada, tudo é permitido, onde a lei não lhe vede.

Na Administração Pública, onde não há comando legal, não haverá ação administrativa; assim como nas instituições políticas, onde também não figura comando legal, não haverá ação política.

Mais, acresce Ruy Cirne Lima: o fim, e não a vontade, domina todas as ações da administração pública.[14] (As lições de Cirne Lima estão adaptadas pelos autores à terminologia contemporânea, mas encontram-se referidas em suas inolvidáveis lições).

Seriam, em fórmula esquemática, os interesses públicos primários, quando acionados no interesse geral; e os interesses públicos secundários, esses pertinentes aos interesses próprios da Administração Pública e dos órgãos de Estado.

3. A ação do Ministério Público

A atividade administrativa não é um pressuposto nem exclusividade do Poder Executivo, embora neste ela exista por excelência, aliás como um poder de administração.

Nos demais poderes (Legislativo e Judiciário), assim como no Ministério Público e no Tribunal de Contas, por força de atribuições especificadas de autonomia administrativa e financeira, há uma intercorrente atividade administrativa.

Ela não se confunde com a atividade-fim, que é política (a saber: a lei, a sentença, a fiscalização da lei, o controle da administração pública, assim como no Poder Executivo, o planejamento, os planos, os programas e os projetos; a engendração e a execução de políticas, além dos atos de integração com os demais poderes e instituições de Estado).

Nesse sistema político e administrativo, a deliberação do Ministério Público em analisar a existência de interesse público para ao final propor uma ação civil pública é uma atividade administrativa que antecede a atividade política. Sua estrita vinculação à legalidade informa o conteúdo do direito democrático e republicano.

---

[14] LIMA, RUY CIRNE. *Princípios de Direito Administrativo*. 7. ed. São Paulo: Malheiros, 2007, p. 105 e ss. As lições de Cirne Lima estão adaptadas pelos autores à terminologia contemporânea, mas encontram-se referidas em suas inolvidáveis lições.

Enfoca-se dessa forma a lição de Ruy Cirne Lima, segundo a qual o administrador público sediado no Ministério Público está jungido e atrelado sem espaço de vontade ou liberdade nenhuma ao comando da lei.

É, pode-se dizer, uma via dupla de interesse público: enquanto Instituição de Estado quando perquire da existência do interesse público e funcionalmente quando age no inquérito civil público ou na ação civil pública com a finalidade de realizar valores que concretizam o interesse público.

4. Indisponibilidade do interesse público

Antecede à propositura da ação uma relação administrativa, cujo regime jurídico (implícito ao Direito Administrativo) é a proteção dos direitos individuais, de um lado, e de outro lado, a necessidade da satisfação dos interesses coletivos. Daí nascem as restrições e prerrogativas da Administração Pública que contemporaneamente, nascidas com a Revolução de 1789, são os limites do poder administrativo do Estado e do Governo, sublimados no princípio da legalidade, produto de exportação do direito administrativo francês, no dizer de Prosper Weil.[15]

Enquanto as prerrogativas dão-lhe supremacia sobre o particular, as restrições dizem respeito à observância da finalidade pública, com os seus funcionais princípios explícitos e implícitos.[16]

Em qualquer das instâncias, administrativa ou política, o interesse público é indisponível, como aliás assevera o magistrado de primeiro grau na sentença parcialmente transcrita acima.

Qual o conteúdo dessa indisponibilidade no caso concreto?

A resposta à pergunta tem matriz constitucional.

O artigo 7º, IV, da Carta Política brasileira seguindo tradição histórica inaugurada em 1930, estatui como direito social o salário mínimo, capaz de atender as necessidades vitais básicas dos trabalhadores urbanos e rurais, assim como as de sua família, assim como o inciso V do mesmo artigo determina piso salarial proporcional à extensão e complexidade do trabalho.

O inciso IV do artigo 7º, por determinação constitucional extensiva adotada no § 2º do artigo 39 do mesmo diploma fundador, aplica-se aos servidores públicos, no caso o magistério estadual (e, amplamente nacional) para o qual se dirige o piso básico do magistério mensurado em lei federal e cujo cumprimento é o objeto da ação civil pública.

Significado mais relevante encontra-se no artigo inaugural da Carta, aquele que atribui os fundamentos do Estado Democrático de Direito no qual se constitui na República Federativa do Brasil.

Com efeito: o inciso III firma como fundamento "a dignidade da pessoa humana" e o inciso IV, "os valores sociais do trabalho e da livre iniciativa".

Pode-se concluir que o direito social à remuneração é atributo dos valores sociais do trabalho e ao mesmo tempo núcleo da dignidade da pessoa humana, mais

---

[15] WEIL, PROSPER. *O direito administrativo*. Coimbra, Portugal: Almedina. 1977. p. 162 e ss.
[16] PIETRO, MARIA SYLVIA ZANELLA DI. *Direito administrativo*. 25. ed. São Paulo: Atlas, 2012. p. 60 e ss.

relevante quando se reflexiona que a remuneração assim atribuída se dirige aos membros do magistério, cuja atividade pública e profissional é essencial à concretização da dignidade da pessoa humana, e, por que não? – da sua própria dignidade. Seria esse o cerne medular do interesse público proposto à apreciação do Poder Judiciário, como última e definitiva instância para o cumprimento de lei federal que realiza os valores constitucionais referidos.

5. Igualdade, impessoalidade e moralidade

O acordo celebrado, em primeiro grau homologado e no mesmo grau declarado nulo, além do aspecto primordial da indisponibilidade do interesse público (com os atributos de dignidade da pessoa humana, valores sociais do trabalho e remuneração mínima capaz de atendimento das necessidades vitais básicas do trabalhador público ou privado e da sua família) infringe frontalmente também princípios que são ao mesmo tempo da Administração Pública (os pagamentos estatuídos no acordo são despesas públicas e logo atividade administrativa e financeira) e do conjunto do sistema constitucional, a saber, o princípio da impessoalidade, da igualdade e o da moralidade.

A impessoalidade foi ferida quando o malfadado acordo escolhe, em critérios mal encapuzados, que deixam antever o resquício do arbítrio político, um conjunto de servidores que serão eles, somente eles, por enquanto, os beneficiários da lei. A estes e aos demais, diz o acordo, enquanto se mantiver a sentença, a situação precária não será modificada.

Isso permite imaginar o absurdo que resultaria em caso de deserção ou ausência se recurso: o acordo passa a perpétuo. A impessoalidade (artigo 37 da Carta, *caput*) não admite benefícios nem prejuízos, exceto onde a norma legítima o determine.

O princípio da igualdade, capitulado no caput do artigo 5º da Constituição, que trata dos direitos e deveres individuais e coletivos, foi também lacerado frontalmente quando, por via obtusa e solerte, em maquinação mal engendrada, um acordo que objetiva exatamente não cumprir a lei, não cumprir a sentença que determina o cumprimento desta mesma lei e criar uma situação de desigualdade onde a Constituição determina a igualdade.

Conveniente recordar (para os empregadores privados ou para o Estado) que, em uma república, a lei é igual para todos: não podem os empregados privados acordarem renúncia ao valor mínimo; em relação ao Estado, nem os servidores ou agentes políticos podem renunciar aos seus valores decorrentes de fixação legal; nem o Estado pode pretender descumprir a lei ou ardilosamente acordar (máximo em ação civil pública com sentença de primeiro grau prolatada que obriga ao cumprimento da lei) subterfúgios sob argumentos mal dissimulados.

Na espécie, já houve situações nas quais, demagogicamente, agentes políticos parlamentares ou do executivo "renunciam" sob os holofotes da mídia, aos valores legais como o 13º salário ou fazem aprovar legislativamente valores remuneratórios inferiores, inclusive para justiçar os novos ou futuros eleitos.

O acordo celebrado entre dois entes políticos, a quem incumbe o resguardo e o cumprimento da Constituição, é facilmente aquilatado como inconstitucional, assim como por igual prática descumpre a norma específica dirigida ao magistério e à educação e produzida pelo Poder Legislativo.

O acordo é também imoral, seja no seu sentido mais amplo, porque infringe a confiança recíproca, a estabilidade das relações jurídicas, a boa fé que deve nortear as relações entre as pessoas com o Estado e deste com as pessoas, atributos, em última análise da segurança jurídica.

Imoral em sentido restrito, porque o seu cumprimento, na esfera administrativa se choca com princípio expresso do artigo 37 da Carta, *caput*, aqui entendido com o paradigma de que a Administração e seus agentes têm o dever irrevogável de agir na conformidade com princípios éticos.

A infringência à moralidade implica a violação do próprio direito, configurando ilicitude tipificada e punida com fundamento no artigo 5º, LXXIII, da Carta Política.

Demais, acumulam-se tantas infrações quanto o catálogo permite, quando o Estado recusa-se a cumprir lei federal, cujo cumprimento é interesse público mandamental.

Adotado planetariamente desde o surgimento do Estado Providência, conhecido como interesse público relativo aos direitos sociais, a justa e digna remuneração ao empregado, entretanto, é milenar.

O Deuteronômio e o Talmud, livro interpretativo dos hebreus, determinavam o justo pagamento diário ao jornaleiro, segundo a compreensão de que a justiça é a aplicação justa da lei.[17]

Argumentar, em pleno século XXI, em matéria remuneratória, que o acordo favorece poucos porque não pode beneficiar a todos é nada menos do que o retrocesso vedado em matéria da mais íntima atribuição relativa à dignidade humana.

Presumida como legítima a lei federal do piso mínimo ao magistério público – nacional –, é pelo menos incompreensível que após sentença favorável haja um recuo do Ministério Público a quem incumbe fiscalizar a aplicação da lei para descumprir a lei e, mais, descumprir a sentença.

Todas essas máculas somente conduzem à afirmação da nulidade do acordo em três pontos nitidamente de agenciamento político indisponível. Primeiro: acordo em matéria na qual não pode haver acordo (remuneração devida). Segundo: acionar o Poder Judiciário sob o patrocínio soberano do interesse público e sobre ele acordar. Terceiro: descumprir sentença que acolhe pleito para cumprimento de lei.

---

[17] CRÜSEMANN, Frank. *A Torá*. Petrópolis: Editora Vozes. 2001. p. 283 e seguintes. O Talmud, em duas vertentes históricas, a da Babilônia e a de Jerusalém, contém repositórios explicativos sobre o cumprimento da Torá (Pentateuco). Ensinamento angular é que a lei deve ser justa, ao aplicá-la, o rei deve agir no interesse da justiça e os tribunais podem glosar a lei, ampliando-a ou restringindo conforme o caso concreto, individual ou comunitário. Quando os Mandamentos afirmam-se como lei divina, impõem a sua obediência por todo o povo, em todas as suas tribos, seja rei, sumo sacerdote, rico ou o mais modesto dos pastores de ovelhas. Com isso Crüsemann conclui que o regime político dos antigos hebreus deveria ser qualificado como uma teocracia (a lei divina) e democrática (de igual cumprimento). Essa invocação que ora se apresenta nesse trabalho tem o sentido de demonstrar que os servidores públicos, por diminuta que seja a sua remuneração, têm direito a tratamento digno, impessoal, igualitário e moral. Para os hebreus, essa era a significação da ética da lei.

6. Jurisprudência

O Colendo Supremo Tribunal Federal, julgando o recurso extraordinário 576.155-Distrito Federal, relator Min. Ricardo Lewandowski enfrentou a questão do interesse público invocado pelo Ministério Público do Distrito Federal e Territórios, em recurso extremo face o improvimento de ação civil pública na qual foi alegada a nulidade de acordo firmado pelo Distrito Federal em matéria tributária com contribuintes.

A primeira questão proposta ao julgamento se relacionava sobre a matéria, aparentemente tributária, logo excluída legalmente do âmbito da ação civil pública.

Ao exame, após minuciosos debates, o colegiado entendeu que poderia, em tese, ser o ajuste prejudicial ao patrimônio público e que o programa legal de acordos não diz respeito apenas a interesses individuais, mas alcança também interesses metaindividuais.

O julgamento do recurso ganhou o qualificativo de repercussão geral, face ao tema e ao volume possível de recursos que adviriam das decisões do Tribunal local.

Sem alcançar a unanimidade, os votos que acompanham o relator traduzem o reconhecimento pelo zelo devido ao interesse público, motivo principal do ajuizamento da ação pelo Ministério Público.

Adiante se arrolam outras decisões, as quais, como se verifica, confortam o caso concreto e a correção do seu julgamento singular ocorrido no Poder Judiciário do Rio Grande do Sul. O desfile de decisões superiores é aposto para a exata compreensão do caso, na convicção de que a Corte Suprema, assim como o Tribunal Superior do Trabalho, em última instância, ditaram o direito aplicável.

O Poder Judiciário Estadual, na solitária (e sólida decisão, ainda que possa sofrer percalços, visto não ser definitiva), honra o interesse público e concretiza os valores constitucionais.

Invertida a situação, a decisão do Supremo logra ser mais candente do que uma mera reafirmação de valores ou princípios.

O Ministério Público do Distrito Federal ajuizou ação civil pública para anular, por ofensa aos princípios que enumera, um acordo que, cumprindo uma norma local permissiva, ofende a Constituição.

Se razão jurídica contempla a anulação judicial de um acordo em supostas e pretensas bases legais, mediante ajuizamento de ação civil pública, com mais razão não poderia o Ministério Público firmar acordo assemelhado, quando o fulcro do interesse público e dos demais valores protegidos são os mesmos.

A ementa do RE 576.155-DF, no seu cerne, dispõe:

AÇÃO CIVIL PÚBLICA. LEGITIMIDADE ATIVA. MINISTÉRIO PÚBLICO DO DISTRITO FEDERAL E TERRITÓRIOS. TERMO DE ACORDO DE REGIME ESPECIAL – TARE. POSSÍVEL LESÃO AO PATRIMÔNIO PÚBLICO. LIMITAÇÃO À ATUAÇÃO DO PARQUET. INADMISSIBILIDADE. AFRONTA AO ART. 129, III, DA CF. REPERCUSSÃO GERAL RECONHECIDA. RECURSO EXTRAORDINÁRIO PROVIDO.

Dos votos, além do Min. Lewandowski, como relator, os Ministros Marco Aurélio, Ellen Gracie e Joaquim Barbosa aprofundam o tema discutido para demonstrar com clareza a incidência de valores como os republicanos e democráticos que imperam sobre a gestão pública, a aplicação da lei e seus eventuais acordos, ainda que nominados como se fosse em regime especial.

Em outro julgamento, também no Supremo Tribunal Federal, apreciando o RE 574364-RS, recorrente o Ministério Público Federal, relator Min. Ayres Britto, a matéria abordada guarda semelhança com o recurso acima referido.

Trata-se de ressarcimento ao erário público relativo ao fundo denominado CIDE, cujo devedor é inadimplente de uma espécie tributária carreada a um fundo de intervenção no domínio econômico.

O recurso foi provido registrando o precedente no julgado do RE 576.155-DF, interposto de acórdão desfavorável ao pleito de nulidade formulado pelo Ministério Público em ação civil pública.

Fundamenta-se o provimento, dentre outros, no seguinte embasamento, como transcrito do voto condutor:

> (...) Ou seja, não se trata simplesmente de se promover a defesa do erário público, posto que as características do fundo de amparo ao trabalhador portuário extrapolam o caráter meramente individual assumindo natureza de interesse público primário, de relevância econômica e social, razão pela qual legitimidade o Ministério Público, por força da Constituição Federal, art. 129, III. (....) Ademais, no caso em tela, a lesão ao patrimônio público aumenta suas dimensões, na medida que não se trata de um caso isolado, mas de notícia de inúmeras situações em que pessoas receberam indevidamente indevidamente valores do fundo, em virtude de não se enquadrem nos requisitos da Lei nº 8.630/93. Situação facilitadas pela fragilidade dos sistemas de fiscalização e desembolso deste (....).

No RE 549442-DF, interposto pelo respectivo Ministério Público Distrital, a relatora Min. Ellen Gracie julgou a legitimidade do Órgão para propor ação civil pública e defere o apelo extremo invocando o acórdão do RE 576.155/DF.

No voto, afirma a douta Relatora:

> Entende-se, nesses casos, que o interesse público, que nos termos do art. 82, III, CPC, exige a intervenção do Ministério Público, não equivale nem se identifica com o interesse da Fazenda Pública de simples cobrança de determinado crédito tributário. Mas se impõe ressalvar as hipóteses que a questão transcenda a esfera individual de tal modo que assuma foro de defesa de direitos individuais indisponíveis ou, que, desbordando da simples cobrança de créditos, envolva, por exemplo, o controle do próprio exercício da competência tributária como instrumento de autonomia econômica e financeira dos entes políticos e da responsabilidade fiscal. Nesses casos, caberá tanto a intervenção do Ministério Público como fiscal da lei em ação já ajuizadas como a utilização, por este, da via processual da ação civil pública. (...)

Citam-se, ainda, no RE 549442-DF, precedentes aproveitáveis nos recursos extraordinários 208790, 262.134-AgR e no RE 267023.

No julgamento do RE 580033-DF, o relator, Min. Menezes Direito, o qual, no mesmo passo dos julgados anteriormente referidos que tratam de acordos de regime especial tributário, afirma:

> Eventual prejuízo causado ao erário, com a redução das alíquotas do ICMS, dizendo respeito ao patrimônio público, legitima a atuação do Parquet, mediante ação civil pública vez que diz respeito a interesse público titularizado por toda a coletividade.

O Tribunal Superior do Trabalho, Quarta Turma, rel. Min. Maria de Assis Calsing, julgando recurso sob nº RR-361-43.2010.5.09.0017, promovido pelo Ministério Público do Trabalho no bojo de ação civil pública para anular cláusulas ilegais no acordo coletivo que convocavam trabalhadores para laborarem em domingos ou feriados, sem a competente autorização da autoridade ministerial.

Novamente a situação enfocada pela ação civil pública é um acordo celebrado entre empregados e empregadores, no qual aflora a lesão ao interesse público.

Conclusão

A ação civil pública titularizada legitimamente pelo Ministério Público e proposta no resguardo tutelar que o Estado deve ao interesse público não admite acordo, desistência ou transação envolvendo o próprio interesse público.

Trata-se de ação constitucional, como a ação de inconstitucionalidade (v.g.), nas quais o autor não dispõe do direito: objetivamente ele é íntimo ao Estado de Direito Democrático; daí sua indisponibilidade.

A decisão do magistrado de primeiro grau do Poder Judiciário do Rio Grande do Sul no processo nº 11102463079, em embargos declaratórios, ao anular o acordo, sob o argumento de que se impõe o interesse público, para o qual não há hipótese de disponibilidade, encontra amparo em relevantes decisões do Colendo Supremo Tribunal Federal e no Tribunal Superior do Trabalho, cujo fulcro é a defesa do interesse público ajuizado quando acordos transigiram sobre esse princípio.

A ação civil pública foi ajuizada para nulificar acordos que contemplam transação sobre o interesse público. No caso presente, o acordo é posterior ao ajuizamento, apanha o processo na fase processual em que a sentença de procedência já estava prolatada. A situação revela-se mais complexa sob o aspecto institucional. O acordo, após a manifestação do Poder Judiciário, esteriliza a sentença, manipula a decisão, distorce seus efeitos e com isso fere princípios republicanos e democráticos, tornando inócua a própria ação de defesa do interesse público. O acordo fere o princípio nuclear pelo qual a ação foi motivada.

O direito substancial derivado do interesse público é indisponível.

Ao deliberar sobre o ajuizamento da ação civil pública, o Ministério Público indagou e se convenceu da existência concreta de interesse público. Somente o guardião supremo da Carta poderá apreciar essa concretude. Demais, para acordar, transigir ou desistir, dependeria o Ministério Público de norma específica, na mesma hierarquia da norma autorizativa para o ingresso da ação. À sua ausência, carente absoluto de praticar qualquer ato não comandado por lei.

A remuneração fixada em lei federal (com alcance nacional) é de cumprimento imperativo e cogente, destinada à implementação da educação e da qualidade do ensino públicos.

Ele diz respeito, no caso sob exame, à dignidade humana, ao valor do trabalho e ao valor remuneratório mínimo que contemple ao trabalhador (magistério) e sua família, o núcleo mínimo.

A de dignificação do ser humano – suprema responsabilidade político-jurídica do Estado.

Referências bibliográficas

LIMA, Ruy Cirne. *Princípios de Direito Administrativo*. 7. ed. São Paulo: Malheiros, 2007.

MATTE, Maurício. *Ação Civil Pública: tutela de interesses ou direitos difusos e coletivos stricto sensu*. In: TESHEINER, José Maria (org.) *et all*. *Processos coletivos*. Porto Alegre: HS editora, 2012. p. 105/141.

MELLO, Celso Antonio Bandeira de. *Curso de Direito Administrativo*. 4 ed. São Paulo: Malheiros, 1993.
NERY JR, Nelson; NERY, Rosa Maria de Andrade. *Leis Civis Comentadas*. São Paulo: RT, 2006. p. 246/247.
PIETRO, Maria Sylvia Zanella Di. *Direito administrativo*. 25. ed. São Paulo: Editora Atlas AS, 2012.
TESHEINER, José Maria (Org.) *et all. Processos coletivos*. Porto Alegre: HS editora, 2012.
TORRES, Artur. *A ação coletiva para a tutela de direitos individuais*. Porto Alegre: Livraria do Advogado, 2012.
WEIL, Prosper. *O direito administrativo*. Coimbra, Portugal: Almedina. 1977.
ZAVASCKI. Teori Albino. *Processo coletivo*: tutela de direitos coletivos e tutela coletiva de direitos. 3. ed. São Paulo: RT, 2008.

— ÁREA DE CONCENTRAÇÃO —

Teoria Geral da Jurisdição e do Processo

… — 19 —

O papel do juiz na criação do direito

ÁLVARO VINÍCIUS PARANHOS SEVERO[1]

Sumário: 1. Introdução; 2. Função jurisdicional do Estado; 3. Finalidade da jurisdição; 4. Jurisdição superior ou inferior; 5. Jurisdição de direito ou de equidade; 6. A funcionalidade da tutela jurisdicional; 7. Técnicas processuais de tutela de direitos; 8. O papel dos juízes na criação do direito; 9. Conclusão; Referências bibliográficas.

1. Introdução

Modernamente, toda lei está (ou pelo menos tinha a obrigação de estar) umbilicalmente ligada aos ditames da Constituição. O direito processual deve, portanto, atentar-se às garantias e outras regulações de cunho procedimental existentes na Carta Magna, vislumbrando, ao cabo, a sua legalidade e a sua manutenção como ferramenta inerente ao próprio Estado Democrático de Direito brasileiro – verdadeiro "Estado de Direito e de Justiça Social".[2]

Abranda-se a valia da velha tríade instrumentalista de "ação, jurisdição e processo",[3] incorporando-se, agora, ao cenário processual, uma teoria constitucional, assegurando "às partes determinados direitos a serem exercidos no curso do processo judicial ou em razão dele",[4] vislumbrando, em seu fim, a pacificação e a realização da justiça.[5]

A grande preocupação dos processualistas modernos centra-se na tentativa de estabelecer um processo justo, célere, efetivo, capaz de tutelar, de forma adequada, o direito material buscado pela parte. Visa essa celeridade à prestação jurisdicional e ao exame de casos em que a controvérsia seja realmente relevante e transcenda para além dos interesses subjetivos.

---

[1] Especialista em Direito Processual Civil e Direito Civil, Mestre em Direito na área de concentração em Processo Civil e Doutorando em Direito pela Pontifícia Universidade Católica do Rio Grande do Sul (PUCRS). Advogado e professor na Faculdade de Direito da Pontifícia Universidade Católica do Rio Grande do Sul (PUCRS).

[2] REALE, Miguel. *O Estado Democrático de Direito e o Conflito das Ideologias.* São Paulo: Editora Saraiva, 1998, p. 2.

[3] LEAL, Rosemiro Pereira. *Teoria Processual da Decisão Jurídica:* Ato de Decisão e Legitimidade Decisória; Hermenêutica Decisional na Teoria Discursiva; Legitimidade Decisória e Devido Processo Constitucional. São Paulo: Landy Editora, 2002, p. 13.

[4] PORTO, Sérgio Gilberto; USTÁRROZ, Daniel. *Lições de Direitos Fundamentais no Processo Civil:* o conteúdo processual da Constituição Federal. Porto Alegre: Livraria do Advogado, 2009, p. 38.

[5] RIBEIRO, Darci Guimarães. *La Pretensión Procesal y La Tutela Judicial Efectiva:* Hacia una Teoría Procesal Del Derecho. Barcelona: Bosch, 2004, p. 88-89.

Tal preocupação, inegavelmente, deve-se ao fato de que o assunto sobre o poder criador dos juízes nas decisões judiciais ainda é recente e de enorme importância no direito processual civil.

No primeiro momento, será analisada a função jurisdicional como a atividade soberana de atuação terminal do direito, exercida por meio de órgãos competentes, para resolver ou evitar conflitos de interesses mediante a aplicação da lei, bem como quais são seus limites. Apresenta, ainda, as diferentes classificações da atividade jurisdicional, e a sua finalidade como monopólio do Estado.

O segundo ponto a ser tratado diz respeito e a tutela jurisdicional como forma material no papel dos juízes na criação do direito que dentre as inúmeras garantias positivadas na Constituição Federal brasileira de 1988, o princípio da obrigatoriedade da motivação das decisões, entalhado no artigo 93, incisos IX e X,[6] como direito fundamental do cidadão, visto como prelúdio para averiguação da legalidade de atuação do ente estatal,[7] já que é o único caminho para a demonstração da imparcialidade[8] e da justiça das decisões emanadas, sendo, ao cabo, requisito intrínseco ao conceito de Estado Democrático de Direito.[9]

---

[6] Art. 93. Lei complementar, de iniciativa do Supremo Tribunal Federal, disporá sobre o Estatuto da Magistratura, observados os seguintes princípios: [...] IX todos os julgamentos dos órgãos do Poder Judiciário serão públicos, e fundamentadas todas as decisões, sob pena de nulidade, podendo a lei limitar a presença, em determinados atos, às próprias partes e a seus advogados, ou somente a estes, em casos nos quais a preservação do direito à intimidade do interessado no sigilo não prejudique o interesse público à informação; X as decisões administrativas dos tribunais serão motivadas e em sessão pública, sendo as disciplinares tomadas pelo voto da maioria absoluta de seus membros.

[7] GRINOVER, Ada Pellegrini. O controle do raciocínio judicial pelos tribunais superiores brasileiro. In: Revista da AJURIS. n° 50, ano XVII, novembro, 1990, Porto Alegre, p. 8.

[8] De acordo com ARTUR CÉSAR DE SOUZA (A parcialidade positiva do juiz (justiça parcial) como critério de realização no processo jurisdicional das promessas do constitucionalismo social. In: Revista dos Tribunais. Ano 96, v. 857, março, 2007. São Paulo: Editora Revista dos Tribunais, p. 31-37), a imparcialidade, após a IIª Guerra Mundial, passou a ser um postulado universal, encontrando-se reconhecida no artigo 10 da Declaração Universal dos Direitos Humanos *(Toda pessoa tem o direito, em condições de plena igualdade, de ser ouvida publicamente e com justiça por um tribunal independente e imparcial para decidir de seus direitos e deveres ou do fundamento de qualquer acusação criminal contra ele)* e no artigo 14 do Pacto Internacional de Direitos Civis e Políticos *(Todas as pessoas são iguais perante os tribunais de justiça. Todas as pessoas têm direito a que a sua causa seja ouvida equitativa e publicamente por um tribunal competente, independente e imparcial, estabelecido pela lei, que decidirá quer do bem fundado de qualquer acusação em matéria penal dirigida contra elas, quer das contestações sobre os seus direitos e obrigações de caráter civil [...])*, ambos ratificados pelo Brasil, fato que elevou o princípio da imparcialidade a direito fundamental, de acordo com o § 2º do artigo 5º da CF'88. Imparcialidade, nas palavras de DARCI RIBEIRO (*Provas Atípicas*. Porto Alegre: Livraria do Advogado, 1998, p. 21), é "parte da premissa inafastável da natureza do homem, como ser social e individual; pois, ser imparcial é não deixar as suas convicções, as suas predileções sobrepujarem os elementos constantes nos autos. Isso é ser humanamente imparcial. Essas convicções e predileções pessoais devem pesar no julgamento [...] *(mas)* não pode pesar mais do que o necessário para interpretar ambos os critérios *(objetivos e subjetivos dos autos)*. E onde vamos encontrar os limites para o necessário? Os limites para o necessário deverão ser obrigatoriamente encontrados na fundamentação do juiz [...] será mais imparcial o juiz, quanto mais fundamentada for a sua decisão, porque, quanto mais ele fundamentar, mais ele objetivará as suas convicções íntimas, que são subjetivas, adentrando, com isso, nos critérios objetivos que só poderá encontrar nos autos". Ressalta-se, apenas, que a imparcialidade processual do juiz deverá ser entendida, dentro do quadro narrado, como uma ausência de atuação tendenciosa a qualquer uma das partes, mas nunca em relação ao processo. Acerca da participação do juiz no processo, leia-se: MITIDIERO, Daniel. *Colaboração no Processo Civil:* pressupostos sociais, lógicos e éticos. São Paulo: Editora Revista dos Tribunais, 2009.

[9] Sobre o assunto, ROSEMIRO PEREIRA LEAL (*Teoria Processual da Decisão Jurídica:* Ato de Decisão e Legitimidade Decisória; Hermenêutica Decisional na teoria Discursiva; Legitimidade Decisória e Devido Processo Constitucional. São Paulo: Landy Editora, 2002, p. 31) explica que "na teoria da democracia os direitos fundamentais são inafastáveis não porque já estejam impregnados na consciência dos indivíduos, mas porque são pressupostos jurídicos da instalação processual da movimentação do sistema democrático, sem os quais o conceito de Estado democrático de direito não se enuncia".

2. Função jurisdicional do Estado

Para dar início ao estudo sobre a função criadora do juiz nas decisões judiciais, necessário se faz tecer breves ponderações acerca do conceito de jurisdição, como sendo exercício do poder estatal.

Ao direito subjetivo de "ação", pelo qual alguém pede ao Estado que lhe faça justiça, corresponde a atividade estatal da "jurisdição", pela qual o Estado cumpre o dever de, mediante um devido processo legal, administrar justiça aos que a solicitaram. A jurisdição é, como a administração e a legislação, forma de exercício da soberania estatal.

A jurisdição é função estatal desde o momento em que, proibida a defesa privada por comprometer a paz do grupo social, se reconheceu que nenhum outro poder se encontra em melhores condições de dirimir os litígios do que o Estado, não só pela força de que dispõe, como por nele presumir-se interesse em assegurar a ordem jurídica estabelecida.[10]

Pode-se dizer que, sob certo aspecto, o juiz é o *longa manus* do legislador, pois transforma, pela jurisdição, em comando concreto entre as partes as normas gerais e abstratas da lei, conforme Athos Gusmão Carneiro.

Modernamente, sabe-se que a jurisdição não é um poder, no quadro de uma suposta pluralidade de poderes exercidos pelo Estado; é somente uma expressão do poder estatal, que por sua vez é uno e indivisível, definindo-se como a capacidade de decidir imperativamente e impor decisões.[11]

Os autores Ada Pellegrini Grinover, Cândido Rangel Dinamarco e Antônio Carlos de Araújo Cintra[12] nos trazem alguns ensinamentos de grandes juristas, a fim de explanar conceitos sobre a atividade jurisdicional que passaremos a abordar.

Os referidos autores relatam que, para Chiovenda, a jurisdição "consiste na atuação da lei mediante a substituição da atividade alheia pela atividade de órgãos públicos, afirmando a existência de uma vontade da lei e colocando-a, posteriormente, em prática". Ou ainda, é a "função do Estado que tem por escopo a atuação da vontade concreta da lei por meio da substituição, pela atividade de órgãos públicos, da atividade de particulares ou de outros órgãos públicos, já no afirmar a existência da vontade da lei, já no torná-la, praticamente, efetiva".

Da mesma forma trazem o entendimento de Carnelutti, no qual o processo é um meio de que o Estado se vale para a justa composição da lide, ou seja, a atividade jurisdicional visa à composição, nos termos da lei, do conflito de interesses submetido à sua apreciação.

Ressaltam ainda, todavia, que Galeno Lacerda entende o conceito "carneluttiano" de lide (conflitos de interesses privados) necessita ser ampliado. Carnelutti terá esquecido "que há interesses relevantes pertencentes a outras esferas da ordem jurídica e que, assim, a lide nem sempre se manifesta em conflitos apenas entre particulares. Considerando os valores antinômicos tutelados pelo direito, podem per-

---

[10] SANTOS, Moacyr Amaral. *Primeiras linhas de direito processual civil.* 26. ed. São Paulo: Saraiva, 2009, p .44.
[11] CARNEIRO, Athos Gusmão. *Jurisdição e Competência.* 16. ed., São Paulo: Saraiva, 2009, p. 6.
[12] GRINOVER, Ada Pellegrini; DINAMARCO, Cândido Rangel; CINTRA, Antônio Carlos de Araújo, *Teoria Geral do Processo.* 20. ed., São Paulo: Malheiros, 2004, p.133-4.

feitamente ocorrer, num processo, conflitos, quiçá mais relevantes, entre interesses públicos ou de ordem publica, com inexistência de conflito privado, sem que a atividade do juiz deixe de ser jurisdicional. Modificando-se o conceito de Carnelutti, impõe-se afirmar, portanto, que existe lide sempre que houver, também, conflito de interesses públicos ou particulares, a serem compostos pelo processo".

Já para Frederico Marques[13] "a jurisdição pode ser definida como a função estatal de aplicar as normas da ordem jurídica em relação a uma pretensão. Nisto reside a essência e substância do poder jurisdicional".

Acrescenta Athos Gusmão Carneiro[14] que "podemos conceituar a jurisdição como a atividade estatal pela qual o Estado, com eficácia vinculativa plena, elimina a lide, declarando e/ou realizando o direito em concreto".

Destacam Grinover, Cintra e Dinamarco[15] que, inserido neste contexto de proteção ao indivíduo, compreende-se que o Estado moderno exerce o seu poder para a solução de conflitos interindividuais. O poder estatal, hoje, abrange a capacidade de dirimir os conflitos que envolvem as pessoas (inclusive o próprio Estado), decidindo sobre as pretensões apresentadas e impondo decisões. No Estudo da jurisdição, será observada que é uma das expressões do poder estatal, caracterizando-se como a capacidade, que o Estado tem, de decidir imperativamente e impor decisões. O que distingue a jurisdição das demais funções do Estado (legislação, administração) é precisamente, em primeiro plano, a finalidade pacificadora com que o Estado a exerce.

Ainda, referem que a jurisdição "é uma das funções do Estado, mediante a qual este se substitui aos titulares dos interesses em conflito para, imparcialmente, buscar a pacificação do conflito que os envolve, com justiça". Essa pacificação é feita mediante a atuação da vontade do direito objetivo que rege o caso apresentado em concreto para ser solucionado; e o Estado desempenha essa função sempre mediante o processo, seja expressando imperativamente o preceito (através de uma sentença de mérito), seja realizando no mundo das coisas o que o preceito estabelece (através da execução forçada).

Humberto Theodoro Júnior[16] nos ensina que em vez de conceituarmos jurisdição como poder, é preferível considerá-la como função estatal e sua definição poderia ser dada nos seguintes termos: jurisdição é a função do Estado de declarar e realizar, de forma prática, a vontade da lei diante de uma situação controvertida. Assevera que a jurisdição é "atividade desinteressada do conflito", visto que põe em prática vontades concretas da lei que não se dirigem ao órgão jurisdicional, mas aos sujeitos da relação jurídica substancial deduzida em juízo.

3. Finalidade da jurisdição

Diante da análise dos diferentes conceitos de jurisdição, faz-se necessário o estudo sobre a sua verdadeira função e sua real finalidade dentro do aparelho jurídico estatal.

---

[13] MARQUES, Frederico. *Jurisdição voluntária*. 2. ed., São Paulo: Saraiva, 1959, p. 53.

[14] CARNEIRO, Athos Gusmão. *Jurisdição e Competência*. 16. ed. São Paulo: Saraiva, 2009, p. 6.

[15] GRINOVER, Ada Pellegrini; DINAMARCO, Cândido Rangel; CINTRA, Antônio Carlos de Araújo, *Teoria Geral do Processo*, 20. ed. São Paulo: Malheiros, 2004. p. 24.

[16] JÚNIOR, Humberto Theodoro. *Curso de Direito Processual Civil*. Rio de Janeiro: Forense, 41 ed., v.1, 2004, p. 34.

Embasando-se nos apontamentos de Grinover, Cintra e Dinamarco,[17] pode-se dizer que o objetivo-síntese do Estado contemporâneo é o bem comum e, quando se passa ao estudo da jurisdição, é lícito dizer que a projeção particularizada do bem comum nessa área é a pacificação com justiça. O Estado brasileiro quer uma ordem social que tenha como base o primado do trabalho e como objetivo o bem-estar e a justiça sociais (art. 193) e considera-se responsável pela sua efetividade. Para o cumprimento desse desiderato, propõe-se a desenvolver a sua variada atividade em benefício da população, inclusive intervindo na ordem econômica e na social na medida em que isso seja necessário à consecução do desejado bem comum, ou bem--estar social.

Com essa exposição, constata-se que a jurisdição, fazendo parte do poder estatal, caminha lado a lado com o Estado, na busca dos mesmos objetivos, tendo como principal finalidade a busca pelo bem comum, a realização de obras e prestação de serviços relacionados com a ordem social e econômica e compreende também as providências de ordem jurídica destinadas, como já vimos, a disciplinar a cooperação entre os indivíduos e a dirimir os conflitos entre as pessoas em geral.

Humberto Theodoro Júnior[18] conclui que o direito é condição da verdadeira justiça e, realizando a justa composição do litígio, promove-se a jurisdição, então o restabelecimento da ordem jurídica, mediante eliminação do conflito de interesses que ameaça a paz social pode ser considerada a verdadeira finalidade da jurisdição.

Tendo por base a distinção entre ato jurisdicional e ato administrativo, Athos Gusmão Carneiro[19] define que a "aplicação da lei a uma pretensão" é o objetivo, em si mesmo, da atividade jurisdicional; é a razão de ser jurisdição.

Ainda, a respeito da finalidade da jurisdição, Grinover, Cintra e Dinamarco, ao fazerem uma abordagem sobre os elementos básicos do conceito da função jurisdicional, relatam que a principal função do aparelho jurisdicional é "eliminar os conflitos individuais e com isso fazer justiça em casos concretos".[20]

Observando os diferentes entendimentos sobre a finalidade da jurisdição, podemos perceber que todos os pensamentos chegam a um mesmo fundamento, qual seja, a busca pela harmonia no convívio social, resolvendo os conflitos existentes através da instauração de uma relação processual que seja igual para ambas as partes que litigam, por meio da correta aplicação das normas contidas no ordenamento jurídico, encontrando assim a tão esperada paz social.

4. Jurisdição superior ou inferior

Grinover, Cintra e Dinamarco[21] sabiamente observam que é da natureza humana o inconformismo perante decisões desfavoráveis: muitas vezes, aquele que sai vencido em um processo quer nova oportunidade para demonstrar as suas razões e tentar

---

[17] GRINOVER, Ada Pellegrini; DINAMARCO, Cândido Rangel; CINTRA, Antônio Carlos de Araújo, *Teoria Geral do Processo*, 20. ed. São Paulo: Malheiros, 2004. p. 37.

[18] JÚNIOR, Humberto Theodoro. *Curso de Direito Processual Civil*. Rio de Janeiro: Forense, 41. ed., v.1, 2004, p. 34.

[19] CARNEIRO, Athos Gusmão. *Jurisdição e Competência*. 16. ed. São Paulo: Saraiva, 2009, p. 7.

[20] GRINOVER, Ada Pellegrini; DINAMARCO, Cândido Rangel; CINTRA, Antônio Carlos de Araújo, *Teoria Geral do Processo*, 20 ed., São Paulo: Malheiros, 2004, p. 24.

[21] GRINOVER, Ada Pellegrini; DINAMARCO, Cândido Rangel; CINTRA, Antônio Carlos de Araújo, Idem, p. 147.

outra vez o ganho de causa. Por isso, os ordenamentos jurídicos em geral instituem o duplo grau de jurisdição, princípio consistente na possibilidade de um mesmo processo, após julgamento pelo juiz inferior perante o qual teve início, voltar a ser objeto de julgamento, agora por órgãos superiores do Poder Judiciário.

Assim, chama-se jurisdição inferior aquela exercida pelos juízes que ordinariamente conhecem do processo desde o seu início (competência originária): trata-se, na Justiça Estadual, dos juízes de direito das comarcas distribuídas por todo o Estado, inclusive da comarca da capital. E chama-se jurisdição superior a exercida pelos órgãos a que cabem os recursos contra as decisões proferidas pelos juízes inferiores. O órgão máximo, na organização judiciária brasileira, e que exerce a jurisdição em nível superior ao de todos os outros juízes e tribunais, é o Supremo Tribunal Federal.

5. Jurisdição de direito ou de equidade

O art. 127 do Código de Processo Civil diz que "o juiz só decidirá por equidade nos casos previstos em lei". Decidir por equidade significa decidir sem as limitações impostas pela precisa regulamentação legal; é que às vezes o legislador renuncia a traçar desde logo na lei a exata disciplina de determinados institutos, deixando uma folga para a individualização da norma através dos órgãos judiciários.

É nesses casos que o juiz exerce a jurisdição de equidade, a que se refere na doutrina em contraposição à jurisdição de direito. No direito processual civil, sua admissibilidade é excepcional, mas nos processos arbitrais podem as partes convencionar que o julgamento seja feito por equidade. Na arbitragem ajustada perante os juizados especiais, o julgamento por equidade é sempre admissível, independentemente de autorização pelas partes.[22]

Ainda sobre as espécies ou tipos de jurisdição, insta salientar que existem doutrinadores que usam nomenclatura diversa e, inclusive, classificam de outras formas a jurisdição. No entanto, a classificação feita por Grinover, Cintra e Dinamarco e por nós adotada nesse trabalho, abrange todas as demais, fato que nos motivou a elegermos a respectiva classificação como a ideal para bem compreendemos o estudo.

Carneiro[23] assinala que a jurisdição voluntária visa à aplicação da lei com o objetivo de eliminar um litígio, um conflito de interesses; em face do litígio, o juiz outorga a um ou a outro dos litigantes o bem da vida disputado, e os efeitos da sentença adquirem definitividade, imutabilidade em frente às partes e seus sucessores.

Manifestam autores de nomeada que na jurisdição voluntária não temos processo, mas simples procedimento; não há partes, como na jurisdição contenciosa, mas simples interessados; e a decisão definitiva desses procedimentos não alcança a força da coisa julgada material, que apenas ocorre nas sentenças de mérito proferidas em causas de jurisdição contenciosa. De outra parte, na jurisdição voluntária "predomina o princípio inquisitório, enquanto na jurisdição contenciosa prevalece o princípio do dispositivo".[24]

---

[22] GRINOVER, Ada Pellegrini; DINAMARCO, Cândido Rangel; CINTRA, Antônio Carlos de Araújo. *Teoria Geral do Processo*. 20. ed. São Paulo: Malheiros, 2004. p. 148.

[23] CARNEIRO, Athos Gusmão. *Jurisdição e Competência*. 16 ed. São Paulo: Saraiva, 2009, p. 47.

[24] Idem. p. 48.

De acordo com a doutrina,[25] os atos da jurisdição voluntária na realidade nada teriam de jurisdicionais, por que: a) não se visa, com eles, à atuação do direito, mas à constituição de situações jurídicas novas; b) não há o caráter substitutivo, pois o que acontece é que o juiz se insere entre os participantes do negócio jurídico, numa intervenção necessária para a consecução dos objetivos desejados, mas sem exclusão das atividades das partes; c) além disso, o objeto dessa atividade não é a lide, como sucederia sempre com a atividade jurisdicional; não há um conflito de interesses entre duas pessoas, mas apenas um negócio, com a participação do magistrado.

Conforme leciona Cassio Scarpinella Bueno,[26] a classificação que distingue "jurisdição contenciosa" ou "litigiosa" da "jurisdição voluntária" elege como critério de distinção o modo pelo qual o juiz comporta-se diante do conflito e ela se justifica desde a distinção feita pelo art. 1º do Código de Processo Civil. O que, segundo a doutrina tradicional, caracteriza a jurisdição voluntária é a circunstância de ela dar tutela jurisdicional aos sujeitos do processo, sabendo-se desde o início a qual deles ela poderá ser dada. No âmbito da "jurisdição voluntária", o juiz não aplica o direito controvertido no caso concreto, substituindo a vontade das partes. Prática, bem diferentemente, atos integrativos da vontade dos interessados, de negócios jurídicos privados, que, nestas condições, passam a ser administrados pelo Poder Judiciário. Por isto mesmo é que os autores negam à "jurisdição voluntária" que as decisões proferidas pelo Estado-juiz tornem-se imutáveis, isto é, revistam-se de coisa julgada.

6. A funcionalidade da tutela jurisdicional

A arquitetura processual ordinarizou-se: inexistindo julgamentos provisórios (julgar provisoriamente é não julgar) sobre o mérito, há o contraditório prévio (ampla produção probatória e manifestação das partes, para que após o magistrado possa julgar) e o exaurimento de todas as formas de defesa (ampla defesa): "o devido processo legal somado a exigência da plenitude de defesa equipara-se definitivamente, e identifica-se com o procedimento ordinário, cuja vocação para a plenariedade é um dado teórico inoculável".[27] Igualmente aponta Luiz Guilherme Marinoni[28] "ademais, para o desenvolvimento da sociedade em meio à liberdade, aspirava-se um direito previsível ou a chamada certeza do direito (...) a lei era bastante e suficiente para que o juiz pudesse solucionar os conflitos, sem que precisasse recorrer as normas constitucionais".

A ordinariedade tem vocação congênita para a plenaridade (igualmente a actio romana), visto que o juízo de certeza formar-se-á na plenitude da prova. "Nossa capacidade para ordinarizar e, como decorrência disto plenarizar todas as demandas é uma consequência inelutável imposta pelo paradigma da ordinariedade, que tem no

---

[25] GRINOVER, Ada Pellegrini; DINAMARCO, Cândido Rangel; CINTRA, Antônio Carlos de Araújo. *Teoria Geral do Processo*. 20. ed. São Paulo: Malheiros, 2004. p. 155.
[26] BUENO, Cassio Scarpinella. *Curso Sistematizado de Direito Processual Civil*. 2. ed. São Paulo: Saraiva, 2008, p. 255-6.
[27] DA SILVA, Ovídio Araújo Baptista. *Da Sentença Liminar a Nulidade de Sentença*. Rio de Janeiro: Forense, 2001, p. 110.
[28] *Teoria Geral do Processo*. São Paulo: Revista dos Tribunais, 2006, p. 28.

Processo de Conhecimento seu principal alicerce teórico".[29] A segurança jurídica é valor fruto da ideia racionalista. O vínculo da ordinariedade e o racionalismo situa-se na estrutura do procedimento em que o magistrado julgará, "depois do amplo debate probatório que, segundo imagina a doutrina, daria ao julgamento a indispensável segurança, própria dos juízos de certeza".[30]

O paradigma do conhecimento/execução, consubstanciado na ordinariedade mostra-se obsoleto e desarmônico com as garantias constitucionais e diferentes formas de tutelas requeridas pelos jurisdicionados. É notório estar a sociedade brasileira contemporânea constituída por pluralidade de credos, raças, ideologias, culturas e informações. Nesta dicotomia de realidades e relações sociais surgirá, inevitavelmente, o conflito de interesses entre os homens. Assevera Francesco Carnelutti[31] "onde não há conflito de interesses não pode haver direito, porque nessa hipótese não há necessidade de direito. Não existe fenômeno jurídico na raiz do qual a análise não procure este conflito", auferindo ser o direito instrumento interventivo e saneador dos dissídios de pretensões dos homens.

Hodiernamente, o grau de civilidade das relações sociais veda ao homem a autotutela; exteriorizada no vulgar aforismo popular: "fazer justiça pelas próprias mãos". Afirma-se seguramente ser tarefa da ordem jurídica harmonizar as relações intersubjetivas, ocasionando a máxima realização dos valores com o mínimo de sacrifício e desgaste.[32] Também incube ao Estado-juiz resolver os conflitos que envolvam os jurisdicionados, julgando as pretensões apresentadas e impondo decisões.[33]

O Estado-juiz, provocado pelo interessado que exerce a demanda,[34] aplica sua jurisdição instituindo um método de composição ao feito. Nesta linha de pensar, sustenta Darci Guimarães Ribeiro:[35] "Quanto a dialética é sabido que o processo contemporâneo é um processo de partes, onde há uma tese (afirmação do autor), uma antítese (negação do réu) e, finalmente, uma síntese (sentença do juiz)". A formação "do processo civil estatal é, sempre e invariavelmente, produto da iniciativa de um dos seus sujeitos, o autor, configurada pela demanda posta perante o juiz".[36] Consubstanciado na petição inicial que delimitará o objeto da demanda, sobre esta decidirá o julgador.

---

[29] DA SILVA, Ovídio Araújo Baptista. *Jurisdição e Execução*: na tradição romano-canônica. 2ª ed. São Paulo: Revista dos Tribunais, 1997, p. 218.

[30] DA SILVA, 2004, p. 143

[31] CARNELUTTI, Francesco. *Teoria geral do direito*. São Paulo: Lejus, 2000, p. 105.

[32] CINTRA, Antônio Carlos de Araújo; GRINOVER Ada Pellegrini; DINAMARCO, Cândido Rangel. *Teoria geral do Processo*. 20. ed. São Paulo: Malheiros, 2004. p. 22.

[33] Ibid., p. 24.

[34] Lembra José Carlos Barbosa Moreira: "Em nosso sistema jurídico, o princípio fundamental é de que o órgão da jurisdição, em matéria civil, só exerce atividade quando provocado: princípio da iniciativa da parte *(ne procedat iudex ex officio)* (art. 262). A provocação consiste na demanda, ato pelo qual o autor requer ao estado determinada providencia jurisdicional". MOREIRA, José Carlos Barbosa. *O novo processo civil brasileiro*. 21. ed. Rio de Janeiro: Forense, 2000, p. 4.

[35] RIBEIRO, Darci Guimarães. *Provas atípicas*. Porto Alegre: Livraria do Advogado, 1998, p. 31. Com posicionamento análogo sustenta Eduardo J. Couture: "O processo é em si mesmo, um método de debate. Nele participam elementos humanos: juízes, auxiliares, partes, testemunhas, peritos, etc., os quais atuam segundo certas formas preestabelecidas na lei. Estas formas regulam a produção de atos jurídicos processuais, vale dizer, atos humanos dirigidos pela vontade da lei jurídica. COUTURE, Eduardo J. *Introdução ao estudo do processo civil*: discursos, ensaios e conferencias. Traduzido por Hiltomar Martins Oliveira. Belo Horizonte: Líder Cultura Jurídica, 2003, p. 43.

[36] DINAMARCO, Cândido Rangel. *A nova era do processo civil*. São Paulo: Malheiros, 2003, p. 36.

Haurido nas lições de Araken de Assis,[37] o processo inicialmente cria uma relação jurídica entre demandante e o Estado-juiz (forma linear). O vínculo completar-se-á com o chamamento do réu (forma angular), procedendo à manifestação do Estado-juiz a pretensão material deduzida em juízo.

O processo é o instrumento que se vale o Estado para exercer a atividade jurisdicional; e, no plano da jurisdição contenciosa, a atividade jurisdicional foca-se na composição dos conflitos de pretensões, regulados pelo direito material e qualificados por uma pretensão resistida. Geralmente, a solução desses conflitos (providência reclamada ao órgão judicial) faz-se através da sentença. Essa é a feição tradicional do processo de conhecimento que visa à declaração do direito, sob o manto da ordinariedade e plenariedade.

Ora, o processo, para cumprir sua função instrumental, alicerça-se à perspectiva de temporalidade. O tempo é elemento inexorável ao desenvolver da demanda: o processo fulcra-se nas garantias constitucionais do contraditório e devido processo legal. A técnica processual prima pela dialética, o que impossibilita a não dilação do tempo entre o ajuizamento do feito e a entrega da prestação jurisdicional, seja pelo juiz ou pelo tribunal.

O Ministro Athos Gusmão Carneiro[38] avoca, no plano processual, pela impossibilidade de o processo – mesmo regido sobre o manto da oralidade – não se alongar, porquanto há concessão de prazo às partes, sob o pálio do contraditório, para apresentarem suas pretensões a impugnações, provar fatos e direitos, insurgirem-se contra pronunciamentos judiciais desfavoráveis. Além disso, o magistrado necessita de tempo à compreensão do conflito de pretensão que lhe é submetido, proferindo com a devida fundamentação às decisões interlocutórias e o comando sentencial.

Na verdade, por ser um instrumento destinado à atuação da lei, processo deverá desenvolver-se "sob vertente extrínseca, mediante um procedimento célere, a fim de que a tutela jurisdicional emerja realmente oportuna e efetiva".[39] Os males da corrosão e frustração, que o decurso do tempo pode acarretar ao(s) direito(s) da(s) parte(s), afrontam a efetiva prestação jurisdicional (agora constitucionalmente textualizada), violando-se o princípio do devido processo legal e a função institucional inerente ao processo. É notório que há direitos que sucumbem de forma irremediável, quando a tutela não é prestada oportunamente; outros tornam-se menos úteis diante de uma tutela tardia.[40]

A injustificável dilação temporal à entrega da prestação jurisdicional conduz-se à denegação do acesso à justiça. Ora, é insuficiente assegurar à parte economicamente desfavorecida o acesso ao Judiciário. Ao não tornar tal garantia constitucional operável e exequível efetivamente, estar-se-á perpetuando flagrante inconstitucionalidade e iniquidade ao caso concreto.Transcreve-se, neste sentido, lição do professor Mauro Cappelletti:[41] "A representação judicial – tanto de indivíduos, quanto de interesses

---

[37] *Doutrina e Prática do Processo Civil Contemporâneo*. São Paulo: Revista dos Tribunais, 2001, p. 357-358.

[38] *Da Antecipação de Tutela*. 3. ed. Rio Janeiro: Forense, 2002, p. 1.

[39] CRUZ E TUCCI, *Tempo e processo*: uma análise empírica das repercussões do tempo na fenomenologia processual (civil e penal). São Paulo: Revista dos Tribunais, 1997, p. 27.

[40] GAJARDONI, Fernando da Fonseca. *Técnicas de aceleração do processo*. São Paulo: Lemos e Cruz, 2003, p. 16-17.

[41] *Acesso à justiça*. Tradução de Ellen Gracie Northfleet. Porto Alegre: Fabris, 1988. p. 68-69.

difusos – não se mostrou suficiente, por si só, para tornar essas mudanças de regras vantagens tangíveis ao nível prático [...]. Não é possível nem desejável revolver tais problemas com advogados apenas, isto é, com uma representação judicial aperfeiçoada. Entre outras coisas, nós aprendemos, agora, que esses novos direitos frequentemente exigem novos mecanismos procedimentais que os tornem exequíveis".

No que tange ao Estado-juiz, o crescente número de demandas induz, de modo geral, à prestação jurisdicional intempestiva. O número de processos tornou-se "humanamente invencível", influindo na qualidade dos julgamentos e desprestigiando o Poder Judiciário. Adstrito à questão da parte economicamente desfavorecida, e o numerário progressivo de pleitos em contrapartida ao limitado número de julgadores.

José Rogério Cruz e Tucci,[42] concatenando a problemática da intempestividade da prestação jurisdicional, interpreta-a, como reflexo de três fatores: institucionais, de ordem técnica e subjetiva, decorrentes da insuficiência material. Concernente ao fator institucional, aborda a problemática do desprestígio do Poder Judiciário diante dos mais poderes (Executivo e Legislativo); aduz que o Estado (grande consumidor da prestação jurisdicional, na forma passiva da relação processual) não presta qualquer contribuição material para imprimir maior celeridade procedimental.

Atinente aos fatores de ordem técnica e subjetiva, foca sua crítica na pessoa do magistrado. Assevera que os proventos dos julgadores são fonte de desestímulo e desprestígio à árdua tarefa de julgar, a regra da oralidade não se vê presente e, ao mesmo tempo, o elevado grau de processos submetidos aos magistrados retiram destes o tempo para o necessário aperfeiçoamento cultural. Ocorre displicência por parte dos julgadores e cartórios, ao cumprimento dos prazos que lhes destinam. Concluindo, eclodem-se os fatores derivados da insuficiência material: ao crescente número de demandas não aparelhou-se o Judiciário, pois as dependências deste poder são precárias, e, nas diferentes regiões do território nacional, não há a devida informatização dos órgãos judiciários. Em suma, a falta de substrato informático e tecnológico afasta a capacidade do Poder Judiciário atender ao crescente grau de litigiosidade, conduzindo-se à irremediável tutela tardia.

O direito objetivo ao processo sem dilações indevidas, agora textualizado como garantia constitucional, no art. 5º, inciso LXXVIII, da Constituição Federal de 1988 (introduzido pela Emenda Constitucional nº 45), encontrava-se recepcionado em nossa Carta Constitucional, por força do artigo 5º, § 2º, da Constituição Federal de 1988, tornando efetivo o artigo 8º, 1, da Convenção Americana de Direito Humanos (Pacto San José da Costa Rica)[43] – da qual o Brasil é signatário – que contempla o direito ao processo dentro de um prazo razoável.

Embora se requeira que a atividade processual, do ajuizamento da demanda à entrega da prestação jurisdicional, desenvolva-se em dilações indevidas (atrasos por inobservância dos prazos e termos procedimentais), a perspectiva do tempo é

---

[42] *Tempo e processo*, 1997, p. 98-110.

[43] Dispõe o artigo 8º, 1, da Convenção de Direitos Humanos: "Artigo 8º – Garantias judiciais:
1. Toda pessoa terá o direito de ser ouvida, com as devidas garantias e dentro de um prazo razoável, por um juiz ou Tribunal competente, independente e imparcial, estabelecido anteriormente por lei, na apuração de qualquer acusação penal formulada contra ela, ou na determinação de seus direitos e obrigações de caráter civil, trabalhista, fiscal ou de qualquer outra natureza. BRASIL. Ministério da Saúde. Programa Nacional de DST e AIDS. Convenção americana de direitos humanos: Pacto de San José de Costa Rica. Disponível: <http://www.aids.gov.br/final/biblioteca/legislacao/vol1_4.htm>. Acesso em: 15 de set. 2005.

inafastável, havendo de segregar-se harmonicamente os valores segurança jurídica e efetividade processual.

Nesse aspecto mostra-se curial a perspectiva da efetiva tutela jurisdicional dos direitos, e o emprego das técnicas de cognição às reais necessidades dos jurisdicionados; em prol de fornecer uma efetiva tutela de direito, bem como adiantar-se os efeitos executivos/mandamentais antes do juízo final de certeza. Impende observar que sob os auspícios da celeridade (duração razoável do processo) e nas hipóteses em que o bem da vida postulado, perecerá ou a prestação jurisdicional tardia mostrar-se-á vã, necessária a inversão do paradigma parta lançar ao jurisdicionado o adequada técnica de tutela do direito, resguardando a utilidade e efetividade a prestação jurisdicional e a pretensão material.

7. Técnicas processuais de tutela de direitos

Reitera-se que a concepção da prestação jurisdicional como o direito a sentença, ou o mero caráter instrumental da prestação jurisdicional, traduz inoficioso. O direito a prestação jurisdicional é direito fundamental a efetiva tutela jurídica, concretizada na elaboração de um modelo de tutela jurisdicional adequado aos valores e anseios do jurisdicionado ao tempo presente.

Oportunamente, tem-se a crítica de Luiz Guilherme Marinoni: "a morosidade da prestação jurisdicional, oriunda, como é de sabida das mais diversas causas, também esta ligada a ineficiência do velho procedimento ordinário, cuja estrutura encontrava-se superada antes da introdução da tutela antecipatória no Código de Processo Civil".[44]

O Estado, ao monopolizar a produção e tutela dos direitos, assumiu o dever de protegê-los. A garantia constitucional da inafastabilidade do controle judicial (prevista no art. 5º, inciso XXXV, da Constituição Federal de 1988) torna-se operável e exequível a partir do fornecimento das técnicas de tutelas adequadas às diversas pretensões reivindicadas pelos jurisdicionados. O princípio da inafastabilidade do Poder Judiciário surgiu, em última análise, do desejo de defender o indivíduo contra o Estado, representado, nessa relação, pelo Poder Executivo. Procurou-se contrapor, ao todo poderoso Executivo, um outro Poder, o Judiciário, para fiscalizá-lo e limitá-lo.

Nessa perspectiva para a efetiva tutela jurisdicional dos direitos, é imprescindível o correto manejo das técnicas de cognição às reais necessidades de tutela dos jurisdicionados; rompendo assim com o paradigma da ordinariedade (conhecimento/execução) em prol de fornecer uma efetiva tutela de direito, bem como adiantar-se os efeitos executivos/mandamentais antes do juízo final de certeza.

O direito fundamental à tutela jurisdicional (art. 5º, § 1º, da CF/88) tem aplicabilidade imediata, e assim vincula imediatamente o "Poder Público, isto é o legislador – obrigado a traçar técnicas processuais adequadas à tutela dos direitos – e o juiz, que tem o dever de prestar a tutela jurisdicional efetiva".[45]

---

[44] *Manual do Processo de Conhecimento*. 5ª ed. São Paulo: Revista dos Tribunais, 2006. p. 202.

[45] MARINONI, Luiz Guilherme. *Técnica Processual e Tutela dos Direitos*. São Paulo: Revista dos Tribunais, 2004, p. 30.

8. O papel dos juízes na criação do direito

Iniciando esta incursão, importa consignar que o Direito não se confunde necessariamente, com a lei escrita, pois sua verdadeira criação se dá através dos magistrados, nos tribunais. O juiz exerce uma função criadora extremamente importante na medida em que contribui para o aperfeiçoamento e a perpetuação contínua da ordem jurídica,

Não só nos parâmetros da "Common Law", mas ainda nos sistemas jurídicos de Direito Codificado, o ponto central de gravitação de toda a criação judicial incide na decisão de casos particulares, e não na formulação de regras gerais e abstratas, pois a criação judicial, expressada por sentenças dos juízes nos Tribunais, representa a fonte primeira do Direito objetivado.[46]

Neste aspecto, merece referência a interpretação doutrinária realizada por M. Sadok Belaid, em seu *Essai sur le Pouvoir Créateur et Normatif du Juge*.

A Jurisprudência como a fonte natural por onde se constitui o Direito, não se atendo a que sua tarefa seja restringida simplesmente à "tappiication des lois". A transcrição de algumas de suas ideias mais significativas e Configurada, presentemente, a começar pela textual afirmação de que doutrina clássica da Separação dos Poderes consagrada pelo liberalismo burguês tende a restringir a tarefa do juiz, reduzindo-o a um modesto agente aplicador das regras do sistema jurídico dominante limitando a função Jurisprudencial aos estreitos horizontes de uma "simple machine à syllogismes".

Os legalistas clássicos não consideram o exercício jurisdicional como um terceiro poder essencial do Estado, como, na realidade, se atribui aos outros dois órgãos, vinculados à categoria de órgãos ativamente políticos. Os órgãos que exercem o poder político (Poderes Legislativo e Executivo) caracterizam-se pela função criadora e reguladora, relegando-se, por sua vez, ao órgão não político (Judiciário), a mera função de execução e aplicação dos ditames dos poderes políticos. Eis, portanto, que, para a concepção do legalismo clássico, "a criação do Direito é o apanágio e o monopólio do Poder Legislativo", cabendo ao Juiz a total sujeição a estes parâmetros.

A negativa de reconhecimento do poder político ao magistrado é ressaltado ainda pela posição tradicional de certos autores.

Na realidade, tais proposições mencionadas são inteiramente falsas, pois o juiz possui papel bem maior do que lhe é atribuído, exercendo, ideologicamente, uma extraordinária e dinâmica atividade recriadora.

O monopólio legislativo, em matéria de elaboração e fixação do Direito, é pura falácia; uma nova concepção que melhor valorize a forço das decisões judiciais deve dar lugar ao dogmatismo do positivismo exegético.

O Juiz é plenamente soberano na esfera de ação em que atua podendo, por si mesmo, determinar as normas e as regras de aplicação necessárias. A atitude do Juiz, em relação à lei, não se caracteriza jamais pela passividade, nem tampouco será, a lei, considerada elemento exclusivo na busca de soluções justas aos conflitos; a lei se constitui em um outro elemento, entre tantos que intervêm no exercício da função Jurisprudencial.[47]

---

[46] TOBENAS, José Castán. *La Formulación Judicial del Derecho*. 2. ed. Madrid, Instituto Editorial Réus, 1954, p. 25.
[47] BELAID, Sadok, op. cit., p. 79, 261 e 283.

Com justa razão, a lei não é a medida exata que assegura a estabilidade e a continuidade do Direito. Existe, por conseguinte, uma antinomia entre a lei e os princípios fundamentais da ordem jurídica. O resguardo e a manutenção destes princípios são feitos exclusivamente pelo Juiz, e não pelo Poder Legislativo. Ora, a lei e sua conceptualização moderna distinguem-se em um aspecto por demais relevante: autêntico instrumento ideológico de compromisso Político.

A expressão de lutas políticas ou de interesses bem determinados, a lei não pode ser, senão a expressão de uma vontade contingente sobre problemas da mesma natureza.

Nesse sentido, a lei, enquanto veículo de um sistema jurídico determinado, tende a materializar uma ideologia dominante, ela aparece como identificação necessária de um Estado que deve ter uma autonomia relativa em relação a essa ou àquela fração do bloco no poder, para que possa organizar sua unicidade sob a hegemonia de uma classe ou de uma fração. Em outras palavras, podemos ver, na lei, não a forma de regulamentação, de organização social ou de limite da violência, mas, pura e simplesmente, a extensão pública e racional da própria violência manipulada pelo Estado.

9. Conclusão

Na esteira dessas asserções, pode-se categorizar que ao juiz compete a função básica de transformar os parâmetros tradicionais da fisionomia dogmática e formalista do Direito. Esta contribuição é por demais incisiva e determinante na salvaguarda dos direitos essenciais do homem, como no caso o da vida, servindo-se na também da apreciação real dos valores ideais da vida social e na realização dos fins últimos do Direito, este, enquanto fenômeno universal, "dever-ser" desideologicização, e não instrumentalização de controle e repressão de um bloco de poder dominante.

Seja como for, não se pode mais afirmar nenhuma espécie de Direito que não seja regulado, controlado e limitado pelo juiz.

A função jurisdicional transcende a modesta e subserviente atividade de aceder aos caprichos e à vontade do legislador, pois, como poder criador o Juiz não se constitui em um simples técnico que mecanicamente aplaca o Direito em face dos litígios reais, mas, buscando solucionar os conflitos de interesse entre sujeitos de Direito, o magistrado aparece como uma verdadeira força de expressão social, que se define pelo exercício de uma função autônoma e irredutível em relação às outras esferas de competência do Estado.

Distintamente das demarcações sustentadas pelo legalismo clássico de que a independência do Judiciário não passaria de uma ficção, é de se precisar que tal proposição está longe de ser carreta, pois o Juiz, em sua dinâmica e exclusiva atividade criadora, possui plena soberania na órbita da própria atuação.

O magistrado, portanto, não se limita à atividade de natureza meramente interpretativa ou dedutiva daquilo que lhe é dado, mas sua tarefa consiste na revelação de uma forma jurídica mais adequada, mais elaborada e mais sistematizada. Consequentemente, a sentença judicial emanada do Juiz adquire não só validade formal como tipificação de preceito imperativo e obrigatório. Faz-se necessário, sem dúvida, assinalar que tais disposições judiciais são inegavelmente parte do Direito positivo, na medida em que tanto são respeitadas pelos litigantes e acatadas pelos Tribunais, quanto reiteradamente incorporadas pelo legislador do Direito positivo.

O papel do Juiz é acentuadamente marcante, não só como recriador, através do processo hermenêutico, mas também como adaptador das regras jurídicas às novas e constantes condições da realidade social. E contribuindo para a transformação e evolução contínua da ordem jurídica positiva que o Juiz, em seu mister recriador, insere a se mente perpetuadora e a fonte inspiradora do Direito ideal.

Como se pode verificar, o Juiz não se atém somente à interpretação de leis positivas ou a formulações provenientes de codificações, pois, como símbolo de um órgão que resume em si o espírito da estrutura jurídica dominante, compete-lhe muito mais a adequação dos fatos sociais e dos interesses materiais aos princípios de valoração jurídica predominantes.

Está correto Tobenas, ao aclamar que o Direito dos juristas é a fonte primeira do Direito objetivo e, assim sendo, o centro de gravitação da criação jurídica, mesmo nos países de Direito Codificado, incide não na formulação de normas gerais, mas a decisão de casos individuais.[48]

Diante dessas proposições, uma questão perpassa, de imediato, ou seja, quais os critérios-limite de natureza ético-jurídica, que demarcam a ação jurisdicional e os poderes do Juiz? São eles ilimitados, ou pode-se falar num limite-padrão, sem que incorramos no governo dos magistrados ou na ditadura do Judiciário? A este propósito, quem melhor se ateve à matéria foi Benjamin Cardozo, emérito representante do realismo de tradição jurídico-burguesa norte-americana: "As excentricidades dos juízes se equilibram. Um Juiz considera os problemas do ponto de vista da história; outro, da filosofia; outro, ainda, da utilidade social; um é formalista, outro demasiado liberal; um tem medo de mudanças, outro está descontente com o presente; apesar do atrito dos diversos espíritos, atinge-se a um grau de constância e de uniformidade...".

"O juiz, mesmo quando livre, não o é totalmente. Ele não pode inovar a seu bel-prazer. Não é um cavaleiro-errante, vagando à vontade em busca de seu próprio ideal de beleza ou de bondade. Deve extrair sua inspiração de princípios consagrados. Não deve ceder ao sentimento espasmódico, à benevolência indefinida e desgovernada. Deve exercer uma discrição informada pela tradição, metodizada pelo analogia, disciplinado pelo sistema e subordinada 'à necessidade primordial de ordem na vida social'."

"... Os juízes têm, naturalmente, o poder, embora não o direito, de ignorar a ordem da lei e julgar apesar dela. Eles têm o poder, embora não o direito, de ir além dos muros dos interstícios, os limites estabelecidos para a inovação judicial pelo precedente e pelo costume. Por este abuso de poder, porém, violam o Direito. Se o violam voluntariamente, isto é, com espírito culpado e maldoso, cometem um dano e podem ser removidos ou punidos, ainda que o julgamento proferido seja válido. Em suma, há princípios de Direito limitativos da liberdade do juiz".[49]

Pareceu claro, ao longo desse texto, a tentativa de demonstrar, teoricamente, que a verdadeira fonte do direito é elaborada pêlos magistrados nos tribunais; por

---

[48] TOBENAS, José Castán. op. cit., p. 22-5.
[49] CARDOZO, Benjamin. *A Natureza do Processo e a Evolução do Direito*. 3. ed. Porto Alegre, Coleção AJURIS 9, 1978, p. 157-134-128.

outro lado, não se nega que subsistem, concomitantemente com os precedentes judiciais, a doutrina, a analogia, os costumes e os princípios gerais dominantes. Assim sendo, nos limites desta gravitação, a lei não é necessariamente direito, nem, tampouco, fonte exclusiva e absoluta de direito. Em suma, suas questões básicas advém da análise histórico-crítica da. jurisprudência.

Referências bibliográficas

ARTUR CÉSAR DE SOUZA (A parcialidade positiva do juiz (justiça parcial) como critério de realização no processo jurisdicional das promessas do constitucionalismo social. In: Revista dos Tribunais. Ano 96, v. 857, março, 2007. São Paulo: Editora Revista dos Tribunais, p. 31-37).

ASSIS, Araken de. Doutrina e Prática do Processo Civil Contemporâneo. São Paulo: Revista dos Tribunais, 2001.

BUENO, Cassio Scarpinella. Curso Sistematizado de Direito Processual Civil. 2 ed. São Paulo: Saraiva, 2008.

CAPPELLETTI, Mauro. Acesso à justiça. Tradução de Ellen Gracie Northfleet. Porto Alegre: Fabris, 1988.

CARDOZO, Benjamin. A Natureza do Processo e a Evolução do Direito. 3ª. ed. Porto Alegre, Coleção AJURIS-9, 1978.

CARNEIRO, Athos Gusmão. Da Antecipação de Tutela. 3. ed. Rio Janeiro: Forense, 2002.

——. Jurisdição e Competência. 16 ed., São Paulo: Saraiva, 2009.

CARNELUTTI, Francesco. Teoria geral do direito. São Paulo: Lejus, 2000.

CINTRA, Antônio Carlos de Araújo; GRINOVER Ada Pellegrini; DINAMARCO, Cândido Rangel. Teoria geral do Processo. 20. ed. São Paulo: Malheiros, 2004.

COUTURE, Eduardo J. Introdução ao estudo do processo civil: discursos, ensaios e conferencias. Traduzido por Hiltomar Martins Oliveira. Belo Horizonte: Líder Cultura Jurídica, 2003.

CRUZ E TUCCI, Tempo e processo: uma análise empírica das repercussões do tempo na fenomenologia processual (civil e penal). São Paulo: Revista dos Tribunais, 1997.

DA SILVA, Ovídio Araújo Baptista. Da Sentença Liminar a Nulidade de Sentença. Rio de Janeiro: Forense, 2001.

——. Jurisdição e Execução: na tradição romano-canônica. 2ª ed. São Paulo: Editora Revista dos Tribunais, 1997.

DINAMARCO, Cândido Rangel. A nova era do processo civil. São Paulo: Malheiros, 2003.

GAJARDONI, Fernando da Fonseca. Técnicas de aceleração do processo. São Paulo: Lemos e Cruz, 2003.

GRINOVER, Ada Pellegrini. O controle do raciocínio judicial pelos tribunais superiores brasileiro. In: Revista da AJURIS. nº 50, ano XVII, novembro, 1990, Porto Alegre.

LEAL, Rosemiro Pereira. Teoria Processual da Decisão Jurídica: Ato de Decisão e Legitimidade Decisória; Hermenêutica Decisional na teoria Discursiva; Legitimidade Decisória e Devido Processo Constitucional. São Paulo: Landy Editora, 2002.

MARINONI, Luiz Guilherme. Manual do Processo de Conhecimento. 5ª ed. São Paulo: Revista dos Tribunais, 2006. p. 202.

——. Técnica Processual e Tutela dos Direitos. São Paulo: Editora Revista dos Tribunais, 2004.

MARQUES, Frederico. Jurisdição voluntária. 2.ed., São Paulo: Saraiva: 1959.

MITIDIERO, Daniel. Colaboração no Processo Civil: pressupostos sociais, lógicos e éticos. São Paulo: Editora Revista dos Tribunais, 2009.

MOREIRA, José Carlos Barbosa. O novo processo civil brasileiro. 21.ed. Rio de Janeiro: Forense, 2000.

PORTO, Sérgio Gilberto; USTÁRROZ, Daniel. Lições de Direitos Fundamentais no Processo Civil: o conteúdo processual da Constituição Federal. Porto Alegre: Livraria do Advogado, 2009.

POULANTZAS, Nicos. O Estado, o Poder, o Socialismo. Rio de Janeiro, Edições Graal, 1980.

REALE, Miguel. O Estado Democrático de Direito e o Conflito das Ideologias. São Paulo: Editora Saraiva, 1998.

RIBEIRO, Darci Guimarães. La Pretension Procesal y La Tutela Judicial Efectiva: Hacia una Teoría Procesal Del Derecho. Barcelona: Bosch, 2004.

——. Provas Atípicas. Porto Alegre: Livraria do Advogado, 1998.

SANTOS, Moacyr Amaral. Primeiras linhas de direito processual civil. 26.ed. São Paulo: Saraiva, 2009.

THEODORO JÚNIOR, Humberto. Curso de Direito Processual Civil. Rio de Janeiro: Forense, 41 ed., v.1, 2004.

TOBENAS, José Castán. La Formulación Judicial del Derecho. 2. ed., Madrid, Instituto Editorial Réus, 1954.

WOLKMER, António C. As Ideologias Contemporâneas e o Direito. In: Revista de Estudos Jurídicos, São Leopoldo, UNISINOS, (27):160, 1980.

— 20 —

Tutela coletiva de direitos trabalhistas: crítica ao modelo brasileiro e sugestões a partir de modelos em direito comparado

FERNANDA PINHEIRO BROD[1]

Sumário: Introdução; 1. Tutela coletiva de direitos: direitos coletivos, difusos e individuais homogêneos; 2 A tutela coletiva de direitos no Brasil: a ação popular, a ação civil pública e o anteprojeto do código brasileiro de processos coletivos; 3 A tutela coletiva de direitos trabalhistas no Brasil e a legitimação processual adequada: crítica ao modelo existente; 4. A tutela coletiva em direito comparado: algumas sugestões possíveis; Conclusões; Referências.

Introdução

Em um país de proporções continentais e com volume expressivo de judicialização de demandas, falar em acesso à justiça, em razoável duração do processo e em efetividade na prestação jurisdicional, é assunto recorrente. Mecanismos voltados ao julgamento de demandas repetitivas, à minimização do volume de processos na esfera recursal ou mesmo a discussão sobre meios alternativos de resolução de conflitos são, mais do que relevantes, necessários diante deste cenário. É justamente neste horizonte que a tutela coletiva de direitos se apresenta como uma possibilidade contributiva e um tema que merece ser prontamente discutido.

Tutela coletiva de direitos difere da tutela de direitos coletivos. Como lembra Zavascki, não se pode "imaginar possível conferir aos direitos subjetivos individuais, quando tutelados coletivamente, o mesmo tratamento que se dá aos direitos de natureza transindividual".[2] Embora não se possa de forma alguma minimizar a relevância que a tutela de direitos coletivos representa para o Estado Democrático de Direito, especialmente após seu reconhecimento e regulamentação por meio de diversos diplomas infraconstitucionais,[3] pretende-se limitar a discussão no presente trabalho

---
[1] Doutoranda em Direito pela PUC/RS. Mestre em Direito pela Universidade de Santa Cruz do Sul – UNISC. Professora do Centro Universitário Univates – RS. Advogada.
[2] ZAVASCKI, Teori Albino. *Processo coletivo*: tutela de direitos coletivos e tutela coletiva de direitos. 5. ed. São Paulo: Revista dos Tribunais, 2011, p. 32.
[3] À guisa de exemplo e sem a pretensão de apresentar rol taxativo, citamos: A Lei 4.717/65 (Ação Popular), a Lei 7.347/85 (Ação Civil Pública), a Lei 8.078/90 (Código de Defesa do Consumidor), a Lei 8.429/92 (Improbidade Administrativa), todas elas contributivas para a construção em âmbito nacional de uma tutela jurisdicional de proteção aos direitos coletivos.

naquilo que diz respeito à tutela coletiva de direitos, aos direitos individuais homogêneos, cuja proteção pode ocorrer de forma coletiva, por ser este, a nosso ver, um caminho possível no enfrentamento do volume de judicialização de demandas existente atualmente.

Em especial, pretende-se focar a análise da tutela de direitos individuais homogêneos no âmbito do direito processual do trabalho. Isto porque, paralelamente ao surgimento de novos mecanismos de tutela de direitos coletivos, na seara do direito do trabalho já há, em âmbito nacional, uma cultura de tutela coletiva. É relevante lembrar que o processo do trabalho já há muito se preocupa com demandas coletivas. A própria origem do direito do trabalho evoca questões coletivas, tais como greves, boicotes, piquetes e o consequente desenvolvimento de métodos de solução dos conflitos coletivos. É clássica no direito do trabalho a existência de duas formas de relações jurídicas: as relações individuais e as relações coletivas de trabalho. Nestas últimas, a tutela de direitos coletivos do trabalho por meio do ajuizamento de dissídios coletivos é, sem dúvida, a mais conhecida forma de solução de conflitos dessa natureza e amplamente aceita por força de expressa previsão constitucional (artigo 114, § 2º, da Constituição Federal). Trata-se do chamado poder normativo da Justiça do Trabalho, alvo de muitas críticas[4] mas ainda existente no sistema trabalhista pátrio.

A respeito da tutela coletiva de direitos na seara trabalhista, merece especial atenção a discussão acerca da legitimação processual adequada para a propositura da ação. Afinal, é sabido que historicamente sempre coube aos sindicatos a legitimidade ativa para suscitar o ajuizamento de dissídio coletivo, instrumento tradicionalmente utilizado na solução de controvérsias atinentes às categorias profissional e econômica (tutela de direitos coletivos). Outrossim, se estamos a falar na tutela coletiva de direitos, a saber, naquilo que diz respeito aos direitos individuais homogêneos, deve permanecer este mesmo raciocínio? Ou melhor, cabe aos sindicatos a legitimidade exclusiva nessa seara? Ou ainda que não exclusiva, é possível falar em legitimidade ampla e irrestrita, independentemente da análise de qualquer requisito de admissibilidade ou de representação adequada?

Dessa forma, o presente trabalho pretende discutir a legitimação processual adequada para a proposição de ações voltadas à tutela coletiva de direitos no âmbito do direito processual do trabalho. Para tanto, utilizando-se do método dedutivo e a partir de pesquisa bibliográfica, pretende-se realizar breve abordagem acerca dos direitos coletivos e dos mecanismos processuais existentes no sistema processual brasileiro voltados a sua tutela. Após, discutir a tutela coletiva de direitos trabalhistas no Brasil, com vistas a questionar a legitimação processual adequada para a propositura da ação. Para finalizar, buscar algumas soluções existentes em âmbito do direito comparado como forma de se pensar mudanças possíveis sobre o tema. A discussão perpassará necessariamente a análise do modelo sindical existente no país, por tratar-se de questão central objeto da crítica que se pretende realizar. Afinal, se as ações coletivas mostram-se como uma solução possível para a diminuição de volume na judicialização de conflitos, é mais do que pertinente pensar os modos como poderá ser realizada, com vistas a alcançar resultados mais significativos e protetivos dos

---

[4] Em crítica ao poder normativo da Justiça do Trabalho, ver ROMITA, Arion Sayão. *Direito do trabalho: temas em aberto*. São Paulo: LTr, 1998.

direitos tutelados que, no caso, encontram-se dentre aqueles pertencentes ao rol dos direitos fundamentais.

1. Tutela coletiva de direitos: direitos coletivos, difusos e individuais homogêneos

Uma primeira diferenciação que merece ser destacada é aquela que diz respeito às espécies de direitos de natureza coletiva. Entendemos que tal diferenciação se mostra relevante, especialmente para o direito do trabalho, à medida em que há previsão específica para a tutela de direitos coletivos (no exercício do chamado poder normativo da Justiça do Trabalho),[5] o que não ocorre no que se refere à tutela de direitos difusos e individuais homogêneos em matéria trabalhista (não há um procedimento exclusivo do processo do trabalho para a tutela dessa categoria de direitos, sendo utilizados, de forma subsidiária, os preceitos do direito processual comum).

Esta diferenciação tripartite corresponde à classificação legal, a partir do disposto no artigo 81, parágrafo único do Código de Defesa do Consumidor (Lei 8.078/90). Segundo referido dispositivo, direitos e interesses difusos são "os transindividuais, de natureza indivisível, de que sejam titulares pessoas indeterminadas e ligadas por circunstâncias de fato". Já os interesses e direitos coletivos são "os transindividuais de natureza indivisível, de que seja titular grupo, categoria ou classe de pessoas ligadas entre si ou com a parte contrária por uma relação jurídica base" e, por fim são direitos individuais homogêneos "os decorrentes de origem comum".

Adequando-se tais definições aos domínios do direito do trabalho, tem-se que os direitos próprios da categoria profissional, extensíveis a todos os trabalhadores ligados pela relação jurídica de emprego, são direitos coletivos. Tal não afasta, no entanto, a existência de direitos individuais cuja origem se dá de forma comum, decorrentes das condições de trabalho, por exemplo, como se pode verificar no direito à percepção do adicional de insalubridade. Aos primeiros, não há dúvidas, partindo-se da existência de expressa previsão legal e do próprio procedimento adotado para com os dissídios coletivos, que cabe aos sindicatos a defesa dos mesmos em juízo ou fora dele.[6] Já no que diz respeito aos direitos individuais homogêneos, entendemos pertinente a discussão acerca da legitimidade ativa, à medida que se trata da tutela de direitos essencialmente individuais, variando apenas a forma segundo a qual esta é feita.

Pode-se dizer que os direitos individuais homogêneos são, assim, "simplesmente, direitos subjetivos individuais. A qualificação de homogêneos não altera nem pode desvirtuar essa sua natureza. É qualificativo utilizado para identificar um conjunto de direitos subjetivos individuais ligados entre si por uma relação de afinida-

---

[5] Artigos 852 a 875 da CLT.

[6] Registre-se que há autores que defendem, inclusive, a legitimidade do sindicato na defesa de interesses *difusos* da categoria como, por exemplo, o meio ambiente de trabalho saudável ou a luta pela criação de postos de trabalho em determinado município. Nesse sentido SANTOS, Ronaldo Lima dos. *Sindicatos e ações coletivas:* acesso à justiça, jurisdição coletiva e tutela dos interesses difusos, coletivos e individuais homogêneos. São Paulo: LTr, 2003, p. 295. A esse respeito, nos filiamos ao posicionamento de Martins, ao afirmar: "Havendo interesses difusos em discussão, a legitimidade para a propositura da ação civil pública é exclusiva do Ministério Público do Trabalho, pois o sindicato não protege interesses difusos, mas os interesses da categoria, que são interesses coletivos". MARTINS, Sérgio Pinto. *Direito processual do trabalho.* 30. ed. São Paulo: Atlas: 2010, p. 498.

de, de semelhança, de homogeneidade".[7] Podem ser defendidos coletivamente, dada sua semelhança, homogeneidade, havendo uma pluralidade de titularidade, tal como ocorre nos direitos transindividuais (só que estes são indivisíveis e seus titulares indeterminados). Estes últimos, também chamados direitos difusos, podem ser conceituados como

> interesses metaindividualizados que, não tendo atingido o grau de agregação e de organização necessários a sua afetação institucional, junto a certas entidades ou órgãos representativos dos interesses socialmente definidos, restam em estado fluido, dispersos pela sociedade civil como um todo (v. g., o interesse à pureza do ar atmosférico) podendo, por vezes, concernir a certas coletividades de conteúdo numérico indefinido (v. g., os consumidores). Caracterizam-se: pela indeterminação dos sujeitos, pela indivisibilidade do objeto, por sua intensa litigiosidade interna e por sua tendência à transição ou mutação no tempo e no espaço.[8]

Ocorre que a cada uma das categorias de direitos ou interesses mencionadas acima são atribuídos mecanismos diferentes de tutela jurisdicional, os quais tiveram origem em diferentes momentos históricos a ponto de hoje a doutrina reconhecer a existência "de um subsistema específico, rico e sofisticado, aparelhado para atender aos conflitos coletivos, característicos da sociedade moderna".[9] Trata-se do direito processual coletivo, o qual, nas palavras de Ada Pellegrini Grinover surge "contando com princípios revisitados e institutos fundamentais próprios e tendo objeto bem definido: a tutela jurisdicional dos interesses ou direitos difusos, coletivos e individuais homogêneos".[10] Necessário, para os limites do presente trabalho, explanar ainda que em breves linhas os principais meios processuais desse subsistema em âmbito nacional, voltados à tutela coletiva, até mesmo como forma de permitir breve comparação com modelos estrangeiros.

2. A tutela coletiva de direitos no Brasil: a ação popular, a ação civil pública e o anteprojeto do código brasileiro de processos coletivos

Não é de hoje que o sistema processual pátrio volta os olhos para o tema das ações coletivas. A questão toma vulto, entretanto, nas últimas décadas, especialmente após a Constituição Federal de 1988, que inaugura novo panorama com o chamado direito processual constitucional, abrindo espaço para temas e mecanismos que intentem muito mais para reflexos sociais do que individuais.

Lembra Dinamarco[11] que no Brasil, inicialmente, algumas leis esparsas concediam legitimidade extraordinária para a defesa de determinados direitos metaindividuais.[12] Foi a Lei da Ação Popular (Lei n. 4.717, de 29-6-1965) a primeira lei

---

[7] ZAVASCKI, Teori Albino. *Processo coletivo:* tutela de direitos coletivos e tutela coletiva de direitos. 5. ed. São Paulo: Revista dos Tribunais, 2011, p. 34

[8] MANCUSO, Rodolfo de Camargo. *Interesses difusos: conceito e legitimação para agir*. São Paulo: Revista dos Tribunais, 2000, p. 137.

[9] ZAVASCKI, Teori Albino. *Processo coletivo:* tutela de direitos coletivos e tutela coletiva de direitos. 5. ed. São Paulo: Revista dos Tribunais, 2011, p. 31.

[10] GRINOVER, Ada Pellegrini. Direito Processual Coletivo. In GRINOVER, Ada Pellegrini; MENDES, Aluisio Gonçalves de Castro; WATANABE, Kazuo (Coord.). *Direito processual coletivo e o anteprojeto do Código Brasileiro de Processos Coletivos*. São Paulo: Revista dos Tribunais, 2007, p. 15.

[11] DINAMARCO, Pedro da Silva. *Ação civil pública*. São Paulo: Saraiva, 2001.

[12] É o caso da Lei 1.134, de 14 de junho de 1950: "as associações de classe existentes na data de publicação desta lei, sem nenhum caráter político, fundadas nos termos do Código Civil e enquadradas nos dispositivos constitucionais que congreguem funcionários ou empregados de empresas industriais da União, administradas ou não por elas, dos Estados, dos Municípios e das entidades autárquicas, de modo geral, é facultada a representação coletiva ou indivi-

brasileira a tratar, de forma mais ampla, dos interesses difusos, concedendo ao cidadão a legitimidade para a defesa do patrimônio público, assim considerados os bens especificados na própria lei. Em 1977, com a reforma da Lei da Ação Popular os direitos difusos ligados ao patrimônio ambiental passam a ser, também, objeto de proteção através da ação popular. Já a Lei da Política Nacional do Meio Ambiente (Lei n. 6.938, de 31-8-1981) trouxe legitimidade ao Ministério Público para a defesa do meio ambiente.

Mas foi com a Lei da Ação Civil Pública (Lei n. 7.347, de 24-7-1985) que os interesses transindividuais, ligados ao meio ambiente e ao consumidor, "receberam tutela diferenciada, por intermédio de princípios e regras que, de um lado, rompiam com a estrutura individualista do processo civil brasileiro e, de outro, acabaram influindo no Código de Processo Civil".[13]

A Constituição Federal de 1988 universalizou a proteção coletiva dos interesses ou direitos transindividuais, sem qualquer limitação ao objeto do processo, deixando de haver previsão exclusivamente no que dizia respeito ao meio ambiente e consumidor (artigo 129, III). Além disso, previu a tutela coletiva em geral em dois dispositivos, independentemente da espécie de ação, a saber, no artigo 5º, XXI, ao conferir legitimação às entidades associativas, quando expressamente autorizadas, para representar seus filiados, judicial ou extrajudicialmente e no artigo 8º, III, ao estatuir que cabe ao sindicato a defesa dos direitos e interesses coletivos ou individuais da categoria, inclusive em questões judiciais ou administrativas, aspecto que tem especial relevância para o presente trabalho, dada a matéria em discussão. De modo mais específico, a Constituição Federal de 1988 manteve, elevou e criou, respectivamente, as ações populares (artigo 5º, LXXIII), as ações civis públicas (artigo 129, III) e as ações de mandado de segurança coletivo (artigo 5º, LXIX e LXX).[14]

Posteriormente, várias leis infraconstitucionais passaram a tratar da matéria, em áreas temáticas específicas. Lembra Dinamarco a Lei n. 7.853, de 24-10-1989, que trata da proteção individual e coletiva da pessoa portadora de deficiência; a Lei n. 7.913, de 7-12-1989, que dispõe sobre a ação civil pública de responsabilidade por danos causados aos investidores de mercado de valores mobiliários; a Lei n. 8.069, de 13-7-1990 (Estatuto da Criança e do Adolescente), que também inovou ao dispor acerca de normas específicas para a ação civil pública na defesa dos interesses individuais (indisponíveis), coletivos e difusos lá protegidos; a Lei n. 8.078, de 11-9-1990 (Código de Defesa do Consumidor), que alterou profundamente a estrutura da ação civil pública.[15] A Lei n. 10.671, de 15-5-2003 (Estatuto do Torcedor) e a Lei n. 10.741,

---

dual de seus associados, perante as autoridades administrativas e a justiça ordinária." ou ainda do anterior Estatuto da Ordem dos Advogados do Brasil (Lei 4.215, de 24-4-1963) ao reconhecer que "cabe à Ordem representar, em juízo ou fora dele os interesses gerais da classe dos advogados e os individuais relacionados com o exercício da profissão."

[13] GRINOVER, Ada Pellegrini. Direito Processual Coletivo. In GRINOVER, Ada Pellegrini; MENDES, Aluisio Gonçalves de Castro; WATANABE, Kazuo (Coord.). *Direito processual coletivo e o anteprojeto do Código Brasileiro de Processos Coletivos*. São Paulo: Revista dos Tribunais, 2007, p. 11.

[14] Regulamentadas (parcialmente) pela Lei do Mandado de Segurança Individual e Coletivo, Lei n. 12.016, de 10-08-2009. Ressalta-se que o intérprete deverá conjugar as regras específicas dos artigos 21 e 22 desta com as demais do mandado de segurança individual, no que for cabível e com as normas do sistema processual coletivo. Destaca-se ainda que o legislador ordinário limitou o objeto de proteção pelo mandado de segurança coletivo apenas aos direitos coletivos em sentido estrito e individuais homogêneos, não se aplicando, portanto, aos direitos difusos, restrição esta que não encontra previsão constitucional.

[15] DINAMARCO, Pedro da Silva. *Ação civil pública*. São Paulo: Saraiva, 2001, p. 38-39.

de 1-10-2003 (Estatuto do Idoso) contém, ambas normas pertinentes para a proteção judicial dos interesses difusos, coletivos e individuais homogêneos. A Lei n. 11.340, de 7-08-2006 (Lei Maria da Penha), igualmente contém normas pertinentes à defesa dos interesses e direitos transindividuais previstos na lei.

É de se destacar que as ações coletivas são reguladas em âmbito nacional por leis extravagantes desprovidas de unidade orgânica, enquanto o Código de Processo Civil praticamente nada regula sobre o assunto, salvo a previsão genérica de legitimação, contida no artigo 6º e a possibilidade de formação de litisconsórcio ativo prevista no artigo 46 do mesmo código, o que não se constitui em ação coletiva mas simples técnica de cumulação de causas que, em tese, poderiam ser propostas separadamente.[16] Para tanto, discute-se atualmente um anteprojeto do Código Brasileiro de Processos Coletivos e o projeto de nova Lei da Ação Civil Pública, "com o escopo de transformar esta última em Lei Geral dos Processos Coletivos, sendo o instrumento central de um Sistema Único de Ações Coletivas, com a proposta de revogação da Lei 7.347/85 e de todas as demais normas pertinentes aos processos coletivos contidas no Código de Defesa do Consumidor e nas demais leis específicas".[17]

O anteprojeto do Código Brasileiro de Processos Coletivos teve como inspiração o Código Modelo de Processos Coletivos do Instituto Ibero-Americano de Direito Processual, este surgido no ano de 2004 e constituído com a participação de quatro professores brasileiros.[18] O anteprojeto do Código Brasileiro de Processos Coletivos está estruturado em cinquenta e quatro artigos, reunidos em seis capítulos: I – Das demandas coletivas; II – Da ação coletiva ativa; III – Da ação coletiva passiva; IV – Do mandado de segurança coletivo; V – Das ações populares; VI – Das disposições finais.

No que pertine à legitimação processual, o Código Brasileiro de Processos Coletivos, seguindo a trilha do Código Modelo para Ibero-América, procurou ampliar o rol de legitimados, em uma clara tendência a democratizar o acesso à Justiça. "A proposição rompe, portanto, com sistemas tradicionais, que procuram atribuir com certa exclusividade a legitimidade ora para órgãos públicos, ora para associações e organizações não governamentais, como ocorre na Alemanha, ou principalmente para os indivíduos, como ocorre com as *class actions*".[19]

Assim, são considerados legitimados, para propor ação coletiva o Ministério Público – aspecto em que não há nenhuma inovação até então, à medida em que o mesmo já se encontra legitimado para propor a ação civil pública; as pessoas jurídicas de direito público interno, as entidades e órgãos da Administração Pública; os

---

[16] Nesta modalidade, lembra Zavascki que "A concentração de toda a atividade cognitiva num mesmo processo tem o desiderato de propiciar uma prestação jurisdicional célere e efetiva. Todavia, na prática, isso nem sempre alcança os resultados programados, notadamente pela dificuldade de produzir, no curso da instrução processual, todos os elementos de prova que permitam prolatar uma sentença com identificação completa da relação jurídica: a obrigação, os sujeitos, o objeto da prestação, sua quantidade e seu valor". ZAVASCKI, Teori Albino. *Processo coletivo:* tutela de direitos coletivos e tutela coletiva de direitos. 5. ed. São Paulo: Revista dos Tribunais, 2011, p. 148.

[17] MENDES, Aluisio Gonçalves de Castro. *Ações coletivas no direito comparado e nacional.* 2. ed. São Paulo: Revista dos Tribunais, 2010, p. 201.

[18] Ada Pellegrini Grinover, Kazuo Watanabe, Antonio Gidi e Aluisio Gonçalves de Castro Mendes.

[19] MENDES, Aluisio Gonçalves de Castro. O anteprojeto do Código Brasileiro de Processos Coletivos: visão geral e pontos sensíveis. In GRINOVER, Ada Pellegrini; MENDES, Aluisio Gonçalves de Castro; WATANABE, Kazuo (Coord.). *Direito processual coletivo e o anteprojeto do Código Brasileiro de Processos Coletivos.* São Paulo: Revista dos Tribunais, 2007, p. 23.

partidos políticos e as associações e fundações privadas legalmente constituídas; as entidades sindicais para a defesa dos interesses da categoria; a Defensoria Pública quando os interessados forem, ao menos em parte, hipossuficientes; a pessoa natural, para a defesa dos direitos ou interesses difusos e, por fim, o membro do grupo, categoria ou classe, para a proteção dos interesses coletivos e individuais homogêneos.[20]

O anteprojeto inova em dois aspectos: ao prever a inclusão expressa da Defensoria Pública como autor coletivo, à medida que se trata de uma instituição bastante próxima da população carente. "O Anteprojeto indiretamente reserva-lhe, portanto, uma atribuição de extrema relevância política – trazer para a pauta do dia a dia do Judiciário os interesses difusos e coletivos de uma imensa população sub-representada nas esferas de decisão política do Brasil".[21] A segunda inovação diz respeito à possibilidade de legitimação ativa das pessoas físicas, que poderão, a critério judicial, observados os requisitos estabelecidos no código, propor todas as espécies de ações coletivas.

Nesta última possibilidade de legitimação, tem-se a figura do "representante adequado" mencionado, inclusive, dentre os princípios da tutela jurisdicional coletiva (artigo 2º). Para a defesa dos interesses difusos tem-se o mesmo fundamento que o da ação popular, ampliando-se ainda mais o seu emprego. Já para a defesa de interesses coletivos ou individuais homogêneos, exige-se que o representante adequado seja membro do grupo, categoria ou classe. Inspirada no modelo americano, esta exigência parte do pressuposto de que "um credor ou o próprio lesado tem mais estímulo em perseguir seu próprio direito".[22]

É justamente neste aspecto que reside a discussão atinente ao presente trabalho. Se o modelo existente de tutela coletiva (ou o que se encaminha para ser o modelo existente) prevê a figura do representante adequado para a defesa dos direitos individuais homogêneos, bem como a possibilidade de representação processual pelos sindicatos, entendemos ser cabível a discussão sobre a adequação da representação

---

[20] Art. 20 São legitimados concorrentemente à ação coletiva ativa: I – qualquer pessoa física, para a defesa dos interesses ou direitos difusos, desde que o juiz reconheça sua representatividade adequada, demonstrada por dados como: a – a credibilidade, capacidade e experiência do legitimado; b – seu histórico na proteção judicial e extrajudicial dos interesses ou direitos difusos e coletivos; c – sua conduta em eventuais processos coletivos em que tenha atuado; II – o membro do grupo, categoria ou classe, para a defesa dos interesses ou direitos coletivos, e individuais homogêneos, desde que o juiz reconheça sua representatividade adequada, nos termos do inciso I deste artigo; III – o Ministério Público, para a defesa dos interesses ou direitos difusos e coletivos, bem como dos individuais homogêneos de interesse social; IV – a Defensoria Pública, para a defesa dos interesses ou direitos difusos e coletivos, quando a coletividade ou os membros do grupo, categoria ou classe forem necessitados do ponto de vista organizacional, e dos individuais homogêneos, quando os membros do grupo, categoria ou classe forem, ao menos em parte, hipossuficientes; V – as pessoas jurídicas de direito público interno, para a defesa dos interesses ou direitos difusos e, quando relacionados com suas funções, dos coletivos e individuais homogêneos; VI – as entidades e órgãos da Administração Pública, direta ou indireta, bem como os órgãos do Poder Legislativo, ainda que sem personalidade jurídica, especificamente destinados à defesa dos interesses e direitos indicados neste Código; VII – as entidades sindicais e de fiscalização do exercício das profissões, restritas as primeiras à defesa dos interesses e direitos ligados à categoria; VIII – os partidos políticos com representação no Congresso Nacional, nas Assembleias Legislativas ou nas Câmaras Municipais, conforme o âmbito do objeto da demanda, para a defesa de direitos e interesses ligados a seus fins institucionais; IX – as associações civis e as fundações de direito privado legalmente constituídas e em funcionamento há pelo menos um ano, que incluam entre seus fins institucionais a defesa dos interesses ou direitos indicados neste Código, dispensadas a autorização assemblear ou pessoal e a apresentação do rol nominal dos associados ou membros.

[21] LEAL, Márcio Flávio Mafra. Anteprojeto de Código Brasileiro de Processos Coletivos – aspectos políticos, econômicos e jurídicos. In GRINOVER, Ada Pellegrini; MENDES, Aluisio Gonçalves de Castro; WATANABE, Kazuo (Coord.). *Direito processual coletivo e o anteprojeto do Código Brasileiro de Processos Coletivos*. São Paulo: Revista dos Tribunais, 2007, p. 70.

[22] LEAL, Márcio Flávio Mafra. Op. cit., p. 74.

processual pelos sindicatos, isto levando-se em consideração, especialmente, a realidade sindical do país, aspecto que será tratado com maior detalhamento a seguir.

3. A tutela coletiva de direitos trabalhistas no Brasil e a legitimação processual adequada: crítica ao modelo existente

Conforme visto linhas acima, o modelo de processo coletivo previsto no anteprojeto brasileiro volta-se para um sem número de questões envolvendo grupos ou classes, independentemente de divisão estanque em matérias ou subsistemas jurídicos. Como diria Mendes: "A contenção do processo civil coletivo dentro de fronteiras temáticas ou subjetivas não encontra sentido e deve ser vista, quando prevista, como meramente exemplificativa ou enunciativa, na medida em que as relações e os problemas de massa estão presentes nos mais variados assuntos e ramos do direito".[23] Há, inclusive, previsão de legitimação ativa dos sindicatos na defesa dos interesses da categoria, no que segue clara orientação constitucional a respeito (artigo 8º, III, da Constituição Federal) . No que se refere aos direitos coletivos *stricto sensu*, conforme dissemos alhures, esta legitimação já é exercida nas ações de dissídio coletivo, através de procedimento especial previsto na legislação trabalhista. Nesse sentido, concordamos com Cláudia de Abreu Lima Pisco ao afirmar que "os dissídios coletivos são uma espécie de ação coletiva trabalhista para dirimir conflitos de ordem social/econômica entre capital e trabalho criando ou interpretando normas abstratas para toda uma categoria, de competência originária dos tribunais do trabalho, regionais ou superior".[24]

Ponto que nos propomos a discutir diz respeito à defesa dos interesses individuais homogêneos, à medida que o anteprojeto antes mencionado prevê expressamente a legitimidade do membro da classe e, ainda, prevê a necessidade de que esta representação seja adequada. A relevância da discussão é inquestionável, afinal

> é no âmbito dos direitos individuais homogêneos que as ações coletivas têm a maior significação sob o prisma da economia processual, na medida em que podem funcionar como solução para o problema da multiplicação e pulverização de ações individuais, diante de questões comuns de fato e de direito, que podem e devem ser enfrentadas de modo conjunto e global.[25]

Nesse caso, é preciso ter em mente a realidade sindical no país, segundo a qual, embora reconhecida na Constituição Federal a existência de liberdade sindical, não se pode afirmar que se trata de um direito exercido em sua forma plena. Nesse sentido, concordamos com Stürmer ao reconhecer a inexistência de uma autêntica liberdade sindical. Isto porque, embora reconhecido aos sindicatos o direito de livre constituição e administração, sem ingerência dos mecanismos estatais, ao trabalhador não é dada a opção de ser representado pela entidade sindical que melhor atenda a este fim. O legislador constituinte manteve o sistema de unicidade sindical, instaurado no governo de Getúlia Vargas como forma de garantir a unidade dos trabalhadores em tor-

---

[23] MENDES, Aluisio Gonçalves de Castro. *Ações coletivas no direito comparado e nacional.* 2. ed. São Paulo: Revista dos Tribunais, 2010, p. 183.

[24] PISCO, Cláudia de Abreu Lima. O Anteprojeto do Código Brasileiro de Processos Coletivos, os dissídios coletivos e outras ações coletivas trabalhistas. In GRINOVER, Ada Pellegrini; MENDES, Aluisio Gonçalves de Castro; WATANABE, Kazuo (Coord.). *Direito processual coletivo e o anteprojeto do Código Brasileiro de Processos Coletivos.* São Paulo: Revista dos Tribunais, 2007, p. 411-412.

[25] MENDES, Aluisio Gonçalves de Castro. *Ações coletivas no direito comparado e nacional.* 2. ed. São Paulo: Revista dos Tribunais, 2010, p. 24.

no de uma única categoria profissional dentro de determinada base territorial. Além disso, manteve-se a existência de um contribuição sindical de caráter compulsório conforme expressa previsão no artigo 8º, inciso IV, da Constituição Federal que, ao instituir nova modalidade de custeio das entidades sindicais (a chamada contribuição confederativa) não excluiu a cobrança daquela prevista em lei (mais especificamente no artigo 578 da CLT, o chamado "imposto sindical").

Assim, se por um lado se pode falar em liberdade sindical (inclusive no próprio *caput* do artigo 8º da Constituição), por outro se restringe a criação de mais de uma entidade sindical, de mesmo grau, mesma categoria na mesma base territorial e, ainda, se mantém a cobrança de uma contribuição compulsória constituída e fixada em um período de grande intervenção estatal na atividade sindical, com práticas incompatíveis com o modelo de Estado inaugurado com a Constituição Federal de 1988, não se podendo olvidar, ainda, que o Brasil não ratificou a Convenção número 87 da Organização Internacional do Trabalho, documento que versa sobre liberdade sindical e que é considerada pela referida organização como uma das convenções fundamentais da própria OIT. Tudo isso atenta contra a liberdade sindical a qual, nas palavras de Stürmer:

> é o direito de trabalhadores, entendidos como tal empregados, empregadores, autônomos e profissionais liberais, de livremente constituírem sindicatos; de livremente ingressarem e saírem dos sindicatos conforme seus interesses, sem limites decorrentes da profissão à qual pertençam; de livremente administrarem as organizações sindicais, constituírem órgãos superiores e de associarem-se a órgãos internacionais; de livremente negociarem sem qualquer interferência do Poder Público (Executivo, Legislativo ou Judiciário); e de livremente exercerem o direito de greve, observadas as formalidades legais; tudo isso sem limitação de base territorial e num regime de pluralismo, sendo o sistema financiado única e exclusivamente pelas contribuições espontâneas por eles fixadas.[26]

A inexistência de liberdade sindical plena no país permite o surgimento de situações de enfraquecimento do próprio movimento sindical, com instituições que não respondem a contento aos anseios da categoria, o que gera a busca por saídas individuais e que, aliado à adoção de mecanismos de flexibilização das regulações de trabalho, flexibilização da própria legislação vem enfraquecer a proteção conferida formalmente ao trabalhador.[27] Como lembra Nardi,

> o enfraquecimento das ferramentas de luta tradicionais do sindicato, a incapacidade deste em construir uma verdade alternativa capaz de desconstruir o discurso da qualidade da empresa, a flexibilização da legislação, a individualização das relações de trabalho e a adesão à retórica da desilusão para com a democracia conduzem à opção por saídas individuais.[28]

Saídas individuais, no entanto, apontam em sentido diametralmente oposto ao Estado Democrático e Social de Direito, tanto que se pode dizer, como Tesheiner, que a tarefa que agora compete ao Poder Judiciário "não é somente a de resguardar os direitos subjetivos dos que a ele ocorrem, mas a de concretizar o direito objetivo".[29] Nesse sentido, o mestre entende que a ação individual proposta pelo empregado visa à tutela do direito subjetivo. Já a ação proposta pelo sindicato, visa à aplicação do direito objetivo. Concordamos naquilo que diz respeito às ações propostas pelo sindicato com vistas à criação de novas regras e normas trabalhistas, ao provocar o poder

---

[26] STÜRMER, Gilberto. *A liberdade sindical*. Porto Alegre: Livraria do Advogado, 2007, p. 150.

[27] SENNET, Richard. *A corrosão do caráter*: consequências pessoais do trabalho no novo capitalismo. 12. ed. Rio de Janeiro: Record, 2007.

[28] NARDI, Henrique C. *Ética, trabalho e subjetividade*. Porto Alegre: Editora da UFRGS, 2006, p. 190.

[29] TESHEINER, José Maria. Jurisdição e direito objetivo. *Justiça do Trabalho*. Ano 28. n. 325. jan/2011, p. 36.

normativo da Justiça do Trabalho. No entanto, é preciso lembrar que, além da tutela de direitos coletivos, o sistema processual pátrio permite, também, a defesa de direitos individuais homogêneos pela própria entidade sindical, no que tem sido admitida a ampla representação processual, independentemente de outorga de mandato por todos os representados da categoria.

Nesse sentido, em breve digressão histórica, é interessante lembrar que este nem sempre foi o posicionamento do Tribunal Superior do Trabalho. A redação da (hoje cancelada) Súmula 310 do TST limitava a atuação do sindicato como legitimado ativo exclusivamente àquelas situações previstas em lei.[30] Todavia, em virtude de importante corrente de entendimento, amparada por precedente do Supremo Tribunal Federal,[31] passou-se a entender que a Constituição Federal de 1988 conferiu legitimidade extraordinária ampliativa aos sindicatos para defender em juízo os direitos e interesses coletivos ou individuais dos integrantes da categoria que representam (artigo 8º, III). Seguindo orientação jurisprudencial do Supremo Tribunal Federal, o Tribunal Superior do Trabalho cancelou a mencionada Súmula 310, já que esta expressava entendimento diametralmente oposto.

O artigo 8º, inciso III, da Constituição passa a ser interpretado em sentido amplo, para efeito de autorizar os sindicatos a atuar em regime de substituição processual, não apenas na fase cognitiva (para obtenção de sentença genérica), mas também na de cumprimento de sentença em favor dos titulares do direito subjetivo, independentemente de qualquer iniciativa ou autorização dos substituídos. A esse respeito, vale lembrar importante observação feita por Zavascki no sentido de que "é difícil, na prática compatibilizar esse entendimento com o sistema da ação coletiva, notadamente em face da consequência, evidentemente equivocada, que daí se pretende retirar, de que nesse caso a execução seria única, pelo valor global, em nome e em favor do sindicato".[32] Ou seja, no que se refere à defesa de interesses individuais homogêneos, ainda que se aceite que as entidades sindicais possam atuar, mesmo na fase executiva, em regime de substituição processual, não há como evitar de que a execução ocorra em benefício do trabalhador. Logo, é necessário conhecer a situação jurídica particular de cada trabalhador, com identificação do credor, bem como a quantidade e a

---

[30] TST. Súmula 310 – Sindicato Autor da Ação na Condição de Substituto Processual (Cancelada pela Resolução 119/2003, DJ 01.10.2003) I – O Art. 8º, inciso III, da Constituição da República, não assegura a substituição processual pelo sindicato. II – A substituição processual autorizada ao sindicato pelas Leis ns. 6.708, de 30-10-1979 e 7.238, de 29-10-1984, limitada aos associados, restringe-se às demandas que visem aos reajustes salariais previstos em lei, ajuizadas até 3 de julho de 1989, data em que entrou em vigor a Lei nº 7.788. (L-007.788-1989 – revogada) III – A Lei 7.788-89, em seu Art. 8, assegurou, durante sua vigência, a legitimidade do sindicato como substituto processual da categoria. (L-007.788-1989 – revogada) IV – A substituição processual autorizada pela Lei nº 8.073, de 30 de julho de 1990 ao sindicato alcança todos os integrantes da categoria e é restrita às demandas que visem à satisfação de reajustes salariais específicos resultantes de disposição prevista em lei de política salarial. V – Em qualquer ação proposta pelo sindicato como substituto processual, todos os substituídos serão individualizados na petição inicial e, para o início da execução, devidamente identificados, pelo número da Carteira de Trabalho e Previdência Social ou de qualquer documento de identidade. VI – É lícito aos substituídos integrar a lide como assistente litisconsorcial, acordar, transigir e renunciar, independentemente de autorização ou anuência do substituto. VII – Na liquidação da sentença exeqüenda, promovida pelo substituto, serão individualizados os valores devidos a cada substituído, cujos depósitos para quitação serão levantados através de guias expedidas em seu nome ou de procurador com poderes especiais para esse fim, inclusive nas ações de cumprimento. VIII – Quando o Sindicato for o autor da ação na condição de substituto processual, não serão devidos honorários advocatícios.

[31] RE 210029/RS, julgamento em 12/06/2006, pelo Tribunal Pleno, Relator Ministro Carlos Velloso, publicada no DJ 17/08/2007, pp 25.

[32] ZAVASCKI, Teori Albino. *Processo coletivo:* tutela de direitos coletivos e tutela coletiva de direitos. 5. ed. São Paulo: Revista dos Tribunais, 2011, p. 186.

natureza da parcela que está sendo quitada. "Portanto, contraria a natureza das coisas imaginar uma execução por um valor global, sem identificação dos credores ou sem discriminação das prestações individualmente devidas".[33]

É justamente no tocante a este aspecto, ao se reconhecer a legitimidade ampla e irrestrita às entidades sindicais, inclusive no que diz respeito à tutela de direitos individuais que entendemos pela necessidade de uma discussão mais aprofundada acerca do papel dos sindicatos, diante da falta de liberdade sindical plena no país e, ainda, do próprio enfraquecimento da instituição sindical, fruto desta falta de liberdade e, consequentemente, falta de espaço de discussão e espaço de criação e defesa de discursos alternativos à própria categoria profissional. É no processo do trabalho, subsistema no qual a tutela coletiva de direitos existe de forma tão arraigada (fato comprovado na própria existência e uso dos dissídios coletivos – artigo 114, § 2º da Constituição Federal), que se faz necessária uma releitura do papel do próprio sindicato e, consequentemente, de sua atuação na defesa dos interesses da categoria (sejam eles coletivos ou individuais – homogêneos ou heterogêneos).

Tal releitura, a nosso ver, passa pela análise da representação processual adequada, pois a manutenção de tamanho poder de uma instituição[34] que é única, por categoria, por grau, por base territorial, sem possibilidade de escolha pelos representados de outra, mais representativa, mais ativa, mais próxima de seus interesses, pode acarretar o descrédito nas próprias ações coletivas e a busca por soluções individuais, com o que se terá a própria ineficácia do modelo de processos coletivos pensado até então.

Para contribuir com esta discussão e inclusive fomentar a busca por um modelo adequado à realidade local, é válido um olhar sobre os modelos estrangeiros, até porque a tradição de muitos países em mecanismos de tutela coletiva é indiscutivelmente mais ampla que a nacional. Embora não se pretenda esgotar esta análise em tão breves linhas, é possível uma sucinta comparação e apontamento de aspectos relevantes que, mutatis mutandis podem vir a ser de valorosa contribuição. A doutrina aponta três marcos históricos que podem ser considerados como fundamentais no cenário internacional: o surgimento das ações coletivas na Inglaterra, as class actions norte-americanas e a doutrina italiana.[35] Considerando isto, o presente trabalho limitará a análise comparativa a estas três realidades, sem olvidar que outros e mais modernos sistemas têm surgido no cenário mundial.

4. A tutela coletiva em direito comparado: algumas sugestões possíveis

A Inglaterra é apontada como o berço dos litígios coletivos. A doutrina lembra que o surgimento das ações coletivas neste país se deu no período medieval, por volta do ano de 1199 e que, a partir dos séculos XIV e XV, se tornaram mais frequentes,

---

[33] ZAVASCKI, op. cit.

[34] Segundo Oliveira, "os órgão sindicais podem e devem exercer importante papel orientador aos integrantes das suas categorias. Mas não podem nem devem substuí-los a ponto de neutralizar as suas próprias vontades. A ditadura sindical é tão malévola quanto o poderio econômico que dizem combater". OLIVEIRA, Francisco Antônio de. Comentários aos Enunciados do TST. 5. ed. São Paulo: RT, 2001, p. 769

[35] MENDES, Aluisio Gonçalves de Castro. *Ações coletivas no direito comparado e nacional*. 2. ed. São Paulo: Revista dos Tribunais, 2010, p. 37.

"especialmente nos povoados (*villages*) e paróquias *(parishes)*, refletindo, por certo, a estrutura e organização daquela época em que as instituições intermediárias como a família, as vilas, a Igreja, concentravam importância econômica e política".[36]

Nos séculos XVI e XVII houve uma redução dos processos coletivos na Inglaterra, o que refletia, em parte, as modificações sociais de então (surgimento do individualismo, crescimento da burguesia urbana, Reforma Protestante, entre outros). Surge o *bill of peace*, espécie de demanda coletiva, condicionada à existência de interesses comuns, envolvendo um número elevado de pessoas, que ficariam condicionadas à coisa julgada. Foi só a partir do final do século XX, mais especificamente da década de 1970, que ocorreu um ressurgimento das ações coletivas na Inglaterra. Desde 1965, já havia previsão no âmbito do direito interno para as *representative actions* através do regimento interno revisado da Suprema Corte. Tratava-se mais especificamente da *Rule* 12, que previa que qualquer processo poderia iniciar ou prosseguir pela iniciativa ou em face de apenas alguns dos interessados, que estariam "representando" os demais. Também a *Order 15, Rule 13* das *Rules of the Supreme Court* previa, em circunstâncias limitadas, que as ações poderiam ser ajuizadas por pessoas que não detinham também a titularidade do direito em litígio.

Fator de relevantes mudanças no sistema inglês foi a adoção de um Código de Processo Civil, o *Rules of Civil Procedure*, de 26 de abril de 2000. Na verdade, o Código de Processo Civil vem, inclusive, sendo apregoado como "a maior mudança dos últimos cem anos no âmbito daquele país".[37] No que se refere ao objeto do presente trabalho, relevante dizer que o mesmo apresenta normas expressamente dispostas sobre ações coletivas, sob a denominação de *parties and group litigation*. O procedimento coletivo pode ser determinado de ofício pelo órgão judicial ou pode ser requerido pela parte devendo haver, de qualquer modo, consulta prévia ao Serviço de Informações sobre Ações Coletivas, para se aferir sobre a existência de outros casos relacionados com as questões comuns sugeridas. As novas regras são extremamente flexíveis, conferindo amplos poderes ao juiz. É possível a bipartição do procedimento, de modo que parte dele ocorra como demanda coletiva e a outra parte, como demanda individual, de acordo com as peculiaridades do caso.

Nos Estados Unidos da América, tanto uma ação individual pode ser transformada em coletiva, como uma ação coletiva pode ser transformada em individual. Após a propositura da ação, qualquer uma das partes pode requerer ao juiz a certificação da ação como coletiva e, nesse momento, há forte conteúdo discricionário na decisão.[38] Antônio Gidi equipara a fase de certificação da ação coletiva americana com a fase de saneamento do processo brasileiro.[39] "A discricionariedade existe tanto na decisão de permitir o prosseguimento da ação na forma coletiva (*class*

---

[36] MENDES, Aluisio Gonçalves de Castro. *Ações coletivas no direito comparado e nacional*. 2. ed. São Paulo: Revista dos Tribunais, 2010, p. 38.

[37] Idem, p. 50.

[38] Caso indeferida a ação como coletiva, a mesma prosseguirá como uma ação individual.

[39] Fase (de saneamento) que inexiste no âmbito do direito processual do trabalho à medida em que, em regra, o primeiro contato do juiz com a petição inicial ocorre na audiência inicial.

action certification), quanto na decisão que delimita os contornos do grupo (*class definition*)".[40]

A *Equity Rule 48,* de 1842, é considerada a primeira norma escrita do direito norte-americano relacionada com a *class action*. Segundo ela, apenas os presentes estariam vinculados ao *decisum*, "não significando, assim, mudança substancial em relação ao resultado obtido com institutos processuais tradicionais, como o litisconsórcio".[41] Em 1912, a Suprema Corte reformulou a *Equity Rule 48* e em 1938, com o surgimento nos Estados Unidos do primeiro Código de Processo Civil de âmbito federal, surge a *Federal Rule 23*, destinada a regular as chamadas *class actions*. O texto da R*ule 23* foi alterado nos anos de 1987, 1998, 2003 e 2007. O texto estabelece quais os pressupostos processuais e condições da ação para a admissibilidade e para o prosseguimento da defesa coletiva de direitos em juízo. Um destes requisitos, o qual interessa de maneira especial à presente discussão, diz respeito à escolha do representante adequado.

Mas o que é "representação processual adequada"? Trata-se de um requisito segundo o qual as partes representativas comprovem que poderão efetuar uma justa e adequada proteção dos interesses da classe, nos termos da *Rule 23 (a) (4)*.[42] Trata-se de análise do caráter qualitativo da defesa dos interesses em juízo. Conforme Mendes:

> Em relação às partes representativas, são considerados o comprometimento com a causa, a motivação e o vigor na condução do feito, o interesse em jogo, as disponibilidades de tempo e a capacidade financeira, o conhecimento do litígio, honestidade, qualidade de caráter, credibilidade e, com especial relevo, a ausência de conflito de interesse.[43]

A ausência de representação adequada poderá propiciar a decretação de invalidade ou declaração de ineficácia do julgado proferido na *class action* em relação ao membro ausente. Para analisar os efeitos da coisa julgada sobre os membros que não participaram do litígio, a *Rule 23* prevê a opção por uma dentre três técnicas de inclusão dos representados no grupo: a) a da presença compulsória (todos os membros do grupo são considerados presentes em juízo, sem possibilidade de se excluírem do grupo e serem atingidos pela coisa julgada – técnica particularmente importante na defesa de interesses indivisíveis); b) a do *opt in* (será considerado presente em juízo – e vinculado pela sentença coletiva – apenas aquele membro do grupo que expressamente solicitar sua inclusão no processo) e c) a do *opt out* (presume-se que os membros do grupo desejam fazer parte do litígio e condiciona-se a sua exclusão a uma manifestação expressa nesse sentido).[44]

O terceiro modelo de direito comparado apontado pela doutrina como referência para as ações coletivas vem do direito italiano, o qual tem especial relevância para o contexto nacional, considerando-se que se trata, igualmente, de um país que adota o sistema *civil law*. Além disso, no que se refere à temática do direito do tra-

---

[40] GIDI, Antonio. *A Class Action como instrumento de tutela coletiva de direitos:* as ações coletivas em uma perspectiva comparada. São Paulo: Revista dos Tribunais, 2007, p. 197.

[41] MENDES, Aluisio Gonçalves de Castro. *Ações coletivas no direito comparado e nacional.* 2. ed. São Paulo: Revista dos Tribunais, 2010, p. 62.

[42] Rule 23 (a) (4): "The representative parties will fairly and adequately protect the interests of the class."

[43] MENDES, Aluisio Gonçalves de Castro. *Ações coletivas no direito comparado e nacional.* 2. ed. São Paulo: Revista dos Tribunais, 2010, p. 78-79.

[44] GIDI, Antonio. *A Class Action como instrumento de tutela coletiva de direitos:* as ações coletivas em uma perspectiva comparada. São Paulo: Revista dos Tribunais, 2007, p. 291-292.

balho, esta relevância é ainda maior, considerando-se que o próprio procedimento do dissídio coletivo trabalhista e a própria estrutura sindical brasileira é inspirada na *Carta del Lavoro* de Mussolini.[45] Em termos normativos, na Itália, a legitimação para os sindicatos, prevista na Lei 300, de 1970, costuma ser apontada como importante precedente na introdução da tutela coletiva no direito positivo daquele país. No decorrer da década de 1970, embora houvesse a adesão de doutrinadores como Mauro Cappelletti, Vittorio Denti, Vincenzo Vigoriti, dentre outros, à temática dos interesses coletivos ou difusos, os tribunais mantiveram a questão isolada e com pouca aplicação. Somente na década de 1990, a partir da Diretiva 93/12 do Conselho das Comunidades Europeias, concernente às cláusulas abusivas nos contratos celebrados com os consumidores, é que recomeça uma certa evolução da legislação italiana em termos de ações coletivas.

Apesar disso, a contribuição italiana reside justamente nos trabalhos de doutrina. Em especial a obra de Vincenzo Vigoriti é considerada a monografia mais ampla e densa sobre o tema dos interesses coletivos. O mestre de Florença, além de sistematizar o estudo do interesse coletivo, menciona a legitimação dos sindicatos para proceder contra atos de conduta antissindical, nos termos do artigo 28 do Estatuto dos Trabalhadores, porque a entidade estaria, no caso, defendendo ao mesmo tempo, um direito seu e, também, interesses alheios. Vigoritti refere, ainda, a legitimação do indivíduo titular de interesse que estivesse confluindo no respectivo coletivo.[46] O autor ainda estabelece uma dimensão comparativa com as *class action* americanas, convencido de que se trata de um instrumento extremamente avançado no âmbito processual: "Sono convinto che quella della cla action sia un'esperienza formidabile, indubbiamente la più avanzata nel campo della tutela degli interessi a dimensione superindividuale".[47] No entanto, deixa claro seu posicionamento no sentido de que não se deva dar tamanha discricionariedade ao juiz no sistema italiano, por serem atribuições que, no momento, o juiz "non pare in grado di assolvere".[48]

Em suma, pode-se dizer que a ação coletiva possui algumas diferenças de acordo com o sistema jurídico adotado em cada país (*civil law* ou *common law*). Como lembra Severo:

> A ação coletiva nos países da *civil law* possui as seguintes peculiaridades: a legitimação pode ser privada, pública ou mista; o instituto da representatividade adequada é adotado por apenas alguns países; são utilizados os critérios do *opt out* e do *opt in*, bem como a combinação desses dois critérios, dependendo do país; nas ações envolvendo direitos difusos e coletivos, a coisa julgada produz efeitos *erga omnes* e nas ações envolvendo direitos individuais homogêneos a sentença faz coisa julgada *secundum evenum litis*, só para favorecer, e não para prejudicar as pretensões individuais.[49]

No que diz respeito aos efeitos da coisa julgada nas ações coletivas, a previsão no anteprojeto do Código Brasileiro de Processos Coletivos é de que a coisa julgada somente produza efeito *erga omnes* em caso de procedência da ação, ou seja, para beneficiar o membro do grupo. Em sendo improcedente, nada impede a rediscussão

---

[45] NASCIMENTO, Amauri Mascaro. *Compêndio de direito sindical*. 6. ed. São Paulo: LTr, 2009.

[46] VIGORITI, Vincenzo. *Interessi collettivi e processo: la legittimazione ad agire*. Milão: Giuffrè, 1979, p. 145.

[47] Idem, p. 287.

[48] Ibidem.

[49] SEVERO, Álvaro Vinícius Paranhos. Breve ensaio sobre o sistema das *class actions* na *Common Law* – origem e sistematização. In ZAVASCKI, Liane T.; JOBIM, Marco Félix. *Diálogos constitucionais de direito público e privado*. Porto Alegre: Livraria do Advogado, 2011, p. 288.

da matéria em um dissídio individual o que, a nosso ver, contrasta com os princípios fundamentais das ações coletivas, especialmente a economia processual. Vale lembrar as palavras de Cássio Scarpinella Bueno em célebre artigo publicado em 1996, quando a doutrina nacional começava a discutir a matéria:

> Desde que uma *class action* volta-se, por sua própria natureza, contra litígios de massa, passa a ser inerente à sua concepção o entendimento de que membros ausentes desta mesma classe sejam afetados por seus efeitos e pela impossibilidade de rediscussão da decisão (coisa julgada material). Senão, qual seria a vantagem do sistema se cada vez os mesmos indivíduos pudessem requestionar o quanto já decidido anteriormente? Onde o princípio da economia processual? Onde a redução da atividade jurisdicional e dos custos processuais?[50]

Temos de concordar com o mencionado autor. E, em apertada síntese, referir aspectos adotados em sistemas estrangeiros que poderão contribuir com o procedimento das ações coletivas em âmbito nacional, realizadas as devidas adequações. A nosso ver, do sistema inglês, a existência de um serviço de informações, com a relação dos casos relacionados com as questões comuns sugeridas em novas ações coletivas nos parece ser um contributo relevante. Do direito americano, sem dúvida, a existência de uma certificação da representação processual adequada, com análise das condições e do histórico do representante, nos parece ser uma sugestão muito relevante, inclusive no âmbito do direito do trabalho, diante das críticas tecidas ao sistema sindical brasileiro. E do direito italiano, a própria legitimidade do indivíduo para propor a ação coletiva, o que já vem sendo adotado pelo direito pátrio através da ação popular, sentido que também vem sendo seguido pelo anteprojeto do Código Brasileiro de Processos Coletivos.

O Código Modelo Iberoamericano de processos coletivos traz uma série de requisitos que o juiz deverá analisar em relação ao legitimado para propor a ação coletiva. Embora se trate de rol meramente enunciativo, que não exclui a adoção de outros parâmetros, cumpre dizer que em relação àquele que se diz legitimado para propor a ação o juiz deverá observar: a) a credibilidade, capacidade, prestígio e experiência do legitimado; b) seus antecedentes na proteção judicial e extrajudicial dos interesses ou direitos dos membros do grupo, categoria ou classe; c) sua conduta em outros processos coletivos; d) a coincidência entre os interesses do grupo, categoria ou classe e o objeto da demanda.

Na análise da representação processual adequada, possibilidades diversas têm sido adotadas por outros países. O exemplo da província argentina de Salta, que outorgou ao Ministério Público a tarefa de examinar a idoneidade do legitimado para propor a demanda, demonstra a necessidade de cuidado em relação ao tema.[51] A opção de determinar esta tarefa ao Ministério Público tem suas vantagens e inconvenientes, mas indica o cuidado de se examinar a idoneidade do representante processual, ainda que o mesmo figure objetivamente no rol dos legitimados pois, a par de uma legitimação estática, prevista na legislação, encontra-se uma legitimação dinâmica que é justamente considerar as qualidades pessoais, profissionais e até mesmo

---

[50] BUENO, Cássio Scarpinella. As *Class Actions* do Direito Norte-Americano e as Ações Coletivas Brasileiras: Pontos para uma reflexão conjunta. In *Revista de Processo* n. 82, São Paulo, Revista dos Tribunais, abril/junho de 1996, p. 92/151.

[51] GIANNINI, Leandro J. *Legitimación y representatividad adecuada en los procesos colectivos: Una experiencia local (Salta): el rol del Ministerio Público en el control de representatividad adecuada*. Processos Coletivos, Porto Alegre, vol. 2, n. 4, 01 out. 2011. Disponível em: <http://www.processoscoletivos.net/ve_artigo.asp?id=82> Acesso em: 02 out. 2011

econômicas do sujeito para levar adiante a defesa dos interesses de determinado grupo em um caso concreto.[52]

Assim, verifica-se que várias são as possibilidades existentes e que, por se tratar de matéria relativamente nova, diante do surgimento de questões de massa e do deslocamento das discussões jurídicas de uma órbita exclusivamente individualista para uma ótica social nas últimas décadas, ainda encontra terreno fértil para discussão. No que se refere à legitimidade dos sindicatos, entendemos que os mesmos não deverão figurar como detentores de um mandato com livres poderes, independentemente da outorga destes pelos seus titulares, quando se tratar de direitos individuais homogêneos. E nesse sentido, a análise dos modelos adotados em outros países nos mostra a existência de mecanismos que somente poderão qualificar o trabalho e a atuação sindical.

Conclusões

Verifica-se que o instituto das ações coletivas constitui-se hoje, em mecanismo de grande valia, voltado para a diminuição do número de processos, para a economia processual e para a própria segurança jurídica, de modo a evitar uma profusão de julgamentos diferentes sobre uma mesma matéria. O núcleo gravitacional do processo desloca-se, assim, do individual para o coletivo, no que segue o princípio fundamental do estado democrático de direito no Brasil.

Embora discutida sua aplicação no âmbito do processo civil, as ações coletivas encontram terreno fértil na Justiça do Trabalho, *locus* onde já figuram os dissídios coletivos e, mais recentemente, também a ação civil pública em matéria de direitos transindividuais de competência desta Justiça especializada. Nelas, os sindicatos são considerados legitimados para atuar como sujeitos ativos, independentemente de autorização expressa de seus representados (vide jurisprudência do Supremo Tribunal Federal que redundou no cancelamento, pelo Tribunal Superior do Trabalho, de sua Súmula 310, que não exarava o mesmo entendimento).

Entendemos, no entanto, que tal legitimidade ampla e irrestrita deve ser questionada e verificada, especialmente em se tratando de tutela de direitos individuais homogêneos. Tal questionamento ocorre justamente porque no Brasil inexiste pluralidade sindical e inexiste, consequentemente, opção para o representado por uma outra entidade sindical, que atenda melhor seus interesses ou que o represente a contento. Assim, o conceito de análise da representação processual adequada previsto no direito americano nos parece ser de grande valia, de modo que, uma vez adotado um procedimento geral para a tutela de interesses coletivos no país, seja mediante a aprovação do anteprojeto de código mencionado no presente trabalho, seja através da adoção de outro modelo, este deve ser um aspecto a ser observado. Pode-se pensar

---

[52] Ao comentar a adoção deste modelo pela província de Salta, Giannini menciona que "Ello no significa, desde ya, que el Ministerio Público deba monopolizar la prosecución de las acciones colectivas, al estilo de lo que sucede en Brasil. Una de las notas valorables de la práctica de los procesos grupales en nuestro país es precisamente la variedad de legitimados institucionales públicos (vg., Defensorías del Pueblo, Ministerio Público e incluso el Estado en sus diversas formas) y privados con iniciativa a la hora de patrocinar esta clase de planteos. Es notable la participación que han tenido en el foro vernáculo, las entidades intermedias (asociaciones de defensa de los derechos civiles, políticos, sociales y culturales, de protección del medio ambiente o de las prerrogativas de usuarios y consumidores, sindicatos, etc.) e incluso los mismos particulares afectados, en el desarrollo de esta categoría de enjuiciamiento). GIANNINI, Leandro J. Idem.

formas de análise desta representação adequada, ou mesmo sujeitos que terão capacidade de fazê-lo (como no modelo argentino citado no decorrer do trabalho), mas a análise do cumprimento de certos requisitos e a comprovação de alcançá-los, a nosso ver, apenas contribuirá com a qualificação da defesa dos interesses dos trabalhadores, que nada mais é do que a defesa de direitos fundamentais.

Dos modelos estrangeiros pode-se buscar referências, assim como mecanismos que não deverão ser adotados. Isto sem perder de vista a cultura jurídica e a realidade nacional. Nesse sentido, entendemos que a tutela coletiva de direitos trabalhistas, especialmente de direitos individuais homogêneos, requer uma representação processual adequada, que não se limita simplesmente ao reconhecimento formal de constituição de um sindicato ou à constituição formal de uma associação. Tal posicionamento encontra guarida no princípio da liberdade sindical que, embora inexistente de forma plena no país quiçás um dia venha a ser realidade, no que a proposta ora sugerida terá ainda mais ressonância.

Referências

BUENO, Cássio Scarpinella. As *Class Actions* do Direito Norte-Americano e as Ações Coletivas Brasileiras: Pontos para uma reflexão conjunta. In *Revista de Processo* n. 82, São Paulo, Ed. Revista dos Tribunais, abril/junho de 1996, p. 92/151.

DINAMARCO, Pedro da Silva. *Ação civil pública*. São Paulo: Saraiva, 2001.

GIANNINI, Leandro J. *Legitimación y representatividad adecuada en los procesos colectivos: Una experiencia local (Salta): el rol del Ministerio Público en el control de representatividad adecuada*. Processos Coletivos, Porto Alegre, vol. 2, n. 4, 01 out. 2011. Disponível em: <http://www.processoscoletivos.net/ve_artigo.asp?id=82> Acesso em: 02 out. 2011.

GIDI, Antonio. *A Class Action como instrumento de tutela coletiva de direitos*: as ações coletivas em uma perspectiva comparada. São Paulo: Editora Revista dos Tribunais, 2007.

GRINOVER, Ada Pellegrini; MENDES, Aluisio Gonçalves de Castro; WATANABE, Kazuo (Coord.). *Direito processual coletivo e o anteprojeto do Código Brasileiro de Processos Coletivos*. São Paulo: Revista dos Tribunais, 2007.

——. Direito Processual Coletivo. In GRINOVER, Ada Pellegrini; MENDES, Aluisio Gonçalves de Castro; WATANABE, Kazuo (Coord.). *Direito processual coletivo e o anteprojeto do Código Brasileiro de Processos Coletivos*. São Paulo: Revista dos Tribunais, 2007, p. 11-15.

LEAL, Márcio Flávio Mafra. Anteprojeto de Código Brasileiro de Processos Coletivos – aspectos políticos, econômicos e jurídicos. In GRINOVER, Ada Pellegrini; MENDES, Aluisio Gonçalves de Castro; WATANABE, Kazuo (Coord.). *Direito processual coletivo e o anteprojeto do Código Brasileiro de Processos Coletivos*. São Paulo: Revista dos Tribunais, 2007, p. 66-77.

MANCUSO, Rodolfo de Camargo. *Interesses difusos*: conceito e legitimação para agir. São Paulo: Revista dos Tribunais, 2000.

MARTINS, Sérgio Pinto. *Direito processual do trabalho*. 30. ed. São Paulo: Atlas: 2010.

MENDES, Aluisio Gonçalves de Castro. Ações coletivas no direito comparado e nacional. 2. ed. São Paulo: Revista dos Tribunais, 2010.

——. O anteprojeto do Código Brasileiro de Processos Coletivos: visão geral e pontos sensíveis. In GRINOVER, Ada Pellegrini; MENDES, Aluisio Gonçalves de Castro; WATANABE, Kazuo (Coord.). *Direito processual coletivo e o anteprojeto do Código Brasileiro de Processos Coletivos*. São Paulo: Revista dos Tribunais, 2007, p. 16-32.

NARDI, Henrique C. *Ética, trabalho e subjetividade*. Porto Alegre: Editora da UFRGS, 2006.

NASCIMENTO, Amauri Mascaro. *Compêndio de direito sindical*. 6. ed. São Paulo: LTr, 2009.

OLIVEIRA, Francisco Antônio de. *Comentários aos Enunciados do TST*. 5. ed. São Paulo: RT, 2001.

PISCO, Cláudia de Abreu Lima. O Anteprojeto do Código Brasileiro de Processos Coletivos, os dissídios coletivos e outras ações coletivas trabalhistas. In In GRINOVER, Ada Pellegrini; MENDES, Aluisio Gonçalves de Castro; WATANABE, Kazuo (Coord.). *Direito processual coletivo e o anteprojeto do Código Brasileiro de Processos Coletivos*. São Paulo: Revista dos Tribunais, 2007, p. 403-420.

ROMITA, Arion Sayão. *Direito do trabalho*: temas em aberto. São Paulo: LTr, 1998.

SANTOS, Ronaldo Lima dos. *Sindicatos e ações coletivas*: acesso à justiça, jurisdição coletiva e tutela dos interesses difusos, coletivos e individuais homogêneos. São Paulo: LTr, 2003.

SENNET, Richard. *A corrosão do caráter*: conseqüências pessoais do trabalho no novo capitalismo. 12. ed. Rio de Janeiro: Record, 2007.

SEVERO, Álvaro Vinícius Paranhos. Breve ensaio sobre o sistema das class actions na Common Law – origem e sistematização. In ZAVASCKI, Liane T.; JOBIM, Marco Félix. *Diálogos constitucionais de direito público e privado*. Porto Alegre: Livraria do Advogado, 2011, p. 281-288.

STÜRMER, Gilberto. *A liberdade sindical*. Porto Alegre: Livraria do Advogado, 2007.

TESHEINER, José Maria. *Jurisdição e direito objetivo*. Justiça do Trabalho. Ano 28. N. 325. jan/2011, p. 28-36.

VIGORITI, Vincenzo. *Interessi collettivi e processo*: la legittimazione ad agire. Milão: Giuffré, 1979.

ZAVASCKI, Liane T.; JOBIM, Marco Félix. *Diálogos constitucionais de direito público e privado*. Porto Alegre: Livraria do Advogado, 2011.

ZAVASCKI, Teori Albino. *Processo coletivo*: tutela de direitos coletivos e tutela coletiva de direitos. 5. ed. São Paulo: Revista dos Tribunais, 2011.

— 21 —

Comentário de jurisprudência
(o poder normativo do Conselho Nacional de Justiça: possibilidade de criação, modificação e restrição de direitos fundamentais?)

GISELE MAZZONI WELSCH[1]

Sumário: 1. Julgado; 2. Descrição do caso; 3. Razões do Julgado; 3.1. Análise/ Comentários Acórdão; Considerações finais; Referências bibliográficas.

1. Julgado

AGRAVO REGIMENTAL. MANDADO DE SEGURANÇA. RESOLUÇÃO Nº 14/2006 DO CONSELHO NACIONAL DE JUSTIÇA. AFRONTA AO PRINCÍPIO DA SEPARAÇÃO DOS PODERES. AUSÊNCIA DE ATRIBUIÇÃO CONSTITUCIONAL PARA INOVAR A ORDEM JURÍDICA.
No Estado Democrático de Direito, que adota o Regime Republicano (CF/88, art. 1º) e o princípio da tripartição dos Poderes (CF/88, art. 2º), somente a lei, em seu sentido formal e material com exceção da medida provisória, nos casos em que é constitucionalmente admitida é que pode inovar a ordem jurídica, isto é, criar, modificar ou extinguir direitos. Não há como se admitir que uma Emenda Constitucional, seja aquela que trata da fixação do teto de subsídios (EC 20/1998), seja aquela que trata do Conselho Nacional da Magistratura (EC 45/2004), possa arredar a cláusula pétrea da incidência do princípio da separação dos Poderes. A delegação legislativa, seja para o Executivo, seja para o Judiciário, só pode ocorrer nos termos em que a própria Constituição Federal expressamente autoriza, por disposição do Poder Constituinte Originário, como é o caso da lei delegada, se e quando a matéria for passível de delegação, com especificação do conteúdo e dos termos do seu exercício, tudo nos precisos dizeres do art. 68 da CF/88. A Resolução nº 14/2006, do E. CNJ, não tem qualquer eficácia, por decorrer de Emenda Constitucional que afrontou abertamente a Constituição Federal, especialmente nas cláusulas imutáveis (art. 60, § 4º, III). Além disso, mesmo se admitindo a constitucionalidade das disposições do art. 103-B, decorrentes da EC nº 45/2004, não se pode deduzir, por simples interpretação, dos dizeres daquele dispositivo, o poder de legislar para CNJ, com as características da impessoalidade, da abstratividade e da generalidade, sendo-lhe vedado inovar originariamente a ordem jurídica no sentido de criar, modificar ou extinguir direitos. AGRAVO CONHECIDO E PROVIDO, POR MAIORIA. (Agravo Regimental nº 70016836165, Tribunal Pleno, Tribunal de Justiça do RS, Relator: Luiz Felipe Brasil Santos, Julgado em 25/09/2006).

---

[1] Advogada; Doutoranda em Direito (Teoria Geral da Jurisdição e Processo) pela PUCRS; Mestre em Direito (Teoria Geral da Jurisdição e Processo) pela PUCRS; Especialista em Direito Público pela PUCRS; Professora dos cursos de graduação e pós-graduação *lato sensu* da Universidade FEEVALE; Professora do Curso de Especialização em Direito Processual Civil da PUCRS e do IMED-CETRA.

2. Descrição do caso

A referida ementa colacionada acima corresponde ao agravo regimental interposto por Henrique Osvaldo Poeta Roenick, Desembargador em exercício na 1ª Câmara Cível do Tribunal de Justiça do Rio Grande do Sul, contra decisão que indeferiu liminar postulada no mandado de segurança nº 70016627598 por ele interposto contra ato do Exmo. Sr. Des. Presidente do Tribunal de Justiça do Rio Grande do Sul, que, com base na Resolução nº 14/06 do Conselho Nacional de Justiça,[2] determinou o corte de vencimentos do impetrante, a partir do mês de julho de 2006, na parcela que extrapola o teto remuneratório da magistratura estadual.

Indeferida a liminar, sobreveio o agravo regimental, sustentando, ao início, o cabimento do recurso, não obstante o teor da Súmula 622 do STF. No mérito, sustenta a existência de risco de ineficácia da medida caso viesse a ser deferida somente ao final, pois teria que se submeter, se vitorioso, à fila dos precatórios para ver-se pago dos valores que lhe teriam sido subtraídos. No mais, reiterou considerações acerca da inconstitucionalidade da Resolução nº 14/06 do CNJ.

3. Razões do Julgado

O voto do relator, Desembargador Luiz Felipe Brasil Santos, em sede preliminar, destacou que conheceu do Agravo Regimental, a despeito da disposição da Súmula 622 do STF,[3] em razão dos reiterados precedentes no sentido de entender pelo cabimento do Agravo Regimental contra decisão do relator que concede ou indefere liminar em mandado de segurança.

Após, quanto à questão da inconstitucionalidade da Resolução nº 14/2006, entendeu o relator que a matéria diz respeito ao próprio mérito do mandado de segurança, não tendo relevância para o julgamento do Agravo Regimental.

A seguir, reporta-se ao mérito do Agravo Regimental, entendendo pela não ocorrência dos requisitos para a concessão da liminar no mandado de segurança previstos no art. 7º, II, da Lei 1.533/51, no que tange ao "risco de a medida, caso deferida somente ao final, venha a se tornar desprovida de utilidade ou eficácia". No entendimento do relator, se viesse a ser reconhecido, em final julgamento, o invocado direito líquido e certo do agravante, seria evidente que o pagamento retroativo da parcela remuneratória decotada restauraria, em sua integralidade, o direito do requerente. Assim, negou provimento ao Agravo Regimental.

Os demais desembargadores votantes conheceram o Agravo Regimental por maioria.

Quanto ao mérito, adentrou o Desembargador Adão Sérgio do Nascimento Cassiano, redator para o acórdão, no próprio mérito do mandado de segurança, razão pela qual o referido julgado é escolhido para ser comentado, uma vez que evidencia, nesse voto, a questão que se pretende tratar, qual seja: *O Poder Normativo do Conselho*

---

[2] Resolução nº 14, de 21 de março de 2006 do Conselho Nacional de Justiça: Dispõe sobre a aplicação do teto remuneratório constitucional para os servidores do Poder Judiciário e para a magistratura dos Estados que não adotam o subsídio. (Disponibilizada no DJ nº 62/2006, em 30/03/2006, pág. 145-146) (Alterada pela Resolução nº 42) (Vide ADI 3854).

[3] Súmula 622 STF: "Não cabe agravo regimental contra decisão do relator que concede ou indefere liminar em mandado de segurança".

Nacional de Justiça, com a possibilidade ou não de criação, modificação e restrição de direitos fundamentais.

Assim, serão descritos os fundamentos do voto do Desembargador redator no sentido de se esboçarem comentários acerca do tema.

A fundamentação apresentada remete à questão da inconstitucionalidade da Emenda Constitucional nº 45/04, que institui e dispõe sobre o Conselho Nacional de Justiça (art. 103-B da CF/88), em razão da ofensa ao disposto no art. 60, § 4º, III, da CF/88, no que concerne à impossibilidade de emenda constitucional tendente a abolir a cláusula pétrea da separação dos poderes, a qual só poderia ser alterada diante de deliberação de Assembleia Nacional Constituinte, regularmente convocada para mudar ou elaborar nova Constituição. Segundo o entendimento do redator, "somente a lei, em sentido formal e material, como ato do Parlamento, é que pode inovar a ordem jurídica, isto é, criar, modificar ou extinguir direitos" e jamais ato administrativo de caráter normativo, como uma Resolução do Conselho Nacional de Justiça.

Portanto, a questão remeteria aos princípios da Supremacia da Constituição e da Reserva Legal ou Legalidade. Segundo esses princípios, ninguém é obrigado a fazer ou deixar de fazer alguma coisa a não ser em virtude de lei (art. 5º, II, da CF/88), esta como ato formal e material do Parlamento.

Esses princípios são de aplicação imediata e eficácia plena[4] por força dos dizeres claros da própria Constituição Federal (§ 1º do art. 5º).[5]

Ainda refere o voto que no Estado Democrático de Direito e no Sistema Republicano, onde vigora a tripartição de Poderes, o Executivo e o Judiciário não podem legislar, a não ser nas específicas e restritíssimas hipóteses em que a Constituição Federal, por disposição do Poder Constituinte originário, autorizou a outros entes ou órgãos diferentes do Parlamento a editarem normas jurídicas primárias.

O voto segue afirmando que em nosso sistema constitucional, só por exceção o Poder Executivo pode legislar inovando a ordem jurídica e, ainda assim, em restritas oportunidades, como as de edição de Medidas Provisórias (CF/88, art. 62), de Lei Delegada (CF/88, art. 68), do Estado de Sítio (CF/88, arts. 137/139) e nas exceções relativas aos princípios da reserva legal e da anterioridade tributárias (CF/88, arts. 150, I, e 153, § 1º), todas elas exceções decorrentes de disposições do Poder Constituinte Originário e não do chamado poder constituinte meramente derivado, como são as Emendas Constitucionais oriundas do poder simplesmente congressual.

Por fim, esposa o redator que não há no sistema brasileiro delegação "branca" válida, mas sim delegações inválidas, quer por violar a cláusula pétrea da separação dos Poderes (emendas constitucionais), quer por ferir a forma constitucionalmente estabelecida, quer por consubstanciar delegação de matérias indelegáveis, em todos os casos em desrespeito declarado à Constituição e às suas cláusulas imutáveis.

---

[4] Segundo Ingo Wolfgang Sarlet, as normas de eficácia plena seriam aquelas diretamente aplicáveis e que desde logo estão aptas para gerar a plenitude de seus efeitos, por possuírem alta densidade normativa. (SARLET, Ingo Wolfgang. *A Eficácia dos Direitos Fundamentais*. 6. ed. Porto Alegre: Livraria do Advogado, 2006, p. 261). Ainda nesse sentido: "a interpretação adequada é aquela que consegue concretizar, de forma excelente, o sentido da proposição normativa dentro das condições reais dominantes numa determinada situação". (HESSE, Konrad. *A força normativa da Constituição*. Porto Alegre: Fabris, 1991, p. 23).

[5] O art. 5º, § 1º, da Constituição de 1988 dispõe: "As normas definidoras dos direitos e garantias fundamentais têm aplicação imediata".

Com base nessas fundamentações, o voto declara posição no sentido de entender que a Resolução nº 14/2006 do Conselho Nacional de Justiça não tem qualquer eficácia, por decorrer de Emenda Constitucional que afrontou abertamente a Constituição Federal especialmente nas cláusulas imutáveis (art. 60, § 4º, III, da CF/88). Ainda esboça que mesmo se admitindo a constitucionalidade das disposições do art. 103-B, decorrentes da EC nº 45/2004, parece evidente que da leitura dessas disposições não se pode deduzir, por simples interpretação, poder de legislar para o CNJ, com as características da impessoalidade, da abstratividade e da generalidade. Assim, o CNJ estaria autorizado a intervir nos casos concretos, emitindo decisão que até pode ter caráter normativo, mas sempre diante de caso específico, jamais detendo aquele órgão o poder de inovar originariamente a ordem jurídica, isto é, no sentido de criar, modificar ou extinguir direitos.

Com base nessas fundamentações explanadas, o desembargador redator do acórdão vota pelo provimento do Agravo Regimental.

Por maioria, os demais desembargadores votantes deram provimento ao Agravo Regimental, ainda agregando argumentos como a afirmação de que as atribuições do Conselho Nacional de Justiça se limitam ao poder administrativo, dentre eles o de regulamentar, esse poder não pode ultrapassar dispositivos constitucionais que asseguram a própria cidadania. E, no caso das garantias da Magistratura, a irredutibilidade de vencimentos está entre elas (Questão tratada na Resolução nº 14/2006 do CNJ e impugnada pelo mandado de segurança que deu origem ao agravo regimental).

Acrescentaram os demais votos, quanto à questão da urgência na concessão, que a mesma estaria manifesta, já que se trata de parcela vencimental, com caráter alimentar. E, não concedida a liminar no mandado de segurança, o seu pagamento só seria viável por precatório, vale dizer, inviabilizado, em razão das conhecidas dificuldades e obstruções na sistemática de pagamento dos precatórios pelo Estado.

Também foi referido que não se pode conceder à Resolução do CNJ a eficácia de romper com essa garantia de irredutibilidade de vencimentos. A resolução é meramente interpretativa da legislação. Portanto, nada altera o fato de a vantagem ter sido concedida depois de editada a Resolução, mas antes de determinado prazo para a adequação dos Tribunais a ela.

Assim, o resultado do julgamento do Agravo Regimental pode ser assim ementado:

DES. ARMINIO JOSÉ ABREU LIMA DA ROSA – PRESIDENTE – AGRAVO REGIMENTAL Nº 70016836165, COMARCA DE PORTO ALEGRE: "QUANTO À PRELIMINAR, POR MAIORIA, CONHECERAM DO AGRAVO REGIMENTAL. NO MÉRITO, POR MAIORIA, DERAM PROVIMENTO, VENCIDOS O RELATOR E OS DESEMBARGADORES PAULO AUGUSTO MONTE LOPES, ARAKEN DE ASSIS, VASCO DELLA GIUSTINA, MARIA BERENICE DIAS, LUIZ ARI AZAMBUJA RAMOS E MARIA ISABEL DE AZEVEDO SOUZA". NÃO PARTICIPARAM DO JULGAMENTO, POR MOTIVO JUSTIFICADO OS DESEMBARGADORES VLADIMIR GIACOMUZZI E JOÃO CARLOS BRANCO CARDOSO. PRESENTE O DOUTOR HERMANN HOMEM DE CARVALHO ROENICK, PELO AGRAVANTE.

3.1. Análise / Comentários Acórdão:

O julgado em apreço trata de uma importante questão que demanda maior debate e análise, qual seja: o poder normativo exercido por órgãos administrativos e judiciários no sentido de criar, modificar e restringir direitos, inclusive os de matriz fundamental.

O acórdão apontado debate a problemática da inobservância do princípio da separação dos poderes contido na cláusula pétrea do art. 60, § 4º, III, da CF/88 e, portanto, imutável, podendo ser alterado somente mediante deliberação de Assembleia Nacional Constituinte, regularmente convocada para mudar ou elaborar nova Constituição, e não pelo poder constituinte derivado, por meio de emenda constitucional.

Nas razões do voto do redator, são apresentados argumentos no sentido de que o princípio da Supremacia da Constituição e da Reserva Legal ou Legalidade são inobservados na medida em que não se respeita a cláusula pétrea da separação dos poderes, a qual outorga somente ao Poder Legislativo a prerrogativa de criar leis abstratas e jamais a ato administrativo de caráter normativo, como uma Resolução do Conselho Nacional de Justiça.

Também é apresentado nas razões do julgado o entendimento de que a Resolução nº 14/2006 do Conselho Nacional de Justiça não tem qualquer eficácia, por decorrer de Emenda Constitucional que afrontou abertamente a Constituição Federal especialmente nas cláusulas imutáveis (art. 60, § 4º, III, da CF/88). Ainda esboçam que mesmo se admitindo a constitucionalidade das disposições do art. 103-B, decorrentes da EC nº 45/2004, parece evidente que da leitura dessas disposições não se pode deduzir, por simples interpretação, poder de legislar para o CNJ, com as características da impessoalidade, da abstratividade e da generalidade.

Dessa forma, o CNJ estaria autorizado a intervir nos casos concretos, emitindo decisão que até pode ter caráter normativo, mas sempre diante de caso específico, jamais detendo aquele órgão o poder de inovar originariamente a ordem jurídica, isto é, no sentido de criar, modificar ou extinguir direitos, como a lei em sentido formal e material.

O Conselho Nacional de Justiça foi criado e regulado pela Emenda Constitucional 45/2004 (Art. 103-B CF/88), a qual foi intitulada de "A Reforma do Poder Judiciário", buscando a criação e instauração de mecanismos tendentes a conferir ao Poder Judiciário maior agilidade, efetividade e probidade. Porém, tal órgão possui caráter administrando visando à regulamentação de procedimentos no âmbito do Poder Judiciário, no sentido de que seja aplicada a lei.[6] Assim, o texto constitucional

---

[6] Art. 103-B. O Conselho Nacional de Justiça compõe-se de quinze membros com mais de trinta e cinco e menos de sessenta e seis anos de idade, com mandato de dois anos, admitida uma recondução, sendo: (Incluído pela Emenda Constitucional nº 45, de 2004) (...) § 4º Compete ao Conselho o controle da atuação administrativa e financeira do Poder Judiciário e do cumprimento dos deveres funcionais dos juízes, cabendo-lhe, além de outras atribuições que lhe forem conferidas pelo Estatuto da Magistratura: I – zelar pela autonomia do Poder Judiciário e pelo cumprimento do Estatuto da Magistratura, podendo expedir atos regulamentares, no âmbito de sua competência, ou recomendar providências; II – zelar pela observância do art. 37 e apreciar, de ofício ou mediante provocação, a legalidade dos atos administrativos praticados por membros ou órgãos do Poder Judiciário, podendo desconstituí-los, revê-los ou fixar prazo para que se adotem as providências necessárias ao exato cumprimento da lei, sem prejuízo da competência do Tribunal de Contas da União; III – receber e conhecer das reclamações contra membros ou órgãos do Poder Judiciário, inclusive contra seus serviços auxiliares, serventias e órgãos prestadores de serviços notariais e de registro que atuem por delegação do poder público ou oficializados, sem prejuízo da competência disciplinar e correicional dos tribunais, podendo avocar processos disciplinares em curso e determinar a remoção, a disponibilidade ou a aposentadoria com subsídios ou proventos proporcionais ao tempo de serviço e aplicar outras sanções administrativas, assegurada ampla defesa; IV – representar ao Ministério Público, no caso de crime contra a administração pública ou de abuso de autoridade; V – rever, de ofício ou mediante provocação, os processos disciplinares de juízes e membros de tribunais julgados há menos de um ano; VI – elaborar semestralmente relatório estatístico sobre processos e sentenças prolatadas, por unidade da Federação, nos diferentes órgãos do Poder Judiciário; VII – elaborar relatório

não faculta ao Conselho Nacional de Justiça a função de promulgar leis abstratas no sentido de criar, modificar ou extinguir direitos, mas o fato é que, em termos práticos, é o que se verifica por meio das previsões e implicações de algumas de suas Resoluções, como é o caso da Resolução nº 14/2006, que dispõe sobre a aplicação do teto remuneratório constitucional para os servidores do Poder Judiciário e para a magistratura dos Estados que não adotam o subsídio e, assim, acaba maculando a garantia de irredutibilidade de vencimentos (art. 95, III, da CF/88).

É de se referir que muitas controvérsias são traçadas acerca da constitucionalidade dos atos do Conselho Nacional de Justiça, inclusive existe uma Ação Direta de Inconstitucionalidade da Associação dos Magistrados Brasileiros contra a Resolução nº 135 do CNJ, cujo objeto se refere à inconstitucionalidade formal e material da referida Resolução do CNJ ao pretender regulamentar o processo disciplinar de magistrados nos tribunais. A referida ação promove impugnação integral do ato normativo mencionado, em razão da sua inconstitucionalidade formal, já que a matéria nele tratada não se encontra dentre as competências constitucionais do CNJ, sendo, em verdade, ou matéria de competência privativa dos Tribunais (CF/88, art. 96, I, e II) – quanto às penas de censura e advertência – ou matéria de competência privativa do legislador complementar (CF/88, art. 93, *caput*, VIII e X), quanto às penas de remoção, disponibilidade e aposentadoria.

O julgamento de tal Ação encontra-se suspenso, mas a fundamentação se assemelha ao conteúdo das fundamentações do julgado ora em exame, no sentido de entender que a atuação do órgão extrapola os limites constitucionais, inclusive pelo fato de interferir no poder correicional das Corregedorias dos Tribunais estaduais. Porém, a decisão da liminar pleiteada na referida ADI assentou que "a competência correicional do CNJ é de natureza material ou administrativa comum, nos termos do artigo 23, I, da Constituição Federal, tal como aquela desempenhada pelas corregedorias dos tribunais, cujo exercício depende de decisão motivada apta a afastar a competência disciplinar destes, nas situações anômalas caracterizadas no voto do Ministro Celso de Mello no MS 28.799/DF".

Todavia, a constitucionalidade *lato sensu* do Conselho Nacional de Justiça já foi afirmada pelo Supremo Tribunal Federal, restando a discussão sobre os limites do poder regulamentar do Conselho, o que implica necessariamente discutir a natureza jurídica de suas resoluções, isto é, o questionamento acerca do poder de emitir resoluções com força de lei.

Dessa forma, configura erro hermenêutico o entendimento de que o Conselho Nacional de Justiça possa, mediante a expedição de resoluções, substituir-se à vontade geral (Poder Legislativo) e tampouco ao próprio Poder Judiciário. A interpretação do texto constitucional, portanto, não autoriza a conclusão de que o constituinte derivado tenha "delegado" aos referidos Conselhos o poder de romper com o princípio da reserva legal e da reserva de jurisdição.[7]

---

anual, propondo as providências que julgar necessárias, sobre a situação do Poder Judiciário no País e as atividades do Conselho, o qual deve integrar mensagem do Presidente do Supremo Tribunal Federal a ser remetida ao Congresso Nacional, por ocasião da abertura da sessão legislativa.

[7] SARLET, Ingo Wolfgang; STRECK, Lenio Luiz; CLÈVE, Clemerson Merlin. *OS LIMITES CONSTITUCIONAIS DAS RESOLUÇÕES DO CONSELHO NACIONAL DE JUSTIÇA (CNJ) E CONSELHO NACIONAL DO MINISTÉRIO PÚBLICO (CNMP)*. In: http://www.esmesc.com.br/upload/arquivos/1-1246645274.PDF. Acesso em 24.06.2012.

Portanto, as resoluções que podem ser expedidas pelo aludido Conselho não podem criar direitos e obrigações e tampouco imiscuir-se (especialmente no que tange a restrições) na esfera dos direitos e garantias individuais ou coletivas. O poder "regulamentador" do Conselho esbarra, assim, na impossibilidade de inovar. As garantias, os deveres e as vedações dos membros do Poder Judiciário estão devidamente explicitados no texto constitucional e na respectiva lei orgânica. Qualquer resolução que signifique inovação será, pois, inconstitucional, uma vez que não se trata de poder de legislar, mas sim de regulamentar do Conselho Nacional de Justiça.[8]

Por outro lado, há a questão do poder normativo das Resoluções do Tribunal Superior Eleitoral, pois a lei confere poder normativo ao Tribunal Superior Eleitoral quando elenca o exposto no artigo 23, inciso IX do Código Eleitoral[9] e na Constituição Federal, que elenca em seu artigo 59,[10] na consecução do processo legislativo, a elaboração destas leis eleitorais denominadas resoluções.

O Supremo Tribunal Federal confirmou a constitucionalidade da Resolução do Tribunal Superior Eleitoral sobre fidelidade partidária, quando, em 12/11/2008, por 9 votos a 2, o Plenário do Supremo Tribunal Federal (STF) declarou improcedentes as Ações Diretas de Inconstitucionalidade (ADIns) nºs 3999 e 4086, ajuizadas pela Procuradoria-Geral da República (PGR) e pelo Partido Social Cristão (PSC) contra a Resolução 22.610/07, do Tribunal Superior Eleitoral, que disciplinava o processo de perda de mandato eletivo por infidelidade partidária.[11]

Destarte, através desta decisão, o Supremo Tribunal Federal declarou a total constitucionalidade da Resolução nº 22.610/07 do Tribunal Superior Eleitoral, até que o Congresso Nacional, como poder legiferante, exerça a sua competência constitucional e regule o assunto em lei específica.[12]

Contudo, apesar de ter sido declarada a constitucionalidade do poder normativo do Tribunal Superior Eleitoral, por meio da edição de suas resoluções, não há que se estender tal interpretação para as resoluções expedidas pelo Conselho Nacional de Justiça, uma vez que, como referido, as resoluções do Tribunal Superior Eleitoral podem ser dotadas de força de lei, em razão da interpretação sistemática[13] das previsões legais contidas nos artigos 23, IX, do Código Eleitoral e 59 da Constituição Federal,

---

[8] SARLET, Ingo Wolfgang; STRECK, Lenio Luiz; CLÈVE, Clemerson Merlin. *OS LIMITES CONSTITUCIONAIS DAS RESOLUÇÕES DO CONSELHO NACIONAL DE JUSTIÇA (CNJ) E CONSELHO NACIONAL DO MINISTÉRIO PÚBLICO (CNMP)*. In: http://www.esmesc.com.br/upload/arquivos/1-1246645274.PDF. Acesso em 24.06.2012.

[9] Lei nº 4.737 de 15 de Julho de 1965. Art. 23 – Compete, ainda, privativamente, ao Tribunal Superior, (...) IX – expedir as instruções que julgar convenientes à execução deste Código;

[10] Constituição Federal de 1988: Art. 59. O processo legislativo compreende a elaboração de: I – emendas à Constituição; II – leis complementares; III – leis ordinárias; IV – leis delegadas; V – medidas provisórias; VI – decretos legislativos; VII – resoluções. Parágrafo único. Lei complementar disporá sobre a elaboração, redação, alteração e consolidação das leis.

[11] RAMOS DE CARVALHO, Franklin. *O poder normativo conferido às resoluções do Tribunal Superior Eleitoral e a perda do cargo eletivo por infidelidade partidária*. Disponível em: http://www.ambitojuridico.com.br/site/index.php?n_link=revista_artigos_leitura&artigo_id=10837Acesso em 24.06.2012.

[12] Na síntese de Olivar Coneglian; "Assim como cabe ao Poder Executivo a regulamentação das leis ordinárias, ao Poder Judiciário cabe, como Poder Executivo das eleições, regulamentar as leis eleitorais". (CONEGLIAN, Olivar. *Radiografia da Lei das Eleições*. Curitiba: Juruá, 1998, p. 39).

[13] Relativamente a tal questão, é indispensável citar o conceito de sistema jurídico esposado por Juarez Freitas em sua obra "A Interpretação Sistemática do Direito": (...) entende-se apropriado conceituar o sistema jurídico como uma rede axiológica e hierarquizada topicamente de princípios fundamentais, de normas estritas (ou regras) e de valores jurídicos cuja função é a de, evitando ou superando antinomias em sentido lato, dar cumprimento aos objetivos

pelo menos até que o Congresso Nacional, como poder legislativo regular, exerça a sua competência constitucional e regule o assunto em lei específica.

Porém, a mesma interpretação não se aplica às atribuições do Conselho Nacional de Justiça, uma vez que o art. 103-B, § 4º, da Constituição Federal, ao elencar as atribuições e funções do Conselho, não acrescentou a prerrogativa de normatização abstrata,[14] mas somente de controle externo do Poder Judiciário, bem como expedição de atos regulamentares, no sentido de zelar pela autonomia e regular funcionamento do Poder Judiciário, de acordo com as disposições legais já instituídas e não criando novas leis, no sentido de criar, modificar ou extinguir direitos.

Portanto, O Conselho Nacional de Justiça, apesar de ter sido concebido com a função de zelar pela autonomia e regular funcionamento do Poder Judiciário e de ser composto não só por membros do Poder Judiciário, acaba exercendo funções compatíveis com as funções outorgadas ao poder Legislativo e Judiciário, o que fere a Constituição no que tange à cláusula pétrea da separação de Poderes.

Sobre práticas que ameaçam a preservação constitucional da separação dos Poderes, é de se destacar a crescente função normativa exercida pela Jurisdição em razão do fenômeno da criação judicial do Direito.

A necessidade da prestação jurisdicional de forma justa, efetiva e célere e, sobretudo, compatível com os direitos fundamentais constitucionalmente assegurados determina à jurisdição moderna novas funções e compromissos. Em razão de tal realidade, surge a questão da criação judicial do Direito, situação cada vez mais evidenciada na prática forense e privilegiada pela criação de mecanismos legislativos viabilizadores de tal atividade. Porém, é necessária uma ponderação quanto aos seus limites e deficiências, em razão da possibilidade de invasão da competência do Poder Legislativo e da inobservância do modelo constitucional de divisão dos Poderes como forma de tornar viável a consecução do Estado Democrático de Direito.

Dentro da análise da criação judicial do Direito, seguindo a linha do pensamento de Mauro Cappelletti, em sua obra "Juízes Legisladores?", transcreve-se o seguinte:

> Não se nega, com isto, que a ficção do caráter declarativo e "meramente" interpretativo da função judiciária possa oferecer, em certas circunstâncias, algumas vantagens e ter certas justificações. Ela pode ter sido útil como instrumento dirigido a tornar mais visível as "virtudes passivas" da função judiciária, que embora não efetivamente fundadas sobre a mencionada não criatividade do processo jurisdicional, podem, todavia, parecer mais evidente quando o juiz se apresente como a "inanimada boca da lei". Parece claro, por outro lado, que atualmente as vantagens dessa ficção são amplamente superadas pelas desvantagens – especialmente nas sociedades democráticas, nas quais o processo legislativo tornou-se particularmente lento, obstruído e pesado, forçando, por consequência, o aumento do grau de criatividade da função judiciária.[15]

Dessa forma, a questão da criação judicial do Direito e a aplicação de técnicas nesse sentido devem ser analisadas e debatidas com o escopo de definir a necessária

---

justificadores do Estado Democrático, assim como se encontram consubstanciados, expressa ou implicitamente na Constituição. (FREITAS, Juarez. *A Interpretação Sistemática do Direito*. 4ª ed. São Paulo: Malheiros, 2004. p. 54.)

[14] A normatização abstrata, no sentido de lei formal, se diferencia da ideia de normatização concreta, representada pelos conceitos jurídicos indeterminados (técnicas de subsunção) e cláusulas gerais (atividade de concreção), os quais expressam fator de colaboração entre o legislador e o juiz. A esse respeito: ÁVILA, Humberto. *Subsunção e Concreção na aplicação do direito*. Antônio Paulo Cachapuz de Medeiros (org.). Faculdade de Direito da PUCRS: o ensino jurídico no limiar do novo século. Porto Alegre: EDIPUCRS, 1997; MARTINS-COSTA, Judith. *A boa-fé no direito privado: sistema e tópica no processo obrigacional*. São Paulo: Revista dos Tribunais, 2000. p. 286.

[15] CAPPELLETTI, Mauro. *Juízes legisladores?* Tradução de Carlos Alberto Alvaro de Oliveira. Porto Alegre: Sergio Antonio Fabris Editor, 1993. Reimpressão, 1999. pp. 130/131.

atuação e função da Jurisdição moderna,[16] analisando-se as naturezas dessas atividades e o papel dentro do contexto do Estado Constitucional,[17] onde o processo civil deve servir de instrumento de efetivação dos direitos materiais envolvidos no caso concreto e observando os ditames e preceitos constitucionais.[18]

A respeito de tal temática, essencial para o entendimento e análise da atual função jurisdicional, a qual aponta para o respeito aos precedentes, destaca Luiz Guilherme Marinoni:

> Não há dúvida que o papel do atual juiz do *civil law* e especialmente o do juiz brasileiro, a quem é deferido o dever-poder de controlar a constitucionalidade da lei no caso concreto, muito se aproxima da função exercida pelo juiz do *common law*, especialmente a realizada pelo juiz americano.[19]

Nesse desiderato e seguindo o pensamento já apontado por Mauro Cappelletti, aduz Nicola Picardi:

> A verdade é que hoje o juiz é chamado a desenvolver funções que, ontem, pareciam reservadas a outras instituições. Registra-se, de fato, um considerável aumento dos poderes do juiz, tanto no confronto da legislação quanto da administração.[20]

Como consequência do ativismo judicial representado pela criação judicial, insere-se a crescente busca de unidade do Direito[21] pela atividade jurisdicional, evidenciada por técnicas de uniformização e valorização da jurisprudência, cada vez mais presentes em nosso ordenamento, como, por exemplo, a inserção da técnica de solução de recursos repetitivos, conforme analisa Luiz Guilherme Marinoni:

---

[16] Ovídio Baptista da Silva, ao promover análise histórico-evolutiva da função jurisdicional desde Roma até a contemporaneidade, ponderou que: "Com o objetivo de impedir o arbítrio judicial e garantir a segurança da liberdade civil, as leis haveriam de determinar-se de tal modo que a função judicial reduzir-se-ia à pura aplicação do texto legal. Uma indeterminação do sentido da lei, que permitisse ao juiz converter-se em criador do direito, em última análise em legislador, afigurava-se contraditória com a doutrina da divisão de poderes". Em outra passagem, o autor ainda refere que: "(...) a doutrina de Hobbes ofereceu contribuição decisiva para a sustentação do conceito romano de jurisdição como função subalterna, atribuída aos "magistrados servidores", a fim de que estes fossem o oráculo do soberano, pronunciando os comandos claramente contidos na lei." (SILVA, Ovídio Araújo Baptista da. *Jurisdição e execução na tradição romano-canônica*. 2ª ed. São Paulo: Revista dos Tribunais, 1997. p. 104 e 123.)

[17] A respeito do modelo brasileiro de Estado Constitucional, discorre Daniel Mitidiero: "O controle difuso de constitucionalidade, nessa senda, está na essência do constitucionalismo brasileiro, conformando tanto o direito material como o direito processual civil, haja a vista a influência que esse exerce na configuração dos institutos desses ramos, forjada pela força normativa da Constituição e pela concretização, em nossa vida social, da eficácia dos direitos fundamentais". (MITIDIERO, Daniel. *Colaboração no processo civil: pressupostos sociais, lógicos e éticos*. São Paulo: Revista dos Tribunais, 2009. p. 61.)

[18] Acerca da necessária observação à força normativa da Constituição destaca Ingo Wolfgang Sarlet: "(...) a concepção de uma vinculação direta dos particulares aos direitos fundamentais encontra respaldo no argumento segundo o qual, em virtude de os direitos fundamentais constituírem normas expressando valores aplicáveis para toda a ordem jurídica, como decorrência do princípio da unidade da ordem jurídica, bem como em virtude do postulado da força normativa da Constituição, não se poderia aceitar que o Direito Privado viesse a formar uma espécie de gueto à margem da Constituição, não havendo como admitir uma vinculação exclusivamente do poder público aos direitos fundamentais". (SARLET, Ingo Wolfgang. *Direitos Fundamentais e Direito Privado: Algumas considerações em torno da vinculação dos particulares aos direitos fundamentais*. In Revista Jurídica, ano 55, fev. 2007, n° 352.p. 58.)

[19] MARINONI, Luiz Guilherme. *Precedentes Obrigatórios*. São Paulo: Revista dos Tribunais, 2010. p. 100.

[20] PICARDI, Nicola. *Jurisdição e Processo*. Organizador e Revisor Técnico da tradução: Carlos Alberto Alvaro de Oliveira. Rio de Janeiro: Forense, 2008.p.5.

[21] A certeza e previsibilidade do Direito também estão ligadas à ideia da unidade do direito, a qual mostra-se cada vez mais presente por meio de mecanismos e institutos tendentes a promover a uniformização de aplicação do Direito, pelo menos em casos idênticos ou análogos. A esse respeito: "Compreende-se, assim, sem grande dificuldade, que o equilíbrio entre a eficácia vinculante do precedente judicial e a persuasão racional do juiz representa, sem dúvida, fator essencial para uma eficiente distribuição da justiça". (CRUZ e TUCCI, José Rogério. *Precedente Judicial como fonte do Direito*. São Paulo: Revista dos Tribunais, 2004.p. 304.)

Ou melhor: a técnica do julgamento por amostragem e do sobrestamento dos recursos repetitivos constitui um paliativo ao grave problema da insubordinação à autoridade dos precedentes do Superior Tribunal de Justiça – espoliado, pela prática forense, de sua missão constitucional de uniformizar a interpretação da lei federal. Ora, não são apenas os precedentes elaborados em "causas repetitivas" que devem ser respeitados pelos tribunais inferiores. E aqui surge outro sério problema: ao se criar fórmula para impor o respeito às decisões proferidas em "causas repetitivas", corre-se o risco de se estar abrindo mão da autoridade natural de um tribunal superior em nome da agilização dos processos de massa – como se a razão de se fazer respeitar um precedente estivesse aí.[22]

Dentro de tal sistemática e tendência, se insere o instituto apresentado como grande inovação do Projeto do Novo Código de Processo Civil[23] em trâmite perante a Câmara dos Deputados: o incidente de resolução de demandas repetitivas.[24] [25]

Assim, percebe-se que a crescente função normativa da Jurisdição ou a criação judicial do Direito representa uma tendência e, até mesmo, uma realidade atual, porém, necessitando de maior regulamentação e eleição de critérios para sua consecução, pois é preciso "salvar a criatividade do juiz e, ao mesmo tempo, garantir um mínimo de certeza do direito",[26] sob pena de consistir-se em mais uma prática atentatória aos ditames constitucionais no que tange à cláusula pétrea da separação dos poderes, prevista no art. 2º e no art. 60,§ 4º, III da CF/88, e, portanto ferindo o princípio[27] da Supremacia da Constituição e do Estado Democrático de Direito.

Considerações finais

A partir da análise do julgado referido e destacado, foram apontadas e analisadas questões de extrema relevância, pertinência e atualidade, como o Poder Normativo de Resoluções expedidas por órgãos administrativos e judiciários, essencialmente os atos administrativos emanados pelo Conselho Nacional de Justiça, a partir de acór-

---

[22] MARINONI, Luiz Guilherme. *Precedentes Obrigatórios*. São Paulo: Revista dos Tribunais, 2010. p. 495.

[23] O Projeto do CPC (PLS 166/2010) foi redigido de acordo com finalidades centrais e com o espírito de buscar maior sintonia do processo com a Constituição Federal. Tais objetivos se focam na busca de maior organicidade e coesão do sistema, norteando-se pela aplicação de cláusulas gerais e conceitos jurídicos indeterminados (adequação do direito material às formas de tutela), além da observância da colaboração do juiz com as partes e o enaltecimento do diálogo judicial (contraditório como dever de consulta). (MARINONI, Luiz Guilherme e MITIDIERO, Daniel. *O Projeto do CPC: crítica e propostas*. São Paulo: Revista dos Tribunais, 2010, p. 55/61.)

[24] O incidente de resolução de demandas repetitivas, previsto nos arts. 895 a 906 do Projeto 166/2010 do Novo CPC da redação original do Projeto 166/2010, encontra-se atualmente previsto nos arts. 930 a 941, de acordo com as alterações apresentadas no relatório-geral do Senador Valter Pereira. (Fonte: Senado Federal (www.senado.gov.br). Acesso em 24.06.2012).

[25] Com relação a institutos de Direito Comparado, é importante referir o modelo alemão: "Há um incidente de resolução de demandas repetitivas denominado musterverfahren, onde não existe a substituição processual típica das ações coletivas. Assim, mostra-se inexistente a dificuldade da legitimação (que ocorre nas lides representativas), uma vez que "o escopo do Procedimento-Modelo é estabelecer uma esfera de decisão coletiva de questões comuns a litígios individuais, sem esbarrar nos ataques teóricos e entraves práticos da disciplina das ações coletivas de tipo representativo". (OTHARAN, Luiz Felipe. *Incidente de resolução de demandas repetitivas como uma alternativa às ações coletivas: notas de direito comparado*. In: www.processoscoletivos.net. Acesso em: 02.11.2010). Ainda sobre a análise das ações coletivas no Direito Comparado: CRUZ E TUCCI, José Rogério coordenador. Direito *Processual Civil Europeu Contemporâneo*. São Paulo: Lex Editora, 2010.

[26] LOSANO, Mario G. *Sistema e Estrutura no Direito*. Volume 2: O século XX. Tradução Luca Lamberti; Revisão da tradução: Carlo Alberto Dastoli. São Paulo: Martins Fontes, 2010.p. 169.

[27] Conceituando o sistema jurídico e fazendo referência à função dos princípios, cita-se CANARIS: "uma ordem axiológica ou teleológica de princípios gerais de Direito, na qual o elemento de adequação valorativa se dirige mais à característica de ordem teleológica e o da ordem interna à característica dos princípios gerais". (CANARIS, V. Claus-Wilhelm. *Pensamento Sistemático e Conceito de Sistema na Ciência do Direito*, trad. de Menezes Cordeiro, 1989, p. 77-78).

dão de Agravo Regimental do Tribunal de Justiça do Rio Grande do Sul, originário de Mandado de Segurança que propugnou direito líquido e certo violado pela Resolução nº 14/2006 do Conselho Nacional de Justiça, com a fundamentação de inconstitucionalidade de tal resolução, em razão de restrição a direito e atuação inovadora, invadindo a competência do Poder Legislativo.

Assim, tratou-se da questão da possibilidade de criação, modificação e restrição de direitos, inclusive os de natureza fundamental, por atos administrativos com força normativa, em termos abstratos, do Conselho Nacional de Justiça, a partir da análise da Emenda Constitucional (EC 45/2004) que criou e regulamentou o órgão, essencialmente no que tange às atribuições conferidas pelo art. 103-B, § 4º da CF/88, bem como à razão de ser de sua criação e atuação.

A partir de tal análise, verificou-se que, apesar do Supremo Tribunal Federal ter declarado a constitucionalidade *lato sensu* do Conselho Nacional de Justiça, ainda é necessário o debate sobre os limites do poder regulamentar do Conselho, sob pena do mesmo acabar promovendo a restrição de direitos em termos práticos. A tese de inconstitucionalidade das resoluções emitidas pelo Conselho Nacional de Justiça remetem ao desrespeito à cláusula pétrea da Separação dos Poderes, contida no art. 2º e no art. 60, § 4º, III, da CF/88 e, portanto, à Supremacia da Constituição, já que tal cláusula só pode ser alterada pelo poder constituinte originário reunido para tal fim e não pelo constituinte derivado, em sede de emenda constitucional.

Além de tais argumentos, ainda foi referida Ação Direta de Constitucionalidade promovida pela Associação dos Magistrados Brasileiros contra a Resolução nº 135 do CNJ (ADI 4638), cujo objeto se refere à inconstitucionalidade formal e material da referida Resolução ao pretender regulamentar o processo disciplinar de magistrados nos tribunais, extrapolando a previsão constitucional das atribuições do Conselho Nacional de Justiça.

Assim, ficou evidenciada a controvérsia que existe sobre a constitucionalidade e limites de atuação de tal órgão administrativo e tal questão também foi confrontada e comparada com o poder normativo das resoluções do Tribunal Superior Eleitoral, o qual já foi considerado constitucional pelo Supremo Tribunal Federal, porém por circunstâncias diversas, em razão de previsões legais expressas contidas nos artigos 23, IX, do Código Eleitoral e 59 da Constituição Federal, cujas leituras e interpretações sistemáticas autorizam a força normativa até que lei específica seja promulgada quanto à questão prevista na resolução.

O problema da inconstitucionalidade do poder normativo das resoluções do Conselho Nacional de Justiça no sentido de restringir direitos fundamentais e, no caso em exame, tratava-se de violação à garantia de irredutibilidade de vencimentos como direito adquirido, e, até mesmo, da inconstitucionalidade da própria Emenda Constitucional que criou e regulamentou o funcionamento de tal órgão correlaciona-se com a realidade crescente da criação judicial do Direito ou da função normativa da jurisdição, a partir de técnicas de uniformização de jurisprudência, visando à obtenção de unidade do Direito e segurança jurídica.

Por derradeiro, foi abordada a questão da função normativa da jurisdição como tendência atual, mas demonstrando-se a necessidade de eleição de critérios para a realização de tal prática, no sentido de privilegiar a efetivação da igualdade de tratamento a casos análogos e da segurança jurídica em termos de previsibilidade do Direito, contudo sem macular os princípios constitucionais e, portanto, o próprio Estado Democrático de Direito.

Referências bibliográficas

ÁVILA, Humberto. *Subsunção e Concreção na aplicação do direito*. Antônio Paulo Cachapuz de Medeiros (org.). Faculdade de Direito da PUCRS: o ensino jurídico no limiar do novo século. Porto Alegre: EDIPUCRS, 1997.

CANARIS, V. Claus-Wilhelm. *Pensamento Sistemático e Conceito de Sistema na Ciência do Direito*, trad. de Menezes Cordeiro, 1989.

CAPPELLETTI, Mauro. *Juízes legisladores*? Tradução de Carlos Alberto Alvaro de Oliveira. Porto Alegre: Sérgio Antonio Fabris Editor, 1993. Reimpressão, 1999.

CONEGLIAN, Olivar. *Radiografia da Lei das Eleições*. Curitiba: Juruá, 1998.

CRUZ E TUCCI, José Rogério. *Precedente Judicial como fonte do Direito*. São Paulo: Revista dos Tribunais, 2004.

—— (coord.). *Direito Processual Civil Europeu Contemporâneo*. São Paulo: Lex Editora, 2010.

FREITAS, Juarez. *A Interpretação Sistemática do Direito*. 4ª ed. São Paulo: Malheiros, 2004.

HESSE, Konrad. *A força normativa da Constituição*. Porto Alegre: Fabris, 1991.

LOSANO, Mario G. *Sistema e Estrutura no Direito*. Volume 2: O século XX. Tradução Luca Lamberti; Revisão da tradução: Carlo Alberto Dastoli. São Paulo: Martins Fontes, 2010.

MARINONI, Luiz Guilherme. *Precedentes Obrigatórios*. São Paulo: Revista dos Tribunais, 2010.

——; MITIDIERO, Daniel. *O Projeto do CPC: crítica e propostas*. São Paulo: Revista dos Tribunais, 2010.

MARTINS-COSTA, Judith. A boa-fé no direito privado: sistema e tópica no processo obrigacional. São Paulo: Revista dos Tribunais, 2000.

MITIDIERO, Daniel. Colaboração no processo civil: pressupostos sociais, lógicos e éticos. São Paulo: Revista dos Tribunais, 2009.

OTHARAN, Luiz Felipe. Incidente de resolução de demandas repetitivas como uma alternativa às ações coletivas: notas de direito comparado. In: www.processoscoletivos.net. Acesso em: 02.11.2010.

PICARDI, Nicola. *Jurisdição e Processo*. Organizador e Revisor Técnico da tradução: Carlos Alberto Alvaro de Oliveira. Rio de Janeiro: Forense, 2008.

SARLET, Ingo Wolfgang. *A Eficácia dos Direitos Fundamentais*. 6. ed. Porto Alegre: Livraria do Advogado, 2006.

——. Direitos Fundamentais e Direito Privado: Algumas considerações em torno da vinculação dos particulares aos direitos fundamentais. In Revista Jurídica, ano 55, fev. 2007, n° 352.

——; STRECK, Lenio Luiz; CLÈVE, Clemerson Merlin. Os Limites Constitucionais das Resoluções do Conselho Nacional de Justiça (CNJ) e Conselho Nacional do Ministério Público (CNMP). In: http://www.esmesc.com.br/upload/arquivos/1-1246645274.PDF. Acesso em 24.06.2012.

SILVA, Ovídio Araújo Baptista da. *Jurisdição e execução na tradição romano-canônica*. 2ª ed. São Paulo: Revista dos Tribunais, 1997.

— 22 —

O Superior Tribunal de Justiça e o dano moral coletivo: orientação ou incerteza?

JÚLIO CESAR GOULART LANES[1]

Sumário: 1. Introdução; 2. O dano moral coletivo no Superior Tribunal de Justiça; 2.1. A formação de entendimentos contrários ao dano moral coletivo; 2.2. A formação de entendimentos favoráveis ao dano moral coletivo; 3. Visão crítica sobre os entendimentos do Superior Tribunal de Justiça e preocupações complementares; 3.1. A sintomática opção da legislação; 3.2. A ideia do individual está superada; 3.3. Os interesses e direitos da nova sociedade; 3.4. A proteção que poderá ser alcançada pelo dano moral coletivo: o necessário cuidado com a quantificação; 4. Conclusão; Referências.

1. Introdução

Indubitavelmente, a aceitação ou não de um dano moral coletivo é uma das questões mais controversas do direito contemporâneo.

Ao mesmo tempo, diante da estrutura judiciária concebida e aplicada no Brasil, mais precisamente segundo os artigos 105 a 107 da Constituição Federal, tem-se como determinante a influência do Superior Tribunal de Justiça perante a evolução e a própria definição de qualquer discussão jurídica envolvendo matéria infraconstitucional. Esse aspecto, naturalmente demonstra, seu ressonante impacto nas relações sociais como um todo.

À luz de tais premissas, pretende-se aferir quais são os entendimentos do Superior Tribunal de Justiça sobre o atualmente denominado dano moral coletivo. Mais do que isso, quer-se saber se esse Tribunal reconhece ou não tal modalidade de dano.

Para tanto, a primeira tarefa concentrar-se-á na identificação das principais decisões proferidas que abordam o tema. Passo seguinte, pinçar-se-ão os fundamentos de cada decisão, confrontando-os, a fim de que se compreenda em que estágio se encontra o debate do assunto, descobrindo-se se há ou não alguma orientação do Superior Tribunal de Justiça.

Na segunda etapa do estudo proposto, tentar-se-á assumir uma posição quanto à existência ou não de um dano moral coletivo, apresentando-se uma visão crítica, emergida propositadamente, e de modo restrito, do colhido sobre o tema nos julgados

---

[1] Mestre e doutorando em Processo Civil pela Pontifícia Universidade Católica do Rio Grande do Sul. Especialista em Contratos pela Universidade Federal do Rio Grande do Sul. Especialista em Direito do Trabalho pela Universidade do Vale do Rio dos Sinos. Sócio do Escritório Andrade Maia Advogado.

do Superior Tribunal de Justiça. Logo, por definição metodológica, portanto, não será debruçada atenção sobre as decisões de outras Cortes, muito embora não se desconheça a existência de muitas, preponderantemente no Poder Judiciário Trabalhista.

Cubos ajustados, inicia-se o enfrentamento da proposta eleita.

2. O dano moral coletivo no Superior Tribunal de Justiça

Procedida a pesquisa dos julgamentos do Superior Tribunal de Justiça que abordam o dano moral coletivo, constata-se que o tema está distante de uma possível pacificação. É que o julgado, o qual – concebido pela 1ª Turma – supostamente conduz a questão, pelo menos durante maior tempo e afetando um maior número de decisões, está em xeque, ante duas outras decisões: uma da 2ª Turma e outra da 3ª Turma.

No âmbito dessa refrega, torna-se essencial realçar, de modo pormenorizado, os fundamentos de cada decisão e de suas contextualizações, o que se passa a fazer nas próximas linhas, conhecendo-se, assim, os argumentos contrários e favoráveis à admissibilidade da lesão moral coletiva.

2.1. A formação de entendimentos contrários ao dano moral coletivo

Liderando o tema, há o julgamento do Recurso Especial n. 598.281 – MG (2003/0178629-9), proferido em maio de 2006, sendo recorrente o Ministério Público do Estado de Minas Gerais e, recorridos, o Município de Uberlândia e a empresa Empreendimentos Imobiliários Canaã Ltda.[2]

A ação civil pública proposta visava à paralisação da implantação de loteamento e à reparação de danos causados ao meio ambiente, acrescida de indenização em dinheiro fundada em danos morais. Em primeiro grau, a ação foi julgada procedente, sendo as requeridas condenadas à obrigação de fazer consistente em adotar medidas mitigadoras aos danos ambientais provocados, também ao pagamento de indenização por dano moral, fixado em R$ 50.000,00 para cada um dos réus. No que diz respeito à indenização, a decisão foi reformada pelo Tribunal de Justiça, sob o seguinte argumento:

> [...] A condenação dos apelantes em danos morais é indevida, posto que dano moral é todo o sofrimento causado ao indivíduo em decorrência de qualquer agressão aos atributos da personalidade ou aos seus valores pessoais, portando de caráter individual, inexistindo qualquer previsão de que a coletividade possa ser sujeito passivo do dano moral.
>
> O artigo 1 o da Lei nº 7 .347/85 (Lei da Ação Civil Pública), apenas determina que nos casos de ocorrência de dano moral ou patrimonial causados nas hipóteses relacionadas, a ação reger-se-á pelos dispositivos da LACP, não cabendo a interpretação inversa, com o fim de tornar o dano moral indenizável em todas as hipóteses descritas nos incisos I a V do artigo 10 da referida lei.
>
> Por certo, quando o dano apurado em ação civil pública for causado a um indivíduo, que comprove ter sido lesado em seus valores pessoais, não há dúvida de que possível será a condenação em danos morais. [...].[3]

---

[2] BRASIL. Tribunal Superior de Justiça. Recurso Especial nº 598.281 – MG (2003/0178629-9). Recorrente: Ministério Público de Minas Gerais. Recorrido: Município de Uberlândia. Relator: Ministro Luiz Fux. Julgado em: 02 de maio de 2006. Disponível em: <https://ww2.stj.jus.br/revistaeletronica/Abre_Documento.asp?sSeq=480936&sReg=200301786299&sData=20060601&formato=PDF>. Acesso em: 10 out. 2010.

[3] Idem.

Contra tal decisão foi interposto o respectivo recurso especial, o qual, por sua vez, está centrado na análise de ser possível a condenação ao pagamento de indenização por dano moral ambiental.

Apreciado o processo, a Primeira Turma, por maioria, vencidos os Ministros Luiz Fux (Relator) e José Delgado, negou provimento ao recurso especial, nos termos do voto-vista do Ministro Teori Albino Zavascki, acompanhado pelos Ministros Denise Arruda e Francisco Falcão.

Importa, aqui, atrair-se atenção às razões de decidir de cada um dos votos, tentando-se, com isso, sistematizar a complexidade da matéria.

Inicia-se pelo voto do Ministro Luiz Fux, bastando, à compreensão de seu posicionamento, a simples transcrição da Ementa por ele concebida e destinada ao provimento do recurso:

AÇÃO CIVIL PÚBLICA. DANO AO MEIO AMBIENTE. DANO MATERIAL E MORAL. ART. 1º DA LEI 7347/85.

1. O art. 1º da Lei 7347/85 dispõe: "Regem-se pelas disposições desta Lei, sem prejuízo da ação popular, as ações de responsabilidade por danos morais e patrimoniais causados:

I – ao meio ambiente;

II – ao consumidor;

III – a bens e direitos de valor artístico, estético, histórico, turístico e paisagístico;

IV – a qualquer outro interesse difuso ou coletivo;

V – por infração da ordem econômica.

2. O meio ambiente ostenta na modernidade valor inestimável para a humanidade, tendo por isso alcançado a eminência de garantia constitucional.

3. O advento do novel ordenamento constitucional – no que concerne à proteção ao dano moral – possibilitou ultrapassar a barreira do indivíduo para abranger o dano extrapatrimonial à pessoa jurídica e à coletividade.

4. No que pertine a possibilidade de reparação por dano moral a interesses difusos como sói ser o meio ambiente amparam-na o art. 1º da Lei da Ação Civil Pública e o art. 6º, VI, do CDC.

5. Com efeito, o meio ambiente integra inegavelmente a categoria de interesse difuso, posto inapropriável *uti singuli*. Consectariamente, a sua lesão, caracterizada pela diminuição da qualidade de vida da população, pelo desequilíbrio ecológico, pela lesão a um determinado espaço protegido, acarreta incômodos físicos ou lesões à saúde da coletividade, revelando atuar ilícito contra o patrimônio ambiental, constitucionalmente protegido.

6. Deveras, os fenômenos, analisados sob o aspecto da repercussão física ao ser humano e aos demais elementos do meio ambiente constituem dano patrimonial ambiental.

7. O dano moral ambiental caracterizar-se quando, além dessa repercussão física no patrimônio ambiental, sucede ofensa ao sentimento difuso ou coletivo – v.g.: o dano causado a uma paisagem causa impacto no sentimento da comunidade de determinada região, quer como v.g; a supressão de certas árvores na zona urbana ou localizadas na mata próxima ao perímetro urbano.

8. Consectariamente, o reconhecimento do dano moral ambiental não está umbilicalmente ligado à repercussão física no meio ambiente, mas, ao revés, relacionado à transgressão do sentimento coletivo, consubstanciado no sofrimento da comunidade, ou do grupo social, diante de determinada lesão ambiental.

9. Destarte, não se pode olvidar que o meio ambiente pertence a todos, porquanto a Carta Magna de 1988 universalizou este direito, erigindo-o como um bem de uso comum do povo. Desta sorte, em se tratando de proteção ao meio ambiente, podem co-existir o dano patrimonial e o dano moral, interpretação que prestigia a real exegese da Constituição em favor de um ambiente sadio e equilibrado.

10. Sob o enfoque infraconstitucional a Lei n. 8.884/94 introduziu alteração na LACP, segundo a qual passou restou expresso que a ação civil pública objetiva a responsabilidade por danos morais e patrimoniais causados a quaisquer dos valores transindividuais de que cuida a lei.

11. Outrossim, a partir da Constituição de 1988, há duas esferas de reparação: a patrimonial e a moral, gerando a possibilidade de o cidadão responder pelo dano patrimonial causado e também, cumulativamente, pelo dano moral, um independente do outro.

12. Recurso especial provido para condenar os recorridos ao pagamento de dano moral, decorrente da ilicitude perpetrada contra o meio ambiente, nos termos em que fixado na sentença (fls. 381/382).[4]

Em defesa à negativa de procedência do recurso especial, o Ministro Zavascki foi categórico ao deixar de reconhecer o dano moral ambiental, quando este estiver desvinculado dos atributos da personalidade humana. Conforme esclarece o Ministro, o dano ambiental ou ecológico pode, em tese, provocar o abalo moral, citando, como exemplo, a hipótese de destruição de árvore plantada por antepassado de determinada pessoa, para quem a planta teria grande valor afetivo. Em seguida, aduz como pontos centrais de sua decisão, os seguintes argumentos:

> [...] a vítima do dano moral é, necessariamente, uma pessoa. Não parece ser compatível com o dano moral a ideia da "transindividualidade" (= da indeterminabilidade do sujeito passivo e da indivisibilidade da ofensa e da reparação) da lesão. É que o dano moral envolve, necessariamente, dor, sentimento, lesão psíquica, afetando "a parte sensitiva do ser humano, como a intimidade, a vida privada, a honra e a imagem das pessoas",[5] "tudo aquilo que molesta gravemente a alma humana, ferindo-lhe gravemente os valores fundamentais inerentes à sua personalidade ou reconhecidos pela sociedade em que está integrado".[6]

Ainda está presente no voto, o raciocínio de não ser correto o entendimento de que reconhecer a ocorrência de dano ambiental implicaria necessariamente reconhecer o dano moral. Para o Ministro é possível a tutela do bem jurídico em questão, ou seja, o meio ambiente ecologicamente equilibrado (artigo 225 da Constituição Federal), mediante a determinação de providências que assegurem a restauração do ecossistema ofendido, sem qualquer referência a um dano moral.

A Ministra Denise Arruda, conforme acima dito, também negou provimento ao recurso, muito embora, como fundamento, tenha sustentado não estar demonstrada a efetiva existência de dano coletivo ou difuso. Em síntese, não vislumbrou qualquer evidência de violação do sentimento coletivo da comunidade local. Note-se, com isso, que ao frustrar a pretensão recursal, não o fez desautorizando a possibilidade de ressarcimento de danos morais ou extrapatrimoniais, em razão de ofensa a interesses coletivos e difusos, provocados pela degradação do meio ambiente.

Ainda consta da decisão a explicação de que o dano moral ambiental há de ser analisado dentro do que se convencionou chamar de *pulverização de vítimas* ou *indeterminação* delas, pelo seu conteúdo coletivo e difuso, "mesmo porque no mais das vezes o dano ambiental revela-se irreparável, pela impossibilidade de retorno ao *statu quo ante*." E, em especial, está reconhecida a existência de situações em que "o dano extrapatrimonial poderá ser reparado com medidas objetivas de reparação física e indenização em dinheiro pelo dano moral coletivo e difuso."

O Ministro José Delgado, por sua vez, acompanhou o voto do Ministro Luiz Fux, acrescentando, exclusivamente, o pensamento de José Ricardo Alvarez Vienna, do qual se extrai os seguintes trechos:

---

[4] BRASIL. Superior Tribunal de Justiça. Recurso Especial nº 598.281 – MG (2003/0178629-9). Recorrente: Ministério Público de Minas Gerais. Recorrido: Município de Uberlândia. Relator: Ministro Luiz Fux. Brasília, 02 de maio de 2006. Disponível em: <https://ww2.stj.jus.br/revistaeletronica/Abre_Documento.asp?sSeq=480936&sReg=200301786299&sData=20060601&formato=PDF>. Acesso em: 10 out. 2010.

[5] REIS, Clayton. *Os Novos Rumos da Indenização do Dano Moral*. Rio de Janeiro: Forense, 2002, p. 236.

[6] Yussef Said Cahali *apud* Clayton Reis, op. cit., p. 237.

Com efeito, a manifestação dos danos morais ambientais vai se evidenciar da mesma maneira que os danos morais individuais, ou seja, com um sentimento de dor, constrangimento, desgosto, infelicidade, angústia etc. A única diferença diz respeito ao titular desses sentimentos. Enquanto no dano moral individual o lesado será o sujeito unitário – individualizado –, no dano moral ambiental esse sentimento negativista perpassará por todos os membros de uma comunidade como decorrência de uma atividade lesiva ao meio ambiente. Tem-se, assim, aquilo que a doutrina vem denominando dano moral coletivo.
[...]
Em apertada síntese, portanto, assevera-se que o dano moral ambiental é perfeitamente admissível em nosso sistema. Além de contemplado, expressamente, pelo ordenamento jurídico, não encerra incompatibilidades empíricas para sua ocorrência ou identificação. Sua aferição é até mais fácil do que no caso do dano moral individual, porquanto evidencia-se com um sentimento público de comoção e perturbação a determinada comunidade como decorrência da degradação ambiental. Além disso, difere-se do dano ambiental comum, o qual afeta o patrimônio ambiental em sua concepção material, enquanto o dano moral corresponde a um sentimento psicológico social adverso suportado por determinado grupo de pessoas.[7]

O Ministro Francisco Falcão, último a votar, destacou a necessidade de existir comprovação do dano no âmbito subjetivo daquele que foi supostamente atingido. E, para desempatar o julgamento, argumentou que, para ser possível a condenação em dano moral, faz-se indispensável a comprovação de que o estrago alcançou a órbita subjetiva de terceiros, atingindo *uti singuli* a pessoa, de modo a lhe causar desconforto de caráter individual.

Assim, por maioria de votos, foi negada a indenização postulada, muito embora a maioria dos ministros não tenha refutado a possibilidade de dano moral da coletividade.

Posteriormente, mais precisamente, em 8 de abril de 2008, tem-se o julgamento do Recurso Especial n. 821.891 – RS (2006/0038006-2), sendo recorrente o Ministério Público do Estado do Rio Grande do Sul e recorrida a Eletrojan – Iluminação e Eletricidade Ltda.

No caso, a ação civil pública objetivava a nulidade de contrato administrativo, celebrado entre a municipalidade e a empresa demandada, em razão da falsificação da certidão negativa de débito apresentada pela vencedora do certame, assim como a sua condenação ao pagamento de indenização por danos morais, além da imposição das sanções administrativas aplicáveis à espécie.

Ao ser julgada a ação, a sentença declarou a nulidade da licitação e, ao mesmo tempo, impediu a empresa, pelo prazo de dois anos, de participar de licitação, bem como de contratar com a Administração pelo mesmo período, já que inidônea.

Não obstante, no que concerne ao abalo moral, a decisão de 1º grau, assim como o acórdão do Tribunal de Justiça, negaram provimento à ação. Da decisão de 2º grau, interessa o seguinte trecho da Ementa: "[...] Possibilidade de aplicação do dano moral à pessoa jurídica de direito público. O dano moral tem feição subjetiva. Repara-se a dor, o sofrimento, a vergonha de um grupo, de uma coletividade. Inexistência de tal

---

[7] Conforme aduzido pelo Ministro José Delgado, trata-se de tese de mestrado não publicada à época, intitulada *Responsabilidade Civil por Danos ao Meio Ambiente no Direito Brasileiro, de acordo com o Código Civil de 2002*, p. 188-195 (BRASIL. Superior Tribunal de Justiça. Recurso Especial nº 598.281 – MG (2003/0178629-9). Recorrente: Ministério Público de Minas Gerais. Recorrido: Município de Uberlândia. Relator: Ministro Luiz Fux. Brasília, 02 de maio de 2006. Disponível em: <https://ww2.stj.jus.br/revistaeletronica/Abre_Documento.asp?sSeq=480936&sReg=200301786299&sData=20060601&formato=PDF>. Acesso em: 10 out. 2010.)

comprovação, que leva ao indeferimento do pedido".[8] Houve, daí, a interposição de recurso especial.

O recurso aqui enfocado, por unanimidade, não foi conhecido. De qualquer sorte, o Ministro Luiz Fux, na condição de relator, ao votar, posicionou-se pela incompatibilidade entre o dano moral, qualificado pela noção de dor e de sofrimento psíquico, e a transindividualidade, evidenciada pela indeterminabilidade do sujeito passivo e pela indivisibilidade da ofensa objeto da reparação, o que conduz à não indenização do dano moral coletivo, salvo comprovação de efetivo dano. E, curiosamente, adotou os fundamentos desenvolvidos pelo Ministro Teori Zavascki, proferidos no julgamento do Recurso Especial n. 598.281, no qual, é importante que se lembre, tinha votado pelo reconhecimento do dano moral ambiental. Também disse que, no caso sob enfrentamento, o Ministério Público não demonstrou de forma clara e irrefutável o efetivo dano moral sofrido pela categoria social titular do interesse coletivo ou difuso.

Demonstrando-se a evolução do tema, há, ainda, o Recurso Especial n. 971.844 – RS (2007/0177337-9), ao qual foi negado provimento, em dezembro de 2009.[9] Nesse caso, especificamente quanto ao dano moral coletivo, o Ministro-Relator, Teori Zavascki, trouxe à tona aquilo que decidido nos recursos especiais n. 598.281 e n. 821.891. Desse modo, solidificou a linha de entendimento da 1ª Turma, a qual não dissocia o dano moral do abalo individual do ser humano.

Também atesta a preservação do entendimento vencedor acima esposado o julgamento do agravo regimental em Recurso Especial n. 1.109.905 – PR (2008/0283392-1), cuja decisão proferida em 22 de junho de 2010, foi assim ementada:

AGRAVO REGIMENTAL EM RECURSO ESPECIAL. ADMINISTRATIVO. AÇÃO CIVIL PÚBLICA. SERVIÇO DE TELEFONIA. POSTOS DE ATENDIMENTO. REABERTURA. DANOS MORAIS COLETIVOS. INEXISTÊNCIA. PRECEDENTE. AGRAVO IMPROVIDO.

1. A Egrégia Primeira Turma firmou já entendimento de que, em hipóteses como tais, ou seja, ação civil pública objetivando a reabertura de postos de atendimento de serviço de telefonia, não há falar em dano moral coletivo, uma vez que "Não parece ser compatível com o dano moral a idéia da 'transindividualidade' (= da indeterminabilidade do sujeito passivo e da indivisibilidade da ofensa e da reparação) da lesão" (REsp nº 971.844/RS, Relator Ministro Teori Albino Zavascki, in DJe 12/2/2010).

2. No mesmo sentido: REsp nº 598.281/MG, Relator p/ acórdão Ministro Teori Albino Zavascki, in DJ 1º/6/2006 e REsp nº 821.891/RS, Relator Ministro Luiz Fux, in DJe 12/5/2008.

3. Agravo regimental improvido.[10]

Sintetizado, portanto, o caminho percorrido pela 1ª Turma do Superior Tribunal de Justiça, em desfavor do dano moral coletivo.

---

[8] BRASIL. Superior Tribunal de Justiça. Recurso Especial nº 821.891 – RS (2006/0038006-2). Recorrente: Ministério Público do Rio Grande do Sul. Recorrido: Eletrojan – Iluminação e Eletricidade Ltda. Relator: Ministro Luiz Fux. Brasília, 08 de abril de 2008. Disponível em: <https://ww2.stj.jus.br/revistaeletronica/Abre_Documento.asp?sSeq=726041&sReg=200600380062&sData=20080512&formato=PDF>. Acesso em: 10 out. 2010.

[9] BRASIL. Superior Tribunal de Justiça. Recurso Especial nº 971.844 – RS (2007/0177337-9). Recorrente: Ministério Público Federal. Recorrido: Brasil Telecom S/A. Relator: Teori Albino Zavascki. Brasília, 03 dezembro de 2009. Disponível em: <https://ww2.stj.jus.br/revistaeletronica/Abre_Documento.asp?sSeq=934024&sReg=200701773379&sData=20100212&formato=PDF>. Acesso em: 10 out. 2010.

[10] BRASIL. Superior Tribunal de Justiça. Agravo Regimental no Recurso Especial nº 1.109.905 – PR (2008/0283392-1). Agravante: União. Agravado: Brasil Telecom S/A. Relator: Ministro Hamilton Carvalhido. Brasília, 22 de junho de 2010. Disponível em: <https://ww2.stj.jus.br/revistaeletronica/Abre_Documento.asp?sSeq=984157&sReg=200802833921&sData=20100803&formato=PDF>. Acesso em: 10 out. 2010.

2.2. A formação de entendimentos favoráveis ao dano moral coletivo

Em sentido oposto ao acima tratado, ou seja, refutando a orientação da 1ª Turma, há o julgamento do Recurso Especial n. 636.021 – RJ (2004/0019494-7), ocorrido em 2 de outubro de 2008, no qual a Ministra Nancy Andrighi trabalha cuidadosamente o tema do dano moral coletivo.

Na hipótese em comento, o Ministério Público do Estado do Rio de Janeiro ajuizou ação civil pública contra a TV Globo Ltda., objetivando a suspensão da exibição de cenas de sexo e violência na novela "A Próxima Vítima", reprisada no horário vespertino, assim como a condenação em danos morais estimados em R$ 5.000.000,00. A condenação ao pagamento da indenização foi reconhecida em 1ª grau e mantida pelo Tribunal de Justiça. Seguiu-se, assim, a discussão em sede de recurso especial.

Para o presente artigo, interessa trazer destaque aos principais argumentos da Ministra Andrighi, sinalizando-se, desde já, ser seu entendimento favorável à existência de danos morais designados coletivos ou difusos.

Em primeiro lugar, há demonstração de que o dano moral supraindividual surge no Direito brasileiro em diferentes momentos, como, por exemplo, no Código de Defesa do Consumidor, na Lei da Ação Civil Pública e, ainda, no Estatuto da Criança e do Adolescente.

Posteriormente, tendo-se como premissa a existência de interesses difusos e coletivos em nosso sistema legal, resta construída a ideia de que dano moral corresponde à lesão a um bem não suscetível de avaliação em dinheiro.

Em passo seguinte, especificamente quanto ao dano moral difuso ou coletivo é apresentado o seguinte raciocínio jurídico:

> Ainda que o conceito de patrimônio tenha se alterado ao longo do tempo, para incluir bens insuscetíveis de precificação em seu seio – e aí fala-se, por exemplo, de patrimônio paisagístico, histórico-cultural, entre outros – é certo que o conceito tradicional de patrimônio ainda é relevante. O caráter patrimonial de um bem é importante para fins de responsabilidade civil porque ele identifica aquilo que se sujeita a valoração econômica e que, uma vez lesado, está sujeito à indenização *in pecunia*. Os bens não patrimoniais, contudo, são insuscetíveis de valoração em dinheiro e, por isso, não podem ser indenizados, mas apenas compensados.
>
> Ora, se por um lado, a coletividade não goza de personalidade jurídica e se, por outro, há bens de sua titularidade que são insuscetíveis de valoração econômica, como, por exemplo, o ar, o equilíbrio ambiental e a sobrevivência de uma espécie animal, não há que se falar, em regra, de patrimônio – no sentido tradicional – difuso ou coletivo.
>
> A conseqüência que se extrai dessa conclusão é que a lesão a um bem difuso ou coletivo corresponde a um dano não-patrimonial e, por isso, deve encontrar uma compensação, permitindo-se que os difusamente lesados gozem de um outro bem jurídico. Não se trata, portanto, de indenizar, porque não se indeniza o que não está no comércio e que, portanto, não tem preço estabelecido pelo mercado. A degradação ambiental, por exemplo, deve ser compensada, pois a perda do equilíbrio ecológico, ainda que temporária, não pode ser reduzida a um valor econômico. Mesmo que possa se identificar o custo da despoluição de um rio, não se precifica a perda imposta à população ribeirinha que se vê impossibilitada, durante meses, de nadar em suas águas outrora límpidas.
>
> Por tudo isso, deve-se reconhecer que nosso ordenamento jurídico não exclui a possibilidade de que um grupo de pessoas venha a ter um interesse difuso ou coletivo de natureza não patrimonial lesado, nascendo aí a pretensão de ver tal dano reparado. Nosso sistema jurídico admite, em poucas palavras, a existência de danos extrapatrimoniais coletivos, ou, na denominação mais corriqueira, de danos morais coletivos.[11]

---

[11] BRASIL. Superior Tribunal de Justiça. Recurso Especial nº 636.021 – RJ (2004/0019494-7). Recorrente: TV Globo Ltda. Recorrido: José Perdiz de Jesus, Luiz Carlos Zveiter e outros. Relatora: Ministra Nancy Andrighi. Brasília,

Além de todos esses substratos, a Ministra Nancy Andrighi, textualmente, diz discordar das premissas da 1ª Turma, já que, na sua avaliação, a vítima do dano moral não é só, necessariamente, uma pessoa. Assim como diz não ser apenas o indivíduo identificável titular de interesses juridicamente tuteláveis. Esclarece, para tanto, que nosso ordenamento reconhece a existência de interesses difusos de valor inestimável economicamente e que, se afrontados, devem ser reparados.

Avançando ainda mais, o voto em apreço demonstra que a multiplicidade de danos morais individuais não se confunde com o dano moral coletivo, o que o faz com a seguinte construção:

> [...] é importante perceber que o dano moral coletivo representa a violação de um bem uno, indivisível e cuja compensação é questão de direito difuso ou coletivo. Não se trata, assim, de indenizar a lesão que foi cometida de forma similar a vários indivíduos. Isto quer dizer que o dano moral coletivo não se confunde com o dano individual homogêneo de natureza extra-patrimonial.
>
> Se uma pluralidade de sujeitos tem seus bens pessoais e não patrimoniais lesados por uma origem comum, haverá aí um conjunto de danos morais individuais cuja tutela pode se dar de forma coletiva. A reparação de danos individuais deve ser revertida em benefício de cada um dos lesados. Disso decorre que, diferentemente do que acontece com relação aos interesses difusos e coletivos, não é possível reparar eventual lesão a um direito individual homogêneo revertendo a indenização a ser paga pelo infrator a um Fundo Comum. É imprescindível que cada titular do direito lesado receba, individualmente, sua parcela da indenização. Assim, o ressarcimento de danos coletivos, não deve favorecer este ou aquele indivíduo, mas, sim, um Fundo cuja gestão se submeta a regras de participação popular, tal como disposto no art. 13, LACP.[12]

Outro relevante aspecto vem à tona no voto aqui analisado, trata-se do chamado "patrimônio ideal", o qual é assim denominado exatamente pelo fato de que não pode ser reduzido a um valor econômico. Desse modo, segundo explica a Ministra, a proteção integral da criança e do adolescente diz respeito a um bem difuso não patrimonial. É difuso porque não apenas os menores, mas também seus pais e todos os demais cidadãos gozam de legítimo interesse de ver as gerações futuras desta nação protegidas, não sujeitas a danos e com plenas condições de desenvolver seus potenciais de vida.

Por fim, a Julgadora não conheceu o recurso especial, sinalizando que a veiculação de conteúdo adulto no período vespertino é conduta que, além de poder lesar *in concreto* a esfera psíquica de cada cidadão em particular, furta dos pais e da sociedade um bem que lhes é caro, tanto que protegido juridicamente, qual seja: a proteção integral dos filhos. E, em síntese, conclui que a compensação dos danos morais coletivos é efetivamente devida.

A sorte do recurso acabou diversa, já que provido por maioria, sendo declarado nulo o acórdão do Tribunal de Origem, no sentido de que fosse apreciada a alegação de que havia necessidade de realização de prova pericial. Os demais pontos, dentre os quais o dano moral coletivo, não foram enfrentados.

Também alterando a tendência preconizada pela 1ª Turma do Superior Tribunal de Justiça, constata-se aquilo que decidido no Recurso Especial n. 1.057.274 – RS

---

02 de outubro de 2008. Disponível em: <https://ww2.stj.jus.br/revistaeletronica/Abre_Documento.asp?sSeq=737232&sReg=200400194947&sData=20090306&formato=PDF >. Acesso em: 10 out. 2010.

[12] BRASIL. Superior Tribunal de Justiça. Recurso Especial nº 636.021 – RJ (2004/0019494-7). Recorrente: TV Globo Ltda. Recorrido: José Perdiz de Jesus, Luiz Carlos Zveiter e outros. Relatora: Ministra Nancy Andrighi. Brasília, 02 de outubro de 2008. Disponível em: <https://ww2.stj.jus.br/revistaeletronica/Abre_Documento.asp?sSeq=737232&sReg=200400194947&sData=20090306&formato=PDF >. Acesso em: 10 out. 2010.

(2008/0104498-1), cuja relatoria ficou ao encargo da Ministra Eliana Calmon, no julgamento proferido em 1º de dezembro de 2009.

Na ação civil pública em questão, o Ministério Público do Estado do Rio Grande do Sul pretendia a condenação da empresa Bento Gonçalves de Transporte Ltda., sob o argumento de que exigir de usuários idosos cadastro para auferirem o benefício do transporte gratuito configuraria dano moral coletivo. Tal lesão não foi reconhecida pelo Tribunal de Justiça, tendo sido definido como mero dissabor o entrave burocrático suportado pelos usuários. E, além disso, foi apontada a ausência de prova de dano específico.

Nas razões de decidir, foram especificamente refutados os precedentes da 1ª Turma, sob o seguinte rol de argumentos:

1º) não ser essencial à caracterização do dano extrapatrimonial coletivo prova de que houve dor, sentimento, lesão psíquica, atingindo a parte sensitiva do ser humano, como a intimidade, a vida privada, a honra e a imagem das pessoas, ou, tudo aquilo que molesta a alma humana, ferindo-lhe intensamente os valores fundamentais inerentes à sua personalidade ou reconhecidos socialmente;

2º) a indefinição doutrinária e jurisprudencial envolvendo o tema deve-se à absoluta impropriedade da denominação dano moral coletivo, a qual conduz a discussões relativas à própria concepção de dano moral no seu aspecto individual;

3º) as relações jurídicas caminham para uma massificação e a lesão aos interesses de massa não podem ficar descobertos, sob pena de criar-se litigiosidade represada que conduzirá ao fracasso do Direito como modo de prevenir e reparar conflitos sociais;

4º) a evolução da reparação civil alcança interesses difusos, coletivos e individuais homogêneos, ao lado do já consagrado direito ao ressarcimento pelo dano moral sofrido pelo indivíduo e pela pessoa jurídica;

5º) os direitos de personalidade são mutáveis no tempo e no espaço, sendo uma categoria apta a receber novas instâncias sociais;

6º) o dano moral deve ser aferido de acordo com as características específicas dos interesses difusos e coletivos, distanciando-se quanto aos caracteres próprios das pessoas físicas que integram determinada coletividade ou grupo determinado ou indeterminado de pessoas, sem desconsiderar-se que é a confluência dos valores individuais que dão singularidade ao valor coletivo;

7º) o dano moral extrapatrimonial atinge direitos de personalidade do grupo ou coletividade como realidade massificada, sendo possível, por exemplo, que uma coletividade de índios sofra lesão à honra, à sua dignidade, à sua boa reputação, à sua história, aos costumes e às tradições, o que não significa ter a coletividade sentido a dor, a repulsa, a indignação tal qual fosse um indivíduo isolado;

8º) a existência de dano extrapatrimonial coletivo pode ser examinada e mensurada, tendo-se como paralelo os requisitos de configuração do dano moral individual.

Não obstante o vasto rol de argumentos, no caso específico, o dano moral coletivo não foi deferido. É que, mesmo tendo sido reconhecida a antijuridicidade da conduta da empresa, faltou prequestionamento do artigo 39 da Lei 10.741/2003, sendo, ainda, tido como demasiada tal punição.

3. Visão crítica sobre os entendimentos do Superior Tribunal de Justiça e preocupações complementares

Tendo-se como norte os pontos centrais daquilo que decidido pelo Superior Tribunal de Justiça sobre a possibilidade de um dano moral coletivo, mais precisamente confrontando-se os principais argumentos daqueles que defendem a possibilidade de existência de dano moral coletivo e as razões fundamentais dos opositores da tese, antecipa-se, aqui e agora, ao estilo do livro, *Crônica de Uma Morte Anunciada*, de Gabriel García Márquez,[13] ter-se assumido posição favorável à admissibilidade de um dano moral coletivo.

Registre-se que a investigação pretendida despertou uma infinidade de reflexões. A tão falada complexidade do tema foi fortemente sentida. Tanto assim o é que inicialmente, tinha-se uma disposição que resistia à ideia dessa espécie de lesão, não a compreendendo como possível.

O entendimento anunciado foi forjado com base em uma série de motivos, os quais serão abaixo enfatizados, sem, contudo, ter-se adotado uma ordem de importância. Acredita-se, isso sim, que todos, direta ou indiretamente, impactam a compreensão da matéria.

3.1. A sintomática opção da legislação

A legislação vigente, devidamente analisada, demonstra um amplo espectro de leis preocupadas com a tutela coletiva, indicando, aqui e acolá, estar introduzida a preocupação com o dano moral coletivo.

A Constituição Federal, em seu artigo 5º, diz que "todos são iguais perante a lei, sem distinção de qualquer natureza, garantindo-se aos brasileiros e aos estrangeiros residentes no País a inviolabilidade do direito à vida, à liberdade, à igualdade, à segurança e à propriedade [...]". No inciso V de tal artigo está estabelecido que "é assegurado o direito de resposta proporcional ao agravo, além da indenização por dano material, moral ou à imagem". Já o inciso X prevê que "são invioláveis a intimidade, a vida privada, a honra e a imagem das pessoas, assegurado o direito à indenização pelo dano material ou moral decorrente de sua violação".

Mudando-se o foco, é preciso observar, em especial, a alteração do artigo 1ª da Lei da Ação Pública. O texto original dispunha: "Regem-se pelas disposições desta Lei, sem prejuízo da ação popular, as ações de responsabilidade por danos causados." Posteriormente, a Lei n. 8.884/1994, que versa sobre a prevenção e a repressão às infrações contra a ordem econômica, trouxe sensível modificação ao referido artigo, que passou a assim dispor: "Regem-se pelas disposições desta Lei, sem prejuízo da ação popular, as ações de responsabilidade por danos morais e patrimoniais causados".

---

[13] GARCÍA MÁRQUEZ, Gabriel. *Crônica de uma morte anunciada*. 19. ed. Rio de Janeiro: Record, 1996.

Pois bem: se a ação civil pública tem por finalidade a reparação de lesões a direitos difusos e coletivos e se a lei que a disciplina expressamente menciona a possibilidade de existir responsabilidade por dano morais, tem-se como consequência lógica a intenção legislativa estar em favor do dano moral coletivo. Em tal sentido, Rodolfo Camargo Mancuso é claro ao dizer que "a ação da Lei 7.347/85 objetiva a tutela de interesses metaindividuais, de início compreensivos dos 'difusos' e dos 'coletivos em sentido estrito', aos quais na sequência se agregaram os 'individuais homogêneos'".[14] José Marcelo Vigliar também não destoa dessa interpretação, ao afirmar que a ação civil pública "nada mais é que o instrumento processual criado pela Lei nº 7.347/85 para se postular a tutela jurisdicional dos interesses transindividuais".[15]

Em complementação do sistema, também há o Código de Defesa do Consumidor, o qual, escudado pelas disposições da Constituição Federal, adota as seguintes disposições, no seu artigo 6º, incisos VI e VII:

Art. 6º. São direitos básicos do consumidor:
[...]
VI – a efetiva prevenção e reparação de danos patrimoniais e morais, individuais, coletivos e difusos;
VII – o acesso aos órgãos judiciários e administrativos, com vistas à prevenção ou reparação de danos patrimoniais e morais, individuais, coletivos ou difusos, assegurada a proteção jurídica, administrativa e técnica aos necessitados.

Por sua vez, tem-se o artigo 81, ainda do Código de Defesa do Consumidor, que é emblemático, pois rompe a tradição jurídica clássica, em que os indivíduos eram os únicos titulares de um interesse juridicamente tutelado, recepcionando uma coletividade difusa, indeterminada, que goza de personalidade jurídica.

Também a Lei n. 6.938/1981 desperta a atenção do presente estudo, pois dispõe sobre a política nacional do meio ambiente. Para tanto, fala claramente na proteção do patrimônio público e social, do meio ambiente e de seus interesses difusos e coletivos. Nesse intuito, deixa claro que se compreende por poluição a degradação da qualidade ambiental resultante de atividades que diretamente ou indiretamente, prejudiquem a saúde, a segurança e o bem-estar da população. Ao se ter a indeterminação da população, possível a existência de um dano moral coletivo, quando ofendidos os direitos aqui elencados. O mesmo raciocínio se aplica diante de uma ofensa à biota, às condições estéticas ou sanitárias do meio ambiente, aos recursos ambientais. Em todas as hipóteses, como último ofendido, ter-se-á o homem, o qual, mesmo não sendo possível a sua exata identificação, não deixa de permitir a existência da um abalo coletivo.[16] Tal lei, diga-se ainda, é contundente em seu artigo 225, ao dizer que as condutas e as atividades lesivas ao meio ambiente sujeitarão os infratores à obrigação de reparar os danos causados, sem interferência às sanções penais e administrativas.

Da mesma forma, merece análise a Lei n. 7.853/1989, que dispõe sobre o apoio às pessoas portadoras de deficiência, instituindo, entre outros pontos, a tutela jurisdicional de interesses coletivos ou difusos dessas pessoas. Frise-se, desde já, que há expressa atenção aos aspectos coletivos. E deve ser considerado o fato de que a lei

---

[14] MANCUSO, Rodolfo Camargo. *Ação Civil Pública*. 7. ed. São Paulo: Revista dos Tribunais, 2001. p. 21.
[15] VIGLIAR, José Marcelo Menezes. *Ação Civil Pública*. 4. ed. Atlas: São Paulo. p. 56.
[16] Sobre o dano ambiental veja-se: PACCAGNELLA, Luis Henrique. Dano ambiental. In: NERY JÚNIOR, Nelson; NERY, Maria de Andrade (Coords.). *Responsabilidade civil*. São Paulo: Revista dos Tribunais, 2010. v.7. p. 591-601.

fala em "direitos sociais" das pessoas portadoras de deficiência e, ainda, em "valores básicos da igualdade de tratamento e oportunidade, da justiça social, do respeito à dignidade da pessoa humana, do bem-estar, e outros, indicados na Constituição ou justificados pelos princípios gerais de direito". Logo, inarredável a conclusão de que, no âmbito de uma disputa, demonstrada a infração a tais normas e valores, poder-se-á discutir um dano moral coletivo. Aliás, reforçando tal entendimento, a lei em comento diz que, no que couber, lhe são aplicáveis os dispositivos da Lei 7.347/1985.

Agora, não pode ser esquecida a Lei 8.069/1990, conhecida como o Estatuto da Criança e do Adolescente. Esse texto legal, como não poderia deixar de ser, tendo como destinatárias as crianças e os adolescentes, ambiciona proteger a vida, a saúde, a educação, a cultura, o esporte, o lazer, a informação, entre tantos outros aspectos. Trata-se, conforme definição assumida, de direitos fundamentais, os quais, quando violados, certamente poderão caracterizar uma lesão moral individual, assim como coletiva. Não é por outro motivo, ao certo, que tal lei fala da proteção judicial dos interesses individuais, difusos ou coletivos relativos à infância e à adolescência. E, ao mesmo tempo, reconhece o manejo da ação civil pública e de qualquer outra fundada em interesses coletivos ou difusos.

Tem-se, ainda, a Lei 6.453/1977, a qual dispõe sobre a responsabilidade civil por danos nucleares,[17] dentre outros aspectos. Evoluindo-se, há a Lei 10.308/2001, a qual, por sua vez, cuida da responsabilidade civil e das garantias referentes aos depósitos de rejeitos radioativos. Tanto em uma quanto em outra, estão mencionados os danos pessoais. Em assim sendo, possíveis alguns raciocínios:

1º) Quando se fala em danos pessoais, o que ocorre nas duas leis, compreendem-se, nesta expressão, os danos morais, conforme decidido pelo Superior Tribunal de Justiça, mais precisamente no Recurso Especial 131804 PR 1997/0033393-0. Note-se, assim, que a defesa cível dos direitos da personalidade se encontra presente na esfera dos danos extrapatrimoniais.[18]

2º) Por uma questão de bom-senso, acredita-se que as dimensões de eventuais danos nucleares, invariavelmente estarão afetos a uma possível coletividade. Não se trata de regra, mas sim de probabilidade. Tanto assim o é que as referidas Leis tratam de modo pluralizado o aspecto da responsabilidade civil.

3º) Não faz sentido a legislação cuidar de questões nucleares e radioativas tendo como norte o indivíduo isolado, enquanto a coletividade representa a correta preocupação.

4º) Tanto há uma preocupação de uma interpretação ampliativa das referidas leis, ou seja, em favor do coletivo, que o limite de indenização previsto no artigo 9º da Lei n. 6.453/1977 foi revogado pela Lei 6.938/1981. Exatamente por ser impossível a definição dos atingidos, não há de se falar em restrição.

Tratando-se, ainda de mais uma lei, também não pode ficar em segundo plano o Estatuto do Idoso (Lei 10.741/2003), pois garante a inviolabilidade da integridade física, psíquica e moral do idoso. Para tanto, claramente assegura ao Ministério Pú-

---

[17] Sobre o tema veja-se: ASBAHR, Péricles. Da responsabilidade civil por dano ambiental nuclear. In: NERY JÚNIOR, Nelson; NERY, Maria de Andrade (Coords.). Responsabilidade civil. São Paulo: Revista dos Tribunais, 2010. v. 7. p. 619-651.

[18] SEVERO, Sérgio. Os danos extrapatrimoniais. São Paulo: Saraiva, 1996. p. 47.

blico,[19] dentre outros, o manejo da ação civil pública para a proteção dos direitos e interesses difusos ou coletivos, individuais indisponíveis e individuais homogêneos do idoso. Percebe-se, consequentemente, espaço em benefício de um possível dano moral coletivo.

Por fim, há um fato, no mínimo, bastante sintomático: está a se falar do Projeto de Lei 5.139, de 2009. Tal projeto foi encaminhado ao legislativo mediante a Mensagem nº 238, de 13 de abril de 2009, e poderá marcar decisivamente a sorte da tutela de interesses difusos, coletivos ou individuais homogêneos. Aliás, conforme referido pelo Ministro da Justiça, está em foco a adequação às significativas e profundas transformações econômicas, políticas, tecnológicas e culturais em âmbito global, intensamente aceleradas nesta virada do século XX, para o fim de disciplinar a proteção de direitos que dizem respeito à cidadania.

Lamentavelmente, o destino do projeto é incerto, visto que rejeitado pela Comissão de Constituição e Justiça e Cidadania. Porém, contra tal decisão, o Deputado Federal Antonio Carlos Biscaia apresentou recurso à Mesa Diretora da Câmara, para que o projeto possa ser apreciado pelo Plenário. Também como reação, os dezoito membros da comissão de juristas,[20] instituída pelo Ministério da Justiça, responsáveis pela elaboração da versão da nova lei, divulgaram nota técnica, reafirmando a enorme importância desse movimento legislativo, na qual destacam ser "um Projeto de Lei generoso com a sociedade brasileira, com avançados significativos no Sistema Único Coletivo, preparando o Brasil para um direito processual adequado para o Século XXI."

Introduzidas as principais informações, importa, agora, seja demonstrado que o Projeto poderá influenciar decisivamente o debate acerca da existência ou não do dano moral coletivo. Ora, é preciso ter-se em mente que se está diante de uma proposta de Sistema Único Coletivo.[21] Para tanto, foram eleitos pontos cruciais, dentre os quais, especificamente no artigo 3º, inciso IV, há a seguinte disposição:

Art. 3º. O processo civil coletivo rege-se pelos seguintes princípios:
[...]
IV – tutela coletiva adequada, com efetiva preocupação, prevenção e reparação dos danos materiais e morais, individuais e coletivos, bem como punição pelo enriquecimento ilícito.
[...]

---

[19] Aqui, poupando maiores reflexões, vale referir a lição de Cândido Rangel Dinamarco, que, ao explicitar o fundamento da legitimidade ativa do Ministério Público para a promoção da ação civil pública, deixa claro que a escolha deste órgão deveu-se à sua capacidade de conduzir processos de interesse geral, ou seja, é um canal das aspirações da sociedade como um todo: "A lei brasileira não quis outorgar ao cidadão, ou a qualquer pessoa física ou jurídica, legitimidade para, na qualidade de *ideological plaintiff,* conduzir processos de interesse geral. Fez sua escolha discricionária, mediante seus próprios critérios de oportunidade e conveniência, optando pelo Ministério Público e outras entidades que indica, porque viu nelas as melhores condições de representatividade social. Os entes legitimados pela lei são havidos por legítimos canais das aspirações da sociedade como um todo, de grupos delimitados em regiões, ou por profissões, ou por alguma especial situação perante o possível causador de danos, etc. Tal é a *legitimacy of representation* à moda brasileira." (DINAMARCO, Cândido Rangel. Inadmissibilidade da ação civil pública e legitimidade do Ministério Público. *Fundamentos do Processo Civil Moderno.* 5. ed. Malheiros: São Paulo, 2002. v. 1. p. 411.)

[20] São eles: Ada Pellegrini Grinover; Aluisio Gonçalves de Castro Mendes; André da Silva Ordacy; Antonio Augusto de Aras; Antonio Carlos Oliveira Gidi; Consuelo Yatsuda Moromizato Yoshida; Elton Venturi; Fernando da Fonseca Gajardoni; Gregório Assagra de Almeida; Haman de Moraes e Córdova; João Ricardo dos Santos Costa; José Adônis Callou de Araújo Sá; José Augusto Garcia de Souza; Luiz Manoel Gomes Junior (relator); Luiz Philippe Vieira de Mello Filho; Ricardo Pippi Schmidt; Rogério Favreto (Presidente); Sergio Cruz Arenhart.

[21] GOMES JUNIOR, Luiz Manoel; FAVRETO, Rogério. A nova lei da ação civil pública e do sistema único de ações coletivas brasileiras – Projeto de Lei nº 5.139/2009. *Revista Magister de Direito Empresarial, Concorrencial e do Consumidor,* v.1, fev./mar. 2005. p. 5

Salvo engano, tal previsão legal demonstra a claríssima intenção de o sistema processual coletivo, de modo muito efetivo, admitir as discussões envolvendo dano moral coletivo. Há, no projeto, tanto a preocupação de unificação de temas relevantes, quanto a intenção de inovar.[22] A comunicação entre a legislação consolidada e aquela que está por nascer é, na maioria das vezes, essencial à conquista de resultados positivos, muitas vezes já correntes na prática dos tribunais. Do passado, é sábio que se extraiam essenciais preocupações aos ajustes futuros.

Por tudo que aqui indicado, mais principalmente pela abrangência que transcende o individual, mirando principalmente os interesses difusos e coletivos, acredita-se seja perceptível a opção do ordenamento jurídico pelo reconhecimento do dano moral coletivo, ponto, aliás, que não é enfrentado na orientação da 1ª Turma do Superior Tribunal de Justiça.

3.2. A ideia do individual está superada

Como visto, a 1ª Turma do Superior Tribunal de Justiça afastou a possibilidade de dano extrapatrimonial à coletividade, centrando-se na concepção de que o abalo moral está restrito às pessoas físicas individualmente consideradas. Tal dano, segundo dito, envolve, necessariamente, dor, sentimento, lesão psíquica, maculando a parte sensitiva do ser humano, como a intimidade, a vida privada, a honra e a imagem das pessoas.

Tal entendimento não está de modo algum desacompanhado. Rui Stoco, por exemplo, afirma que não existe dano moral ao meio ambiente, assim como sustenta não ser possível a ofensa moral aos mares, aos rios, à Mata Atlântica ou mesmo agressão moral a uma coletividade ou a um grupo de pessoas não identificadas. Na sua avaliação, o abalo moral sempre se dirige à pessoa como portadora de individualidade própria. Ainda sobre o tema, acrescenta ser insustentável a tese de que a degradação do meio ambiente por ação do homem acesse, mediante a mesma ação judicial, à obrigação de reconstituí-lo e, ainda, de compor o dano moral hipoteticamente suportado por um número indeterminado de pessoas. Admite, entretanto, ação civil pública, destinada à proteção do consumidor ou qualquer outro interesse difuso ou coletivo que cause dano de *per si* e possa ser individualizado e quantificado posteriormente.[23]

Sem dúvida alguma, o entendimento que rechaça o dano moral coletivo tem defensores de peso, muito abalizados, só que, muito respeitosamente, acredita-se que tal posicionamento mereça calibragem, principalmente pelo fato de a ideia do dano moral estar ligada exclusivamente ao sentir do indivíduo estar superada.

Em primeiro lugar, há de se reconhecer que significativa parcela da controvérsia possa ser resultado do emprego da expressão "dano moral coletivo", a qual não representa a melhor técnica. Ao se falar em "moral" pensa-se, quase que automaticamente, no homem indivíduo. Exatamente por isso, compreende-se seja mais adequado o emprego da terminologia dano extrapatrimonial. Porém, como a referência ao

---

[22] Sobre tais temas leia-se: TESHEINER, José Maria. Ações coletivas relativas a direitos individuais homogêneos e o Projeto de Lei nº 5139/2009. *Interesse Público*, v. 12, n. 59, jan./fev. 2010. Belo Horizonte: Fórum, 2010, p. 67-82.

[23] STOCO, Rui. *Tratado de responsabilidade civil*: doutrina e jurisprudência. 7 ed. São Paulo: Revista dos Tribunais, 2007, p. 896-897.

dano moral coletivo está consagrada, entende-se esteja credenciada ao uso do presente estudo, sem que represente maiores prejuízos.

Isso posto, tem-se muito presente o fato de que o processo de fundamentalização, constitucionalização e positivação dos direitos fundamentais colocou o indivíduo, a pessoa, o homem, como centro da titularidade de direitos.[24] Não é por outro motivo que, independente de previsão específica, não se pode negar tutela a quem requeira garantia sobre um aspecto de sua existência, "pois aquele interesse tem relevância ao nível do ordenamento constitucional e, portanto, tutela também em via judicial".[25] A proteção de tais direitos é essencial, e o indivíduo ocupa, exatamente como deve ser, posição de destaque.

A suscitada realidade, contudo, não está estagnada e admite contornos complexos. Basta ter-se em conta que a transformação do conceito de pessoa faz com que novos danos sejam a ele acrescidos, em razão de uma visão mais integral de tal definição.[26] Portanto, não só os danos mudam. A sociedade muda e seguirá mudando. Nessa linha de raciocínio, atualmente, os interesses sociais podem envolver um conjunto de pessoas, ocasionando interesses de massa em razão da existência de ofensas de massa.[27] Percebe-se forte preocupação com a superação do individualismo.[28]

Não há dúvida de que o direito reconhece o viés coletivo de muitos dos fenômenos sociais. Isso, automaticamente, faz com que os conceitos de muitos institutos sofram alterações, ampliando seus raios de incidência. Deve-se, no mínimo, aceitar uma interpretação menos restritiva. Veja-se, por exemplo, a concepção de Rubens Limongi França, para quem o "dano moral é aquele que, direta ou indiretamente, a pessoa, física ou jurídica, bem assim a coletividade, sofre no aspecto não econômico dos seus bens jurídicos".[29] Também reconhecendo um contexto de renovação global, Carlos Alberto Bittar Filho afirma que "a teoria da responsabilidade civil vem dando passos decisivos rumo a uma coerente e indispensável coletivização, substituindo o conceito de ato ilícito pelo de dano injusto".[30]

Desse modo, o instituto do dano moral em face da ofensa a direitos transindividuais distancia-se da concepção individual, marca da responsabilidade civil, para

---

[24] CANOTILHO, José Joaquim Gomes. *Direito constitucional.* 7. ed. Coimbra: Almedina, 2003, p. 416.

[25] MORAES, Maria Celina Bodin de. O conceito de dignidade humana: substrato axiológico e conteúdo normativo. In: SARLET, Ingo Wolfgang (Org.). *Constituição direitos fundamentais e direito privado.* 3. ed. Porto Alegre: Livraria do Advogado, 2010. p. 141.

[26] COUTO E SILVA, Clóvis. Principes fondamentaux de la responsabilité civile en droit brésilien et comparé. *Cours fait à la Faculté de Droit et Sciences Politiques de St. Maur,* Paris XII, Porto Alegre, 1988. Datilografado. p. 12.

[27] ANDRADE, Daniela Patrícia dos Santos. O dano moral e a tutela jurisdicional coletiva. *Revista da Esmese,* Sergipe, n.11, p. 141-149, 2008. Disponível em: <http://www.esmese.com.br/revistas.htm>. Acesso em: 12 jun. 2009. p. 144.

[28] Sobre o tema, Gustavo Tepedino apregoa o "respeito à pessoa e às instituições, estas entendidas como imprescindíveis núcleos de promoção de valores sociais e existenciais, há de ser perseguido com obsessiva insistência, revertendo-se perigosa tendência de idolatrar o indivíduo e o seu patrimônio (TEPEDINO, Gustavo. *Temas de direito civil.* Rio de Janeiro: Renovar, 2006. Tomo 2. p. 444-445).

[29] LIMONGI FRANÇA, Rubens. Reparação do dano moral. *Revista dos Tribunais,* São Paulo, a. 77, v. 631, p. 29-37, mai. 1988.

[30] BITTAR FILHO, Carlos Alberto. Do dano moral coletivo no atual contexto jurídico brasileiro. *Revista de direito do consumidor,* n.12, p.44-62, out./dez. 1994. p. 60.

assumir uma amplitude mais sociável, destinada a preservar valores coletivos, como, por exemplo, o meio ambiente.[31]

Para Morgana Braz de Siqueira Corrêa, "a configuração do dano moral coletivo independe de qualquer afetação ou afronta à integridade psicológica da coletividade, cuja demonstração não é exigida pela doutrina moderna sequer para a configuração do dano moral individual".[32] [33] É no mesmo sentido o entendimento de Leonardo Roscoe Bessa.[34] Aqui, frise-se, a valer o entendimento da 1ª Turma do Superior Tribunal de Justiça, muitas das decisões proferidas na avaliação de um abalo moral individual também estariam superadas. Pertinente, assim, a certeira afirmativa de Sérgio Severo, no sentido de que a redução do dano extrapatrimonial à dor já é uma questão superada.[35]

Aliás, atacar o que está aqui sendo defendido traduz negativa a existência da Súmula 227 do Superior Tribunal de Justiça, que é categórica ao garantir a possibilidade de a pessoa jurídica sofrer dano moral. E, gostando-se ou não, trata-se de ponto com endereço no passado.[36] Tal constatação, por si só, soterra a premissa básica defendida pela 1ª Turma do Superior Tribunal de Justiça, ao repelir o dano extrapatrimonial à coletividade.

É preciso, em definitivo, seja aceito o fato de que foi transposto o modelo jurídico individualista, formal e dogmático, sendo que novos conceitos, institutos e instrumentos processuais, também visam à tutela de interesses transindividuais.[37] Se assim o é, fica mais compreensível o texto constitucional português, ao fazer menção expressa ao princípio da solidariedade entre gerações, o qual, por sua vez, apresenta como finalidade básica obrigar as gerações presentes a incluir como medida de ação e de ponderação os interesses das gerações futuras.[38] Entende-se, em tais balizamentos, que o indivíduo e o presente não podem desconsiderar o coletivo e o futuro.

---

[31] AUGUSTIN, Sérgio; ALMEIDA, Ângela. A indefinição jurisprudencial em face do dano moral coletivo. *Revista da Ajuris*, v. 36, n. 115, p. 269-282, set. 2009. p. 281.

[32] CORRÊA, Morgana Braz de Siqueira. Dano moral coletivo e os serviços de transporte de passageiros. *Revista de direito privado*, v. 10, n. 38, abr./jun. 2009. Disponível em: <http://www.revistasrtonline.com.br/portalrt/template.htm>. Acesso em: 13 ago. 2010.

[33] Na avaliação de Adriano Celestino Ribeiro Barros, "não apenas os danos morais individuais devem ser reparados, através do pensamento equivocado de interpretação patrimonialista e individualista para se aferir a reparação pelo sentimento da 'dor' e 'constrangimento'. Assim também, o Dano Moral Coletivo não leva em conta apenas esses dois aspectos – dor e constrangimento – o Princípio da Dignidade da Pessoa Humana, para reparar o bem difuso. (BARROS, Adriano Celestino Ribeiro. Dano moral coletivo e os direitos metaindividuais sob o prisma do direito constitucional. *Revista de direito constitucional e internacional*, v. 17, n. 68, jul./set. 2009. Disponível em: <http://www.revistasrtonline.com.br/portalrt/template.htm>. Acesso em: 13 ago. 2010.)

[34] BESSA, Leonardo Roscoe. Dano moral coletivo. *Revista de direito do consumidor*, n. 59, jul./set. 2006. Disponível em: <http://www.revistasrtonline.com.br/portalrt/template.htm>. Acesso em: 13 ago. 2010.

[35] SEVERO, Sérgio. *Os danos extrapatrimoniais*. São Paulo: Saraiva, 1996, p. 20.

[36] Sobre o tema, lembra Gustavo Tepedino: "Ampliação pouco criteriosa também se faz sentir na admissão de danos morais à pessoa jurídica (que na maioria das vezes se traduz em danos materiais, ainda que de difícil liquidação), à qual se passou a reconhecer, acriticamente, direitos da responsabilidade; e dos chamados danos morais coletivos, sem que se definisse, até o presente momento, a sua conceituação" (TEPEDINO, Gustavo. *Temas de direito civil*. Rio de Janeiro: Renovar, 2009. Tomo 3. p. 406.)

[37] No mesmo sentido: WOLKMER, Antonio Carlos. Introdução aos fundamentos de uma teoria geral dos "novos" direitos. In: WOLKMER, Antonio Carlos e LEITE, José Rubens Morato. *Os "novos" direitos no brasil: natureza e perspectivas*: uma visão básica das novas conflituosidades jurídicas. São Paulo: Saraiva, 2003, p. 21-22.

[38] CANOTILHO, José Joaquim Gomes. Direito constitucional ambiental português e da união europeia. In: CANOTILHO, José Joaquim Gomes; LEITE, José Rubens Morato (Orgs.). *Direito constitucional ambiental brasileiro*. 3. ed. São Paulo: Saraiva, 2010, p. 28.

Efetivamente, o patrimônio moral não está limitado a valores individuais das pessoas físicas e jurídicas. A coletividade, por sua vez, que sabidamente é um ente despersonalizado, possui valores morais e um patrimônio ideal que merece proteção e reparação quando violado.

De mais a mais, há de se ter em conta a existência de um alargamento das definições envolvendo a matéria objeto do presente estudo. Trata-se de um natural processo evolutivo. Não se pode desconsiderar que não faz muito tempo, questionava-se a própria existência de um dano moral puro. Também há pouco tempo discutia-se a possibilidade da cumulação do dano moral e do dano estético.[39] Muito se debateu até a compreensão de um dano moral para a pessoa jurídica. Hoje, sabidamente, repousa discussão quanto ao chamado dano existencial. Com isso tudo, percebe-se ter assumido vez o denominado dano moral coletivo, o qual tem como traço decisivo a superação da vinculação individual em favor da proteção de interesses difusos e coletivos.

3.3. Os interesses e direitos da nova sociedade

Vencida a limitação concernente ao indivíduo, não se pode deixar de debruçar atenção sobre os interesses e os direitos da nova sociedade. Antes, contudo, algumas ponderações estruturantes poderão auxiliar a compreensão dos pontos mais controversos, iniciando-se pelo alerta de Kazuo Watanabe, no sentido de que a tutela de interesses coletivos tem sido tratada, em algumas oportunidades, como tutela de interesses ou direitos individuais homogêneos, enquanto a de interesses ou direitos coletivos, que por disposição legal são de natureza indivisível, tem sido limitada a um determinado segmento geográfico da sociedade, com uma inadmissível atomização de interesses ou direitos de natureza indivisível.[40]

Admitido o alerta, alguns esclarecimentos são relevantes, como por exemplo, a constatação de que um interesse difuso se caracteriza pela indeterminação dos sujeitos titulares, indivisibilidade do objeto em questão e ausência de vínculo jurídico entre as partes. Logo, sendo indetermináveis as pessoas lesadas na ocorrência de um dano a direitos difusos, inviável a quantificação desse dano individualmente. Por outro lado, tem-se o dano coletivo quando há a indivisibilidade do objeto, a existência de sujeitos determináveis e vínculo jurídico relacionando os integrantes do grupo entre si ou com a parte contrária.

De qualquer sorte, quando a discussão versa sobre direitos difusos e coletivos, a titularidade do direito violado não é de uma pluralidade de indivíduos, pois caso assim o fosse, se teria um litisconsórcio.[41] Isso não significa dizer que um mesmo fato não possa autorizar pretensões de natureza difusa, coletiva e individual homogênea.[42] Nesse cenário, crê-se seja ilógico admitir a existência de interesses e direitos difusos

---

[39] Sobre o tema, leia-se Humberto Theodoro Júnior. (THEODORO JÚNIOR, Humberto; TEIXEIRA, Sálvio de Figueiredo (Coord.). *Comentários ao novo código civil*: dos defeitos do negócio jurídico ao final do livro III: arts. 185 a 232. Rio de Janeiro: Forense, 2003. v.3, Tomo 2. p. 58-60).

[40] WATANABE, kazuo. *Código brasileiro de defesa do consumidor*: comentado pelos autores do anteprojeto. Ada Pelleguini Grinover ... (*et al.*) 8. ed. Rio de Janeiro: Forense Universitária, 2004. p. 811.

[41] DEDA, Artur Oscar de Oliveira. *A reparação dos danos morais*: doutrina e jurisprudência. São Paulo: Saraiva, 2000. p. 90-91.

[42] Relacionado ao tema, veja-se: FERREIRA, Heline Silvini. Os instrumentos jurisdicionais ambientais na constituição brasileira. In: CANOTILHO, José Joaquim Gomes; LEITE, José Rubens Morato (Orgs.). *Direito constitucional ambiental brasileiro*. 3. ed. São Paulo: Saraiva, 2010. p. 348.

e coletivos e, simultaneamente, deixar de reconhecer a possibilidade de que quando violados, poderão importar em dano extrapatrimonial.

Sendo assim, deve-se ter em mente a possibilidade de um dano moral que vai além do indivíduo, centrado no coletivo, apto a exigir uma reparação, significando um conforto para a sociedade quando afetada em sua integridade, em função da gravidade do ato e da natureza do bem corrompido.[43]

É difícil, ao mesmo tempo, saber o que afeta a sociedade. Ao certo, aliás, é impossível elencar todas as situações que podem configurar um dano moral coletivo. Isso se deve ao fato de que os atuais fenômenos sociais[44] não podem ser encaixados em compartimentos estanques e verticais.[45] Trata-se da realidade de uma sociedade massificada, com intensa socialização e constantes avanços tecnológicos.

Não obstante, possíveis os seguintes exemplos que conduzem à indenização da coletividade: "o desprestígio do serviço público, da boa imagem da nossa legislação, do bom nome social, a deterioração da moral pública, dos os danos morais a interesses difusos ou coletivos como o meio ambiente, a qualidade de vida e saúde, a publicidade abusiva etc.",[46] assim como, quando existir "desrespeito à bandeira nacional e outros símbolos, na violação da honra de determinada comunidade, como a alemã, a italiana, ou de determinada classe, como a dos dentistas, dos advogados, dos médicos etc.".[47]

Abordando-se a questão de modo mais amplo, percebe-se que as principais discussões envolvem os interesses referentes ao meio ambiente, à saúde, à educação, aos serviços públicos em geral, dentre outros. Trata-se dos chamados direitos de terceira geração, que "assistem, de modo subjetivamente indeterminado, a todo o gênero humano".[48]

Apesar disso, é prudente seja assumido um comportamento cauteloso, no sentido de que não sejam vulgarizadas as discussões envolvendo um suposto dano moral coletivo. Para tê-lo, ter-se-á, obrigatoriamente, de estar diante de uma grave ofensa a um direito objetivo.[49] Chegando-se a extremos e para que não restem dúvidas, rememorem-se as atrocidades do nazismo: fica gritante a possibilidade de um emblemático dano moral coletivo.

---

[43] ARAÚJO, Mariana de Cássia. A reparabilidade do dano moral transindividual. *Juris Síntese*, n.79, set/out 2009. CD-ROM.

[44] Note-se que a preocupação não é nova, conforme atestam as seguintes observações: "As chamadas *actiones populares* destinavam-se à proteção dos interesses da sociedade, sendo que qualquer do povo poderia ajuizá-la, agindo como membro, como defensor do interesse público. Eram considerados direitos havidos como difusos o direito ao meio ambiente, o culto à divindade, o direito à liberdade etc. Existiam vários tipos de *actiones populares*, como por exemplo a ação de *albo corrupto*, que tinha o objetivo de punir civilmente aquele que alterasse o escrito do pretor, a ação de *sepulchro violato*, cujo intento era proteger o direito comum de não ter violado a sepultura, dentre outras." (ANDRADE, 2008, p. 146)

[45] FORTUNY, María Alejandra. O direito do consumidor: a emergência de um novo paradigma no direito moderno. In: WOLKMER, Antonio Carlos e LEITE, José Rubens Morato. *Os "novos" direitos no brasil*: natureza e perspectivas: uma visão básica das novas conflituosidades jurídicas. São Paulo: Saraiva, 2003. p. 176.

[46] MARMITT, Arnaldo. *Dano moral*. Rio de Janeiro: AIDE, 1999, p. 179.

[47] Idem.

[48] CAVALIERI FILHO, Sergio. *Programa de direito do consumidor*. São Paulo: Atlas, 2009. p. 305.

[49] Definição defendida por José Maria Rosa Tesheiner durante aulas ministradas no Curso de Doutorado da Pontifícia Universidade Católica do Rio Grande do Sul.

No dia a dia, por óbvio, a avaliação de cada caso merece avaliação mais pormenorizada. Notem-se, por exemplo, as ponderações de Fábio Siebeneichler de Andrade, ao proferir parecer em uma ação civil pública, ajuizada em razão de possíveis danos ao meio ambiente, decorrentes de anúncio de produto em alto volume (*jingle*), supostamente gerador de incômodo sonoro aos moradores de diversos bairros de Porto Alegre. Analisadas as circunstâncias fáticas do caso, a conclusão foi pela não existência do dano moral coletivo, sob os seguintes argumentos: (a) A responsabilidade civil por danos ao meio ambiente é um exemplo de responsabilidade civil por risco. (b) O requisito da culpa, conforme estabelece a Lei n. 6.938/1981, está excluído quando se está diante da responsabilidade civil por danos ambientais. (c) Um ato lesivo não importa necessariamente em imposição de reparação. (d) É necessária a presença do elemento dano para configurar-se a responsabilidade civil, ou seja, para que se configure a necessidade de indenização, há que estar presente algum prejuízo. (e) O reconhecimento da existência de um direito ao meio ambiente, não dispensa a prova de que o suposto dano ecológico tenha provocado um prejuízo pessoal e direto. (f) O direito brasileiro exige certa densidade no campo do prejuízo a fim de configurar-se eventual indenização por dano moral. (g) Aquilo que decorrente do cotidiano não está apto a caracterizar abalo moral. (i) O mero aborrecimento não enseja o dano moral. (j) Para se ter um dano moral coletivo, dever-se-ia configurar lesão à esfera extrapatrimonial de um grupo. (l) Reconhece, mas não aplica ao caso, a responsabilidade objetiva envolvendo danos ambientais, não sendo necessária uma causalidade direta e única entre a atividade e o resultado. (m) Nada autoriza o estabelecimento de uma presunção de causalidade contra a empresa. (n) A Lei n. 6.938/1981 não contempla uma regra concernente à presunção de causalidade. (o) Diante de várias empresas distribuidoras de gás que também empregam o mesmo modo de distribuição, a presunção de causalidade não é razoável, conforme demonstra o direito comparado, mais propriamente a legislação alemã. (p) Estivesse em discussão produtos perigosos, como a responsabilidade nuclear, a solução poderia ser diversa, aceitando-se a despreocupação com a causalidade.[50]

Ora, não se tem dúvida de que possível o dano moral coletivo nas complexas e apressadas[51] relações de consumo.[52] Assim como é viável o reconhecimento de dano

---

[50] ANDRADE, Fábio Siebeneichler. Responsabilidade civil por danos ao meio ambiente. In: NERY JÚNIOR, Nelson; NERY, Maria de Andrade (Coords.). *Responsabilidade civil*. São Paulo: Revista dos Tribunais, 2010. v. 7. p. 517-528.

[51] Guardando relação com o tema, é bastante interessante a seguinte lição de Humberto Theodoro Júnior: "A desorganização da economia nacional, guiada pela excessiva e desestimulante carga tributária e pelos exorbitantes encargos sociais, que impedem a competitividade no mercado internacional e que reduzem a força aquisitiva interna, não pode ser agravada por uma postura paternalista e irracional da jurisprudência dos tribunais. Basta o caos administrativo e o terror fiscal. No entanto, a atividade econômica vem, de fato, encontrando parte do Judiciário, nos últimos tempos, novos e pesados desalentos. A pretexto de defender o consumidor, a legislação tutelar das relações de consumo tem servido, muitas vezes, para desestabilizar os contratos, quando o fito do Código de Defesa do Consumidor não foi o de tutelá-lo à custa da ruína do fornecedor. Ao contrário, o que se visou foi, declaradamente, a meta da harmonia e do equilíbrio entre fornecedores e consumidores." (THEODORO JÚNIOR, Humberto. *Dano moral*. 7 ed. Belo Horizonte: Editora Del Rey Ltda, 2010. p. 87.)

[52] Na opinião de Nehemias Domingos de Melo: "Não se pode negar que diversas atitudes provindas dos fornecedores podem vir a caracterizar o dano moral coletivo, ensejador da indenização que, conforme preconizamos, deverá ficar ao prudente arbítrio do juiz que deverá, sopesado o grau de culpa do ofensor e o bem lesado, aplicar uma pena pecuniária que paute pela prudência e severidade de tal sorte a não ser nem tão grande que signifique a ruína do infrator, nem tão pequena que avilte a sociedade." (MELO, Nehemias Domingos de. Dano moral coletivo nas relações de consumo. *Juris Síntese*, n. 49, set./out. 2004. CD-ROM.)

moral coletivo envolvendo serviços de transporte de passageiros.[53] Pelo mesmo caminho, poder-se-á estar à frente de uma lesão moral coletiva, na hipótese de uma ampla campanha nacional, envolvendo revistas e publicações com conteúdo impróprio para crianças, sem que as embalagens estejam lacradas e haja a necessária advertência.[54] Com tudo isso se quer dizer que as hipóteses não guardam qualquer relação, sendo acentuadamente variadas, podendo atingir a qualidade de vida e o bem-estar social de modo amplo. Porém, assim como não é todo o ato ilícito praticado contra o indivíduo que configura dano moral individual, não é todo ato ilícito praticado contra a coletividade que configurará dano moral coletivo. Ademais, não pode ser deslocada a ótica da responsabilidade civil objetiva, fundada no risco.

É claro que em alguns dos temas que marcam as mutações das atuais relações sociais, a pesquisa da presença do dano moral coletivo ganhou maior impulso. É o que se percebe quando colocado em foco o meio ambiente.[55] Sabidamente, é reconhecida a existência de um direito fundamental ao meio ambiente ecologicamente equilibrado. E, como direito fundamental, tem-se titularidade pulverizada e personalíssima, incapaz de apropriação individual, afinal, utiliza-se a expressão da civilística tradicional, de *res extra commercium*.[56]

O dano moral ambiental, também chamado de dano ecológico moral,[57] envolve interesse objetivo e não o interesse particular subjetivo. Note-se que o meio ambiente não é um bem público. Deve ser considerado um bem de interesse público cuja administração, uso e gestão devem ser compartilhados por todos os atores da sociedade, tendo-se, como norte, conforme definem José Rubens Morato Leite e Patryck de Araújo Ayla, um perfil de democracia ambiental. Pressupõe-se, assim, que deva ser impedido o uso irracional e autoritário do bem ambiental, tanto pelo Poder Público quanto pelo particular.[58]

Daí, quando existir um sentimento de perda e frustração da sociedade decorrente da ofensa a um determinado bem ambiental, ao qual a coletividade se sinta espe-

---

[53] CORRÊA, Morgana Braz de Siqueira. Dano moral coletivo e os serviços de transporte de passageiros. *Revista de direito privado*, v.10, n.38, abr./jun. 2009. Disponível em: <http://www.revistasrtonline.com.br/portalrt/template.htm>. Acesso em: 13 ago. 2010.

[54] Assim determina o artigo 78 da Lei n. 8.069/1990.

[55] Para que não restem maiores lacunas sobre o tema, seguem algumas observações de Eduardo Viana Pinto, o qual, ao tratar do dano ecológico, é claro ao exigir o emprego da teoria da responsabilidade objetiva em relação ao autor da lesão, adotando, como exemplo, a ocorrência de poluição em um aglomerado industrial, onde seja impossível a identificação do poluidor, do causador do dano ambiental. Compreende que a vítima pode eleger um ou mais de um, ou, ainda, a todos simultaneamente, para responsabilizá-los por esse ato nocivo. Há solidariedade passiva, merecendo destaque o interesse público. Também esclarece ser irrelevante e despiciendo a invocação as excludentes do caso fortuito ou força maior, pois o risco da atividade deve ser assumido integralmente pelo poluidor, aplicando-se a teoria do risco. (PINTO, Eduardo Viana. *Responsabilidade civil*: de acordo com o novo código civil. Porto Alegre: Síntese, 2003. p. 214.)

[56] BENJAMIN, Antonio Herman. Direito constitucional ambiental brasileiro. In: CANOTILHO, José Joaquim Gomes; LEITE, José Rubens Morato (Orgs.). *Direito constitucional ambiental brasileiro*. 3 ed. São Paulo: Saraiva, 2010. p. 118.

[57] BENJAMIN, Antonio Herman. Responsabilidade civil pelo dano ambiental. In: NERY JÚNIOR, Nelson; NERY, Maria de Andrade (Coords.). *Responsabilidade civil*. São Paulo: Revista dos Tribunais, 2010. v. 7. p. 514.

[58] LEITE, José Rubens Morato; AYALA, Patryck de Araújo. *Direito ambiental na sociedade de risco*. Rio de Janeiro: Forense Universitária, 2002. p. 32-33.

cialmente ligada, seja por laços de afeição, seja por algum vínculo econômico[59] ou de especial respeito, estar-se-á diante de um dano moral coletivo.

Para uma melhor compreensão do tema, Álvaro Luiz Valery Mirra formula os seguintes exemplos: (a) a destruição de um determinado monumento especialmente importante para a história de uma certa cidade, importando em ofensa à memória ou à dignidade do povo daquela localidade; (b) a degradação de uma praça com árvores centenárias ou um corpo ou curso d'água (um lago, uma queda d'água, um córrego, um rio etc.) que define de maneira especial a paisagem de uma certa cidade, provocando intensa frustração para a coletividade como um todo.[60] Em sentido muito semelhante, Annelise Monteiro Steigleder, na obra intitulada "Responsabilidade Civil Ambiental: as dimensões do dano ambiental no direito brasileiro", diz que haverá dano ambiental de natureza moral coletivo a ser indenizado nas hipóteses de exposição da população a qualquer forma de poluição, quando se perceber que a saúde, a tranquilidade e a qualidade de vida da coletividade sofre um decréscimo. A autora também considera possível o dano moral coletivo quando existir agressão imposta aos bens históricos e culturais e à paisagem, pois a qualidade de vida deve ser compreendida de forma ampla, como passível de unir todos os valores culturais de uma sociedade, "percebendo-se a emergência de uma nova sensibilidade em relação ao mundo natural, que se abre ao belo, à arte, ao valor da espiritualidade humana".[61]

Nesse sentir, quando se tem um dano ecológico, são possíveis muitos efeitos, dentre os quais as "vítimas pulverizadas e por vezes totalmente anônimas, e dano de manifestação retardada ou de caráter cumulativo, atingindo não apenas a integridade patrimonial ou física de indivíduos, presentes e futuros, mas também interesses da sociedade em geral ou até a realidade abstrata do meio ambiente".[62]

Logo, sob a ótica civil-constitucional, o que interessa é que a lesão a um bem ambiental acarreta a violação de um interesse imaterial difuso seguramente merecedor de proteção, por afetar a dignidade da pessoa humana coletivamente considerada, existindo, por exemplo, redução da qualidade de vida.[63] [64]

---

[59] Reconhecendo a possibilidade do dano moral coletivo, Geraldo Ferreira Lanfredi invoca os desastres ecológicos, ocorridos por vazamento de óleo, primeiro na Baía da Guanabara (janeiro de 2000), e posteriormente, em Araucária, no Paraná (julho de 2000). Em ambos, refere a existência de danos com impacto social e econômico, induvidosamente, afetando a esfera moral, porquanto as centenas de pescadores, que viviam da pesca, perderam o meio de sobrevivência, a consideração social, sem esquecer o constrangimento causado a toda aquela população de usuários daquelas praias afetadas, impedidos de desfrutarem delas. Por tudo isso, sustenta a projeção da lesão no âmbito dos direitos difusos e coletivos (LANFREDI, Geraldo Ferreira. *Política ambiental*: busca de efetividade de seus instrumentos. São Paulo: Revista dos Tribunais, 2002. p. 99.)

[60] MIRRA, Álvaro Luiz Valery. Responsabilidade civil pelo dano ambiental. In: NERY JÚNIOR, Nelson; NERY, Maria de Andrade (Coords.). *Responsabilidade civil*. São Paulo: Revista dos Tribunais, 2010. v.7. p. 438-439.

[61] STEIGLEDER, Annelise Monteiro. *Responsabilidade civil ambiental: as dimensões do dano ambiental do direito brasileiro*. Porto Alegre: Livraria do Advogado, 2004. p. 165.

[62] BENJAMIN, Antonio Herman. Responsabilidade civil pelo dano ambiental. In: NERY JÚNIOR, Nelson; NERY, Maria de Andrade (Coords.). *Responsabilidade civil*. São Paulo: Revista dos Tribunais, 2010. v. 7. p. 463.

[63] FLORENCE, Tatiana Magalhães. Danos morais coletivos (comentários À decisão do STJ no REsp nº 598.281-MG). *Revista Trimestral de Direito Civil*, Rio de Janeiro, v.7, n.28, p.187-214, out./dez. 2006. p. 213.

[64] Demonstrando que a legislação brasileira reconhece o dano moral coletivo, tem-se André Carvalho Ramos. (RAMOS, André de Carvalho. A ação civil publica e o dano moral coletivo. *Revista de direito do consumidor*, n.25, p.80-98, jan./mar.1998, p. 84-85)

A lógica daquilo tudo aqui defendido, está presente no raciocínio jurídico encampado pelas decisões da 2ª e da 3ª Turmas do Superior Tribunal de Justiça, conforme oportunamente antes demonstrado.

3.4. A proteção que poderá ser alcançada pelo dano moral coletivo: o necessário cuidado com a quantificação

Um dos outros sérios problemas a se enfrentar, diz com a quantificação da indenização a título de dano moral coletivo, ainda mais quando se tem em conta um norte da reparação integral do dano.

Tendo-se tal perspectiva, de pronto, é preciso referir a sensível e crescente reavaliação da matéria, tatuada, principalmente, pela expansão da finalidade reparatória da responsabilidade civil, de tal modo que atualmente, se verificam também as finalidades preventiva ou dissuasória, assim como punitiva, todas bastante usuais quando estão em pauta os danos imateriais.[65]

É bem verdade que tais finalidades são órfãs de base legislativa, mas, ainda assim, não podem ser desconsideradas por amplamente difundidas na jurisprudência brasileira e, ao mesmo tempo, recepcionadas pela doutrina.[66] Demonstrando-se ser verdadeiro aquilo que aqui sustentado, há o já trabalhado voto da Ministra Eliana Calmon, no qual consta que "as relações jurídicas caminham para uma massificação e a lesão aos interesses de massa não podem ficar sem reparação, sob pena de criar-se litigiosidade contida que levará ao fracasso do Direito como forma de prevenir e reparar os conflitos sociais".[67]

A intenção, portanto, da teoria da responsabilidade civil é a de ampliar, cada vez mais, a sua abrangência, buscando, com isso, a reparação de todo e qualquer dano. Cresce, assim, o modelo que supera o individual, o qual passa a cuidar da respon-

---

[65] Não se nega, com isso, seja a educação a melhor solução, conforme afirma Vladimir Passos, ao dispor sobre o meio ambiente saudável. (FREITAS, Vladimir Passos. *Direito administrativo e meio ambiente*. 3 ed. Curitiba: Juruá, 2005. p. 66).

[66] Contextualizando o tema, segue o entendimento contrário do Ministro Teori Zavascki, que ao tratar dos danos morais transindividuais, em sua excelente obra *Processo Coletivo: tutela de direitos coletivos e tutela coletiva de direitos*, disse: "Convém esclarecer, inicialmente, que a indenização por dano moral, como toda indenização, inobstante sua secundária função punitivo-pedagógica, apta a prevenir novas violações, tem natureza eminentemente reparatória e obedece ao sistema normativo da responsabilidade civil. Não pode, portanto, ser confundida com as sanções pecuniárias (multas) de caráter administrativo ou penal ao causador do dano, que são manifestações do poder sancionador monopolizado pelo Estado e sujeito a regras e princípios próprios, nomeadamente o da tipicidade e o da legalidade estrita. Indenização e penalidade são imposições juridicamente inconfundíveis, que até podem ser cumuladas, desde que se tenha em conta que a indenização supõe dano e que a aplicação de penas supõe prévia lei que estabeleça seu conteúdo e as hipóteses típicas de sua incidência. Assim, havendo dano, cabe a reparação, segundo as normas que regem o sistema da responsabilidade civil; todavia, por mais grave que sejam o ilícito e a lesão, significará pura arbitrariedade, à luz do nosso sistema normativo, impor ao responsável pelo ato qualquer penalidade não prevista em lei, arbítrio que não se atenua, mas, ao contrário, se mostra ainda mais evidente, quando a pena imposta venha disfarçada sob o rótulo de indenização por dano moral. Ora, no atual estágio do direito brasileiro, não há previsão normativa tipificando conduta ou fixando *pena* por dano moral. O que existe, inclusive na Constituição (art. 5º, V e X e art. 114, VI), é o reconhecimento do direito à *indenização* do dano moral, matéria que, como se percebe, pertence e assim deve ser tratada no exclusivo domínio da responsabilidade civil." (ZAVASCKI, Teori Albino. *Processo coletivo*: tutela de direitos coletivos e tutela coletiva de direitos. 2.ed. São Paulo: Revista dos Tribunais, 2007. p. 49).

[67] BRASIL. Superior Tribunal de Justiça. Recurso Especial nº 1.057.274 – RS (2008/0104498-1). Recorrente: Ministério Público do Rio Grande do Sul. Recorrido: Empresa Bento Gonçalves de Transportes Ltda. Relatora: Ministra Eliana Calmon. Brasília, 1º de dezembro de 2009. Disponível em: <https://ww2.stj.jus.br/revistaeletronica/Abre_Documento.asp?sSeq=933449&sReg=200801044981&sData=20100226&formato=PDF>. Acesso em: 10 out. 2010.

sabilidade coletiva, centrada na ideia de solidariedade, como visto.[68] Além disso, "o entendimento acerca do dano moral coletivo decorre de enfoque multifacetado e, no que diz respeito à finalidade punitiva, tanto sob uma perspectiva civil como penal, é possível considerar a presença de tal caráter sancionatório".[69] O que está ambicionado é relativamente simples: o pagamento em dinheiro tem que ser capaz de banir novas lesões e desestimular os violadores potenciais. Tem-se a finalidade compensatória para a coletividade e punitiva para o agente.[70]

Mas como saber qual é o valor que deverá ser fixado? O fato de o dano moral ser incomensurável é, sem dúvida, uma sensível dificuldade, a qual, entretanto, não pode ser óbice à aplicação do direito e a sua justa reparação.[71] E, seja o dano moral individual ou o coletivo, a avaliação aritmética é impraticável por causa do subjetivismo deduzido da avaliação, sendo, daí, os valores arbitrados por aproximação.[72] [73] Por exemplo, no processo reparatório de um bem ambiental,[74] o que se intenciona é, primeiramente, a recuperação do dano e, como segunda hipótese, uma compensação pecuniária à coletividade que foi subtraída da qualidade ambiental de tal bem.[75] Pois bem: quanto vale o dano moral coletivo decorrente dessa subtração?

Para o cumprimento dessa tarefa, normalmente, são levados em consideração os seguintes aspectos:[76] (a) a reparação pecuniária exige uma decisão fundamentada por elementos racionais, respeitando-se o devido processo legal; (b) a motivação, além de exigência legal, afasta a fixação de valores desarrazoados, para mais ou para menos, em prejuízo ao interesse tutelado e ao sistema jurídico; (c) a aferição da extensão, da natureza, de gravidade e da repercussão da ofensa; (d) a verificação da situação econômica do ofensor, o grau de culpa atinente a sua conduta, a intensidade e as dimensões do resultado prejudicial imposto à coletividade.

Antes de subir-se outro degrau, não pode ser desconsiderado o fato de que, segundo definido pelo Superior Tribunal de Justiça, mais precisamente em sua Súmula

---

[68] FACCHINI NETO, Eugênio. Da responsabilidade civil no novo código. In: SARLET, Ingo Wolfgang (Org.). *O novo código civil e a constituição*. Porto Alegre: Livraria do Advogado, 2003. p. 161-162.

[69] BESSA, Leonardo Roscoe. Dano moral coletivo. *Revista de direito do consumidor*, n.59, jul./set. 2006. Disponível em: <http://www.revistasrtonline.com.br/portalrt/template.htm>. Acesso em: 13 ago. 2010.

[70] MARMITT, Arnaldo. *Dano moral*. Rio de Janeiro: AIDE, 1999. p. 175.

[71] RAMOS, André de Carvalho. A Ação civil publica e o dano moral coletivo. *Revista de direito do consumidor*, n.25, p.80-98, jan./mar.1998. p. 83.

[72] VALLE, Cristino Almeida do. *Dano moral*. Rio de Janeiro: AIDE, 1996. p. 141.

[73] Conforme refere Carlos Aberto Bittar, deve-se confiar à sensibilidade do magistrado a determinação da quantia devida a título de dano moral. (BITTAR FILHO, Carlos Alberto. *Reparação civil por danos morais*. 3 ed. São Paulo: Revista dos Tribunais, 1999. p. 281.)

[74] Arnaldo Rizzardo, quando fala da responsabilidade na restauração ou recuperação do meio ambiente, ensina que: "A restauração ou recuperação envolve as mais variadas práticas, salientando-se as mais comuns: replantagem de espécies destruídas; limpeza de córregos, rios e outros mais poluídos; retirada de óleo derramado no mar por embarcação; a instalação de equipamentos que eliminem a emissão de fumaça e poeiras tóxicas das chaminés de fábricas ou indústrias; a colocação de abafadores e outros aparelhamentos de redução de sons e ruídos a níveis aceitáveis; remoção de depósito de lixo colocado nas margens de córregos e outros locais de passagem de água ou de captação de mais; diminuição dos níveis de descarga dos carburadores dos veículos." (RIZZARDO, Arnaldo. *Responsabilidade civil*: Lei nº 10.406, de 10.01.2002. 2. ed. Rio de Janeiro: Forense, 2006. p. 704.)

[75] LEITE, José Rubens Morato. Novas tendências e possibilidades do direito ambiental no Brasil. In: WOLKMER, Antonio Carlos e LEITE, José Rubens Morato. *Os "novos" direitos no Brasil*: natureza e perspectivas: uma visão básica das novas conflituosidades jurídicas. São Paulo: Saraiva, 2003. p. 216.

[76] Sobre o tema, leia-se: RIBAS, Luiz Cesar. Metodologia para avaliação de danos ambientais; o caso florestal. In: NERY JÚNIOR, Nelson; NERY, Maria de Andrade (Coords.). *Responsabilidade civil*. São Paulo: Revista dos Tribunais, 2010. v. 7. p. 517-528.

281, a indenização por dano moral não está sujeita à tarifação prevista na Lei de Imprensa. Ausente, portanto, um referencial.

É nesse contexto que se acredita fortemente possa a Análise Econômica do Direito[77] contribuir para o estudo da adequação da forma com que os danos extrapatrimoniais estão sendo fixados pelos tribunais brasileiros.

Na realidade, mesmo que de modo indireto, nossa jurisprudência já considera a contribuição da economia. É que, nas decisões em questão, conforme dito, se percebe a preocupação com o desestímulo ao ato lesivo, assim como com a capacidade econômica do agente infrator. Têm-se, assim, os seguintes pressupostos: a concepção econômica de agente racional (maximizar seus benefícios e minimizar eventuais custos) e o entendimento de bem-estar social (bem-estar social = bem-estar dos indivíduos).[78] Logo, eventual condenação que for além daquilo que necessário à reparação do dano, influencia a avaliação do agente, desencorajando-o a novas incursões censuráveis.[79]

Ocorre, entretanto, que a adoção de uma parcela a título de desestímulo não é normalmente acompanhada de outras variáveis fundamentais para que o raciocínio possa ser considerado efetivamente coerente, segundo os aspectos antes delineados, o que também pode ser socialmente prejudicial. Dizendo-se de outro modo, uma condenação pode ser excessiva ou insuficiente, gerando efeito oposto ao desestímulo ambicionado.[80]

A análise econômica indica o enfrentamento de diferentes variáveis. O valor do dano não está limitado em si mesmo. Tem-se, assim, o custo social total. Logo, sob essa ótica, a responsabilidade civil deve considerar, por exemplo, os custos de precaução, compreendendo-se, como tais, os investimentos que as partes assumem para tentar evitar a ocorrência de eventos danosos. Esses, quando relacionados com a probabilidade de efetivação dos eventos, importam na seguinte fórmula: quanto maior o investimento, menor ocorrência de danos. São, assim, três as variáveis: (a) custos de precaução; (b) probabilidade de ocorrência de danos; (c) valor dos danos efetivos.[81] Pois bem: dos diferentes resultados possíveis, interessa, ao presente estudo, a conclusão de que "[...] sem uma pesquisa minimamente adequada acerca das variáveis envolvidas no cálculo do custo social total, fica dificultada a tarefa de

---

[77] O sucesso da *Law and Economics* não requer grandes demonstrações para o jurista informado – podendo dizer-se que lhe permanecem insensíveis apenas aqueles que desconhecem, genuinamente ou por obstinação, não apenas as já mencionadas incidências da privatização do sector económico dos serviços jurídicos na configuração da vida do Direito, mas também as convergências normativas e doutrinárias que a globalização está a impor, a largos passos, e por isso se escudam numa mítica irredutibilidade dos sistemas de *Civil Law* às investidas de tudo aquilo que comodamente conotam com a área gravitacional do *Common Law*. (ARAÚJO, Fernando. *Análises económica do direito: programa e guia de estudo*. Coimbra: Almedina, 2008. p. 19.)

[78] POLINSKY, A. Michell; SHAVEL, Steven. Punitive damages: an economic analysis. *Harvard Law Review*, Cambridge, v. 111, n. 4, p. 332-334, fev. 1998.

[79] Advertem Zanitelli e Brum: "O atendimento à função punitiva pode levar os potenciais causadores de danos a um excesso de precaução, contrariando, portanto, o sentido econômico da função de dissuasão." (ZANITELLI, Leandro Martins; BRUN, Gustavo. Dano moral coletivo: uma análise econômica. *Revista da Ajuris*, Porto Alegre, v. 36, n. 114, p. 169-180, jun. 2009. p. 172.)

[80] COULON, Fabiano K. Critérios de quantificações dos danos extrapatrimoniais dotados pelos tribunais brasileiros e análise econômica do direito. In: TIMM, Luciano Benetti. *Direito e economia*. 2 ed. Porto Alegre: Livraria do Advogado, 2008. p. 185.

[81] COOTER, Robert; ULLEN, Thomas. *Direito & economia*. Tradução: Luis Marcos Sander, Francisco Araújo da Costa. 5. ed. Porto Alegre: Bookman, 2010. p. 374-380.

acessar a adequação do montante indenizatório a ser fixado pelos tribunais a título de desestímulo".[82]

Evidentemente, quando se está a falar em danos morais coletivos, por exemplo na matéria ambiental, há, segundo majoritário reconhecimento da doutrina, a aplicação da responsabilidade objetiva, o que não exclui acentuada preocupação com a quantificação do dano. Assim sendo, outras tantas contribuições oriundas da análise econômica poderiam auxiliar, como é o caso do método da indiferença e a regra de Hand.[83] O que não se aceita é a ausência de um critério sólido que permita a efetiva avaliação do propósito indenizatório.

Ora, não se está aqui sustentando que a análise econômica do direito está imune a críticas e é a solução para todos os males. Para alguns, esse intercâmbio entre as disciplinas sequer é recomendado. Ao apresentar crítica ao discurso da *Law and Economics*, Alexandre Morais da Rosa diz tratar-se de "uma metodologia formal e vinculada à maximização da riqueza, sem preocupação com a Justiça Social, que atende aos pressupostos do discurso neoliberal ao apresentar, sob o manto científico neutro, um mecanismo de controle do direito".[84]

Com absoluto respeito a todas as críticas possíveis, incluindo a acima referida, compreende-se que o emprego de métodos, voltados a induzir a precauções eficientes, representa um desejado avanço. A aplicação de sanções divorciadas de uma adequada técnica não testa a eficiência de indenizações punitivas.[85] Em muitos casos, a lícita e adequada maximização de riqueza significa exatamente proteção de uma co-

---

[82] COULON, 2008, p. 187.

[83] Na oportunidade, o juiz Lerned Hand, ao decidir acerca do conflito envolvendo o dano relacionado ao procedimento de ancoragem de barcaças e o fato de uma ter afundado com a carga, apresentou a seguinte fórmula: "[...] A partir da revisão antecedente, parece que não há uma regra geral para determinar quando a ausência de um barqueiro ou de outro atendente tornará o proprietário de uma barcaça responsável por danos causados a outras embarcações se ela se soltar de suas amarra. [...] já que há ocasiões em que toda embarcação se soltará de suas amarras e já que, se isso acontecer, ela se tornará uma ameaça às que estão ao seu redor, o dever do proprietário, como em outras situações semelhantes, é uma função de três variáveis: 1) a probabilidade de que ela vá se soltar; 2) a gravidade do dano resultante, se ela fizer isso; 3) o ônus de precauções adequadas. Possivelmente formular essa noção em termos algébricos sirva para realçá-la: se a probabilidade for chamada de P, o dano de R e o ônus de O, a responsabilidade civil depende de O ser menor do que R multiplicado por P, isto é, de $O < PR$ [...]" Mediante a aplicação de tal fórmula ao caso concreto, concluiu o juiz Hand que, como $O < PR$, o proprietário da barcaça foi negligente por não ter um barqueiro a bordo durante o expediente à luz do dia." (COOTER; ULLEN, 2010, p. 345).

[84] ROSA, Alexandre Morais da; LINHARES, José Manuel Aroso Linhares. *Diálogos com a law & economics*. Rio de Janeiro: Lumen Juris, 2009. p. 139.

[85] Adotando-se uma análise econômica, sintetizam Leandro Martins Zanitelli e Gustavo Brum: "Sob a ótica econômica, a indenização a pagar por lesão a valores da comunidade poderia ser entendida: *a)* como retribuição pelo mal causado; ela seria, em tal caso, classificável como dano punitivo, e sua justificativa adviria da satisfação obtida pela população graças à aplicação do castigo; *b)* como meio de reparar o dano moral propriamente dito, hipótese em que se teria de supor que a lesão a um valor da comunidade (por exemplo, ao meio ambiente) influencia negativamente o bem-estar dos cidadãos; a condenação levaria o agente a suportar os custos de sua atividade, incentivando-o a prevenir novos danos de forma adequada; *c)* em ambos os sentidos. Em *a*, seria preciso levar em conta as sanções administrativas e penais, capazes também de exercer a função retributiva pretendida. Recorde-se, ainda, que o anseio de punição pode levar o *quantum* indenizatório a um patamar superior ao ideal, considerando-se o objetivo da prevenção de custos. Já em *b*, o cálculo da indenização não poderia perder de vista a reparação dos danos já sucedida (ou por se suceder) individualmente. Como o dano moral coletivo é, em tal concepção, um somatório de danos individuais, o acúmulo de condenações levaria a um excesso de precaução. Um modelo geral apropriado ao caso é o dos arts. 97 a 100 do Código de Defesa do Consumidor (Lei nº 8.078/1990). O primeiro dispõe sobre a execução individual de sentença proferida em ação coletiva, enquanto o segundo permite aos sujeitos legitimados para a referida ação propor a execução da sentença, contanto que, transcorrido o prazo de um ano, não tenha havido a 'habilitação de interessados em número compatível com a gravidade do dano'. Ou seja, a execução 'coletiva' depende da inocorrência (ou da inocorrência em suficiente medida) da execução individual dos créditos." (ZANITELLI; BRUN, 2009, p. 176.)

letividade, onde direitos fundamentais estão em jogo, marca dos processos coletivos. Para novas discussões, são necessárias novas técnicas.

Apropriadas, nesse ponto, as seguintes reflexões: "Ao alocar o custo de acidentes, o sistema de responsabilidade civil incentiva a precaução, semelhante ao modo como os mercados alocam custos e incentivam a produção. A melhoria da eficiência do sistema de responsabilidade civil pode tornar o mundo mais seguro, sem mais custos".[86]

Sobre o destino dos valores da condenação à reparação do abano moral coletivo, segundo estipula o artigo 13 da Lei da Ação Civil Pública, tem-se um fundo gerido por um Conselho Federal ou Conselhos Estaduais, com a participação do Ministério Público e de representantes da comunidade, designado Fundo de Defesa de Direitos Difusos. Já no âmbito dos direitos coletivos *lato sensu* envolvendo as crianças e os adolescentes, o valor da condenação deverá ser destinado ao Fundo dos Direitos da Criança e do Adolescente, criado na esfera do Município e, caso necessário, na do Estado e da União (artigos 88, IV, e 93 do ECA e artigo 6º da Lei 8.242/1991).

Pelas razões expostas, talvez, a boa utilização da Análise Econômica do Direito possa contribuir para o convencimento de que se faz necessária a aceitação do dano moral coletivo, solvendo-se, com isso, as próprias divergências apontadas perante o Superior Tribunal de Justiça, pois poderá ser testado o grau de eficiência das respostas que a massificada sociedade parece desejar. Conforme vislumbra Tesheiner, em sala de aula, ao analisar questões processuais: estamos preparados para o "varejo" é hora de pensarmos no "atacado".

4. Conclusão

Tudo alinhado, não remanesce dúvida de que alguns temas exigem reflexão, hipótese do dano moral coletivo. Ao mesmo tempo, está confiada ao Superior Tribunal de Justiça uma missão de orientação. Se isso é verdade, a indagação repousa na aferição de quanto tempo será necessário à solidificação de um entendimento. Frequentemente, o prolongamento de debates jurídicos, desmerecerem as consequências práticas, engendrando verdadeiras armadilhas.

Se e quando duas ações individuais, contendo o mesmo objeto de disputa, recebem decisões diferentes, exclusivamente em razão de uma ter sido julgada, por exemplo, pela 1ª Câmara Cível, enquanto a outra o foi pela 2ª Câmara Cível, ambas vizinhas de andar do mesmo Tribunal de Justiça, ter-se-á enorme dificuldade de explicar tal fenômeno aos jurisdicionados envolvidos. Imagine-se o quão mais complexa ficará tal situação, quando se estiver diante de demandas coletivas perante turmas distintas do Superior Tribunal de Justiça, cada qual com potencial de atingir fatias significativas da sociedade, e uma das turmas disser não existir o dano moral coletivo, enquanto a outra realçar a importância das finalidades de se reconhecer essa espécie de lesão.

Diante desse perturbador cenário, sem desmerecer quaisquer dos argumentos das decisões proferidas pelo Superior Tribunal de Justiça sobre o dano moral coletivo, pelo contrário respeitando-os, acredita-se fortemente que em uma matéria dessa

---

[86] COOTER; ULLEN, 2010, p. 400.

natureza seja inviável o convívio com tamanha incerteza, enquanto dever-se-ia ter orientação. No caso, constata-se que decisões conflitantes credenciam o temor dos cidadãos, que deixam de perceber coerência da ordem jurídica.[87] Mais do que isso, diante da falta de segurança, confiança e igualdade, os próprios magistrados inferiores ficam desvencilhados de um norte,[88] colocando-se em xeque o dever de uniformizar a interpretação da lei federal, dever vital do Superior Tribunal de Justiça.

Dada a magnitude dos interesses e dos direitos atrelados ao processo coletivo, bem como dado o seu alcance, acalenta-se esperança de que assuma o Superior Tribunal de Justiça uma postura definitiva sobre a existência ou não do dano moral coletivo.

Particularmente, feita a análise pormenorizada dos elementos de convencimento, resta torcer em favor do reconhecimento da possível caracterização de um dano moral coletivo, pelos seguintes fatores: (a) trata-se de uma opção da legislação; (b) a concepção da lesão moral ser exclusivamente do indivíduo está superada; (c) os interesses difusos e coletivos da atual sociedade estão sintonizados com tal modalidade de lesão; (d) as condenações, se tecnicamente bem conduzidas, poderão ter salutar finalidade preventiva, em favor de comportamentos mais solidários e justos.

Por fim, entende-se transcorrido tempo suficiente à constatação de que o dano moral coletivo não é uma tendência: ele veio para ficar.

Referências

ASBAHR, Péricles. Da responsabilidade civil por dano ambiental nuclear. In: NERY JÚNIOR, Nelson; NERY, Maria de Andrade (Coords.). *Responsabilidade civil*. São Paulo: Editora Revista dos Tribunais, 2010. v. 7.

ALEXY, Robert. *Teoria dos direitos fundamentais*. Trad. Virgílio Afonso da Silva. São Paulo: Malheiros, 2006.

ANDRADE, Daniela Patrícia dos Santos. O dano moral e a tutela jurisdicional coletiva. *Revista da Esmese*, Sergipe, n.11, p. 141-149, 2008. Disponível em: <http://www.esmese.com.br/revistas.htm>. Acesso em: 12 jun. 2009.

ANDRADE, Fábio Siebeneichler. Responsabilidade civil por danos ao meio ambiente. In: NERY JÚNIOR, Nelson; NERY, Maria de Andrade (Coords.). *Responsabilidade civil*. São Paulo: Editora Revista dos Tribunais, 2010. v. 7.

ARAÚJO, Fernando. *Análises económica do direito: programa e guia de estudo*. Coimbra: Almedina, 2008.

ARAÚJO, Mariana de Cássia. A reparabilidade do dano moral transindividual. *Juris Síntese*, n.79, set/out 2009. CD-ROM.

AUGUSTIN, Sérgio; ALMEIDA, Ângela. A indefinição jurisprudencial em face do dano moral coletivo. *Revista da Ajuris*, v.36, n. 115, p.269-282, set. 2009.

BARROS, Adriano Celestino Ribeiro. Dano moral coletivo e os direitos metaindividuais sob o prisma do direito constitucional. Revista de direito constitucional e internacional, v.17, n.68, jul./set. 2009. Disponível em: <http://www.revistasrtonline.com.br/portalrt/template.htm>. Acesso em: 13 ago. 2010.

BENJAMIN, Antonio Herman. Direito constitucional ambiental brasileiro. In: CANOTILHO, José Joaquim Gomes; LEITE, José Rubens Morato (Orgs.). *Direito constitucional ambiental brasileiro*. 3 ed. São Paulo: Saraiva, 2010.

——. Responsabilidade civil pelo dano ambiental. In: NERY JÚNIOR, Nelson; NERY, Maria de Andrade (Coords.). *Responsabilidade civil*. São Paulo: Editora Revista dos Tribunais, 2010. v. 7.

BESSA, Leonardo Roscoe. Dano moral coletivo. *Revista de direito do consumidor*, n.59, jul./set. 2006. Disponível em: <http://www.revistasrtonline.com.br/portalrt/template.htm>. Acesso em: 13 ago. 2010.

BITTAR FILHO, Carlos Alberto. Do dano moral coletivo no atual contexto jurídico brasileiro. *Revista de direito do consumidor*, n.12, p.44-62, out./dez. 1994.

——. *Reparação civil por danos morais*. 3 ed. São Paulo: Editora Revista dos Tribunais, 1999.

---

[87] Sobre o tema, há recentíssima lição de Luiz Guilherme Marinoni: "O direito produzido pelo juízes, quando fragmentado, constitui sinal aberto à insegurança jurídica e obstáculo ao desenvolvimento do homem na sociedade. Coerência do direito e segurança jurídica, assim, são aspectos que se completam. Porém, a coerência do direito e a segurança jurídica não convivem num sistema em que o Estado pode produzir normas jurídicas desiguais para situações iguais." (MARINONI, Luiz Guilherme. *Precedentes obrigatórios*. São Paulo: Revista dos Tribunais, 2010, p. 491).

[88] Sobre a contribuição dos precedentes, ver ALEXY, Robert. *Teoria dos direitos fundamentais*. Trad. Virgílio Afonso da Silva. São Paulo: Malheiros, 2006, p. 554-559.

BRASIL. Superior Tribunal de Justiça. Agravo Regimental no Recurso Especial nº 1.109.905 – PR (2008/0283392-1). Agravante: União. Agravado: Brasil Telecom S/A. Relator: Ministro Hamilton Carvalhido. Brasília, 22 de junho de 2010. Disponível em: <https://ww2.stj.jus.br/revistaeletronica/Abre_Documento.asp?sSeq=984157&sReg=200802833921&sData=20100803&formato=PDF>. Acesso em: 10 out. 2010.

——. Recurso Especial nº 598.281 – MG (2003/0178629-9). Recorrente: Ministério Público de Minas Gerais. Recorrido: Município de Uberlândia. Relator: Ministro Luiz Fux. Julgado em: 02 de maio de 2006. Disponível em: <https://ww2.stj.jus.br/revistaeletronica/Abre_Documento.asp?sSeq=480936&sReg=200301786299&sData=20060601&formato=PDF>. Acesso em: 10 out. 2010.

——. Recurso Especial no 636.021 – RJ (2004/0019494-7). Recorrente: TV Globo Ltda. Recorrido: José Perdiz de Jesus, Luiz Carlos Zveiter e outros. Relatora: Ministra Nancy Andrighi. Brasília, 02 de outubro de 2008. Disponível em: <https://ww2.stj.jus.br/revistaeletronica/Abre_Documento.asp?sSeq=737232&sReg=200400194947&sData=20090306&formato=PDF >. Acesso em: 10 out. 2010.

——. Recurso Especial nº 821.891 – RS (2006/0038006-2). Recorrente: Ministério Público do Rio Grande do Sul. Recorrido: Eletrojan – Iluminação e Eletricidade Ltda. Relator: Ministro Luiz Fux. Brasília, 08 de abril de 2008. Disponível em: <https://ww2.stj.jus.br/revistaeletronica/Abre_Documento.asp?sSeq=726041&sReg=200600380062&sData=20080512&formato=PDF>. Acesso em: 10 out. 2010.

——. Recurso Especial nº 971.844 – RS (2007/0177337-9). Recorrente: Ministério Público Federal. Recorrido: Brasil Telecom S/A. Relator: Teori Albino Zavascki. Brasília, 03 dezembro de 2009. Disponível em: <https://ww2.stj.jus.br/revistaeletronica/Abre_Documento.asp?sSeq=934024&sReg=200701773379&sData=20100212&formato=PDF>. Acesso em: 10 out. 2010.

——. Recurso Especial nº 1.057.274 – RS (2008/0104498-1). Recorrente: Ministério Público do Rio Grande do Sul. Recorrido: Empresa Bento Gonçalves de Transportes Ltda. Relatora: Ministra Eliana Calmon. Brasília, 1º de dezembro de 2009. Disponível em: <https://ww2.stj.jus.br/revistaeletronica/Abre_Documento.asp?sSeq=933449&sReg=200801044981&sData=20100226&formato=PDF>. Acesso em: 10 out. 2010.

CANOTILHO, José Joaquim Gomes. *Direito constitucional*. 7. ed. Coimbra: Almedina, 2003.

——. Direito constitucional ambiental português e da união europeia. In: CANOTILHO, José Joaquim Gomes; LEITE, José Rubens Morato (Orgs.). *Direito constitucional ambiental brasileiro*. 3 ed. São Paulo: Saraiva, 2010.

CAVALIERI FILHO, Sergio. *Programa de direito do consumidor*. São Paulo: Atlas, 2009.

COOTER, Robert; ULLEN, Thomas. *Direito & economia*. Tradução: Luis Marcos Sander, Francisco Araújo da Costa. 5 ed. Porto Alegre: Bookman, 2010.

COULON, Fabiano K. Critérios de quantificações dos danos extrapatrimoniais dotados pelos tribunais brasileiros e análise econômica do direito. In: TIMM, Luciano Benetti. *Direito e economia*. 2 ed. Porto Alegre: Livraria do Advogado, 2008.

COUTO E SILVA, Clóvis. Principes fondamentaux de la responsabilité civile en droit brésilien et comparé. *Cours fait à la Faculté de Droit et Sciences Politiques de St. Maur*, Paris XII, Porto Alegre, 1988. Datilografado.

CORRÊA, Morgana Braz de Siqueira. Dano moral coletivo e os serviços de transporte de passageiros. *Revista de direito privado*, v.10, n.38, abr./jun. 2009. Disponível em: <http://www.revistasrtonline.com.br/portalrt/template.htm>. Acesso em: 13 ago. 2010.

DEDA, Artur Oscar de Oliveira. *A reparação dos danos morais*: doutrina e jurisprudência. São Paulo : Saraiva, 2000.

DINAMARCO, Cândido Rangel. Inadmissibilidade da ação civil pública e legitimidade do Ministério Público. *Fundamentos do Processo Civil Moderno*. 5.ed. Malheiros: São Paulo, 2002, v. 1.

FACCHINI NETO, Eugênio. Da responsabilidade civil no novo código. In: SARLET, Ingo Wolfgang (Org.). *O novo código civil e a constituição*. Porto Alegre: Livraria do Advogado, 2003.

FERREIRA, Heline Silvini. Os instrumentos jurisdicionais ambientais na constituição brasileira. In: CANOTILHO, José Joaquim Gomes; LEITE, José Rubens Morato (Orgs.). *Direito constitucional ambiental brasileiro*. 3 ed. São Paulo: Saraiva, 2010.

FLORENCE, Tatiana Magalhães. Danos morais coletivos (comentários À decisão do STJ no Resp nº 598.281-MG). *Revista Trimestral de Direito Civil*, Rio de Janeiro, v.7, n.28, p.187-214, out./dez. 2006.

FORTUNY, María Alejandra. O direito do consumidor: a emergência de um novo paradigma no direito moderno. In: WOLKMER, Antonio Carlos e LEITE, José Rubens Morato. *Os "novos" direitos no brasil*: natureza e perspectivas: uma visão básica das novas conflituosidades jurídicas. São Paulo: Saraiva, 2003.

FREITAS, Vladimir Passos de. *Direito administrativo e meio ambiente*. 3 ed. Curitiba: Juruá, 2005.

GARCÍA MÁRQUEZ, Gabriel. *Crônica de uma morte anunciada*. 19. ed. Rio de Janeiro: Record, 1996.

GOMES JUNIOR, Luiz Manoel; FAVRETO, Rogério. A nova lei da ação civil pública e do sistema único de ações coletivas brasileiras – Projeto de Lei nº 5.139/2009. *Revista Magister de Direito Empresarial, Concorrencial e do Consumidor*, v.1, fev./mar. 2005.

LANFREDI, Geraldo Ferreira. *Política ambiental*: busca de efetividade de seus instrumentos. São Paulo: Revista dos Tribunais, 2002.

LEITE, José Rubens Morato. Novas tendências e possibilidades do direito ambiental no brasil. In: WOLKMER, Antonio Carlos e LEITE, José Rubens Morato. *Os "novos" direitos no Brasil*: natureza e perspectivas: uma visão básica das novas conflituosidades jurídicas. São Paulo: Saraiva, 2003.

——; AYALA, Patryck de Araújo. *Direito ambiental na sociedade de risco*. Rio de Janeiro: Forense Universitária, 2002.

LIMONGI FRANÇA, Rubens. Reparação do dano moral. *Revista dos Tribunais*, São Paulo, a. 77, v. 631, p. 29-37, mai. 1988.

MANCUSO, Rodolfo Camargo. *Ação Civil Pública*. 7.ed. São Paulo: Revista dos Tribunais, 2001.

MARINONI, Luiz Guilherme. *Precedentes Obrigatorios.* São Paulo: Revista dos Tribunais, 2008.

MARMITT, Arnaldo. *Dano moral.* Rio de Janeiro: AIDE, 1999.

MELO, Nehemias Domingos de. Dano moral coletivo nas relações de consumo. *Juris Síntese*, n. 49, set./out. 2004. CD-ROM.

MIRRA, Álvaro Luiz Valery. Responsabilidade civil pelo dano ambiental. In: NERY JÚNIOR, Nelson; NERY, Maria de Andrade (Coords.). *Responsabilidade civil.* São Paulo: Editora Revista dos Tribunais, 2010. v.7.

MORAES, Maria Celina Bodin de. O conceito de dignidade humana: substrato axiológico e conteúdo normativo. In: SARLET, Ingo Wolfgang (Org.). *Constituição direitos fundamentais e direito privado.* 3. ed. Porto Alegre: Livraria do Advogado, 2010.

PACCAGNELLA, Luis Henrique. Dano ambiental. In: NERY JÚNIOR, Nelson; NERY, Maria de Andrade (Coords.). *Responsabilidade civil.* São Paulo: Editora Revista dos Tribunais, 2010. v.7.

PINTO, Eduardo Viana. *Responsabilidade civil*: de acordo com o novo código civil. Porto Alegre: Síntese, 2003.

POLINSKY, A. Michell; SHAVEL, Steven. *Punitive damages*: an economic analysis. Harvard Law Review, v. 111, n. 4, fev. 1998.

RAMOS, André de Carvalho. A ação civil publica e o dano moral coletivo. *Revista de direito do consumidor*, n.25, p.80-98, jan./mar.1998.

REIS, Clayton Reis. *Os Novos Rumos da Indenização do Dano Moral.* Rio de Janeiro: Forense, 2002.

RIBAS, Luiz Cesar. Metodologia para avaliação de danos ambientais; o caso florestal. In: NERY JÚNIOR, Nelson; NERY, Maria de Andrade (coords.). *Responsabilidade civil.* São Paulo: Editora Revista dos Tribunais, 2010. v. 7.

RIZZARDO, Arnaldo. *Responsabilidade civil*: lei nº 10.406, de 10.01.2002. 2.ed. Rio de Janeiro : Forense, 2006.

ROSA, Alexandre Morais da; LINHARES, José Manuel Aroso Linhares. *Diálogos com a Law & economics.* Rio de Janeiro: Lumen Juris Editora, 2009.

SEVERO, Sérgio. *Os danos extrapatrimoniais.* São Paulo: Saraiva, 1996.

STEIGLEDER, Annelise Monteiro. *Responsabilidade civil ambiental:* as dimensões do dano ambiental do direito brasileiro. Porto Alegre: Livraria do Advogado, 2004.

STOCO, Rui. *Tratado de responsabilidade civil*: doutrina e jurisprudência. 7 ed. São Paulo: Editora Revista dos Tribunais, 2007.

TEPEDINO, Gustavo. *Temas de direito civil.* Rio de Janeiro: Renovar, 2006. Tomo 2.

———. *Temas de direito civil.*Rio de Janeiro: Renovar, 2009. Tomo 3.

TESHEINER, José Maria. Ações coletivas relativas a direitos individuais homogêneos e o Projeto de Lei nº 5139/2009. *Interesse Público*, v. 12, n. 59, jan./fev. 2010. Belo Horizonte: Fórum, 2010, p. 67-82.

THEODORO JÚNIOR, Humberto. *Dano moral.* 7 ed. Belo Horizonte: Editora Del Rey Ltda, 2010.

———; TEIXEIRA, Sálvio de Figueiredo (Coord.). *Comentários ao novo código civil*: dos defeitos do negócio jurídico ao final do livro III: arts. 185 a 232. Rio de Janeiro: Forense, 2003. v.3, Tomo 2.

VALLE, Cristino Almeida do. *Dano moral.* Rio de Janeiro: AIDE, 1996.

VIGLIAR, José Marcelo Menezes. *Ação civil pública.* 4. ed. Editora Atlas: São Paulo, 1999.

WATANABE, kazuo. *Código brasileiro de defesa do consumidor: comentado pelos autores do anteprojeto.* Ada Pelleguini Grinover ... (et. al.) 8 ed. Rio de Janeiro: Forense Universitária, 2004.

WOLKMER, Antonio Carlos. Introdução aos fundamentos de uma teoria geral dos "novos" direitos. In: WOLKMER, Antonio Carlos e LEITE, José Rubens Morato. *Os "novos" direitos no brasil: natureza e perspectivas*: uma visão básica das novas conflituosidades jurídicas. São Paulo: Saraiva, 2003.

ZANITELLI, Leandro Martins; BRUN, Gustavo. Dano moral coletivo : uma análise econômica. *Revista da Ajuris*, v. 36, n.114, p.169-180, jun. 2009.

ZAVASCKI, Teori Albino. *Processo coletivo*: tutela de direitos coletivos e tutela coletiva de direitos. 2.ed. São Paulo: Revista dos Tribunais, 2007.

— 23 —

O direito fundamental ao processo justo e a impropriedade da antecipação da tutela irreversível

LEANDRO ANTONIO PAMPLONA[1]

Sumário: 1. Direito fundamental ao processo justo e tutela adequada; 2. A irreversibilidade e o conflito entre efetividade e segurança jurídica; 3. Necessidade de positivação de uma medida processual atípica e autônoma que contemple uma tutela urgente, irreversível e sumária; 3.1. A inadequação da antecipação da tutela irreversível; 3.2. Atual ausência de uma tutela adequada; 4. Ação Epítome.

1. Direito fundamental ao processo justo e tutela adequada

Quando alguém ingressa com uma ação, busca uma resposta efetiva para o seu reclamo. Significa dizer que não basta apenas uma solução processual como a sentença, mas a parte busca, principalmente, uma modificação na situação fática, com a materialização do comando judicial no mundo dos fatos. É sabido que o Estado tem o monopólio da jurisdição, sendo que apenas esse pode prestar a jurisdição através do Poder Judiciário.

Contudo, para que o pedido do autor seja traduzido em uma alteração prática no mundo dos fatos deve ser percorrida uma longa marcha processual. Em virtude das várias situações da vida, nem sempre é possível aguardar a conclusão dessa marcha, haja vista que algumas questões precisam de uma solução urgente.

Tome-se, por exemplo, uma pessoa que precisa de uma vaga na UTI para realização de um procedimento cirúrgico de urgência. Não é possível que nessa situação se aguarde toda marcha processual com a citação do réu, réplica, dilação probatória e sentença. A situação fática não se adapta ao conhecido procedimento comum ordinário. Por esse motivo, deve ocorrer uma adequação da prestação jurisdicional ao direito buscado. Ou seja, a resposta estatal deve ser compatível com a necessidade ou pressa do jurisdicionado sob pena de não prestar de forma adequada o seu mister. O dever de o Estado prestar a tutela jurisdicional deve ser garantido ao máximo pelo acesso legítimo à sua prestação.[2]

Logo o direito fundamental de acesso à justiça, insculpido no artigo, 5º, inciso XXXV da Constituição, não se traduz apenas na possibilidade de provocar o

---
[1] Mestre e Doutorando em Direito pela PUC-RS. Professor da Unisc. Advogado.
[2] FREITAS, Juarez. *A interpretação sistemática do direito*. São Paulo: Malheiros, 2002, p. 196.

Judiciário, mas de ter uma resposta adequada e efetiva.[3] Na visão de J.J. Gomes Canotilho, o direito de acesso aos tribunais foi substituído pelo direito à tutela jurisdicional efetiva: "visa-se não apenas garantir o acesso aos tribunais, mas sim e principalmente possibilitar aos cidadãos a defesa de direitos e interesses legalmente protegidos através de um acto de *jurisdictio*".[4] Nesse mesmo sentido, Abraham Luiz Vargas[5] ressalta que as modernas Constituições consagram como "*derecho constitucional a la tutela judicial efectiva*" o que antes se conhecia como "*derecho a la jurisdicción*".

No Brasil, Carlos Alberto Alvaro de Oliveira afirma que a constitucionalização do direito ao processo e à jurisdição, envolvido com a garantia da efetividade e de um processo justo (art. 5º, incisos XXXVII, LIII, LIV, LV, LVI), determina uma garantia de "resultado", ressaltando o nexo teleológico fundamental entre "o agir em juízo" e a "tutela" do direito afirmado.[6]

Dessa forma, o direito de ação garante o acesso à uma ordem jurídica justa,[7] e por consequência a um processo justo. O processo devido ou justo está atrelado a realização do seu resultado prático. Sob essa ótica, o justo vai além do reconhecimento jurisdicional do direito.[8]

Luigi Paolo Comoglio define o processo justo como uma fórmula típica de processo jurisdicional que compreende um direito de ação e de defesa analisados por um juiz imparcial.[9] Todos têm direito à via constitucional de solução de litígios, sendo garantido o direito de ação e o direito de defesa. Mesmo aquele que não convence o julgador – que não tem êxito na ação – tem direito a esse instrumento. Essa é a concepção de acesso à "ordem jurídica justa, que pretende representar o escopo máximo da atividade jurisdicional e de seu instrumento".[10] O processo justo, por consequência, realizará uma sentença com resultado justo,[11] através de um juiz imparcial.[12]

---

[3] No mesmo sentido: "o direito de ação, ou o direito de ir ao Poder Judiciário, deve ser pensado como direito à efetiva tutela jurisdicional, para qual não basta uma sentença, mas sim a possibilidade de efetivação concreta da tutela buscada". MARINONI, Luiz Guilherme. *Técnica processual e tutela dos direitos*. São Paulo: Revista dos Tribunais, 2010, p. 170.

[4] CANOTILHO, J. J. Gomes. *Direito Constitucional e teoria da constituição*. 7. ed. Coimbra: Almedina, 2003, p. 433.

[5] VARGAS, Abraham Luiz. Teoría general de los procesos urgentes. In: *Medidas autosatisfactivas*. Org. PEYRANO, Jorge W. Santa Fe: Rubinzal-Culzoni, 2007, p.117.

[6] OLIVEIRA, Carlos Alberto Alvaro de. Efetividade e tutela jurisdicional. In: *Polêmica sobre a ação*. Org. Fábio Cardoso Machado et. al. Porto Alegre: Livraria do Advogado. 2006, p. 109.

[7] BEDAQUE, José Roberto dos Santos. *Tutela cautelar e tutela antecipada: tutelas sumárias e de urgência*. São Paulo: Malheiros, 2009, p. 78.

[8] BUENO, Cássio Scarpinella. *Curso sistematizado de direito processual civil*. Vol. 1. São Paulo: Saraiva, 2011, p. 185.

[9] "(...) il 'giusto processo' è una 'formula' tipica del processo giurisdizionale, la quale comprende: (...) sotto il profilo soggettivo e oggettivo, quanto ai diritti di azione e difesa in giudizio; – inoltre, l'imparzialità del giudice (...)" COMOGLIO, Luigi Paolo. Il "giusto proceso" civile in Italia e in Europa. In: *Revista de Processo*, ano 29, nº 116, julho-agosto, São Paulo: Revista dos Tribunais. 2004, p. 125.

[10] BEDAQUE, José Roberto dos Santos. *Tutela cautelar e tutela antecipada: tutelas sumárias e de urgência*. São Paulo: Malheiros, 2009, p. 78.

[11] DINAMARCO, Cândido Rangel. *Nova Era do Processo Civil*. São Paulo: Malheiros, 2004, p. 12.

[12] A ideia de juiz justo é baseada na fé. Aparece na segunda carta de São Paulo a Timóteo quando esse refere que o Senhor é o único justo juiz. SÃO PAULO. Segunda carta a Timóteo. Capítulo 4, versículo 8. in: *Bíblia Sagrada*.

O direito ao processo justo pode ser classificado como um direito fundamental de segunda dimensão[13] com aplicabilidade imediata,[14] ou seja, independente de qualquer regulamentação pelo legislador. Sendo um direito fundamental vincula o poder judiciário, legislativo e executivo,[15] exigindo prestações positivas.[16]

Para Gil Ferreira de Mesquita, o processo justo implica no "direito de estar na presença do juiz (*his day in Court*); o direito a uma prestação jurisdicional sem dilações indevidas; o direito de recorrer das decisões judiciais desfavoráveis".[17] Sintetizando as diversas concepções sobre o processo justo, Daniel Mitidiero[18] fundamenta sua existência na presença de nove elementos: 1) tutela adequada e efetiva, 2) juiz natural, 3) ampla defesa, 4) paridade de armas, 5) contraditório, 6) direito à prova, 7) processo em prazo razoável, 8) publicidade, e 9) dever de motivação.

O direito fundamental ao processo justo evidencia a necessidade de adequação da tutela jurisdicional. É pressuposto de um julgamento justo a adequação da cognição a cada caso.[19] Para que a jurisdição seja prestada de acordo com a necessidade do jurisdicionado é indispensável que os procedimentos e as técnicas processuais, fundados nas várias combinações de cognição, possibilitem a adequação do processo ao direito material.

A adequação da tutela é condição para realização do processo justo. Essa moldagem colmata a pretensão material em acordo com suas necessidades. Nas palavras de Alexandre Freitas Câmara, "o Estado só presta verdadeira tutela jurisdicional quando esta é adequada a proteger o direito material lesado ou ameaçado de lesão".[20]

Para que o direito buscado seja realizado no mundo dos fatos, garantindo a realização de um processo justo, deverá ocorrer a "preordenação de procedimentos realmente capazes de prestar a tutela adequada, tempestiva e efetiva".[21] Sendo assim, o máximo de eficiência do processo será alcançado com a verificação dos sujeitos, do objeto e do fim.[22] Qualidades subjetivas demandam adaptação (exemplo dos idosos e

---

[13] Direitos de caráter positivo. BONAVIDES, Paulo. *Curso de Direito Constitucional*. 13 ed. São Paulo: Malheiros, 2003, p. 564.

[14] MARINONI, Luiz Guilherme. *Técnica processual e tutela dos direitos*. São Paulo: Revista dos Tribunais, 2010, p. 169.

[15] MARINONI, Luiz Guilherme. *Abuso de defesa e parte incontroversa da demanda*. São Paulo: RT, 2007, p. 28.

[16] MARINONI, Luiz Guilherme. Direito Fundamental à duração razoável do processo. In: *Interesse público*, ano 10, nº 51, set/ out. Belo Horizonte: Fórum, 2008, p. 42.

[17] MESQUITA, Gil Ferreira de. *Princípios do contraditório e da ampla defesa no processo civil brasileiro*. São Paulo: Juarez de Oliveira, 2003, p. 112.

[18] MITIDIERO, Daniel Francisco. *Elementos para uma teoria contemporânea do processo civil brasileiro*. Porto Alegre: Livraria do Advogado, 2005, p. 45/50.

[19] Para Kazuo Watanabe, "essa aderência à vida somente se consegue com o aguçamento da sensibilidade humanística e social dos juízes, o que necessariamente requer preparação e atualização." *Da cognição no processo civil*. São Paulo: Perfil, 2005, p. 74.

[20] CÂMARA, Alexandre Freitas. *Lições de direito processual civil*. Vol 1. Rio de Janeiro: Lumen Juris, 2003, p. 83/84.

[21] MARINONI, Luiz Guilherme; ARENHART, Sérgio Cruz. *Manual do processo de conhecimento*. São Paulo: Revista dos Tribunais. 2005, p. 65.

[22] Para Galeno Lacerda, a adequação se apresenta sob "tríplice aspecto: subjetiva, objetiva e teleológica". LACERDA, Galeno. O código como sistema legal de adequação do processo. In: *Meios de impugnação ao julgado civil*: estudos em homenagem a José Carlos Barbosa Moreira. Coord. Adroaldo Furtado Fabricio [*et. al.*], Rio de Janeiro: Forense, 2008, p. 253.

dos portadores de doença grave que têm prioridade na tramitação do feito).[23] A disponibilidade ou indisponibilidade do objeto também influi nas regras do processo.[24] Os processos constantes em nosso código – conhecimento, execução e cautelar – compõem a finalidade da jurisdição, o aspecto teleológico do processo, ou seja, realidade jurídica instrumental voltada para uma causa final.[25]

Visando a adequar a finalidade, periodicamente o CPC vem sofrendo microrreformas, para aparelhar o juiz a cumprir, sempre que possível, sua jurisdição de forma efetiva. Essas reformas são pontuais e tem o fito de acelerar[26] o procedimento e investir o juiz com mecanismos para prestar da forma mais eficiente a jurisdição.

Da compatibilidade do procedimento com o direito material pretendido é que se garante a efetividade e por consequência, a tutela adequada. É prerrogativa do estado social democrático "um procedimento justo e adequado de acesso ao direito e de realização do direito".[27] Os direitos fundamentais somente serão garantidos ou efetivados através de um procedimento ordenado e justo.[28]

O cidadão não tem somente direito à técnica processual constante na lei, mas a um determinado "*comportamento* judicial que seja capaz de conformar a regra processual com as necessidades do direito material e dos casos concretos".[29] Para ocorrer a prestação adequada o procedimento deve "se afeiçoar às peculiaridades de cada litígio, para permitir que pelos atos e fases do mesmo flua com eficiência e celeridade o exercício correto da jurisdição".[30]

O direito a um processo justo, que garanta a tutela efetiva, é direito fundamental inalienável que integra o rol da proteção jurídica. No entanto, para ser considerado justo, "o instrumento precisa ser eficaz. E isto somente ocorre se ele for adequado ao fim pretendido".[31] Lembrando que o direito de ação é compreendido como o direito às técnicas processuais idôneas à viabilidade da obtenção das tutelas prometidas pelo direito material.[32]

Dessa maneira, as diversas aspirações (direito material) demandam técnicas compatíveis com sua realização. O procedimento da ação de prestação de contas, por exemplo, é adequado para tutelar quem tem o direito de exigir ou de prestar contas.

---

[23] Lei 12.008/09. Prioridade na Tramitação de Processos Judiciais e Procedimentos Administrativos. Idosos e Portadores de Doenças Graves. Alteração no CPC (arts. 1211-A a 1211-C), na Lei 9.784/99 (art. 69-A) e no Estatuto do Idoso (art 71,§ 2º).

[24] LACERDA, Galeno. O código como sistema legal de adequação do processo. op. cit, p. 254.

[25] Idem, p. 258.

[26] Apesar das reformas legislativas, dois fatores contribuirão decisivamente no resultado do tempo do processo: "de um lado, o número de juízos (o de órgãos judiciários e respectivos serviços auxiliares); de outro, o número de litígios." ASSIS, Araken de. Duração Razoável do Processo e Reformas da Lei Processual Civil. in: *Constituição, Jurisdição e Processo*. Coord. Carlos Alberto Molinaro et al. Sapucaia do Sul: Notadez, 2007, p. 49.

[27] CANOTILHO, *Direito Constitucional e teoria da constituição*, op. cit, p. 274.

[28] SARLET, Ingo Wolfgang. *A eficácia dos direitos fundamentais*. Porto Alegre: Livraria do Advogado, 2008. p. 167.

[29] MARINONI, Luiz Guilherme. *Técnica processual e tutela dos direitos*. op. cit, p. 171.

[30] CRUZ, André Luiz Vinhas da. A tutela jurisdicional e suas espécies: por um processo civil de resultados. In: *Revista de Processo*. nº 122, São Paulo: Revista dos Tribunais. Abril de 2005, p. 302.

[31] BEDAQUE, José Roberto dos Santos. *Direito e Processo: influência do direito material sobre o processo*. São Paulo: Malheiros, 1995, p. 56.

[32] MARINONI, Luiz Guilherme. *Curso de processo civil: teoria geral do processo*. Vol. 1. São Paulo: Revista dos Tribunais, 2008, p. 288.

Os procedimentos especiais têm uma marcha processual específica para cada tipo de tutela. Por esse motivo servem para situações particulares.[33]

Em suma, "há tutela adequada quando, para determinado caso concreto, há procedimento que pode ser dito adequado, porque hábil para atender determinada situação concreta, que é peculiar ou não a uma situação de direito material".[34]

Atualmente, há um movimento de redescoberta de formas especiais de tutela jurisdicional, como espécies de tutela diferenciada, seja pela necessidade de rapidez ou pela desnecessidade do trâmite mais solene.[35] Para Ovídio Baptista, a tutela diferenciada garante "que a todo direito corresponde, ou deve corresponder, uma ação (adequada) que efetivamente 'assegure', proclamando-se, mais uma vez, a função 'instrumental' do processo".[36]

Cabe aqui a distinção entre a tutela jurisdicional comum e a diferenciada. É comum a tutela prestada com base no procedimento comum.[37] Noutro prisma, a tutela diferenciada pode ser verificada de duas maneiras: a existência de procedimentos específicos, de cognição plena e exauriente; ou a regulamentação de tutelas sumárias típicas, precedidas de cognição não exauriente.[38] Os procedimentos específicos são os especiais que estão no Livro IV do CPC. Integrando a segunda maneira (tutelas sumárias), estão as tutelas de urgência baseadas na cognição não exauriente.

Para o presente estudo importa as tutelas de urgência que protegem situações que demandam uma pronta resposta, conforme se viu alhures no caso da transfusão de sangue. Dentre os mecanismos disponíveis para resposta imediata estão as liminares[39] que possibilitam uma modificação na situação fática antes mesmo da ciência do réu sobre a ação.

Nesse diapasão, ganham relevância os mecanismos de aceleração da marcha processual (formas de procedimento, possibilidade de antecipação da tutela, previsão de liminar), pois representam verdadeira condição de possibilidade para a efetiva atuação das garantias constitucionais de ação e defesa, sem o que se avulta o risco de restarem inócuas quaisquer prescrições que visem a assegurar o pleno exercício de direitos essenciais à sobrevivência digna.[40]

O Código representa um sistema legal de adequação do processo, como instrumento aos sujeitos que acionam, ao objeto sobre o qual atua e ao fim da função judiciária, pendendo sempre para declaração e realização do direito em concreto.[41]

---

[33] REDENTI, Enrico. *Diritto Processuale Civile*. Vol. 1. Bologna: Giuffrè, 1980, p. 101.

[34] MARINONI, Luiz Guilherme; ARENHART, Sérgio Cruz. *Manual do processo de conhecimento*. op. cit, p. 65.

[35] FABRÍCIO, Adroaldo Furtado. Breves notas sobre provimentos antecipatórios, cautelares e liminares. In: *Revista Ajuris*, Porto Alegre, v. 23, n. 66, mar., 1996, p. 7.

[36] SILVA, Ovídio A. Baptista da. *Curso de processo civil: processo de conhecimento*. v.1, São Paulo: Revista dos Tribunais, 2002, p. 116/117.

[37] CRUZ, André Luiz Vinhas da. A tutela jurisdicional e suas espécies: por um processo civil de resultados. In: *Revista de Processo*. op. cit, p. 304.

[38] BEDAQUE, José Roberto dos Santos. *Tutela cautelar e tutela antecipada: tutelas sumárias e de urgência*. op. cit, p. 25.

[39] Sobre a distinção entre liminar, cautelar e tutela antecipada ver PAMPLONA, L.A. Antecipação de tutela nas ações possessórias e o princípio *quieta non movere*. In: *Revista de Processo*. nº 205, São Paulo: Revista dos Tribunais. Março de 2012, p.101/ 103.

[40] TUCCI, José Rogério Cruz e. *Tempo e Processo*. São Paulo: Revista dos Tribunais, 1997, p. 129.

[41] LACERDA, Galeno. *O código como sistema legal de adequação do processo*. op. cit, p. 258.

2. A irreversibilidade e o conflito entre efetividade e segurança jurídica

Até aqui foi ressaltada a necessidade da adequação da tutela jurisdicional para se obter um processo justo. Tendo em vista o monopólio da jurisdição pelo Estado, caberá ao mesmo contemplar as mais variadas formas de tutela requeridas por seus utentes. Inclui-se nesse rol a polêmica tutela urgente e irreversível deferida, muitas vezes, sem a oitiva da parte contrária.

Ainda que o jurisdicionado, em virtude de uma situação de extrema urgência, exija uma resposta imediata do Poder Judiciário há uma hipótese em que o ordenamento jurídico proíbe sua concessão: no caso de irreversibilidade. De acordo com o § 2º do art. 273 do CPC, não se concederá a antecipação da tutela quando houver perigo de irreversibilidade do provimento. Significa dizer que ainda que o pedido do Autor preencha os requisitos do art. 273 do CPC, ele não poderá ser antecipado se houver perigo de irreversibilidade. É o chamado pressuposto negativo da tutela antecipada.[42]

A reversibilidade pode ser classificada em específica ou *in natura* (infungível) e pelo equivalente ou genérica (fungível). Na primeira hipótese, a reversibilidade ocorre pelo perfeito retorno ao *status quo*. É o retorno do carro ao patrimônio daquele que teve contra si uma ação de busca e apreensão julgada improcedente. Na situação hipotética, o carro havia sido retirado liminarmente, mas após a sentença de improcedência o bem volta nas mesmas condições quando da apreensão. Na segunda hipótese, a reversão se dará através de indenização pecuniária (não aceita por parte da doutrina)[43] ou do equivalente (mesmo gênero, qualidade, quantidade), em virtude da impossibilidade natural da reversão.[44] É o que ocorre na conversão em perdas e danos.

Por outro lado, existem algumas situações de emergência, presentes no mundo dos fatos, carecedoras de medida urgente, que se apresentarão irreversíveis, especificamente (*in natura*) pela sua satisfatividade ou pela impossibilidade de equivalente.[45] Casos como transfusão de sangue, colocação de prótese ou órtese, autorização para cirurgia e alteração na fila do transplante de órgãos, quando comprovado caso de rejeição do órgão transplantado, são alguns dos exemplos. Deferida a medida liminarmente, que em virtude da urgência não possibilita a oitiva do réu, sua reversão se mostra impossível.

---

[42] BENASSE, Marcos Antônio. *Tutela antecipada em caso de irreversibilidade.* Campinas: Bookseller, 2001. p. 139.

[43] Para Sérgio Bermudes, não é possível antecipar quando a irreversibilidade só puder ser reparada em dinheiro. BERMUDES, Sérgio. *A reforma do código de processo civil.* São Paulo: Saraiva, 1996, p. 30.

[44] Tereza Arruda Alvim Wambier entende que há reversibilidade toda vez que a indenização for efetivamente capaz de compensar o dano sofrido. WAMBIER, Tereza Arruda Alvim. Da liberdade do juiz na concessão de liminares. In: *Aspectos polêmicos da antecipação de tutela.* Coord. Tereza Arruda Alvim Wambier. São Paulo: Revista dos Tribunais, 1997, p. 542.

[45] Exemplo do pagamento de medicamento pelo Estado. A reversibilidade (devolução em dinheiro ou do próprio medicamento) será impossível quando o beneficiado não possuir patrimônio. Ver melhor: PAMPLONA, L.A. Possibilidade de expropriação de valores em contas públicas com base no art. 461, § 5º, do CPC. Natureza da medida: sequestro, bloqueio ou resultado prático equivalente? In: *Revista Jurídica.* nº 377. Porto Alegre: Notadez, março 2009, p. 376/377.

A irreversibilidade no aspecto processual apresenta grande dificuldade para sua conceituação, seja pela variedade de situações fáticas, de possibilidade de reversão parcial, ou incompleta e até mesmo de reversão plena. Além disso, a própria lei não explica o que entende por irreversível.[46]

Para a química diz-se irreversível "a reação que prossegue até o final sem ser limitada pela reação inversa".[47] O significado que a química dá para irreversibilidade parece o mais próximo ao seu conceito processual, pois os efeitos irreversíveis já estão sedimentados no mundo dos fatos e não poderão sofrer alteração, ainda que o processo prossiga e se entenda pela improcedência da demanda com a consequente revogação da medida.

É impossível retornar ao estado anterior, pois o tempo não volta.[48] Em suma, a irreversibilidade é que dá sentido único ao tempo. Com base no entendimento majoritário da doutrina o "perigo de irreversibilidade no provimento" é na verdade a impossibilidade de retorno ao *status quo ante*. Essa redação legal representa uma medida de salvaguarda,[49] destinada a evitar o abuso da providência, como ocorreu com as chamadas cautelares inominadas, e garantir a manutenção do núcleo essencial.

Para Joel Dias Figueira Júnior, procurou o legislador agir cuidadosamente ao implementar este instituto jurídico – de natureza satisfativa decorrente de cognição sumária (vertical) e limitada (horizontal) – no seio do processo de conhecimento de rito comum, proibindo expressamente o seu deferimento diante da situação de "perigo de irreversibilidade do provimento antecipado".[50]

Na Itália, para tentar combater o pressuposto negativo da irreversibilidade, tentou-se a antecipação dos efeitos da sentença com um conteúdo parcial e provisório, evitando dessa forma a satisfação plena de forma liminar.[51] Todavia, passada a perplexidade inicial sobre os limites da tutela antecipatória, a jurisprudência pacificou-se admitindo a antecipação total dos efeitos da sentença.

Muito embora exista previsão expressa proibindo a antecipação de tutela quando presente o risco de irreversibilidade do provimento, as situações reais continuavam se apresentando no dia a dia forense e precisavam de uma solução. Questões graves e urgentes como transfusão de sangue, autorização para colocação de prótese e fornecimento de medicamento ficariam então sem solução? A resposta foi negativa. Doutrina e a jurisprudência passaram a admitir algumas exceções tomando como base o princípio da proporcionalidade.

Em se deparando o juiz com o aspecto negativo da irreversibilidade de seu provimento, deve tomar maior cautela no exame da situação, desenvolvendo atividade cognitiva mais profunda possível, comparando principalmente os valores em

---

[46] MEDINA, José Miguel Garcia de. Tutela antecipatória e o perigo de irreversibilidade do dano. In: *Revista de Processo*. Vol 91, São Paulo: Revista dos Tribunais. julho/setembro de 1998, p. 313.

[47] LAROUSSE, Veja. *Dicionário enciclopédico ilustrado*. v. 12. São Paulo: Editora Abril, 2006, p. 1414.

[48] MIRANDA NETTO, Fernando Gama de. *A ponderação de interesses na tutela de urgência irreversível*. Rio de Janeiro: Lumen Juris, 2005, p. 91.

[49] Nesse sentido CARNEIRO, Athos Gusmão. *Da antecipação de tutela*. op. cit., p.79; ZAVASCKI, Teori. *Antecipação da tutela*. op. cit, p. 97; BEDAQUE, José Roberto dos Santos. *Tutela cautelar e tutela antecipada: tutelas sumárias e de urgência*. op. cit., p. 373.

[50] FIGUEIRA JÚNIOR, Joel Dias. *Comentários ao código de processo civil*. op. cit., p. 227.

[51] TOMMASEO, Ferruccio. *I provvedimenti d'urgenza*. op. cit., 153.

conflito.[52] Nessa análise, o juiz deverá valer-se de toda sua habilidade,[53] comparando os direitos em choque e decidindo pela solução que lhe parece mais justa. Apenas o Poder Judiciário está habilitado para apreciar o conflito de valores no caso concreto e dar-lhe uma solução adequada.[54]

Seguindo essa orientação o Ministro Barros Monteiro, citando como precedente o Recurso Especial nº 144.656-ES (relator Ministro Adhemar Maciel), decidiu que "a exigência da irreversibilidade inserta no § 2º do art. 273 do CPC não pode ser levada ao extremo, sob pena de o novel instituto da tutela antecipatória não cumprir a excelsa missão a que se destina".[55]

Além do requisito negativo da irreversibilidade, a antecipação de tutela de forma liminar ainda viola outro direito fundamental: o contraditório. Todavia, esse novo obstáculo também pode ser superado através da análise dos bens jurídicos envolvidos.

As garantias formais não podem sobrepor à realidade social. O que interessa ao direito processual de hoje é uma resolução justa e imparcial; o acolhimento de normas de procedimento não deve ser um obstáculo no caminho da pronta realização do verdadeiro direito.[56]

Nessa seara, chocam-se dois ideais, o de justiça e o de paz social. Para justiça o fator tempo é relativo, importando a sentença justa, embora tardia. Já a paz social exige a eliminação pronta e eficaz do conflito, no menor tempo possível garantindo a volta da harmonia.[57]

Dentro desse aspecto, o grande desafio do processo é conciliar a efetividade com o garantismo. O problema que se apresenta é a compatibilização da resposta rápida do juiz com outras garantias constitucionais,[58] principalmente numa cultura enraizada no procedimento ordinário.

---

[52] BEDAQUE, José Roberto dos Santos. *Tutela cautelar e tutela antecipada: tutelas sumárias e de urgência.* op. cit., p. 380.

[53] BELLINETTI, Luiz Fernando. Irreversibilidade do provimento antecipado. in: *Aspectos polêmicos da antecipação de tutela.* Coord. Tereza Arruda Alvim Wambier. São Paulo: Revista dos Tribunais, 1997, p. 263.

[54] "Só o órgão judicial está habilitado para apreciar o conflito de valores no caso concreto, sempre presente por sinal em qualquer problema humano, e dar-lhe solução adequada". OLIVEIRA, Carlos Alberto Alvaro de e LACERDA, Galeno. *Comentários ao código de processo civil.* vol. III (art. 813 a 889), tomo II. Rio de Janeiro: Forense, 2005, p. 26.

[55] STJ, 4ª Turma, (Resp 408828 – MT – Relator Min. Barros Monteiro, julgado em 01.03.2005).

[56] SCHÖNKE, Adolf. *Direito Processual Civil.* Tradução: Karina Andrea Fumberg. Atualizado por Afonso Celso Rezende. Campinas: Romana, 2003, p. 27.

[57] LACERDA, Galeno. O código como sistema legal de adequação do processo. In: *Meios de impugnação ao julgado civil*: estudos em homenagem a José Carlos Barbosa Moreira. Coord. Adroaldo Furtado Fabricio [et. al.], Rio de Janeiro: Forense, 2008, p. 257.

[58] Canotilho é enfático ao resguardar outras garantias processuais constitucionais: "A exigência constitucional insculpida no art. 5º, LXXVIII, da CF, de se prestar a jurisdição em tempo útil, ou prazo razoável, não permite que o Estado acelere os procedimentos, mitigando as demais garantias processuais constitucionais – suprimindo o contraditório, proibindo a presença de advogados no processo, eliminando o duplo grau de jurisdição, abolindo a instrumentalidade das formas, restringindo o direito das partes à produção de provas lícitas ou dispensar os órgãos jurisdicionais de fundamentar de forma racional as suas decisões. Ocorrendo violação de qualquer uma dessas garantias processuais constitucionais fundamentais, sob a égide da celeridade, revela-se logicamente inconstitucional e inconcebível. Fosse assim, estaríamos fomentando a insegurança jurídica e o arbítrio dos juízes incautos, revelando-se como uma grosseira agressão ao Estado Democrático de Direito". CANOTILHO, J. J. Gomes. *Direito Constitucional e teoria da constituição.* 7. ed. Coimbra: Almedina, 2003, p. 467.

Carlos Alberto Alvaro de Oliveira define a adequação da tutela jurisdicional como "a aptidão desta para realizar a eficácia prometida pelo direito material, com maior *efetividade* e *segurança* possíveis".[59] Significa dizer que além da necessidade de um procedimento ou técnicas compatíveis com o fim pretendido, a obtenção da tutela adequada depende do equilíbrio entre a segurança jurídica e a efetividade.

O excessivo comprometimento com a segurança jurídica diminui a efetividade. Em contrapartida, a busca pela efetividade, principalmente através da rapidez, compromete a segurança. Diante dessa situação – conflito entre dois direitos fundamentais, de um lado a segurança jurídica, e do outro a efetividade – deverá o juiz, atentar aos princípios da proporcionalidade e razoabilidade. Dessa forma buscar-se-á o equilíbrio, entre a celeridade e a segurança jurídica, havendo evidente necessidade de conciliação de ambos os valores. O resultado do choque tem de ser uma síntese e não o sacrifício de um valor.

Nesse embate, o legislador, aparentemente, tem observado mais a segurança jurídica que a efetividade. De acordo com a redação atual do CPC, percebe-se uma ligeira supremacia da segurança jurídica, como se verifica no art. 811 do CPC (que prevê a responsabilidade do autor pelos danos causados em virtude da execução da medida cautelar), 475-O, I (corre por conta e responsabilidade do exequente a execução provisória, sendo obrigação reparar os danos gerados ao executado),[60] 475-O, III (necessidade de caução[61] para execução da medida), sem falar na responsabilidade objetiva do autor pela execução da tutela antecipada[62] e da contracautela.[63]

As antecipações de tutela que se apresentam irreversíveis estão no centro dessa ambivalência entre a efetividade e a segurança jurídica. Em determinados casos (necessidade de implante de prótese) a urgência pode determinar a satisfação imediata sem a oitiva da parte contrária. Para esse tipo de tutela, deve haver uma necessária adequação (através da proporcionalidade entre a efetividade e a segurança jurídica) de forma que não se comprometa o objeto.

A tônica do nosso tempo é a busca pela efetividade através da celeridade do processo. Esse pensamento assinala uma maior preocupação com a efetividade do

---

[59] OLIVEIRA, Carlos Alberto Alvaro de. *Os direitos fundamentais à efetividade e à segurança em perspectiva dinâmica*, op. cit, p. 24.

[60] CARNEIRO, Athos Gusmão. *Cumprimento da sentença civil*. Rio de Janeiro: Forense, 2007, p. 95.

[61] Segundo José Roberto dos Santos Bedaque, essa caução tem natureza cautelar. BEDAQUE, José Roberto dos Santos. *Tutela cautelar e tutela antecipada: tutelas sumárias e de urgência*. São Paulo: Malheiros, 2009, p. 440.

[62] Nesse sentido, Joel Dias Figueira Júnior "E, em qualquer das hipóteses de antecipação de tutela genérica concedida, com o advento de sua revogação posterior, seja por sentença ou por decisão interlocutória, estamos diante de *responsabilidade civil objetiva* do autor que por sua conta e risco – assim como das demais espécies de 'execuções' provisionais – provocou livremente a proteção emergencial do Estado-juiz, terminando por obter a medida pleiteada e depois modificada, isto é, provado o dano e o nexo causal entre a efetivação da tutela e o prejuízo sofrido pela parte passiva, exsurge o dever inarredável de indenizar" FIGUEIRA JÚNIOR, Joel Dias, *Comentários ao código de processo civil*. [coordenação de Ovídio Araújo Baptista da Silva] vol. 4, tomo I, São Paulo: Editora Revista dos Tribunais, 2001, p. 241. No mesmo sentido FADEL, Sérgio Sahione. *Antecipação da tutela no processo civil*. São Paulo: Dialética, 2002, p. 73. Em sentido diametralmente oposto SILVA, Ovídio Araújo Baptista da. Antecipação de tutela e responsabilidade objetiva. In: *Revista AJURIS*, ano 25, nº 72, Porto Alegre: Ajuris, março 1998, p. 72.

[63] Conforme magistério de Piero Calamandrei, a contracautela é "a cautela da cautela" e funciona como "garantia preventiva do eventual direito ao ressarcimento dos danos, que poderá surgir, se no julgamento definitivo a medida provisória for revogada, em favor daquele contra o qual esta foi cumprida". CALAMANDREI, Piero. *Introdução ao estudo sistemático dos procedimentos cautelares*. Tradução Carla Roberta Andreasi Bassi. Campinas: Servanda, 2000, p. 74/75.

processo como forma de racionalizar a distribuição do tempo.[64] De toda sorte, o tempo é ônus que deve ser distribuído de forma igualitária entre as partes, para que seja garantida a adequada prestação jurisdicional.

3. Necessidade de positivação de uma medida processual atípica e autônoma que contemple uma tutela urgente, irreversível e sumária

Foi visto no curso do presente trabalho o esforço hermenêutico necessário para concessão das antecipações, sem a oitiva da parte contrária, que se mostrem irreversíveis. Isto porque não há, em princípio, essa possibilidade, seja por ferir outro direito fundamental, tal como do contraditório ou da ampla defesa, ou pela própria imposição legal do § 2º do art. 273 do CPC.

Em virtude da inadequada "antecipação de tutela irreversível", tal como se processa hoje, mostra-se necessária a positivação de um formato de processo que contemple a aspiração do jurisdicionado. É a concretização do direito fundamental ao acesso à justiça e a tutela adequada.

3.1. A inadequação da antecipação da tutela irreversível

A vedação, *a priori*, de se antecipar uma tutela quando houver perigo de irreversibilidade do provimento antecipado configura a impureza da medida, quando quebrada essa regra. Afastar essa vedação através da interpretação, utilizando a proporcionalidade, contraria a intenção legislativa. A supervalorização dos princípios constitucionais do processo apresenta o risco de desprezar por completo a legislação processual, como se todas as causas pudessem ser resolvidas com a aplicação direta da constituição.[65]

Ante a necessidade de sacrificar uma situação fática, optou o legislador pela possibilidade da antecipação de tutela, desde que tal situação fática possa ser reconstituída. Se esse retorno ao *status quo ante* não for possível, então não se admite a antecipação.[66] A inadmissibilidade da concessão, quando impossível a reversibilidade específica ou pelo equivalente, é corroborada pela ausência de responsabilização imediata daquele que se beneficiou com a medida, tal como ocorre, por exemplo, na cautelar.

O constante conflito de direitos fundamentais, principalmente com a supressão total do contraditório em benefício da efetividade, nos casos de antecipação sem a oitiva da parte contrária, macula o instituto da antecipação da tutela com o sacrifício do direito do réu. Tal sacrifício, de acordo com Luiz Fernando Bellinetti, não pode ocorrer com base em uma tutela provisória, mas somente com base numa tutela final e satisfativa.[67]

---

[64] MARINONI, Luiz Guilherme. *Antecipação da tutela*. São Paulo: Revista dos Tribunais, 2006, p. 343.

[65] LOPES, João Batista. Efetividade da tutela jurisdicional à luz da constitucionalização do processo civil. In: *Revista de Processo*. nº 116, São Paulo: Revista dos Tribunais. Julho/Agosto de 2004, p. 32.

[66] BELLINETTI, Luiz Fernando. Irreversibilidade do provimento antecipado. in: *Aspectos polêmicos da antecipação de tutela*. op. cit, p. 256.

[67] Ibidem.

José Roberto dos Santos Bedaque esclarece que são poucas as situações em que a antecipação gera efeitos irreversíveis, tornando desnecessária a tutela cognitiva. Contudo, para o autor, se o valor justificar a antecipação (proteção da vida, saúde), "outra alternativa não há senão conceder a medida, ainda que isso implique transformar a tutela sumária em definitiva".[68] Portanto, aquele provimento antecipatório, inicialmente instrumental e provisório, acaba (equivocadamente) em virtude da necessidade, se tornando definitivo.

A dificuldade doutrinária e principalmente prática em distinguir quando a irreversibilidade será fática ou jurídica[69] é outro fator que configura a inadequação desse procedimento para o deferimento de medidas que se mostrem irreversíveis.[70] O exemplo recente do "Plano Collor" ajuda a melhor exemplificar essa dificuldade. Sendo autorizado o levantamento dos ativos financeiros tínhamos uma irreversibilidade de fato e jurídica, porque a medida provisória nº 168, previa unicamente a conversão dos cruzados novos bloqueados em cruzeiros e não a reconversão de cruzeiros eventualmente liberados em cruzados novos.[71] Nesse exemplo, caso a parte não tivesse condições de restituir a quantia retirada, a irreversibilidade seria fática e jurídica; mas, mesmo conseguindo o valor, esse não poderia ser reconvertido em cruzados novos configurando a irreversibilidade jurídica.

Além do traço definitivo da medida, que contraria a provisoriedade da antecipação, outra questão complexa diz respeito ao prosseguimento da demanda.

De acordo com os exemplos já citados, determinados casos de antecipação realizam completamente a eficácia do direito material, o que torna sem razão a exigência de outra decisão, ou de uma sentença definitiva. Ainda que a decisão interlocutória, mediante cognição sumária, tenha natureza provisória e seja futuramente verificada injusta com sua revogação, não haverá modificação da situação e tampouco direito direto à indenização em favor da parte contrária.[72]

Nessas hipóteses, a irreversibilidade fática do provimento acaba tornando inócua a continuidade do processo com futura sentença, produto da cognição plena e exauriente, pois a solução jurídica para questão deixou de ser relevante. Voltando ao exemplo do "Plano Collor", uma vez desbloqueado o depósito, ou seja, satisfeita totalmente a pretensão, o processo ainda tinha um longo caminho a percorrer procedimentalmente, em nome apenas de uma formalidade.[73]

---

[68] BEDAQUE, José Roberto dos Santos. *Tutela cautelar e tutela antecipada: tutelas sumárias e de urgência.* op. cit, p. 384.

[69] Algumas hipóteses revelam "completa inutilidade do provimento seja pela irreversibilidade fática ou jurídica". BEDAQUE, José Roberto dos Santos. *Tutela cautelar e tutela antecipada: tutelas sumárias e de urgência.* op. cit, p. 377.

[70] Eduardo Melo de Mesquita esclarece que as situações citadas não se coadunam "com a espécie prevista no art. 273 do CPC, pelo menos na atual redação do dispositivo, portanto, não se trata de medida genuinamente antecipatória de efeitos da decisão final". MESQUITA, Eduardo Melo de. *O princípio da proporcionalidade e as tutelas de urgência.* Curitiba: Juruá, 2006, p. 296.

[71] MOREIRA, José Carlos Barbosa. Tutela de urgência e efetividade do direito. In: *Temas de direito processual.* oitava série. São Paulo: Saraiva, 2004, p. 89/90.

[72] BEDAQUE, José Roberto dos Santos. *Tutela cautelar e tutela antecipada: tutelas sumárias e de urgência.* op. cit., p. 377.

[73] CALMON, Eliana. Tutelas de urgência. In: *Revista Jurídica.* ano 47. nº 269, Porto Alegre: Notadez. mar. 2000, p. 5.

O que aguardar do processo, no caso de negativa liminar de pedido de transplante urgente com a consequente morte do paciente? Qual será o interesse no seguimento da demanda para os litigantes, concedida ou não a liminar? Numa primeira reflexão, o único interesse, restante ainda é do Estado, demandado no caso de transplante de órgãos, para que, mesmo irreversível a liminar concedida, a matéria não faça jurisprudência ou para que não haja sucumbência. Não parece existir outro interesse no seguimento da contenda, pois desapareceu o objeto mediato do processo.[74]

O próprio exercício do contraditório através da contestação, "ante a irreversibilidade da situação de fato, tornar-se-ia absolutamente inútil, como inútil seria, nestes casos, o prosseguimento do próprio processo".[75] Os exemplos supracitados, tal como o caso de transfusão de sangue e amputação de membro, não encontram no sistema, resposta compatível ou adequada à situação que pretendem tutelar. A solução só será possível através da engendrada ponderação dos valores envolvidos.

Na autorização liminar para cremação de restos mortais, a irreversibilidade do provimento fulmina o seguimento do feito, sendo totalmente despicienda apresentação da contestação, produção de provas e até mesmo da sentença de mérito; criando cenário de uma decisão interlocutória, produzida com base em uma cognição superficial e parcial, com status de sentença. O equívoco novamente se apresenta, pois é notória a distinção entre sentença e a decisão interlocutória liminar. Se for liminar, não será decisão.[76]

Independente da natureza do provimento, é certo que o interesse processual,[77] após satisfeito o direito material, desaparece. E não raro, em processo civil e processo penal, decreta-se a carência da ação por falta superveniente do interesse de agir.[78] É o caso do *habeas corpus* julgado quando já cessou a coação ilegal e da sentença de exumação de restos mortais quando essa já foi autorizada liminarmente.

O exemplo do ingresso de ação para alterar lugar na fila de transplante, priorizando autor que tem poucas horas de vida, é emblemático. Sendo antecipado o provimento, sairá ofício para CNT (central nacional de transplantes) e o primeiro órgão compatível encontrado será transplantado no autor. Uma vez transplantado, não haverá mais interesse na discussão do direito material que ampara a pretensão, pois para o autor, o resultado da sentença não trará qualquer consequência jurídica ou fática.

Nessa situação, o interesse acompanha a urgência, ou seja, existe enquanto perdura a emergência.[79] Por estar jungido à urgência, ele desaparece com o perecimento

---

[74] ALVIM, Arruda. *Manual de Direito Processual Civil*. Vol. I. op. cit, p. 450/451.

[75] ZAVASCKI, Teori Albino. Antecipação da tutela e colisão de direitos fundamentais. in: *Reforma do Código de Processo Civil*. op. cit, p. 74.

[76] SILVA, Ovídio A. Baptista da. Decisões interlocutórias e sentenças liminares. In: *Da sentença liminar à nulidade da sentença*. op. cit, p. 18.

[77] Pontes de Miranda esclarece que a falta de interesse "pode ser de direito material ou de direito processual, mas, para aquela, é preciso que dele essa se irradie". PONTES DE MIRANDA. F. C. *Comentário ao Código de processo civil*. Tomo III. Rio de Janeiro: Forense, 1974, p. 436.

[78] TESHEINER, J. M. R. *Eficácia da sentença e coisa julgada no processo civil*. São Paulo: Revista dos Tribunais, 2002, p. 25.

[79] "Aliás, na simplificadora praxe do foro, quase sempre o andamentos dos atuais 'processos' cautelares esgota-se na concessão ou indeferimento da respectiva liminar". CARNEIRO, Athos Gusmão. Tutela de Urgência. Medidas antecipatórias e cautelares. Esboço de reformulação legislativa. In: *Revista de Processo*. ano 31, nº 140. São Paulo: Revista dos Tribunais. Outubro de 2006, p. 73.

do objeto (no caso de indeferimento e consequente morte do autor), ou com a própria satisfação. Não haverá mais, portanto, interesse no momento da sentença, quando desapareceu a urgência.[80]

Todavia, é requisito para o regular andamento do feito a presença do interesse processual. Esse interesse deve existir inclusive no momento em que a sentença for proferida. Concluindo essa ideia, Celso Agrícola Barbi sustenta que se o interesse existiu no início da causa, mas desapareceu naquela fase (sentença), a ação deve ser rejeitada por falta de interesse.[81]

De acordo com essa orientação, após a autorização para o aborto em virtude de feto anencéfalo, da ordem para alteração de prioridade na fila do transplante, da amputação de membro, o processo será extinto sem julgamento de mérito por falta de interesse superveniente.

Dessa forma, aquele que foi submetido à transfusão de sangue, contra sua vontade, ainda que consiga provar que poderia ter sido submetido a um tratamento alternativo,[82] sem a necessidade do procedimento irreversível, receberá não uma sentença de improcedência (contra o autor da medida), fundamentada na defesa realizada, mas, sim, a extinção da ação sem julgamento do mérito, haja vista ausência de interesse do autor quando da sentença.

Teori Albino Zavascki explica que os danos decorrentes da execução provisória serão apurados e executados mediante ações autônomas de liquidação e de execução.[83] Caberá, portanto, ao prejudicado, ingressar com uma nova ação para provar aquilo que já poderia ter sido provado na ação original.

De qualquer sorte, admitindo-se ou não a possibilidade de extinção do feito sem julgamento de mérito, por ausência de interesse superveniente, é evidente a impropriedade da antecipação de tutela nessas situações, pois complexo o desenvolvimento futuro do processo.

A situação atual guarda semelhança com a utilização das cautelares inominadas. Numa época em que não havia a possibilidade de antecipar os efeitos da tutela, por falta de previsão legislativa, se utilizava para essa finalidade, a chamada cautelar inominada, que de natureza cautelar não tinha nada.[84] Hoje é sabido que o que se obtinha sob o manto da cautelar na verdade era uma antecipação (satisfação), e não uma conservação.[85]

A evolução das relações jurídicas e o aumento de sua complexidade exigem do Direito uma atualização quase que instantânea de suas normas, garantindo dessa for-

---

[80] "Passada a situação emergencial e concedida a medida urgente, se o 'processo' restar pendente, designadamente, força reconhecer, não haverá a menor possibilidade ou utilidade de dar-se prosseguimento a ele". MESQUITA, Eduardo Melo de. *O princípio da proporcionalidade e as tutelas de urgência*. op. cit, p. 297/298.

[81] BARBI, Celso Agrícola. *Comentários ao código de processo civil*. v. 1, t. I. Rio de Janeiro: Forense, 1974, p. 62.

[82] LIGIERA, Wilson Ricardo. Tutelas de urgência na recusa de transfusão de sangue, in: *Temas sobre a tutela de urgência*. São Paulo: Arte & Ciência, 2002, p. 157/181.

[83] ZAVASCKI, Teori Albino. *Antecipação da Tutela*. op. cit, p. 99.

[84] Falar em "cautelares satisfativas" implica, na expressão de Nelson Nery Jr., uma "*contradictio in terminis*", pois as cautelares não satisfazem: "se a medida é satisfativa é porque, *ipso facto*, não é cautelar" NERY JUNIOR, Nelson. Procedimentos e tutela antecipatória. in: *Aspectos polêmicos da antecipação de tutela*. São Paulo: Revista dos Tribunais, 1997, p. 383.

[85] Assim também, Adroaldo Fabrício, para quem a cautelar possa ser satisfativa envolve "uma evidente e pasmosa contradição em termos". FABRÍCIO, Adroaldo Furtado. *Ensaios de direito processual*. op. cit, p. 188.

ma a prestação efetiva da tutela pretendida pelo jurisdicionado. Ciente dessa realidade, não é possível fechar os olhos para a evolução do direito subjetivo e não admitir, na mesma proporção, inovações no processo civil.

3.2. Atual ausência de uma tutela adequada

Como já foi visto, situações urgentes e irreversíveis estão presente no mundo dos fatos e precisam ser tuteladas de forma adequada. O sistema não prevê, como regra geral (as exceções são dos alimentos provisionais e da demolição de prédio),[86] uma tutela sumária não cautelar ou definitiva e irreversível, em caráter genérico.[87]

Atualmente essa proteção é realizada através da antecipação da tutela que a *contrario sensu* não admite situações irreversíveis, seja faticamente ou juridicamente. Essa vedação pode ser mitigada através da ponderação, resultante do choque entre os direitos envolvidos. Contudo, essa exegese não é a mais indicada, seja em virtude da vedação legal, da dificuldade de reversibilidade (fática ou jurídica), da provisoriedade que deve caracterizar o provimento, ou da falta de interesse superveniente que compromete a continuação do processo.

Porém há necessidade de se tutelar a transfusão de sangue em criança contra a vontade dos pais por motivos religiosos, a necessidade de alteração no lugar da fila de transplantes, amputação de membro contra a vontade do paciente quando o agravamento da diabete exige tal medida, e outras que envolvam o direito à vida. Essas situações cotidianas precisam de regulamentação.

A necessidade de previsão adequada se deve ao fato de que a antecipação de tutela não se confunde com a tutela satisfativa de urgência. Portanto, nas hipóteses em que a antecipação, por necessidade, eliminar de vez o litígio nem seria adequado falar em provimento antecipatório, fundamentado no art. 273, pois esse exige sentença posterior. Na hipótese da tutela final ser totalmente satisfeita de forma antecipada, não há que se falar em antecipação, mas sim, em tutela sumária, pois "o autor obterá a satisfação prática da pretensão material mediante técnica supostamente provisória, mas que apresenta, na realidade, resultado irreversível".[88]

Por total inadequação da proteção de situações urgentes, satisfativas e irreversíveis, por meio da antecipação de tutela regulada no art. 273 do CPC, apresenta-se necessário o desenvolvimento de ação autônoma específica aos casos de urgência, sumária no rito e na cognição, mas com eficácia satisfativa plena.[89]

Alguns sistemas jurídicos já contemplam em seu ordenamento interno esse tipo de ação. Os institutos mais próximos, inclusive com natureza parecida são o *référé* do

---

[86] BENASSE, Marcos Antônio. *Tutela antecipada em caso de irreversibilidade*. op. cit, p. 142. MIRANDA NETTO, Fernando Gama de. *A ponderação de interesses na tutela de urgência irreversível*. op. cit, p. 91.

[87] BEDAQUE, José Roberto dos Santos. *Tutela cautelar e tutela antecipada: tutelas sumárias e de urgência*. op. cit, p. 383.

[88] Idem, p.381.

[89] CARNEIRO, Athos Gusmão. *Da antecipação de tutela*. op. cit., p. 84.

direito francês e belga, o *Einstweiligen Verfügungen*[90] alemão, a *interlocutory injuction*[91] do direito inglês, e a medida *autosatisfactiva*[92] do direito argentino.

Embora inexista um procedimento e uma tutela adequada no Brasil, já existem projetos de lei visando alterar essa realidade. Percebe-se, pela redação dos projetos, a influência das medidas *autosatisfactivas* argentinas e do anteprojeto italiano elaborado pela Comissão Vaccarella. A Comissão de Reforma do Instituto Brasileiro de Direito Processual apresenta a inclusão no Livro III do CPC da seguinte redação:

> Art. 881-G. Nos processos que versem direito de caráter personalíssimo, deferida e cumprida a liminar com eficácia satisfativa, poderá o juiz proferir sentença de extinção do processo (art. 267) sem resolução do mérito.
>
> § 1º Caso o autor requeira o prosseguimento do processo, e a parte ré seja pessoalmente citada e não apresente resposta, ou reconheça a procedência do pedido, a decisão concessiva da liminar produzirá efeito de coisa julgada (art. 467).
>
> § 2º Caso a parte ré apresente resposta, o processo terá o rito comum.[93]

Em princípio, o projeto apenas contempla os direitos de caráter personalíssimo, e não explica quais os requisitos para sua concessão. Essa redação foi criticada por Flávia Zanferdini[94] que por sua vez apresentou as seguintes modificações:

> Art. 881-G. Nos processos que versem direito de caráter personalíssimo, demonstrada a forte probabilidade da existência do direito reclamado, caso seja sua tutela imediata imprescindível sob pena de frustração e não havendo necessidade de tramitação de um processo de conhecimento autônomo, pode ser concedida a medida postulada, em decisão fundamentada, em regra após ouvir o réu, razão pela qual será designada, com urgência, audiência para essa mister. Somente hipóteses excepcionais autorizarão a concessão da medida *inaudita altera parte*, devendo, nesse caso, o juiz ponderar sobre a necessidade de contracautela, fundamentando a dispensa de sua imposição.
>
> § 1º Ainda que a medida concedida seja irreversível, o réu será citado após sua concessão e, apresentando resposta o feito terá prosseguimento até final sentença, em que se estabelecerá, em caso de improcedência do pedido do autor, indenização para o réu. Não apresentada resposta ou havendo reconhecimento da procedência do pedido, o feito comportará imediato julgamento.
>
> § 2º Dependendo das particularidades do caso concreto, é possível fixar prazo de término de vigência da medida.

Além da proposta de alteração no Livro III do CPC com a inclusão de nova modalidade de tutela no art. 881-G, o Instituto de Direito Processual Civil também apresentou anteprojeto para estabilização da tutela antecipada,[95] conforme redação que segue:

---

[90] CARPI, Federecio. La tutela d'urgenza fra cautela, «sentenza anticipata» e giudizio di merito. In: *Rivista di Diritto Processuale*. Vol. 40, nº 4. Padova: Cedam, outubro de 1985, p. 686.

[91] As *interlocutory injuctions* são concedidas antes do julgamento, são temporárias e duram até o final do processo. ANDOH, Benjamin; MARSH, Stephen. *Civil remedies*. Aldershot: Ashgate, 2005, p. 248.

[92] No XIX Congresso Nacional de Direito Processual realizado em Corrientes ficou definida a medida autosatisfativas como uma solução urgente não cautelar, despachável em extremo, que procura aportar uma resposta jurisdicional adequada à situação que reclama uma pronta e expedita intervenção do órgão judicial. CARBONE, Carlos Alberto. Consideraciones sobre el nuevo concepto de fuerte probabilidad como recaudo de las medidas autosatisfactivas y su proyección hacia un nuevo principio general de derecho de raíz procesal. In: *Medidas autosatisfactivas*. Org. PEYRANO, Jorge W. Santa Fe: Rubinzal-Culzoni, 2007, p.164.

[93] CARNEIRO, Athos Gusmão. Tutela de Urgência. Medidas antecipatórias e cautelares. Esboço de reformulação legislativa. In: *Revista de Processo*. ano 31, nº 140. São Paulo: Revista dos Tribunais. Outubro de 2006, p. 84.

[94] ZANFERDINI, Flávia de Almeida Montingelli. *Tendência universal de sumarização do processo civil e a busca da tutela de urgência proporcional*. São Paulo: PUC/SP, 2007. Tese de doutorado em Direito. Pontifícia Universidade Católica de São Paulo, 2007, p. 278.

[95] BEDAQUE, José Roberto dos Santos. *Tutela cautelar e tutela antecipada: tutelas sumárias e de urgência*. op. cit, p. 330/331.

Art. 273-A. A antecipação de tutela poderá ser requerida em procedimento antecedente ou na pendência do processo.

Art. 273-B. Aplicam-se ao procedimento previsto no art. 273-A, no que couber, as disposições do Livro III, Título único, Capítulo I deste Código.

§1º. Concedida a tutela antecipada em procedimento antecedente, é facultado, até 30 (trinta) dias contados da preclusão da decisão concessiva:

a) ao réu, propor demanda que vise à sentença de mérito;

b) ao autor, em caso de antecipação parcial, propor demanda que vise à satisfação integral da pretensão.

§ 2º. Não intentada a ação, a medida antecipatória adquirirá força de coisa julgada nos limites da decisão proferida.

Art. 273-C. Concedida a tutela antecipada no curso do processo, é facultado à parte interessada, até 30 (trinta) dias contados da preclusão da decisão concessiva, requerer seu prosseguimento, objetivando o julgamento de mérito.

Parágrafo único. Não pleiteado o prosseguimento do processo, a medida antecipatória adquirirá força de coisa julgada nos limites da decisão proferida.

Art. 273-D. Proposta a demanda (§ 1° do art. 273-B) ou retomado o curso do processo (art. 273-C), sua eventual extinção, sem julgamento do mérito, não ocasionará a ineficácia da medida antecipatória, ressalvada a carência da ação, se incompatíveis as decisões.

Tomando por base essa redação realizada pelo Instituto de Direito Processual Civil, Eduardo Melo de Mesquita também apresentou sua proposta legislativa:

Art. 273-A. A antecipação de tutela poderá ser requerida em procedimento antecedente ou na pendência do processo.

Art. 273-B. Aplicam-se ao procedimento antecedente, no que couber, as disposições do Livro III, Título único, Capítulo I deste Código.

§ 1º Preclusa a decisão que apreciou o pedido de tutela antecipada, é facultado à parte interessada propor ação de conhecimento, no prazo de 60 (sessenta) dias.

§ 2º Não intentada a ação, a medida antecipatória adquirirá força de coisa julgada nos limites da decisão proferida.

Art. 273-C. Preclusa a decisão que apreciou o pedido de tutela antecipada no curso do processo, é facultado à parte interessada requerer seu prosseguimento, no prazo de 30 (trinta) dias, objetivando o julgamento de mérito".

Parágrafo único. Não pleiteado o prosseguimento do processo, a medida antecipatória adquirirá força de coisa julgada nos limites da decisão proferida.[96]

A existência de várias propostas legislativas, seja para alteração do artigo da antecipação de tutela ou inclusão de tutela diferenciada no Livro III do CPC, só corrobora a ideia de inadequação da antecipação de tutela quando essa se tornar irreversível. Por tudo que foi exposto, mostra-se necessário 'colmatar' esse espaço vacante em nossa legislação processual, no pertinente às tutelas satisfativas de urgência[97] de forma não provisória.

4. Ação epítome

O quadro atual legislativo exige a positivação de uma medida processual atípica e autônoma que contemple a necessidade de tutela urgente irreversível e sumária. A doutrina tem vários nomes para o provimento que dispensa o seguimento da demanda, ainda que fundado em cognição não exauriente. Os nomes mais conhecidos são:

---

[96] MESQUITA, Eduardo Melo de. *O princípio da proporcionalidade e as tutelas de urgência*. op. cit, p. 297.

[97] BELLINETTI, Luiz Fernando. Irreversibilidade do provimento antecipado. in: *Aspectos polêmicos da antecipação de tutela*. op. cit, p.258.

tutela sumária não cautelar,[98] ação sumária satisfativa,[99] tutela urgente satisfativa,[100] tutela urgente satisfativa autônoma,[101] e *provvedimenti sommari non cautelari con attitudine al giudicato*[102] Esse tipo de tutela será alcançada através da aqui batizada, ação epítome. O nome decorre de sua brevidade processual e material. Dada a natureza, seu local dentro do CPC deve ser junto aos procedimentos especiais.

Atualmente, a proteção de qualquer direito urgente é tratado de forma indistinta. O direito urgente à vida hoje é tutelado através de ação pelo processo de conhecimento, que admite antecipação dos efeitos da tutela. Salvo melhor juízo a importância desse bem (vida) não admite que as regras processuais sejam as mesmas. Ante a necessidade de se tutelar o direito à vida de forma adequada, com processo específico para esse fim, cria-se a ação epítome. Cumpre salientar que essa medida visa tutelar, pelo menos em princípio, apenas os direitos relacionados à vida e a saúde.

Como já fora visto, a constituição garante o direito a uma tutela adequada. Portanto, os preceitos normativos devem seguir os ditames constitucionais harmonizando o sistema. Os casos largamente citados de transfusão de sangue, de amputação de membro e de aborto por risco de morte à gestante, justificam um procedimento de cognição sumária satisfativo, cabendo ao legislador defini-lo como tutela jurisdicional diferenciada.[103] Significa dizer que o jurisdicionado deve ter à sua disposição um formato processual que permita alcançar a tutela pretendida de forma eficaz.

As ações epítomes encontram sustentação constitucional no art. 5º, incisos XXXV, XXXVII e LXXVIII. Os princípios constitucionais de acesso à justiça,[104] da inafastabilidade do controle judicial da tutela efetiva e principalmente da proporcionalidade garantem a constitucionalidade deste tipo processual.[105] Há que se salientar o direito fundamental à vida previsto no art. 5º da Constituição Federal e no art. 4º do Pacto de San José da Costa Rica.

Aquele que comparece em juízo seja para pedir uma indenização, a prestação de uma sentença ou pedindo execução, emprega sua pretensão à forma processual adequada e busca o ganho da causa.[106] A relação entre o direito material e o processo não é apenas uma relação instrumental, mas simbiótica. Defender que apenas a tutela jurídica é fundamental e o processo acessório "é postura ideologicamente perigosa e de todo incompatível com o ganho civilizatório que é a concepção do Estado de Direito Democrático".[107]

---

[98] BEDAQUE, José Roberto dos Santos. *Tutela cautelar e tutela antecipada: tutelas sumárias e de urgência*. op. cit, p. 383.

[99] MARINONI, Luiz Guilherme. *Antecipação da tutela*. op. cit., p. 180.

[100] BELLINETTI, Luiz Fernando. *Irreversibilidade do provimento antecipado*. op. cit, p. 258.

[101] SILVA, Ovídio A. Baptista da. *Curso de processo civil*. Vol II. Rio de Janeiro: Forense, 2007, p. 67/79.

[102] PROTO PISANI, Andrea. La tutela sommaria in generale e il procedimento per ingiunzione nell'ordinamento italiano. In: *Revista de Processo*. São Paulo: Revista dos Tribunais, n. 90, abr/jun. 1998, p. 24.

[103] MARINONI, Luiz Guilherme. *Antecipação da tutela*. op. cit, p. 179.

[104] BEDAQUE, José Roberto dos Santos. *Tutela cautelar e tutela antecipada: tutelas sumárias e de urgência*. op. cit, p. 382.

[105] As medidas *autosatisfactivas* argentinas possuem o mesmo fundamento constitucional. Nesse sentido CECCHINI, Francisco Carlos. La Constitución emplaza a la creación de nuevos instrumentos procesales. Tutelas urgentes. In: *Medidas autosatisfactivas*. Org. PEYRANO, Jorge W. Santa Fe: Rubinzal-Culzoni, 2007, p. 201.

[106] PONTES DE MIRANDA, F. C. *Tratado da ação rescisória*. Rio de Janeiro: Editor Borsoi, 1957, p. 40.

[107] PASSOS, J. J. Calmon de. *Comentários ao Código de Processo Civil*. op. cit, p. 23.

No plano processual, o direito e pretensões materiais devem encontrar uma tutela rápida, adequada e ajustada ao mesmo compasso.[108] A necessidade de uma resposta por parte do Estado quando provocado, através de um procedimento compatível com a tutela de direito material pretendida, justifica-se pelo direito fundamental à tutela adequada ou direito a uma "jurisdição oportuna".[109]

Por tudo que fora exposto resta evidente a necessidade de positivação de uma ação específica para os casos de tutela urgente, na qual a sua solução, ainda que fundada em cognição superficial e sumária, se apresente definitivamente irreversível. A ação deve seguir um processo e um procedimento sumário de modo que haja a distribuição da inicial e a decisão, sem a oitiva do réu, restando apenas a possibilidade de um contraditório eventual (caso exista interesse). Não há que se falar em coisa julgada dessa decisão, mas sim preclusão. Para tanto, os requisitos a serem preenchidos devem ser diversos do que existe hoje no artigo 273 do CPC. Deve ser provada a máxima urgência do direito bem como a forte probabilidade, algo mais robusto que a verossimilhança.[110]

---

[108] WATANABE, Kazuo. *Da cognição no processo civil.* op. cit, p. 165.

[109] PEYRANO, Jorge W. la medida autosatisfactiva: forma diferenciada de tutela que constituye una expresión privilegiada del processo urgente. Gênesis y evolución. In: *Medidas autosatisfactivas.* Org. PEYRANO, Jorge W. Santa Fe: Rubinzal-Culzoni, 2007, p. 14

[110] Maiores esclarecimento e informações sobre a ação epítome estão disponíveis em PAMPLONA, L. A. *O Direito Fundamental à Tutela Adequada e a Necessidade de uma Medida Urgente, Liminar e Irreversível.* Porto Alegre, PUCRS. Dissertação de mestrado em Direito. Pontifícia Universidade Católica do Rio Grande do Sul, 2010.

— 24 —

Entendendo a nomenclatura dos precedentes

MARCO FÉLIX JOBIM[1]

Sumário: 1. Introdução; 2. A nomenclatura específica dos precedentes; 2.1. *Stare decisis* e precedente: mesmo significado?; 2.2. *Ratio decidendi ou holding*; 2.3. *Obiter dictum* ou *dicta*; 2.4. O *distinguish* e as técnicas de aplicação de precedentes: *technique of signaling, transformation* e *overriding*; 2.5. *Overruling, anticipatory overruling* e prospective *overruling*; Considerações finais; Bibliografia.

1. Introdução

É cada vez mais assente no ordenamento jurídico brasileiro a assertiva de que se está modificando o sistema até então consagrado do *civil law* para o sistema da *common Law*,[2] com abertura interpretativa para os membros do Poder Judiciário sobre a lei e os efeitos que esta decisão produz.

Na linha de obras que tratam da temática, Luiz Guilherme Marinoni já lança em menos de um ano a segunda edição de "precedentes obrigatórios", o que alerta para a aceitação do público em geral para a temática escolhida pelo autor. Gustavo Santa Nogueira lança, também em 2010, sua obra sobre "*Stare Decisis et Non Quieta Movere*: a vinculação aos precedentes no direito comparado e brasileiro", dissertação de mestrado defendida no programa de pós-graduação da Universidade Estácio de Sá. Francisco Rosito defende em 2010 sua tese de doutoramento na Universidade Federal do Rio Grande do Sul sobre "teoria dos precedentes judiciais – racionalidade da tutela jurisdicional", tese ainda não publicada, na qual aborda *standards* para a aplicação dos precedentes no ordenamento jurídico brasileiro. Maurício Ramires realiza em sua dissertação de mestrado uma crítica à regra dos precedentes, em livro denominado de

---

[1] Advogado e professor universitário. Especialista, mestre e doutorando em Direito.

[2] MELLO, Patrícia Perrone Campos. *Precedentes* – o desenvolvimento judicial do direito no constitucionalismo contemporâneo. Rio de Janeiro: Renovar, 2008, p. 12. Em apertada síntese, aponta a autora sobre os conceitos de common law e civil law: "Segundo entendimento convencional, o common law, modelo comum aos países de colonização inglesa, trataria as decisões judiciais como o principal elemento irradiador de normas, conferindo-lhes efeitos vinculantes e gerais e atribuindo à lei papel secundário. Neste sistema, a partir das soluções proferidas em cada caso, buscar-se-ia, por indução, formular as regras aplicáveis a situações análogas. O desenvolvimento do direito, por isso, ocorreria na medida em que associações e distinções entre casos ensejassem a aplicação de resultados idênticos ou provocassem a criação de novos precedentes". E depois conceitua a *civil law*: "Já nos ordenamentos de origem romântica, caberia à lei a função de protagonizar a manifestação do direito, incumbindo-se às decisões judiciais papel meramente acessório e mediato, como fonte explicitadora e declaradora do significado do ordenamento positivo. Assim, a determinação da solução aplicável a uma demanda específica dar-se-ia pelo mecanismo da subsunção das situações de fato na regra geral legislada, cujo significado seria revelado através da atividade interpretativa".

"crítica à aplicação de precedentes no direito brasileiro". Thomas da Rosa de Bustamante conduz sua obra no intento de abarcar uma teoria do precedente para o Direito brasileiro, em livro denominado de "teoria do precedente judicial: a justificação e a aplicação de regras jurisprudenciais", e, por fim, sem esgotar as obras já lançadas sobre o assunto, Caio Marcio Guterres Taranto publica "precedente judicial – autoridade e aplicação da jurisdição constitucional", na qual analisa o sistema sob a ótica da jurisdição constitucional no Brasil.

No campo legislativo, ao passo que nos últimos anos tem-se um estreitamento para que o processo individual tenha maior restrição de acesso às Cortes Superiores (pode-se citar: repercussão geral no recurso extraordinário; súmula impeditiva de recursos no Superior Tribunal de Justiça; transcendência da matéria no Tribunal Superior do Trabalho, súmulas vinculantes no Supremo Tribunal Federal e até mesmo a sentença de improcedência liminar e os poderes monocráticos do relator nos recursos), tem-se, também, o rígido controle de constitucionalidade das leis com efeitos *erga omnes* em suas decisões.

No julgamento da ADI 3.510, o Ministro Gilmar Ferreira Mendes, expressamente, aponta em seu voto que no mais das vezes está tentando realizar um *distinguishing*[3] em seus votos, estando, claramente, apontando para a expressão do direito estadunidense. Isso indica uma tendência para que a discussão siga em plena efervescência, razão pela qual não pode aquele que desconhece o assunto acreditar que a simples tradução do termo para "distinção" faz com que se compreenda, minimamente, o assunto tratado.

Em matéria recente publicada no jornal carta forense, Thomas da Rosa de Bustamante relata ser uma tendência de todos os sistemas jurídicos desenvolvidos atribuírem força vinculante aos precedentes judiciais, não sendo, pois, diferente no Brasil esta orientação.[4]

Diante desses fatos, opta-se por um estudo de entendimento de algumas expressões do *common law* que são importantes para que o profissional do direito brasileiro possa se familiarizar com a regra do *stare decisis*.

2. A nomenclatura específica dos precedentes

Existe uma preocupação com a importação de doutrinas estrangeiras no que concerne à tradução, pois, muitas vezes, apenas traduzir literalmente determinada

---

[3] Resta consignado no voto sobre a constitucionalidade da lei da biossegurança: "Senhores Ministros, tivemos a oportunidade de fazer debates extremamente profícuos, intensos, sobre várias questões. Tivemos algumas perplexidades, inclusive, já na proclamação ontem, por conta desta dificuldade, agora apontada pelo Ministro Celso de Mello, quanto ao próprio conceito de declaração parcial sem redução de texto ou interpretação conforme. Eu tenho procurado fazer um *distinguishing* entre as duas categorias, dizendo que, quando há declaração de inconstitucionalidade sem redução de texto, nós eliminamos um sentido normativo ou uma aplicação. Em geral, nesses casos, nós também nos filiamos à corrente daqueles que julgam improcedente com um dado sentido, mas isso não está claro. Se formos pesquisar na jurisprudência do Tribunal, encontramos manifestações de toda índole, de toda a ordem. O que interessa é que o Tribunal, por maioria, nos termos do voto do relator, Ministro Carlos Britto, julgou improcedente a Ação 3.510".

[4] Refere Thomas da Rosa de Bustamante: "A tendência de se atribuir força vinculante aos precedentes judiciais no âmbito da jurisdição constitucional não é uma singularidade do Direito brasileiro. Pelo contrário, é uma tendência de todos os sistemas jurídicos desenvolvidos, pouco importando a tradição jurídica em que estajam inseridos. No âmbito do Direito europeu, por exemplo, estamos vivenciando um processo parecido com aquele que se verificou no período de formação do Estado Moderno, quando a unificação do Direito se dava quase que exclusivamente por meio dos tribunais". Jornal carta Forense, agosto de 2012, p. B18.

expressão, acaba não condizendo com o instituto jurídico do país importador, razão pela qual a referida tradução deve ser feita com o entendimento do instituto no país de origem, para depois conseguir perfectibilizar a tradução,[5] sob pena de se cair na máxima *traduttore, traditori*.[6]

É o caso, v.g., da expressão inglesa *adjudication*,[7] que no ordenamento jurídico brasileiro seria traduzido por adjudicação,[8] e encontraria guarida no instituto da constrição de bens, enquanto nos Estados de língua inglesa, tal expressão se vincula ao poder decisório do juiz. Alguns outros termos como *injunction*, *distinguish*, *judicial review*,[9] não poderiam, por si só, ser traduzidos literalmente, sob pena de se compreender minimamente ou, até mesmo, equivocadamente, o que vem a ser o instituto.

Assim, esse estudo é uma tentativa de demonstrar ao leitor do perigo da tradução literal das expressões do inglês jurídico, tentando trazer ao leitor algumas informações específicas dos referidos institutos que estão vinculados a regra do *stare decisis* para um melhor entendimento dos precedentes judiciais na doutrina brasileira.

2.1. Stare decisis e precedente: mesmo significado?

Não é difícil encontrar na doutrina brasileira teóricos do direito que apontam a tradução de *stare decisis* como se fosse precedente, o que, traz ao leitor a confiança de que não existe qualquer distinção entre a expressão inglesa com sua tradução.

---

[5] NOGUEIRA, Gustavo Santana. *Stare Decisis et Non Quieta Movere*: a vinculação aos precedentes no direito comparado e brasileiro. Rio de Janeiro: Lúmen Júris, 2010, p. 2-3. Apenas para se ter uma ideia do que se quer dizer, analise-se o trecho da obra acima identificada para ver o número de expressões que se deve dominar para entender o que quer dizer o autor ao final do texto: "A 'teoria geral dos precedentes', por sua vez, é formada pelos institutos que dão vida aos precedentes, ou seja, tentamos demonstrar que respeitar precedentes não se resume a um simplório exercício de 'copiar-colar', mas vai muito além, exigindo conhecimento de técnicas de diferenciação da *ratio decidendi* do obter dictum. Uma vez identificada a parte da decisão que exerce influência em casos futuros, a ratio, é preciso ainda fazê-la incidir correta e adequadamente, e isso se dá pela ferramenta do *distinguishing*".

[6] Expressão italiana que, literalmente, significa "tradutor, traidor".

[7] FREER, Richard D. *Civil procedure*. Second edition. New York. Aspen Publishers, 2009. Refere o autor estadunidense que: "Adjudication means that there will be a judicial resolution of the merits of the dispute. The merits, of course, involve the underlying dispute, including such questions as: Did the defendant breach the contract? Did the defendant commit a tort? Was the plaintiff contributorily negligent? How fast was the car going? How serious are the injuries suffered? Who is telling the true? Throughout the litigation stream, these issues have been asserted and 'joined' and now are ready to be decided". E finaliza: "In adjudication the merits, the judicial system must accomplish two tasks. First, it must have the 'fact-finding' function. Second, it must apply the law to those facts to determine who should win the judgment".

[8] *Digesto de processo* – volume 1: Ação/avaria. Rio de Janeiro: Forense: *Revista Brasileira de Direito Processual*; Uberlândia: Universidade Federal de Uberlândia. Forense Rio de Janeiro 1980 – verbete adjudicação, p. 375. Adjudicação (do latim, adjudicatio), é categoria jurídica restrita à província do direito Público. Trata-se de expressão originariamente exclusiva de direito processual, mas hoje também de emprego em direito administrativo. Neste espaço, dá-se tratamento apenas à adjudicação, genericamente, como figura de direito processual e, em especial, à adjudicação de imóvel. Em termos vulgares vem a ser 'ato ou efeito de entregar por sentença', onde já se percebe, na sua índole e estrutura, a presença indeclinável do juiz. Precisando a definição: é o ato judicial mediante o qual se estabelece e se declara que a propriedade de uma coisa se transfere de seu primitivo dono para outra pessoa, que, então, assume sobre a mesma todos os direitos de domínio e posse, que são inerentes a toda e qualquer alienação.

[9] MELLO, Maria Chaves de. *Dicionário jurídico português-inglês – inglês-português/Portuguese-English – English-Portuguese*. 9. ed. Rio de Janeiro: Forense; São Paulo: MÉTODO, 2009. Numa análise puramente literal em sua tradução, os institutos a seguir não poderiam ser compreendidos em suas grandezas, senão vejamos: *Distinguish, to*. Distinguir. p. 705. *Injunction*: Liminar; Medida liminar; Injunção; Tutela antecipada (mandado judicial expedido a favor de titular de direito líquido e certo ameaçado de lesão, ordenando que alguém não faça, deixe de fazer, ou desfaça um ato ou ação; Remédio oriundo da jurisdição de equidade, hoje também aplicado pela justiça comum norte-americana, é adequado quando a reparação em dinheiro não pode satisfazer ao autor). p. 796. *Judicial Review*: Revisão judicial de processo administrativo. p. 813.

Contudo, tem-se que, pelo menos para alguma parte da doutrina, uma não pode ser confundida com a outra, pois se trata de institutos diferentes.

Bruno Periolo Odahara afirma, com base em estudo realizado especificamente sobre o tema, que autores como Neil Duxbury e Melvin Aron Eisenber apontam para a igualdade de tratamento entre *stare decisis* e precedente (*precedent*), sendo que, tal apontamento não é defendido por Frederick Schauer, que considera serem termos diferentes, o que acaba, inclusive, por fazer a diferenciação entre precedente vertical e precedente horizontal.[10]

Contudo, a diferenciação mostra-se contraproducente. A tradução de *stare decisis* pode ser feita por precedente sem maiores divagações sobre o tema, uma vez que inócua a discussão referente ao alcance de uma expressão em prol da outra.[11]

2.2. Ratio decidendi ou holding

Talvez o grande divisor de águas nas decisões judiciais seja o conceito da *ratio decidendi* ou *holding*,[12] pois, é a partir da investigação destes institutos na decisão judicial é que o precedente surgirá para ser aplicado em outros casos.

Segundo Patrícia Perrone Campos Mello:[13]

> O *holding* ou *ratio* decidendi constitui a norma extraída do caso concreto que vincula os tribunais inferiores. Trata-se de uma das moções mais importantes para a operação com julgados normativos e, paradoxalmente, uma das mais controvertidas, como já antecipado.

---

[10] ODAHARA, Bruno Periolo. Um rápido olhar sobre o stare decisis. In: *A força dos precedentes*: estudos dos cursos de mestrado e doutorado em direito processual civil da UFPR. Luiz Guilherme Marinoni (coordenador). Salvador: JusPODIVM, 2010. Inicia o autor relatando na p. 56: "Comumente, fala-se de stare decisis e precedente como termos quase análogos, tal como defende Neil Duxbury" e aponta para o outro autor na seguinte passagem: "Na mesma direção trafega a concepção de Melvin Aron Eisenberg". Após, ingressa o autor na outra concepção, a qual se copia na integralidade pois aponta a distinção entre precedente vertical e horizontal, nas p. 56-7: "Contudo, há certa divergência no entendimento defendido por Frederick Schauer, o qual percebe diferenças entre precedente e stare decisis. 'Tecnicamente, a obrigação de uma corte de seguir decisões prévias da mesma corte é referida como sendo stare decisis (...), e o termo mais abrangente precedente é usado para se referir tanto à stare decisis, quanto à obrigação de uma corte inferior de seguir decisões de uma superior'. Desta feita, o autor subscreve dois tipos de precedente: o precedente vertical e o precedente horizontal. No primeiro, trata-se da expectativa de que 'corte inferiores sigam as decisões prévias de cortes superiores dentro de sua jurisdição', sendo 'essa relação de inferior para superior na 'cadeia de comando' comumente entendida como vertical'. Neste, 'a obrigação é tomada entre a corte atual e a mesma cote no passado'. A questão afeta ao precedente horizontal não trata de cortes superiores ou inferiores, mas de uma hierarquia artificial ou imposta do anterior para o posterior. A decisão prévia é superior não porque vem de uma corte superior; mais precisamente, a decisão prévia se torna superior apenas por que é anterior".

[11] ZANETI JÚNIOR, Hermes. Processo constitucional: relações entre processo e Constituição. In *Introdução ao estudo do processo civil*: primeiras linhas de um paradigma emergente. MITIDIERO, Daniel Francisco; ZANETI JUNIOR, Hermes. Porto Alegre: S. A. Fabris, 2004. Seria tão contraproducente como a diferenciação entre direito processual constitucional, direito constitucional processual, conforme alerta o autor: "Na doutrina, a denominação suproproposta encontra subdivisões, de ordem 'didática' (Sic.), em: direito constitucional processual (dedicada aos princípios constitucionais processuais) e direito processual constitucional (dedicada a matéria propriamente processual, como a jurisdição constitucional, v.g., mandado de segurança, ação direta de constitucionalidade, etc.). Esta distinção se mostra meramente 'metafórica'; portanto, mesmo que acobertada sob o pálio da 'didática' revela-se necessária e deve ser repudiada frente à possibilidade de mitigação da importância do tema e sua diluição em discussões meramente terminológicas, de menor importância".

[12] SOARES, Guido Fernando Silva. *Common law*: introdução ao direito dos EUA. 2. ed. São Paulo: Revista dos Tribunais, 2000, p. 42. Alerta o autor para a especificidade da nomenclatura: "Nas decisions que criam precedentes, na *Common Law* dos EUA, é necessário distinguir o que é um holding (na Inglaterra: ratio decidendi) de um dictum (proveniente da expressão obiter dictum)".

[13] MELLO, Patrícia Perrone Campos. *Precedentes* – o desenvolvimento judicial do direito no constitucionalismo contemporâneo. Rio de Janeiro: Renovar, 2008, p. 118.

Algumas informações extremamente importantes do pensamento acima esposado: i) norma extraída do caso concreto, demonstrando a importância da análise fática do caso a ser aplicado um precedente; ii) é o que vai vincular os tribunais inferiores; iii) é uma das noções mais importantes para se trabalhar com precedentes. Diante desses fatos, que corrobora-se, é inegável concluir que se trata de um dos mais complexos temas relacionados à regra dos precedentes judiciais.

Thomas da Rosa de Bustamante[14] refere numa linha mais argumentativa sobre a *ratio decidendi*:

> A grande questão a ser respondida por uma teoria descritiva dos precedentes judiciais é: 'O que vale como precedente judicial?'. Como optamos por uma teoria normativa do precedente, nosso problema é: 'O que deve contar como precedente judicial, para fins de sua aplicação no raciocínio jurídico?'. Ao reformularmos a pergunta inicial, abandonamos a perspectiva do observador e adotamos a do participante. Precedentes judiciais são, como enunciados legislativos, textos dotados de autoridade que carecem de interpretação. É trabalho do aplicador do Direito extrair a *ratio decidendi* – o elemento vinculante – do caso a ser utilizado como paradigma. Mas a noção de *ratio decidendi* e os critérios para sua determinação constituem algo ainda fortemente controvertido. Talvez este seja o ponto mais polêmico da teoria e de toda a teoria jurídica produzida no *common Law*.

Inegável diante da leitura dos autores acima ser o conceito de *ratio decidendi* ou *holding* um dos mais fundamentais da teoria dos precedentes judiciais, razão pela qual a mera tradução da expressão não autorizaria a chegar nesta conclusão sem que se lesse, mais pormenorizada, a doutrina especializada na matéria.

2.3. Obiter dictum ou dicta

Outra expressão que merece destaque é a o*biter dictum* ou d*icta* que se traduz literalmente por "dito para morrer", o que não elucida o real alcance e significado do que se quer dizer.

Quando se pega um dicionário qualquer de tradução jurídica a explicação do que vem a ser *obiter dictum* começa a clarear, pois vincula-se então a tradução literal de "dito para morre" e se complementa com o que pensa a tradutora Maria Chaves de Mello ao expor ser um "comentário feito pelo juiz na sentença a título de ilustração, sem força de precedente".

Já para Teresa Arruda Alvim Wambier[15] *Obiter dictum* ou *Dicta* significa que "a expressão vem de 'dito para morrer', ou seja, trata-se de coisas ditas na decisão, mas que não têm efeito vinculante em relação às decisões posteriores, só persuasivo".

Assim, diante da análise da *ratio decidendi* e do *obiter dictum* pode-se afirmar, com Maurício Ramirez,[16] que a diferença entre eles se estabelece assim:

> O *holding* é o que foi discutido, arguido e efetivamente e efetivamente decidido no caso anterior, enquanto que o dictum é o que se afirma na decisão, mas que não é decisivo (necessário) para o deslinde da questão. Apenas o holding pode ser vinculante (binding) para os casos futuros, pois ele representa o que foi realmente estabelecido. O dictum é o que é tido meramente circunstância em um dado caso.

---

[14] BUSTAMANTE, Thomas da Rosa de Bustamante. *Teoria do precedente judicial*: a justificação e a aplicação de regras jurisprudenciais. São Paulo: Noeses, 2012, p. 259.

[15] A autora expõe a tradução num micro glossário que introduz a obra: ANDREWS, Neil. *O moderno processo civil brasileiro*: formas judiciais e alternativas de resolução de conflitos na Inglaterra. Orientação e revisão da tradução de Teresa Arruda Alvim Wambier. São Paulo: Revista dos Tribunais, 2009, p. 19.

[16] RAMIRES, Maurício. *Crítica à aplicação de precedentes no direito brasileiro*. Porto Alegre: Livraria do Advogado, 2010, p. 68-9.

Então, note-se que entre o *holding* do caso e o *dictum*, para que seja aplicado o precedente vinculante, deve-se descobri aqueles, enquanto, neste, apesar de ser importante, por são dados circunstanciais do julgamento, o precedente deixaria de vincular, para apenas tentar persuadir o julgado.

2.4. O distinguishing e as técnicas de aplicação de precedentes: technique of signaling, transformation e overriding

Refere Teresa Arruda Alvim Wambier[17] sobre o que vem a ser o instituto do *distinguish* ao dizer que "é uma técnica, típica do *common law*, consistente em não se aplicar o precedente quando o caso a ser decidido apresenta uma peculiaridade, que autoriza o afastamento da rule e que a decisão seja tomada independentemente daquela".

O *distinguishing* expressa à distinção entre casos para o efeito de se subordinar, ou não, o caso sob julgamento a um precedente. A necessidade de *distinguishing* exige, como antecedente lógico, a identificação da *ratio decidendi* ou *holding* do precedente. Como a ratio espelha o precedente que deriva do caso, trata-se de opor o caso sob julgamento à ratio do precedente decorrente do primeiro caso.

Contudo, em determinadas ocasiões, o *distinguishing* não poderá ser feita por incompatibilidade do caso A (anteriormente decidido) com o caso B (caso posterior no qual o precedente deveria ser aplicado). Para isso, o juiz deverá, também, realizar um estudo sobre os casos e analisar as razões pelas quais ele não aplicará o precedente, fazendo, pois, o *distinguishing*. Contudo, conforme explica Luiz Guilherme Marinoni, existe um meio-termo entre o *distinguishing* e o *overrruling*[18] que faz com que, embora não se aplique à primeira, não se pode passar a sua revogação. São elas a *technique of signaling*, a *transformation*[19] e a *overriding*.[20]

2.5. Overruling, anticipatory overruling e prospective overruling

Já analisadas algumas nomenclaturam que traz ao estudante alguma segurança ao analisar a regra do *stare decisis*, chega o momento de saber o que vem a ser aquela que leva o precedente a ser revogado. Isso dá-se pelo *overruling*.

---

[17] ANDREWS, Neil. *O moderno processo civil brasileiro*: formas judiciais e alternativas de resolução de conflitos na Inglaterra. Orientação e revisão da tradução de Teresa Arruda Alvim Wambier. São Paulo: Revista dos Tribunais, 2009, p. 17-8.

[18] MARINONI, Luiz Guilherme. *Precedentes obrigatórios*. São Paulo: Revista dos Tribunais, 2010, p. 335: "Nos Estados Unidos, assiste-se à utilização de certas técnicas que se situam num espaço entre o *distinguishing* e o *overruling*. Por meio delas o tribunal não revoga o precedente, mas também não realiza um adequado *distinguishing*, que permita ver que a solução dada ao caso sob julgamento está em consonância com o resultado a que se chegou no precedente".

[19] MARINONI, Luiz Guilherme. *Precedentes obrigatórios*. São Paulo: Revista dos Tribunais, 2010, p. 343: "Outra situação, que não se confunde com o *distinguishing* nem com o *overrruling*, é chamada de transformation. Trata-se de hipótese em que a Corte não realiza o *overruling*, nem muito menos o *distinguishing* do caso sob julgamento para deixar de aplicar o precedente, mas em que faz a transformação ou a reconfiguração do precedente sem revogá-lo".

[20] MARINONI, Luiz Guilherme. *Precedentes obrigatórios*. São Paulo: Revista dos Tribunais, 2010, p. 347. "O *overriding* apenas limita ou restringe a incidência do precedente, aproximando-se, neste sentido, de uma revogação parcial. Mas no *overriding* não há propriamente revogação, nem mesmo parcial, do precedente, embora o resultado da decisão com ele tomada não seja compatível com a totalidade do precedente".

Segundo Gustavo Santana Nogueira o overruling vem a ser uma técnica, na qual o tribunal finaliza a aplicação de um precedente pela nova realidade oriunda de novos casos julgados sobre a matéria,[21] sendo certo que não é a qualquer momento que isso pode ser feito sob pena de enfraquecimento do próprio instituto.[22]

Contudo, existe a possibilidade de, em algumas ocasiões, existir uma antecipação da revogação dos precedentes pelas Cortes de Apelação nos Estados Unidos quando, por meio de determinados requisitos,[23] existir a desconfiança de que a Suprema Corte irá, cedo ou tarde, revogá-los. Trata-se do *anticipatory overruling*.[24]

Por fim, no que concerne a nomenclatura utilizada neste tópico, sobre *overruling*, cabe referir a possibilidade de atribuir efeitos temporais à aplicação de um precedente, a teor do que ocorre no Brasil com a modulação de efeitos nas ações do controle concentrado de constitucionalidade. Na *common law* fala-se neste efeito como *prospective overruling*, ou seja, a possibilidade de prospecção dos efeitos da decisão, o que pode-se dar por meio da *prospective prospective overruling*- quando se posterga – ou na de *pure prospective overruling* – quando não se aplica o precedente ao caso que o está modificando.[25]

Considerações finais

Este ensaio visou analisar um pouco mais do que vem a ser algumas expressões do inglês jurídico, em especial no que concerne a regra do *stare decisis*.

Foi defendido que a simples tradução de determinadas expressões em nada contribui para a correta compreensão das mesmas, sendo que, em alguns casos,

---

[21] NOGUEIRA, Gustavo Santana. *Stare Decisis et Non Quieta Movere*: a vinculação aos precedentes no direito comparado e brasileiro. Rio de Janeiro: Lúmen Júris, 2010, p. 179: "Por meio dessa técnica, o Tribunal supera o precedente. Fazer o *overruling* significa que o Tribunal claramente sinaliza o fim da aplicação de uma regra de direito estabelecida pelo precedente e substitui a velha regra de direito por uma que é fundamentalmente de natureza diversa".

[22] MARINONI, Luiz Guilherme. *Precedentes obrigatórios*. São Paulo: Revista dos Tribunais, 2010, p. 390. Relembra o processualista paranaense, citando Melvin Eisenberg, que o precedente deixa de corresponder quando não atende mais os padrões de congruência social e consistência sistêmica, em trecho assim relatado: "Afirma Melvin Eisenberg que um precedente está em condições de ser revogado quando deixa de corresponder aos padrões de congruência social e consciência sistêmica e, ao mesmo tempo, os valores que sustentam a estabilidade – basicamente os da isonomia, da confiança justificada e da vedação da surpresa injusta – mais fundamenta a sua revogação do que a sua preservação".

[23] MARINONI, Luiz Guilherme. *Precedentes obrigatórios*. São Paulo: Revista dos Tribunais, 2010, p. 403. Discorre sobre a fundamentação utilizada pelas Cortes para antecipar a revogação de um precedente: "As Cortes de Apelação utilizam como fundamentos para a antecipação: i) o desgaste do precedente pelas próprias decisões da Suprema Corte; ii) uma tendência da Suprema Corte que permita concluir que o precdente será revogado; iii) ter a Suprema Corte demonstrado que está a espera de um caso apropriado para realizar o overruling. Esses motivos algumas vezes são associados aos seguintes: i) alteração na composição da Suprema Corte ou mudança do ponte de vista pessoal dos Justices; ii) inconsistência do precedente em relação às decisões anteriores da Corte, a identificar provável equívoco; iii) percepção de que o precedente não surtiu, em termos práticos, o efeito de que dele se esperava".

[24] MARINONI, Luiz Guilherme. *Precedentes obrigatórios*. São Paulo: Revista dos Tribunais, 2010, p. 403. Refere sobre o tema: "Entenda-se por anticipatory overruling a atuação antecipatória das Cortes de Apelação estadunidenses em relação ao overruling dos precedentes da Suprema Corte. Trata-se, em outros termos, de fenômeno identificado como antecipação a provável revogação de precedente por parte da Suprema Corte".

[25] MARINONI, Luiz Guilherme. *Precedentes obrigatórios*. São Paulo: Revista dos Tribunais, 2010, p. 422. Explicando o que vem a ser eles, discorre: "Quando se posterga a produção de efeitos da nova regra, fala-se em *prospective prospective overruling*. Ademais, como esclarece Eisenberg, alude-se a pure prospectiva *overruling* para demonstrar o que ocorre quando a Corte não aceita que a nova regra regule o próprio caso sob julgamento, restando a terminologia *prospective overruling* para anunciar a mera irretroatividade da nova regra às situações anteriores à data da decisão".

vem até mesmo a dificultar o correto entendimento daquilo que se tem na língua estrangeira.

Não há mais como deixar de lado o estudo do que vem a ser a regra do *stare decisis* no Brasil, tendo em vista que, tando nós, como àqueles sistemas de *common law* tem se tornado, a cada dia, mais híbridos do que de costume, chegando as vias de se pensar em trabalhar com um sistema misto de direito.[26]

Diante disso, neste estudo, não só foram traduzidas algumas importantes expressões da *common law*, mas vieram elas acompanhadas de uma singelo estudo sobre o que vem a ser o instituto por detrás da mera palavra.

Bibliografia

ANDREWS, Neil. *O moderno processo civil brasileiro*: formas judiciais e alternativas de resolução de conflitos na Inglaterra. Orientação e revisão da tradução de Teresa Arruda Alvim Wambier. São Paulo: Revista dos Tribunais, 2009.

BUSTAMANTE, Thomas da Rosa de Bustamante. *Teoria do precedente judicial*: a justificação e a aplicação de regras jurisprudenciais. São Paulo: Noeses, 2012.

Digesto de processo – volume 1: Ação/avaria. Rio de Janeiro: Forense: *Revista Brasileira de Direito Processual*; Uberlândia: Universidade Federal de Uberlândia. Rio de Janeiro: Forense, 1980 – verbete adjudicação.

FINE, Toni M. *Introdução ao sistema jurídico anglo-americano*. Tradução de Eduardo Saldanha. São Paulo: WMF Martins Fontes, 2011.

FREER, Richard D. *Civil procedure*. Second edition. New York. Aspen Publishers, 2009.

MARINONI, Luiz Guilherme. *Precedentes obrigatórios*. São Paulo: Revista dos Tribunais, 2010.

MARTEL, Letícia de Campos Velho. *Devido processo legal substantivo*: razão abstrata, função e características de aplicabilidade – a linha decisória da Suprema Corte Estadunidense. Rio de Janeiro: Lúmen Júris, 2005.

MELLO, Maria Chaves de. *Dicionário jurídico português-inglês – inglês-português/ Portuguese-English – English-Portuguese*. 9. ed. Rio de Janeiro: Forense; São Paulo: MÉTODO, 2009.

MELLO, Patrícia Perrone Campos. *Precedentes* – o desenvolvimento judicial do direito no constitucionalismo contemporâneo. Rio de Janeiro: Renovar, 2008.

NOGUEIRA, Gustavo Santana. *Stare Decisis et Non Quieta Movere*: a vinculação aos precedentes no direito comparado e brasileiro. Rio de Janeiro: Lumen Juris, 2010.

ODAHARA, Bruno Periolo. Um rápido olhar sobre o stare decisis. In *A força dos precedentes*: estudos dos cursos de mestrado e doutorado em direito processual civil da UFPR. Luiz Guilherme Mariononi (coordenador). Salvador: JusPODIVM, 2010.

RAMIRES, Maurício. *Crítica à aplicação de precedentes no direito brasileiro*. Porto Alegre: Livraria do Advogado, 2010.

TARUFFO, Michele. *El processo civil adversarial em la experiencia americana*: el modelo americano del proceso de connotación dispositiva. Bogotá, Colombia: Editorial Temis S.A., 2008.

SLAPPER, Gary; KELLY, David. *O sistema jurídico inglês*. Tradução de Marcílio Moreira de Castro. Rio de Janeiro: Forense, 2011.

SOARES, Guido Fernando Silva. *Common law*: introdução ao direito dos EUA. 2. ed. São Paulo: Revista dos Tribunais, 2000.

TARANTO, Caio Marcio Guterres. *Precedente judicial* – autoridade e aplicação da jurisdição constitucional. Rio de Janeiro: Forense, 2009.

ZANETI JÚNIOR, Hermes. Processo constitucional: relações entre processo e Constituição. In *Introdução ao estudo do processo civil*: primeiras linhas de um paradigma emergente. MITIDIERO, Daniel Francisco; ZANETI JUNIOR, Hermes. Porto Alegre: S. A. Fabris, 2004

---

[26] NOGUEIRA, Gustavo Santana. *Stare Decisis et Non Quieta Movere*: a vinculação aos precedentes no direito comparado e brasileiro. Rio de Janeiro: Lumen Juris, 2010, p. 8. Refere o autor ao se referir à doutrina da professor Esin Örücü que: "Örücü diz que existem sistema híbridos, que não se amoldam a nenhuma classificação proposta, também chamados de *mixed jurisdictions* ou terceira família, referindo-se à civil e *comon law* como as duas primeiras, citando como exemplos os sistemas vigentes no Canadá (Quebec), na Argélia e na Holanda, nos quais há, segundo o autor, uma combinação dos direitos romano, francês, germânico e indígeno, e na Itália, que seria um mix dos direitos canônico, romano, francês, austríaco, germânico e o ius commune. Conclui seu estudo afirmando que é difícil determinar o exato nível de hibridismo em cada sistema jurídico, mas que lhe parece claro que a combinação de diferentes culturas sociais e legais que deu ensejo a um sistema misto (*mixed jurisdictions*). Na sua visão, como é agora amplamente reconhecido, não há realmente sistema puro no mundo jurídico e vários graus de hibridismo resultam vários graus, níveis e camadas de cruzamento e entrelaçamento".

— 25 —

Reflexões sobre a função econômico-social frente ao poder dos credores e o poder do juiz na recuperação de empresas[1]

RAFAEL DE FREITAS VALLE DRESCH[2]

Sumário: Introdução; 1. A função econômico-social da empresa; 1.1. A funcionalização econômico--social no direito privado; 1.2. A função econômico-social na recuperação de empresas; 2. A relação entre os poderes dos credores e do juiz; 2.1. Delineamento da tensão de poderes; 2.2. A função econômico-social no exercício do controle dos poderes dos credores; Conclusão; Referências bibliográficas; Referências jurisprudenciais.

Introdução

Dentre os temas mais controvertidos na disciplina da falência e recuperação de empresas na atualidade se apresenta a relação entre o poder dos credores e o poder do juiz. Recentemente, o Superior Tribunal de Justiça (STJ), manteve decisão do Tribunal de Justiça de São Paulo (TJSP) que anulou cláusula do plano de recuperação da Companhia Brasileira de Açúcar e Álcool, que havia sido aprovado em assembleia geral de credores:

> RECURSO ESPECIAL. RECUPERAÇÃO JUDICIAL APROVAÇÃO DE PLANO PELA ASSEMBLEIA DE CREDORES. INGERÊNCIA JUDICIAL. IMPOSSIBILIDADE. CONTROLE DE LEGALIDADE DAS DISPOSIÇÕES DO PLANO. POSSIBILIDADE. RECURSO IMPROVIDO.
> 1. A assembleia de credores é soberana em suas decisões quanto aos planos de recuperação judicial. Contudo, as deliberações desse plano estão sujeitas aos requisitos de validade dos atos jurídicos em geral, requisitos esses que estão sujeitos a controle judicial.
> 2. Recurso especial conhecido e não provido.[3]

O referido plano dava amplos poderes à empresa para revisar ou até rescindir contratos anteriores. Apesar dos legalmente garantidos poderes dos credores para definição do plano de recuperação e de, nesses termos, o referido plano ter sido apro-

---

[1] A elaboração do presente artigo foi possível pelas revisões e sugestões dos colegas professores Fabiano Koff Coulon e Milton Terra Machado, aos quais são devidos os merecidos agradecimentos pela colaboração prestada.

[2] Advogado, professor universitário, graduado em Ciências Jurídicas e Sociais pela Pontifícia Universidade Católica do Rio Grande do Sul (PUCRS), especialista e mestre em direito privado pela Universidade Federal do Rio Grande do Sul (UFRGS), tendo sido professor substituto na UFRGS entre 2003 e 2005. Doutor em Direito pela PUCRS, com estágio de doutoramento (doutorado sanduíche) na *University of Edinburgh/UK*. Sócio da Farah e Terra Machado Advogados e professor dos cursos de Direito da PUCRS e da Universidade FEEVALE.

[3] STJ,3ª Turma, RECURSO ESPECIAL nº 1.314.209 – SP (2012/0053130-7), Rel. Min. Nancy Andrighi, jul. 22/05/2012.

vado em assembleia, o STJ entendeu que o TJSP tem poder para avaliar a legalidade da mencionada cláusula, ou seja, o juízo na recuperação judicial pode não homologar planos aprovados em assembleia de credores quando entender haver ilegalidade, como no referido caso, em que o plano permitia a modificação de contratos prévios de forma unilateral, o que é vedado pelo artigo 104[4] combinado com o artigo 122,[5] ambos do Código Civil brasileiro.

A controvérsia se estabelece com o advento da nova legislação de recuperação de empresas em virtude do evidente incremento do poder dos credores, principalmente, daqueles que obtêm o controle das deliberações nas assembleias de credores. Mesmo que numa leitura simples dos novos dispositivos pudesse ser concluído que as definições referentes aos rumos da recuperação seriam dadas, exclusivamente, pela vontade dos principais credores através do controle das deliberações em assembleias gerais de credores, restando ao magistrado apenas o papel de certificar formalmente tais deliberações, cabe analisar se o poder definidor dos caminhos da recuperação não acaba por passar pelo crivo do poder do juiz, não somente formal, mas substancial, ante as normas gerais do direito da empresa, do direito privado e do direito como um todo.

Para superação da análise simplista supracitada, é preciso avaliar, no mesmo sentido da decisão do STJ, se o controle homologatório permite ao juiz analisar a legalidade do plano com base na função econômico-social da empresa, e, mais especificamente, da função econômico-social do instituto da recuperação empresarial, pois no possível controle material das deliberações dos credores, por parte do juiz, em decisões concernentes à homologação de planos e determinações em assembleias gerais de credores, o fundamento primordial mais controverso é o princípio da função econômico-social. Além disso, cabe indagar se poderá o magistrado homologar plano que não foi aprovado pela assembleia geral de credores segundo os requisitos formalmente estabelecidos pela legislação?

Nesse compasso, os presentes apontamentos sobre o tema serão apresentados com um primeiro capítulo tratando da função econômico-social da empresa e de seus institutos e um segundo capítulo abordando a relação entre o poder dos credores e do juiz, sobretudo, nas situações em que a decisão na homologação de deliberações das assembleias gerais de credores ocorre com base em fundamentos não apenas formais, mas substanciais, como ocorrido no caso paradigmático julgado no STJ.

1. A função econômico-social da empresa

O estudo exige, inicialmente, a análise da função econômico-social como um princípio constitucional que pode servir de fundamento central para o controle substancial das deliberações de assembleias gerais de credores pelo magistrado na recuperação de empresas. O princípio da função econômico-social da empresa, como correlato do princípio da função econômico-social da propriedade e do contrato, tem sua origem na Constituição Federal e referências expressas na legislação infraconstitucional, sendo oriundo de uma tradição iniciada no século XIX, como será observado.

---

[4] "Art. 104. A validade do negócio jurídico requer: I – agente capaz; II – objeto lícito, possível, determinado ou determinável; III – forma prescrita ou não defesa em lei."

[5] "Art. 122. São lícitas, em geral, todas as condições não contrárias à lei, à ordem pública ou aos bons costumes; entre as condições defesas se incluem as que privarem de todo efeito o negócio jurídico, ou o sujeitarem ao puro arbítrio de uma das partes."

1.1. A funcionalização econômico-social no direito privado

A funcionalização do direito privado e de seus institutos é um fenômeno amplamente reconhecido no meio jurídico e se caracteriza pela superação da visão formalista, voluntarista, ou mesmo, liberal, que permeou o direito privado, civil-comercial, até o século XIX. Pela compreensão formalista, os institutos de direito privado, tais como a propriedade, o contrato, a sociedade, eram entendidos como instrumentos jurídicos quase que exclusivamente voltados para os interesses individuais dos particulares envolvidos nas relações privadas.

Por conseguinte, o proprietário, os contratantes e o comerciante tinham a proteção da vontade, do fim individual, definidos como o bem maior, quase que único, a ser protegido. Assim, a propriedade é compreendida como um direito-poder absoluto de usar, fruir e dispor sem limites dos bens, o contrato é entendido como um instrumento exclusivo das vontades autônomas desprovidas de limites legais e o comércio é uma atividade voltada apenas ao lucro dos comerciantes.

Nesse aspecto, é fundamental frisar que, apesar da crítica kantiana à metafísica do jusnaturalismo moderno anterior e da desconexão ocorrida em relação aos fundamentos da justiça aristotélica, a Escola Histórica do Direito, através de seus principais líderes, Savigny e Puchta, pode receber e conformar a herança jusnaturalista moderna e a forte influência kantiana e neokantiana.[6] Ou seja, a pandectística alemã recebe tal influência e a agrega às conquistas jurídicas do jusnaturalismo moderno sobre o material romano, desconectando-se, entretanto, dos princípios de justiça que influenciaram os romanos e, de alguma forma, dos pais do direito privado moderno.[7]

Como essa construção moderna do formalismo acabou por abandonar os fundamentos da teoria da justiça da tradição aristotélico-tomista, para a posteridade, o formalismo deixou de estar vinculado especificamente à ideia de comutatividade e passou a ser compreendido apenas nos termos do liberalismo individualista. Ilustrati-

---

[6] Assim Wieacker esclarece essa combinação no seio da Escola Histórica do Direito: "Incorrecta seria, em contrapartida, a conclusão de que a crítica kantiana da metafísica do direito tenha tornado impossíveis todos os ulteriores contributos metodológicos do jusracionalismo para a ciência jurídica. O jusracionalismo, como tentativa sistemática de uma ordenação científica do direito positivo, não foi de modo algum atingido por ela; assim, kantianos como Anselm Feuerbach (e, num certo sentido, Franz v. Zeiler) puderam ser, ao mesmo tempo, legisladores jusracionalistas. Continuou ainda a ser possível, com base na autonomia ética de Kant, uma ética jurídica autônoma de carácter trans-histórico, tal como dominou o conjunto da primeira pandectística no conceito de pessoa jurídica, de direito subjetivo, de autonomia da vontade negocial e da 'existência autônoma do direito' como realização da ética em Savigny e em Puchta. Assim, para Savigny, o direito constitui 'uma fronteira dentro da qual a existência e a acção de cada particular obtém um espaço seguro e livre' e 'a regra pela qual pela qual esta fronteira e este espaço livre são definidos'. Savigny chega assim a uma relação entre direito e moral que fundamenta eticamente a própria autonomia do direito; o direito serviria na verdade na moral: porém, não enquanto dava realização aos seus comandos, mas enquanto assegurava a cada um o desdobramento das suas energias internas. Daqui decorre que o direito 'domine ilimitadamente na sua esfera' e não tenha que cumprir outra missão que não a da consagração ética da natureza humana'" (WIEACKER, Franz. *História do Direito Privado Moderno*. 3. ed. Lisboa: Fundação Calouste Gulbenkian, 2000, p. 403).

[7] Wieacker, novamente, destaca essa ruptura promovida por Savigny: "o que ele terá feito foi distanciar-se, como todos os chefes da fila da jurisprudência por volta de 1800, do direito natural pré-crítico, isto sob a influência de Kant; para ela já não existia qualquer direito natural 'material', i.e. do ponto de vista do conteúdo, que pudesse representar a filosofia da ciência jurídica" (WIEACKER, op. cit., p. 425). No mesmo sentido: "Foi também do jusnaturalismo que a nova ciência jurídica adoptou ainda o pressuposto de uma determinação ética geral para o direito. Na verdade a antiga ética social material do jusnaturalismo de Grócio e Pufendorf, juntamente com a sua tradição antiga e escolástica, aparecia agora completamente desmentida pela 'Crítica da razão prática' e pelos 'Fundamentos metafísicos da teoria do direito' de Kant. Ela foi substituída pela ética formal do dever e da liberdade que Kant deduziria da autonomia moral de personalidade" (WIEACKER, op. cit., p. 427).

vamente, exemplar é a análise de Castanheira Neves, ao tratar do modelo formalista em questão:

Trata-se de um modelo de juridicidade-jurisdição perspectivado pelo individualismo moderno liberal e iluminista. Anotemo-lo em duas palavras, já que este é um terreno de todos bem conhecido. No fundo de tudo esteve uma determinante antropológica, já que a compreensão que ao tempo o homem de si mesmo teve levava implícito tudo o resto. E essa compreensão, que se constituiu do séc. XVI ao século XVIII, radicava na autonomia humana, em ruptura com a ordem (ou a pressuposição da ordem) teológico-metafísico-cultural transcendente, e para aceitar como fundamentos únicos de seu saber e de sua acção, respectivamente a razão (a razão em diálogo com a experiência empírica) e a liberdade. Em concomitância, se não como consequência, afirma-se a secularização (posto que ainda não como secularismo) e a emancipação do económico, ou a sua limitação dos quadros ético-religiosos (qualquer que tivesse sido a influência religiosa para a formação do capitalismo) e que não tardou a significar decisivamente a emancipação dos interesses, nos quais se via, aliás, a condição efectiva da realização da liberdade reinvindicada.[8]

Contudo, ao longo da segunda metade do século XIX e primeira metade do século XX, a visão formalista, voluntarista, liberal, passou a ser contestada e mesmo superada pela imposição de uma função social aos institutos de direito privado. O proprietário, além do direito de usar, fruir e dispor, passa a receber deveres de produção, de preservação ambiental, entre outros; o contrato é então compreendido não apenas como instrumento exclusivo das vontades dos contratantes, mas como um instrumento de acesso a bens fundamentais escassos e; a empresa, para além do lucro individual dos comerciantes, começa a ser entendida como uma atividade que produz bens necessários socialmente e que gera trabalho – seja através de empregos ou do exercício da livre-iniciativa pelo empresário.

Sabidamente, a pandectística, ao longo do século XIX, irá agregar outro componente à tradição do direito privado ocidental, principalmente, continental europeu: o historicismo irá acrescentar um forte elemento teórico e filosófico a essa tradição. A história do direito privado oitocentista é marcada exatamente por essa consciência histórica e uma contínua migração de uma visão inicialmente formalista, defensora de uma visão comutativa, formalista, não abertamente analisada – presente, sobretudo, em juristas da primeira pandectística, como Savigny e Puchta[9] – para uma visão funcionalista – e, portanto, de racionalidade distributiva, de juristas posteriores, como Jhering e, principalmente, Gierke.[10]

Nessa nova visão funcionalista do direito privado, a proteção aos interesses individuais é mantida como finalidade central do direito privado. Tais interesses, entretanto, têm que se conformar de maneira a cumprir com as finalidades económicas

---

[8] CASTANHEIRA NEVES, A. Entre o legislador, a sociedade e o juiz ou entre sistema, função e problema – modelos actualmente alternativos de realização jurisdicional do direito. Boletim da Faculdade de Direito da Universidade de Coimbra, v. LXXIV, 1998, p. 15-16.

[9] Interessante destacar como o valor "igual liberdade", antes mencionado, está presente na análise formalista de Savigny assim como estará para os formalistas contemporâneos da justiça corretiva: "Do mesmo modo, as definições de direito subjectivo de autonomia privada, de negócio jurídico e de vontade negocial dadas por Savigny correspondem a exigência posta por Kant daquela liberdade que pudesse coexistir com a liberdade de todos os outros" (WIEACKER, op. cit., p. 428).

[10] Vide WIEACKER, op. cit., p. 409.

e sociais que lhes são inerentes: a propriedade como direito para satisfação das necessidades humanas através de bens que lhes servem de objeto; o contrato como instrumento de acesso aos bens econômicos e; a empresa como ferramenta de geração de bens econômicos (produtos e serviços) e de trabalho humano.

A concepção do funcionalismo do direito privado nas suas diversas vertentes (social, econômica, entre outras) entende que esse ramo do direito fornece instrumentos a serem utilizados para alcançar, principalmente, fins econômicos e sociais desejáveis numa dada realidade social.[11] O contrato, a propriedade, a empresa, a responsabilidade civil serviriam como instrumentos para estabelecer, por exemplo, uma distribuição eficiente de custos de acidentes (Escola da Análise Econômica do Direito), ou para implementar a redistribuição da riqueza e a os proteção aos mais frágeis (Escola do Direito Social), dependendo da corrente funcionalista que se está a analisar. O funcionalismo, por conseguinte, sacrifica a estrutura formal própria das relações privatistas, centrada no fim específico de manutenção da *igual liberdade*, e se direciona a objetivos contingentes (como punição de infratores, proteção ao mais frágil, equilíbrio de poder nas relações, socialização de riscos ou distribuição de custos de acidentes) que devem poder ser alcançados através da aplicação desses institutos de direito privado nas relações estabelecidas em sociedade.

Contudo, em decorrência dos modestos objetivos da presente análise, as principais correntes funcionalistas não poderão ser estudas separadamente. Com efeito, o surgimento de uma visão moderna coletivista, contraposta à visão do individualismo liberal que dominou os primeiros séculos da era moderna, surge, principalmente, com correntes do pensamento que se evidenciaram no século XIX, dentre essas correntes da filosofia e sociologia em geral, merecem destaque os pensamentos de Hegel, Marx, Comte e Bentham, que nos influenciam até os dias atuais.[12] Nesse sentido, a importante descrição de Wieacker:

> No entanto, a partir da segunda metade do séc. XIX, começou a impor-se como pano de fundo a concepção de princípio de que o direito era uma função da realidade. Estas correntes declaram-se já partidárias daquele naturalismo que, no nosso século, haveria de inundar a tradição jurídica. No séc. XIX elas eram em geral tributárias do positivismo naturalista fundado por Comte e que seria transportado para a explicação da vida natural pelas grandes descobertas de Darwin e, para a explicação da vida moral, sobretudo por Nietzsche (p. 652). A crítica filosófica renovada do positivismo jurídico remonta a esta época.
> (...)
> Todas estas correntes estavam de acordo apenas nestes pressupostos negativos, embora se encontrassem em conflito umas com as outras, como sempre acontece, quando são destruídos os fundamentos

---

[11] Vide a análise anterior sobre os fundamentos do funcionalismo: DRESCH, Rafael de Freitas Valle. *Fundamentos da responsabilidade civil pelo fato do produto e do serviço*: um debate jurídico-filosófico entre o formalismo e o funcionalismo no Direito Privado. Porto Alegre: Livraria do Advogado, 2009, p. 68.

[12] Sobre o surgimento do coletivismo, vale ressalvar a análise de Villey: "No capítulo anterior, censurávamos o sistema individualista por haver falseado o ideal do direito, ao abandonar o ponto de vista que deveria ser o do juiz (cujo dever é ser imparcial) para adotar o do advogado, que se limita a ver os interesses de uma única causa particular, a do indivíduo que defende. Sob a aparência de aplicar leis gerais e iguais para todos (mas iguais apenas na forma e aparentemente), o sistema de Locke e do Código civil beneficiava apenas alguns, os proprietários.

Sem dúvida há a este respeito poucas diferenças entre a ideologia burguesa de 1789 e as ideias organicistas, coletivistas ou socialistas que a sucederam; a não ser pelo fato de uma casta de privilegiados ter sido substituída por outra.

Eis que agora se subordina o direito ao interesse do Todo. Mas o todo social não sendo tão real como o são os indivíduos, é de se temer que esta operação camufle o serviço a uma oligarquia: aos nobres ou aos altos funcionários nos quais se suporão encarnados os interesses do Estado, à classe militar que defende a honra da nação, aos membros do partido que pretende representar o povo, ou aos tecnocratas da economia... cujas políticas servem à cabeça em detrimento dos membros" (VILLEY, Michel. *Filosofia do direito*. Definições e fins do direito. Os meios do direito. São Paulo: Martins Fontes, 2003, p. 175).

culturais de uma antiga imagem de sociedade. Foi na crítica do utilitarismo individualista ao desbotado idealismo e ao realismo conceitual da jurisprudência dominante que se exprimiu com mais clareza o novo espírito da época. No entanto, estes rebentos do iluminismo tardio, de Jeremy Bentham até J. Stuart Mill e Jhering, estavam ainda de acordo com o liberalismo, ao serviço do qual também estava ainda a pandectística. Uma segunda corrente, de caráter social autoritário, voltava-se precisamente contra esse liberalismo; ela fundava-se ainda no ponto de vista histórico-metafísico e do arrebatamento nacionalista (...) A crítica socialista do direito, por fim, na sua principal versão marxista e baseada nas formas metodológicas da dialética hegeliana na perspectiva do materialismo histórico, ataca tanto o individualismo liberal, como o formalismo idealista do direito privado dominante. Por outro lado, juntam-se-lhe os teóricos burgueses do socialismo econômico.[13]

Traçadas algumas linhas sobre o surgimento da visão funcional, cumpre verificar como esta acaba por conformar a recuperação empresarial, numa interpretação centrada na garantia da dignidade humana nos termos da justiça social.

1.2. A função econômico-social na recuperação de empresas

Consoante acima delineado, nos termos da funcionalização econômica e social dos institutos do direito privado, a empresa é entendida como um instrumento não apenas para a busca do lucro da pessoa que exerce a atividade empresarial, mas para produção de bens econômicos e postos de trabalho e de desenvolvimento da livre-iniciativa. O artigo 170 da Constituição Federal,[14] que define a norma primeira da ordem econômica constitucional brasileira, estabelece o trabalho humano e a livre-iniciativa como fundamentos principais. Contudo, o que define a nova visão sobre o direito privado é que estes fundamentos estão direcionados ao objetivo da garantia da existência digna baseada na justiça social. Além disso, os incisos II e III determinam os princípios da proteção à propriedade privada e da função social da propriedade.

Nos citados termos constitucionais, a empresa, como instituto de direito privado com caráter essencialmente social e econômico, deve ser interpretada, disciplinada e compreendida de forma a cumprir com os objetivos constitucionais estabelecidos pela ordem econômica. A livre-iniciativa e o trabalho humano, nesse aspecto, no caso da disciplina jurídica da empresa, se somam ao seu objetivo específico, que é o de gerar bens econômicos (produtos e serviços) para o mercado, com o intuito de obtenção de lucro. Todos os temas inerentes à disciplina jurídica da empresa, portanto, devem estar voltadas às finalidades mencionadas.

Em relação à recuperação empresarial não poderia ser diferente, havendo a necessidade de interpretação das normas recuperatórias com base nas finalidades constitucionais (livre-iniciativa e trabalho humano), nas finalidades próprias da empresa (produção de bens, trabalho, tributos e lucro) e nas finalidades características do ins-

---

[13] WIEACKER, op. cit.. p. 513.

[14] "Art. 170. A ordem econômica, fundada na valorização do trabalho humano e na livre iniciativa, tem por fim assegurar a todos existência digna, conforme os ditames da justiça social, observados os seguintes princípios: I – soberania nacional; II – propriedade privada; III – função social da propriedade; IV – livre concorrência; V – defesa do consumidor; VI – defesa do meio ambiente; VI – defesa do meio ambiente, inclusive mediante tratamento diferenciado conforme o impacto ambiental dos produtos e serviços e de seus processos de elaboração e prestação; (Redação dada pela Emenda Constitucional nº 42, de 19.12.2003) VII – redução das desigualdades regionais e sociais; VIII – busca do pleno emprego; IX – tratamento favorecido para as empresas brasileiras de capital nacional de pequeno porte; IX – tratamento favorecido para as empresas de pequeno porte constituídas sob as leis brasileiras e que tenham sua sede e administração no País. (Redação dada pela Emenda Constitucional nº 6, de 1995) Parágrafo único. É assegurado a todos o livre exercício de qualquer atividade econômica, independentemente de autorização de órgãos públicos, salvo nos casos previstos em lei."

tituto da recuperação de empresa previstas nos artigos 1º e 47 da Lei 11.101/05, quais sejam, a manutenção da empresa e os interesses dos credores. Todas essas finalidades, entretanto, não são pensadas de forma aleatória ou assistemática, mas vinculadas pelo objetivo maior que é a garantia da existência digna, com base na justiça social.

Diante de tais finalidades, a recuperação deve preferir à falência quando viável a preservação da empresa, uma vez que a continuidade da empresa acarreta a continuidade da geração de bens econômicos, a manutenção dos postos de trabalho, a arrecadação de tributos e a possibilidade de obtenção de lucros que permitam a satisfação dos créditos, o que vai ao encontro do interesse dos credores, da pessoa empresária e da sociedade como um todo. Contudo, a inviabilidade da atividade empresarial deve acarretar a quebra, considerando que a continuidade de uma empresa inviável economicamente afeta negativamente a livre-iniciativa e o trabalho dos demais particulares, assim como a busca de bens (que acabam por não ser entregues) e de lucros (que não são obtidos).

Com efeito, o direito recuperacional apresenta os elementos clássicos que demadam uma análise de justiça distributiva, subsidiária à justiça social, tais como: um acervo escasso de bens que é distribuído entre diversos particulares com base em critérios de diferenciação desses participantes para fins de determinação dos bens que cada participante receberá. Basta, ainda, tomar o exemplo da questão da classificação dos créditos na falência, para verificar que a justiça comutativa não é o principal sentido no que diz respeito à avaliação, em termos de justiça, da norma sobre as condições de satisfação dos créditos na recuperação empresarial ou sobre a classificação dos créditos na falência, apesar de a relação estabelecer obrigações entre agentes privados. A justiça distributiva é a que fundamenta a satisfação escalonada dos créditos da falência, assim como a possibilidade de satisfação diferenciada dos créditos na recuperação da empresa. Contudo, é a justiça social que define os critérios de mérito que irão diferenciar tais créditos.

Nesse sentido, de maneira a estabelecer os critérios de mérito e a incrementar a análise da viabilidade da empresa e das condições dessa viabilidade, a lei de recuperação e quebras opta, como critério central, por dar amplos poderes aos credores no sentido de determinar as condições de recuperação de uma empresa como bem ilustra os poderes conferidos pelo artigo 35 do referido diploma legal.[15] Os amplos poderes conferidos, no entanto, devem ser exercidos de modo a possibilitar o alcance do desiderato acima mencionado, ou seja, preservar a empresa quando viável, para que ela cumpra a sua função de gerar bens econômicos, postos de trabalho, lucros, tributos ao mercado e à sociedade, mas preservando o interesse dos credores, não só dos maiores, mas de todos os credores. Os objetivos específicos, entretanto, devem estar fundados na livre-iniciativa, na garantia do trabalho humano, direcionados à existência digna, nos termos da justiça social. Assim, as imposições de distribuição desigual de direitos, como no caso dos credores na recuperação empresarial, ocorrem não pela existência natural de uma racionalidade distributiva, mas, sim, para acidentalmente

---

[15] "Art. 35. A assembleia-geral de credores terá por atribuições deliberar sobre: I – na recuperação judicial: a) aprovação, rejeição ou modificação do plano de recuperação judicial apresentado pelo devedor; b) a constituição do Comitê de Credores, a escolha de seus membros e sua substituição; c) (VETADO); d) o pedido de desistência do devedor, nos termos do § 4º do art. 52 desta Lei; e) o nome do gestor judicial, quando do afastamento do devedor; f) qualquer outra matéria que possa afetar os interesses dos credores; II – na falência: a) (VETADO); b) a constituição do Comitê de Credores, a escolha de seus membros e sua substituição; c) a adoção de outras modalidades de realização do ativo, na forma do art. 145 desta Lei; d) qualquer outra matéria que possa afetar os interesses dos credores".

dar efetividade à igual dignidade e garantir as capacidades humanas básicas que permitam a autorrealização do ser humano, que só poderá ocorrer com uma conjugação da satisfação dos interesses dos credores conjugada com a satisfação dos intereses da sociedade na preservação da empresa – para produção de bens econômicos, geração des postos de trabalho, lucros e tributos – e, dos interesses do devedor. Assim, a visão funcional com base na justiça social constitucional não é aleatória, como na Escola do Direito Social que preconiza a proteção dos mais frágeis ou equilíbrio de poderes ou como nas correntes principais da Escola de Direito e Economia que defende basicamente a busca de eficiência econômica. A visão centrada na justiça social constitucional está diretamente vinculada às exigências da livre-iniciativa, da valorização do trabalho humano, direcionadas à existência digna.

Cabe lembrar que a antiga justiça geral/legal aristotélico-tomista não pode mais ser pensada como uma definidora de uma ordem legal estratificada voltada para o bem comum absoluto, primeiro, porque, paulatinamente, os *status* vão tombando ao longo das revoluções liberais e sociais, mas, também, porque a ideia de bem comum se transmuta diante do pluralismo e do relativismo modernos. Surge então, na tradição, uma justiça geral transformada, a que hoje é chamada justiça social, no amálgama de diversas correntes do pensamento, dentre as quais se podem destacar: o liberalismo, o socialismo e o cristianismo contemporâneo.[16] A nova justiça é denominada justiça social e estabelece uma ordem, também uma ordem direcionada ao bem, mas com características diferentes. A ordem agora é uma ordem para uma sociedade em que todos têm um mesmo *status* primordial, que lhes é reconhecido pela dignidade e autenticidade da pessoa humana.[17] A mesma dignidade, além de condicionar o caráter do ordenamento, condiciona o bem a que se propõe a perseguir, pois a dignidade da pessoa humana e os bens que lhe são correlatos (a democracia, a liberdade, a solidariedade, entre outros) irão configurar o núcleo da finalidade perseguida pela justiça social.

Como a justiça social se positiva juridicamente? A Constituição revela-se o instrumento central para que se possa estruturar uma ordem nos termos da justiça social, pois é ela a fonte normativa primeira que viabiliza a incorporação, em termos normativos jurídicos, de valores supralegais. A Constituição é a ponte, o elo, o instrumento político-jurídico que se presta à instituição de uma ordem legal-normativa voltada para o bem percebido e institucionalizado pela atividade política. Cabe ao constituinte, por conseguinte, a tarefa da percepção do estado da tradição e das condições materiais definidor de uma ordem caracterizada pela justiça social, dentro do contexto particular de cada Estado, voltada para igual dignidade e reconhecimento da pessoa humana e dos valores correlatos, como democracia, Estado de direito, liberdade, solidariedade, entre outros. Nesse compasso, o art. 170 da Constituição Federal acima

---

[16] Sobre o novo jusnaturalismo cristão Hespanha salienta: "Antes de tudo, a ideia de que o direito deve servir valores éticos superiores, decorrentes da dignidade da pessoa humana, da dignidade do gênero humano e da dignidade do sobrenatural." (HESPANHA, António Manuel. *Panorama Histórico da Cultura Jurídica Europeia*. 2. ed. Portugal: Publicações Europa-América, 1998, p. 243). Ainda referente à importância do pensamento cristão na conformação contemporânea da justiça social, vide BARZOTTO, Luis Fernando. *Filosofia do Direito:* Os conceitos fundamentais e a tradição jusnaturalista. Porto Alegre: Livraria do Advogado, 2010, p. 85-89.

[17] "A dignidade da pessoa humana, objeto deste artigo, é o conceito central do estado constitucional e democrático contemporâneo... O conceito de dignidade aponta para a adequada atitude em relação à pessoa, a sua reta apreensão, o que a filosofia contemporânea chama de reconhecimento. A dignidade, como valor inerente à identidade humana, exige reconhecimento" (BARZOTTO, op. cit., p. 19-20).

abordado serve de ordem fundamental para a análise de questões sociais e econômicas, como as relativas à recuperação empresarial, definindo os parâmetros da justiça social que devem guiar a interpretação jurídica.

2. A relação entre os poderes dos credores e do juiz

Analisada a importância e definidos os contornos da função econômica-social da empresa e do instituto da recuperação, é necessário detalhar a relação de tensão entre o poder dos credores – definido legalmente como critério primordial na condução dos rumos da recuperação empresarial – e o poder do juiz, sobretudo, a maneira pela qual a função econômico-social da empresa e da recuperação empresarial pode servir de fundamento para um controle material das decisões das assembleias gerais dos credores.

2.1. Delineamento da tensão de poderes

Como supramencionado, a Lei nº 11.101/06, nos termos do art. 170 da Constituição Federal, reservou um papel fundamental à assembleia geral de credores nos processos de recuperação de empresas. Os novos contornos dados aos poderes dos credores é similar aos que eram conferidos aos magistrados na legislação anterior (Decreto-Lei nº 7.661/45), pois, pela nova legislação, o juiz teria apenas a função de homologar as deliberações dos credores, com restrição apenas àquelas que contrariassem o objetivo da recuperação da empresa.

Apesar de a legislação atual limitar o poder do magistrado na definição dos rumos da recuperação, pode este não homologar deliberações dos credores para evitar ações oportunistas que impeçam o andamento ou dificultem a obtenção das finalidades do processo de recuperação?

O interesse dos credores majoritários deve prevalecer sem limites em relação às finalidades de manutenção da empresa, geração de bens econômicos, postos de trabalho, tributos, lucros e de proteção aos interesses dos credores minoritários e do devedor?

Pode o magistrado homologar plano que na assembleia geral de credores não alcançou quórum legal para aprovação?

O ponto nodal da questão reside em saber se a assembleia geral de credores possui decisão final, não passível de controle material, nos processos de recuperação. Conforme o entendimento do STJ supracitado, é possível afirmar que as respostas às duas primeiras questões postas acima são negativas e a resposta à última é positiva, pois apesar dos amplos poderes garantidos aos credores, a preservação da necessidade de uma decisão homologatória pelo magistrado reservou a esse o poder de decisão final de homologar ou não as deliberações dos credores. Mesmo sabendo que parte da doutrina entende que o juiz não poderia analisar o conteúdo das deliberações que são levadas à homologação, parece claro pela decisão do STJ sob análise, assim como outras que serão analisadas a seguir, que o magistrado detém tal poder de controle material.

Contudo, não se deve perder de vista que o juiz não poderá elaborar e impor um plano e, ainda, que a nova legislação foi feliz ao ampliar os poderes dos credores na condução da recuperação, pois talvez sejam estes os maiores interessados e capacitados para a busca de numa solução eficiente dos problemas que levaram a empresa à recuperação. Os poderes conferidos pelo artigo 35 da Lei de Falência e Recuperação de Empresas permitem uma condução mais ágil, eficiente e especializada dos processos, o que explica a opção da legislação por definir os poderes dos credores como critério primordial na realização dos objetivos atrelados à justiça distributiva imediatamente e, à justiça social constitucional de forma mediata.

As decisões homologatórias, por outro lado, cumprem papel fundamental nos processos (vide artigo 58 da Lei de Recuperação).[18] De forma sintética, é possível traçar duas formas de controle das deliberações das assembleias gerais de credores, uma formal e, outra, material. O controle formal pode ser compreendido como referente aos seguintes aspectos: conferência de publicações e editais, controle da legitimidade ativa definido pelos artigos 1º e 47,[19] controle dos requisitos previstos no artigo 48[20] e controle dos requisitos das assembleias gerais de credores estabelecidos nos artigos 36 e 45,[21] todos da Lei de Falência e Recuperação de Empresas. Quanto ao controle material, cabe mencionar as situações de fraude, abuso de direito de credores ou mes-

---

[18] "Art. 58. Cumpridas as exigências desta Lei, o juiz concederá a recuperação judicial do devedor cujo plano não tenha sofrido objeção de credor nos termos do art. 55 desta Lei ou tenha sido aprovado pela assembleia-geral de credores na forma do art. 45 desta Lei. § 1º O juiz poderá conceder a recuperação judicial com base em plano que não obteve aprovação na forma do art. 45 desta Lei, desde que, na mesma assembleia, tenha obtido, de forma cumulativa: I – o voto favorável de credores que representem mais da metade do valor de todos os créditos presentes à assembleia, independentemente de classes; II – a aprovação de 2 (duas) das classes de credores nos termos do art. 45 desta Lei ou, caso haja somente 2 (duas) classes com credores votantes, a aprovação de pelo menos 1 (uma) delas; III – na classe que o houver rejeitado, o voto favorável de mais de 1/3 (um terço) dos credores, computados na forma dos §§ 1º e 2º do art. 45 desta Lei. § 2º A recuperação judicial somente poderá ser concedida com base no § 1º deste artigo se o plano não implicar tratamento diferenciado entre os credores da classe que o houver rejeitado".

[19] "Art. 1º Esta Lei disciplina a recuperação judicial, a recuperação extrajudicial e a falência do empresário e da sociedade empresária, doravante referidos simplesmente como devedor. Art. 47. A recuperação judicial tem por objetivo viabilizar a superação da situação de crise econômico-financeira do devedor, a fim de permitir a manutenção da fonte produtora, do emprego dos trabalhadores e dos interesses dos credores, promovendo, assim, a preservação da empresa, sua função social e o estímulo à atividade econômica".

[20] "Art. 48. Poderá requerer recuperação judicial o devedor que, no momento do pedido, exerça regularmente suas atividades há mais de 2 (dois) anos e que atenda aos seguintes requisitos, cumulativamente: I – não ser falido e, se o foi, estejam declaradas extintas, por sentença transitada em julgado, as responsabilidades daí decorrentes; II – não ter, há menos de 5 (cinco) anos, obtido concessão de recuperação judicial; III – não ter, há menos de 8 (oito) anos, obtido concessão de recuperação judicial com base no plano especial de que trata a Seção V deste Capítulo; IV – não ter sido condenado ou não ter, como administrador ou sócio controlador, pessoa condenada por qualquer dos crimes previstos nesta Lei".

[21] "Art. 36. A assembleia-geral de credores será convocada pelo juiz por edital publicado no órgão oficial e em jornais de grande circulação nas localidades da sede e filiais, com antecedência mínima de 15 (quinze) dias, o qual conterá: I – local, data e hora da assembleia em 1ª (primeira) e em 2ª (segunda) convocação, não podendo esta ser realizada menos de 5 (cinco) dias depois da 1ª (primeira); II – a ordem do dia; III – local onde os credores poderão, se for o caso, obter cópia do plano de recuperação judicial a ser submetido à deliberação da assembleia. § 1º Cópia do aviso de convocação da assembleia deverá ser afixada de forma ostensiva na sede e filiais do devedor. § 2º Além dos casos expressamente previstos nesta Lei, credores que representem no mínimo 25% (vinte e cinco por cento) do valor total dos créditos de uma determinada classe poderão requerer ao juiz a convocação de assembleia-geral. § 3º As despesas com a convocação e a realização da assembleia-geral correm por conta do devedor ou da massa falida, salvo se convocada em virtude de requerimento do Comitê de Credores ou na hipótese do § 2º deste artigo. Art. 45. Nas deliberações sobre o plano de recuperação judicial, todas as classes de credores referidas no art. 41 desta Lei deverão aprovar a proposta. § 1º Em cada uma das classes referidas nos incisos II e III do art. 41 desta Lei, a proposta deverá ser aprovada por credores que representem mais da metade do valor total dos créditos presentes à assembleia e, cumulativamente, pela maioria simples dos credores presentes. § 2º Na classe prevista no inciso I do art. 41 desta Lei, a proposta deverá ser aprovada pela maioria simples dos credores presentes, independentemente do valor de seu crédito. § 3º O credor não terá direito a voto e não será considerado para fins de verificação de quorum de deliberação se o plano de recuperação judicial não alterar o valor ou as condições originais de pagamento de seu crédito".

mo do devedor e, principalmente, nas ocasiões de deliberações contrárias à boa-fé objetiva, à função econômica e social e à lei em geral.

Reservando a análise de função econômica-social para a última parte deste estudo, cumpre traçar algumas considerações sobre o abuso de direito e a boa-fé objetiva. O debate doutrinário sobre a conceituação do abuso do direito é amplo, mas, sinteticamente, o entendimento atual sobre o abuso no exercício do direito vincula a sua ocorrência ao desvio da função ou à contradição ao valor que o próprio direito subjetivo busca tutelar. O abuso do direito representaria uma infração não vinculada aos direitos de terceiros, mas a elementos do próprio direito subjetivo, como a sua função ou sua finalidade. O abuso de direito, no caso dos credores, é especialmente delicado, eis que pelo artigo 38 da Lei de Recuperação e Falência[22] o sistema de votos nas deliberações é proporcional ao valor dos créditos (exceto aprovação de plano de recuperação em que as deliberações ocorrem, em geral, pelo sistema de voto simples). Assim, o detentor de um crédito de grandes proporções estará apto a deliberar focado apenas no seu interesse individual, podendo se afastar ou mesmo inviabilizar todos os objetivos legais acima delineados.

De outra banda, a boa-fé objetiva estabelece uma ordem de colaboração aos participantes do processo de recuperação. Devedor, credores, administrador e todos os demais participantes devem pautar suas condutas de forma objetiva, de maneira a colaborar – assim como ocorre com o instituto do abuso de direito – com as finalidades de preservação da empresa e satisfação dos interesses de todos os credores, nos termos finalísticos definidos pelo artigo 170 da Constituição Federal.

2.2. A função econômico-social no exercício do controle dos poderes dos credores

O controle das deliberações dos credores, apesar dos fundamentos formais e materiais supracitados, terá como pano de fundo geral a função econômico-social da empresa e do instituto da recuperação. No primeiro capítulo foi demonstrado que o ordenamento jurídico brasileiro, especialmente a Constituição Federal, ao definir os contornos da justiça social, e a Lei de Falência e Recuperação de Empresas, define uma função central para as empresas e seus institutos. A empresa tem por função, ou seja, é um instrumento para a busca da finalidade econômica e social de gerar bens econômicos, postos de trabalho, arrecadação de tributos, garantindo a possibilidade de lucro e, por conseguinte, atendendo aos fundamentos do trabalho humano e da livre-iniciativa de forma a garantir a dignidade humana, nos termos da justiça social.

Nesse contexto geral da empresa, cabe ao instituto da recuperação servir de mecanismo para a preservação da empresa e dos interesses dos credores em geral. De forma vinculada, o instituto da falência serve para que, verificada a inviabilidade da empresa, esta seja extinta preservando-se o interesse dos credores, da sociedade e do mercado.

---

[22] "Art. 38. O voto do credor será proporcional ao valor de seu crédito, ressalvado, nas deliberações sobre o plano de recuperação judicial, o disposto no § 2º do art. 45 desta Lei. Parágrafo único. Na recuperação judicial, para fins exclusivos de votação em assembleia-geral, o crédito em moeda estrangeira será convertido para moeda nacional pelo câmbio da véspera da data de realização da assembleia".

Nesse sentido, quando as deliberações das assembleias gerais de credores, em decorrência de interesses exclusivamente individuais, se afastam das finalidades gerais econômicas e sociais da empresa e da recuperação estabelecidas nos artigos 170 da Constituição Federal e artigos 1º e 47 da Lei de Falência e Recuperação de Empresas, o magistrado poderá restringir ou mesmo invalidar as deliberações dos credores em sua decisão homologatória (vide artigo 58 da Lei de Recuperação).

Nesse contexto, inclusive, tem se inclinado a jurisprudência que busca estabelecer limites aos importantes poderes dos credores, sobretudo em relação aos credores que detêm créditos de grande proporção, quando estes deliberam infringindo as normas definidoras da função econômica-social da empresa e do instituto da recuperação.

Além do caso pelo STJ, citado desde a introdução, interessante mencionar o conhecido caso da recuperação da empresa VARIG Logística S.A. no qual o TJSP utilizou o mecanismo do *cram down* para aprovação do plano de recuperação que contrariava a decisão da maioria dos credores. A situação é inversa ao da decisão do STJ até então aqui tratada, pois o controle substancial pelo magistrado é exercido não no sentido de não homologar um plano aprovado na assembleia de credores, mas no de impor um plano de recuperação rejeitado pela maioria. O TJSP, no julgamento de agravo de instrumento,[23] decidiu aprovar o plano de recuperação judicial da empresa mesmo sem aprovação da maioria dos credores. O *cram down*, está previsto no § 1º, do artigo 58 da Lei de Falências e Recuperação Judicial. Tal mecanismo serve de instrumento para o juiz impor a aprovação do plano de recuperação judicial, mesmo com a ausência de aprovação pela assembleia, desde que preenchidos os requisitos legais mencionados no dispositivo supracitado.

O *cram down* tem sua origem sistema jurídico norte-americano e confere ao juiz justamente o poder discricionário para exercer controle material das deliberações a fim de evitar abuso de direito por parte de certos credores. A discricionariedade do julgador nessas situações,[24] entretanto, não ocorre no sentido forte, de não vinculação a fundamentos normativos, mas no sentido de garantir a norma que exige a preservação da empresa, mesmo que o plano de recuperação não obtenha a aprovação pela maioria na assembleia geral de credores, quando esta preservação é necessária segundo os termos da função econômico-social da empresa, ou seja, quando ainda for viável a geração de bens econômicos, postos de trabalhos, lucro e tributos, conciliados com a proteção dos credores em geral.

Caso mais interessante que o anterior, ainda, é o da recuperação da empresa Marbel R. C. Comércio, Importação e Exportação Ltda. em que mesmo sem o requisito legal do *cram down* de aprovação de pelo menos um terço da classe de credores discordante, foi aprovado o plano recuperação judicial da empresa. Em decisão monocrática, em agravo de instrumento,[25] se entendeu que a classe divergente formada por apenas um credor não poderia, unilateralmente, frustrar a busca de todas as fina-

---

[23] TJSP, Câmera Especial de Falência e Recuperação Judicial, Agravo de Instrumento nº 99409282083-3, Relator Des. Romeu Ricupero, julgamento 01/06/2010.

[24] Para a compreensão da discussão sobre os limites da discricionariedade judicial ver: DRESCH, Rafael de Freitas Valle. *Neil MacCormick's Step Ahead:* How to avoid strong discretion and achieve more neutrality without heroic judges? In: *Diálogos constitucionais de direito público e privado.* Porto Alegre: Livraria do Advogado, 2011.

[25] TJSP, Câmera Especial de Falência e Recuperação Judicial, Agravo de Instrumento nº 638.631-4/1-00, Relator Des. Romeu Ricupero, julgamento 18/08/2009.

lidades vinculadas à recuperação empresarial. Assim, contrariando o dispositivo expresso do art. 58 acima referido, que exige o voto de pelo menos um terço da classe dissidente, o magistrado impôs a aprovação do plano de recuperação.

Como pode o magistrado, contrariando dispositivo legal, aprovar plano de recuperação judicial? A compreensão dessa possibilidade tão somente ocorre quando se admite o controle substancial das decisões por parte do juízo da recuperação.

Contudo, a pergunta que remanesce: qual o fundamento que legitimaria o magistrado a afastar o requisito expresso na regra legal e aprovar o plano de recuperação? O fundamento que permite este afastamento da regra é o princípio da preservação e, consequentemente, o princípio da função econômica-social da empresa.[26] Toda vez que a regra garantidora dos direitos de uma classe de credores contrariar o princípio da função econômico-social o magistrado poderá afastar a regra dando prevalência ao princípio? Não, nesse caso será fundamental a ponderação normativa através do principio da proporcionalidade.

Para compreender a importância da proporcionalidade é essencial a análise do pensamento do jurista germânico Robert Alexy, jusfilósofo de grande contribuição para uma teoria da justiça ao mesmo tempo substantiva[27] e normativa. Como Alexy destaca, a sua teoria dos direitos fundamentais, extremamente rigorosa em termos dogmáticos, pressupõe o juízo de ponderação como essencial na aplicação de direitos fundamentais nos termos da teoria da justiça:

> Se llega a una teoría de la justicia basada en la ponderación. Èsta es la estructura preferible para una teoría de la justicia. Permite la consideración adecuada de todos los puntos de vista, que es uno de los postulados fundamentales de la racionalidad. De ese modo, se puede tener obtener en ella un equilibrio razonable entre los derechos de libertad liberales y los derechos sociales en un catálogo de derechos fundamentales.[28]

Como se instrumentaliza, no seu aspecto objetivo, esse juízo de ponderação condicionado pelas contigências fáticas e jurídicas e pelas qualidades prudenciais da autoridade que o aplica?[29] Dentre algumas normas de ponderação[30] defendidas por

---

[26] Nesse sentido, vide a essencial análise de Ronald Dworkin sobre a possibilidade de um princípo afastar a incidência de uma regra no capítulo II (Modelo das regras I) da obra: DWORKIN. Ronald. *Levando os direitos a sério*. Martins Fontes: São Paulo, 2002.

[27] Sobre o caráter substantivo da teoria de Alexy, relevante apresentar duas de suas teses fundamentais: "*Mi octava tesis es que las normas jurídicas debidamente promulgadas y socialmente eficaces que son incompatibles con el núcleo de los derechos humanos básicos son extremamente injustas y, por tanto, no son derecho. Esta tesis coincide com la famosa fórmula de Radbruch, que há sido aplicada por los tribunales alemanes al enfrentarse com El derecho nazi y de nuevo, después de 1989, em lãs decisiones relativas AL derecho de la República Democrática Alemana...*" (ALEXY, Robert. *La institucionalización de la justicia*. Trad. José Antonio Seoane, Eduardo Roberto Sodero, Pablo Rodrigues, 2. ed. ampl. Granada: Editorial Comares, 2010. p. 67).

[28] Id., ibid., p. 59.

[29] Interessante referir que a ponderação apresenta sentidos diversos entre países de tradição diferente. Nesse aspecto, Jacco Bomhoff demonstra o uso mais metodológico-científico na Alemanha e político nos EUA, mas ressalta que, nos dois casos, a ponderação é um instrumento de composição das formas jurídicas com a substância com base em fundamentos racionais: "*What matters for balancing's role as a legal argument is whether local actors think it might be a rational form of justifying decisions; what sorts of rationality criteria they have in mind, and whether they are interested in trying to help courts figure out how to improve balancing-based reasoning (and in what ways). Similarly, what is crucial for balancing's role as a legal argument is whether local actors perceive a connection between method and substance, whether they view balancing as insufficiently protective of rights, or overly intrusive on governmental policies. More than a 100 years after the first invocations of balancing in jurisprudence, and 50 years after the first references to balancing in constitutional rights adjudication, it may well be that we are only beginning to uncover the rich variety of shades and nuances in balancing's local meaning*" (BOMHOFF, Jacco. Genealogies of Balancing as Discourse. *Law & Ethics of Human Rights*, v. 4, Issue 1, Article 6 , 2010. p. 139).

[30] Sobre a constatação do juízo de ponderação como essencial na teoria constitucional contemporânea, assim se manifesta Stephen Gardbaum: "*We all live in the age of constitutional balancing. Abstracting away—for present pur-*

diversos juristas, a que mais se destaca nas práticas dos tribunais é a proporcionalidade.[31]

Alexy entende que a proporcionalidade é um elemento necessário para a compreensão de uma teoria dos direitos fundamentais centrada nos princípios. A ponderação dos direitos fundamentais na sua construção principiológica dos direitos fundamentais seria racionalmente viável a partir da aplicação da proporcionalidade:

> The end is attained. Balancing turns out to be an argument form of rational legal discourse. This suffices to refute the irrationalism objection as an objection specifically directed against balancing. Of course, one might enquire quite generally into the possibility of rational legal argument, and one could also think about undertaking a reply to the objections of the other six groups on the basis of what has been elaborated here. This, however, will have to await another occasion. Here it suffices to say that the irrationalism objection, on which everything else depends, can be dismissed. Having done so, we might well be in a position to say that an important step along the way toward a full defense of the principles construction of constitutional rights has been taken.[32]

Quanto ao método da proporcionalidade, cabe lembrar que ele pressupõe a avaliação de uma relação entre meio e fim definidos pelas normas jurídicas. A finalidade perseguida por uma norma jurídica impõe uma medida que constitui uma limitação ao direito fundamental instituído pela outra norma colidente. No tema ora analisado, cabe analisar se a homologação do plano de recuperação é necessária para atender o princípio da função econômico-social da empresa e todas as finalidades dele decorrentes. Tal relação entre meio (medida) e fim (objetivo) deve pressupor uma relação adequada (que avalia se a medida determinada pela norma é adequada para a realização do fim a que se propõe), necessária (se a medida é a menos gravosa ao fim determinado pela norma oposta) e proporcional em sentido estrito (a medida gera mais vantagens ao fim a que ela é proposta do que desvantagens ao fim da norma colidente).[33] Assim, o magistrado na recuperação deve avaliar se a homologação ou não do plano, no sentido de preservar a empresa, é uma medida adequada, necessária e se acarreta mais benefícios ao princípio da função econômico-social do que ônus ao interesse de certos credores amparados pelas regras legais que se está a afastar.

Nas análises judiciais deve ser avaliado, por conseguinte, se o plano de recuperação não deve ser homologado por infringir os direitos dos credores minoritários (como no caso da recuperação da Companhia Brasileira de Açúcar e Álcool) ou, se

---

poses—differences of nuance and doctrinal detail, balancing is a common feature of the structure of rights analysis, not just in the United States, but across contemporary constitutional systems. Indeed, abstracting just a little further still, balancing is an inherent part of the near-universal general conception of a constitutional right as an important prima facie claim that nonetheless can, in principle, be limited or overridden by non-constitutional rights claims premised on conflicting public policy objectives" (GARDBAUM, Stephen. A Democratic Defense of Constitutional Balancing. *Law & Ethics of Human Rights*, v. 4, Issue 1, Article 6, 2010. p. 139).

[31] A proporcionalidade pode ser tida como o principal instrumento de ponderação nas democracias, pois, como bem ressalva Barak, fornece o principal critério para a busca de compatibilização de princípios e direitos fundamentais: "*Proportionality is central to the doctrine of rights. Just as we are currently living in an era of rights, we are also living in an era of proportionality. Most constitutional democracies have adopted proportionality as a central criterion for resolving problems posed by the complex relations between the individual and society in modern democracies and is a good example of the "migration of constitutional laws." Proportionality is based on the concept of balance. Its role is not to determine the scope of the right but rather the justification for its protection or its limitation*" (BARAK, Aharon. Proportionality and Principled Balancing. *Law & Ethics of Human Rights*, v. 4, Issue 1, Article 1, 2010. p. 13).

[32] ALEXY, Robert. The Construction of Constitutional Rights. *Law & Ethics of Human Rights*, v. 4, Issue 1, Article 2, 2010. p. 32.

[33] Vide análise detalhada das máximas de adequação, necessidade e proporcionalidade em sentido estrito em ÁVILA, Humberto. *Teoria dos princípios*: da definição à aplicação dos princípios jurídicos. 4. ed. rev. 3. tir. São Paulo: Malheiros, 2005, p. 116-124).

o plano de recuperação deve ser homologado, mesmo sem o cumprimento de todos os requisitos legais, para que ocorra a preservação das empresas e suas finalidades correlatas de manutenção de produção de bens, postos de trabalho, arrecadação de tributos (como no caso da recuperação da empresa Marbel).

O princípio, a máxima ou o postulado da proporcionalidade[34] decorre, portanto, da necessidade de composição de normas diante de conflitos práticos,[35] pois, quando uma norma principiológica colide com uma norma antagônica, a realização da primeira depende da segunda. Assim, nos casos de conflito de normas, é necessário um juízo de sopesamento, de ponderação, nos termos definidos pelo Supremo Tribunal Federal (STF):

> É que, na conhecida definição do jurista germânico, princípios são mandamentos de otimização, ou seja, normas que exigem que algo seja realizado na maior medida possível diante das condições fáticas e jurídicas existentes, razão pela qual, a sua concretização demanda sempre um juízo de ponderação de interesses opostos, à luz da situação concreta.
>
> As condições fáticas e jurídicas, no seio das quais o juízo de ponderação é levado a cabo, contudo, nem sempre são ideais, visto que a tendência expansiva dos princípios tende a fazer com que a realização de um deles, no mais das vezes, se dê em detrimento da concretização de outro.[36]

Nesse sentido, quando da necessária ponderação para determinação da aplicação do princípio da função econômico-social para homologação de planos não aprovados de forma estrita em assembleia geral de credores ou, para não homologação de planos devidamente aprovados na referidas assembleias, deverá o magistrado se valer do princípio da proporcionalidade como instrumento de ponderação para o exercício de seu poder discricionário.

Conclusão

Pelos breves apontamentos alinhados é possível concluir que bem andou a nova legislação de recuperação e falência ao ampliar os poderes dos credores na condução dos processos de recuperação e falência, na medida em que, geralmente, os credores são os maiores interessados no resultado eficiente desses processos.

Os amplos poderes conferidos, entretanto, não podem significar um poder sem controle ou sem limites, Os limites, como se buscou demonstrar, são passíveis de imposição através do poder do juiz, principalmente, pela sua necessária decisão homologatória.

Finalmente, o controle exercido pelo magistrado, através de suas decisões de homologação, poderá ocorrer tanto sobre os aspectos formais, quanto sobre as questões substanciais. Dentre as questões substanciais se destacam as situações de fraude, abuso de direito, violação da boa-fé objetiva e da lei em geral, mas como base geral da referida análise deverá estar presente, através da proporcionalidade, a aplicação do princípio da função econômica-social que, ao estabelecer as finalidades da empresa e

---

[34] O presente estudo utiliza o termo "princípio" da proporcionalidade na linha da tradição jurisprudencial brasileira, mas alguns juristas especializados no tema preferem utilizar outras denominações, como "máxima" da proporcionalidade (vide ALEXY, Robert. *Teoria dos direitos fundamentais*, trad. Virgílio Afonso da Silva. 5. ed. São Paulo: Editora Malheiros, 2008. p. 116) ou "postulado" da proporcionalidade (vide ÁVILA, op. cit., p. 116).

[35] Segundo Alexy, numa abordagem sintética de sua teoria, as "normas de direitos fundamentais são todas as normas para as quais existe a possibilidade de uma correta fundamentação referida a direitos fundamentais" (ALEXY, op. cit., p. 76).

[36] STF, ADI n° 3934-2 – DF, Tribunal Pleno, Rel. Min. Ricardo Lewandowski, pub. 06/11/09, p. 16.

do instituto da recuperação, permite uma conformação dos objetivos gerais da sociedade e do mercado, conciliados com os objetivos dos credores e do devedor.

Referências bibliográficas

ALEXY, Robert. *Teoria dos direitos fundamentais*, trad. Virgílio Afonso da Silva. 5. ed. São Paulo: Malheiros, 2008.

——. *La institucionalización de la justicia.* Trad. José Antonio Seoane, Eduardo Roberto Sodero, Pablo Rodrigues, 2. ed. ampl. Granada: Editorial Comares, 2010.

——. The Construction of Constitutional Rights. *Law & Ethics of Human Rights*, v. 4, Issue 1, Article 2, 2010.

ÁVILA, Humberto. *Teoria dos princípios: da definição à aplicação dos princípios jurídicos.* 4. ed. rev. 3. tir. São Paulo: Malheiros, 2005.

BARAK, Aharon. Proportionality and Principled Balancing. *Law & Ethics of Human Rights*, v. 4, Issue 1, Article 1, 2010.

BARZOTTO, Luis Fernando. *Filosofia do Direito:* Os conceitos fundamentais e a tradição jusnaturalista. Porto Alegre: Livraria do Advogado, 2010.

BOMHOOF, Jacco. Genealogies of Balancing as Discourse. *Law & Ethics of Human Rights*, v. 4, Issue 1, Article 6 , 2010.

CASTANHEIRA NEVES, A. Entre o legislador, a sociedade e o juiz ou entre sistema, função e problema – modelos actualmente alternativos de realização jurisdicional do direito. *Boletim da Faculdade de Direito da Universidade de Coimbra*, v. LXXIV, 1998.

DRESCH, Rafael de Freitas Valle. *Fundamentos da responsabilidade civil pelo fato do produto e do serviço*: um debate jurídico--filosófico entre o formalismo e o funcionalismo no Direito Privado. Porto Alegre: Livraria do Advogado Editora, 2009.

——. Neil MacCormick's Step Ahead: How to avoid strong discretion and achieve more neutrality without heroic judges? *Diálogos entre direito público e privado.* Porto Alegre: Livraria do Advogado, 2011.

DWORKIN. Ronald. *Levando os direitos a sério.* Martins Fontes : São Paulo, 2002.

GARDBAUM, Stephen. A Democratic Defense of Constitutional Balancing. *Law & Ethics of Human Rights*, v. 4, Issue 1, Article 6, 2010.

HESPANHA, António Manuel. *Panorama Histórico da Cultura Jurídica Europeia.* 2. ed. Portugal: Publicações Europa-América, 1998.

VILLEY, Michel. *Filosofia do direito.* Definições e fins do direito. Os meios do direito. São Paulo: Martins Fontes, 2003.

WIEACKER, Franz. *História do Direito Privado Moderno.* 3 ed. Lisboa: Fundação Calouste Gulbenkian, 2000.

Referências jurisprudenciais

TJSP, Câmera Especial de Falência e Recuperação Judicial, Agravo de Instrumento nº 638.631-4/1-00, Relator Des. Romeu Ricupero, julgamento 18/08/2009.

TJSP, Câmera Especial de Falência e Recuperação Judicial, Agravo de Instrumento nº 99409282083-3, Relator Des. Romeu Ricupero, julgamento 01/06/2010.

STJ, 3ª Turma, RECURSO ESPECIAL Nº 1.314.209 – SP (2012/0053130-7), Rel. Min. Nancy Andrighi, jul. 22/05/2012.

STF, ADI n° 3934-2 – DF, Tribunal Pleno, Rel. Min. Ricardo Lewndowski, pub. 06/11/09, p. 16.

— 26 —

Os princípios do processo coletivo

RENNAN FARIA KRÜGER THAMAY[1]

A razão forma o ser humano, o sentimento o conduz.
Jean-Jacques Rousseau (1712-1778).

Sumário: 1. Dos princípios do processo coletivo: aspectos introdutórios; 1.1. Dos princípios do processo coletivo; 1.1.1. Princípio do devido processo legal coletivo; 1.1.2. Princípio do acesso à justiça; 1.1.3. Princípio da universalidade da jurisdição; 1.1.4. Princípio de participação; 1.1.5. Princípio da ação; 1.1.6. Princípio do impulso oficial; 1.1.7. Princípio da economia; 1.1.8. Princípio da instrumentalidade das formas; 1.1.8.1. Princípio da primazia do conhecimento do mérito do processo coletivo; 1.1.9. Princípio da indisponibilidade da demanda coletiva; 1.1.10. Princípio do microssistema: aplicação integrada das leis para a tutela coletiva; 1.1.11. Princípio da reparação integral do dano; 1.1.12. Princípio da não taxatividade; 1.1.13. Princípio do ativismo judicial.

1. Dos princípios do processo coletivo: aspectos introdutórios

Tratar de princípios[2] para um sistema[3] jurídico que quer funcionar é necessário, visto que esses serão base, ou ainda a espinha dorsal, do referido sistema para que esse possa ser congruente e ao mesmo tempo eficiente.

---

[1] Advogado e sócio fundador do Krüger Advocacia, consultor jurídico e parecerista. É Especialista em Direito do Consumidor e Fundamentais pela UFRGS (Universidade Federal do Rio Grande do Sul). É Mestre em Direito Público pela UNISINOS (Universidade do Vale do Rio dos Sinos) e pela PUC Minas (Pontifícia Universidade Católica de Minas Gerais). É Doutorando em Direito pela UNLP (Universidad Nacional de La Plata) e pela PUC/RS (Pontifícia Universidade Católica do Rio Grande do Sul). Professor da graduação e do programa de pós-graduação (*lato sensu*) da PUC/RS. Professor titular e coordenador da Especialização em direito civil e processo civil no IMED/CETRA/RS. Professor titular da Especialização em direito do trabalho e previdenciário no IMED/CETRA/RS. Foi Professor titular de Direito Civil e Processual Civil do Retorno Jurídico/RS. Professor titular e coordenador do Departamento de Direito e Processo Civil do OABTUBE. É Professor titular e coordenador do Departamento de Direito e Processo Civil do COMPLEXO EAD. Professor titular do CIUSP. Membro do IBDP (Instituto Brasileiro de Direito Processual). Membro Honorário da ABDPC (Academia Brasileira de Direito Processual Civil). Membro efetivo da comissão de acesso à justiça da OAB/RS. Membro efetivo do Grupo de Processos Coletivos da PUC/RS. Membro efetivo do Grupo de instrumentalidade do processo da PUC/RS. Escritor da Revista de Processos Coletivos da PUC/RS, Revista Temas Atuais de Processo Civil e da RDS (Revista de Direito Social) com circulação nacional.

[2] Os princípios podem ser compreendidos nos moldes que Miguel Real refere, por entender que os princípios são as verdades fundantes de um sistema de conhecimento, tanto por serem evidentes ou ainda por terem sido comprovados. *In* REALE, Miguel. *Lições preliminares de direito.* 25. ed., São Paulo: Saraiva, 2000, p.305. Ao inverso reconhecendo uma função indutiva aos princípios vale conferir a obra de BONAVIDES, Paulo. *Curso de direito constitucional.* 19. ed., São Paulo: Malheiros, 2006, p.271 e ss. Por fim, vale referir a função hermenêutica dos princípios conforme CANOTILHO, José Joaquim Gomes. *Direito constitucional e teoria da constituição.* 7. ed., Coimbra: Almedina,

Em uma sociedade[4] de modernidade tardia,[5] que para alguns é vista como pós-moderna,[6] percebemos e vivenciamos as mais diversas ocorrências em ritmo acelerado em demasia, característica essa de uma sociedade extremamente consumista[7] e calcada em valores capitalistas.[8] Essa sociedade liquefeita que hoje conhecemos é fruto de uma grandiosa complexidade das relações sociais que a cada dia se transmutam de forma abrupta, chegando isso hoje ao processo e diga-se mais pontuadamente em relação ao processo coletivo, uma recente "novidade"[9] descoberta pelos juristas e

---

2003, p.1.161. Nesse sentido a hermenêutica possibilita a interpretação, tradução, desvelamento de uma realidade ou de uma positivação que não seja compreendida pelo sujeito, possibilitando o entendimento daquilo que, linguisticamente, antes era totalmente incompreensível. Sobre a hermenêutica e suas serventias observar Gadamer que foi o mentor daquilo que hoje conhecemos como Hermenêutica filosófica, restando essas lições trazidas de sua principal obra o livro *Verdade e Método*. In GADAMER, Hans-Georg. *Verdade e método II*. Traduzido por Flávio Paulo Meurer. Petrópolis, Rio de Janeiro: Vozes, 1997, p.111 e ss. Noutro sentido Humberto Ávila refere haver um sentido normativo-aplicativo, nesse sentido conferir ÁVILA, Humberto. *Teoria dos princípios: da definição à aplicação dos princípios jurídicos*. São Paulo: Malheiros, 2003, p.60 e 80.

[3] Quando se fala de sistema se está sempre a rememorar as ideias apregoadas por Niklas Luhmann, quando defende a ideia de uma teoria sistêmica do direito, chegando a uma conclusão de que o sistema jurídico se autorreproduz, sendo isso a autopoiese. Esse processo que se renova sendo capaz de autorreprodução foi abordado pelo autor LUHMANN, Niklas. *Sitemi sociali: Fondamenti di una teoria generale*. Bolonha:Il Mulino, 1990, p.64.

[4] Que vivencia celeumas das mais complexas como a dignidade e possível autonomia da pessoa no final de sua vida, tema que tem sido debatido em todos os cantos do mundo, onde se deve observar qual deve ser o direito a ser preservado nesse caso. Sobre essa temática vale observar TINANT, Eduardo Luis. *Bioética jurídica, dignidad de la persona y derechos humanos*. 1. ed., Buenos Aires: Dunken, 2007, p.81 e ss. Além dessa problemática de altíssimo grau de complexidade vale trazer a este trabalho para os interessados a necessária observação da situação dos anencefalos e dos *nascituros*. No caso destes últimos deve ser observada a mesma obra do jurista e filósofo Eduardo Tinant a partir da página 55 e das seguintes. Em relação a anencefalia observe-se a mesma obra ora referida do pensador argentino Eduardo Tinant, pontuadamente a partir da página 63 e seguintes. Podem ser observadas a seguintes obras referentes ao conteúdo em discussão: TINANT, Eduardo Luis. *Genética y justicia*. (compilador-director); coautores: BYK, Christian, MAINETTI, José A., MEDINA, Graciela, BIANCHI, Néstor O., MARTÍNEZ MARIGNAC, Verónca L., BERGEL, Salvador D., y LOJO, María Mercedes, SCJBA, La Plata, 2001; LABRUSSE-BRIOU, Catherine. *Le droit saisi par La biologie*. Des juristes au laboratoire, Librairie Générale de droit et de jurisprudence, París, 1996; GILLY, François-Noel. *Éthique et génétique, La bioéthique em questions*. Ellipses, París, 2001.

[5] Cf. STRECK, Lenio Luiz. *Hermenêutica jurídica e(em) crise:* uma exploração hermenêutica da construção do direito. 5. ed., rev. atual., Porto Alegre: Livraria do Advogado, 2004, p. 25.

[6] Sabe-se que o Estado brasileiro sequer passou pelo estado social, assim como outros países, neste sentido ver Cf. GARCÍA-PELAYO, Manuel. *As transformações do estado contemporâneo*. Tradução de Agassiz Almeida Filho, Rio de Janeiro: Forense, 2009. Sobre a ideia de ser o nosso Estado pós-moderno vejamos: CHEVALLIER, Jacques. *O Estado pós-moderno*. Tradução de Marçal Justen Filho, Belo Horizonte: Forum, 2009, p.24 e ss; BAUMAN, Zygmunt. *O mal-estar da pós-modernidade*. Tradução de Mauro Gama, Cláudia Martinelli Gama. Rio de Janeiro: Jorge Zahar, 1998, p.7 e ss; JAYME, Erik. *Cours général de droit intenacional prive*, In recueil des cours, Académie de droit intenacional, t, 251, 1997, p.36-37; LYOTARD, Jean-François. *O pós-moderno*. Rio de Janeiro: Olympio Editora, 1986; KUMAR, Krishan. *Da sociedade pós-industrial à pós-moderna*. Rio de Janeiro: Jorge Zahar Editor, 1997; HARVEY, David. *Condição pós-moderna*. São Paulo: Edições Loyola, 1992; VATTIMO, Gianni. *O Fim da Modernidade: niilismo e hermenêutica na cultura pós-moderna*, Lisboa: Editorial Presença, 1987; SANTOS, Boaventura de Souza. *Pela Mão de Alice:* O social e o político na pós-modernidade. São Paulo: Cortez, 1997.

[7] Cf. BAUMAN, Zygmunt. *La sociedad sitiada*. Trad. de Mirta Rosenberg. Buenos Aires: Fondo de cultura económica, 2006, p.224 e ss. Vale ainda observar: BAUMAN, Zygmunt. *Vida líquida*. Trad. de Albino Santos Mosquera. 1. ed., 4. reimp., Buenos Aires: Paidós, 2009, p. 109 e ss.

[8] Os valores do capitalismo são perceptivelmente observados na concepção Weberiana, quando acaba por vislumbrar uma ligação de tudo para com o capital, assim como o capital teria alta relevância para que os protestantes obtivessem mais participatividade. Assim vale observar WEBER, Max. *La ética protestante y el espíritu del capitalismo*. Buenos Aires: ediciones libertador, 2007, p.18. Sabe-se, todavia, que o capitalismo também se encontra em uma "encruzilhada" como aduz Miguel Reale, referindo da celeuma vivenciada até por este modelo que muito prometeu e, realisticamente, pouco cumpriu. Cf. REALE, Miguel. *Crise do capitalismo e crise do Estado*. São Paulo: SENAC, 2000, p. 13 e ss.

[9] Alerte-se que embora pareça ser uma novidade, a proteção dos direitos coletivos e a proteção coletiva dos direitos já vem de tempos, vindo no Brasil desde a época da elaboração da lei da ação civil pública e outras tantas posteriores, sendo essas observadas seguidamente nesse trabalho. Sobre a base histórica conferir ZAVASCKI, Teori Albino. *Processo coletivo:* tutela de direitos coletivos e tutela coletiva de direitos. 4. ed., rev. e atual., São Paulo:RT, 2009, p. 14-15.

que é capaz de em uma única demanda refletir efeitos a todos ou a um grande grupo de sujeitos.

Com o giro existente a partir da (re)valorização da Constituição Federal que se deu com a ocorrência do constitucionalismo,[10] fez com que a Carta Magna que antes era desprestigiada passasse a ter maior importância e destaque o que também dotou os princípios, por natural, de grandioso destaque singular para o direito Constitucional e, no caso estudado, no Processo Coletivo.[11]

O que se percebe é uma passagem da teoria geral do direito e do processo voltada ao direito civil, passando de uma teoria geral do direito e do processo com matriz constitucional.[12]

Nesse peculiar os princípios detêm muita importância, no âmbito de quem busca a revalorização das atividades criativas do juiz,[13] pensando em uma nova realidade que não, mas se constitua através do positivismo, mas, sim, do pós-positivismo.[14]

Assim, com a maior colocação em evidencia dos princípios e do direito constitucional, temática que é em tese mais compacta[15] que os demais ramos como direito civil e penal, torna-se natural que os princípios venham a ganhar destaque já que com esse giro o direito constitucional se tornou o centro da teoria geral do direito, os princípios que com esse direito andam alinhados também ganham em importância de uma forma geral.[16]

---

[10] Sobre a ideia de Constitucionalismo vejamos o que escreveu o jurista Nestor P. Sangués: "El llamada constitucionalismo movimento constitucionalista es un proceso político-jurídico que em su versión inicial, a parti del siglo XVIII, tuvo por objetivo establecer em cada Estado un documento legal – la constitución – con determinadas características". Cf. SAGUÉS, Nestor P. *Elementos de derecho constitucional*. Tomo I. Buenos Aires: Artraz, 1997, p.01. Neste sentido também devemos observar as palavras de Marcelo Figueiredo, ao fazer profissão de fé no constitucionalismo democrático, *verbis*: "É preciso valorizar o caráter normativo da constituição, assegurando aos seus preceitos eficácia jurídica e social. Não se deve adiar o esforço de integrar o Direito Constitucional ao processo histórico de promoção da justiça e da igualdade, no campo real e concreto – e não teórico ou retórico – da superação das estruturas anacrônicas da opressão política e social." In *Revista Latino-Americana de Estudos Constitucionais*., p.571-581. Por fim, vale observar as palavras sempre atentas de Canotilho *in* CANOTILHO, José Joaquim Gomes. *Direito constitucional e teoria da constituição*. 7. ed., Coimbra: Almedina, 2003, p. 52.

[11] A título de curiosidade sobre dano moral coletivo vale conferir MORELLO, Augusto Mario. STIGLITZ, Gabriel. *Tutela procesal de derechos personalisimos e intereses colectivos*. La Plata: LEP, 1986, p. 117 e ss.

[12] Aqui podemos relembrar esse movimento de publicização através da obra de Marinoni que acaba por explorar a perspectiva do direto processual civil, *in* MARINONI. Luiz Guilherme. *Teoria geral do processo*. São Paulo: RT, 2006.

[13] Observe-se que essa atividade criativa do Juiz é extremamente importante para que possamos deixar a jurisdição mas flexível e o processo menos formalista, sendo uma das formas de valorizar ainda mais a atividade judicial que necessita do devido crédito para com segurança e dignidade exercer a sua função. Essa função criativa do juiz não deve ser confundida com criação do direito sob pena de restamos em um sistema processual monista e não dualista como sabidamente hoje se vivencia. Sobre a corrente monista vale conferir as observações do processualista Darci Ribeiro *in* RIBEIRO, Darci Guimarães. *Da tutela Jurisdicional às formas de tutela*. Porto Alegre: Livraria do Advogado, 2010, p. 96. Vejamos também CALAMANDREI, Piero. *Proceso y democracia*. Buenos Aires: Ediciones Juridicas Europa-America. p. 80-81.

[14] Sobre a superação do positivismo jurídico deve ser observado Dworkin e Hart. No Brasil vale conferir BARROSO, Luís Roberto. *Fundamentos teóricos do novo direito constitucional brasileiro. A nova interpretação constitucional*. Rio de Janeiro: Renovar, 2003, p. 26-27.

[15] Nesse sentido, BOBBIO, Norberto. Principi generali di diritto. *In Novíssimo Digesto Italiano*. V. 13. Turim: Unione Tipografico-Editrice Torinese, 1957, p. 892.

[16] Esse maior apego aos princípios fortalece a tese do pós-positivismo, superando a antiga concepção formal e fortemente apegada à lei como fonte direta de direitos. Essas pontuações sobre o pós-positivismo estão ganhando aos poucos mais importância e assim tornando-se uma das novas formas de pensar o direito. Nesse sentido BARROSO, Luis Roberto e BARCELLOS Ana Paula de. *A nova Interpretação Constitucional*: Poderação, Argumentação e Papel dos Princípios. In: LEITE: George Salomão. Dos Princípios Constitucionais. São Paulo: Malheiros, 2003, p. 108.

Nas Constituições modernas, o movimento de positivação dos princípios se tornou comum,[17] o que automaticamente fez com que os princípios passassem a ser também matéria legislada e não mais, como antes, normas de caráter subsidiário ou residual.[18]

Nessa peculiaridade dos princípios muitos acabaram por atribuir a esses uma concepção jusnaturalista ou ainda juspositivista.[19] Na primeira corrente os princípios estariam postados como decorrência natural da existência humana, sendo independentes de positivação, mas, certamente, capazes de orientar a correta aplicação do direito. De outra forma na segunda corrente os princípios estariam observados somente como normas gerais, mas encontráveis por sucessivas generalizações das normas particulares do sistema.[20]

Observe-se que os princípios são naturalmente fontes primárias[21] ao direito e que por natural são, como tal, observados com maior cuidado e pontualidade. Reconhecer essa fonte é necessário para que não restemos engessados em uma sociedade extremamente volátil e que muda a cada instante por sua natural força de evolução e desenvolvimento.[22]

Compreender a diferença entre normas-princípio e normas-regra[23] é relevante para a observação dos processos coletivos de forma mais pontuada. Sabe-se que princípios e regras são, naturalmente, normas por exprimirem o dever ser, visto que podem por sua natureza estar postados como mandado proibição ou permissão, por exemplo.[24] Nesse sentido, observando através de uma distinção qualitativa pode ser perceptivo que os princípios são verdadeiros mandados de otimização, sendo normas que ordenam a feitura ou não de algo em maior ou menos medida, sempre considerando as possibilidades fáticas e jurídicas existentes, podendo restar cumpridos ou não em diferentes graus.[25] Já as regras são normas que somente poderão ser ou não

---

[17] Cf. CAPELLETTI, Mauro. *O controle judicial de constitucionalidade das leis no direito comparado*. Tradução de Aroldo Plínio Gonçalves. Porto Alegre: Sergio Antonio Fabris, 1984, p. 130.

[18] Observando os princípios sob um aspecto de função diretiva conferir BOBBIO, Norberto. Principi generali di diritto. *In Novissimo Digesto Italiano*. Op. cit., p. 130.

[19] Sobre a temática que é de grande discussão, vale observar de forma bem sintetizada as ponderações ofertadas por DIDIER Jr, Fredie. ZANETI Jr, Hermes. *Curso de direito processual civil*: processo coletivo. V. 4. 5. ed., Salvador: Juspodivm, 2010, p. 101-103.

[20] Essa construção é encontrada em BOBBIO, quando observa a Vittorio Scialoja e Giorgio Vecchio, percebendo-se que o juspositivismo foi vitorioso na Itália, mas que internacionalmente se abre novo espaço aos jusnaturalistas. *In* BOBBIO, Norberto. Principi generali di diritto. *In Novissimo Digesto Italiano*. Op., cit., p.889.

[21] Como fontes matérias e formais os princípios são reconhecidos e observados com a devida vênia de sua importância para um sistema jurídico que querida escapar, ao máximo, de injustiças e problemáticas complexas, já que via princípios pode ser solucionada uma problemática que, via de regra, legislativamente não seria possível. Nesse sentido de observar os princípios como fontes conferir BOBBIO, Norberto. Principi generali di diritto. *In Novissimo Digesto Italiano*. Op. cit., p. 890-892.

[22] Nesse peculiar essas consequências são decorrência da pós-modernidade como dizem alguns, ou ainda da modernidade tardia como preferem outros. Talvez porque vivamos em uma sociedade sitiada e extremamente líquida que se tornou consumista em sua essência. Nesse sentido conferir BAUMAN, Zygmunt. *La sociedad sitiada*. Trad. de Mirta Rosenberg. Buenos Aires: Fondo de cultura económica, 2006, p.224 e ss. Vale ainda observar: BAUMAN, Zygmunt. *Vida líquida*. Trad. de Albino Santos Mosquera. 1. ed., 4. reimp., Buenos Aires: Paidós, 2009, p. 109 e ss.

[23] Em relação ao debate vale recordar Ronald Dworkin e Robert Alexy.

[24] ALEXY, Robert. *Teoría de los derechos fundamentales*. Madrid: Centro de Estudios Politicos y Constitucionales, 2001, p. 83.

[25] ALEXY, Robert. *Teoría de los derechos fundamentales*. Op. cit., p. 83.

cumpridas, não podendo ser feito nem a mais e nem a menos, mas seguindo tão somente a regra válida que permita fazer ou não alguma coisa.[26]

Refira-se como afirma Robert Alexy, como base em Esser, que os princípios são bases, por mais que não determinantes, para a criação de uma ou algumas regras, visto que sabidamente pela relevância dos princípios teremos razões, critérios e justificativas para a criação da regra, sendo essa regra fruto direto da existência e importância de determinado princípio.[27]

Assim, tratar de princípios se torna algo atual e eminentemente necessário para que as premissas posteriores sejam compreendidas e, portanto, corretamente aplicadas, visando sempre a levar os direitos a sério.

1.1. Dos princípios do processo coletivo

A noção de princípios que serão abordados na tutela jurisdicional coletiva é particular, pois tem a sua forma diferenciada[28] de ser observada e, inclusive, de ser compreendida. Vale referir que boa parte da base vem, por natural, da base do processo civil individual[29] e calcado na busca da solução individual.

Percebe-se que essa base teórica que foi construída para o processo civil "convencional", ou seja, individual será, por lógico, utilizada, mas com ressalvas e certa peculiaridade em cada caso, pois frente ao Processo Coletivo[30] o que se busca é a solução da lide[31] frente à coletividade e não mais aquele "velho" modelo de solução da lide *inter partes* que era, por suposto, individualista.

A perspectiva que será agora construída e observada é coletiva,[32] portanto a análise será pontuada e focada nas bases e consequências de cada princípio frente a tutela jurisdicional coletiva, sendo os princípios observados tanto na perspectiva das

---

[26] Por tudo isso podemos resumidamente dizer que toda norma ou é um princípio ou uma regra. Nesse sentido ALEXY, Robert. *Teroría de los derechos fundamentales.* Op. cit., p.87.

[27] Cf. ALEXY, Robert. *Teroría de los derechos fundamentales.* Op. cit., p.103.

[28] Pequena chamada ao leitor que tenha interesse em conhecer as chamadas tutelas diferenciadas que são frequentemente estudadas na Argentina, onde existem ações que são tuteladas e procedidas de forma diferenciada, seja por seu grau de urgência ou relevância. Nesse sentido conferir BERIZONCE, Roberto Omar. *Aportes para una justicia más transparente.* Roberto Omar Berizonce Coordenador, ... [et. al.]. La Plata: LEP, 2009, p. 23 e ss.

[29] Uma das grandes bases do processo civil individual e que deverá ser estendida ao processo coletivo é o cuidado para que não se cause abusos em relação ao processo e se extrapole a ideia da boa-fé processual, pela qual as partes devem, naturalmente, batalhar. Nesse contexto pode ser estudada a obra do processualista argentino Osvaldo A. Gozaíni *in* GOZAÍNI, Osvaldo A. *La conducta en el proceso.* La Plata: LEP, 1988, p. 101 e ss.

[30] Sobre a utilização do mandado de segurança coletivo pode ser conferida obra do clássico processualista argentino Augusto Morello *in* MORELLO, Augusto Mario. STIGLITZ, Gabriel. *Tutela procesal de derechos personalisimos e intereses colectivos.* La Plata: LEP, 1986, p. 201 e ss. O próprio processualista Augusto Morello acabou por construir um livro onde faz a análise do amparo argentino e espanhol, medida idêntica aquilo que chamamos de mandado de segurança, aprofundando a temática, por curiosidade vale conferir em MORELLO, Augusto Mario. *Cuestiones procesales de derecho comparado español – argentino.* La Plata: LEP, 1987, p. 53 e ss. Vale também sobre a temática observar a obra do clássico processualista argentino Lino Palacio *in* PALACIO, Lino E. *Tutela procesal de las libertades fundamentales.* La Plata: JUS, 1988, p. 147 e ss. Vale conferir, por fim, a bela obra de Eduardo Oteiza quando trata do amparo colectivo argentino *in* OTEIZA, Eduardo. *Procesos colectivos.* Coordinado por Eduardo Oteiza. Santa Fe: Rubinzal-Culzoni, 2006, p. 48 e ss.

[31] Sobre o conceito de lide ver BUENO, Cassio Scarpinella. *Curso sistematizado de direito processual civil.* Op. Cit., p. 79-80.

[32] Interessante foi à perspectiva que o processualista argentino Verbic analisou, observando desde o conflito coletivo, como ponto de partida, e chegando ao processo coletivo como consequência daquele conflito anteriormente instalado. Assim *vide* VERBIC, Francisco. *Procesos Colectivos.* Buenos Aires: Editorial Astrea, 2007, p. 42 e ss.

disposições do possível Código de Processos Coletivos como pelos outros princípios que a doutrina vem construindo.

Assim, pode-se dizer que o Brasil viva um "Estado de Arte" como diria Ada Pellegrini Grinover,[33] visto que o Brasil efetivamente foi o primeiro país da *Civil Law* a criar um sistema de processos coletivos.[34]

1.1.1. Princípio do devido processo legal coletivo

No processo individual tradicional o grande norte principiológico é traçado pelo princípio do devido processo legal,[35] por ser a base para um processo organizado que busque, através de atos concatenados, a obtenção da solução da lide.

Nesse sentido, o referido princípio é a base para a ocorrência de todos os demais princípios processuais, vindo da base do direito norte americano. Assim, todos os demais princípios no processo individual tradicional são decorrência deste.

No processo coletivo[36] também haverá a aplicabilidade, por natural, do princípio devido processo legal, então aqui conhecido como *devido processo legal coletivo,*[37] por ser aplicado na via do processo coletivo,[38] seguindo a mesma regra que resta postada no processo civil individual.

Essa vocação coletiva do princípio do devido processo legal deve ser observada sob o aspecto de um devido processo social[39] que se preste a desburocratizar o processo que, via de regra, está mergulhado em um formalismo desvalorativo[40] que deve

---

[33] Cf. GRINOVER, Ada Pellegrini. *Direito processual coletivo e o anteprojeto de código de processos coletivos.* Coordenado por Ada Pellegrini Grinover, Aluisio Gonçalves de Castro Mendes e Kazuo Watanabe. São Paulo: RT, 2007, p.11. Esse início veio através da reforma de 1977 da Ação Popular, passando pela lei 6.938/81 que previu a titularidade do Ministério Público para as ações ambientais de responsabilidade civil e penal. Finalmente pela lei 7.347/85 a lei da Ação Civil Pública foi que os direitos transindividuais deram uma guinada influindo inclusive no Código de Processo Civil vigente. Para completar toda a grandiosa evolução surgiu o Código de Defesa do Consumidor (1990) que acabou por criar um verdadeiro microssistema de processos coletivos criando inclusive a categoria de direitos individuais homogêneos, dialogando esse Código com a lei da Ação Civil Pública.

[34] Para Ada Pellegrini Grinover estamos frente a uma modalidade autônoma de direito processual, o Processo Coletivo, não derivado de outro ramo por natural. Nesse sentido consultar GRINOVER, Ada Pellegrini. *Direito processual coletivo e o anteprojeto de código de processos coletivos.* Op. cit., p. 11.

[35] Sobre esse princípio aduz Nelson Nery Júnior que " O princípio fundamental do processo civil, que entendemos como base a qual todos os outros se sustentam, é o do devido processo legal, expressão oriunda da inglesa *due process of Law.* (...)" in NERY JÚNIOR, Nelson. *Princípios do processo civil na constituição federal.* 7. ed. rev. atual., São Paulo: RT, 2002, p. 32. Também sobre o devido processo legal vale consultar a bela obra de Cassio Scarpinella Bueno *in:* BUENO, Cassio Scarpinella. *Curso sistematizado de direito processual civil:* teoria geral do direito processual civil: vol. 1. São Paulo: Saraiva, 2007, p. 104 e ss. Rememore-se que para alguns quando se trata deste princípio, ora observado, dever-se-ia chama de devido processo constitucional e não como é chamado de devido processo legal. Idem., p. 106. TESHEINER, José Maria Rosa. *Elementos para uma teoria geral do processo.* São Paulo: Saraiva, 1993, p. 54.

[36] Sobre os processos coletivos ambientais vale conferir MORELLO, Augusto Mario. CAFFERATTA, Néstor A. *Aceso al derecho procesal civil.* Augusto Mario Morello diretor... [*et. al.*] Buenos Aires: Lajouane, 2007, p. 403 e ss.

[37] Sobre a construção desse princípio vale conferir DIDIER Jr, Fredie. ZANETI Jr, Hermes. *Curso de direito processual civil:* processo coletivo. Op. cit., p.112-113.

[38] Interessante observar, para quem tenha o interesse, uma das variadas obras de Roberto Berizonce, onde o processualista argentino explora o processo coletivo e as suas ações de classe, passando pelas questões da legitimidade e da coisa julgada, sempre observando de forma direta a realidade argentina. Nesse sentido BERIZONCE, Roberto Omar. *El proceso civil en transformación.* La Plata: LEP, 2008, p. 445 e ss.

[39] Vale observar que essa forma de compreensão é efetivada por Mauro Cappelletti.

[40] Deve-se nesse peculiar observa a necessidade de existência de certo formalismo para que as coisas restem organizadas, mas que esse formalismo não seja em exacerbo e que jamais prejudique direitos. Assim, o formalismo deve ser valorativo e jamais prejudicial. Para refletir sobre a temática vale conferir OLIVEIRA, Carlos Alberto Alvaro.

ser rechaçado desde logo para que o Judiciário possa buscar a efetividade[41] transpassando e abandonando a velha sistemática estritamente dogmática.[42]

Sabe-se da necessidade de pensar nesse princípio para que o processo coletivo também tenha a sua base forte e possamos compreender a base do sistema e dos princípios que circulam essa forma de processo, seja para os que compreendem como um novo ramo do direito processual ou ainda para aqueles que compreende ser mais uma decorrência do processo civil.[43]

Uma coisa é certa, a necessidade de uma codificação própria,[44] assim como foi tentado pelos autores do anteprojeto de processo coletivo do qual já referimos, sendo essa a forma de deixar as coisas mais claras para um país como o Brasil que sempre valorizou por demais as disposições legais, quer por sermos um país positivista e quer por sermos, em nosso direito, muito apegados aos ensinamentos de Kelsen.[45]

Ainda hoje passamos por construções diferentes e que buscam superar essa tradicional visão que nos foi "vendida", saindo dessa compreensão para uma compreensão não mais positivista, mas, sim, pós-positivista,[46] baseados em Dworkin e Hart, visando à superação do positivismo e dando mais enfoque aos princípios e as formas não tabeladas de solução da lide. Saber qual a teoria que vingará isso ainda não é possível, mas uma coisa resta possível de compreender que estando em uma sociedade pós-moderna[47] muita coisa pode mudar, talvez a forma de pensar o direito e as outras ciências, mas isso em momento oportuno se abordará.

Do formalismo no processo civil. 2. ed., rev. e ampli., São Paulo: Saraiva, 2003. Crítica fortemente elaborada em relação ao formalismo vem de Schopenhauer referindo que deve haver desapego para com o formalismo por não nos apresentar grande vantagem, *vide*: Schopenhauer, Arthur. *Como vencer um debate sem precisar ter razão*: em 38 estratagemas. Tradução de Daniela Caldas e Olavo de Carvalho, Rio de Janeiro: Topbooks, 1997, p. 21.

[41] Vale conferir a obra que foi construída pelo jurista gaúcho Darci Ribeiro, quando em seus estudos doutorais, sendo uma análise pontuada e que passou também pela ideia de tutela judicial efetiva, que é aquilo que muito se busca em nossa comunidade jurídica. *In*: RIBEIRO, Darci Guimarães. *La pretensión procesal y La tutela judicial efectiva*. Barcelona: J.M.Bosch editor, 2004, p. 75 e ss. Também observar a lições de BEDAQUE, José Roberto dos Santos. *Efetividade do processo e técnica processual*. 2. ed., São Paulo: Malheiros, 2007, p. 49 e ss. Também sobre a efetividade pode ser consultado MARINONI, Luiz Guilherme, *Curso de processo civil*. Op. cit., p. 215 e ss.

[42] Nesse sentido, vale conferir as ponderações de VENTURI, Elton. *Processo civil coletivo*. Sao Paulo: Malheiros, 2007, p. 151.

[43] Nesse ponto vale observar a posição de Ada Pellegrini Grinover que entende que estamos frente a um novo ramo da ciência processual, não sendo o Processo Coletivo uma decorrência do Processo Civil. Nesse sentido conferir GRINOVER, Ada Pellegrini. *Direito processual coletivo e o anteprojeto de código de processos coletivos*. Op. cit., p.11. Nesse sentido também ALMEIDA, Gregório Assagra de. *Direito processual coletivo brasileiro*: um novo ramo do direito processual. São Paulo: Saraiva, 2003. A temática gera certa controvérsia, mas, ainda será ponto de grande discussão que por hora nos cabe somente referir.

[44] Cf. DIDIER Jr, Fredie. ZANETI Jr, Hermes. *Curso de direito processual civil*: processo coletivo. Op. cit., p.112.

[45] Kelsen, quando em sua obra Teoria pura do direito construí a ideia de que lei é direito e que por essa razão deveríamos estar submissos a lei, *vide*: KELSEN, Hans. Teoria pura do direito, 4º Ed., São Paulo: Martins Fontes, 1994, p. 33 e ss. Sobre o positivismo jurídico deve ser mencionada a obra de Bobio *in* BOBIO, Norberto. *O positivismo jurídico*: lições introdutórias de filosofia do direito. Tradução de Márcio Pugliesi Edson Bini e Carlos E. Rodrigues. São Paulo: Ícone, 1995, p.135 e ss.

[46] Com tudo isso vale referir que hoje já discutimos a ideia de um pós-positivismo onde há uma revalorização dos princípios e dos seus consectários. Sobre o pós-positivismo vale observar BARROSO, Luis Roberto. Fundamentos teóricos e filosóficos do novo direito constitucional brasileiro. *A nova interpretação constitucional*. Rio de Janeiro: Renovar, 2003, p.26.

[47] Vale referir que começa um movimento no sentido de pensar em uma ultra-modernidade, o que deverá a seu tempo ser investigada e depois devidamente construída tal teoria. Uma dúvida resta, para um país como o Brasil falar em pós-modernidade às vezes resta complexo, visto que nosso país não implementou muitos dos consectários da globalização e da própria ideia da pós-modernidade. Talvez sejamos um país de modernidade tardia, mas isso resta até o

Nesse sentido, muitos podem ser os princípios que decorrem deste *princípio do devido processo legal coletivo*, sendo tanto os naturalmente decorrentes como no processo civil individual, ou ainda sejam os "novos" princípios que podem decorrer diretamente deste. Nesse peculiar os princípios diretamente decorrentes são:[48] o princípio da adequada representação,[49] princípio da adequada certificação da ação[50] coletiva,[51] princípio da coisa julgada[52] diferenciada e a "extensão subjetiva" da coisa julgada secundum eventum litis à esfera individual,[53] princípio da informação e publicidade adequadas,[54] princípio da competência adequada[55] dentre outros.

1.1.2. Princípio do acesso à justiça

O acesso à justiça[56] sempre foi pretendido pelos processualistas, visando alcançar a todos a possibilidade de levar seus reclames ao Poder Judiciário e desse poder

---

mento em pleno debate e construção. Sobre a ultramodernidade vale observar http://www.cchla.ufrn.br/humanidades2009/Anais/GT10/10.3.pdf acessado em 27/07/2010, as 23:09.

[48] Nesse sentido para quem quiser aprofundar a temática, vale conferir: DIDIER Jr, Fredie. ZANETI Jr, Hermes. *Curso de direito processual civil:* processo coletivo. Op. cit., p. 113-118.

[49] Aqui a ideia é de entregar aos legitimados a possibilidade de agir em nome da coletividade, visando a uma discussão mais ampla e profunda da questão que se está a discutir e sempre pontuando possibilidade de utilização da boa técnica e probidade na condução da lide, sendo essa legitimação concedida via legislação, sendo, por exemplo, o caso do Ministério Público que poderá agir via ação civil pública para buscar, sempre que possível, assegurar os direitos difusos ou coletivos que estejam em jogo. Para compreender esse princípio vale conferir DIDIER Jr, Fredie. ZANETI Jr, Hermes. *Curso de direito processual civil:* processo coletivo. Op. cit., p. 113.

[50] Em relação às teorias da ação poderia ser visualizada a obra de GOZAÍNI, Osvaldo A. *Teoria general del derecho proceal.* Buenos Aires: EDIAR, 1996, p. 33 e ss.

[51] Sobre essa sistemática vale observar a obra de GIDI, Antonio. *A class action como instrumento de tutela coletiva dos direitos:* as ações coletivas em uma perspectiva comparada. São Paulo: RT, 2007, p.466. Nesse caso o juiz, percebendo os requisitos, poderia certificar que a demanda que resta proposta é coletiva e como tal lhe tratar. Essa certificação poderia ocorrer na fase de saneamento do processo.

[52] Somente para que se faça a consulta caso haja a curiosidade ou necessidade, sobre a temática da coisa julgada e seus subjetivos e objetivos seria interessante visualizar a obra de PALACIO, Lino Enrique. *Manual de derecho procesal civil.* 20. ed., Buenos Aires: AbeledoPerrot, 2010, p. 451.

[53] Sobre essa realidade da coisa julga será interessante uma observação bem pontuada, visto que a coisa julgada na via do processo coletivo será distinta em relação à possibilidade de alcance de um julgado transitado, já que a parte que tenha individualmente uma ação e que comprove a identidade de fatos e de direito em relação a uma ação coletiva que tenha sido julgada procedente, ofertará ao sujeito que ingressou individualmente a possibilidade de executar em seu benefício a sentença obtida na demanda coletiva, desde que comprovada a relação fático-jurídico com a demanda coletiva. Nesse peculiar ver DIDIER Jr, Fredie. ZANETI Jr, Hermes. *Curso de direito processual civil:* processo coletivo. Op. cit., p. 114-115.

[54] Nesse âmbito principiológico deve ser referido que esse princípio pode ser dividido em dois outros sub-princípios. O primeiro o *princípio da adequada notificação dos membros do grupo*, onde vale por demais a comunicação a todos os membros sendo essa, em regra, efetivado por editais, sendo essa comunicação adequada ao conhecimento do todos. O segundo subprincípio é o *princípio da informação aos órgãos competentes* onde resta o dever funcional de informação ao órgão curador da sociedade qual seja o Ministério Público, sendo esse informado de atos ou fatos que constituam motivação da feitura de uma ação civil pública. Nesse sentido, vale conferir DIDIER Jr, Fredie. ZANETI Jr, Hermes. *Curso de direito processual civil:* processo coletivo. Op. cit., p.115-116.

[55] Sobre esse princípio, vale afirmar que é um dos aspectos mais sensíveis da doutrina sabidamente, visto ser totalmente diferenciada situação, já que em regra as lides se dão em detrimento de um grupo ou de uma coletividade indeterminada o que pode tornar vários juízos competentes para a demanda, onde nesse caso será observada a conveniência da parte autora escolher o juízo que proporá a demanda, seja pelo posicionamento do magistrado ou ainda por ser uma localidade onde a prova é mais facilitada aos autores e não ao réu. Muitas são as equações possíveis devendo em cada caso ser observada a melhor estratégia processual. Sobre essa realidade desse princípio pode ser consultada a obra de DIDIER Jr, Fredie. ZANETI Jr, Hermes. *Curso de direito processual civil:* processo coletivo. Op. cit., p. 116-117.

[56] O movimento de acesso à justiça inicia na Itália com sua forte doutrina, tornando-se conexa em relação às ações coletivas com grande força e, certa inovação, na doutrina brasileira, sendo isso reconhecido pelos estudos elaborados pelo jurista argentino Ricardo Lorenzetti *in* LORENZETTI, Ricardo Luis. *Justicia colectiva.* Santa Fe: Rubinzal-Culzoni, 2010, p. 124 e ss. O efetivo acesso à justiça é sim, sem sombra de dúvida, um postulado essencial e necessário

receber uma resposta, qual seja a mais adequada ao caso concreto, visando uma prestação da tutela jurisdicional efetiva.

Nesse ponto, pode-se dizer que estaremos frente a um princípio que possibilita o acesso de todo cidadão à busca de "justiça"[57] ou pelo menos de uma manifestação jurisdicional do Poder Judiciário. Nesse sentido, estaríamos pensando como o fez Kazuo Watanabe quando refere que o que se dá nesse caso é o acesso à ordem jurídica justa.[58]

Possibilitar o acesso à justiça[59] não é somente possibilitar que todos venham "reclamar" junto ao Judiciário os seus direitos, mas, também, "municiar", ou seja, possibilitar que esses cidadãos venham e consigam estar habilitados para participar de um processo. Nesse ponto vale pensar como Mauro Cappelletti que caba por identificar o acesso à justiça através de três pontos sensíveis. O primeiro a assistência judiciária que não só facilita como também possibilita o acesso, do economicamente mais fragilizado, à justiça. O segundo a tutela dos interesses difusos[60] que, efetivamente, possibilita que os conflitos e as discussões de teses jurídicas de massa cheguem aos Tribunais. Por fim, e em terceiro lugar, a utilização da técnica processual[61] como mecanismo que leve à pacificação do conflito com "justiça".[62]

Esse princípio possibilita a discussão jurídica em relação à tutela de interesses transindividuais, possibilitando a solução de milhares de conflitos e não somente de um caso em particular o que faz com que transpassemos a realidade individualista da jurisdição no modelo do Processo Civil, visto que no Processo Coletivo a busca é por soluções que atinjam a coletividade e que possam refletir em milhares ou até milhões de cidadãos que sofrem desrespeitos e desmandos em relação a seus direitos.[63]

---

do Estado Social e de direito, estendendo-se, por conseguinte, ao Estado Democrático. Sobre a relevância dessa realidade e desse princípio ver BERIZONCE, Roberto Omar. *Efectivo aceso a la justicia*. La Plata: LEP, 1987, p. 5 e ss.

[57] Falar de busca de justiça é algo que sempre foi referido por todos sem, no entanto, saber qualificar corretamente o seja essa ocorrência. Esquecendo suas origens e toda a dificuldade de conceituação do justo, podemos utilizar as ideias do jurista argentino Augusto Mario Morello quando busca desvendar um processo justo, processo que esteja comprometido em obter o máximo de proximidade ao justo. Cf. MORELLO, Augusto Mário. *El processo justo:* del garantismo formal a la tutela efectiva de los derechos. La Plata: Platense, 1994.

[58] Ada Pellegrini Grinover acaba por relembrar essas palavras do referido processualista, assim *vide*: GRINOVER, Ada Pellegrini. *Direito processual coletivo e o anteprojeto de código de processos coletivos*. Op. cit., p. 12.

[59] Roberto Berizonce observa o princípio do acesso à justiça como forma de humanização e socialização do processo, possibilitando a todos essa nova realidade pleitear frente ao Judiciário algo e desse receber de forma direta uma resposta em forma de decisão, tanto passando pela garantia de gratuidade para quem precise como pela possibilidade de acesso irrestrito. Nesse sentido ver BERIZONCE, Roberto Omar. *Derecho procesal civil actual*. La Plata: LEP, 1999, p. 5 e ss.

[60] Sobre a tutela dos interesses difusos vale conferir MORELLO, Augusto Mario. HITTERS, Juan Carlos. BERIZONCE, Roberto Omar. *La justicia entre dos epocas*. Augusto Mario Morello diretor...[et. al.]. La Plata: LEP, 1983, p.207 e ss.

[61] Sobre a técnica processual vale observar *in* BEDAQUE, José Roberto dos Santos. *Efetividade do processo e técnica processual*. 2. ed. São Paulo: Malheiros, 2007, p. 49 e ss.

[62] Cf. GRINOVER, Ada Pellegrini. *Direito processual coletivo e o anteprojeto de código de processos coletivos*. Op. cit., p. 12.

[63] Nesse ponto de demonstrar a relevância do acesso à justiça como forma de apresentar à coletividade uma solução judicial efetiva e ao mesmo tempo calcada na busca de justiça em relação à coletividade e não somente de um indivíduo, como no Processo Civil, vale observar GRINOVER, Ada Pellegrini. *Direito processual coletivo e o anteprojeto de código de processos coletivos*. Op. cit., p. 12.

1.1.3. Princípio da universalidade da jurisdição

Aqui a busca vem no sentido de ofertar a jurisdição ao maior número de pessoas,[64] possibilitando a esses o acesso à justiça, que resta sendo um princípio conexo com o ora estudado.

Na realidade a base desse princípio vem no sentido de alcançar a todos, aos quais haja possibilidade, o acesso ao Judiciário e a consequente jurisdição, possibilitando-se, assim, o natural crescimento do número de demandas e demandantes que possam a atuar junto ao Judiciário,[65] visando à solução dos litígios existentes.

Sabe-se que esse princípio tem alcance muito mais restrito no processo tradicionalmente individual, visto que a jurisdição[66] seria postada frente àquele sujeito que individualmente litiga e busca a proteção de seus direitos. Já no Processo Coletivo a dimensão deste princípio ganha magnitude, pois oportuniza a grande massa de cidadãos, que antes não teriam sequer acesso ao Judiciário, submeter aos Tribunais as suas antigas e novas demandas, obtendo desses uma resposta.

Nesse ponto as portas são abertas para que todos os cidadãos possam ter acesso à justiça, e ao Poder Judiciário elitizado que não se colocava à disposição de todos cidadãos, abrindo caminho para a ocorrência da universalidade da jurisdição.[67]

1.1.4. Princípio de participação

O princípio da participação é um dos mais relevantes para a sistemática processual, já que é a forma processual pela qual se garante aos cidadãos a possibilidade e garantia de manifestação no processo, fazendo com que possa ser possível pensar em uma realização da democracia participativa,[68] e não meramente representativa como sempre se pretendeu fazer. Em verdade no processo tradicional, qual seja o processo individualista, a participação se dá através da garantia constitucional do contraditório,[69] sendo essa uma forma de participação no processo, sendo assim também no processo coletivo, uma chamada participação no processo.[70] Em verdade a participação no processo individual se dá efetivada pelo próprio sujeito que pretenda o direito fazendo valer o seu direito ao contraditório, enquanto que nas ações coletivas essa participação será exercida pelos legitimados representando os sujeitos que pretendem seus direito, sendo que esses "representantes adequados" exercerão o direito ao contraditório.

---

[64] Cf. GRINOVER, Ada Pellegrini. *Direito processual coletivo e o anteprojeto de código de processos coletivos.* Op. cit., p. 12.

[65] Cabe referir que não se está a defender o acumulo e crescimento de demandas, em um país extremamente litigante como o Brasil, mas possibilitar a todos essa utilização do processo para que não fique o cidadão sem qualquer prestação da tutela jurisdicional quando houver, realisticamente, a violação ou ameaça de um direito.

[66] Sobre o que venha a ser jurisdição interessante observar o processualista TESHEINER, José Maria Rosa. *Jurisdição voluntária.* Rio de Janeiro: Aide, 1992, p. 11.

[67] Cf. GRINOVER, Ada Pellegrini. *Direito processual coletivo e o anteprojeto de código de processos coletivos.* Op. cit., p. 12.

[68] Cf. RIBEIRO, Darci Guimarães. *Da tutela Jurisdicional às formas de tutela.* Porto Alegre: Livraria do Advogado, 2010, p. 95 e ss.

[69] Sobre o contraditório, conferir TESHEINER, José Maria Rosa. *Elementos para uma teoria geral do processo.* Op. cit., p. 35.

[70] GRINOVER, Ada Pellegrini. *Direito processual coletivo e o anteprojeto de código de processos coletivos.* Op. cit., p. 12.

Assim, há, naturalmente, no processo coletivo uma participação maior pelo processo e menor, por consequência, no processo.[71]

O princípio da participação teve uma forte e importante função, qual seja a de possibilitar o acesso das massas à justiça, tudo isso ocorrendo através dos legitimados processuais para agirem nas ações coletivas, sendo essa uma realidade extremamente democrática, ainda mais por seu viés participativo, onde as pessoas de toda e qualquer condição socioeconômicas poderão buscar junto ao Judiciário seus direitos e buscar de forma segura que esses direitos sejam levados a sério.[72]

O peculiar é que os resultados positivos que forem alcançados só alguns nas referidas ações poderão ser extensíveis a vários cidadãos, tendo sido processualmente garantida à participação popular que poderá ocorrer, por vezes, através de audiências públicas que se prestam a discutir determinadas situações de grandiosa repercussão e complexidade.[73]

Tudo isso significa dar a um Estado Democrático de Direito, como o Brasil, em tese, um "novo ar", pois se possibilita a superação da velha participação democrática que é conhecida através do direito de voto, passando a utilizar os mecanismos de uma democracia participativa, onde o cidadão poderá direta ou indiretamente, por seus representantes processuais legitimados, participar e fazer com que a democracia possa chegar perto de uma maior realidade, embora seja de conhecimento de todos que a implementação completa da democracia ainda não restou, até hoje, postada.[74]

1.1.5. Princípio da ação

Importante tratar do princípio da ação[75] por sua relevância para a ocorrência de uma demanda, ou seja, para o início natural de um processo, onde a parte por sua livre manifestação poderá iniciar a demanda através de seu impulso, fazendo com que o Poder Judiciário tome conhecimento da pretensão e possa então iniciar suas atividades via impulso oficial.[76]

Esse princípio, realmente, é o princípio da demanda,[77] onde a parte é que restará responsável pelo início da lide e de sua condução que se dará, após a propositura da ação, em conjunto com o Poder Judiciário. Sabe-se que tradicionalmente a demanda será iniciada somente pela parte, não podendo ter nenhuma participação o Judiciário no início da demanda, por ser essa uma deliberalidade da própria parte demandante.

---

[71] GRINOVER, Ada Pellegrini. *Direito processual coletivo e o anteprojeto de código de processos coletivos.* Op. cit., p. 13.

[72] Cf. DWORKIN, Ronald. *Levando os direitos a sério.* Tradução de Nelson Boeira. São Paulo: Martins Fontes, 2002, p. 283 e ss.

[73] Pode ser tomada por base a discussão jurídica da possível ilegalidade do repasse do PIS e da COFINS que foram motivados pelo Ministério Público através de ações coletivas que por fim poderão beneficiar a todos os cidadãos caso seja reconhecida a irregularidade da cobrança.

[74] Cf. ROUSSEAU, Jean-Jacques. *O contrato social.* Trad. Paulo Neves, Porto Alegre: L&PM, 2009, p.80-81. Nesse peculiar o grande teórico da democracia acaba por entender que esse modelo seria muito produtivo, mas que não seria passível de implementação. Sobre o futuro da democracia vale observar BOBBIO Norberto. *El futuro de la democracia.* Traduzido por José F. Fernández Santillán. México: Fondo de cultura económica, 1999, p. 23 e ss.

[75] Interessante conferir as ponderações do processualista TESHEINER, José Maria Rosa. *Elementos para uma teoria geral do processo.* Op. cit., p. 38.

[76] Sobre a sistemática desse princípio vale conferir as palavras de GRINOVER, Ada Pellegrini. *Direito processual coletivo e o anteprojeto de código de processos coletivos.* Op. cit., p. 13.

[77] Sobre esse princípio vale conferir PORTANOVA, Rui. *Princípios do processo civil.* 6. ed. Porto Alegre: Livraria do Advogado, 2005, p. 114.

Cabe referir que poderá o Judiciário incentivar[78] as partes a efetivar algo, mas não poderá passar de mero incentivo, já que essa possibilidade de fazer ou não algo, processualmente falando, é atribuição e possibilidade única da parte e de seus representantes legalmente habilitados para tal no processo coletivo.

Nesse sentido percebe-se a grande relevância desse princípio que tem função clara, por ser o princípio que possibilita a existência da ação e o posterior desenvolvimento do processo e, por fim, solução das mais complexas situações que tenham violado de forma direta ou indireta os direitos difusos e coletivos.

1.1.6. Princípio do impulso oficial

Importante princípio o do impulso oficial,[79] por ser a forma de garantir a sequência concatenada de atos processuais visando à solvência do conflito e, nesse ponto, o fim do processo.

Sabe-se que o processo inicia através do princípio da ação e que este resta efetivado pela parte, mas que com o ingresso da demanda a figura forte do processo muda, por natural, passando das mãos do autor, que motivou a existência da demanda, para as mãos do Juiz que restará comprometido com efetivação da jurisdição.[80]

Esse impulso oficial será a base teórica e processual para que o Judiciário se torne a figura central do processo, em relação à condução do processo, onde o magistrado deve ter um forte comprometimento com o processo para que este reste bem conduzido.

Nesse peculiar o juiz poderá produzir provas, requerer prática de atos ou diligência ou outras manifestações visando a melhor condução do processo, tendo em conta que a condução do processo será agora postada na figura do Juiz que nesse peculiar deve ser ativo. Nesse peculiar o impulso oficial se desenvolve nos mesmo moldes tanto no processo individual como no coletivo.[81]

Com base no anteprojeto de Código de Processos Coletivos caberá ao juiz as mais diversas possibilidades de agir, baseados no princípio do impulso oficial. Dentre os mais diversos atos possíveis elucide-se aqui: desmembrar um processo coletivo em dois quando um esteja voltado à proteção de direitos difusos ou coletivos e o outro esteja voltado à proteção dos direitos individuais homogêneos;[82] certificar a ação como coletiva; dirigir como gestor do processo a audiência preliminar, entre outras possibilidades de agir.[83]

---

[78] O anteprojeto de código de processos coletivos tem essa visão onde o juiz deve estimular o legitimado a ajuizar a ação coletiva, informando a esses a existência de diversas ações individuais que correm sobre uma mesma questão. Nesse sentido também GRINOVER, Ada Pellegrini. *Direito processual coletivo e o anteprojeto de código de processos coletivos*. Op. cit., p. 13.

[79] Interessante visualizar as ponderações do processualista Rui Portanova *in* PORTANOVA, Rui. Op. cit., p. 153 e ss.

[80] Assim, podemos tomar as palavras de Rui Portanova referindo que " o juiz deve impulsionar o processo até sua extinção, independentemente da vontade das partes" *in* PORTANOVA, Rui. Op. cit., p. 153.

[81] Cf. GRINOVER, Ada Pellegrini. *Direito processual coletivo e o anteprojeto de código de processos coletivos*. Op. cit., p. 13.

[82] Sobre essa conceituação podemos observar CUELLO, Ramiro Rosales. *Aceso al derecho procesal civil*. Augusto Mario Morello diretor...[*et. al.*] Buenos Aires: Lajouane, 2007, p. 1431 e ss.

[83] A processualista Ada Grinover tem essa posição em seu texto *in* GRINOVER, Ada Pellegrini. *Direito processual coletivo e o anteprojeto de código de processos coletivos*. Op. cit., p. 13.

1.1.7. Princípio da economia

Como em muitos dos ramos do direito onde a economia[84] se faz necessária, no processo coletivo também a ideia é a economia processual,[85] onde será possível obter o máximo resultado possível com o mínimo de investimentos e prática de atos processuais.[86]

Assim como no processo individual a economia processual se faz necessária também e se faz útil e muito relevante a sua aplicação ao processo coletivo já que havendo possibilidade de economizar atos processuais e a maior obtenção de resultados deve esse caminho ser observado e consequentemente perseguido.

A economia no processo coletivo se traduz à possibilidade de, por exemplo, reunir processos quando houver conexão[87] ou continência,[88] ou ainda quando for possível encerrar o segundo processo em caso de litispendência[89] e coisa julgada.[90]

Tudo isso torna possível a economia, evitando que partes, Judiciário e demais órgãos que viessem a atuar praticassem atos judiciais e processuais em situações naturalmente desnecessárias, como nos casos anteriormente referidos, já que a prática de atos processuais deve ocorrer quando efetivamente seja necessário, sob pena de fazer com que todos, e inclusive o Judiciário, se manifestem e pratiquem atos ou produzam provas de forma desnecessária, fazendo com que todo um esforço desnecessário seja praticado sem uma potencial finalidade.

O grande ponto é evitar o desgaste de tempo e recursos de todos para o deslinde de um processo que não necessitaria da referida prática de atos, já que nesses casos anteriormente referidos o processo não deveria restar "alimentado" pelas partes através de atos já que, por exemplo, existe coisa julgada sobre a questão, ou ainda, estamos em caso de clara e evidente litispendência.

1.1.8. Princípio da instrumentalidade das formas

A utilidade de determinados atos processuais praticados é importante, por mais que praticados de formas distintas das que esteja previstas legislativamente. Nesse caso, o princípio da instrumentalidade das formas busca a utilização e aproveita-

---

[84] Em relação ao princípio da economia e suas implicações variadas é interessante conferir PORTANOVA, Rui. Op. cit., p. 24 e ss.

[85] Interessante observar a economia processual e sua grande ligação com a modernidade vivenciada atualmente, visualizando as palavras do processualista Augusto Morello, onde economizar é evitar a produção de atos desnecessários e também reaproveitar aquilo que licitamente já se produziu. *In* MORELLO, Augusto Mario. *Aceso al derecho procesal civil*. Augusto Mario Morello diretor...[*et al.*] Buenos Aires: Lajouane, 2007, p. 543 e ss. Jorge Peyrano, processualista argentino, acaba também por tratar da temática com a mesma preocupação de economizar em relação ao processo, buscando a colocação em prática desse referido princípio. Sobre essa visão observar PEYRANO, Jorge W. *El proceso civil principios y fundamentos*. Buenos Aires: Astrea, 1978, p. 249 e ss.

[86] GRINOVER, Ada Pellegrini. *Direito processual coletivo e o anteprojeto de código de processos coletivos*. Op. cit., p. 13.

[87] Sobre as regras e detalhes, conexão, conferir MARINONI, Luiz Guilherme. MITIDIERO, Daniel. *Código de direito processual civil comentado*. São Paulo: RT, 2008, p. 163-164.

[88] Sobre a continência e as suas peculiaridades de observar MARINONI, Luiz Guilherme. MITIDIERO, Daniel. Op. cit., p.164.

[89] Cf. MARINONI, Luiz Guilherme. MITIDIERO, Daniel. Op. cit., p. 263.

[90] Sobre a coisa julgadas e suas peculiaridades vale observar THAMAY, Rennan Faria. A relativização da coisa julgada como decorrência da crise do Poder Judiciário na perspectiva do direito previdenciário. *Revista de Direito Social*, v. 36, 2009, p. 69-104. Em relação à coisa julgada no processo coletivo vale conferir DIDIER Jr, Fredie. ZANETI Jr, Hermes. *Curso de direito processual civil*: processo coletivo. Op. cit., p. 363 e ss.

mento dos referidos atos que foram praticados de forma distinta, mas que podem ser aproveitados por não causarem nenhum prejuízo a ninguém, a nenhuma das partes, mas, sim, por poder auxiliar na busca da resposta mais adequada, processualmente falando, já que a busca do processo é fazer justiça com material processual que detém nos autos.

A grande pontuação nesse princípio é a superação do formalismo para que possa ser possível a melhor solvência dos conflitos, já que esse é o objetivo do processo, resolver a lide[91] que se colocou à frente do Poder Judiciário aguardando sempre uma solução.

Assim, esse princípio busca que as formas do processo não sejam excessivas ao ponto de sufocar escopos jurídicos, sociais e políticos.[92] Nesse ponto o princípio ora debatido combate, claramente, o formalismo exacerbado e desmotivado que venha a afetar direitos, sendo essa uma ocorrência que não pode ser aceita de forma alguma. Tudo isso porque a forma e a técnica devem estar a serviço da jurisdição e não restarem contrárias a essa e muito menos contrárias, ao ponto de prejudicar, aos direitos.[93]

Por tudo isso, as normas que regem o processo coletivo devem, sempre que possível, ser interpretadas de forma aberta, sendo nesse ponto possível ao Juiz ter uma atuação mais flexível e assim, por natural, menos formalista, podendo colocar de forma real esse princípio em plena aplicabilidade.[94]

1.1.8.1. Princípio da primazia do conhecimento do mérito do processo coletivo

Esse princípio tem grande ligação com o da instrumentalidade das formas, sendo para alguns a decorrência desse princípio, por haver também aqui a busca da superação do formalismo exacerbado que venha a afetar de forma direta a busca e reconhecimento de um direito difuso ou coletivo.[95]

Com esse princípio, o que se pretende é de plano o conhecimento da questão de fundo, ou seja, da matéria que se está a discutir, analisando-se o mérito do debate por mais que haja a ausência de um dos requisitos necessários à admissibilidade da demanda, sendo essa uma das formas de superar o formalismo que veda todo e qualquer acesso ao Judiciário[96] quando os referidos requisitos não estejam totalmente implementados.[97]

---

[91] Cf. BUENO, Cassio Scarpinella. *Curso sistematizado de direito processual civil*. Op. cit., p. 79-80.

[92] Cf. GRINOVER, Ada Pellegrini. *Direito processual coletivo e o anteprojeto de código de processos coletivos*. Op. cit., p. 14.

[93] Nesse peculiar deve ser observada a colocação da processualista Ada Grinover, vide GRINOVER, Ada Pellegrini. *Direito processual coletivo e o anteprojeto de código de processos coletivos*. Op. cit., p. 14.

[94] Sobre essa visão do referido princípio, vale conferir GRINOVER, Ada Pellegrini. *Direito processual coletivo e o anteprojeto de código de processos coletivos*. Op. cit. GRINOVER, Ada Pellegrini. *Direito processual coletivo e o anteprojeto de código de processos coletivos*. Op. cit., p. 14.

[95] Cf. DIDIER Jr, Fredie. ZANETI Jr, Hermes. *Curso de direito processual civil*: processo coletivo. Op. cit., p. 118.

[96] Deve ser observado o novo papel que o Poder Judiciário tem tomado, um agir mais firme e potencializado através do ativismo judicial fazendo com o juiz supere a velha concepção de ser a mera "boca da lei". A prestação da tutela jurisdicional deve ser de qualidade, devendo o judiciário estar preocupado em qualificar as suas decisões, devendo essas sofrer o devido controle e os magistrados uma maior responsabilização por suas decisões, não sendo os magistrados a mera boca da lei. In BERIZONCE, Roberto Omar. *As garantias do cidadão na justiça*. Coord. Sálvio de Figueiredo Teixeira, São Paulo: Saraiva, 1993, p. 136-138.

[97] Sobre o dever de flexibilidade dessa modalidade de processo vale conferir ALMEIDA, Gregório Assagra de. *Direito processual coletivo brasileiro*: um novo ramo do direito processual. São Paulo: Saraiva, 2003, p. 572.

Aqui podemos falar em superação do formalismo tradicional, permitindo, sim, que o formalismo seja valorativo,[98] já que em todo e qualquer ordenamento jurídico[99] e sistema que se preze dependa de formas para deixar as coisas organizadas, mas esse formalismo não pode acabar com direitos e muito menos ser uma arma letal contra esses, mas, sim, e tão somente, um meio necessário e organizado de se buscar e garantir os direitos através de um processo com formas que busque, acima de tudo, a solução equânime ao caso e que seja um processo justo[100] e em uma razoável duração de curso natural.[101]

Com esse princípio, o que se busca é, por toda a importância das demandas coletivas, dar seguimento as ações coletivas propostas, visando conhecer seu mérito e toda a discussão e não, simplesmente, acabar com a demanda por ausência de algum dos requisitos necessários à sua admissibilidade, desde que não causem prejuízo por lógico.

Isso é relevante pela natureza das demandas coletivas, já que podem "salvar" milhares de consumidores e cidadãos de incorretas cobranças ou ainda de procedimentos incorretos que se passem, ou até pior de infrações ambientais de alta gravidade, não devendo, e muito menos podendo, serem essas demandas afastadas por mero formalismo que poderá ser superado, visto que o mérito da questão debatida é que será nesse caso relevante, já que a repercussão é social e atingirá, em regra, a um grande grupo determinado de pessoas ou até a um grupo indeterminado. Por tudo isso é que esse princípio apregoa a superação das formalidades desprestigiadoras, para sim buscar levar ao poder público o conhecimento das mais diversas lesões que todos os dias se dão em um meio social fragilizado e por vezes esquecido.

Saliente-se que não se apregoa, de forma alguma, a extinção do formalismo, pois sabidamente esse é necessário ao sistema e sempre o foi, desde a época das observações feitas por Habermas e seu procedimentalismo.[102] Para que um sistema

---

[98] Sobre a temática consultar OLIVEIRA, Carlos Alberto Alvaro de. O formalismo-valorativo no confronto com o formalismo excessivo. *Revista de processo*. São Paulo: RT, n.137, 2006, p. 7-31.

[99] Cf. BOBIO, Norberto. *Teoria do ordenamento jurídico*. Tradução de Maria Celeste Cordeiro Leite dos Santos. 10ª ed., Brasília: Editora Universidade de Brasília, 1999, p. 71 e ss.

[100] Falar de busca de justiça é algo que sempre foi referido por todos sem, no entanto, saber qualificar corretamente o seja essa ocorrência. Esquecendo suas origens e toda a dificuldade de conceituação do justo desde Aristóteles. Podemos utilizar as ideias do jurista argentino Augusto Mario Morello quando busca desvendar um processo justo, processo que esteja comprometido em obter o máximo de proximidade ao justo. Cf. MORELLO, Augusto Mário. *El processo justo:* del garantismo formal a la tutela efectiva de los derechos. La Plata: Platense, 1994.

[101] Para averiguar essa noção de razoável duração do processo veja-se: CARVALHO, Fabiano. EC n. 45: reafirmação da garantia da razoável duração do processo. In: WAMBIER, Teresa Arruda Alvim et al. (Coord.). *Reforma do judiciário:* primeiros ensaios críticos sobre a EC n. 45/2004. São Paulo: RT, 2005, p. 216. "Isso importa dizer que todos têm acesso à justiça para postular e obter uma tutela jurisdicional adequada. Nesse contexto, a prestação da tutela jurisdicional em tempo razoável garante o efetivo acesso à justiça, porquanto o direito à prestação jurisdicional dentro de um tempo aceitável é uma exigência da tutela jurisdicional efetiva". Também podem ser trazidas à baila as palavras de MARINONI, Luiz Guilherme. *Curso de processo civil:* Teoria geral do processo. v. 1. São Paulo: RT, 2006, p. 221 e ss. Esse princípio está ligado ao da celeridade, sendo o garantidor máximo da ideia de tempo adequado ao processo, sendo a válvula de escape para que o processo possa ser ao mesmo tempo célere e respeitador do devido processo legal. Sobre a relação tempo e direito – no nosso casso do processo – segundo o jurista francês François deve-se tomar o devido cuidado para que as coisas não se acelerem por demais, visto que o direito deve seguir o seu tempo normal, sem uma aceleração exacerbada e desmotivada que prejudicaria e muito a natural preservação de um direito em sua essência máxima. *In:* OST, François. *O tempo do direito*. Lisboa: Instituto Piaget, 1999, p.39. sobre a relação tempo e processo é interessante conferir MORELLO, Augusto Mario. *Aceso al derecho procesal civil*. Augusto Mario Morello diretor...[et. al.] Buenos Aires: Lajouane, 2007, p. 241 e ss.

[102] Cf. HABERMAS, Jurgen. *Direito e democracia*. V. I., Rio de Janeiro: Tempo Brasileiro, 1997, p. 245 e ss.

exista e possa ter certa segurança em seu proceder o procedimentalismo se faz útil, gerando através de certo formalismo uma ordem e organização, mas não deveria esse formalismo transpassar o limite da relevância do conteúdo, aqui está, por exemplo, a "vitória" dos substancialista[103] sobre os procedimentalistas como é o caso da arguição de Dworkin, sendo uma nova forma de observar o processo e em principal o processo coletivo.

1.1.9. Princípio da indisponibilidade da demanda coletiva

Contrariamente ao princípio da disponibilidade da demanda na via do processo civil individual, o processo coletivo perpassa naturalmente pelo princípio da indisponibilidade,[104] já que a demanda coletiva não depende da vontade das partes, mas, sim, da necessidade social de sua propositura.

Nesse ponto o que se tornará perceptível é que a demanda coletiva independe da vontade das partes, visto que há aqui o interesse público que deve prevalecer, sempre observando os critérios de conveniência e oportunidade.

Não há no processo coletivo a *facultas agendi* que existe no processo civil tradicional individualista, pois há, sim, uma natural indisponibilidade do interesse público o que obriga aos órgãos públicos de tomarem as devidas medidas.[105] Nesse caso o Ministério Público é que deve agir.[106]

Cabe referir que essa indisponibilidade não é, contudo, total, visto que essa obrigação é temperada em relação ao agir do Ministério Público para o ajuizamento da ação coletiva, podendo esse agente em caso de avaliação da conveniência e possibilidade não propor a demanda, sendo o inquérito civil devidamente arquivado e podendo sofrer a devida fiscalização do Conselho Superior do Ministério Público.[107]

No mesmo sentido do que se observou antes ocorre com o Ministério Público em casos onde o *parquet* venha a participar como fiscal da lei, já que poderá o fiscal permanecer na demanda ou simplesmente, por ausência de conveniência e oportunidade, abandonar a referida ação.

1.1.10. Princípio do microssistema: aplicação integrada das leis para a tutela coletiva

Realmente ao falar de processos coletivos, ou no singular processo coletivo, se torna perceptível que esses referidos processos possuem regramentos próprios e firmes, cada um em legislação especifica sobre a temática e que nesse sentido merece o devido conhecimento e respeito.

---

[103] Gilberto Bercovici e Martônio Barreto Lima vêm aceitando a ideia da teoria material-substancial. Assim ver STRECK, Lenio Luiz. *Verdade e consenso Constituição, hermenêutica e teorias discursivas*. Rio de Janeiro: Lumen Juris, 2006, p. 14-15.

[104] Esse princípio é observado por Gregório Assagra Almeida com outra nomenclatura, sendo por ele compreendido como o princípio da disponibilidade motivada da ação coletiva. Nesse sentido conferir ALMEIDA, Gregório Assagra de. *Direito processual coletivo brasileiro*: um novo ramo do direito processual. Op. cit., p. 573.

[105] Cf. DIDIER Jr, Fredie. ZANETI Jr., Hermes. *Curso de direito processual civil*: processo coletivo. Op. cit., p. 121.

[106] Nesse ponto deve ser relembrado que o Ministério Público ascendeu a um grau ainda mais elevado ao que já possuía, já que através das ações civis públicas tem assegurado direitos difusos e coletivos *strictu sensu*.

[107] Vejamos DIDIER Jr, Fredie. ZANETI Jr., Hermes. *Curso de direito processual civil*: processo coletivo. Op. cit., p. 121.

O grande viés dessas disposições é a busca de um processo justo e que estirpe as demandas repetitivas de cunho meramente formal e que se prestam a repetir de forma desgastante os mesmos debates, assoberbando de forma abrupta o Poder Judiciário que sofre de forma direta com essa ocorrência, por ser obrigado a julgar de forma seriada o que sabidamente desqualifica e muito a prestação da tutela jurisdicional e diga-se mais pontuadamente a qualidade das sentenças.[108]

Nesse ponto, é de conhecimento do interprete que antes de recorrer ao Código de Processo Civil deve recorrer de forma profunda a legislação e todo o microssistema que se formou em relação às demandas coletivas, aplicando-se, tão somente, de forma residual o Código de Processo Civil.[109]

Aqui, com toda essa realidade, se torna aplicável de foram latente o princípio do dialogo das fontes que foi pensado por Erick Jaime,[110] onde literalmente as fontes legislativas estão em constante diálogo, ou seja, em constante contato e utilização de dispositivos de forma conjunta, sendo aqui citada a relação intima da Constituição Federal e das mais diversas legislações.

Por isso falar em diálogo entre as fontes, o que é evidentemente natural e ocorrente em relação as mais diversas legislações, não é novidade, sendo diferente em relação às normas que fazem parte do microssistema de processos coletivos.

Diga-se que o Código de Defesa do Consumidor teve grande papel na alteração do art. 21 da lei da ação civil pública, criando, desta forma, um mricossistema autorreferencial para a tutela coletiva em nosso país.[111]

---

[108] Deve existir real cuidado do Poder Judiciário com as suas decisões, para que essas não seja ausentes em qualidade e fundamentação, nesse sentido: "Para quem visualiza o sistema pela perspectiva de um operador forense, seu funcionamento não se mostra apenas insatisfatório. Mostra-se assustador. Como era de supor, a extraordinária litigiosidade que caracteriza nosso tempo, obriga os magistrados a padronizarem suas decisões, praticando – com maior ou menor vocação para o normativismo abstrato – uma jurisdição 'pasteurizada', sem compromisso com o 'caso'". O autor ainda continuar: "De qualquer modo, esta prática estimula o arbítrio, porque os julgadores, por várias razões e circunstâncias, julgam-se dispensados de fundamentar adequadamente as sentenças. Quem declara – apenas descompromissadamente declara -, não tem o que justificar. Não está obrigado a fundamentar a possível injustiça declarada, pela qual o declarante não é responsável". in SILVA, Ovídio A. Baptista da. *Da função à estrutura* – www.Baptistadasilva.com.br/artigos). Ademais, diga-se que a qualidade das sentenças estão ligadas naturalmente à sua fundamentação. A fundamentação que é requisito juridicamente necessário para uma decisão seja apta a gerar seus efeitos naturais, deve contar com uma fundamentação eficaz ao ponto de convencer aos sujeitos que recebe a motivação emanada pelo Judiciário, fugindo-se da falsas fundamentações que são altamente reprovadas, assim como já referia o douto jurista Ovídio A. Baptista da Silva, *verbis*: "As *falsas fundamentações que, hoje, são empregadas pelo Poder judiciário, são responsáveis por arbitrariedades* que muito prejudicam o desenvolvimento nacional". in SILVA, Ovídio A. Baptista da. *Jurisdição, direito material e processo*. Rio de Janeiro: Forense, 2008, p. 141. *Essas sentenças que estão com "roupagem formosa", em relação à esperada fundamentação, não passam de mero pronunciamento judicial sem a devida análise por parte do julgador*, o que gera em diversas hipóteses "sentenças arbitrarias". Neste sentido Genaro R. Carrió e Alejandro D. Carrió, *El recurso extraordinario por sentencia arbitrria*. Buenos Aires: Abeledo-perrot, 1983. Sobre o ato de sentenciar, emanado pelos magistrados, vale conferir as palavras de TESHEINER, José Maria Rosa. *Nova sistemática processual civil*. Caxias do Sul: Plenum, 2006, p. 39 e ss.

[109] Cf. DIDIER Jr, Fredie. ZANETI Jr., Hermes. *Curso de direito processual civil*: processo coletivo. Op. cit., p. 122-123.

[110] A ideia do diálogo das fontes é bem tratada pelo douto doutrinador Erik Jayme, quando explana a sua compreensão em nível de direito internacional, mas, que é plenamente aplicável ao nosso caso, vejamos a adução feita: Dès lors que l' on évoque la communication em droit international privé, le phénomène le plus important est le fait que la solution des conflits de lois emerge comme résultat d' *un dialogue entre les sources* le plus hétérogéns. *In* JAYME, Erik. *Identité culturalle et intégration*: Le droit internationale privé postemoderne. Recueil des Cours de l' acdémie de droit international de la Haye. Kluwer, Doordrecht, 1995, p. 259.

[111] Cf. DIDIER Jr, Fredie. ZANETI Jr., Hermes. *Curso de direito processual civil*: processo coletivo. Op. cit., p. 123.

Desta feita, sabendo que esse mricossistema de processos coletivos resta postado e que as formas de proceder são distintas em cada um dos casos, vele sempre recordar que o Código de Processo Civil terá a sua utilidade caso necessário, mas tão somente de forma residual, sendo esse aplicável somente quando a norma especifica para o caso concreto for omissa e, por consectário, verificar-se que não há dispositivo nos demais diplomas que compõem o microsistema coletivo capaz de preencher o vácuo, sendo então passível de utilização o Código de Processo Civil.[112]

1.1.11. Princípio da reparação integral do dano

Nesse ponto, a questão é a reparação do dano efetivamente causado a toda uma coletividade, seja determinada ou não determinada, sendo uma ocorrência constante em uma sociedade pós-moderna que clama por soluções efetivas aos diversos problemas que diariamente nascem.

Deve ser realizada uma reparação, sim, mas uma reparação integral ao dano causado, que deverá ser auferido e devidamente liquidado, para que não reste impune o sujeito que pratica atos lesivos que devem, desde já, ser afastados ou quanto mais evitados. Não havendo a possibilidade de evitar vale a prática repressiva de indenização em decorrência da referida violação.

Esse pode ser o caso da ação popular que venha a ser proposta e que procedente obriga o condenado a integralmente reparar os danos causados à coletividade, sabendo que esse valor integralmente pago pode ser buscado de forma regressiva do servidor que praticou o ato lesivo de forma culposa e que este elemento reste comprovado.[113]

1.1.12. Princípio da não taxatividade

Também conhecido como princípio da atipicidade da ação e do processo coletivo, esse princípio preza pela observação e conhecimento do conteúdo, e não somente da forma, já que essa não deve aniquilar aquela. Nesse sentido qualquer tipo de direito coletivo pode ser protegido e deve ser protegido.[114]

A ideia é não manter uma forma[115] dura de nomenclatura de ações coletivas, não importando o seu nome, mas, sim, e claramente, a causa de pedir e os pedidos, visto que vale, mas a substância do que a forma.

Essa base pode ser observada a partir do art. 83 do Código de Defesa do Consumidor,[116] já que nessa norma se percebe, de forma clara, que o objetivo é possibilitar,

---

[112] Nesse sentido ver MAZZEI, Rodrigo Reis. *Ação popular – aspectos relevantes e controvertidos*. Coordenadores Luiz Manoel Gomes Jr. e Ronaldo Santos Filho. São Paulo: RCS, 2006, p. 411-412.

[113] Cf. DIDIER Jr, Fredie. ZANETI Jr, Hermes. *Curso de direito processual civil*: processo coletivo. Op. cit., p. 125.

[114] Sobre essa compreensão vale conferir ALMEIDA, Gregório Assagra de. *Direito processual coletivo brasileiro*: um novo ramo do direito processual. Op. cit., p. 575.

[115] Observando o processo com um olhar da metodologia vem o processualista Falcón *in* FALCÓN, Enrique M. *Derecho procesal civil, comercial, concursal, laboral y administrativo*. Tomo I. Buenos Aires: Rubinzal – Culzoni Editores, 1979. p. 29 e ss.

[116] "Art. 83. Para a defesa dos direitos e interesses protegidos por este código são admissíveis todas as espécies de ações capazes de propiciar sua adequada e efetiva tutela".

por todas as espécies de ações, a defesa dos direitos dos consumidores,[117] visando, em verdade, à adequada e efetiva tutela.[118]

Por toda essa forma de compreensão não se deve guarda severa preocupação com a nomenclatura, ou seja, com o nome da ação coletiva, podendo ser tanto ação civil pública, ação popular ou até mandando de segurança coletivo,[119] por exemplo. Tudo isso porque o que vale, para essa pricipiologia empregada, é o substancial, ou seja, o conteúdo e não meramente forma.

1.1.13. Princípio do ativismo judicial

Sobre o princípio do ativismo judicial,[120] previsto de forma expressa no anteprojeto do Código de Processo Coletivo, vale referir da sua importância e necessidade de efetiva colocação em prática, já que se postula hoje, pelo interesse público, a maior participação estatal e diga-se, nesse caso, do Poder Judiciário, que deverá assumir a posição de protagonista e condutor firme da lide coletiva.[121]

A grande observação que deve ser feita vem no sentido de que o juiz não poderá impulsionar de forma inicial a lide coletiva, mas tão somente incentivar aos legitimados para que tomem as medidas cabíveis e então efetivem a ação.

O ativismo[122] resta necessariamente vinculado ao impulso oficial, onde o Judiciário poderá agir, de forma ativista, tão semente após a devida provocação,[123] fazendo com que o esse poder não subtraia atribuição alheia. Alis, tudo dependerá, nesses casos, do interesse de agir dos cidadãos através de seus representantes, visando à proteção dos direitos coletivos *lato sensu*.

---

[117] Sobre a proteção aos consumidores, vale observar a consciente obra de Claudia Lima Marques, que foi uma das mais fortes doutrinadoras de nosso país a fortificar tanto o consumidor por o próprio direito do consumidor. Nesse sentido, conferir MARQUES, Claudia Lima. *Contratos do Código de Defesa do Consumidor, o novo regime das relações contratuais.* 4. ed. São Paulo: RT, 2002.

[118] Nesse sentido, interessante observar MARINONI, Luiz Guilherme. ARENHART, Sérgio Cruz. *Manual do processo de conhecimento.* São Paulo: RT, 2001, p. 683.

[119] Sobre a compreensão de ter o mandado de segurança coletivo como instrumento processual protetor de direitos difusos, conferir DIDIER Jr, Fredie. ZANETI Jr, Hermes. *Curso de direito processual civil:* processo coletivo. Op. cit., p. 127-129.

[120] Cf. VIANA, Luiz Werneck et al. *A judicialização da política e das relações sociais no Brasil.* Rio de Janeiro: Editora Revan, 1999, p.47 e ss. Neste ponto vale observar as concepções dos autores no sentido de que no Brasil exista, realmente, a judicialização da política e não o ativismo judicial que por singela observação semântica não vem a significa, especificamente, a mesma coisa que a judicialização. Para os autores haverá, realmente, uma judicialização da política onde o Judiciário é chamado, por necessidade, a se manifestar sobre questões relevantes para a seara sociopolítica nacional, passando essa judicialização às relações sociais também, sendo algo bem distinto do ativismo que aparenta ser uma intromissão complexa. Mas embora os referidos autores não acreditem na ocorrência do ativismo judicial, a doutrina mais recentemente vem acreditando na clara existência do ativismo judicial assim como o próprio anteprojeto de Código de Processos Coletivos. Sobre a temática, conferir PICARDI, N., I mutamenti del ruolo del giudice nei nostri tempi. in *Derecho Procesal en vísperas del siglo XXI. Temas actuales en memoria de los Profs. I. Eisner y J.A. Salgado.* Coordenador R. Arazi, Buenos Aires: Ediar, 1997, p.398-401. ZANETI JUNIOR, Hermes. *Processo constitucional:* O modelo constitucional do Processo Civil Brasileiro. Rio de Janeiro: Lumen Juris, 2007, p.46; MORELLO, Augusto M. *La Corte Suprema en acción.* 2. ed. Buenos Aires: Lexis Nexis, 2007, p. 134 e ss.

[121] Sobre essa aplicação e observação do princípio do ativismo judicial no processo coletivo, vale conferir DIDIER Jr, Fredie. ZANETI Jr, Hermes. *Curso de direito processual civil:* processo coletivo. Op. cit., p. 129-132.

[122] Sobre o ativismo judicial pode ser consultada obra de Augusto Morello, *vide* MORELLO, Augusto Mario. *Opciones y alternativas em el derecho procesal.* Buenos Aires: Lajouane, 2006, p. 359 e ss.

[123] Cf. DINAMARCO, Cândido Rangel. *Instituições de direito processual civil.* 4. ed. São Paulo: Malheiros, 2004, p. 233-234. Nesse texto o autor refere que não se busca um juiz *Pilatos* que deixa as coisas acontecerem sem nada fazer, sendo um juiz não ativo.

O que se busca é que o juiz tome a sua função e faça aquilo que for necessário, sem qualquer receio, buscando conduzir o processo de forma firme e com intuito claro de chegar ao seu objetivo final, qual seja o cumprimento da decisão judicial tomada, gerando ao final paz social.

Nesse peculiar o ponto crucial é fazer com que o juiz ganhe mais poder,[124] mas com esse poder venham mais responsabilidades, o que é necessário por natural, visando dar ao magistrado mais liberdade de agir, buscando, naturalmente, o afastamento da arbitrariedade, pois essa, sim, deve ser reprimida e reprovada de toda sorte.

A construção desse princípio é necessária para que possa o Judiciário assumir seu papel e possa também corrigir as omissões do Legislativo, possibilitando aos cidadãos não somente o respeito como também o exercício dos direitos coletivos, sendo nessa uma das mais importantes vias de efetivação desses direitos, através da corrente ação judicial com pulso firme, mas com a devida cautela e respeitando sempre a legalidade.

---

[124] Sobre a maior responsabilização dos magistrados e inclusive sobre a perspectiva de aumento de poder, vale conferir as ponderações obradas pelo processualista Darci Ribeiro que de forma geral postula essa compreensão em sua obra RIBEIRO, Darci Guimarães. *Da tutela Jurisdicional às formas de tutela*. Porto Alegre: Livraria do Advogado, 2010.

— 27 —

Jurisdição trabalhista coletiva e direito objetivo

RODRIGO COIMBRA[1]

Sumário: 1. Introdução; 2. Distinção de planos do direito do trabalho (material e processual): individual e coletivo; 3. Direito coletivo do trabalho (material e processual); 4. Direitos transindividuais trabalhistas, jurisdição trabalhista coletiva e direito objetivo; Considerações finais; Referências.

1. Introdução

O presente ensaio visa a discutir a relação existente entre a natureza jurídica diferenciada do Direito do Trabalho no âmbito coletivo e a aplicação ou a criação de direito objetivo, sobretudo nos casos em que o conflito coletivo levado à jurisdição trabalhista.

Pretende-se contextualizar o problema da natureza jurídica do direito do trabalho, demonstrando que no âmbito coletivo a situação modifica-se significativamente em relação ao âmbito individual e que essa importante parte do direito material do trabalho possui íntima relação com o resultado da atividade desenvolvida pela Jurisdição trabalhista coletiva (processo coletivo do trabalho).

Objetiva-se demonstrar a importância do direito coletivo do trabalho (material e processual) como uma clara alternativa para o que Gustavo Zagrebelsky[2] chama de "crise da generalidade e a abstração das leis", dada a exigência da nossa sociedade de tratamentos normativos diferenciados que sejam mais efetivos.

Propugna-se que ao julgar demandas envolvendo direitos coletivos trabalhistas (espécies do gênero direitos transindividuais) há a concretização, por vezes criação e também regulamentação e extensão do Direito objetivo por parte da Jurisdição Trabalhista, e não somente a concretização de direitos subjetivos, sendo esse o diferencial direito coletivo do trabalho (material e processual), caminhando ao encontro do Estado Constitucional de Direito e da concretização da Constituição e dos direitos fundamentais.

Para tanto, o presente trabalho está dividido, no seu desenvolvimento, em três sessões, abordando: a distinção de planos do Direito do trabalho (material e proces-

---

[1] Doutorando em Direito pela PUCRS. Mestre em Direito pela UFRGS. Professor dos cursos de graduação e pós-graduação da Universidade FEEVALE, dos cursos de pós-graduação em Direito do Trabalho e Direito Processual do Trabalho da PUCRS, do UNIRITTER e do CETRA-IMED. Pesquisador do Grupo de Pesquisa "Processos Coletivos", do PPGD da PUCRS, coordenado pelo Prof. Dr. José Maria Tesheiner. Advogado.

[2] ZAGREBELSKY, Gustavo. *El derecho dúctil: ley, derechos, justicia*. Madrid: Trotta, 7. ed. 2007, p. 37-38.

sual): individual e coletivo; o Direito coletivo do trabalho (material e processual); os Direitos transindividuais trabalhistas no contexto da jurisdição trabalhista coletiva e a concretização, criação, regulamentação e extensão de Direito objetivo.

Como método científico de abordagem do assunto, será utilizado o método dedutivo, que é aquele cujo antecedente é constituído de princípios universais, plenamente inteligíveis, do qual se chega a um consequente menos universal, inferir e concluir ao final.[3]

A abordagem da pesquisa se dará pelo modelo qualitativo na medida em que se buscará o entendimento do fenômeno em seu próprio contexto. Em função das peculiaridades da pesquisa qualitativa a mesma tende a ser menos estruturada, de modo a trabalhar com o que é importante para os indivíduos, sistemas sociais, políticos, jurídicos e econômicos, utilizando-se para tanto, da investigação profunda sobre o tema proposto na presente pesquisa. Desta forma a mesma parte de questões ou focos de interesse amplos, que vão se definindo a medida que o estudo se desenvolve.[4]

2. Distinção de planos do direito do trabalho (material e processual): individual e coletivo

O Direito do Trabalho, sem dúvida alguma, é considerado um precursor, ao trazer para o Direito Privado, o tratamento desigual das partes envolvidas na relação contratual por considerar desigual a sua posição econômica, em especial pela subordinação do empregado e sua dependência em relação ao empregador. A CLT reconhece tal circunstância ao definir os sujeitos da relação de emprego (art. 2º e art. 3º), utilizando os vocábulos dependência e trabalho sob direção. Modernamente, essa perspectiva se acentua no direito dos consumidores, que também é influenciado pela consideração da desigualdade econômica das partes.

Note-se que o Direito do Trabalho não nasce como um apêndice do Direito Civil, ou como especificação de um determinado contrato (locação de serviços). Sua principal característica e fator de diferenciação vem dos conflitos coletivos e, por consequência, do Direito Coletivo. O contrato de locação de serviços era conhecido e serviu como veículo para a normatização das relações de trabalho nos primeiros momentos da Revolução Industrial. Entretanto, foi o movimento de reivindicação de trabalhadores, organizado no movimento sindical que mudou a concepção jurídica do contrato de locação de serviços e fez surgir o que hoje se conhece por contrato de trabalho.[5]

O dimensionamento jurídico das relações normativas entre trabalhadores e patrões, na sua forma atual se dá pela influência das relações coletivas, que vão gerar as normas básicas de negociação coletiva e as normas individuais de redução de jornada, repousos remunerados, férias, entre outros. Não haveria princípio protetivo ou mesmo um mínimo de intervenção do Estado na regulamentação dos conflitos entre

---

[3] FINCATO, Denise Pires. *A pesquisa jurídica sem mistérios: do projeto de pesquisa à banca*. Porto Alegre: Notadez, 2008, p. 38.
[4] MEZZAROBA, Orides; MONTEIRO, Cláudia Servilha. *Manual de Metodologia da Pesquisa no Direito*. 3.ed. São Paulo: Saraiva, 2006, p. 110.
[5] COIMBRA, Rodrigo; ARAÚJO, Francisco Rossal de. Direito do Trabalho: evolução do modelo normativo e tendências atuais na Europa. *Revista Ltr*. São Paulo, a. 73, n. 08, p. 958-959, ago. 2009.

capital e trabalho, se não houvesse o movimento coletivo.[6] Não é isso que consta normalmente nos manuais de Direito do Trabalho.

Outra questão que cabe esclarecer é que a natureza protecionista do Direito do Trabalho não transforma a sua natureza em si, nem tampouco o caráter de ordem pública de suas normas, pois o conceito de normas de ordem pública não converge com a noção de Direito Público, podendo haver normas dessa natureza no âmbito do Direito Privado. As normas protecionistas procuram conduzir a relação laboral para um patamar de equilíbrio, visando a minorar a desigualdade econômica entre as partes. A relação jurídica fundamental, entretanto, permanece de Direito Privado, no chamado direito individual do trabalho.[7]

O direito material (individual ou coletivo) é constituído pelas normas que disciplinam, diretamente, a conduta dos indivíduos ou de uma coletividade na sociedade (exemplos previstos na Constituição Federal e na Consolidação das Leis do Trabalho: trabalho em jornada extraordinária, salário mínimo, adicionais etc.). Quando as partes envolvidas desrespeitam o direito material, entra em jogo o direito processual, para concretizá-lo,[8] ainda que essas não sejam suas únicas finalidades.

Pontes de Miranda[9] já salientava que "o processo não é mais do que o corretivo da imperfeita realização automática do direito objetivo". E mais adiante, chama a atenção para o intuito de pacificação social como sucedâneo do seu fim precípuo de resolução de conflitos civilizadamente, complementando as principais finalidades do direito processual: "O Estado só organizou a lide judiciária com o intuito de pacificação, como sucedâneo dos outros meios incivilizados de dirimir contendas, e o de realização do direito objetivo, que é abstrato. Paz, mais do que revide, é a razão da Justiça".[10]

Do mesmo modo que a moderna processualística trabalha com a concepção de planos distintos:[11] um plano de direito material e um plano de direito processual, o direito do trabalho também possui planos distintos, ainda que não autônomos: plano do direito individual do trabalho e plano do direito coletivo do trabalho (material e processual). Passa-se a dar ênfase ao plano processual coletivo do trabalho.

Essa distinção de planos ainda que praticada, não é normalmente afirmada com essa clareza. Tanto os dissídios individuais trabalhistas (reclamações trabalhistas), como os dissídios coletivos trabalhistas, visam uma prestação jurisdicional que po-

---

[6] COIMBRA, Rodrigo; ARAÚJO, Francisco Rossal de. Direito do Trabalho: evolução do modelo normativo e tendências atuais na Europa. *Revista Ltr.* São Paulo, a. 73, n. 08, p. 958-959, ago. 2009.

[7] COIMBRA, Rodrigo; ARAÚJO, Francisco Rossal de. A natureza jurídica do Direito do Trabalho. *Justiça do Trabalho.* n. 308, p. 94, ago. 2009.

[8] Wach, em 1885, já falava do caráter instrumental do processo em relação ao direito material, ainda que a chamada fase do instrumentalismo só venha a ganhar expressão, no século seguinte: "el ordenamiento procesal es um ordenamento de la tutela jurídica y, como tal, uma figura secundaria, um meio para lograr em fin que es fin que es probarla eficácia delderecho privado" (WACH, Adolf. *Manual de derechoprocesal civil.* V.1. Buenos Aires: AJEA, 1977, p. 22. Esse volume constitui a tradução da obra original *HandbuchdesDeutschenCivilprozessrechts,* tomo I, publicado em Leipzig em 1885).

[9] PONTES DE MIRANDA, Francisco Cavalcanti. *Comentários ao Código de Processo Civil.* T. 1, Rio de Janeiro: Forense, 2001, p. 78.

[10] Idem, p. 78.

[11] WACH, Adolf. *Manual de derecho procesal civil.* V.1. Buenos Aires: AJEA, 1977, p. 22-24; No Brasil, por todos, SILVA, Ovídio A. Baptista da.Direito subjetivo, pretensão de direito material e ação. *Revista da Ajuris.* Porto Alegre: Ajuris, n. 29, p. 99-126, nov. 1983.

nha termo a um conflito de interesses trabalhistas. Porém as semelhanças terminam aqui, e as diferenças principais podem ser assim sistematizadas:

A) Quanto às partes: nos dissídios trabalhistas individuais as partes são pessoas individualmente consideradas (reclamante(s) e reclamado(s), agindo em nome próprio, para a solução de um conflito de natureza individual; no processo coletivo, as partes, via de regra, são as entidades sindicais (sindicatos, federações e confederações), defendendo direito alheio (direitos não do sindicato em si, como numa cobrança de contribuição sindical, mas direitos da categoria dos trabalhadores e dos empregadores),[12] mediante substituição processual.[13] São substitutos processuais no processo do trabalho as entidades sindicais[14] e o Ministério Público do Trabalho.[15]

---

[12] Constituição Federal, art. 8º, III: "Ao sindicato cabe a defesa dos direitos e interesses coletivos ou individuais da categoria, inclusive em questões judiciais ou administrativas".

[13] Em obra específica sobre o tema no âmbito do processo do Trabalho Ben-Hur Silveira Claus mostra que o conceito percorreu um caminho iniciado pela noção de legitimação extraordinária até chegar a solução encontrada pela doutrina alemã de uma legitimação autônoma para condução do processo, fora da dicotomia da legitimação ordinária e extraordinária, concebida a partir das exigências relativas aos direitos coletivos e difusos da sociedade contemporânea, reclamando a ampliação da substituição processual como forma de revisão do paradigma individualista da legitimação pessoal para ação. Nesse sentido, o autor sustenta ser mais adequada a expressão "faculdade de conduzir o processo", oriunda do direito germânico (CLAUS, Ben-Hur Silveira. *Substituição processual trabalhista: uma elaboração teórica para o instituto*. São Paulo: Ltr, 2003, p. 64-66 e 77 e 159).

[14] Atualmente, predomina no Tribunal Superior do Trabalho o entendimento de que a substituição processual prevista no art. 8º, inciso III, da Constituição Federal, na linha do Supremo Tribunal Federal (Supremo Tribunal Federal RE 202.063-0 – Ac. 1ª T., 27.06.97, Rel. Min. Otávio Gallotti), todavia com objeto limitado às ações decorrentes de direitos ou interesses individuais homogêneos. Exemplo: "SINDICATO. LEGITIMIDADE PARA ATUAR COMO SUBSTITUTO PROCESSUAL. ARTIGO 8º, III, DA CONSTITUIÇÃO DA REPÚBLICA. 1. O artigo 8º, III, da Constituição da República de 1988 autoriza expressamente a atuação ampla dos entes sindicais na defesa inclusive judicial dos interesses da categoria. Já não paira controvérsia na jurisprudência desta Corte uniformizadora quanto ao entendimento de que o sindicato tem legitimidade para atuar como substituto processual de todos os integrantes da categoria, quando fundada a pretensão em direito individual homogêneo, havendo-se como tal o que tem origem comum" (Tribunal Superior do Trabalho – RR – 36700-65.2004.5.05.0132 – 1ª T – Rel. Conv. Des. Hugo Carlos Scheurermann – DJU 19.12.2011); Todavia, existem entendimentos na jurisprudência do Tribunal Superior do Trabalho, atualmente ainda minoritários, de que a partir da concepção de substituição processual ampla firmada pelo Supremo Tribunal Federal o sindicato da categoria profissional ostenta legitimidade para propor qualquer espécie de ação para, em nome próprio, resguardar os interesses da categoria que representa, sejam coletivos, difusos ou individuais homogêneos Tribunal Superior do Trabalho – E-RR-114000-61.2007.5.17.0004 – 1ª T. – Min. Vieira de Mello Filho – DEJT 19.12.2011) ; Em importante advertência sobre a abertura da substituição processual trabalhista por meio dos sindicatos, após o cancelamento da Súmula 310 do TST, em 2003, em decorrência da decisão do Supremo Tribunal Federal acima citada, Fernanda Pinheiro Brod argumenta que "Se o que se quer é, de fato, a valorização da tutela coletiva de direitos como forma célere, eficaz e econômica de solução de conflitos, é preciso fazer uma releitura da atuação processual dos sindicatos nas ações coletivas, com base no princípio da liberdade sindical e nas consequências que sua ausência pode provocar, não apenas em termos de direitos fundamentais (materiais), mas também junto à própria seara processual, como instrumento na concretização daqueles. Apenas quando se tiver um sindicato de fato livre no Brasil é que temas como sua legitimação ordinária ou extraordinária no processo do trabalho alcançarão o efeito que se espera, a saber, a concretização dos direitos do trabalhador que são, ao fim, a concretização de precioso rol de direitos fundamentais" (BROD, Fernanda Pinheiro. A atuação do sindicato nas ações coletivas: uma releitura a partir do princípio da liberdade sindical. *Processos Coletivos*. Porto Alegre, vol. 2, n. 3, 01 jul. 2011. Disponível em: Acesso em: 26 fev. 2012).

[15] Consagrando interpretação sistêmica e harmônica às leis que tratam da legitimidade do Ministério Público do Trabalho (Lei Complementar nº 75/93, arts. 6º, VII, alíneas "c" e "d", 83 e 84), o Tribunal Superior do Trabalho tem entendido que não há como negar a sua legitimidade para propor ação civil para tutelar direito individual homogêneo (Tribunal Superior do Trabalho – E-RR-379.855/1997.1 – SBDI-1 – Min. Lelio Bentes Corrêa – DJU 25.06.2004), além da defesa de direitos difusos e coletivos por meio do inquérito civil público e da ação civil pública Constituição Federal, art. 129, III), ajuizar dissídio coletivo em caso de greve em atividade essencial, com possibilidade de lesão do interesse público (Constituição Federal, art. 114, § 3º) e de direitos individuais indisponíveis (Constituição Federal, art. 127, *caput*) e de outras competências atribuídas pela Lei Complementar nº 75/93, art. 83; Sobre a tutela dos direitos transindividuais ver: COIMBRA, Rodrigo. Os direitos transindividuais como direitos fundamentais de terceira dimensão e alguns desdobramentos. In: *Direitos Fundamentais e Justiça*. Porto Alegre: Hs Editora, n. 16, p. 64-94, jul.-set. 2011;ZAVASCKI, Teori Albino. *Processo coletivo: tutela de direitos coletivos e tutela coletiva de direitos*. 4 ed. São Paulo: RT, 2009, p. 31.

B) Quanto aos interesses: nos conflitos individuais discutem-se interesses concretos entre um empregador e um trabalhador (um ou mais nos casos de litisconsórcio ativo e passivo); já nas lides coletivas os interesses são abstratos, uma vez que afetam empregados e empregadores coletivamente considerados (em categorias) e não os indivíduos considerados em si mesmos.[16]

C) Quanto aos fins: nos processos coletivos busca-se a constituição de sentenças normativas (criando normas e condições de trabalho) e a extensão ou revisão de normas coletivas existentes; nos processos individuais objetiva-se decidir controvérsias entre empregados e empregadores, de acordo com normas preexistentes.[17]

D) Quanto aos efeitos da sentença: os efeitos da sentença no processo individual limitam-se às partes da relação jurídica processual, enquanto os efeitos da sentença normativa alcançam mesmo aqueles que não foram parte do processo, apenas por pertencerem a uma categoria ou a um empresa, bem como cessam os seus efeitos para aqueles que, pertencendo à categoria, por ocasião do pronunciamento delas se afastem.[18]

3. Direito coletivo do trabalho (material e processual)

No direito coletivo do trabalho, a Constituição Federal[19] permite que as próprias partes destinatárias constituam normas para empresas ou categorias (acordo coletivo e convenção coletiva de trabalho, como instrumentos da negociação coletiva exitosa), ou, quando frustrada a negociação coletiva, mediante o ajuizamento de dissídios coletivos,[20] dos quais os Tribunais do Trabalho (competência originária da ação de dissídio coletivo) decidirão o conflito, respeitadas as disposições mínimas legais de proteção ao trabalho, bem como as convencionadas anteriormente. Essa decisão, que na verdade é um acórdão, é chamada de sentença normativa.[21]

Sustenta-se, em trabalho específico,[22] que no âmbito coletivo, o Direito do Trabalho tem natureza jurídica de Direito Público, pois aqui o poder legislativo delega ao Tribunal a criação de normas de caráter cogente (poder normativo da Justiça do Trabalho). Todavia, não se trata de um direito público tradicional, pois o órgão que

---

[16] NASCIMENTO, Amauri Mascaro. *Curso de Direito Processual do Trabalho*. 18. ed. São Paulo: Saraiva, 1998, p. 596-597.

[17] MARTINS FILHO, Ives Gandra da Silva. *Processo coletivo do trabalho*. 4. ed. São Paulo, LTr, 2009, p. 66.

[18] NASCIMENTO, Amauri Mascaro. *Curso de Direito Processual do Trabalho*. 18. ed. São Paulo: Saraiva, 1998, p. 596-597.

[19] Constituição Federal, art. 7º: "São direitos dos trabalhadores urbanos e rurais, além de outros que visem à melhoria de sua condição social: [...] XXVI – reconhecimento das convenções e acordos coletivos de trabalho".

[20] Constituição Federal, art. 114, § 2º: "Recusando-se qualquer das partes à negociação coletiva ou à arbitragem, é facultado às mesmas, de comum acordo, ajuizar dissídio coletivo de natureza econômica, podendo a Justiça do Trabalho decidir o conflito, respeitadas as disposições mínimas legais de proteção ao trabalho, bem como as convencionadas anteriormente" (redação dada pela Emenda Constitucional nº 45, de 2004).

[21] Na chamada heterocomposição, restando sem êxito a negociação coletiva, "partir-se-á para a solução do conflito através da decisão de terceiros" (arbitragem ou jurisdição). A via jurisdicional, por meio do dissídio coletivo, é a última forma de composição do conflito coletivo de trabalho, conforme STURMER, Gilberto. *A liberdade sindical na Constituição da República Federativa do Brasil de 1988 e sua relação com a Convenção 87 da Organização Internacional do Trabalho*. Porto Alegre: Livraria do Advogado Editora, 2007, p. 95-96; Para um estudo das características diferenciadas da sentença normativa ver: COIMBRA, Rodrigo; ARAÚJO, Francisco Rossal de. Equilíbrio instável das fontes formais do Direito do Trabalho. *Justiça do Trabalho*. n. 324, p. 57-59, dez. 2010.

[22] COIMBRA, Rodrigo. Repensando a natureza jurídica do Direito do Trabalho no âmbito coletivo. In: STURMER, Gilberto (Org.). *Revista de Processo do Trabalho e Sindicalismo*. nº 2, Porto Alegre: HS Editora, 2011, p. 214.

emite a norma não é um órgão estatal tradicional. Em regra, as normas de caráter genérico e abstrato, com natureza cogente, emergem do Poder Legislativo ou do Poder Executivo quando este tiver uma função legislativa delegada (medidas provisórias, por exemplo).[23]

Nessa parte do Direito do Trabalho, a função "legislativa" delegada é endereçada aos entes sindicais, que têm natureza de pessoa jurídica de direito privado.[24] Por essa razão, trata-se de uma função legislativa anômala, delegada a entes privados, mas com extensão coercitiva para pessoas distintas daquelas que participaram da pactuação, independentemente de serem sócios (associados, filiados) do sindicato, pois tais normas devem ser observadas por todos empregados e empregadores que pertençam à categoria. Lembre-se que, no Brasil, o enquadramento sindical não se dá por livre escolha dos empregados ou dos empregadores, sendo feito pelo empregador dentro dos critérios traçados pela CLT,[25] como decorrência do princípio da unicidade sindical vigente no nosso País, ainda que em contramão a orientação da Organização Internacional do Trabalho de que os países signatários adotem o princípio da pluralidade sindical (Convenção 87 da OIT).[26]

É bem verdade que a extensão das normas coletivas não é a mesma de uma Lei ou de uma Medida Provisória, pois a sua abrangência está restrita aos integrantes de determinada(s) empresa(s) ou de determinada(s) categoria(s) profissional(is). Todavia, não há dúvidas que nessa abrangência limitada os poderes de regramento das condutas são genéricos e abstratos, fugindo da característica relacional tradicional dos contratos individuais.

Dito de outro modo, a pactuação das normas de conduta é privada, mas deve ser dentro dos limites da legislação, quanto ao conteúdo e abrangência. Uma vez observados esses requisitos, a norma coletiva resultante tem coercitividade como qualquer outra, podendo, inclusive ser objeto de demanda judicial, por meio das chamadas ações de cumprimento (que podem ser individuais ou coletivas). A ação de cumprimento é uma ação de conhecimento, do tipo condenatória, que visa obrigar o(s) empregador(es) a satisfazer os direitos abstratos criados por sentença normativa,

---

[23] Nesse sentido, cabe a substanciosa crítica de Zagrebelsky ao que ele chama de crise da generalização e da abstração das leis, salientando a necessidade de outras fontes de direito com generalização e abstração menores, mas com mais efetividade (ZAGREBELSKY, Gustavo. *El derecho dúctil: ley, derechos, justicia.* Madrid: Trotta, 7. ed. 2007, p. 36-37).

[24] Quanto à natureza jurídica das entidades sindicais, ver: STURMER, Gilberto. O sistema Sindical Brasileiro da Constituição da República de 1988. In: STURMER, Gilberto (Org.). *Revista de Processo do Trabalho e Sindicalismo.* nº 1, Porto Alegre: HS Editora, 2010, p. 14.

[25] O enquadramento sindical, no Brasil, é feito pelo empregador, com base na sua atividade empresarial, observadas as regras dispostas no art. 581 da CLT e parágrafos. Se a empresa não tiver uma única atividade, mas várias, o empregado será enquadrado de acordo com a sua atividade preponderante (parágrafo 1º, do art. 581 da CLT). Entende-se por atividade preponderante a que caracterizar a unidade de produto, operação ou objetivo final, *para cuja obtenção todas as demais atividades convirjam*, exclusivamente, em regime de conexão funcional (parágrafo 2º, do art. 581 da CLT). Quando a empresa realizar diversas atividades econômicas, sem que nenhuma delas seja preponderante, cada uma dessas atividades será incorporada à respectiva categoria econômica (§ 1º, do art. 581 da CLT). O Quadro de Atividades e Profissões fixa o plano básico do enquadramento sindical (art. 577 da CLT).

[26] A unicidade sindical corresponde ao sistema de um único sindicato representativo dos respectivos obreiros, seja por empresa, seja por profissão, seja por categoria profissional, vedando-se a existência de entidades sindicais concorrentes, dentro da mesma base territorial, que no Brasil é de um município, no mínimo (art. 8º, II, da CF de 1988). Esse modelo vigora no Brasil desde a CF de 1937. Para uma abordagem crítica desse princípio ver: STÜRMER, Gilberto. *A liberdade sindical na Constituição da República Federativa do Brasil de 1988 e sua relação com a Convenção 87 da Organização Internacional do Trabalho.* Porto Alegre: Livraria do Advogado, 2007, p. 112-115.

acordo coletivo ou convenção coletiva de trabalho não observados espontaneamente pelas partes (art. 872 da CLT,[27] combinado com o art. 1º da Lei n. 8.984/95 e a Súmula n. 286 do TST).[28]

No Direito Coletivo, se foge à ideia contratual irradiada pelo princípio da relatividade dos contratos, segundo a qual os contratos somente obrigam as partes contratantes, uma vez que nesse âmbito do Direito do Trabalho as partes que negociam geram direitos e obrigações para terceiros, integrantes da categoria profissional ou categoria econômica, independentemente de sua anuência com o processo de negociação, de serem associados ou não, e do resultado da negociação. A validade da norma coletiva está relacionada apenas à observância dos requisitos legais para legitimidade de participação e regularidade formal do processo.

Esse é o grande diferencial do Direito do Trabalho, concedido pelo seu plano coletivo: a possibilidade de gerar normas de validade e eficácia *erga omnes* especial em relação aos integrantes das categorias envolvidas na negociação coletiva e/ou na ação de dissídio coletivo.

As sentenças normativas produzem coisa julgada com eficácia *ultra partes*, pois os seus limites subjetivos estendem-se aos integrantes das categorias que figuraram como parte na demanda coletiva (substitutos processuais), independentemente de serem sócios (associados, filiados) do sindicato, pois tais normas devem ser observadas por todos empregados e empregadores que pertençam à categoria.[29]

Afirmando que vivemos numa época marcada pela "pulverização" do "direito legislativo", Gustavo Zagrebelsky[30] chama a atenção para a redução da generalidade e a abstração das leis atualmente, enquanto características clássicas das leis, cujas razões podem ser buscadas, sobretudo, nas características da nossa sociedade, condicionada por uma ampla diversificação de grupos e estratos sociais que participam hoje do que chama de "mercado das leis". Esclarece o autor que ditos grupos dão lugar a uma acentuada diferenciação de tratamento normativos, seja como implicação empírica do princípio da igualdade do chamado "Estado social" (para cada situação uma disciplina adequada a suas particularidades), seja como consequência da pressão que os interesses corporativos exercem.[31] Nesse contexto, se enquadra de forma marcante o Direito Coletivo do Trabalho produzindo normas diferenciadas para as categorias de empregados/empregadores de acordo com as suas particularidades, como consequência da crise do princípio da generalidade e da importante tutela dos direitos coletivos trabalhistas, enquanto espécies de direitos transindividuais.

---

[27] CLT, art. 872: "Celebrado o acordo, ou transitada em julgado a decisão, seguir-se-á o seu cumprimento, sob as penas estabelecidas neste Título. Parágrafo único – Quando os empregadores deixarem de satisfazer o pagamento de salários, na conformidade da decisão proferida, poderão os empregados ou seus sindicatos, independentes de outorga de poderes de seus associados, juntando certidão de tal decisão, apresentar reclamação à Junta ou Juízo competente, observado o processo previsto no Capítulo II deste Título, sendo vedado, porém, questionar sobre a matéria de fato e de direito já apreciada na decisão (redação dada pela Lei nº 2.275, de 30.7.1954)".

[28] TST, Súmula n. 286: "A legitimidade do sindicato para propor ação de cumprimento estende-se também à observância de acordo ou de convenção coletivos".

[29] LEITE, Carlos Henrique Bezerra. *Curso de direito processual do trabalho*. 6. ed. São Paulo: LTr, 2008, p. 1093.

[30] ZAGREBELSKY, Gustavo. *El derecho dúctil: ley, derechos, justicia*. Madrid: Trotta, 7. ed. 2007, p. 37.

[31] Idem, p. 37-38.

4. Direitos transindividuais trabalhistas, jurisdição trabalhista coletiva e direito objetivo

Conceitualmente, os direitos transindividuais são direitos indivisíveis e não possuem titularidade individual determinada, porque não pertencem a indivíduos isolados, mas a grupos, categorias ou classe de pessoas, diferentemente dos direitos individuais (ainda que homogêneos),[32] que são divisíveis e têm titulares juridicamente certos,[33] advertindo Zavascki[34] que "não se pode confundir a eventual *impossibilidade prática* de identificar os titulares dos direitos subjetivos homogêneos com a *inexistência* de titular individual ou com a *indivisibilidade* (jurídica e material) *do próprio direito*".

No que diz respeito aos interesses e direitos coletivos *stricto sensu*, "de natureza indivisível de que seja titular grupo, categoria ou classe de pessoas ligadas entre si ou com a parte contrária por uma relação jurídica base",[35] os melhores exemplos são os do Direito do Trabalho: um grupo de empregados ligados por uma relação jurídica base com o mesmo empregador; uma categoria profissional em relação à correspondente categoria econômica, conforme Tesheiner,[36] que esclarece:

> Alguns interesses, como o relativo ao meio ambiente de trabalho, podem ser havidos como *direitos coletivos*, exigíveis judicialmente, pelo Ministério Público do Trabalho, como substituto processual, ou pelo respectivo sindicato, como órgão do grupo. A natureza coletiva desses direitos recomenda, porém, que se considerem também essas hipóteses como de aplicação do Direito objetivo, requerida pelo autor, no exercício de uma função pública.
>
> Há criação (e não mera aplicação) do Direito (objetivo), nos casos em que um sindicato, como órgão da categoria, obtém, por sentença, um reajuste salarial ou a fixação de um piso mínimo para a respectiva categoria profissional.[37]
>
> [...]
>
> A introdução da tutela coletiva de direitos individuais supõe e acarreta uma nova concepção dos direitos individuais, com a quebra do vínculo que os ligava ao direito individual de ação, dependente da vontade de seu titular. Agora, a acão de um substituto processual pode beneficiar titulares de direitos individuais que não exerceram seu direito individual de ação.
>
> Embora se trate ainda de assegurar direitos subjetivos, a tônica volta-se agora para a aplicação do Direito objetivo. Tratava-se, outrora, de assegurar os direitos subjetivos mediante a aplicação do Direito objetivo. A tutela de direitos subjetivos serve agora como que de pretexto para a aplicação do Direito objetivo.
>
> [...]

---

[32] É importante esclarecer e salientar que os direitos difusos e coletivos (espécies do gênero transindividuais) não abrangem os direitos individuais homogêneos, assim entendidos os decorrentes de origem comum, de acordo com o inciso III do art. 81 da Lei 8.078/90, conhecida por Código de Defesa do Consumidor. Note-se que tais direitos ainda que homogêneos são direitos individuais e isso os distingue visceralmente dos direitos transindividuais, sendo tal distinção relevante para outros desdobramentos que serão trabalhados posteriormente.

[33] MOREIRA, José Carlos Barbosa. Tutela jurisdicional dos interesses coletivos e difusos. *Revista de Processo*. São Paulo: Revista dos Tribunais, n. 39, jul. 1995, p. 74; DIDIER JR., Fredie; ZANETI JR., Hermes. *Curso de direito processual civil. Processo coletivo*.v. 4, Salvador: JusPodivm, 2010, p. 73-75; GIDI, Antônio. *Coisa julgada e litispendência em ações coletivas*. São Paulo: Saraiva, 1995, p. 20-22.

[34] ZAVASCKI, Teori Albino. *Processo coletivo: tutela de direitos coletivos e tutela coletiva de direitos*. 4. ed. São Paulo: RT, 2009, p. 36-37.

[35] Lei 8.078/90 (Código de Defesa do Consumidor), art. 81, parágrafo único, inciso II.

[36] TESHEINER, José Maria. Jurisdição e direito objetivo. *Justiça do Trabalho*. n. 325, p. 33, 34 e 36, jan. 2011.

[37] Enaltecendo esse diferencial da sentença normativa Alice Monteiro de Barros leciona que em vez de aplicar o Direito ao caso concreto, a sentença normativa acaba por criá-lo (BARROS, Alice Monteiro de. *Curso de direito do trabalho*. 4. ed. São Paulo: LTr, 2008, p. 1276)..

> Vai-se aos poucos compreendendo que, mais importante do que assegurar o direito de ação, é assegurar ao maior numero possível, mesmo aos que não propuseram ação, o gozo de seus direitos, por aplicação do Direito objetivo.
> [...]
> Essa compreensão atende a uma das mais profundas diferenças entre o Judiciário do Estado liberal e o Judiciário do Estado social. A tarefa que agora lhe é cometida já não é somente a de resguardar os direitos subjetivos dos que a ele ocorrem, mas a de concretizar o Direito objetivo.

Segundo Kelsen,[38] o direito objetivo pode conceber a tutela de interesses considerados relevantes pela ordem jurídica, mediante a utilização de outras técnicas diferentes do direito subjetivo, visto que o estabelecimento de direitos no sentido subjetivo é uma opção do Direito objetivo. Nesse sentido, Ovídio Baptista da Silva[39] cita como exemplo os direitos difusos (ainda que os chamasse de "interesses"), enquanto espécie dos direitos transindividuais:

> Em verdade, no direito moderno, onde as incursões estatais no domínio tidas tradicionalmente como região específica do direito privado são comuns, a ordem jurídica dispensa proteção a incontáveis situações jurídicas sem conferir aos particulares qualquer direito subjetivo; os chamados 'interesses difusos' são situações jurídicas protegidas sem que se a subjetivação do direito na pessoa ou grupo de pessoas que, eventualmente, no plano processual, poderiam invocar a tutela jurisdicional [...].

No caso da jurisdição coletiva trabalhista o julgamento de direitos transindividuais implica não só aplicação, criação, mas também regulamentação e extensão do Direito objetivo aos demais empregados da empresa que forem da mesma profissão dos dissidentes, em caso de dissídio coletivo que tenha por motivo novas condições de trabalho e no qual figure como parte apenas uma fração de empregados de uma empresa, bem como o Tribunal competente[40] poderá estender a decisão sobre novas condições de trabalho a todos os empregados da mesma categoria profissional compreendida na jurisdição do Tribunal (art. 868 a 871 da CLT). Enaltecendo esse diferencial da sentença normativa Alice Monteiro de Barros leciona que em vez de aplicar o Direito ao caso concreto, a sentença normativa acaba por criá-lo.[41]

Já diziam Cappelletti e Garth,[42] tratando do segundo grande movimento (ou "onda") no esforço de melhorar o acesso à justiça, que a concepção tradicional de processo civil não deixava espaço para a proteção dos direitos difusos, pois "o processo civil era visto apenas como um assunto entre duas partes, que se destinava à solução de uma controvérsia entre essas mesmas partes a respeito de seus próprios interesses individuais", destacando que "direitos que pertencessem a um grupo, ao público em geral ou a um segmento do público não se enquadravam bem nesse esquema".

Esse valioso instrumento de concretização do direito material, que não é novo, mais ainda muito menos utilizado do que pode, é uma medida importante rumo a mi-

---

[38] KELSEN, Hans. *Teoria geral das normas.* Porto Alegre: Fabris, 1986, p. 175.

[39] SILVA, Ovídio A. Baptista da. Direito subjetivo, pretensão de direito material e ação. *Revista da Ajuris.* Porto Alegre: Ajuris, n. 29, nov. 1983, p. 99.

[40] A competência para interposição e julgamento dos dissídios coletivos é dos Tribunais do Trabalho (competência originária), de acordo com a extensão territorial do conflito: a) Tribunais Regionais do Trabalho, quando o conflito estiver relacionado à base territorial de um Tribunal Regional do Trabalho (art. 678, I, a c/c art. 6º da Lei n. 7.701/88); b) Tribunal Superior do Trabalho, quando o conflito envolver à base territorial de mais de um Tribunal Regional do Trabalho (art. 702, I, b c/c art. 2º, I, a da Lei n. 7.701/88).

[41] BARROS, Alice Monteiro de. *Curso de Direito do Trabalho.* 4. ed. São Paulo: LTr, 2008, p. 1276.

[42] CAPPELLETTI, Mauro; GARTH, Bryant. *Acesso à justiça.* Porto Alegre: Fabris, 1988, p. 49-50.

nimização dos conhecidos problemas gerados pelo excessivo número de processos individuais que afetam diretamente a efetividade e a qualidade da prestação jurisdicional, e o processo coletivo do trabalho *lato sensu*, seja por meio dos dissídios coletivo, da ação civil pública ou do mandado de segurança coletivo, é um campo fértil para isso. Retratando especificamente o processo coletivo do trabalho, Tesheiner[43] exemplifica:

> Resta clara, então, a admissibilidade, por exemplo, de ação proposta pelo Ministério Público ou pelo Sindicato, para proibir a realização de horas de trabalho extraordinárias além do limite legal de duas horas diárias. Pode ser proposta pelo Ministério Público, porque relativa a direitos indisponíveis dos trabalhadores; pelo sindicato, porque relativa a direitos da respectiva categoria profissional. Há interesse de agir, porque somente pela via judicial podem ser impostas *astreintes*, para o caso de descumprimento. Trata-se, em qualquer caso, de hipótese de lesão ou ameaça a direito, que não pode ser excluída à apreciação do Poder Judiciário (Constituição Federal, art. 5º XXXV).
>
> Por igual razão, admissível também ação, proposta pelo Ministério Público ou pelo Sindicato, com alegação de que a empresa ré não concede intervalo intrajornada para refeição ou descanso, ou que não paga adicional noturno. Trata-se de direito indisponível dos trabalhadores, configurando-se também interesse difuso da categoria, já que serão possíveis beneficiários da sentença não apenas os atuais mas também os futuros empregados da empresa.

Cabe referir, ainda, que a ideia de os direitos fundamentais irradiarem efeitos também nas relações privadas (efeitos horizontais) e não constituírem apenas direitos oponíveis aos poderes públicos (efeitos verticais) vem sendo considerada um dos mais relevantes desdobramentos da perspectiva objetiva dos direitos fundamentais.[44] Esta força vinculante também tem sido denominada sob os títulos de eficácia privada, eficácia externa ou eficácia em relação a terceiros, e iniciou no âmbito da doutrina e jurisprudência alemã da segunda metade do século passado,[45] passando a atrair posteriormente as atenções da doutrina europeia em geral,[46] e se aplica com adequação ao contrato de trabalho, visto que pactuado por dois particulares (empregado e empregador).[47] Efeitos horizontais nos direitos transindividuais aparecem frequentemente no direito ambiental e no direito do consumidor, ainda que as relações trabalhistas

---

[43] TESHEINER, José Maria. Jurisdição e direito objetivo. *Justiça do Trabalho*. n. 325, p. 36, jan. 2011.

[44] CANOTILHO, José Joaquim Gomes. Provedor de justiça e efeito horizontal de direitos, liberdades e garantias. In: *Estudos sobre direitos fundamentais*. Coimbra: Coimbra, 2004, p. 87-88; SARLET, Ingo Wolfgang. *A eficácia dos direitos fundamentais: uma teoria geral dos direitos fundamentais na perspectiva constitucional*. 10. ed. Porto Alegre: Livraria do Advogado, 2011, p. 148; MARINONI, Luiz Guilherme. *Teoria geral do processo*. 4. ed. São Paulo: RT, 2010, p. 73-74 e 78.

[45] A supremacia dos direitos fundamentais em relação ao Direito Privado é retratada com inestimável sistematização por Canaris, que traz o histórico do debate no Tribunal Constitucional Alemão, com o histórico caso "Luth", em que um cidadão de nome Luth apelou, em 1950, aos proprietários e frequentadores de salas de cinema ao boicote de um novo filme, argumentando que o diretor do mesmo rodara um file antissemita durante o período nacional-socialista. Os tribunais cíveis consideraram o apelo um ato ilícito, por ofensivo aos bons costumes, condenando o Sr. Luth a não repeti-lo. Baseando-se sobre tudo nas clausulas gerais de direito privado em virtude da sua referência aos "bons costumes" o Tribunal Constitucional Alemão utilizou-se, pela primeira vez, da formulação entrementes célebre, deque a Lei Fundamental erigiu na seção referente aos direitos fundamentais uma ordem objetiva de valores, que deve valer enquanto decisão fundamental para todas as áreas do Direito (CANARIS, Claus-Wilhelm. A influência dos direitos fundamentais sobre o direito privado na Alemanha. In: *Constituição, Direitos Fundamentais e Direito Privado*. Ingo Wolfgang Sarlet (Org.). Porto Alegre: Livraria do Advogado, 2003, p. 227-228.

[46] SARLET, Ingo Wolfgang. *A eficácia dos direitos fundamentais: uma teoria geral dos direitos fundamentais na perspectiva constitucional*. 10.ed.Porto Alegre: Livraria do Advogado, 2011, p. 374-375.

[47] Conforme Bezerra Leite "a relação empregatícia é um dos sítios naturais de sua aplicabilidade em nosso sistema jurídico" (LEITE, Carlos Henrique Bezerra. Eficácia horizontal dos direitos fundamentais na relação de emprego. *Justiça do Trabalho*. Porto Alegre: HS Editora, n. 329, p. 19, mai. 2011).

sejam efetivamente ricas de exemplos em termos de direitos coletivos *stricto sensu*.[48] No Brasil, tais efeitos são constantes nas violações das normas de saúde e medicina do trabalho, tuteladas processualmente mediante ações promovidas por sindicatos ou do Ministério Público do Trabalho, como substitutos processuais. A ementa abaixo transcrita exemplifica a problemática, a riqueza e a efetividade que possuem os instrumentos de tutela jurisdicional trabalhista no âmbito coletivo:

> DANO MORAL COLETIVO. MEIO AMBIENTE DE TRABALHO. LEUCOPENIA. DESTINAÇÃO DA IMPORTÂNCIA REFERENTE AO DANO MORAL COLETIVO – FAT E INSTITUIÇÃO DE SAÚDE (LEI Nº 7.347/85, ART.13) – O número de trabalhadores que adquiriu leucopenia no desenvolvimento de suas atividades na recorrida, em contato com benzeno é assustador. O local de trabalho envolve diretamente manipulação de produtos químicos contendo componente potencialmente tóxico como benzeno, que afetam precisamente a medula óssea e as células do sangue, e, por conseguinte, desenvolvem referida enfermidade (leucopenia), já reconhecida como doença profissional, incapacitando para o trabalho. Para levar a questão mais adiante, é consabido também que as empresas não aceitam mais empregados que carregam seqüelas de doenças como a leucopenia. *Na realidade, esses infaustos acontecimentos transcendem o direito individual e atingem em cheio uma série de interesses, cujos titulares não podemos identificar a todos desde logo, contudo inegavelmente revela a preocupação que temos que ter com o bem-estar coletivo, e o dano no sentido mais abrangente que nele resulta chama imediatamente a atenção do Estado e dos setores organizados da sociedade de que o trabalhador tem direito a uma vida saudável e produtiva.* Todas as irregularidades detectadas pela segura fiscalização federal do Ministério do Trabalho apontam flagrante desrespeito às leis de proteção ao trabalhador, colocando suas vidas e saúde em iminente risco, prejudicando seriamente o ambiente de trabalho. Partindo desse cuidado com a vida e a saúde dos trabalhadores, a multi-referida Constituição Federal garantiu com solidez a proteção ao meio ambiente do trabalho, ao assegurar que (art. 200) "Ao sistema único de saúde compete, além de outras atribuições, nos termos da lei: VII – colaborar na proteção do meio ambiente, nele compreendido o do trabalho". *Essa preocupação segue a tendência do ainda novo direito do trabalho fundado na moderna ética de Direito de que as questões concernentes ao seu meio ambiente ultrapassam a questão de saúde dos próprios trabalhadores, extrapolando para toda a sociedade.* Assim, levando-se em conta a gravidade dos danos, pretéritos e atuais, causados ao meio ambiente do trabalho em toda a sua latitude, com suas repercussões negativas e já conhecidas à qualidade de vida e saúde dos trabalhadores e seus familiares, é de se reconhecer devida a indenização pleiteada pelo órgão ministerial, no importe de R$ 4.000.000,00 (quatro milhões de reais), com correção monetária e juros de mora, ambos a partir da propositura da ação. Nem se alegue que referido valor representaria um risco ao bom e normal funcionamento da empresa, posto que corresponde apenas a 0,16% do lucro líquido havido em 2.006, no importe de R$ 2,5 bilhões e Ebitda de R$ 4,4 bilhões, conforme informações extraídas do site oficial da própria Cosipa na internet. A atenção desta Justiça, indiscutivelmente, no presente caso, volta-se para o meio ambiente de trabalho, e referido valor arbitrado ao ofensor, busca indenizar/reparar/restaurar e assegurar o meio ambiente sadio e equilibrado. Aliás, a Usiminas, após adquirir a Cosipa, passou por um processo de reestruturação e, no ano passado, o Grupo "Usiminas-Cosipa" apresentou uma produção correspondente a 28,4% da produção total de aço bruto. Deve, por conseguinte, dada sua extrema importância no setor siderúrgico, assumir uma postura mais digna frente ao meio ambiente, bem como perante os trabalhadores que tornaram indigitado sucesso possível. Com efeito, deve haver a prioridade da pessoa humana sobre o capital, sob pena de se desestimular a promoção humana de todos os que trabalharam e colaboraram para a eficiência do sucesso empresarial. Considerando a condenação em dinheiro, bem como o disposto no artigo 13 da Lei da Ação Civil Pública (7.347/85), que dispõe que "Havendo condenação em dinheiro, a indenização pelo dano causado reverterá a um fundo gerido por um Conselho Federal ou por Conselhos Estaduais de que participarão necessariamente o Ministério Público e representantes da comunidade, sendo seus recursos destinados à reconstituição dos bens lesados" (grifei), torna-se necessário estabelecer a destinação da importância, tendo presente, primordialmente, que a finalidade social da indenização é a reconstituição dos bens lesados. Determino o envio da importância de R$ 500.000,00 (quinhentos mil reais), 12,5%, ao

---

[48] Para um exemplo do direito comparado: No Canadá, o sindicato dos trabalhadores da Pepsi-Cola estendeu seus piquetes, do setor de engarrafamento para a loja de varejo, chegando ao hall do hotel onde estavam hospedados trabalhadores substitutos. A Pepsi tem uma ordem formal contra greves. A Suprema Corte do Canadá assegurou que pacíficos piquetes secundários não devem ser tratados como abuso de confiança, conforme TUSHNET, Mark. *Weak Courts Strong Rights: Judicial Review and Social Welfare Rights in Comparative Constitucional Law*. New Jersey: Princenton University Press, 2008, p. 214.

FAT (Fundo de Amparo ao Trabalhador), instituído pela Lei nº 7.998/90 e destinado ao custeio do programa de seguro-desemprego, ao pagamento do abono salarial (PIS) e ao financiamento de programas de desenvolvimento econômico) e R$ 3.500.000,00 (três milhões e quinhentos mil reais), 87,5%, à 'Irmandade da Santa Casa de Misericórdia de Santos', objetivamente para a aquisição de equipamentos e/ou medicamentos destinados ao tratamento de pessoas portadoras de leucopenia, e, tendo presente também aqueles trabalhadores da reclamada (Companhia Siderúrgica Paulista – Cosipa), portadores da doença e seus familiares".[49] Grifou-se.

Nesse contexto, é necessário avançar na efetiva constitucionalização do direito processual do trabalho, uma vez que tudo o que se realiza no processo deve ser inspirado nos princípios e nos valores incorporados ao sistema constitucional[50] e os direitos sociais trabalhistas são reconhecidamente direitos fundamentais no Brasil.[51] Portanto, por opção explícita da nossa Constituição Federal, os direitos sociais dos trabalhadores são fundamentais no Brasil,[52] ainda que se possa discutir a fundamentalidade de alguns direitos específicos, o que não é o objeto do presente trabalho, mas fica o registro, pois tal fundamentalidade não é absoluta e muito menos atemporal.

Ademais, da norma contida no §§ 2º do art. 5º da CF de 1988,[53] seguindo a tradição do nosso direito constitucional republicado, desde a Constituição de fevereiro de 1891, pode-se extrair o entendimento de que, "para além do conceito formal de Constituição (e de direitos fundamentais), há um conceito material, no sentido de existirem direitos que, por seu conteúdo, por sua substância, pertencem ao corpo fundamental da Constituição de um Estado, mesmo não constando no catálogo".[54]

---

[49] Tribunal Regional do Trabalho da 2ª Região – RO 01042199925502005 – Ac. 20070504380 – 6ª T. – Rel. Desemb. Valdir Florindo – DOE 06.07.2007.

[50] SILVA NETO, Manoel Jorge e. *Constituição eprocesso do trabalho*. São Paulo: Ltr, 2007, p. 18.

[51] SARLET, Ingo Wolfgang. *A eficácia dos direitos fundamentais: uma teoria geral dos direitos fundamentais na perspectiva constitucional*. 10. ed. Porto Alegre: Livraria do Advogado, 2011, p.76; Um determinado direito é fundamental "não apenas pela relevância do bem jurídico tutelada em si mesma (por mais importante que o seja), mas pela relevância daquele bem jurídico na perspectiva das opções do Constituinte, acompanhada da atribuição da hierarquia normativa correspondente e do regime jurídico-constitucional assegurado pelo Constituinte às normas de direitos fundamentais", conforme explica Sarlet (p. 76). É por essa razão que um direito pode ser fundamental em um país e não ser em outro. Todavia, isso não significa dizer que seja possível reduzir a noção de direitos fundamentais a um conceito meramente formalista ou mesmo nominal, como sendo apenas os direitos expressamente consagrado como tais, o que leva ao tema da abertura material do catálogo de direitos fundamentais no direito constitucional positivo brasileiro (p. 77); Sobre a exigibilidade em juízo ("justicialidade") dos direitos fundamentais a prestações positivas do Estado ver TALAMINI, Eduardo. Concretização jurisdicional de direitos fundamentais a prestações positivas do Estado. In: *Instrumentos de coerção e outros temas de direito processual civil: estudos em homenagem aos 25 anos de docência doProfessor Dr. Araken de Assis*. Rio de Janeiro: Forense, 2007, p. 151-155.

[52] Para um estudo detalhado do reconhecimento dos direitos sociais dos trabalhadores como típicos direitos fundamentais, ver p. SANTOS JUNIOR, Rubens Fernando Clamer dos. *A eficácia dos direitos fundamentais dos trabalhadores*. São Paulo: LTr, 2010, p. 47-52; Existem interpretações mais extensivas. Por exemplo, Rubia Zanotelli de Alvarenga, em dissertação orientada por Maurício Godinho Delgado, defende o direito do trabalho como dimensão dos direitos humanos, enquanto "direitos naturais, inatos, imutáveis e inderrogáveis, de inspiração jusnaturalista, que ultrapassam a esfera positiva do Ordenamento Jurídico por emanarem da própria natureza ética do homem, independentemente de reconhecimento perante o Estado" (ALVARENGA, Rúbia Zanotelli de. *O direito do trabalho como dimensão dos direitos humanos*. São Paulo: Ltr, 2009, p. 43).

[53] CF, art. 5º, § 2º: "Os direitos e garantias expressos nesta Constituição não excluem outros decorrentes do regime e dos princípios por ela adotados, ou dos tratados internacionais em que a República Federativa do Brasil seja parte".

[54] SARLET, Ingo Wolfgang. *A eficácia dos direitos fundamentais: uma teoria geral dos direitos fundamentais na perspectiva constitucional*. 10 ed. Porto Alegre: Livraria do Advogado, 2011, p. 76. Nesse sentido, ainda que a luz de norma semelhante contida na Constituição portuguesa de 1976 (art. 16, nº 1), CANOTILHO, José Joaquim Gomes. *Direito Constitucional*. Coimbra: Almedina, 5. ed.. 1991, p. 539.

Considerações finais

1. Do mesmo modo que a moderna processualística trabalha com a concepção de planos distintos: um plano de direito material e um plano de direito processual, o direito do trabalho também possui planos distintos, ainda que não totalmente autônomos: plano do direito individual do trabalho e plano do direito coletivo do trabalho. Essa distinção de planos é percebida claramente na prática processual trabalhista das ações individuais e das ações coletivas, acentuando as diferenças: a) quanto as partes: nos dissídios trabalhistas individuais as partes são pessoas individualmente consideradas (reclamante(s) e reclamado(s), agindo em nome próprio, para a solução de um conflito de natureza individual; no processo coletivo, as partes, via de regra, são as entidades sindicais (sindicatos, federações e confederações) ou o Ministério Público do Trabalho, defendendo direito alheio, mediante substituição processual; b) quanto aos interesses: nos conflitos individuais discutem-se interesses concretos entre um empregador e um trabalhador (um ou mais nos casos de litisconsórcio ativo e passivo); já nas lides coletivas os interesses são abstratos, uma vez que afetam empregados e empregadores coletivamente considerados (em categorias) e não os indivíduos considerados em si mesmos; c) quanto aos fins: nos processos coletivos busca-se a constituição de sentenças normativas (criando normas e condições de trabalho) e a extensão ou revisão de normas coletivas existentes; nos processos individuais objetiva-se decidir controvérsias entre empregados e empregadores, de acordo com normas preexistentes; d) Quanto aos efeitos da sentença: os efeitos da sentença no processo individual limitam-se às partes da relação jurídica processual, enquanto os efeitos da sentença normativa alcançam mesmo aqueles que não foram parte do processo, apenas por pertencerem a uma categoria ou a um empresa, bem como cessam os seus efeitos para aqueles que, pertencendo à categoria, por ocasião do pronunciamento delas se afastem; e) Quanto a natureza jurídica do direito material tutelado: de direito privado no direito individual do trabalho e de direito público no direito coletivo do trabalho, notadamente no que tange a sentença normativa.

2. O grande diferencial do Direito do Trabalho, concedido pelo seu plano coletivo, é a possibilidade de gerar normas de validade e eficácia *erga omnes* especial em relação aos integrantes das categorias envolvidas na negociação coletiva e/ou na ação de dissídio coletivo. As sentenças normativas (plano processual) produzem coisa julgada com eficácia *ultra partes*, pois os seus limites subjetivos estendem-se aos integrantes das categorias que figuraram como parte na demanda coletiva, independentemente de serem sócios (associados, filiados) do sindicato, pois tais normas devem ser observadas por todos empregados e empregadores que pertençam à categoria. Como importante alternativa de solução para o que Gustavo Zagrebelsky[55] de crise da generalidade e a abstração das leis atualmente, cujas razões podem ser buscadas, sobretudo, nas características da nossa sociedade, condicionada por uma ampla diversificação de grupos e estratos sociais, se enquadra de forma marcante o Direito Coletivo do Trabalho (material e processual) produzindo normas diferenciadas para as categorias de empregados/empregadores de acordo com as suas particularidades.

---

[55] ZAGREBELSKY, Gustavo. *El derecho dúctil: ley, derechos, justicia*. Madrid: Trotta, 7. ed. 2007, p. 37.

3. Na trilha atual de reaproximação entre o direito material e processual,[56] ainda que em planos claramente distintos (ou seja, autônomos, mas relacionados), a jurisdição coletiva trabalhista precisa avançar rumo ao desiderato de concretização da Constituição e dos direitos fundamentais,[57] mas já atende a uma das mais profundas diferenças entre o Judiciário do Estado liberal e o Judiciário do Estado Constitucional: não mais somente a de resguardar os direitos subjetivos, mas a de concretizar o Direito objetivo, bem como criá-lo, regulamentá-lo e estendê-lo. Nesse contexto, é necessário avançar também na efetiva constitucionalização do direito processual do trabalho, uma vez que tudo o que se realiza no processo deve ser inspirado nos princípios e nos valores incorporados ao sistema constitucional e os direitos sociais trabalhistas são reconhecidamente direitos fundamentais no Brasil.

Referências

ALVARENGA, Rúbia Zanotelli de. *O direito do trabalho como dimensão dos direitos humanos*. São Paulo: LTr, 2009.

BARROS, Alice Monteiro de. *Curso de Direito do Trabalho*. 4. ed. São Paulo: LTr, 2008.

BROD, Fernanda Pinheiro. A atuação do sindicato nas ações coletivas: uma releitura a partir do princípio da liberdade sindical. Processos Coletivos. Porto Alegre, vol. 2, n. 3, 01 jul. 2011. Disponível em: Acesso em: 26 fev. 2012.

CANARIS, Claus-Wilhelm. A influência dos direitos fundamentais sobre o direito privado na Alemanha. In: *Constituição, Direitos Fundamentais e Direito Privado*. Ingo Wolfgang Sarlet (Org.). Porto Alegre: Livraria do Advogado, 2003.

CANOTILHO, José Joaquim Gomes. Provedor de justiça e efeito horizontal de direitos, liberdades e garantias. In: *Estudos sobre direitos fundamentais*. Coimbra: Coimbra, 2004.

CAPPELLETTI, Mauro; GARTH, Bryant. *Acesso à justiça*. Porto Alegre: Fabris, 1988.

——. *Juízes legisladores?* Porto Alegre: Fabris, 1993.

CLAUS, Ben-Hur Silveira. Substituição processual trabalhista: uma elaboração teórica para o instituto. São Paulo: LTr, 2003.

COIMBRA, Rodrigo. Os direitos transindividuais como direitos fundamentais de terceira dimensão e alguns desdobramentos. In: *Direitos Fundamentais e Justiça*. Porto Alegre: Hs Editora, n. 16, p. 64-94, jul.-set. 2011;

——; ARAÚJO, Francisco Rossal de. Equilíbrio instável das fontes formais do Direito do Trabalho. *Justiça do Trabalho*. n. 324, p. 57-59, dez. 2010.

——; ——. A natureza jurídica do Direito do Trabalho. *Justiça do Trabalho*. n. 308, p. 76-100, ago. 2009.

——; ——. Direito do Trabalho: evolução do modelo normativo e tendências atuais na Europa. *Revista LTr*. São Paulo, a. 73, n. 08, p. 953-62, ago. 2009.

——. Repensando a natureza jurídica do Direito do Trabalho no âmbito coletivo. In: STURMER, Gilberto (Org.). *Revista de Processo do Trabalho e Sindicalismo*. nº 2, Porto Alegre: HS Editora, p. 192- 214, 2011.

DIDIER JR., Fredie; ZANETI JR., Hermes. *Curso de direito processual civil. Processo coletivo*.v. 4, Salvador: JusPodivm, 2010.

FINCATO, Denise Pires. *A pesquisa jurídica sem mistérios*: do projeto de pesquisa à banca. Porto Alegre: Notadez, 2008.

GIDI, Antônio. *Coisa julgada e litispendência em ações coletivas*. São Paulo: Saraiva, 1995.

KELSEN, Hans. *Teoria geral das normas*.Porto Alegre: Fabris, 1986.

LEITE, Carlos Henrique Bezerra. *Curso de direito processual do trabalho*. 6.ed. São Paulo: LTr, 2008.

——. Eficácia horizontal dos direitos fundamentais na relação de emprego. *Justiça do Trabalho*. Porto Alegre: HS Editora, n. 329, p. 7-20, mai. 2011.

MARINONI, Luiz Guilherme. *Teoria geral do processo*. 4.ed. São Paulo: Revista dos Tribunais, 2010.

——. *Tutela inibitória: individual e coletiva*. 2. ed. São Paulo: Editora Revista dos Tribunais, 2000.

MARTINS FILHO, Ives Gandra da Silva. *Processo coletivo do trabalho*. 4.ed. São Paulo, Ltr, 2009.

MELHADO, Reginaldo. Competência da Justiça do Trabalho. In: *Curso de processo do trabalho*. Luciano Athayde Chaves (org.). São Paulo: Ltr, 2009.

---

[56] TESHEINER, José Maria. Reflexões politicamente incorretas sobre direito e processo. *Revista da Ajuris*. Porto Alegre: Ajuris, Jun. 2008, n. 110, p. 192; MARINONI, Luiz Guilherme. *Tutela inibitória: individual e coletiva*. 2. ed. São Paulo: Editora Revista dos Tribunais, 2000, p. 395-396; CAPPELLETTI, Mauro. *Juízes legisladores?* Porto Alegre: Fabris, 1993, p. 13.

[57] CANOTILHO, José Joaquim Gomes. *Direito Constitucional*. 5.ed. Coimbra: Almedina, 1991, p. 384; SARLET, Ingo Wolfgang. *A eficácia dos direitos fundamentais*. 5.ed. Porto Alegre: Livraria do Advogado, 2005, p. 254-258.

MEZZAROBA, Orides; MONTEIRO, Cláudia Servilha. *Manual de Metodologia da Pesquisa no Direito*. 3.ed. São Paulo: Saraiva, 2006.

MOREIRA, José Carlos Barbosa. Tutela jurisdicional dos interesses coletivos e difusos. *Revista de Processo*. São Paulo: Editora Revista dos Tribunais, n. 39, p. 55-77, jul. 1995.

NASCIMENTO, Amauri Mascaro. *Curso de direito do trabalho*. 19.ed. São Paulo: Saraiva, 2004.

PONTES DE MIRANDA, Francisco Cavalcanti. *Comentários ao Código de Processo Civil*. T. 1, Rio de Janeiro: Forense, 2001.

RAIZER, Ludwig. O Futuro do Direito Privado. *Revista da Procuradoria Geral do Estado do Rio Grande do Sul*. Porto Alegre, 1979, n. 25, vol. 9.

SANTOS JUNIOR, Rubens Fernando Clamer dos. *A eficácia dos direitos fundamentais dos trabalhadores*. São Paulo: Ltr, 2010.

SARLET, Ingo Wolfgang. *A eficácia dos direitos fundamentais*: uma teoria geral dos direitos fundamentais na perspectiva constitucional. 10.ed. Porto Alegre: Livraria do Advogado, 2011.

SCHIAVI, Mauro. *Manual de Direito Processual do Trabalho*. 2.ed. São Paulo: LTr, 2009.

SILVA, Ovídio A. Baptista da. Direito subjetivo, pretensão de direito material e ação. *Revista da Ajuris*. Porto Alegre: Ajuris, n. 29, p. 99-126, nov. 1983.

SILVA NETO, Manoel Jorge e. *Constituição e processo do trabalho*. São Paulo: LTr, 2007.

STURMER, Gilberto. *A liberdade sindical na Constituição da República Federativa do Brasil de 1988 e sua relação com a Convenção 87 da Organização Internacional do Trabalho*. Porto Alegre: Livraria do Advogado Editora, 2007.

——. O sistema Sindical Brasileiro da Constituição da República de 1988. In: STÜRMER, Gilberto (Org.). *Revista de Processo do Trabalho e Sindicalismo*. nº 1, Porto Alegre: HS Editora, p. 9-19, 2010.

TALAMINI, Eduardo. Concretização jurisdicional de direitos fundamentais a prestações positivas do Estado. In: *Instrumentos de coerção e outros temas de direito processual civil: estudos em homenagem aos 25 anos de docência do Professor Dr. Araken de Assis*. Rio de Janeiro: Forense, 2007.

TESHEINER, José Maria. Jurisdição e direito objetivo. *Justiça do Trabalho*. n. 325, p. 28-36, jan. 2011.

——. Reflexões politicamente incorretas sobre direito e processo. *Revista da Ajuris*. Porto Alegre: Ajuris, n. 110, p. 187-194, jun. 2008.

TUSHNET, Mark. *Weak Courts Strong Rights*: Judicial Review and Social Welfare Rights in Comparative Constitucional Law. New Jersey: Princenton University Press, 2008.

WACH, Adolf. *Manual de derecho procesal civil*. V.1. Buenos Aires: AJEA, 1977.

ZAGREBELSKY, Gustavo. *El derecho dúctil: ley, derechos, justicia*. Madrid: Trotta, 7.ed. 2007.

ZAVASCKI, Teori Albino. *Processo coletivo*: tutela de direitos coletivos e tutela coletiva de direitos. 4.ed. São Paulo: Revista dos Tribunais, 2009.

Impressão e acabamento
Rotermund
Fone/Fax (51) 3589-5111
comercial@rotermund.com.br